School Finance

Achieving High Standards with Equity and Efficiency

(3rd Edition)

教育学经典译丛

Education Classic Series

主编 褚宏启

EDUCATION
School Finance
Achieving High Standards with Equity and Efficiency

教育财政
——效率、公平与绩效

理查德·A·金（Richard A. King）

[美] 奥斯汀·D·斯旺森（Austin D. Swanson） 著

斯科特·R·斯威特兰（Scott R. Sweetland）

（第三版）

（3rd Edition）

曹淑江 主译

曹淑江 孙 静 张 晶 方 艳 等 译

中国人民大学出版社
·北京·

尽管教育领域存在很多问题，尽管人们对教育如何改革存在不少争议，但没有人否认教育对人的发展、对国家发展、对社会发展的重要性。尽管人们一度对教育学科的前途命运忧心忡忡，但教育学科的不断分化和发展却是不争的事实。世界各国对教育越来越重视，教育改革与发展如火如荼，教育理论研究日益繁荣，相关著述大量出版和发表。

教育研究的繁荣和教育学科的分化，既是教育实践推动的结果，又是推动教育实践的原因。实践呼唤理论发展，实践推动理论发展。教育是一项伟大而崇高的事业，在教育事业的发展中，在教育实践与教育理论的互动中，教育理论研究不断分化，产生了很多新的分支学科，在教育学的每个分支学科中，都有一些优秀的研究成果。这些优秀成果是各个分支学科的代表性著作，代表着世界范围内教育各分支学科的研究深度和理论高度，是后人传播和生产教育知识时不能绕过去的知识界碑，是教育改革与发展必须吸收和借鉴的理论营养，是全人类共同拥有的文化财富。

在经济全球化和教育国际化的大背景下，系统引进翻译世界范围内教育学科最有代表性的著作，有利于我们整体把握世界范围内教育理论研究的总体状况，有利于我们全面吸收世界范围内教育理论研究的最新、最优秀的成果，有利于提高我国本土教育研究的理论水平，有利于完善我国高校教育学科的课程体系，有利于提升我国教育改革与发展的实践水准。把世界上最好的教育研究成果全面、系统地译介进来，为我所用，是我们组织翻译这套《教育学经典译丛》的基本宗旨。

20 世纪 80 年代尤其是 90 年代以来，西方的教育理论著作不断被译介到我国，拓展了国人的教育理论视野，促进了教育思想与观念的传播与交流。进入 21 世纪，译介西方教育理论著作更呈加速之势，呈现出一片繁荣景象。回顾 20 多年译介西方教育理论著作的历程，有得有失，有很多经验教训值得总结。现在到了以平和、冷静的心态进行深度总结的时候了。

目前引进的国外教育理论著作，最大的不足是没能对世界范围内教育分支学科的发展进行全面、系统的介绍。虽然不少译丛都强调译介的"系统性"，但是，有的译丛失之于少，作品量小，不足以构成一个相对完整的分支学科体系；有的译丛失之于杂，作品量较大，但缺乏学科体系建构方面的高端设计；有的译丛侧重于某一个分支学科；有的译丛偏重于教材的系统介绍，而对非教材类的代表性著作关注不够。结果导致：尽管各类译著总量很大，但系统性却不够。我们现在推出的这套

《教育学经典译丛》力图弥补这种缺失。

本译丛最突出的特点是其系统性。所选书目力图涵盖教育学的所有主要分支学科，诸如教育基本原理、教育哲学、教育史、课程与教学论、教育社会学、教育管理学、教育经济学、教育财政学、教育政治学、教育法学、教育心理学、教育评价学、教育政策学、教育未来学、教育技术学、教育文化学、教育人类学、教育生态学、学前教育学、高等教育学、职业教育学等，力图构成一个相对完整的教育学科知识框架。

本译丛的另一个特点是权威性。这也是《教育学经典译丛》的内在要求。在选择书目方面，力求新、精、实。"新"是指入选书目能代表该分支学科最新的研究成果，能引领该研究领域未来的发展方向；"精"是指入选书目皆为同类著作中的精品，我们力求为读者呈献最有价值的教育理论知识；"实"是指入选书目在内容上对我们确有借鉴价值，能对我国的教育研究和实践产生积极影响。

为保证译丛质量，我们成立了一个由重点高校和科研机构的知名学者构成的编委会，负责确定书目和组织翻译，从选题、翻译、校订各个环节予以严格把关。译丛能够面世，得益于多方的支持与协作。感谢中国人民大学出版社为这套译丛所提供的出版机会，感谢国内外学者为选定书目所奉献的智慧，感谢丛书的译者、校者和出版社的编辑人员所付出的辛勤劳动。

翻译是一种重要的知识传播方式，并会对其后的知识生产方式、消费方式、使用方式产生重要影响。希望《教育学经典译丛》的出版，能对我国教育理论知识的传播、生产、消费、使用产生实质性的影响，希望更多的人从中受益，也希望更多的人为译丛的高质量出版贡献力量。

褚宏启

2006 年 12 月 18 日

一

人类的教育行为总是追逐一定的价值，服务于预先设定的目的和目标，这就是教育的工具价值。从公平和效率的视角来看，教育可以作为经济发展的手段，为经济增长服务，这是教育的效率工具价值；教育也可以作为实现社会公平的手段，通过教育公平和平等，实现社会公平，达到经济公平；通过教育平等改善收入分配结构，缩小收入分配差距，这就是教育的公平工具价值。社会经济体制不同的国家以及一个国家在不同的经济社会发展阶段，所追求的教育工具价值不同。进入 21 世纪以来，我国基础教育发展战略发生了改变，教育公平和平等成为基础教育发展的主要目标。21 世纪，我国基础教育政策的制定是着眼于教育公平的。21 世纪以来，党中央、全国人大、国务院出台的一系列法律、文件和政策，都体现了党和政府促进教育公平的努力，如 2001 年 6 月发布的《国务院关于基础教育改革与发展的决定》、2005 年 12 月发布的《国务院关于深化农村义务教育经费保障机制改革的通知》、2006 年新修订的《义务教育法》、2006 年 10 月中国共产党第十六届六中全会作出的《中共中央关于构建社会主义和谐社会若干重大问题的决定》以及党的十七大报告等，这些重要文件都对教育公平和平等作出了明确规定和论述。

2006 年新修订的《义务教育法》明确了义务教育的公益性，强调义务教育的公平性，以法律的形式对义务教育公平作出了明确的全面规定。新修订的《义务教育法》在方方面面都涉及义务教育均衡的问题，要求义务教育资源分配体现公平性、公正性。党的十二大以来，在党的代表大会报告中，教育发展往往是单纯地作为社会发展的一部分，强调教育服务于经济发展。同以往党的代表大会报告不同，党的十七大报告把教育发展作为改善民生的手段，强调教育公平是社会公平的基石。胡锦涛总书记在党的十七大报告中高瞻远瞩地指出，"教育是民族振兴的基石，教育公平是社会公平的重要基础"。教育公平在党的代表大会报告中得到高度重视，教育公平问题被提到前所未有的高度。

党和政府的努力确实产生了一定的效果，我国教育公平状况急剧恶化的趋势得到缓解。尽管如此，我国教育的不平等和不公平现象仍然在扩大，无论是城乡之间还是地区之间，教育不平等和不公平状况没有得到根本改变。如何从根本上消除我国教育中的不平等、不公平，在今后一个很长的时期内，都将是我国教育发展的重要课题，需要我们采取更有力的措施和办法。

二

　　尽管不同国家的经济、政治、法律及社会背景差异较大，但是在教育公平和平等的实现中，还是存在共同规律的，其他国家促进教育公平和平等的做法，尤其是发达国家的做法，是值得我们借鉴参考的。在这种背景下，中国人民大学出版社组织翻译两本美国教育财政学著作《教育财政学——因应变革时代》（小弗恩·布里姆莱著）和《教育财政——效率、公平与绩效》（理查德·A·金等著）将给我们带来很多启示。作为第二本著作的译者，我想向广大读者谈谈当初我向出版社推荐这本著作的想法以及翻译这本著作的体会。

　　之所以向出版社推荐翻译《教育财政——效率、公平与绩效》，是基于三方面的原因。首先，教育公平和平等一直是 20 世纪美国公共教育发展的主题，也是政府教育财政拨款、教育资源配置的主要目标，尤其在 20 世纪后半期更是如此。经过 20 世纪的努力，美国的基础教育公平和平等取得很大成功。可以说，在教育公平和平等这一问题上，美国走在了我们的前面。对照美国的做法，我们可以发现我们的差距在哪里，只有明确我们需要做出什么努力，才能促进教育公平。

　　其次，正如理查德·金等所著的《教育财政》的副标题"效率、公平与绩效"（*Achieving High Standards with Equity and Efficiency*）所指明的，本书的主题也是探讨如何实现教育公平。这本著作详细介绍了美国是如何促进和实现教育公平和平等的，详细介绍了各个州的情况和州政府的教育财政转移支付办法，而且介绍了教育公平问题的分析技术和分析方法。例如，本书详细介绍了教育公平和平等的定义、教育公平和平等的度量方法，而本书介绍的教育基尼系数、塞尔系数等指标在国内学者的著作中都很少介绍。

　　再次，这本著作从经济、政治、法律等多个维度和视角来分析教育公平问题，让我们对教育公平的复杂性、艰巨性有了更深入的、更全面的了解，也启发我们应该通过多方面的努力去促进教育公平和平等的实现。鉴于这些原因，我们认为，翻译出版这本著作是很有意义的。

三

　　公平和正义需要法律来保障和维护，法律的目的也是维护社会的公平和正义。美国是一个民主制度相对完善的法治国家。从美国追求教育公平和平等的实践中，我们可以看出，法律和法院在推动美国教育公平中起到了重要作用。法律诉讼是解决教育机会不平等和教育不公平问题的有效途径，司法部门是推动教育财政制度改革的重要力量。美国多数州在法院的命令下改革了不合宪法要求的教育财政体制，有的州的教育财政体制尽管没有被法院否定，或者尽管有些州没有发生教育财政诉讼案，但是由于担心教育财政制度可能受到司法审查，这些州的教育财政制度也都作了不同程度的改进。一个基层法院可以作出判决，甚至可以推翻州政府的政策，要求州政府修改教育财政制度，这在中国是不可想象的。美国法院在维护教育公平、公正和平等方面所起的作用，是政府部门所无法替代的。

　　美国法院作出的判决，有很多是令我们感动和震撼的。这里有两个例子可以对此加以说明。一个著名的案件就是马丁内兹诉白纳姆案①，在该案中，法院支持一项得克萨斯的州法律，这个法律规定，如果一个孩子不和父母或者其他法定监护人住在一起，其首要目的仅仅是为了进入这个学区的学校就读，则学区有权拒绝这个孩子免费进入公立学校接受教育。一个出生在美国的公民莫尔斯离开居住在墨西哥的父母，和他姐姐居住在一起（他姐姐居住在得克萨斯州的麦阿伦），他要求免费进入麦阿伦学区的公立学校就读，麦阿伦学区认为莫尔斯移居美国的主要目的仅仅是为了进入麦阿伦学校读书，因此拒绝莫尔斯免费入学。莫尔斯的父母就此起诉，最高法院的判决支持州的法律。

另一个著名的案件就是普莱勒案②，在该案中，美国联邦最高法院认定居住在得克萨斯州的非法移民的孩子也是"其管辖范围内的人"，不能剥夺这些孩子的受教育权，要求得克萨斯州允许非法移民的孩子免费进入公立学校读书。

这两个案件都由联邦最高法院作出了最终判决，一个判决结果是要求公立学校接受外国非法移民的孩子就读，另一个判决结果却是拒绝具有美国国籍的孩子在公立学校就读。毫无疑问，法院的判决是公正的。一个是外国非法移民的孩子，一个是美国公民，判决结果的对比是强烈的，这样的判决结果，我们不能不为之感动。

尽管法院可以推动教育财政改革，但是，教育政策的制定和改革措施的实施，仍然是州立法机关的主要责任和权力。法院的判决和解释虽然促使甚至强迫立法机构改变教育财政政策，但并不是由法院提出教育财政制度法律审查的主题和内容。相反，法院是对冲突和受影响的公民提出的问题进行反应。法院对立法行动起到了牵制和监督作用，法院的审查是教育政策改革的催化剂，法院是教育财政改革的推动者，但不是教育政策的制定者。法院不愿意承担政策制定者的角色，而且法院不能也没有能力成为政策制定者。

四

美国教育财政制度中的重要决策都需要通过民主程序来作出，选民和纳税人参与教育决策，对政府的教育行为进行约束，这也是美国能够实现教育公平和平等的重要条件。而实现这一切，需要民主制度作为保障。

美国教育的不公平和不平等主要发生在学区之间，其主要原因是不同学区的经济发展水平不同所导致的学区之间的财产税差异较大。解决这一问题的主要措施是，由州政府承担更多的拨款责任。

教育财政诉讼导致了美国教育管理体制的变革。20 世纪 70 年代以后，州政府和地方政府在提供教育资金方面的相对作用发生了变化，两级政府的角色发生了转换，教育体制集权程度的提高增加了州政府的办学责任和管理权限。20 世纪 70 年代以前，州政府提供的学校经费平均约为 40%，而地方政府的支出则超过了 50%，教育财政诉讼推动了教育机会均等化的教育财政改革，减轻了地方政府的责任，增加了州政府的责任，致使在很长一段时间内，州政府提供的经费超过了地方政府。

州政府承担更多的责任、掌握更多的教育决策权力，这与美国民主观念相冲

---

① William Cohen & Jonathan D. Varat (1997), *Constitutional Law: Case and Materials* (*Tenth edition*), The Foundation Press Inc., 1065—1066.

② 参见本书英文原文 276 页。

突。美国人强调由地方和学区来分散进行教育决策，认为这样的教育体制才是有效率的，是符合民主制度要求的。美国人甚至把维护地方教育决策权力提升到维护国家民主制度的高度来看待。在美国教育公平和平等的实现过程中，所遇到的主要矛盾是地方控制、管理教育与教育公平和平等的冲突，如何协调解决这一矛盾、在两者之间进行权衡取舍，是美国各个州在追求教育公平和平等过程中所遇到的难题。为了维护地方控制、管理教育的制度，许多州都允许一定程度的教育不平等的存在。联邦最高法院也是支持这一点的。

其实，任何国家的公共教育财政制度都是公共财政制度和公共预算制度的一部分。预算制度本身就体现了一个国家的政治制度和法律制度，就是各种利益群体、政治力量博弈和妥协的结果。只有在一个民主制度相对完善的国家，才有可能实现预算的公平和平等，才有可能实现教育公平和平等。

五

我国的教育不公平和不平等问题远比美国复杂和严重得多，我国不仅有区域之间的教育不平等，也存在城乡之间的教育不平等、区域内部学校之间的教育不平等和学校内部班级之间的教育不平等。而我们追求教育公平和平等的历史相对短暂。我们教育决策的机制不同于美国，我国地方政府受到的约束更多的是来自上级政府、中央政府，纳税人和选民很难参与教育决策，很难对政府的教育决策产生影响。尽管我们有《宪法》、《教育法》、《义务教育法》，但是，纳税人很难通过法律途径去争取公平的、平等的教育权利。由于缺乏可以表达意愿和行使权利的途径，由于不能寻求合理的政治和法律途径，老百姓对教育不平等和不公平现象更多的是采取漠视和认可的态度，对于在教育中受到的不公平、不平等对待，更多的是采取无奈、默许的态度。占我国人口绝大多数的农民，更是不得不如此。我国目前的体制和法律规定无法确保广大农民的孩子获得公平和平等的教育机会。对于政府采取的促进教育公平和平等的做法，老百姓更多地将其看成是政府的施舍，而没有意识到这是他们作为纳税人和公民应该获得的权利，他们更不会想到要求进一步的公平和平等。毫无疑问，这大大加剧了我们实现教育公平和平等的难度。

要实现教育公平和平等，就要从根本上改变政府的教育决策行为，各级政府的权力必须受到约束，必须接受老百姓、纳税人的监督。我们必须加快政治体制改革，党和政府的权力必须受到限制和制约，真正做到"权为民所授"。没有"权为民所授"，就不可能做到"权为民所用、情为民所系、利为民所谋"。特别是我们要提高广大农民的政治地位、社会地位，确保农民享有同样的、平等的公民权利，这是非常重要的。胡锦涛总书记在党的十七大报告中指出："保障人大代表依法行使职权，密切人大代表同人民的联系，建议逐步实行城乡按相同人口比例选举人大代表"；"扩大人民民主，保证人民当家作主。人民当家作主是社会主义民主政治的本质和核心。要健全民主制度，丰富民主形式，拓宽民主渠道，依法实行民主选举、民主决策、民主管理、民主监督，保障人民的知情权、参与权、表达权、监督权。"我们必须认真贯彻落实胡锦涛总书记的要求，这也是实现我国教育公平和平等的重要前提条件。

六

除了探讨教育公平和平等外,《教育财政——效率、公平与绩效》还详细介绍了相关的学校管理、美国的税收等问题。这些问题都是围绕公平和平等问题而展开讨论的。这些内容使我们能够全面了解美国的教育财政制度。

本书原是为教育学院的研究生所写的教材。但是,该书内容浅显易懂,适合我国教育学各个专业的本科生、研究生阅读,也适合广大教育工作者参考。对于想了解美国财政制度和预算制度的读者,本书也是一本非常有益的参考书。

本书的翻译持续了数年。在这几年中,我一直努力抽时间进行翻译和修改。翻译过程中遇到问题时,我也不断向朋友求教。尽管如此,由于译者水平所限,译文中错误之处在所难免。我们盼望广大读者发现译文中的错误后,能及时告诉我们,以便我们改正。译者联系电子信箱为 caosj@ruc.edu.cn。

曹淑江

2009 年 5 月 1 日于中国人民大学求是楼

当我们开始对教育财政产生进一步探索的想法时，社会对于教育政策的关注有了一个明显的变化。地方、州和国家政府通过教育投入实现对教育企业、学校组织的激励。多年以来，教育财政分析者和教育政策制定者深入探讨这种投入的本质。过去的政策争论和关于州财政制度的司法审查，主要关注财政资源分配的"横向公平"的公平程度，现在已经转变为关注资源的"充足性"（sufficiency），资源的充足性确保使学生接受高标准的教育，取得预期的学业成绩。格思里和罗思坦（Guthrie & Rothstein，2001）简洁地概括出政策变化前后的特点："旧的教育财政理念根据学校财政收入来评价教育；新的教育财政理念关注充分性，根据教育本身来评价财政收入"（p. 99）。

奥斯汀·D·斯旺森（Austin D. Swanson）和理查德·A·金（Richard A. King）所著的《教育财政：经济学和政治学的视角》（School Finance：Its Economics and Politics）前两版的读者，将会在第三版中发现很多变化。我们邀请为第二版设计计算机模拟计算方法和程序的斯科特·R·斯威特兰（Scott R. Sweetland）作为我们的合著者。同时，现在的书名本身也预示了一个贯穿于这本书的新的主题——在效率和公平的基础上达到高标准的教育，这也反映了前面提到的政策方向的变化。资源的充分性使得所有的学生都可以取得期望的学业成绩，并且把资源配置与学区和学校目标的实现联系起来。对于这一核心理念的演变过程，我们给予高度关注。公平和充分性只是必要而不是充分条件。如果资源没有被按照成本—收益核算的方式有效利用，无论多么多的资源都不会缩小美国不同群体间教育成绩的差距。因此，本书也对实现效率的条件给予了很多关注。

尽管这个版本的内容有很大变化，但是先前版本中的优点都被保留了下来。要搞清楚当代现实问题，必须依据一些概念，而这些概念来自传统的经济学和政治学的框架和模型。明确这一点很重要，第三版将继续阐明这一重要性。和以前版本相似，本书继续坚持在当今社会、政治和经济的背景下，探索教育财政政策和教育财政实践。

教育财政学内容的变化

本书第一版在1991年出版发行之时，正是众所周知的当今教育改革运动第一阶段的末期。在美国，卓越教育国家委员会（the National Commission on Excellence in Education）于1983年发表了《国家处于危难之中：教育改革的紧迫性》

(*A Nation at Risk*:*The Imperative for Educational Reform*),促进了国家和州的政策的一系列改革。这个报告用几种方式描述了教育卓越的特征,强调为所有学习者设定高水平的预期目标的重要性,并进一步通过各种方式帮助学生达到这些目标。卓越教育运动的重要标准是通过严格毕业标准要求、延长每天和每学年的在校接受教育的时间、提高教师的质量等方式提高学生的成绩。

从第一次改革浪潮倡议的不成功中吸取教训,从英国、澳大利亚、新西兰和其他国家借鉴经验(Beare & Boyd,1993),第二次改革浪潮的焦点发生了转变。在众所周知的教育体制重构运动中,政策制定者在20世纪90年代早期提出了多种体制改革方案来加强教与学。州在制定标准、课程大纲和开展全州范围内的统一考试测验方面,变得更加积极主动。反对者质疑这种"自上而下"的改革,而拥护"自下而上"的改革,这些"自下而上"的改革表现很多,诸如学校重构、校本管理、赋予教师更多的权利和允许家长择校等。本书的第二版出版发行之时,正是处于重构运动时期(1977)。

现在许多国家的政策制定者认识到,单方面的改革不能够适应学校改革运动的挑战。与前两轮改革运动相比,第三次(目前的)改革浪潮是一个更广泛的系统化改革努力。尽管早在20世纪90年代初就播下了这轮改革运动的种子(Smith & O'Day,1991),但是,这轮改革中的政策变化仍然延续着先前的卓越和重构运动的改革,并且和先前的改革混合在一起。在这次紧急的系统化改革运动中,提出了相互协调的一系列政策措施和建议。这些措施和建议包括:目标制定的集权化;根据标准、课程和测试成绩实施问责制;通过让教师、管理者、教职工、家长和社区成员参入学校的决策,实现分权化改革;通过设立特许学校,实现家庭在公共教育部门范围内的择校;通过向低收入家庭发放教育券,实现家庭在公立和私立教育部门范围内的择校。显然,这次系统的改革运动的方向,集中在通过设立课程标准和测评标准来改善学校绩效、提高学生的学业成绩上。然而,在所有的学校和州,实行和资助这些系统改革的方式仍然有待确定。

在新世纪到来之前,国家研究委员会教育财政分委员会的报告(the Committee on Education Finance of the National Research Council,1999)提出了新的改革内容,在第三次改革运动中,可以根据这些内容建立和评论教育财政。国家研究委员会教育财政分委员会先于政策制定者讨论了这一挑战:

> 新的着重点在于提高所有学生的成绩,这一着重点向政策制定者提出了重要的但是令人沮丧的挑战性问题:如何利用教育财政体制来达到这一目标。这一挑战性问题很重要,因为它的目的在于把财政和教育的目标直接联系在一起;它也令人沮丧,因为在这种方式下钱很重要,这意味着教育财政决策必须与前所未有的国家教育的雄心交织在一起——国家从来没有为使所有的孩子接受高标准教育而制定目标。(p. 1)

这个系统的改革运动,强调教育财政收入的充足性或者充分性(adequacy)①,以满足使所有的学生接受高标准教育的要求,强调有效地将资源的配置与预期的绩

---

① "adequacy"是本书的核心概念之一,根据具体情况,有时也翻译成"充足性";更多的情况下,我们翻译为"充分性",以便和"sufficiency"区分开。——译者注

效和成果相联系，这为本书第三版提供了新的内容。

在这种不断变化的政策背景下，我们着手第三版《教育财政——效率、公平与绩效》的探讨。这里需要特别提及我们在此版中专门讨论的教育财政的几个主要问题：

- 在资源配置的决策中，平衡那些深深地根植于教育价值的差异（如平等、自由、效率）。
- 在大城市的学区中，学生达到高的学术标准面临着最大的困难，要提高这些学区资源利用的有效性。
- 针对州的标准以及学区和学校的目标，有效并且高效率地使用教育资源。
- 寻找新的资金来源，补充地方、州和联邦政府的传统收入。
- 扩大州的财政结构，把学前教育的资助包括进来。
- 理解针对州责任的司法审查，州的责任在于公平且充足地为学校拨付经费、提供设施，使学校得以运转。
- 除了探究传统的关于拨付资金的公平性问题外，还要根据希望达到的教育效果，确定社会所提供的资源的充足性。
- 考察效率和资源与实现学区和学校目标之间的联系。
- 重新组织学校现有资源的利用，以提高学生的成绩。
- 将州资金配置给学校，要基于学校的绩效，教师所得的报酬要基于其绩效和技能，以这些配置方式作为提高教育质量的激励手段。
- 授权学校和家长决定公共资金使用的优先次序，并决定这些决策所遵循的程序。

vii

课本内容和计算机模拟的策略

和前面两版一样，第三版采取了平衡的方法，通过使用经济学和政治学的分析范式来理解教育财政的问题。经济学理论对于分析现有的可供选择的政策具有重要性，本书的策略是尊重这种重要性。同时，这样的理论具有一定的局限性，这种理论对于学生和政策制定者理解教育财政立法中的各种力量和财政政策实行的过程帮助甚少。我们充分认识到了这一点，因此，为了帮助读者充分理解在教育财政政策发展演变过程中已经发生了什么、将要发生什么，在重视经济学概念的同时，这一版中我们继续强调源于政治科学领域的概念。

这本书的意图是用做研究生教育财政学和教育经济学课程的入门教学参考书。作为教育政策和政策分析课程的入门读物，先前的版本已经取得了成功。除了作为课本的学术用途外，这本书也可以作为州和国家层次的教育政策分析者参考的资料。学区的行政管理者，包括学区长官和学校事务官员，要与选民探讨财政问题、监督资金在学校的分配，这些人已经从公平和效率的讨论中受益。校长需要知道如何使用学校的资源，并且要监督学校资源的使用，他们开始更多地参与到财政决策中，越来越需要熟悉财政政策和预算实践的概念和模型。上一版中，在改革背景下对教育财政体制的讨论在国际市场也拥有一定的读者群，尤其是在澳大利亚、加拿大和英国。

这本书的其他重要特点在于许多章中包括了实践活动和计算机模拟，以帮助读者应用和扩展书中讨论的概念。本书所建议的练习活动的范围，包括计算的问题和诸如采访行政人员与政策制定者的活动，使得教师和学生能够在各种各样的策略中作出选择，以强化复习章节的内容。这些多样性的活动满足了此书的高级学者的好奇心理，同时也不会使得新的学习者感到困惑。

我们的目标是帮助读者用数据试验的方式加深对概念和政策选择的理解。这些模拟的难度在书中不断加深，我们用"发展的途径"来教授和应用电子表格。在本书的第 2 章，我们鼓励电子表格的初学者，通过插入数据、增加数列和形成简单的公式来掌握电子表格的基本命令。高级使用者可以绕过这些简单的问题，从更具有挑战性的第 3 章及其以后的模拟开始。所有的学习者在完成设置的模拟后都要完成附加的"What if"分析，书中进一步建议的与模拟相伴随的实践活动，鼓励学生把模拟和书中各章所介绍的概念联系起来，或者鼓励学生使用电子表格技能来分析他们所遇到的行政的或政策的困境。

和前一版相似，这些计算机模拟指导并没有包括在书中正文内，Beare & Boyd 的网站中有这些内容。我们在很多章的末尾介绍了计算机模拟的内容，完整的介绍和解决方法可以在 www. ablongman. com/edleadership 中获得。

本书的结构

根据政治和经济模型，我们将政治—经济体系划分为公共部门和私人部门，从第一篇开始，我们在这一政治—经济体系中讨论教育决策制定程序。在我们讨论公共和私人价值观对教育决策制定的影响时，我们强调五种价值：平等、自由、博爱、效率和经济增长。我们证实了这些价值的优先次序的变化是如何导致相应的公共政策随之变化的。公共价值的优先次序从 20 世纪 60—70 年代的平等和博爱，转变为 80—90 年代的与效率、经济增长和自由相关的价值观，这可以作为一个案例说明这一论点。在新的世纪，对于效率的关注在州和联邦政策中继续表现出来，这些政策规定，学校工作人员要对保证所有学生达到高的学习预期标准承担起责任。然而，正如我们在这一版本中所强调的，资源的充足性对于达到公平和效率的目标尤为重要。自由根据是否有利于效率实现来衡量，这里的效率是指家长对公立学校、特许学校的选择更有效率、教育券变得越来越可行。

要帮助所有学生达到较高的水平，扩大资金来源对于学校甚为关键。在第二篇，我们考察了公共教育的社会资金来源。我们对美国联邦的税收结构进行了回顾，并且讨论了用于评价税收政策的标准。在探究了主要的州和联邦的教育财政收入来源之后，我们对财产税给予了更多的关注。从历史上看，这一地方财政收入来源在美国对教育项目的资助和教育设施提供中非常重要，并且继续提供了公立学校消耗的 40% 以上的资源。第二篇最后讨论了非税收教育收入来源，这些来源包括借款、投资、基金、与其他机构合作、志愿服务和使用费。

州和联邦政府增强了地方社区提供教育项目的能力。它们的努力使得一个更为平等和充足的教育系统成为可能，同时也对提高学校效果提出了期望。第三篇重点讨论了美国各州和联邦层级的一般的和专项的资助项目的优点和结构。我们介绍了各个州普遍采用的对教育系统进行资金分配的模式。基本金项目（foundation program）① 成为最普通的方法，通过这一项目，州的收入使得学区的税收均等。理

---

① "foundation program"是州政府最基本的拨款办法之一，我们把"foundation program"翻译成"基本金项目"，"foundation"为达到基本要求的最低限度的资金数量，我们称之为"基本金"。——译者注

想的情况是，在保证学校资金允足的基础上，达到各学区收入的均等。我们也描述了许多对于这些基本公式结构的调整，这些调整使得在分配附加资金时，能够按照特定项目的成本和立法者表述的优先次序进行。我们也讨论了一些方法来测量教育需求、财富或收入—产生的能力，以及学区为实现州的政策目标所做的财政努力。在这一篇的最后，我们讨论了联邦政府在公共教育财政中的作用。我们阐述了几个主题，介绍了历史上这一层级政府介入教育的依据和原则，重点讨论最近实施的《2001 不让一个孩子掉队法案》的规定以及联邦项目资金分配中的明显趋势。

ix

在第四篇，我们考察了实现高标准公共教育财政政策的可能性。联邦和州法院在阐明地区之间的教育财政收入差异是否与宪法条文相抵触时，要作出判断和决策，通过这些判断和决策，我们讨论了公平、效率、充足性等概念的演化。然后，我们转向讨论公平和充足性的定义和测量。后一个术语（充足性）被定义为，提供足够的资源，使所有学生取得高的学业成绩——即州的纵向公平的理念。我们通过研究学校资源使用、有效的学校、项目评价以及规模经济，考察了关于公立学校效率的证据和实例。

第五篇内容是：州政策中的财政奖励和对学区的教师补偿，可能改进学校的绩效和提高学生的成绩，通过对此加以研究，我们考察了如何通过这些政策措施来改变激励机制。然后，通过对教育服务提供机构注入类市场力量，我们考察了提高学生成绩和消费者满意度的潜力。这部分所考察的改革包括基于校本管理和预算的各种模式，此外还包括择校。择校作为一种机制，给予家庭选择孩子进入哪一所学校读书的机会。

作为全书的总结，在第六篇我们讨论了系统化改革运动的政策含义；在第 16 章中，我们在政策变化的背景下，对系统化改革运动进行了分析。我们借助第 1 章中建立的政治—经济模型并以此作为框架，分析系统化改革的主题。我们讨论与确定目的和制定目标相关的政策，确认服务的接受者，决定投资的水平，生产并分配服务以及实现资源配置。

致　谢

　　许多人对于本书的这一版和前两版中所阐述的观点的形成给予了帮助。我们的老师、同事和学生已经——并且在很多方面会继续——对我们形成教育财政概念提供帮助。随着政治和经济环境的变化，我们作为这一领域的研究者和教师会继续反省并且改变我们对于财政政策和实践的认识。

　　我们听取了很多人对于原稿的批评和建议，他们对于我们所强调的问题，从不同的视角提出了各种各样的看法。然而，作为作者，我们对于所提到的观点承担全部的责任。我们要感谢在第三版中鼓励和帮助我们的人，他们是：罗伯特·阿诺德（Robert Arnold），伊利诺伊州立大学；丹尼尔·布朗（Daniel Brown），英国哥伦比亚大学；布瑞·考德威尔（Brian Caldwell），澳大利亚墨尔本大学；提姆斯·撒布鲁克（Timothy Cybulski），俄亥俄州立大学；弗兰克·恩格特（Frank Engert），缅因大学；帕特里克·加尔文（Patrick Galvin），犹他大学；科里·贾尔斯（Corrie Giles），纽约州立大学；维维安·哈金奈（Vivian Hajnal），萨斯克彻温大学；理查德·哈特勒（Richard Hatley），密苏里哥伦比亚大学；玛丽·休斯（Mary

Hughes),阿肯色州大学;托马斯·琼斯(Thomas Jones),康涅狄格州大学;西奥多·卡瓦罗斯基(Theodore Kowalski),代顿大学;芭芭拉·拉考斯特(Barbara LaCost),内布拉斯加大学;约翰·麦克马洪(John MacMahon),英国哥伦比亚大学;贝特·麦克哈尔-威尔考克斯(Bettye MacPhail-Wilcox),马里兰北方大学;朱迪思·马瑟斯(Judith Mathers),俄克拉何马州立大学;肯尼斯·马修斯(Kenneth Matthews),佐治亚州立大学;理查德·麦克斯韦尔(Richard Maxwell),阿什兰大学;尤金·麦克隆(Eugene McLoone),马里兰大学;保罗·蒙特洛(Paul Montello),佐治亚州立大学;戴维·尼伯格(David Nyberg),布法兰纽约州立大学;弗格斯·欧苏威尔(Fergus O'Sullivan),大不列颠王国林肯大学;威廉·普斯顿(William Poston),艾奥瓦州立大学;劳伦斯·罗斯沃(Lawrence F. Rossow),俄克拉何马大学;南希·席林(Nancy Schilling),北亚利桑那大学;凯瑟琳·西尔克(Catherine Sielke),内华达大学;托马斯·萨拉特(Thomas Surratt),南卡罗来纳州立大学;塔拉·图纳(Tyra Turner),阿肯色州立大学;托马斯·威尔斯基(Thomas Valesky),佛罗里达海湾大学;德博拉·维斯特根(Deborah Verstegen),弗吉尼亚大学;威拉德森(J. D. Willardson),伯明翰青年大学;爱德华·维莱特(Edward Willet),霍顿学院。我们同样感谢德博拉·拜内特-伍德斯(Deborah Bennett-Woods)、达仁·欧海因(Darren O'Hern)、卢梅茨(Mei-Chih Lu)和赵良(Liang Zhao)在此版的资源确定和数据库更新中给予的帮助。

最后,在我们准备这本书的第三版过程中,要感谢家人的支持以及学生的鼓励。先前的学生在他们的工作中正在使用财政知识和技能;许多人现在在教授并研究教育财政问题。他们学习和分析传统的以及正在演化的概念的经验,对于这一领域非常重要,这使我们找到了帮助未来的学生探索教育财政政策和实践的不同途径。以前的和未来的学生激发了我们撰写教程的灵感,来帮助其他人理解教育经济学和教育政治学。

参考文献

Beare, H., & Boyd, W. L. (Eds.). (1993). *Restructuring schools: An international perspective on the movement to transform the control and performance of schools*. London: Falmer.

Guthrie, J. W., & Rothstein, R. (2001). A new millennium and a likely new era of education finance. In S. Chaikind & W. J. Fowler, Jr. (Eds.), *Education finance in the new millennium* (pp. 99 — 119). Larchmont, NY: Eye on Education.

National Commission on Excellence in Education. (1983). *A nation at risk: The imperative for educational reform*. Washington, DC: U. S. Government Printing Office.

National Research Council. (1999). *Making money matter: Financing America's schools*. A report by the Committee on Education Finance, ed. H. F. Ladd & J. S. Hansen. Commission on Behavioral and Social Sciences and Education. Washington, DC: National Academy Press.

Smith, M. S, & O'Day, J. (1991). Systemic school reform. In S. H. Fuhrman and B. Malen (Eds.), *The politics of curriculum and testing* (pp. 233 — 267). Bristol, PA: Falmer.

目　录

第四篇　对实现高标准公共教育财政政策的再思考

译后记

主题词索引[*]

---

* 请参见 http://www.crup.com.cn/gggl。

第一篇

为理解教育财政政策建立一个分析框架

过去的 20 年，美国人一直关注于提高公立学校的效率和公平。卓越教育国家委员会命名为《国家处于危难之中：教育改革的紧迫性》的报告，清楚地阐明了这种危机，而且，目前国家仍然把该问题放在非常重要的位置。我们所面临的挑战与其说是传统形式下的公立教育质量日益恶化造成的，不如说是全球政治、经济变迁的后果，这种变迁使得一个时代的教育系统所能完成的事情，与另一个时代的需要不相适应。为了使教育工作者帮助毕业生在新的条件下能够幸福地生活、成功地工作，需要对教育系统进行调整或重新设计。

经过 20 年艰苦的实验，关于要做什么和通过什么手段去做，似乎正在达成一致意见。现有的方案需要中央权威机构确立监管内容和绩效标准；需要学校权力机构设计和完善教育的实施体系。国家在历史上第一次号召/呼吁学校带领**所有**的学生获得高水平的学业成绩。在一个资源稀缺的世界，这意味着学校的融资决策必须与学校的课程意图紧密相连。

虽然对于改革的一般模式有很多共识，但各方在具体实施上却几乎没有一致意见。达成共识是一个在学区、州立法机关、国会以及州和联邦法院逐步形成一致意见的政治过程。在需要被设计的许多重要细节中，都涉及融资结构问题。教育财政政策发生了彻底的巨大的结构变迁和指导性哲学理念的变迁，在本书中，我们研究和探索这些变迁的政策含义，研究可能的政策选择的优点。影响未来财政战略选择和政策设计的力量有多种，这些力量交织在一起并相互作用；在本书的第一篇中，我们试图建立一个分析框架，用来理解各种力量及其相互作用。

教育要解决的是与个体公民的心灵和精神有关的各种事情；同时，它对于一个国家的政治经济福利和安全也是至关重要的。为了确保个人和社会对学校教育的要求都能够得到满足，公共和私人部门都要参与到教育政策的制定中。公共部门通过由政府主导的政治程序来作出决策，私人部门的决策则由个人通过市场来实现。政治学和经济学是有区别的，政治学研究价值在社会内部的分配过程，经济学则研究稀缺资源在社会内部的分配。经济学关注的是商品的生产、分配和消费。在利用资源的过程中实现效率是经济学的目标，这里的效率被定义为以最低的稀缺资源成本来获得最高的社会满足水平。

显然，一个人价值的优先次序，强烈地影响到他对于物质资源配置效率的判断。因此，经济学和政治学之间存在着持续的相互作用。公共教育财政就是这种相互作用中的一个重要内容。公共教育财政决策是通过政治舞台作出的，但是，在这些政治舞台上作出的决策具有很强的政策含义，无论是对于个人、商业组织，还是对于社区、州和国家而言，都是如此。通过决定是否参与政府项目，或者通过决定是否购买私人部门提供的服务，来补充或者替代政府项目，个人或者商业组织将对政治决策作出独立的回应。

考察我们所面临的教育问题的本质，研究影响我们决策的个人和社会价值，分析我们可以从中获得问题解决方法的政治、经济体系的运行机制，这就是我们研究探讨公共教育财政议题的第一步，也是本书第一篇的内容。

第 1 章

向学校拨付财政资金，让全体学生取得高水平学业成绩

——全球价值观的转变

议题和问题

- **公平且有效率地达到高的标准**：美国以及其他国家所探讨的教育目的是什么？什么样的体制和制度能实现这一目的？
- **社会和经济对教育的影响**：宏观的社会力量是如何改变公立教育的使命的？
- **核心价值观和教育财政政策**：影响教育财政政策的传统核心价值观是什么？
- **核心价值观转变的政策含义**：各种核心价值观优先次序的改变如何影响教育的治理结构，如何影响教育服务的提供机制？
- **国际比较**：通过对比美国、英国、澳大利亚和新西兰，最近的改革运动是如何控制教育及其资源的？
- **评价和完善教育政策的建议**：通过比较教育改革，我们可以获得一系列教育政策改革和完善的建议和主张，这样的建议和主张有哪些？

　　过去的 20 年，美国人一直关注于提高公立学校的效率和公平。卓越教育国家委员会命名为《国家处于危难之中》的报告，清楚地阐明了这种危机，而且，目前国家仍然把该问题放在非常重要的位置。经过 20 年艰苦的实验，关于要做什么和通过什么手段去做，似乎正在达成一致意见。美国正在出现的情况，与其他面临同样挑战的西方民主国家所正在演进的那些方式十分相似。

　　20 世纪 80 年代中期，对提高学生成绩的最初反应遵循的是传统的自上而下的改革方式。在第一轮改革中，通过提高高中毕业生和教师认证资格的要求标准，各州提高了对学生和教师的期望要求。政策制定者和州教育部门还启动了延长学期和学年、进行能力测验、标准化课程和提高对学生的要求标准等多种改革措施。但是，这些政策没有改变关于"教"和"学"的流行观点，也没有让教师直接参与到改革进程中（Smith & O'Day, 1991）。这种方法的缺陷很快就显现出来了。

　　始于 20 世纪 80 年代后期的第二轮改革浪潮，要求对学校教育的过程进行一次根本性的反思和调整。这轮改革把学校看做教育生产的基本单位，使其集中注意力

来提高生产率；学校层面的变革努力强调能力建设，尤其是通过教师的职业发展以及让教师、父母和有直接联系的社区的其他成员参与决策的治理变革，进行能力建设（Ladd & Hansen，1999）。分权型的决策制定的确为学校带来了新思想和活力。然而，许多需要在学校层面解决的问题，包括对学生成绩（表现）更高的期望，本质上是普遍性的，这些问题可以在州或者国家层面予以更有效和高效率的解决。在一个多维度的社会中，在学校层面来处理普遍性的问题，不能为一个高度综合/复杂的系统提供足够的一致性。

第三轮改革浪潮已经进行了十年，现在仍占据主导地位，这似乎是我们一直讨论的一致意见。这轮改革要求中央权威机构建立起有关标准并进行监督，要求由学校权力机构设计实施体系并进行落实实施。

这种系统的战略和第二轮学校改革同时进行。这种战略主要是创造一个使成功的学校可以繁荣兴旺的环境，并且当学校改革不能自动发生时，要为这种变革创造外部的压力；这种系统的改革通过这些措施强调由州行动（和较少的联邦行动）来补充学校和学区教育体制的重建。这个系统的关键是制定和完善内容标准，这些内容标准表明了对学生需要知道什么和有能力做什么的共同理解；有了内容标准，教育体系中的其他元素（学校的课程、评估、教师培训与职业发展、问责制）可以随之确定。(Ladd & Hansen，1999，p. 156)

虽然关于改革的一般模式有很多共识，但各方在具体实施上几乎没有一致意见。达成共识是一个在学区、州立法机关、国会以及州和联邦法院逐步形成一致意见的政治过程。在需要被设计的许多重要细节中，都涉及财政结构问题。教育财政政策发生了彻底的巨大的结构变迁和指导性哲学理念的变迁，在本书中，我们研究和探索这些变迁的政策含义，研究可能的政策选择的优点。

我们所面临的危机，与其说是传统形式下的公立教育质量日益恶化造成的，不如说是全球政治、经济变迁的后果，这种变迁使得一个时代的教育系统所能完成的事情，与另一个时代的需要不相适应。为了使教育工作者帮助毕业生在新的条件下能够幸福地生活、成功地工作，需要对教育系统进行调整或重新设计。

为实现这一目标，我们从一个更为宽广的视角来定义教育财政；教育财政包括更加传统的内容，诸如教育经费的收入和资源分配政策，另外还包括教育治理（决策制定的结构）。

在本章，我们会对引起现有教育危机的经济和社会根源进行考察，说明科技和人口是如何一起改变国家的核心价值观、社会结构和公立学校的使命的。最后，我们将提出一类普遍适用于分析教育决策过程的政治—经济模型。本书的内容就是按照这一模型组织安排的，这一模型也是本书讨论和分析问题的准则。利用该模型，我们对美国、英国、澳大利亚、新西兰的学校改革活动进行比较分析，从中得出一系列建议，以指导教育财政政策的完善和发展。

公共政策的社会和经济压力

巨大的科技进步和大规模的人口变化已经影响了我们工作、交流和与他人交往的方式，的确如此，我们感知世界的方式已经发生了改变。本节，我们将考察世界观是如何被改变的。我们将要说明，为了避免人口变化所带来的不良后果，即动摇我们社会和政治民主的基础，学校体制应该如何作出反应。

变化中的范式

在政治层面上认为公民的受教育质量对于一个民族的生存和成功具有战略意义，这在我们的历史上尚属首次。然而，对美国的教育而言，促使教育改革的力量不是唯一的，因为这些力量还反映了世界范围内社会、经济、政治和科技关系的变化。托夫勒（Toffler，1980，1990）把这一力量叫做"第三次浪潮"，随后，又叫做"力量转变的时代"；奈斯比特（Naisbitt，1982；Naisbitt & Aburdene，1990）称其为"大趋势"；德鲁克（Drucker，1989）则称之为"后工业社会"、"后商业社会"和"信息时代"交织在一起。无论被称为什么，我们所进入的时代与之前的时代是非常不同的。这种转变的巨大程度，可以与从封建主义向资本主义、从农业经济向工业经济的转变相比。为了生存，所有的社会组织都必须作出适当的调整，教育机构也不例外。

其结果是，我们的指导范式也随着社会经济结构的变化发生了转变（Kuhn，1970）。各个国家控制和规制本国经济的力量，已被经济全球化严重削弱。世界上许多极权主义政府纷纷倒台，相当程度上是因为随着电子通信和数据处理、储存及检索方面令人惊讶的技术进步，这些政府已经不能再控制其公民所获得的信息。其中，有几个极权主义政府被更加民主的政府所取代。另外，几个超级大国间那种公开的敌意也有所下降。但是，种族冲突和地区暴力对抗升级扩张，甚至蔓延到了美国的土地。随着国界线对于经济和技术力量而言变得日渐模糊，那些要坚持种族传统、寻求保持个人身份和归属感的个体，正在同社会规范的缺失进行着斗争。

当新世纪开始时，有人乐观，也有人担忧。奈斯比特和阿伯丹（Naisbitt & Aburdene，1990）就是乐观派。奈斯比特早在新世纪开始前的 10 年，就已经成功地预测了个体的胜利和集体的灭亡。随着新发现的出现，他们预测会出现世界经济的繁荣和艺术复兴，并且精神事务会越来越受到关注。依照他们所说的，一个新的自由市场社会主义将成为社会经济的主导形式，而福利国家将私有化；将有更多的女性担任领导职务；全球化的生活方式和文化的民族主义将出现；生物学将在科学中占主导地位；太平洋沿岸国家则将在经济关系中占据主导地位。

对于未来，并非每个人都像奈斯比特和阿伯丹那样乐观。例如，加尔布莱斯（Galbraith，1992）认为美国的贫富差距将不断扩大，并预测贫民最终将起来反抗。在加尔布莱斯看来，贫富分化扩大是因为在美国历史上知足的人（the contented）第一次在总人口中占多数，并且他们完全控制了政府。这些人不支持社会立法，不同意对富人征收高额税以重新分配财富，不同意为穷人提供更多的服务。加尔布莱斯认为，劳埃德·乔治（Lloyd George）在 20 世纪初制定的社会立法挽救了两次世界大战期间的英国资本主义。同样，富兰克林·罗斯福在美国大萧条时期用社会立法挽救了资本主义。在上述两个例子中，都是知足的人反对立法，而他们丧失了政治阵地，但是，现在他们却是牢不可破的多数，并且政府很难实施立法以弥补穷人和富人之间的差距。加尔布莱斯预测将出现社会暴动，并且我们可能已经看到，在大部分城市的少数民族贫民窟里已经有了先驱者。

加尔布莱斯的担忧来自皮尔斯和韦尔奇（Pierce & Welch，1996）对美国的工资结构所作的分析。他们发现，在美国过去的 25 年里，伴随着工资的不平等，白人男性的收入随着所受的学校教育和拥有的劳动力市场的经验而增加。他们还发现，接受完中

6

学教育的学生只有进入大学学习，才能获得更高的收入，而且这一现象越来越严重。

调查数据表明，收入和所受教育之间存在着密切的联系（U. S. Bureau of the Census，2000a）。一个高中辍学的男性在1970年的平均工资是29 377美元（以1999年美元为基准），相当于高中毕业男性平均工资35 553美元的83％；至1998年，高中辍学者的平均收入下降为17 876美元，是高中毕业生平均收入25 864美元的70％[①]。与此同时，高中毕业生的收入远不如大学毕业生。1970年，男性大学毕业生的平均收入是44 031美元，比男性高中毕业生的平均工资多24％；至1998年，大学毕业生的平均工资比高中毕业生多56％，平均年收入为40 363美元。这些格局如图1—1所示。需要注意的是，在1970—1998年间，对于男性来说，所有类型教育所获得收入的购买力（以1999年美元为基准）都在下降：高中辍学者为39％；高中毕业生为27％；一些大学的男性为22％；获得学士学位以上（含学士学位）的男性为8％。换句话说，高中辍学者在1970年的购买力实际上超过了高中毕业生在1998年的购买力。一些大学的男性在1998年的购买力，仅略高于（大约800美元）1970年高中辍学者的购买力。对于至少获得一个大学学位的男性来说，其购买力的下降程度与其他教育类型相比较小。

7

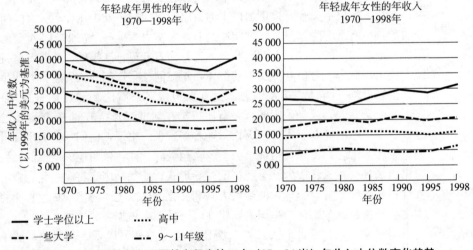

图1—1　不同性别和不同教育程度的工人（25～34岁）年收入中位数变化趋势

资料来源：U. S. Bureau of the Census（2000b）。

6

7

图1—1中男女收入曲线的比较表明，女性的收入一般来说低于男性。然而，女性正在消除这一差距，与男性不同的是，女性所有教育类型的收入曲线都呈适度上升趋势。另外，一个至少获得学士学位的女性较接受过其他类型教育的女性来说，收入优势增加。1970年，女大学毕业生的平均收入为26 772美元，比女性高中毕业生的平均收入14 681美元多82％；至1998年，女大学毕业生的平均收入为30 774美元，比女性高中毕业生的平均收入15 356美元多100％。

关于加拿大教育的经济收益研究（Paquette，1991）表明，如果一个人没有上完四年大学的打算，那么他在高中作出辍学的决定是完全理性的。技术的发展减少了

---

① 用17 867美元除以25 864美元，所得结果为69％，疑原书有误。——译者注

多数工作对熟练工人的需求，与较低的受教育水平相联系的是在工作收入上几乎不存在优势。只有对于那些持有大学或更高程度学位的人，收入上真正重大的差别才会出现。帕奎特（Paquette，1991，p. 475）得出结论，"由教育产生的经济利益的重新分配，不可避免地反映了工作上大量的非技术化（deskilling），以及在所有部门不断增加的对于无须代价的可替代的业余和暂时性帮工的依赖，这些帮工可以通过电脑——这个后工业时代的正点工——来雇用、解雇工人，安排时间进度和支付工资"。对于大多数学位的获得者来说，情况已经大不相同了。以前，他们通过继续深造可以获得更多的收益；现在，就经济状况而言，取得高中毕业文凭甚至大学二年级肄业证书的人，比 50 年前小学毕业的人好不了多少。科恩（Cohn，1997）对帕奎特有关高中毕业文凭缺少经济价值的发现表示质疑，但他认为，从某些大学或专科学校毕业的人与完成四年大学的人相比，获得的经济收益低。科恩提出的政策建议是，努力减少学院和大学的辍学率。

　　许多美国学生不能完成高中学业，以及辍学与后来的失业及犯罪之间的联系是政策分析家们关心的又一问题。首先，从收集这些数据的那一刻起，美国学生高中毕业率就已经落后于其他大多数工业化国家（Langemann，1999）。这些数据还表明存在着种族歧视：几乎 92% 的 19 岁白人学生上完了高中，而同时只有 87% 的非洲裔美国学生和 75% 的西班牙裔学生完成了高中学业（National Center for Education Statistics，1999，Table 105）。监狱中 82% 的罪犯是高中辍学者，他们每人每年大约要花费 24 000 美元公共财政（Hodgkinson，1993）。只有大约 1/4 的少数民族高中辍学者在离开学校后不久就找到了工作，而白人辍学者则大概是一半。即使少数民族学生高中毕业后，其就业也很困难，75% 的白人学生在毕业后不久就找到了工作，而相对应的少数民族学生只有一半人在毕业后不久找到工作。

　　肌肉的力量正在被头脑的力量所取代。在整个 20 世纪前叶，几乎没有受过什么正规教育的人也可以找到报酬很好的手工工作来养活他们自己及其家人。作为技术进步的结果，这种就业方式已不复存在。替代了手工劳动力的机器，需要受过良好教育的操作者，同时，机器的发明者和设计者以及相应的装置要求操作者受过高水平的正规教育。因此，现在一个人受正规教育的程度与他的经济地位密切相关。过去，接受正规教育是一种选择；今天，教育是全面参与我们社会、政治、经济等各方面的通行证。那些没有通行证的人，不能完全融入我们的社会，并将面临永远成为下层阶级中一员的命运，这些，我们将在下一节中阐述。

下层阶级的产生

　　美国面临着产生一个结构性的下层阶级的现实可能性，并且很多人相信，公共教育体系的本质是产生这一问题的主要原因，同时也是解决这一问题的潜在手段。虽然 20 世纪 90 年代的经济繁荣使生活在贫困中的人们减少了 0.5%，然而，在 20 世纪的最后 10 年，仍有 3 110 万人口，或者说美国人口的 11.3% 属于这个阶层。然而，贫困的重担并非平等地压在不同种族群体身上，有 22.1% 的黑人生活在贫困中，除此之外，还有 21.2% 的西班牙裔人和 10.8% 的亚裔人也处于贫困状态。与此相对应的是，7.5% 的白人生活在贫困中。1998 年，大约 18% 的全体学龄儿童（5～17 岁）生活在贫困中。收入最低的 1/5 的家庭的总收入已由 1969 年的 4.1% 下降至 1997 年的 3.6%，而收入最高的 1/5 的家庭的总收入占全体家庭总收入的比例从

43％上升到了49.4％。最显著的是，由前5％的家庭所控制的收入份额从16.6％上升到了21.7％（U. S. Bureau of the Census，2000a）。

来自贫困阶层的儿童日益增长，由此产生的问题与家庭结构的变迁混合在一起。美国家庭的特点自1970年以来变化显著。1970年，在有18岁以下孩子的家庭中，有11％的是单亲家庭，而这一比例到1998年已是27％（见表1—1），其中的22％是单身母亲家庭，而剩下的5％则是单身父亲家庭。缺少双重收入，使摆脱贫穷的任务变得更加困难，对于只有一个单身母亲的家庭尤为如此。2000年，单身母亲家庭中有将近25％的家庭处于贫困状态，与之形成对比的是，双亲家庭只有不到5％的家庭处于贫困状态。而以黑人或西班牙裔女性为主体形成的单身母亲家庭则有超过34％的家庭生活在贫困中。

表1—1　　拥有18岁以下孩子的各类家庭的数量和比例（1970—1998年）

	1970年	1980年	1990年	1998年
数量（千）				
双亲家庭	25 532	24 961	24 537	25 269
单身母亲家庭	2 858	5 445	6 599	7 693
单身父亲家庭	341	616	1 153	1 798
比例（%）				
双亲家庭	88.7	80.5	76.0	73.0
单身母亲家庭	10.0	17.5	20.4	22.0
单身父亲家庭	1.3	2.0	3.6	5.0

资料来源：NCES，2001，U. S. Department of Commerce，Bureau of the Census，*Current Population Reports*，Series P - 20，"Household and Family Characteristics，" various years，unpublished data.

在过去的30年中，少数民族学生在公立学校招生中所占的比例稳步上升。1999年，在公立小学和中学，少数民族学生占了将近39％的比例，比1972年增加了近16％。这种增加在很大程度上归功于西班牙裔人口的增加。1999年，黑人和西班牙裔学生分别占公立学校招生数量的16.5％和16.2％，其中，黑人学生比例上升了2％，而西班牙裔学生增加了10％（National Center for Education Statistics，2001）。少数民族人口的数量和比例的增加，部分要归因于他们相对于主体民族的较高的出生率，另一个重要因素是移民高潮的出现，尤其是来自亚洲和拉美的移民。随着少数民族在很多州、大城市和学区的人口比例超过了50％，这种趋势有望进一步加强。

除了贫困人口可能是过去的3倍以外，少数民族儿童更可能遇到其他危险因素，如来自单亲家庭、不精通英语、有一个曾经辍学的父母或兄弟姐妹（或者都有）。与白人儿童相比，少数民族儿童遇到其中两个或更多危险因素的可能性是白人儿童的3.5倍。这一影响也存在于两代人之间。62％的处于贫困线以下的6岁以下儿童，其父母没有完成高中学业；如果父母双方有一人高中毕业，则这一比例下降至26％；如果父母双方有一人高中毕业后继续接受学校教育，则这一比例下降至7％（*Poverty and Education*，1992）。

这些人口变化导致了美国下层阶级的急剧增加。随着贫富差距的不断扩大，学校面临着这样一种挑战，即帮助更加多样化和更少特权的学生来实现高水平的学术期望。

核心价值观优先次序的改变

在西方社会，制定学校公共政策时，主要围绕五个核心价值观进行：集体自由或个人自由、平等或公平、博爱或公民权、效率、经济增长。前三个是来源于自然权利法教义的道德价值观，最早由英国哲学家约翰·洛克（John Locke，1956）于1690 年在他的《政府论（下篇）》（*Second Treatise of Government*）中明确表达。在18 世纪后期和 19 世纪早期，美国和法国革命的领导人都利用洛克的理论来证明他们的革命是正确的，并在革命胜利后运用该理论组建他们的政府。效率和经济增长是有助于促进三种道德价值观实现的实用的或者引申的价值观。效率和经济增长只在20 世纪才成为公共政策的主要目标。 10

长期以来，私立学校教育只有特权阶层和宗教人士才能获得。公立学校和普通的小学教育，最初是由 19 世纪初出茅庐的民主人士创立的，目的是为了削弱世袭承递的社会阶层结构，以便培养这样一种公民集团：他们能够智慧地行使刚刚赢得的选举权、成为陪审团和履行他们的新型民主政府所强加给他们的其他一些责任。以美国为例，公立学校对于建立起区别于英国传统的民族特性，并在后来使大批寻求庇护和新机会的移民美国化的过程中起着非常重要的作用。因此，在 19 世纪，建立公立学校的动机完全是政治性的。

首先，公立学校只设小学低年级，它们对公共财政的需求不大。对于以少有余粮的农场经营为主的经济形式来说，教育、生产和财富之间并没有很强的关联性。

随着工业化和城市化进程的加快，教育和经济收入之间的关系日益加强。由于技术高度完善，我们进入了信息时代，拥有受过良好教育的公民对于经济和国家的生存策略起着至关重要的作用。给所有人民提供更高水平的教育变得日益昂贵，相应地，也把效率和经济增长的实用价值提升到了至少与自由、平等、博爱这些道德价值观等同的地位。因此，在 21 世纪初期，人们普遍认为，教育无论是对于公众财富，还是对于个人来说，都起着重要的政治和经济作用。

价值观的界定

实际上，我们所有的活动都是在好与坏、对与错、更好或更坏这样的态度环境中进行的。因此，行为是对世界是如何构造的这样一种信念的一贯反映，并且或明或暗地基于这些哲学考虑来采取行动（Foster，1986）。

价值观是可选择的观念（Parsons，1951；Hodgkinson，1983；Hoy & Miskel，1991）。价值观是一种持久的信念，它是在两种相反的行为模式或存在状态中个人或社会所选择的那种。价值观是表现于所有人类活动中的有意识或潜意识持有的关于不同事情的优先次序。一个价值观体系则是价值观念沿着一系列相对重要性排列的持久的组织（Rokeach，1973）。

如果价值观是完全稳定的，个人和社会变化则变得不再可能；如果价值观是完全不稳定的，人类个性和社会的连续性则变得不再可能。价值观的等级观念，使我们可以把变化定义为"轻重缓急"的重新整理，同时可以视整个价值体系在一定时期内是相对稳定的。

元价值观（metavalues）

霍奇金森（Hodgkinson，1983，p. 43）把**元价值观**定义为"一个我们非常需要的概念，一个如此既定的、根深蒂固的概念，以至于不容许我们讨论；这个概念常常进入个人和集体普通价值的计算中，而且是以一种不需要表述的或者不需要考察的假设的形式出现"。他把管理和组织生活中占主导地位的元价值观视为效率和效力。

尼伯格（Nyberg，1993，p. 196）主张，"道德领域对每个人都是一样的，因为它是建立在对人类尊严、体面、自愿性的而非压迫性的关系和某些精神实现的关注之上"。其中的细节因人群、地点、时间的变化而变化，但是这种关注的基本原理——元价值观赖以建立的基础——是始终一致的。

在实际应用他的关于价值结构的理论中，洛奇卡（Rokeach，1973）曾致力于找出被各种政治意识形态挑选出来用于特殊目的的理想或价值观。他假定，政治意识形态中的主要变量根本上是对各种对立的价值倾向的简化、提炼，这些价值倾向是各种流派的自由和公平理念在政治上的好恶。盖茨勒（Getzels，1957，1978）把国家的核心价值观描述为"神圣的"。他确定了美国民族精神中四种值得推崇的价值观：民主、个人主义、平等和人的完美性。

有关教育政策的文献经常或明或暗地提及这些价值观或相似的价值观。博伊德（Boyd，1984）、科皮赤和格思里（Koppich & Guthrie，1993）认为，平等、效率和自由是西方民主国家在制定教育政策时从社会方面需要特殊考虑的有竞争性的价值观。沃特（Wirt，1987）注意到，在教育上，所有国家一致认同的主要价值观是质量、平等、效率和可选择性。卡哈恩（Kahne，1994）认为，平等、效率和卓越是教育政策分析家们考虑的主要问题，但同时批评他们对民主社区的形成没有给予平等的关注，也就是说没有博爱。

我们在本书中主要关注与教育服务的提供和消费的决策显著相关的五种元价值观或政策目标，即自由、平等、博爱、效率和经济增长。由于政策环境发生变化，每一个价值观在公共政策形成过程中的优先性方面都经历了起落，但是没有一个完全丧失了它的相关性地位。今天，这五方面价值相对重要性次序的根本性改变，似乎就要发生了。

自由是按照某人自己选择的方式去行动的权利，不屈从于不当的约束或控制，而**平等**在表述享有平等的社会、政治和经济权利时，指相等的状态、理想或质量。在政治环境中，平等被用于诠释公民的权利，而非指个人的特性或能力。

尼伯格（1981，pt. Ⅱ）提醒我们，个人自由（或集体自由）的意思至少在某种程度上由所使用过的时代衍生而来。他指出，1787—1947 年期间，自由在美国发生了转变，从"自由是天然的权利（与政府相**对应**的权利，独立权）"到公民权（**参与**国民政府所拥有的权利），再到人的自由权（得到政府的**帮助**，免于恐惧和短缺匮乏的权利）（pp. 97—98）。

平等的意思也发生了同样的变化。起初，平等只用于权利，而不用于描述状况，法律、习俗和传统同等地用在人身上。当我们这样考虑时，平等正如最早所界定的那样，是保护自由的工具。现在，平等的可用定义已扩展到了包括状况这一因素。人们也已开始承认，一些人没有自由是因为他们无法控制环境，如少数民族地位、性别、贫穷、身体和心理缺陷。当今的社会政治环境强调对待**恰当**。因此，平等暗含有公平的意思，"正义、无偏见、公正的状态、理想及特性"（Morris，1969，p.443）。教育已经成为消除或减少不利条件的社会政策的一种主要手段（如 *12* 特殊教育和补偿教育项目）。随着平等定义的扩大，公平与最初界定的"自由"的价值观产生了冲突，因为补救政策不仅涉及贫穷的人，也包括其他人。自由要求个人有自由表达的机会（如教育券和择校），然而公平要求对个人的自由有所限制（如学校废除种族隔离制度，把身体上或智力上有缺陷的学生编入学校正规班级及均衡因种族原因产生的教育支出差额）。

在他的国际分析中，考德威尔（1993）注意到公平和卓越的价值观的混合：

> 新兴的公平和卓越观强调要确保每个学生能够得到可以最好地满足他的需要和兴趣的资源组合……换言之，公平和卓越的结合可能会引起如下转变：资源分配的方式由中央作出所有决定的"一刀切"变为根据学生的特定需要安排不同的资源分配方式，而且在决定这些方式时，更多的决定是在学校层面作出。（p.163）

克鲁恩（Clune，1993）注意到了美国的这一趋势。让所有学生都达到高水平的最低限度的学业成绩水平，这是教育**充分性**和充足的资源要实现的共同目标。克鲁恩注意到，正是根据达到高水平的最低限度的学业成绩要求来定义平等。换句话说，资源分配是否公平，正开始以平等的学生学业成果为基础来进行判断，而不必像过去一样根据投入分配的平均度来评价。因此，**充分性**和学校的**能力**（capacity）是已经进入了现代教育财政学词典的术语，正在改变**平等**和**公平**的定义。

充分性主要关注产出和结果，需要设置绝对而非相对标准。通过"充分性"这个透镜来审视公平，促使我们把教育财政的问题与教育改革和学生成绩的基本问题联系起来。从可操作的角度来定义充分性（例如，能够提供足够的资源来建设学校的能力）将比较困难，我们在后面的章节再来讨论。充分性包括质量和数量两方面。质量方面包括课程问题——确认和定义那些对于所有学生都是必要的教育经历；数量方面要求详细说明令人满意的成绩水平。因此，从充分性的角度来定义公平

> 可以用更加普通的机会平等的概念来克服两个严肃的理论弱点。第一，从对个人前途的重要贡献来看，教育成果非常重要，而机会平等——该思想认为所有学生应该有同等的成功机会，并且教育是一种非常有效率的达到这种目的的工具——却没有对之予以足够的重视。第二，平等的教育机会既不要求特别的成绩水平，也不绝对禁止在高成就需要和低成就需要的个体间在成绩上的重大差别，只要成果上的变化并没有和"道德上不相关"特征联系在一起。（Ladd & Hansen，1999，pp.105—106）

博爱的价值观指的是一种能够产生团结、一致和国家感的普通的联结。在今天的发展中国家，培养民族意识是学校的一项首要任务。自从美国摆脱了英国的殖民统治、经过独立战争成为第 13 个独立的国家后，培养民族意识就成了美国学校教育的一项任务。后来，学校成为 19 世纪"大熔炉"战略家们的一个重要工具（Ravitch，1985，chap.14；Tyack，1974）。随着移民继续增加，种族的多样性和家 *13* 庭收入不均情况继续发展，学校仍有必要成为民族融合的推动力量。

与公平一样，博爱对自由有所限制。克雷明（Cremin，1976）认为，教育和社会这

两个概念间的关系是必然的、明显的（即博爱）。参考杜威（Dewey，1916）编写的《民主与教育》（*Democracy and Education*）一书，克雷明写道，"健康的个人主义和健康的多元主义在民主社会里都有广阔的空间，但是个人主义和多元主义必然也带有探索社会的特征"（p.72）。尼伯格（1977，p.217）把一所学校的历史和社会功能描述为"一种个体成为群体的方法，通过这种方法，这些群体刻画塑造他们自己"。

效率是产出与投入之比，它在今天的教育中备受关注。可以通过从可利用的资源中增加实现既定产出的可能性，或通过使用较少的资源维持特定的产出水平来提高效率。由于教育机构主要在公共部门起作用，学校不会遇到像市场施加给私营部门的那么严格的有关有效运作的规定（内部效率）（Benson，1978；Guthrie，Garms，& Pierce，1988）。资本主义国家的政府倾向于处理那些不是要务的经济事务问题。在教育学词典中，效率问题被表述为"教育问责制"和利用有限的资源达到高绩效。

通过**经济增长**增加物品和服务的国民总产值，这要求支持经济发展的劳动力所需的技能有所提高，这样，经济就能以理想的速度增长，从而增加全民福利。经济增长与人力资本的发展密切相关，我们将在第2章对此进行讨论。促进经济增长的目标同效率一样，是近期所关注的事情。公共教育在19世纪发展时，对劳动力的一般技能要求极少，需要的是特殊技能，通常通过私营部门的学徒形式获得。随着工商业界对入门技能有所要求以及职业变得更加复杂，公立学校日益担负起职业教育的责任。由于国际竞争日益激烈，劳动力市场对技能的要求进一步增加，对经济增长的重要性将更多地放在其作为一项评价教育政策的标准上来考虑。

由于教育受这些和其他一些凸显的公共价值观和个人价值观的影响，制定教育政策非常困难。在过去的20年，学校的毕业生缺乏国家经济高速持续增长所需的技能，这一问题促使教育政策的制定者们更加严密地审视学校教育系统的效率。结果，政策制定者们对学生的学业成绩制定了高标准，建立了按照那些标准检查是否取得进步的机制，并激发了教师们朝着那些目标工作的动力。在把追求卓越的激励性引入教育系统的过程中，政策制定者们参照了私营部门的做法，并在某些情况下尝试通过增强学校内部的竞争和职工们的责任来营造准市场环境。竞争使那些接受学校教育的人有了更大的自由，因为竞争给他们提供了更多可供选择的学校。在那种情况下，学校的资金与学生的流动联系在一起，成为施加在职业教育者身上的一种隐性的责任形式。同时，通过革新（如地点管理和特许学校给教育消费者在择校过程中提供更多选择），职业教师们的自由有所增加。一些观点认为，在这些新形势下，仅有效率和自由并不能使所有孩子在学校没有足够的吸纳能力的情况下变得优秀。这些评论促使人们扩展了对公平的理解。

尽管五种价值观中的每一种都是可取的，但由于它们在概念上互不一致或相互矛盾，在公共政策或在个人生活中，就不可能同时强调所有价值观。个人和社会必须对这些价值观进行排序。随着环境的变化，个人优先考虑的事情会有所变化。当个体的变化足够多时，公众优先考虑的事情也会随之变化（Ravitch，1985，chap.5）。当今，我们处在这样一个异常活跃的时期，即衡量什么是教育领域应优先发展的价值观。美国以前从未提出教育的目标是使**所有**的孩子达到高标准。这一新的重点给政策制定者们带来了大的难题：如何把财政资源与有利于实现最终目标的教育环节直接联系起来。

14

一种普适的分析教育政策制定过程的政治—经济模型

美国社会所面临的经济和社会的巨大变化，引发了人们对核心价值观的优先次序进行重新审视，从而营造了一种政治气候，在这种政治气候中，政策不仅有可能发生根本性变化，而且可能性很大。这就意味着，改变现有的政策结构只是考虑中的多种政策选择中的一种。为了提供一个对可供选择的政策进行评价的框架，我们在这里提出尤其适用于教育领域的政策制定过程的一种模型。

我们的模型是对伊斯顿（Easton，1965）政治系统简化模型的详细说明（见图1—2）。政治系统被视为一种**开放**的体制，即它从环境中吸取资源，将其按照某种形式进行加工，并将加工过的资源输出给环境。所有的体制都向着**熵**或无序状态的趋势发展，为了保持均衡，它们必须有意识地与这一趋势作斗争。**反馈**是与熵作斗争的一个主要功能，它是对一种系统的内部运行及体制与环境关系的持续监控。由于系统依赖于环境所提供的资源，因此，准确的反馈对系统的健康尤其重要，没有环境所提供的资源，系统就会萎缩和灭亡。在对反馈进行分析的基础上，通过修正或调整系统的结构来保持均衡（控制论）。保持均衡是使系统与环境和谐发展和演变的一个动态过程。

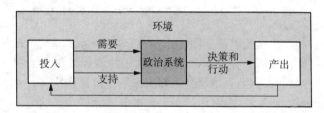

图 1—2　政治系统简化模型

资料来源：D. Easton. （1965）. *A Systems Analysis of Political Life*. Chicago：University of Chicago Press，p. 32. Copyright 1965 by University of Chicago Press. Reprinted by permission.

伊斯顿的模型把公共政策概念化为政治系统对环境的力量作出的反应。环境的压力或投入以两种形式出现：（1）公众行为通过利益群体所产生的需求；（2）个人和群体通过遵守法律、交税和接受选举结果支持政府。投入经由政治系统进行处理并转变为政治产出。政治系统由一整套可识别和相关的各级政府的制度和活动组成，如那些与美国国会、州和县立法机关、众议院、镇议会、村委会、校董事会、委员会、权力机构和法院相关的制度和活动。政治系统方面的反馈有正式的和非正式的。正式的反馈通过选举、公民投票、听证会和政策分析获得。非正式的反馈通过官员和选民及其他人的个人交流获得。 ‹15›

图1—3描述的是我们对伊斯顿模型应用于教育政策制定而进行的改编。（多个利益群体的）社会价值观和目标，在新模型中被看做是把"需求"输入政策制定的过程。其他需要输入的包括现有的知识（如教师和管理者的专业技能）和对一个合格的劳动力的要求。下一个要求是"支持"输入，需要经过专门训练的人员（教师和管理者）实施所有已经制定的教育政策。实际上，可用的劳动者的资格极大地影响着可供选择的教育政策是否可行。其他的支持输入包括必须从经济基础中获取资源，从而给实施过程和公民的行为提供经费，大体上维持政治—经济系统。 ‹16›

15

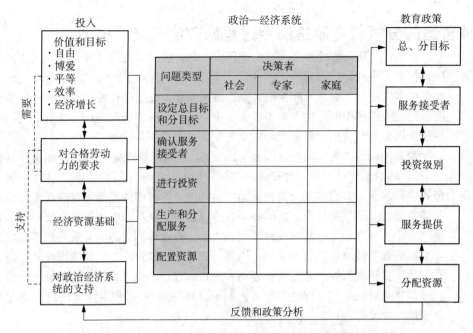

图1—3 教育政策发展的一种政治—经济系统模型

16

伊斯顿的政治系统以位于图1—3中"政治—经济系统"的网格为代表。网格中的垂直纬度代表需要作决策的事情，水平纬度代表潜在的决策者，即个人（家庭）、教师专家和社会的利益及专业知识。不管由谁作决策，都必须阐明五个大的方面（Benson，1978），它们是：

- 设定教育事业的总目标和分目标。
- 决定把教育服务提供给谁。
- 决定对人口质量投资（如教育）的程度，以促进经济增长和一般福利。
- 决定提供教育服务的途径。
- 给教育服务分配资源，在教育服务内部分配资源。

每一个群体的决策者们都潜在地关心所有问题，尽管一个特定的群体根据事情的不同、实际的爱好和专业知识的层次会有所不同。社会关心的事务由个人来表达，利益集团通过以下形式对其加以限制：政府的政治过程，组成学校董事会，结成联盟（如那些正在协商国家统一的课程和标准以及国家对教师和管理者的认证程序的联盟）。社会关心的事务优先于家庭和行业关心的事务，因为教育领域的事务有着重要的收益外溢性，并且拥有影响重新分配的因素（财富和利益从一个群体转移到另一个群体）。

教师行业（包括管理者和其他经认证的人员）掌握着有关学校教育的专业知识。作为教育系统的工作人员，这些专业人员也有工作环境方面的偏好。教师与社会其他人员一起参与一般性选举、公民投票和他们可以参加的政治活动。专业教育工作者们也通过他们自己的协会和专业社团的游说活动对政策产生深刻的影响。国家教育协会（NEA）和美国教师联合会（AFT）的成员，在州和国家层面尤其起作用。在地方层面，除了服务于不同校区的建议委员会外，教师和管理者们还通过集体谈判过程，极大地影响着教育政策（Bacharach & Shedd，1989；Mitchell，1989）。

父母是孩子兴趣和需求的指引者。家庭通常拥有最直接的相关知识,并照顾孩子。孩子的心声通常通过家庭传达出来(Bridge,1976；Coons & Sugarman,1978；Clune,1995)。除了参与学校董事会的选举和投票,父母可以以个人形式直接向学校董事会成员、学校管理者或教师表达他们的意见,他们还可以联合其他有相似意见的父母群体,组成类似于国家父母和教师大会(PTA)以及基础教育委员会(CBE)这样的团体,关注有特殊情况的孩子们的需求,例如,情感缺失、身体有缺陷或智力超群的孩子。

诸如女性选举者联盟和美国大学女性协会这样的机构,把教育事务作为长期发展的第二位问题。其他机构试图超越学校的现有成绩,以这样一种途径来影响教育政策。这些群体可能包括纳税者群体或有着特殊政治议程的群体,例如,公民权利、肯定性行动、赞成堕胎合法化或反对堕胎、保护环境、弘扬爱国主义精神和宗教基本主义。17

伊斯顿模型的决策和行为的产出由图1—3右侧的长方形来表示。教育政策和实践是该过程产生的结果,在图中,通过以政治—经济系统表现出来的五种事务加以分类。政策和实践是由社会、教师行业和家庭所作出的正式及非正式决策的混合体。反馈圈由对教育政策的描绘指向对投入的描绘。反馈通过选举、倾听、调查、政策分析以及多种正式渠道获得。信息通过反馈圈传递,将影响未来的决策和行为。

权力和权威在美国教育领域中的分配

决定一种令人满意的权力和权威的分配形式是制定教育公共政策的一个持续性问题。教育政策发展的政治—经济系统模型包含一个政治—经济系统决策矩阵(见图1—3),这个决策矩阵把需要作决定的事务与潜在的决策者们放在一起。我们现在用这个矩阵去描述在美国教育领域作决策的权威的演变过程。在下一节,我们用该矩阵对英国、澳大利亚和新西兰现有的分配形式作比较。接下来会是一个国家间的比较,把这四个国家放在一起进行分析。在本章的最后一节,我们以比较性的分析为基础,提出制定教育财政政策的原则。

权力和权威在政党之间的分配,影响着决策的本质和决策实施的有效性。在许多地方,一些学校改革是经过深思熟虑后发起的,并且在一些地方已经开始在重要领域通过成绩标准和问责程序、父母对学校的选择和以地方为基础的管理重新分配权力和权威。埃尔莫尔(Elmore,1993)和维勒(Weiler,1993)认为,教育改革在世界范围内争论得很激烈,这对于改善学校教和学的质量没有什么帮助。

埃尔莫尔(1993)批判了分析家们把集权化的改革和分权化的改革看成是绝对的这一倾向。相反,他认为,隐含的事务应该以该松散管理时松散管理(分权化)和该严格管理时严格管理(集权化)的方式出现:

> 这个问题中隐含的意思是,假设多个层级的政府和它们的选民一样都想管理学校,但是,如果它们都试图对学校教育的所有事情施加同样的影响,那么该系统会因为它自身的组织复杂性而瓦解。因此,问题不在于这个政府或那个政府**是否**应该影响教育,而在于任何一级政府应该以**何种因素**施加**何种类型**的影响,以及施加**多少影响**。(p.51)

麦金和斯特里特（McGinn & Street，1986）把集权和分权比作一个二分体：

> 分权不是一个由个别公民组成的政府所控制的问题。相反，它是一个权力在社会各群体分配的问题。一个高度参与的社会，即所有公民实际上都参与其中的社会，可能需要一个能胜任的和强有力的政权，该政权能够积极地、持续地在社会群体和个体中重新分配权力。地方政府的权力定位并不能保护当地居民免于暴政，在当今社会中，市场机制几乎不可避免，通过市场机制对权力进行重新分配，会导致不公平的事例继续存在和变糟。但是，竞争和市场也有助于社会公正，使权力在处于竞争市场中的参与者们身上相对公平、均衡……一个强大的政权必须首先达到社会公平的最低限度，这样权力的分散才能够促使民众真正的参与。

普通学校概念早在19世纪就出现了，当时农业在美国经济中占据主导地位，大多数人居住在农村。普通学校是"公共的"，但是，其正式的治理结构却类似于城镇市民大会，所服务的社区非常少。在那个时期，城市很少，城市规模与今天的标准相比也较小，并且没有郊区，学校治理处于封锁阶段。学校的统一是随着城市学区的建立在城市中开始的，在那里，学区与它们所在的城市和管理它们的权力当局一起发展。在进入20世纪后，农村学校开始集中化。特亚克（Tyack，1974）是这样记载的：

> 掌管农村普通学校，使其从当地社区中脱离出来，并把它交给专业人员接管，这一运动在美国教育中是更加普遍的组织进化中的一部分。在这一运动中，门外汉丧失了对学校的直接控制。在城市，学校人员开创了教育机构新的管理方式，他们试图"把教育从政治中解放出来……"。（p. 25）

让我们回到图1—3，看看这个参考点。在美国公共教育的起始阶段，主要是通过掌握在家庭手中的城镇市民大会这一形式对教育进行管理。教师行业很薄弱，代表国家的广大社会除了提供赋予立法的权力外，相对来说较不活跃。教育机会的自由和平等原则（存在于社会经济阶级，而不存在于种族中）在关于社会阶层的异质社会中占主导地位。政府实力很弱，也没有能力获取经济资源。通常情况下，效率不是政府和学校考虑的因素。

尽管学校是分散控制的，但所有学校中存在着明显的同一性。在学校的改革者中，霍勒斯·曼（Horace Mann）和亨利·巴纳德（Henry Barnard）共同坚持着一种普遍的新教—共和党的意识形态。公共教育的目的假定是：通过灌输一种无党派道德和无宗派市民教育，培养正派市民。学校本身是自由的，面向所有孩子开放，公众给予其支持和控制（Tyack，1993）。这种同一性的关键不是中央政府的控制，而是一种共同的文化信仰的力量，也就是特亚克所谓的"意识形态无形的手"（1974，p. 5）。

20世纪上半叶，随着教师职业变得愈发复杂，特别是其职业控制和官僚化的加重，权力转移到了图1—3左侧部分（Callahan，1962；Tyack，1993）。通过制定实施强制入学法律、建立教师资格基本标准、巩固农村学校和提供财政资源，包括最低限度的均等资助等措施，各州更多地参与教育事务。和以前相比，对自由的关心变少，人们开始考虑效率问题；同时，公正也在全国范围内得到了关注。

第二次世界大战后，市郊和市郊的校区得到迅速发展。在经济地位和种族划分方面，市和校区变得越来越同一，即白人中等阶级集中在市郊（Banfield，1970，1974）。失去了中等阶级作为领导力量，城市中心的教育服务质量惨遭下滑。20 世纪 50—70 年代，联邦法庭的民权诉讼成功地挽回了由此而导致的不公正（Levin，1987）。诉讼而产生的州和联邦立法，使得个别的法庭决议具有了普遍性。关于教育服务性质和分配的地方决策，受到国家和州的方针政策及有关学生作业和纪律、教师雇用和课程设置的法令限制。

在 20 世纪 70 年代，还是通过诉讼后立法的方式扩大了关于资源分配的社会影响（Berne & Stiefel，1983；Guthrie，Garms，& Pierce，1988，chap. 8）。各个州更多地参与到为学校的运作、学校建筑、交通工具提供资金中来。在 20 世纪六七十年代，联邦政府首次在教育财政方面作出了重大贡献，主要是针对市中心的贫困儿童和残疾儿童，为他们拨发了救助款。州教育部门和联邦教育部在规模和影响力上都得到了发展。学生的成绩明显下降，伴随而来的是对教育事业信任度的降低。这个时期，人们主要关注平等原则，分别从种族和社会经济学的观点对平等下了定义。随着州政府和联邦政府对当地校区限制的增加，自由和效率变得更糟。州政府和联邦政府代表社会成为图 1—3 中主要的决策者。

20 世纪 70 年代明显的教育质量恶化问题，随着大量关于州教育报告的发表，在 20 世纪 80 年代初成为全民关注的问题。当前的教育改革运动紧随其后。为了阻止教育水平的下降，大多数州政府都进行了干预，包括规定功课、对教师和学生进行能力测试、提高对教师资格证和学生毕业证书的要求。改革运动的初级阶段进一步限制了校区教育官员的自主权，结果造成了学校发展目标与现状的严重脱节，权力重心也由家庭和职业转移到了整个社会。

但是，为更高标准立法并不一定能产生高标准（Iannaccone，1985），州长和其他人很快都意识到了这一点。从 20 世纪 60 年代中期到 80 年代早期，社会一直通过集权来追求效率和公平。该阶段政策实施的研究表明（Chubb & Moe，1985，1990；Coleman & Hoffer，1987；Coons & Sugarman，1978；Elmore & McLaughlin，1988；Farrar，DeSanctis，& Cohen，1980；McNeil，1986；Wise，1929，1988），联邦政府和州政府在处理平等和受教育权利问题上是特别有效的。然而，这样的政府在处理效率和“产量”，即学校的组织和运作问题上，看来成效不大。我们已经学到了很多经验。现在美国又重新重视自由概念，趋向于通过下放权力来实现效率，通过集中权力来实现平等。这个分歧就是所指的整体改革。

自由和效率重新成为政策关注的问题（Iannaccone，1988）。校本决策和家庭对学校教育的选择，代表了整个分权策略中很重要的手段。这些战术把一些决策权归还给了父母和教师，从而把类似市场的力量引进到了公立学校，以实现提高部门效率和更好地使父母的期望与提供的教育服务相一致的目的。把平等作为指导原则的强烈要求，使人们从适当性和建设学校能力以保证充足的资源来使孩子们达到更高水平等方面，对平等重新进行了定义。

国际比较

美国现行的学校管理和能力改革运动同英国、澳大利亚、加拿大、日本的改革相比，有很多惊人的相似之处（Beare & Boyd，1993）。促成改革的一个普遍关注的政治问题是获得和保持国际经济竞争力。人们对此如此关注，以至于各国政府，甚至包括对国家干涉没有法律授权的美国和澳大利亚政府，都在教育改革中发挥了领导作用。改革的本质也有相似性。更大的管理权转让给了学校，而在决定孩子们参加政府支持的学校方面，家长也有了更大的选择权。权力分化的对立面是权力集中。大多数国家都在发展或者已经建立了国家标准或州标准、国家课程或州课程，以及国家评估或州评估系统 (Caldwell & Spinks，1998)。

运用图 1—3 中的矩阵回顾美国结构改革的演变之后，我们现在来看一下英国、澳大利亚和新西兰的情况。这些国家与美国有着相同的语言和相似的政治文化遗产。加拿大不包括在评论之内，因为在加拿大，教育改革还没有得到国家和省政府的与上述国家同等的关注。当说英语的国家集中力量进行学校改革时，说双语的加拿大正忙于宪法危机，而且关注于维护联盟的第一优先权 (Lawton，1993)。但是，加拿大的一些地区也采取了创新性的结构调整，如埃德蒙顿、阿尔伯塔地区的学校地点管理方案，我们将在第 14 章对此进行介绍。

英　国

第二次世界大战期间，联合政府根据 1944 年的《教育法案》(The Education Act) 对英国的学校体制进行了结构调整。第二次世界大战后工党执政期间，为了提高学术水平和引进综合制中学，从而为具有不同学术水平的孩子服务，政府通过不断减少语法学校逐渐使学校体制的可选择性更小。1979 年保守党执政，撒切尔夫人掌握了领导权，剩余的语法学校逐渐失去了作用，于是该政府进行了一项改革，最终导致了 1988 年《教育改革法案》中体现的根本性变革。保守党执政 18 年，直到 1997 年在托尼·布莱尔的领导下，一个崭新的工党以决定性多数票夺得了政权。在抛弃了其左翼共产主义同盟后，此时的工党比第二次世界大战后在位的工党更像中立派的政党。在 1997 年的选举中，工党得到了中间政治党派的支持，而保守党因为其右翼新自由党派和传统主义者势力的增长，已经开始抛弃这些党派 (Levacic，1999)。工党政府选择保留大多数保守党发起的改革，只对它们进行很小的修改。

直到 1988 年《教育改革法案》的出台，英国的教育体制一直是地方管理的国家体制 (Department of Education and Science，1978)。75%～80%的教育资金是由中央政府提供的。管理权归当地政府部门，即地方教育机构 (LEAs) 以及学校的领导阶层 (校长)。地方教育机构负责教育体制的合理化，确保所有的孩子都能接受教育，为学生的分配确立标准，补充国家发放给学校的资金。1944 年的《教育法案》还鼓励满足父母在学校分配方面的优先选择，如果父母对地方教育机构在学校分配问题上不满，他们有权向所在州的教育官员提起上诉。

地方政府（包括地方教育机构）依据 1944 年的《教育法案》建立了教育预算。但是，地方政府和中央政府的代表们经过谈判所作的决定对其进行了严格限制。中央政府和地方政府的代表作为一方，同教师联盟的代表进行了讨价还价的磋商后，确立了国家标准的教师工资水平。结果，在地方教育机构中，学生人均消费水平存在很小的差别。

依据 1944 年的《教育法案》，学校领导能更自主地组织学校和设计课程。国家为中学阶段的统一课程提供了考试。课程的多样性与组织的多样性相协调。1988年改革及随后的修正之后，一个国家规定的课程表基本上消除了学校对课程选择的创新,但是,组织的多样性却得到了加强。在改革之前,英国有选择性学校和综合性学校、单性学校和男女混合学校,还有受宗教和其他组织资助建立的学校。16~19岁的学生可以继续在隶属于中学的"预科"学习(主要提供学术性课程),也可进入预科学院(学术性)、技术学院和高等学院(提供技术和学术性课程)深造。另外,英国还有独立学院,为能交得起学费的人提供精英教育。大多数的教会学校还是由政府部门管理,而且所有由政府管理的学校都进行宗教课程的教育,并且组织基督教徒的集会。独立学院从没得到过政府的直接支持。

1988年的《教育改革法案》赋予了州教育部长415项具体的权力,随后的立法又扩大了他们的权力。与以往避免权力过度集中相反,该法案将权力从地方教育机构转移到了最重要的官员身上(Lawton,1992,p.47)。开支标准实际上是由中央政府来确立的,而且由中央政府支付的中小学费用也增长到了全部费用的80%~85%。地方教育机构中,学生人均消费水平的差异比以前更小了。国家统一的课程以及测试程序使得学校教育高度一致。教育标准化办公室(OFSTED)每四年就会在皇家总督察的监督之下,对全国的26 000所学校进行检查。学校检查的结果将被发布,以供家长和其他感兴趣的团体了解。学校每年必须根据国家课程标准向家长汇报学生的进步情况。

与集权行动对抗的是一些明显的分权行为。政府的财政赞助通过地方教育机构来分配。地方教育机构把这些资金和地方补助转交给学校,仅仅保留足够的资金以提供战略性的管理,确保有足够的学校空间以及用于学校的改善和特殊教育。地方教育机构保留的资金还不到总拨款的10%。发放给学校的资金用于支付学校运作所需的费用,包括所有员工的薪水。这些资金主要是以入学率和学生的年龄为基础,由地方教育机构支付给学校。学校能够决定自身的员工结构,自行作出人事决定(包括国家准则规定的管理者的工资),为支持性服务制定合同,如建筑物的维护、财务、购买、工资发放总额、保险以及审计。

学校可以分为三个管理类别,包括社团、自愿捐助和基金会。自愿捐助学校和基金会学校不同于社团学校,因为它们是个人团体的一部分,而不是以学校的土地、建筑和基金托管为目的的地方教育机构。与宗教有关的学校也是自愿捐助学校的补充。地方教育机构拥有社团学校的财产。地方教育机构是社团学校和一些自愿捐助学校职工的雇主,但是,管理部门决定员工的组成、任命、纪律和解雇。基金学校和一些自愿捐助学校的管理部门同社区学校一样,是员工的雇主并对员工进行管理。

先前由地方教育机构掌握的控制招生人数的权力遭到了严重的削减。家长在教育管理部门的比重增大,而且他们在学生的择校问题上有非常大的影响力。地方教育机构是社团学校和一些自愿捐助学校的管理者。基金学校和其他的自愿捐助学校自主招生。每个地区都有一个由持股人代表组成的论坛来协调入学管理,这些论坛鼓励为家长提供学校的所有资料,这些资料汇集在一本小册子里,并协调学校招生程序,所以家长只需申请一次。学校的招生标准必须清晰、公正、客观,而且除了语法学校以外,都不应当涉及能力,尽管有些专门学校可以考虑学生的资质。有宗教背景的学校可以优先培养学生同样的信念。对子女的安置不满意的家长,可以通过正式的过程进行上诉(Levacic,1999)。

从图1—3提供的准则来看,英国在对每个学生的开支方面,正在加强对教育目标和任务的控制,这主要是通过强制的核心课程、国家学生评估、国家学校评估及资源分配来实现的。与此同时，家庭在决定事务分配方面的意见得到了更多的重视。家长对学校的选择间接地加强了他们对其他方面的影响，尽管看起来是有过多申请的学校在选择家长。虽然去除了大量的对课程的自由决定权，教育行业对课程的实施仍保有强劲的影响。在其他方面，通过把资源分配权转移到学校层面，加强了专业人士的影响。

澳大利亚

传统上，澳大利亚的学校运作就像高度集中的国家体制（Butts，1955；Hancock，Kirst，& Grossman，1983；Partridge，1968），在那里没有地方教育机构（即学区）。教师和行政管理人员分别由各自的国家官僚体制选拔、聘用和分配，尽管一些州，特别是维多利亚州，已经开始允许学校参与到这个过程中来。各个州为全国指标中规定的八个主要学习领域制定了大纲和标准框架，其中包括文科科目、英语、健康和体育教育、英语以外的其他外语、数学、科学、社会学与环境以及科技。每个州也指定了自己的评估方案来衡量学生在某些学科的成就。学校了解了学生的学习成绩，并会得到类似学校的标准化数据，以便于比较。尽管每个州的平均成绩被公布出来，但每个学校的成绩不被公布。

和美国的情况相似，澳大利亚联邦政府不享有任何宪法特权来干预教育。国家政府直接向公立中学提供少于 10％ 的资金补贴，且大多数属于分类补贴的性质。然而，在过去的 20 年中，联邦政府曾经是学校改革的主要领导者（Louden & Browne，1993）。起初的联邦投资是与澳大利亚学校委员会、课程设置中心和联邦教育部门协调进行的。过去 20 年中，对教育的政府干预主要考虑到澳大利亚的国际经济竞争力和未来的经济繁荣离不开高等教育和技术人才的发展这样一种信念。当 1987 年联邦教育事务归为就业、教育、培训和青少年事务部门管理时，这些得到了证实。国家教育政策也就由教育、就业、培训与青少年事务委员会（MCEETYA）制定。教育、就业、培训与青少年事务委员会由联邦、州、地方和负责相关区域事务的澳大利亚部长组成。通过教育、就业、培训与青少年事务委员会，在 1999 年，21 世纪**国家教育目标**（也就是阿德莱德宣言）得到发展。在这些目标提供的框架内，学校制定了课程和标准，具体的补贴和联邦的目的紧密相连。例如，为了提高读写水平，联邦提供补贴，前提是接受者参加全国统一的基准考试。

联邦政府的影响得到进一步增强，是因为澳大利亚政府在很大程度上直接依赖它的大额收入。和美国的州及加拿大的省不同，澳大利亚的州不直接征收所得税（尽管它们有权利这么做）。所得税的征收由联邦政府负责，其中一部分通过拨款委员会分发给各州。联邦政府有权改变各州的补贴和制定特殊补贴，因此，它拥有宪法规定以外的政策制定权（Louden & Browne，1993）。在澳大利亚，效率原则、多元化和自由引导着教育拨款的联邦政策。相比之下，公正已经从过去几十年来的主导地位下降到了次要位置。

20 世纪 60 年代以来，私立学校也得到了公共资金，起初来自联邦政府，随后来自州政府。这种变化主要是为了在公立学校很难安置它们的新生时避免罗马天主教学校的倒闭，其目的是强调平等主义——提高资金短缺的天主教部门的教育质量（Hogan，1984）。因为在大多数情况下，天主教教会学校组成了非精英的工人阶

级。社会精英、高消费的新教和培养经济和专业人士阶层的独立学校也享有这种补 24
贴,尽管不如条件较差的学校得到的那么多。如今,公开受到补贴的私立学校为公
立学校提供了一个低成本的选择。总之,30％的学龄儿童就读于私立学校。这些
孩子中的2/3都在天主教学校就读,尽管私立部门管理中的非天主教部分发展得最
快。私立高中的入学比例达到了36.7％(MCEETYA,1998,cited by Caldwell,
2001)。私立学校,不论隶属关系,都在澳大利亚设立了卓越标准(Boyd,1987;
Anderson,1993)。

事实上,澳大利亚有两套公共教育财政系统,一个是高度集中的,另一个是高
度分散的。具有讽刺意味的是,非政府学校(分散的系统)成为政府学校(集中的
系统)改革的模板。政府学校已经被认为具有缺少人情味、冷漠和过于制度化等特
点(Anderson,1993)。政府学校里的教师和校长倾向于认同"教学服务"(雇用教
师的国家局),而不是他们所服务的社区和学校。在以前,人事调配太频繁,不顾
地区条件和优势,根据死规则来分配任务。安德森(Anderson,1993,p.195)清
楚地总结了两个部门中两套对立的价值观:选择性和平等性、多元化和社会凝聚、
个人责任和集体责任。私立部门由市场调节,而公共部门由官僚和政治责任决定。

公共部门提高效率的必要性导致各个州产生了类似的变动:集权官僚机构已经
减少;重大权力已下放给学校,通过建立政策制定委员会,公众参与在学校层面有
了新的提高;在选择学校时,父母有了更多的机会;更大的责任被落实到学校和州
的层面上(Caldwell,2001)。

在图1—3列出的框架中,澳大利亚的州和联邦政府继续在为公立学校的目标
和指标的制定、责任监督和资源分配作决策。由于它们为国家课程架构及测试程序
奠定了基础,这些功能更加集中化(Caldwell,1993)。关于服务成果的决策已转移
到学校层面,在一些州,尤其是维多利亚州,决策由以教师、家长和社区服务的代
表组成的委员会作出。

州政府对私立学校包括精英私立学校的每个学生的花销影响很大。但是,资金
花费的方式由学校教务处和专业人士协商后决定。服务成果的决策很大程度上依赖
于私立学校雇员在国家课程标准框架以及学校教务处和地方预算设立的特定目标和
指标范围内的判断力。家长可以选择公立学校(公立学校不断增加)和一部分私立
学校,这些学校的低学费足以让大多数家庭承担得起。

卢顿和布朗恩(Louden & Browne,1993)认为,由于这些政策变动,相对来
说,澳大利亚学校没有受到创伤。他们指出,无论是集权,还是分权,都在预测
之中:

> 伴随着政策制定、目标设立、绩效监测方面集权化的加强,一个新的集权
> 主义和更多的管理权力下放到学校的趋势出现了。联邦与州权威机构在制定教 25
> 育政策方面的紧张气氛会继续存在。前者更关注以经济富足人群为主的中央规
> 划,而后者更强调分权和考虑基层百姓。(p.133)

安德森(1993)曾经对提高澳大利亚公立学校的教学质量,以达到可以与接受
公共补贴的私立学校进行竞争的事实,持有悲观的态度。他设想了两种结果:或者
是公立学校成为接受受特殊教育的孩子或父母享受福利待遇的孩子的机构,或者是
公立和私立学校重新组合为统一的系统。麦高(McGaw,1994)对澳大利亚教育的首

要目的不再是公正和效率这样一种事实感到痛心。他争论说,现在的目标是增强国民经济,但前提是越花费少,越有效率。麦高认为,澳大利亚公众宁愿离开公立学校,并呼吁降低公共供应以便自由支配个人资源、减少税收支持。

在一项对影响澳大利亚学校自主权的行政和监管机制进行的研究中,考德威尔(1998)指出了 20 种制约公立学校自主权的力量,其中 8 种是动力,12 种是抑制力。他指出,除非州政府有意愿并且议会决定采取行动来增加动力和缓解抑制力,否则进一步改变目前的权力结构、责任和义务是不可能的。他认为,1993 年在维多利亚州启动的改革是"预见未来学校自主权的最高峰"(p. 2)。在第 14 章,我们将重点围绕现场管理和政策制定详细介绍维多利亚改革。

新西兰

在 1984—1996 年新西兰教育改革的历史上,格雷海姆和苏珊·巴特沃斯(Graham & Susan Butterworth, 1998)引用了新西兰公立学校系统的设计者查尔斯·伯文(Charles Bowen)在 1987 年将教育法案引入众议院并最终获得通过和建立系统时演说的一段话:

> 我们即将呈交给议院的法案是地方管辖,在某些特定的方面服从中央控制,特别是在金钱开支方面……把学校的总体管理权交到地方教育委员会手里,政府会很满意。因为没有这样的地方管理,不可能满足公众的利益要求,而这正是一个教育系统所必需的。(Cited by Butterworth & Butterworth, 1998, p. 9)

但在 20 世纪初,地方的自主权被严重侵占,中央政府紧紧掌控着教育系统。临近 20 世纪末,系统变得过度集权和有太多的决策。为了达到权力均衡,1987 年,在皮科(Brian Picot)的带领下,一个工作小组被指派审核教育管理体制。皮科曾经是一位成功而受人尊敬的商人,在公共服务方面表现出色。这个小组的报告为治理结构改革提供了蓝图。结构改革和课程改革不是一回事,后者更晚些,而且发展过程也不同。虽然许多人认为此项改革后来很激进(Macpherson, 1993),并认为它受自由市场理论的驱动,但巴特沃斯(1998)认为,它在理论上太保守,停留在新西兰公立学校的创建传统上。根据这些分析,这项改革更代表着内部的一场斗争,而不是外行人颠覆它的存在。

新西兰于 1989 年 10 月开始它的改革项目。尽管从传统上讲,新西兰人热衷于主权统治,更喜欢地方政府在中央政府之上,但教育系统还是有很强的集中倾向,它由国家教育部门、3 个地方办公室和 10 个教育委员会共同管理。中学里有地方官员委员会,小学里有校委,它们都在中央制定的政策内行事。

1986 年,两党国会委员认为,公立学校的教学质量被三个因素削弱了:供应者占有(教育服务的控制由专业教育者占有,同样的例子有:1988 年英格兰撒切尔政府改革,1991 年澳大利亚维多利亚州自由政府改革);对教育管理结构的粗略规划导致教育责任和义务落实不力;陈旧的管理观念和做法(Macpherson, 1993)。教育成为 1987 年全国竞选的主要问题,随后,随着皮科"工作小组"的成立,更加直接的行动就此展开。

皮科"工作小组"(1998)发现公立学校急需更多的回应。该小组报告,系统管理能力不足以应付新技术、变化的多元价值观、新的文化敏感性和对教育服务要求不断增加的综合影响。我们发现,与系统过度集中化相伴随的是压力集团非常脆弱、过多的行政干预以及形成了一种中心化和依赖性强的文化。在学校教育层面,教务委员会在管理学校运转和实施全国统一课程中的决定权的增加,被认为是平衡学校创立者和受惠者之间权力的有效方式。1989 年,政府将许多"工作小组"的建议立为法规。

1989 年改革是围绕着学校维系教师和学生关系的纽带进行的。在改革有效期之前,各个学校社区推选产生了教育委员会(主要由家长组成),负责制定组织章程、体现学校的教育理念和目标、规划教学程序和资源的使用。皮科"工作小组"的意图就是使每一个章程都能够反映各地方在国家政府总的方针下的需求和条件。实际上,国家方针越来越具有规定性,以至于它很少适应地方差异(Butterworth & Butterworth, 1998;Fiske & Ladd, 2000)。国家方针的每一部分内容都由教育部批准,并成为新成立的教育审核办公室的义务基础。教育委员会还负责校长的任命,然后由校长推荐教务人员。教师仍然由教育部门负责雇用和发放工资。学校得到的综合拨款大约占所有资源的 30%。"工作小组"建议,综合拨款也应包括教师的工资,但由于教师协会的强烈反对,最后没有成为立法。通常情况下,由审计员核查财务。

改革取消了监督初等教育的 10 个地区教育委员会。教育部门数额减少,权力缩小。现在它的职能主要是提供咨询、掌管财权、分发资金、管理人事事务、管理和制定有关课程设置的国家方针。国家服务委员会就管理者和教师的服务项目与其各自的协会进行协商。

1989 年的法律规定,同时"工作小组"也建议,家长们在居住区以外给孩子注册学校不受限制。但是,生活在入学区内的孩子优先入学,其他的孩子要看是否还有空位。1991 年,新政府改变了这种做法,打破了入学区的限制,使得家长的选择不再受阻碍。到 1997 年,大城市中的一半以上学校都大量超额,结果导致这些学校筛选学生(Fiske & Ladd, 2000)。1999 年,议会要求学校的招生计划要得到教育部长的批准。仅有少数学校因为家长的选择而关闭,但是,还有那些招收低收入家庭孩子的学校在经济上遇到了很大的麻烦,需要国家政府的进一步干预。然而,招生计划看起来在大部分学校实施得很好(Butterworth & Butterworth, 1998;Fiske & Ladd, 2000)。

根据图 1—3 中的决策矩阵,在 1877 年成立公立学校后,新西兰经历了权力由家庭向社会转变的快速发展。1989 年改革以后,权力更加分散。政府在财政方面保留控制权,但分配运转资金、挑选学校人员等很多决策权都转给了学校教务处。学校评估委托给了国家级的独立机构,使权力集中在专业人士之外,教育部门仍然保留对课程的影响。校长的作用在学校层面上有所增强,但以工作保障为代价。通过选举和在教务委员会中的作用以及有了为孩子选择学校的权利,家长的影响在政治上也得到了加强。

并　置

要观察和评价一个国家在不同时期和某个特定时期的教育系统中的权力分配,图 1—3 提供了很好的框架。在这一部分,我们将根据不同的因素和模式中涉及的关系,讨论美国、英国、澳大利亚和新西兰四个国家的经验。在下一部分,我们将在并置基础上,分析所得到的 12 个命题。它们在指导学校财政和其他教育政策方面会很有用。

　　无论他们的政治倾向是什么，决策者使用了类似的教育改革措施。英国的教育改革由保守党政府发起，但 1997 年工党政府上台后，对改革的变动很小。在新西兰，改革始于工党政府，但保守党上台后，改革继续进行，没有什么大的改动。在澳大利亚，工党和国家层面的各类保守党实施变革。在美国，先是共和党总统联合全国州长协会发起了改革运动，但 1992 年民主党上台后，在政策上没有进行变动。从国家层面上讲，共和党和民主党政府采用了类似的改革。德鲁克 (1980) 大体指出了各国共同经历的范式转移：

　　　　现实既不迎合左派的假定，也不迎合右派的假定。它们不与"人所共知"的东西相吻合。它甚至与人们始终坚信的现实不同，不管他们的政治倾向是什么。"现实是什么"完全不同于左派或右派坚信的"现实应该是什么"。(p. 10)

　　在劳顿 (1992) 分析英国教育改革方向的一书的前言中，他这样写道：

　　　　1989—1990 年期间，我有幸拜访了许多国家，并广泛地与教育系统中的人士聊天。值得注意的是，这些国家，无论政治环境有多么复杂，都在进行着英国所谓"撒切尔夫人"的改革。很清楚的是，一些全国规模的政治和教育改革正在发生。(p. ix)

　　威蒂、鲍尔和哈尔平 (Whitty, Power, & Halpin, 1998) 指出，各大洲类似的改革几乎同时出现表明，当前的教育重构已经成为全球现象 (p. 31)。我们一致认为，当前的教育改革运动是世界范围的事情，而且，它是全球各种力量共同作用的结果，而不仅仅是地方范围的。

　　150 年以前，在一个人口稀少的农业国家——美国，就发展了一种公共教育的高度分权的系统，进一步达到了公正的目的。随着人口的激增及国家更加现代化和城市化，一种相对公平的农村制度被一种非常不公正和分裂的城市制度所代替。恢复公平的努力带来的是压抑、缺乏人性和低效的官僚管理体系。英国拥有全国协调一致的系统，将特殊权力下放给学校，特别是在课程设置上。这种**放任**的态度在全球经济体系中被视为国家经济生存的障碍。后来，课程全国统一化，制定了标准和全国统一的评估方案。在其他方面，学校在不顾及地方教育机构的情况下，拥有了更多挑选学校人员和组织决定的自由选择权。作为学校委员会的会员和拥有更多为孩子选择学校的机会，家长们对学校政策的影响也更大了。

　　为了追求公正和效率，澳大利亚和新西兰实行了高度集中的公共教育体系。在公正的名义下，澳大利亚将大量的经济资助分给了财政短缺的私立学校，此举无意间强化了教育自由。尽管在澳大利亚政府学校和非精英的私立学校里，每个学生的支出水平是差不多的 (McGaw, 1994)，但卓越和效率的标准仍然是私立学校设定的。为了提高公立学校的效率，澳大利亚的所有州都在裁减集权的教育机构，将权力下放到学校。同时，对课程设置和评估的控制，已经不是上级授权的了。为了恢复一些在对私立学校的公共资助中所失去的公正，人们开始对私立学校进行公共管制。公立学校变得越来越像私立学校，而私立学校则更似公立学校。

　　英国和新西兰的模式最清晰，也许就是因为它们都源于统一的全国体系。权力的重新分配也很明确。就像麦金和斯特里特 (1986) 早在引文中提到的那样：这不是政府和市民的对抗，而是为了达到效率和自由的目标，政府和市民重新恢复权力平衡的过程。在很多情况下，美国和英国站在一边，澳大利亚和新西兰处于另一边，两者向相反的方向转变（Murphy，1983）。然而，虽然开始于相反的两端，但看上去它们正朝着对方的方向发展（Hughes，1987）。英国和新西兰教育改革的模式，可能正好是澳大利亚和美国各州正在寻找的教育结构的原型。 **29**

对比四个国家的教育，我们发现，无论是出于相同或不相同的目的，它们都同时采取了类似的政策。各国的学校地方管理和家长选择权利的使用，使市场作用力下的教育系统产生了更大的效率。在美国，一定程度的公正在达到效率的同时得以保留，其原因在于宪法保护。因此，在美国，效率是通过学校现场管理和综合学校一般政策范围内的家庭选择取得的。澳大利亚和新西兰的情况不是这么明显。一些分析家有着重重考虑：澳大利亚这种支持私立学校的政策，在没有像美国宪法这样的保护的情况下，形成了挑选学生系统（Potts，1999）。很明显，新西兰的学校在社会经济特征方面变得越来越同一化（Fiske & Ladd，2000）。

我们发现，在一项对这四个国家和瑞典的对比研究中，教育系统改革明显的注入了很多不公正的因素，威蒂、鲍尔和哈尔平（1998）对此表达了强烈关注。他们总结道：

> 我们已经指出一系列的发展情况，这些可能为建构一个真正的公立教育系统提供背景。记住我们书中提到的改革的消极作用，我们坚信，一个真正有活力的全民社会有能力与政府抗衡，并阻止它垄断和分裂社会。这就为个体与集体间进行交流提供了条件。如果你愿意，也可以建立一个论坛，在不否定特殊性的情况下创造统一性。(p. 141)

美国和英国的教育系统是世界上最分权的了。因此，当这两个国家将传统上属于边缘的职能集中化时，国际社会观察员也不会感到惊讶。它们将原本属于校区的省行政区和地方教育机构的权力下放给了学校和家长。表面看上去，这和它们中央集权化的举动不一致。然而，事实不一定是这样的。卡明斯和里德尔（Cummings & Riddell，1994）提醒，不要将教育政策的宏观和微观层面的要求相混淆。英国和美国在宏观层面上是集权化的（制定全国统一的课程和标准），在微观层面上却是分权的（学校的组织和管理与学生的分级）。

澳大利亚和新西兰是高度集权的教育系统，澳大利亚是从各州的情况来说的，新西兰则是就全国范围而言。澳大利亚在发展课程框架和评估体系的过程中形成了更高程度的集权化，原本属于省行政机构的职能，现在正成为联邦的新职责。与此同时，澳大利亚（有的州比其他州发展得快）将主要的权力和责任转交给了学校，增强了家长和社区在决策中的作用。新西兰政府拥有制定课程发展和评估计划的大 **30** 部分权力，尽管专业教育者在这些职能中的地位下降。从新西兰政府中转移出来的权力被直接赋予了校务代表和校长。通过赋予家长和市民选举校务代表、成为校务代表以及为孩子选择学校的权利，家长和社区的影响不断增强。和美国、英国一样，澳大利亚和新西兰在宏观政策上保持集权控制，在微观政策上下放权力。

经过 20 年的改革努力却没取得较大的成功，美国观察员也许会惊讶于，或者说有点嫉妒其他三个国家仅用十年或略多一点时间所取得的改革速度。只有美国的肯塔基州能够赶上它们，而其快速发展也是司法干预的结果。规模大小和复杂程度也许是一部分原因，但更有可能的是政府结构的不同，这一点我们将在第 2 章讨论。和美国不同的是，其他三个国家都有议会制政府形式，并坚持政党原则。三个国家的多数党选举出一个行政长官，即首相，由其制定政策议程。而美国实行分权制度，经常是不同的政党掌握着行政和立法机构，同时，两个立法议院也在搞分权。由于我们的政党更多的是利益群体的联盟，而不是由共同的意识形态所驱动，所以政党原则变得很微弱，几乎在任何问题上都可以跨党派投票。议会制政府更多的是纯粹地从意识形态角度出发，考虑到决策和程序的速度，但它也有可能没有实现全面磋商以及忽略少数群体的观点。例如，在英国、新西兰和澳大利亚的维多利亚州，教师和教师协会没有参加到教育改革中来。一些证据表明，这些国家或地区所采用的政策也许会在很大程度上导致社会的不公正（Whitty, Power, & Halpin, 1998）。由于立法的通过需要广泛的共识、权利法案的保护和积极的司法监督，这种情况在美国很少发生，但磋商的过程需要花费很多时间（OECD, 1994）。然而，由于四个国家在文化上存在着共性，英国、新西兰和澳大利亚（和那些没有被提及国家）的改革成就，为美国的决策者就当前正在考虑的一系列政策策略可能出现的影响提供了宝贵的实证经验。

制定教育财政政策的指南

在利用图1—3的框架分析英国、澳大利亚、新西兰和美国情况的基础上，我们给出了一些建议，以作为形成一般教育政策尤其是教育财政政策的指南。

建议1：为社会提供最优的教育服务，需要在政府、教师行业和家庭中进行分权。

建议2：对于怎样提供最优的教育服务的共识是动态的，要根据社会、经济、政治、科技和意识形态的变化适时调整。

建议3：家长通常拥有关于孩子的以及与照顾孩子相关的最直接的知识，相应地，家长也是对于孩子的幸福最有发言权的人。

建议4：教师这一职业掌握着与学校教育相关的专门知识，因此，教师最有资格对教育服务的组织和管理作出决策。

建议5：社会关注的才是最重要的，在那里，教育有巨大的溢出效应，有重新分配和代际间的考虑。

建议6：在制定教育政策时，集权不利于个人利益的实现，加大了社会压力，使得作出决策和实施决策变得更复杂。

建议7：在制定教育政策时，分权增加了给教育服务分配人力和财力时的不公平性。

建议8：在制定教育政策时，分权增加了社会的异质化，降低了社会的融合性，但是，分权下的决策可能会提高效率。

建议9：那些促进公平的政策，当在社会高度聚合的情况下制定出来的时候，能够发挥它们最大的作用。但是，集权很可能导致更明显的官僚化，还会减少系统的效率。

建议10：公平（平等）和博爱这些政策目标，要求政府要干预有关分配资源和课程界定等决策的制定。

建议11：通过市场机制（如学校选择和校本决策）能够很好地实现自由和效率这些政策目标。

建议 12：当对于教育服务怎样产生和学校层面的资源怎样通过校本决策过程进行部署作决定时，如果教师在其中发挥重要作用，那么效率这一政策目标就会进一步深化。

采纳多种建议，更好地洞察结果，是紧跟时代的教育政策得以发展的必要条件。分析和评估多种发生在世界各地的"天然的实验"，是所需研究的重要组成部分。因为大多数发达的西方国家面临着同样的社会和经济压力，但是，这些国家却有着不同的政策倾向性和政府组织结构，洞察政府组织结构、政策倾向性和政策结果之间关系的这种重要能力，能够通过跨国比较来获得。教育政策的制定者们应该继续关注并吸纳信息时代其他公共和私营部门内的组织的经验。

总　结

在这一章，我们介绍了引发目前教育改革运动的社会力量和经济力量，以及这些力量对优先发展的领域所起的作用。我们的目的是，重新讨论如何分配权力和权威来制定教育政策。我们想让讨论远离单纯的教条主义的争吵，而转移到关注重要的问题上来：在这一多层次的系统中，什么地方该松散地治理，什么地方该严格地控制？对权力的分配方式达成一个可接受的意见，是一个动态的过程，这一过程随着时间和文化的不同而改变，在不同的文化中，会有基本的社会和个人价值观，并且据此选定优先发展的领域。价值观的本质及其对个人和社会作决策时的影响，我们已经讨论过。 *32*

本章给出了一个在学校系统内如何分配权力和权威的框架，它为我们评估其他权力分配方式提供了一种工具。这一模型把政治经济结构比作一个决策（谁得到什么、什么时候得到、怎样得到）和决策者（社会/政府、教师行业和家庭/顾客）的方格图。美国历史上的教育管理演变过程和现在的英国、新西兰和澳大利亚都运用了这一模型。通过分析，我们给出了一些建议，这些建议可以作为政策（关于正式的教育决策结构以及在这些结构和决策者中分配最终的权力）形成的指南。

思考与活动

1. 考察教育政策发展的普适模型中心的教育决策矩阵（见图1—3），在每一个空格处填上相应的决策，这些决策是每个决策类型相应的决策者作出的最好的决策。例如，指出哪一个资源分配的决策可以由社会作出最佳决策，哪一个由教师专业人员作出，哪一个由家庭作出。

2. 许多教育改革的建议已经被提出来了。根据图1—3所给出的模型，也就是教育政策发展的普适政治—经济模型，分析下列决策。对每一个建议都要分析决策权威配置的现状和变化，并且根据自由、平等、博爱、效率和经济增长这五个价值观的相对优先次序进行分析：

- 家庭对公立学校的选择；
- 不受限制的教育券；
- 对私立学校税收的扣除和减免；
- 由专业人员控制专业进入；
- 教师职业阶梯；

- 校本决策；
- 州提供全部教育资金；
- 以州的成绩决定高中教育成功完成与否。

3. 在一个大的学区或者一个州内，查找学校所服务人口的特征变化。经济社会变化趋势对学校施加了什么压力，促使学校改变项目，提高学生的学习成绩？

4. 如果你正在和来自其他国家的同学一起学习公共教育财政，从其他国家政策制定者的视角比较你们的经验以及对活动 1 和活动 2 的回答。

5. 麦金和斯特里特（1986，pp.28—29）写道：

> 如果竞争和市场的参与者之间的权力是相对公平的均衡，在这种情况下，竞争和市场有助于实现社会公正。

> 一个强大的州，首先应达到最低程度的社会公正，以便于分权化能导致真正的参与。

- 描述一个强大的州可以追求"达到最低程度的社会公正，以便于分权化能导致真正的参与"的政策。
- 麦金和斯特里特在这里是在一般意义上使用**政府**（state）这个术语。针对美国的情况，哪一级（政府）可以最有效地确保实现"最低程度的社会公正"，联邦、州还是地方？你的理由是什么？

参考文献

Anderson, D. S. (1993). Public schools in decline: Implications of the privatization of schools in Australia. In H. Beare & W. L. Boyd (Eds.), *Restructuring schools: An international perspective on the movement to transform the control and performance of schools* (pp. 184 – 199). Washington, DC: Falmer.

Archer, M. S. (1984). *Social origins of educational systems*. London: SAGE Publications.

Bacharach, S. B., & Shedd, J. B. (1989). Power and empowerment: The constraining myths and emerging structures of teacher unionism. In J. Hannaway & R. Crowson (Eds.), *The politics of reforming school administration* (pp. 139 – 160). New York: Falmer.

Banfield, E. C. (1970). *The unheavenly city: The nature and future of our urban crisis*. Boston: Little, Brown.

Banfield, E. C. (1974). *The unheavenly city revisited*. Boston: Little, Brown.

Beare, H., & Boyd, W. L. (1993). Introduction. In H. Beare & W. L. Boyd (Eds.), *Restructuring schools: An international perspective on the movement to transform the control and performance of schools* (pp. 2 – 11). Washington, DC: Falmer.

Berne, R., & Stiefel, L. (1983). Changes in school finance equity: A national perspective. *Journal of Education Finance*, 8, 419—435.

Benson, C. E. (1978). *The economics of public education* (3rd ed.). Boston: Houghton Mifflin.

Boyd, W. L. (1984). Competing values in educational policy and governance: Australian and American developments. *Edu-*

cational Administration Review, 2 (2), 4—24.

Boyd, W. L. (1987). Balancing public and private schools: The Australian experience and American implications. In W. L. Boyd & D. Smart (Eds.), *Educational policy in Australia and America: Comparative perspectives* (pp. 163 — 183). New York: Falmer.

Bridge, R. G. (1976). Parent participation in school innovations. *Teachers College Record*, 77, 366—384.

Butterworth, G., & Butterworth, S. (1998). *Reforming education: The New Zealand experience, 1984 — 1996*. Palmerston North, New Zealand: Dunmore.

Butts, R. F. (1955). *Assumptions underlying Australian education*. Melbourne, Australia: Australian Council for Educational Research.

Caldwell, B. J. (2001). *Setting the stage for real educational reform in Australia*. Paper presented at the First International Conference on Education Reform, organized by the Office of the National Education Commission of Thailand, Bangkok, July 30—August 2.

Caldwell, B. J. (1998). *Administrative and regulatory mechanisms affecting school autonomy in Australia*. Canberra, Australia: Department of Employment, Education, Training and Youth Affairs.

Caldwell, B. J. (1993). Paradox and uncertainty in the governance of education. In H. Beare & W. L. Boyd (Eds.), *Restructuring schools: An international perspective on the movement to transform the control and performance of schools* (pp. 158 — 173). Washington, DC: Falmer.

Caldwell, B. J., & Spinks, J. M. (1998). *Beyond the self-managing school*. London: Falmer.

Callahan, R. E. (1962). *Education and the cult of efficiency: A study of the social forces that have shaped the administration of the public schools*. Chicago: University of Chicago Press.

Chubb, J. E., & Moe, T. M. (1985). *Politics, markets, and the organization of schools* (Project Report No. 85 — A15). Stanford, CA: Stanford University School of Education, Institute for Research on Educational Finance and Governance.

Chubb, J. E., & Moe, T. M. (1990). *Politics, markets and America's schools*. Washington, DC: The Brookings Institution.

Clune, W. H. (1993). The shift from equity to adequacy in school finance. *The World and I. 8* (9), 389—405.

Clune, W. H. (1995). Accelerated education as a remedy for high-poverty schools. *University of Michigan Journal of Law Reform*, 28, (3), 655—680.

Cohn, E. (1997). The rate of return to schooling in Canada. *Journal of Education Finance*, 23, 193—206.

Coleman, J. S., & Hoffer, T. (1987). *Public and private high schools: The impact of communities*. New York: Basic Books.

Coons, J. E., & Sugarman, S. D. (1978). *Education by choice: The case for family control*. Berkeley, CA: University of California Press.

Cremin, L. A. (1976). *Public education*. New York: Basic Books.

Cummings, W. K., & Riddell, A. (1994). Alternative policies for the finance, control, and delivery of basic education. *International Journal of Education Re-*

search，21，751－828.

Department of Education and Science. (1978). *The Department of Education and Science—a brief guide*. London：The Department.

Dewey, J. (1916). *Democracy and education*. New York：Macmillan.

Drucker, P. F. (1980). *Managing in turbulent times*. New York：Harper & Row.

Drucker, P. F. (1989). *The new realities：In government and politics，in economics and business，in society and world view*. New York：Harper & Row.

Easton, D. A. (1965). *A systems analysis of political life*. New York：Wiley.

The education reform act. (1988). London：Her Majesty's Stationery Office.

Elmore, R. F. (1993). School decentralization：Who gains? Who loses? In J. Hannaway & M. Carnoy (Eds.), *Decentralization and school improvement* (pp. 33－54). San Francisco：Jossey-Bass.

Elmore, R. F. , & McLaughlin, M. W. (1988). *Steady work：Policy, practice, and the reform of American education* (Report No. R－3574－NIE/RC). Santa Monica, CA：The RAND Corporation.

Farrar, E. , DeSanctis, J. E. , & Cohen, D. K. (1980, Fall). Views from below：Implementation research in education. *Teachers College Record*, 77－100.

Fiske, E. B. , & Ladd, H. F. (2000). *When schools compete：A cautionary tale*. Washington, DC：The Brookings Institution Press.

Foster, W. P. (1986). *Paradigms and promises：New approaches to educational administration*. Buffalo, NY：Prometheus.

Galbraith, J. K. (1992). *The culture of contentment*. Boston：Houghton Mifflin.

Getzels, J. W. (1957). Changing values challenge the schools. *School Review*, 65, 91－102.

Getzels, J. W. (1978). The school and the acquisition of values. In R. W. Tyler (Ed.), *From youth to constructive adult life：The role of the school* (pp, 43－66). Berkeley, CA：McCutchan.

Guthrie, J. W. , Garms, W. I. , & Pierce, L. C. (1988). *School finance and education policy：Enhancing educational efficiency, equality and choice*. Englewood Cliffs, NJ：Prentice-Hall.

Hancock, G. , Kirst, M. W. , & Grossman, D. L. (Eds.). (1983). *Contemporary issues in educational policy：Perspectives from Australia and USA*. Canberra, Australia：Australian Capital Territory Schools Authority.

Hodgkinson, C. (1983). *The philosophy of leadership*. Oxford, England：Basil Blackwell.

Hodgkinson, H. (1991). Reform versus reality. *Phi Delta Kappan*, 73, 9－16.

Hodgkinson, H. (1993). Keynote address. In S. Elam (Ed.), *The state of the nation's public schools：A conference report* (pp. 194－208). Bloomington, IN：Phi Delta Kappa.

Hogan, M. (1984). *Public vs. private schools：Funding and direction in Australia*. Ringwood, Victoria, Australia：Penguin.

Hoy, W. K. , & Miskel, C. G. (1991). *Educational administration：Theory, research and practice* (4th ed.). New York：McGraw-Hill.

Hughes, P. (1987). Reorganization in education in a climate of changing social expectations：A commentary. In W. L. Boyd & D. Smart (Eds.), *Educational policy in Australia and America：Comparative* perspectives （pp. 295—309）. New York：Falmer.

Iannaccone, L. (1985). Excellence：An emergent educational issue. *Politics of Education Bulletin*, *12*, 1—8.

Iannaccone, L. (1988). From equity to excellence：Political context and dynamics. In W. L. Boyd & C. T. Kerchner (Eds.), *The politics of excellence and choice in education* (pp. 49—65). New York：Falmer.

Kahne, J. (1994). Democratic communities, equity, and excellence：A Deweyan reframing of educational policy analysis. *Educational Evaluation and Policy Analysis*, *16*, 233—248.

Koppich, J. E. , & Guthrie, J. W. (1993). Ready, A. I. M. , Reform：Building a model of education reform and "high politics." In H. Beare & W. L. Boyd (Eds.), *Restructuring schools：An international perspective on the movement to transform the control and performance of schools* (pp. 12—28). Washington, DC：Falmer.

Kuhn, T. S. (1970). *The structure of scientific revolutions* (2nd ed.). Chicago：University of Chicago Press.

Ladd, H. F. , and Hansen, J. S. (Eds.). (1999). *Making money matter：Financing America's schools*. Washington, CD：National Academy Press.

Langemann, E. C. (1999), The changing meaning of a continuing challenge：Will the scholarly unraveling of education's "black box" enlarge the concept of access? *Education Week*, *18* (20), 47—49.

Lawton, D. (1992). *Education and politics in the 1990s：Conflict or consensus?* London：Falmer.

Lawton, S. B. (1993). A decade of reform in Canada：Encounters with the octopus,
the elephant, and the five dragons. In H. Beare & W. L. Boyd (Eds.), *Restructuring schools：An international perspective on the movement to transform the control and performance of schools*. (pp. 86—105). Washington, DC：Falmer.

Levacic, R. （1999）. *New Labour education policy with respect to schools：Is the Third Way coherent and distinctive?* Paper presented at the University of Melbourne, Australia.

Levin, B. (1987). The courts as educational policymakers in the USA. In W. L. Boyd & D. Smart (Eds.), *Educational policy in Australia and America：Comparative perspectives* (pp. 100 — 128). New York：Falmer.

Locke, J. (1690/1956). *The second treatise of government*. Oxford, England：Basil Blackwell.

Louden, L. W. , & Browne, R. K. (1993). Developments in education policy in Australia：A perspective on the 1980s. In H. Beare & W. L. Boyd (Eds.), *Restructuring schools：An international perspective on the movement to transform the control and performance of schools* (pp. 106 — 135). Washington, DC：Falmer.

Macpherson, R. J. S. （1993）. The reconstruction of New Zealand education：A case of " high politics " reform? In H. Beare & W. L. Boyd (Eds.), *Restructuring schools：An international perspective on the movement to transform the control and performance of schools* (pp. 69 — 85). Washington, DC：Falmer.

McGaw, B. (1994). Effectiveness or economy. *Australian Council for Educational Research (ACER) Newsletter Supplement*, March.

McGinn, N. , & Street, S. (1986). Educational decentralization: Weak state or strong state? *Comparative Education Review*, *30*, 471—490.

McNeil, L. M. (1986). *Contradictions of control School structure and school knowledge*. New York: Routledge, Chapman and Hall.

Ministerial Council on Education, Employment, Training and Youth Affairs (MCEETYA). (1998). *National report on schooling in Australia 1998*. Melbourne, Australia: Author.

Mitchell, D. E. (1989). Alternative approaches to labor-management relations for public school teachers and administrators. In J. Hannaway & R. Crowson (Eds.), *The politics of reforming school administration* (pp. 161 — 181). New York: Falmer.

Morris, W. (Ed.). (1969). *The American heritage dictionary of the English language*. New York: American Heritage.

Murphy, J. T. (1983). School administrators besieged: A look at Australian and American education. In G. Hancock, M. W. Kirst, & D. L. Grossman (Eds.), *Contemporary issues in educational policy: Perspectives from Australia and USA* (pp. 77 — 96). Canberra, Australia: Australian Capital Territory Schools Authority and Curriculum Development Centre.

Naisbitt, J. (1982). *Megatrends: Ten new directions transforming our lives*. New York: Warner.

Naisbitt, J. , & Aburdene, P. (1990). *Megatrends, 2000: Ten new directions for the 1990s*. New York: Morrow.

National Commission on Excellence in Education. (1983). *A nation at risk: The imperative for educational reform*. Washington, DC: U. S. Department of Education.

National Center for Education Statistics. (Various years). *Digest of education statistics*. Washington, DC: U. S. Department of Education.

Nyberg, D. (1977). Education as community expression. *Teachers College Record*, *79*, 205—223.

Nyberg, D. (1981). *Power over power: What power means in ordinary life, how it is related to acting freely, and what it can contribute to a renovated ethics of education*. Ithaca, NY: Cornell University Press.

Nyberg, D. (1993). *The varnished truth: Truth telling and deceiving in ordinary life*. Chicago: University of Chicago Press.

OECD (Organization for Economic Cooperation and Development). (1994). *School: A Matter of Choice*. Paris: OECD.

Paquette, J. (1991). : Why should I stay in school? Quantifying private educational returns. *Journal of Education Finance*, *16*, 458—477.

Parsons, T. (1951). *The social system*. New York: Free Press.

Partridge, P. H. (1968). *Society, schools and progress in Australia*. Oxford, England: Pergamon Press.

Picot, B. (1988). *Administering for excellence*, Report of the Task Force to Review Education Administration (Brian Picot, chairperson). Wellington, New Zealand: Government Printer.

Pierce, B. , & Welch, F. (1996). Changes of structures of wages. In E. A. Hanushek & D. W. Jorgenson (Eds.), *Improving America's schools: The role of incentives* (pp. 53 — 73). Washington,

DC: National Academy Press.

Potts, A. (1999). Public and private schooling in Australia: Some historical and contemporary considerations. *Phi Delta Kappan*, 81 (3), 242—245.

Poverty and education. (1992). *Education Week*, 11, 16, 5.

Ravitch, D. (1985). *The schools we deserve: Reflections on the educational crises of our times*. New York: Basic Books.

Rokeach, M. (1973). *The nature of human values*. New York: Free Press.

Samuelson, P. A., & Nordhaus, W. D. (1989). *Economics* (13th ed.). New York: McGraw-Hill.

Slater, R. O. (1993). On centralization, decentralization and school restructuring: A sociological perspective. In H. Beare & W. L. Boyd (Eds.), *Restructuring schools: An international perspective on the movement to transform the control and performance of schools* (pp. 174 — 183). Washington, DC: Falmer.

Smith, M. S., and O'Day, J. O. (1991). Systemic school reform. In S. H. Fuhrman and B. Malen, (Eds.), *The politics of curriculum and testing: The 1990 politics of education yearbook* (pp. 233 — 267). New York: Falmer.

Toffler, A. (1980). *The third wave*. New York: Bantam.

Toffler, A. (1990). *Powershift: Knowledge, wealth, and violence at the edge of the 21st century*. New York: Bantam.

Tyack, D. B. (1974). *The one best system: A history of American urban education*. Cambridge, MA: Harvard University Press.

Tyack, D. B. (1993). School governance in the United States: Historical puzzles and anomalies. In J. Hannaway & M. Carnoy (Eds.), *Decentralization and school improvement* (pp. 1 — 32). San Francisco: Jossey-Bass.

U. S. Bureau of the Census. (2000a). *Current population reports*. Washington, DC: U. S. Government Printing Office.

U. S. Bureau of the Census. (2000b). *March current population surveys, 1998*. Washington, DC: U. S. Government Printing Office.

Weiler, H. N. (1993). Control versus legitimation: The politics of ambivalence. In J. Hannaway & M. Carnoy (Eds.), *Decentralization and school improvement* (pp. 55—83). San Francisco: Jossey-Bass.

Whitty, G., Power, S., & Halpin, D. (1998). *Devolution and choice in education: The school, the state, and the market*. Melbourne, Australia: The Australian Council for Educational Research.

Wirt, F. M. (1987). National Australia-United States education: A commentary. In W. L. Boyd & D. Smart (Eds.), *Educational policy in Australia and America: Comparative perspectives* (pp. 129 — 137). New York: Falmer.

Wise, A. E. (1979). *Legislated learning: The bureaucratization of the American classroom*. Berkeley, CA: University of California Press.

Wise, A. E. (1988). Two conflicting trends in school reform: Legislated learning revisited. *Phi Delta Kappan*, 69, 328—332.

第2章

混合经济中的教育决策制定

议题和问题

37

- **公平且有效率地达到高的标准**：促进或者阻碍对所有的孩子实现高水平教育的目标的政治和经济力量有哪些？
- **私立和公立部门决策**：公立和私立部门在关于教育投资决策和所提供教育服务性质的决策中，采用了什么样的经济和政治程序？
- **人力资本理论**：为什么要激励人们对自己和孩子们的发展进行投资，以提高、改进适合市场需要的知识和技能？
- **既是私人物品也是公共物品的教育**：从学校教育得到的收益，是不是全部都由私人单独享有？或者教育是否存在社会收益，这些社会收益是获得公共财政支持的根据？
- **经济决策**：应该提供什么样的产品和服务，这些产品如何被生产，为谁生产？家庭和商业组织通过哪些方式影响经济决策？
- **政治决策**：为什么个人行为和社会行为需要政策来治理？什么样的理论和模型可以增进我们对公共政策制定的理解？
- **政策分析**：为了帮助理解教育财政政策的目标和效果，我们可以从社会科学研究中借用哪些方法？

38

　　教育解决的是与每个公民的心灵和精神有关的事情，而这些事情对国家的政治、经济福利以及国家安全同样非常重要。为了确保教育能同时满足个人和社会的需要，公共和私营部门都会对如何提供教育作出决策。公共部门的决策是由政府通过行政程序制定的，而私营部门的决策则是由市场上的个人作出的。尽管参与者是相同的，但政府决策与市场决策有很大的不同，因为在两个部门，参与者所受到的影响是不一样的。

　　政治学研究的是各种价值在社会范围内配置的过程，研究将各种价值观赋予社会的过程（Easton，1965），而**经济学**研究的则是稀缺资源的分配问题。经济学关心的是商品的生产、分配和消费（Samuelson & Nordhaus，1989）。经济学的目标是达到资源利用的效率状态，而"效率"则被定义为用最少的资源耗费来最大限度地满足社会的需要。很明显，个人的价值取向会有力地影响到他对物质资源配置有效性的判断。价值取向因人而异，所以在经济学和政治学之间会有一个持续的相互作用，公共教育财政是一个主要的相互作用点。公共教育财政的决策是由政府部门作出的，但这些决策对个人和企业以及社区、州和国家都有重要的经济意义。个人和企业会独立地对政府决策作出反应，他们要决定是否参与政府项目（如学校教育），是否购买私人部门提供的教育服务来补充政府项目，或者甚至替代政府项目。

如果不能理解有关教育财政的决策是如何作出的，以及公共和私有资源是如何通过教育来使个人和社会的愿望得以实现的，就不可能完全理解为何要对小学和中学教育提供财政支持。本章的目的就是通过描述经济和政治领域中如何制定和执行这些决策、行使其职能，来为这一理解提供基础。这一章也会涉及政府应该何时以及如何参与这一过程的问题。我们先从人力资本理论的讨论开始。这一理论解释了个人为什么会为完善自身而投资，政府又为什么会为提高全民素质而投资。另外，人力资本理论还为将教育提升到公共政策议程的较高地位提供了理论基础。

人力资本理论

古典经济学家将物质产出归结于三个生产要素：土地、劳动力和资本。现代经济学家在预测经济总产量和评估其效率的公式中，将土地看做常量，或者将其包含在资本中，而把劳动力和资本作为变量。**劳动力**代表投入生产的人力资源。**资本**是生产的手段、工具，如电脑、学校建筑物和基础设施（如道路和公共设施）。

在分析中，经济学家最初只是测量了两个生产要素的数量方面（即劳动的总时间和生产设备使用的总时间）。实际上，他们把每种要素看成是同质的。西奥多·W·舒尔茨（Theodore W. Schultz，1963，1981），因为研究发展中国家问题而获得1979 年的诺贝尔经济学奖，对这种假设提出了质疑。他提出，理解劳动力和资本的异质性以及它们在生产中如何互补，是极其重要的。他还指出，特定的物质资本形式增加了对特定人类技能技术的需求。舒尔茨的研究重新激起了人们对人力资本理论的兴趣以及对教育的经济重要性的关注。**人力资本**的研究思路是假设教育能赋予个人知识和技能，使他更具有生产能力，从而获取更高的报酬。这对个人来说当然是有益的。通过更多的产出、更高的税收收入，所有劳动者创造的收益（因为接受教育）积聚起来，对整个社会是有益处的；通过更多的收益外溢，可以普遍改善全体社会成员的生活质量。

舒尔茨（1963，p. viii）观察到，使用通常的资本和劳动力概念进行测算时，几乎不能够解释随着时间推移而发生的产量增加这一现象。他提到这样一个事实，即劳动力和实物资本数量的增加只能解释 1929—1957 年之间美国经济增长率中不到 1/3 的部分，而且它们的解释力呈下降趋势。

为了解释引起美国经济增长的另外 2/3 的原因，即所谓的"剩余"，舒尔茨用实物资本存量的增加作类比，来说明人口中能够接受教育的人口的增加。舒尔茨（1963）的论点是，传统的计算劳动力和资本的方法，没有充分体现真正的投资。他的结论是，无法解释的额外的经济增长"来源于没有被计算的资本形式，主要是人力资本……人类的经济能力是占主导地位的生产手段……大部分收入上的差别是由于对人力投资的不同而造成的"（pp. 64—65）。

舒尔茨不是第一个发现收入和个人技能之间关系的人。事实上，自从经济学作为一个研究领域以来，人力资本就被认为是经济过程中必需的要素。亚当·斯密

(Adam Smith) 在 1776 年发表的《国富论》(*Wealth of Nations*) 中，就将这一概念包含在他对固定资本的定义中。在涉及社会所有成员后天获取的技能时，他这样写道：

> 人们在教育、学习或当学徒的过程中获得的知识和技能，都会花费一定的成本，对于个人来说，知识和技能是一种固定且可实现的资本。就像知识、技能是个人财富的组成部分一样，这些天赋和技能同样是个人所属社会的财富的一部分。机器和设备可以方便劳动力生产，可以节约劳动力，工人技术熟练程度的提高被认为具有同样的效果和作用，它虽然需要花费一定的成本，但是能够收回成本，并且能带来利润。(Smith, 1993, p.166)

斯密的结论是："技术熟练的劳动力和普通劳动力之间的工资差别就是基于以上原则所形成的。"

从 19 世纪到 20 世纪 50 年代，经济学家已对人力资本的概念以及教育是人的发展的正式手段和途径有了早期的认识，但教育投资的作用几乎被完全忽略了 (Blaug, 1970)。阿尔弗雷德·马歇尔 (Alfred Marshall, 1961) 在 1890 年首次发表的《经济学原理》(*Principles of Economics*) 中，反对将人们后天所获得的技能包含在一个经济体的财富和资本中，因为它们很难被测算出来。但他又接受斯密将受过教育的人比作一台昂贵机器的类比，他认为，诱使人们在孩子的教育上投资的动机，就如同鼓励他们为后代积累实物资本一样 (Marshall, 1961, p. 619)。马歇尔同时还支持将公共和私有资金投资于大众的教育。他认为，如果不是这样，只要教育获得的财政支持不能在人口中平均分配，那么教育就会出现投资不足的情况。

在 20 世纪，梅纳德·凯恩斯 (Maynard Keynes) 将国家产出与具有显著不同特征的其他两大经济单位——家庭和企业的行为联系起来。由这两方所购买的商品的本质与它们各自的意图并不相关，这引起了对以下观点的广泛支持，即消费和投资之间的不同取决于由哪一方作出购买决策，而不是取决于所购买的产品类别。因此，凯恩斯宏观经济学对国民收入的计算是把教育作为消费来对待的，因为它是由家庭或政府为了各自的利益用税收收入进行的支出 (Blaug, 1970)。

当代人们对人力资本理论的兴趣将我们带来了原点，教育再次被认为是一种投资。这个重新定位是有可能的，因为这一理论的早期支持者，如西奥多·W·舒尔茨 (1963)、贝克尔 (Becker, 1964)、丹尼森 (Dennison, 1962)、库兹涅茨 (Kuznets, 1966) 等，发现了对人力资本投资进行计算的比较满意的方法。通过他们的研究工作，教育作为经济发展推动力和国家经济政策的重要性已经得以确立。

最近，哈努谢克和金 (Hanushek & Kim, 1995) 将舒尔茨的质量差别理论更推进了一步。除了一个国家的人口所获得的教育数量外，他们还调查了教育质量的不同给国家经济增长所带来的不同影响。运用质量测量方法，在过去的 30 年中，他们对来自 39 个国家的参加了不同国际测试项目的学生进行了数学和科学技能的比较测试。他们得出的结论是，教育的质量"对经济增长有持续的、稳定的和强有力的影响……质量影响结果表明，在数学和科学技能上，一个标准差就转化为年均实际增长的一个百分点"(p. 34)。

这些研究表明教育对国家经济增长具有重大贡献，但它们没有强调解决教育投资的**充分性**（adequacy）问题。为了解决这个问题，经济学家采用了另外一种分析方法——收益率（rate-of-return）分析。就教育而言，收益率分析的目的是告诉政策制定者是否应该在不同的项目上投资（Benson，1987，p. 91）。收益率分析是将利润（增加的收入）与为获取知识和技能所付出的花费（包括在这个过程中所放弃的收入）相比较。

在一个自由竞争市场中，当对拥有特殊知识和技能的人才的供给与需求处于均衡状态时，收益率就接近其他类型投资的期望收益率。如果这个比率更高，那么对拥有该种技能的人才的供给就明显不足，这将促使这些人要求获得更高的期望工资。这就鼓励了更多的人去获得类似的培训，并进入劳动力市场，直到工资和收益率回落到原来的预期水平。相反，如果收益率低于其他投资所能获得的期望收益率，那么对拥有类似技能的人才的供给就会过多——多于市场能够吸收的数量。就业竞争将导致工资下降，使人们不再学习这类技能，直到供给再次等于需求，教育投资的收益率等于期望的收益率。市场的影响作用可能会因加在它们身上的一些约束条件而减弱，比如联盟合约这种形式，这在公立学校中是很常见的。

通过计算教育投资的内部收益率来评价社会政策，是由贝克尔（1964）所开创的研究工作的重点。他估计男性白人大学毕业生的社会收益率在 10%～13% 之间。假设大学辍学者和非白种人的这一收益率较低，他估计所有大学生的社会收益率在 8%～11% 之间。贝克尔（1964，p. 121）的结论是，"商业资本收益率和大学教育的收益率似乎在同样的范围内下降"。高中毕业生的收益率比较高，而且他们是所有初等学校毕业生中最高的。然而，贝克尔也告诫说，对能力差别的调节，可能会降低或消除不同级别学校教育间收益率的差异。如第 1 章中提到的那样，皮尔斯和韦尔奇（1996）以及帕奎特（1991）最近的分析表明，拥有学士或更高学位的人，收益率也比较高。

人力资本的投资可以由个人单独作出，也可以由政府部门与个人共同作出。不管投资是如何作出的，一部分收益由个人获得，另一部分收益将会改善公共福利。在下一节中，我们将考察教育的公共和个人收益，并为政府和市场是否应该以及在什么时间、采取何种方式参与投资过程的决策提供指导。

教育：公共物品和私人物品

将教育视为既是一种公共物品，也是一种私人物品，是与人力资本理论一致的，因为它同时给社会和个人带来了重要收益。如果公共收益只是个人收益的简单加总，就不构成问题。然而，情况并非如此。通常在社会和个人收益之间存在着本质的差别。如同马歇尔所提到的，如果教育的提供仅仅是留给私人供给者和有能力支付的个人，就不能得到全部的公共收益；相反，如果教育仅仅由公共部门提供，私人或个人收益也不可能完全实现。当社会收益超过私人收益时，通过税收支持的公共部门的供给就有了合理性；当私人收益占优势时，采用使用费或全额学费的形式更为合适。

私人物品

私人物品是可分割的，而且它们的收益主要由其所有者获得。如果一个人想要得到一件特定的物品或服务,他可以通过与所有者协商一个双方均可接受的价格来合法获取。新的所有者可以享用该物品或服务,但没有能力或是不愿意支付价格的人就不能享用。对于一件物品,如果一个人不支付价格就不能使用和享用它,那么这件物品就是"私有的"。这就是排他性原则。这类物品是由市场体系即私人部门自愿提供的。

不论教育是由公共部门提供,还是由私人部门提供,教育的私有(或个人)收益包括赚取更多金钱、获得享受更高水平和更好质量生活的能力。作为收益的一部分,受过良好教育的人比受教育较少的人更有可能获得自身更感兴趣的工作。已经接受的教育提供了实现更多教育的可能性,反过来又能带来更好的就业机会,使长期失业的可能性大大降低。同样地,受过教育的人,通过对艺术和其他文化表现形式的理解以及可供他们自己支配的更多资源,在利用他们的空余时间时,可能会有更多的选择,并采取更有趣的方式。作为见多识广的消费者,他们很可能会利用他们的资源得到更多的东西。最后,受过良好教育的人可能会有更好的饮食,进行更好的体育锻炼,这些都可能带来更少的疾病和更长的寿命。

那些没有能力或者不愿意为教育支付价格的人可能无法享有受教育的机会。因此,像19世纪公立学校成立以前那样,学校教育可能专门通过私人部门提供,但那样就会产生很多社会中不希望存在的外部影响,因为由公共部门提供的教育所产生的公共(或社会)收益就会消失,或者至少会被严重减少。

公共物品

公共物品是不可分割的,它可以给社区和整个社会带来巨大而广泛的收益。由于这些收益不局限于愿意支付价格的个人,所以它们不可能以令人满意的形式完全通过市场体系来提供。换句话说,"公共"或"集体"物品与排他性原则相冲突。

由公共部门和私人提供的教育所带来的公共(或社会)收益还包括提高公民素质以及增强公民的权利意识,这对民主的政府是非常重要的。在形成共同的价值观和通用的知识体系时,学校可以在不同的民族中培养出一种对国家和社会的认同和忠诚感。公立学校可以为这种认同和智力发展提供一个有效的网络,可以同时促进文化和技术创新,并为社会的有效运转提供所需的技术人才。这些结果被认为对经济增长、税收增加以及为人们创造更加舒适的生活作出了贡献。

这些收益是如此重要,以至于在大多数发达国家,公共财政资金被用来为几乎所有学龄儿童的教育提供支持。与此同时,对公立学校不满意的家长还可以选择其他教育孩子的方式,即通过支付学费送孩子到私立学校学习,同时他们也要继续为支持公立学校而缴税。

利害冲突

为教育制定一个决策程序是极其复杂的,因为教育既是一种公共物品,也是一种私人物品。提供教育服务,就个人而言,会导致私人成本,并产生私人收益;就社会而言,也会发生社会成本和社会收益。莱文(1987)提出,在期望学校能同时提供公共和私有收益时,会出现一个潜在的、进退两难的境地:

公共教育处于两种合法权利的交叉点:一是社会的民主权利,民主社会通过提供共同的价值观和共同的知识体系来确保民主制度的再生产和持续存在；二是家庭的权利，各个家庭有权利决定如何培养和教育孩子，决定教育的方向和方法，以及决定孩子受到何种影响。在一定程度上，由于不同的家庭具有不同的政治、社会和宗教信仰以及不同的价值观，所以从根本上说，他们所关心的利益和公共教育的职能之间存在不相容。(p. 629)

一个世纪以前，马歇尔（1961，p. 216）就注意到："除了那些与儿童教育开支如何在政府和家庭之间分配原则相关的问题外，就几乎没有更能引起经济学家直接兴趣的实际问题了。"

教育如果仅仅是一种私人物品，那么它就可以通过市场来提供，而不需要政府的介入。然而，由于教育还具有很多公共物品的特征，所以除了市场外，它还需要通过公共部门控制的组织机构来提供。

市场中的决策

在这一节中，我们将描述关于资源配置的决策是如何通过市场作出的。下一节，我们将介绍这些决策是如何由政府通过政治过程作出的。　　43

私人部门

如第 1 章所描述的，任何社会都必须作出五个基本经济决策，把这五个基本经济决策整合起来，就形成了政策发展过程的一个普遍模型。这些决策包括：(1) 为企业设定目的和目标；(2) 决定为谁提供服务；(3) 决定投资水平；(4) 为产品和服务配置资源；(5) 决定生产方式（Benson，1978）。在资本主义经济中，这些决策主要是由无限制或自我调节的市场作出的。图 2—1 说明了货币经济在家庭和厂商（或者用凯恩斯使用的术语——企业）这两类参与者之间的循环过程。在这里，我们假设家庭拥有所有的资源（资本），而厂商拥有将资源转化为产品和服务的能力。

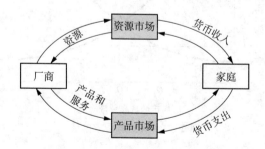

图 2—1　货币经济中的资源循环

家庭和厂商都拥有对方想要的东西。厂商需要得到由家庭控制的资源来生产产品和提供服务。家庭需要由厂商提供的产品和服务来获得生存（就食物和住所而言）和改善生活质量。为了方便交易，市场提供了沟通的手段。厂商（如私立学校）在资源市场上购买他们所需的资源，从而以工资、租金、利息以及利润的形式形成家庭（包括教师、公交车司机、修理工人等）可获得的货币收入。反过来，家庭利用销售资源所获得的资金，在产品市场上购买产品和服务（如私立学校教育）。

正是这个销售过程，为厂商提供了从家庭手中购买资源所需的资金。这个过程就是这样循环进行的。

家庭和厂商在市场上通过谈判决定资源、产品和服务的价格。谈判的结果最终会决定本节开始时列出的五个基本经济问题。资源是稀缺的，而且在各家庭中并不是平均分布的，但是家庭的需求却是无限的。这意味着，每个家庭必须在其所能控制的资源及其价值范围内，决定他们所需产品和服务的优先购买次序，并尽可能满足家庭中更多的人。资源（和产品）的价值或价格取决于供给和需求。

图2—2通过学校雇用的教师数量与学校支付给教师的薪酬之间的关系来说明供给和需求之间的互动关系。需求曲线表明，在教师的薪酬水平和学区愿意雇用的教师数量之间存在着反向关系。与此相反，供给曲线表明，当薪酬较高时，愿意从事教师工作的人就多；而当薪酬较低时，愿意从事这一工作的人就少。因此，如果薪酬水平处于图2—2中的 P_1 点，此时愿意从事教师工作的人数与学区愿意雇用的教师数量之间就存在差距（从 Q_1 到 Q_3）。为了缩小差距，学区必须提高薪酬以吸引所需数量的教师（Q_3），或者学区作出退让，例如将所要雇用的教师数量降低至 Q_2，同时学区愿意支付的薪酬上升至 P_2。这要求在这一地区，学校的战略发生改变。其中的一个战略就是用技术来代替教师。随着教师薪酬的上升，技术替代就变得相对便宜些，因此，在大班级教学中，通过使用先进教学设备减少教师人数，可能产生与很少使用信息技术但教师人数较多的小班级规模教学同样的效果。除了购买教学设备外，一个地区还可以选择提供低成本的教师助理来协助教师管理规模较大的班级。

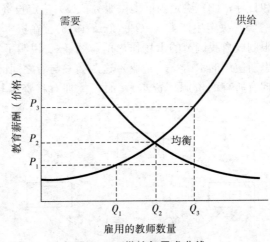

图2—2 供给与需求曲线

在私人部门，厂商只生产他们能从中赚取足够利润的产品，由市场决定的价格同时为厂商和消费者提供信息。利润取决于所销售的产品或服务的数量、价格和生产成本。如果对一种产品的需求不足以使厂商用高于生产成本的价格销售，那么厂商就不能获取利润。在这种情况下，厂商有三种选择：通过采用更有效的方式来降低生产成本；生产另一种能够获利的产品；停业破产。当生产某种产品的利润高于平均利润时，将会有更多的厂商被吸引进入这一领域，导致产品数量上升、供给等于需求，从而促使价格下降，使利润率重新回到正常范围。

每个消费者家庭所持有的 1 美元，就是对他们所偏爱的产品或服务的潜在投票，或者说是对某一厂商的产品优于其竞争对手的产品的潜在投票。因此，家庭对厂商的影响，就与他们所控制的资源的价值成正比例关系，这就造成了财富分配的伦理困境问题。富人可以支付改善他们生活质量所需的费用，而穷人却不能保证最基本的生活。再加上高效率、低成本技术的发展，使得对劳动力的需求降低，由此引起了工资减少或大范围的失业。精密器械和技术通常是由受过良好教育的人来设计和操作的，从而失业和低工资的负担通常落在受正规教育较少的人们身上。有关教育资源分配的公平性问题将在第 11 章中讨论。

45

公共部门和市场

然而，我们不是仅仅依靠市场机制来作出市场决策。国民生产总值中有超过 40% 的部分是根据政府的政治决策来分配的，如市政当局和学区。政府部门与家庭和厂商的不同，就在于它们解决经济问题的方式及其在这一过程中所采用的标准。道恩斯（Downs，1957，p. 282）把政府看成是劳动力分配的机构，社会福利的最大化就是它的职能所在。当自由市场作用的结果不满足道德或经济上的要求时，政府就可以介入进行调整（p. 292）。政府在向家庭和厂商收取强制性款项（即税收）方面具有唯一的权力，同时，联邦政府控制着公共和私人部门所需的货币供给。政府的项目和机构不是以营利为目的的，它们很少会"破产"。如果它们确实"破产"了，那也是政策的结果，而非市场力量造成的，尽管市场条件也可能会影响政治决策。考虑到在美国有超过 40% 的国民生产总值是由政府决定其如何使用的，已经有越来越多的人认识到政府效率的重要性；与私人部门不同，在传统上，效率向来不是公共部门最重要的目标。因此，在评估教育改革进步与否时，教育系统运作（它消耗约 7% 的国民生产总值）的效率就成为一项重要的标准。

图 2—3 把政府（即公共部门）放在货币经济中资源循环流动过程的中心。如图 2—3 所示，政府通过向家庭和厂商征税来获取使其运转的资金。利用这些资金，政府可以从资源市场上获取劳动力和实物资源，同时从产品市场上获取产品和服务。私人部门和公共部门没有单独的市场。政府需求与私人部门需求一起，在资源和产品市场上成为价格形成的影响因素。因此，也就不存在学校员工的单独市场；学区在招聘自己所需的员工时，同样要与企业、其他行业以及政府部门产生竞争。当联邦政府在金融市场上借入大量资金时，对每个部门来说利率同样都会上涨——对学区来说，借入资金建造校舍，利率会上涨；对个人来说，贷款买汽车或买房子，利率同样会上涨。

46

政府也会提供一些家庭和厂商所需的产品和服务，包括公共教育、国防、消防和警察治安服务、机场、港口设施和道路等基础设施。这些服务的主要特点是，它们既不是通过市场来分配，也不是由市场来"定价"。这些产品和服务的"价格"与其"成本"相当，由政府决策进行定价。公立学校的"效率"，只有当选民认为其重要时，才成为一个值得重视的问题。通过服务于 90% 的潜在客户以及获取税收以满足其收入需要的权力，公立学校呈现出一些垄断性的特征。

在完全就业的情况下，当政府预算平衡时，即使所购买的特殊商品的价格随着需求的变化可能会上涨，政府的购买也不会影响到全部的价格。如果政府没有慎重

45

资源市场

货币收入

资源

税收　税收

厂商　公共物品和服务　政府　公共物品和服务　家庭

商品和服务

产品市场

货币支出

图2—3　包括政府（公共部门）在内的资源循环

46

考虑就轻率地供应货币（只有联邦政府具有这种权力），或者随意对目前的项目借入资金（这也是联邦政府的特权），由超额需求导致的通货膨胀就会把政府的负担以未知的（虽然可能是累进的）方式分散到家庭上。政府的长期借款只有在购置持续一年以上的资产时，才被认为是合理的；就联邦政府而言，当没有达到充分就业而且需要刺激经济增长时，长期借款才被认为是合理的。

私人部门对决策影响的大小程度是根据不同决策人所控制的资源数量按比例进行分配的（也就是说，富人产生的影响比穷人多）。由于公共部门的决策是政治性的，并且，在理想情况下，政治权力在选民中是平均分配的（一人一票），所以前面我们提出的回答五个经济问题的答案，与私人部门作出决策（即市场）时所适用的答案有明显的不同。与私人部门相比，在公共部门中，穷人相对具有更大的权力，这导致公共部门的决策制定带有平均主义倾向。私人部门倾向于资源的有效使用，同时也倾向于允许个人根据自己的偏好，在可获得的资源范围内进行自由选择。

在作出有关教育的决策时，家庭、教师和社会之间存在着自然的冲突。就私人部门决策的范围而言，个人和家庭可以在他们的经济能力范围内，并根据个人的价值取向使个人期望最大化。专业人员可以自主决定是否提供服务以及这些服务的性质。但是，当决策通过政治程序作出时，个人和具有不同价值取向的群体就必须进行谈判，以协商出一个唯一的解决办法，而他们的价值取向很可能需要在这个过程中被折中调和。

校本决策（以学校为基础作出决策，将在第14章中讨论）以及家庭择校（将在第15章中讨论）观点的支持者们普遍认为政府作出的教育决策太多了。其中一

47

些支持者相信，这将导致对诸如公平一类的社会价值的不合理强调，使得通过公共教育很难实现个人价值观的多样性；另一些支持者认为，公立学校的政府运作造成了资源利用效率的低下。与此相反，支持学校由政府运作的人担心，如果将学校部门私有化，那么教育服务的分配会比现在更加不公平；而且将我们作为一个民族团结起来的共同的理念、意识（或者博爱）会被削弱。

政治决策制定

任何一个职能团体——如美国联邦政府、州政府、企业或行业协会、志愿者或慈善协会、地方学区、一所学校——都需要遵守一套规则，使自己能在该规则下运

行。这些规则就被称为**政策**，在涉及政府时，政策通过法定的立法程序被正式采用。政策这一概念包括法律条款，还包括由地方学校委员会作出的规范雇员、学生及普通公众的规定。在法律的授权下，由政府机构（包括学校）制定的规章制度同样被认为是政策。

政策规定了组织发挥职能作用的范围，详细规定了组织要进行或者不能进行的活动；政策法案通过引导雇员或组织其他成员的思想，来引领组织实现行动一致。政策要对自由裁量权设置约束条件。政策确保所有合作者的努力都拥有同样的愿景和目标（Kaufman & Herman, 1991）。

州和联邦宪法具体规定了适用法律时需要遵循的正式程序。但是，这些法律通常是用含义很宽泛的术语成文的，为方便执行，它们必须被进一步解释。这些解释最初是由负有法律执行责任的政府当局的具体执行部门作出的，这些部门负责实施这些法律，如州教育部门和美国教育部。由当局作出的决策，用以指导较低层级的权力部门的行动，并以规则形式成文时，它们本身既是法律，也属于政策。州法律详细规定了地方学区在制定政策时需要遵循的一般程序，尽管也允许存在规定范围内的差别。学区可以规定各学校在制定政策时应遵循的程序，或者可以让学校在地区的监督下并且得到批准后设定它们自己的程序。私人组织可以被批准成为正式的法人，法律规定了公司作出决策时需要遵循的程序，或者私人组织可以通过一套议事程序来指导自身作出决策。在公共部门，政策通常（且更适宜）是成文的。然而，政策也可能是非正式的、非成文的和未阐明的协议（规范），组织成员在代表组织利益而采取行动时，会受到这些政策的约束。

虽然宪法、法律、章程和议事程序清楚地说明了为达成群体决策（即政策）应采取的正式步骤，但没有具体说明在实施这些步骤时人们之间的相互作用。这些相互作用通常包括精心设计的战略、权力行使以及由共同利益联合起来的个人和小团体所采用的作出组织（或政府）决策的计谋或策略。这些相互作用，不管是简单的还是精心设计的，都可以被称为"政治活动"。霍奇金森（1983）甚至将政治活动描述成"行政的另一种称谓"。政策制定程序的结构以及该结构中所采用的政治，都被认为会对政策结果产生影响（Dye, 1987）。

在美国，大约 90％的在初等学校和中等学校就读的孩子，是在由政府部门管理的学校（即公立学校）中接受教育。另外 10％的孩子是在由私人或者宗教组织及其他非营利组织管理的学校里学习，但是，这些学校也不同程度地受到政府机构的监督，并在政府部门正式的特许或者批准后成立。此外，个人和私人利益群体会参与市场活动，并对政府决策制定过程施加正式和非正式的压力，这些在非政府部门发生的事会对公立学校产生强有力的影响。

目前还没有一个关于政治决策制定的普遍性理论，但存在各种各样的启发性理论和对比方法（Wirt & Kirst, 1982）。实践中，启发性理论是一种对项目进行分离或者分类的分析方法。其中，对理解与学校管理相关的政策最有用的理论包括制度主义、渐进主义、群体理论、精英理论、理性主义和系统理论。这些理论相互补充，每一个理论重点强调政策制定过程中的一个特殊方面，而把它们集合起来，又能提供有关这一过程的更加完整的描述。虽然这些理论过去主要是为描述联邦层面的政策制定而发展起来的，但它们现在完全被州政府所采用，并使我们可以洞察学区层次上的政策制定——对于学校建设也是如此。

48

制度主义

制度主义认为结构的变化会引起决策的不同（Grodzins，1966；Elazar，1972；Walker，1981），因此，它主要关注政策制定过程的结构方面。

在世界上很多国家，教育属于中央政府的责任。与此不同，美国教育的特点是州政府要承担首要职责，并将权力下放给学区。从积极方面讲，这种安排产生的教育体系能够根据当地条件的变化，作出多样化的、动态的反应。而从消极方面来说，这种结构会造成财政和课程设置的不公平。一些学区拥有的学校在质量上是世界一流的，而另一些学区拥有的学校对国家和职业来说都是较差的（Kozol，1991）。在过去的几十年中，学校管理和治理的分散化特征妨碍了联邦政府和各州政府在资金、课程设置方面所做的均等化努力，也妨碍了联邦政府和各州政府将不同民族、种族和国籍的学生与教员融合起来的努力。

但是，近年来，教育治理结构一直在变化，而且还将继续变化。表2—1说明了美国自1920年以来，公立学校收入来源中联邦政府和州政府的财政支持逐渐增多，而对地方资源的依赖逐渐减少。这反映了教育治理结构变化的一个方面。在20世纪早期，州政府支付的小学和中学教育成本平均不到20%，其余的部分由学区和地方政府支付。1930年以后，州政府负责支付的部分稳定增长。到1980年，50个州支付的教育成本总额第一次超过了地方。联邦政府的参与份额也从20世纪初的几乎为零，增加到1980年的近10%。此后，联邦政府对公立学校的资助拨款降到了6.8%，而州政府提供48%，地方政府提供45%（National Center for Education Statistics，2001，Table 158）。

表 2—1　　　　　　　　公立小学和中学的收入来源（1920—1998 年）

年份	总财政收入（百万美元）[a]	百分比（%）		
		地方	州	联邦
1920	970	83.2	16.5	0.3
1930	2 089	82.7	16.9	0.4
1940	2 261	68.0	30.3	1.8
1950	5 437	57.3	39.8	2.9
1960	14 747	56.5	39.1	4.4
1970	40 267	52.1	39.9	8.0
1980	96 881	43.4	46.8	9.8
1990	207 753	46.8	47.1	6.1
1998	325 976	44.8	48.4	6.8

[a] 用现值美元表示。

资料来源：National Center for Education Statistics（2001）. *Digest of Education Statistics 2000*. Washington，DC：U. S. Department of Education。

虽然现在对学校的财政支持份额在州政府和学区之间基本上是平均分配的，但学校仍然由地方教育委员会控制。但是，最近几年，联邦政府和州政府的财政转移支付资金已经成为制定学区政策的重要影响因素。联邦政府和州政府越来越多地参与对学校的财政支持，这与它们对教育政策的关注增加、对教育施加更多的影响相适应的。在基本课程设置及通过强制考试项目和教师资格认证来监控学生进步成长方面，州政府变得非常积极（Darling-Hammond & Barry，1988；Elmore & McLaughlin，1988）。联邦教育部和州教育部门在规模和影响方面都有所扩大（Moore，Goertz，& Hartle，1983；Murphy，1982）。

沃特和科斯特（Wirt & Kirst，1982，p. v）曾说过："20 世纪 70 年代，美国教育的早期特点——地方控制——完全成了历史，这将被永远记住。"地方管理者在制定学区议程和控制决策结果上丧失了曾有的显著地位。地方管理者和教育委员会能够自主决定的范围，在上要受到联邦政府和州政府法律的限制，在下要与雇员工会讨价还价。最近实施的校本管理倾向于继续缩小这一范围，以至于一些人开始质疑学区功效的程度。然而，地方学区还是会继续对教育政策施加重要的影响，尽管这一影响仍在下降（Odden & Marsh，1989）。

政治机构和组织中正在发生的其他的结构变化，也会对决策制定程序和决策的最终性质产生影响。小的学区是集中统一的，而大地区是分权化的。教育正在向着教学的专业化方向进步，让家长们自主选择学校的实践正在普及。采用像教育券和免除税收这样的政策，会增强私人提供者的作用，进一步改变教育治理的局面。在芝加哥和肯塔基，教育治理结构的变化生动地说明了制度主义的前提假设，即决策制定程序的结构性质将影响决策的质量和实施的效果（Hess，1991；Guskey，1994）。

系统理论

在这些模型中，最全面、最具综合性的模型是**系统理论**在政治过程中的应用。一个系统是由相互关联的多个要素组成的。一个开放的系统，如政治系统，将从它周围的环境中获取资源并以某种方式进行加工处理，然后再将加工后的资源输送回环境。所有的系统都趋向于熵（无序性、无组织性），而且会通过有意识地抵抗这种趋势来维持均衡。阻止熵的一个重要手段就是反馈——也就是说，持续地监控系统的内部运转及其与环境的相互关系。精确反馈对系统的健康非常重要，因为系统依靠环境获取资源，如果没有这些资源，系统将会萎缩甚至消亡。在反馈分析（控制论）的基础上，系统通过对其结构和程序的修正与改进来维持均衡。均衡的维持是一个引导系统不断发展和进化，使之与环境相协调的动态过程。

伊斯顿（1965）是最早将一般系统理论运用于政治系统的人之一，他的模型（见图 1—3）被认为是教育政策制定一般模型的原型，本书也是围绕着该模型来组织的。在第 1 章中，为了详细说明系统理论在教育政策制定中的应用，我们已经向读者介绍了有关这种模型的讨论。

渐进主义

林德布洛姆（Lindblom，1959）把美国的公共政策过程描述为政府过去活动的延续，但是带有一些增量的改进。他形象地将这一过程称为"得过且过"。虽然一些人对他将这一过程提升到**渐进主义**理论高度表示不满，但对他最激烈的批评之一，是认为他提出了完全适用于管理者实际操作的精心构思的理论。如同第1章的国际比较中提到的那样，与议会制政府相比，渐进主义理论可能更能代表美国的治理（权力分配）特征。

林德布洛姆（1968，p.32）对"政治是解决冲突的过程"这一流行的观点提出了质疑。他论证道，"政府是解决大量社会协作问题的工具"，"冲突主要来源于因政治生活变得更加有序而发展起来的合作机会"。因此，他将"权力的游戏"描述为专家之间合作的过程。这就像一场游戏，通常会根据潜在的且被普遍接受的规则来进行。"政策分析作为一项工具或武器被整合到'权力的游戏'中，其结果是改变分析的特征"（1968，p.30）。

权力的游戏的焦点是手段（政策），而不是目的（目标或者对象）。根据林德布洛姆的观点，这正是政治系统得到运转的原因。由于各利益群体之间价值体系的重叠和行动结果的不确定性，拥有不同价值利益的各党派虽然不能达成目标上的一致，但能够达成手段上的一致。

林德布洛姆（1968，p.33）认为，在一个多元化的社会中，不可能对目标的优先次序达成一致意见，因此，适合政治过程的分析类型被称为"党派分析"。这是一个范围相对较小的一系列价值观或目的分析，由诸如教师协会、纳税人协会以及宗教和爱国者组织这类支持者（有组织的利益群体）来实施。分析的全面性由参与政治过程的党派种类来决定。因此，促进具体价值的责任由这些价值的提倡者（压力集团和说客）承担，而非一些中立的分析者（这种情况将在稍后的理性主义中加以讨论）。

这种辩论过程的结果是对政策渐进的而非革命性的变革。鉴于我们对公共政策与人类行为之间的关系还没有一般性的认识，林德布洛姆将渐进的政策决策看成是合理的。渐进主义允许成功政策的扩展，同时限制由非成功政策造成的损害。在战略计划的背景下，渐进主义能够确保每一次渐进都朝着理想的目标发展，并将组织分裂的可能性降到最低。渐进主义在改变系统的同时，也维持系统。

在接下来的两节，我们将讨论群体理论和精英理论。这两个理论都解释了渐进主义是如何在实践中发挥作用的。

群体理论

杜鲁门（Truman，1951）是**群体理论**的一个主要支持者，在对公共政策的描述中，他把政治看成是不同群体（与个人相对）间的相互作用。与林德布洛姆的"党派"类似，个人结合在一起形成正式或非正式的群体，使政府正视他们的需要。个人能够通过这种群体来影响政府的行动。甚至政党也可以被看做是利益群体的结合。被选举和任命的官员不断地与有关群体进行讨论和谈判，以达成一个使各方利益得以平衡的折中的解决方案。

如戴伊（Dye，1987）描述的那样，群体理论可以用图2—4来解释说明。在任一时点上的公共政策就代表了各种群体之间力量平衡的均衡点。由于力量同盟在不断地变化（例如，在图2—4中，群体B在某个特殊问题上得到支持者或合伙人，所以力量同盟倾向于群体B），平衡的支点也在变化，这就引起了政策的渐进性变化（如图2—4所示，政策变化是朝着群体B的方向转移）。

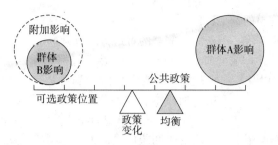

图 2—4　群体理论模型

资料来源：T. R. Dye. （1987）.*Understanding Pubic Policy* （6th ed.）. Englewood Cliffs, NJ：Prentice-Hall. p. 27. Reprinted by permission of Pearson Education, Inc., Upper Saddle River, NJ。

系统的稳定性归因于多个因素。第一，大部分选民是政治系统的潜在支持者，持有该系统的内在价值观（与伊斯顿的输入假设相类似的概念）。这一潜在群体一般并不积极活跃，但当需要保护系统以防止其他群体攻击时，它们会积极行动起来。第二，群体成员之间会有很多交叉。一个人很可能同时还是其他群体的成员。这就不鼓励任何一个群体处于极端的位置，因为虽然群体作为一个整体可能只关注一个问题，而它的成员却可能有更多的倾向和目的。第三个促进系统稳定的因素来源于群体竞争。在美国，没有一个单独的群体是占多数的，因此，很容易形成一个联盟来对抗其他任何一个群体的不恰当影响。由此带来的结果就是，政治过程的特征就像渐进主义所描述的那样，是演变而非革命。

精英理论

精英理论关注的焦点是有影响力的精英公民的行动。精英理论（Dye & Zeigler, 1981）认为，一般公众的特点是对公共政策缺乏兴趣和认识——类似于群体理论中的潜在群体，这就给精英们留出了其愿意填补的权力空间。在公共问题上，精英们更有可能塑造公众的观念，而一般公众却较少影响精英的观念，虽然他们的影响是相互的［如公民权利立法，（Dye, 1987, chap. 3）］。根据这一理论，政策是由披着民主政治外衣的精英来推进的。

精英主要来源于社会上层经济阶层。他们并非一定与大众的一般福利相对立，但他们是从**位高权重**（noblesse oblige）的人的角度出发来解决大众的福利问题的。精英们可能无法在所有的问题上取得一致，但在基本社会价值观和维护现有体制的重要性方面，却能达成一致。大众表面上会支持这一共识，这为精英规则提供了基础。当发生威胁体制的事件时，精英们会转而采取纠正措施。根据精英理论，公共政策的改变发生在精英们重新定义自身角色的时候，有时也是外部压力的结果。由于精英对维护体制持保守态度，所以政策的改变趋向于渐进性。

理性主义

理性主义的追随者正在努力寻求有利于使社会收益最大化的方式以建立政策制定过程。德尔罗（Dror, 1968）认为，纯理性的假设深深根植于现代文明和文化中，是某些自由市场经济理论和民主政治理论的基础。他把图 2—5 中按次序组织起来的六个阶段作为纯理性模型的特征：

1. 设立一套完整的操作目标，根据每个目标可能完成的不同程度赋予权重；

2. 建立完整的其他价值和资源的清单，并赋予权重；

3. 为政策制定者准备一套完整的可选择的政策方案；

4. 合理估计每项可选方案的成本和收益，包括每项方案能够达成各项操作目标、消耗资源以及实现或者削弱其他价值的程度；

5. 将每项可选方案的各项成本和收益的可能性与其各自效用相乘，计算出每项可选方案的净期望值，并计算出效用单位的净收益（或成本）；

6. 比较净期望值，并确定净期望值最高的可选方案（如果有两个或更多的方案同样优秀，也可选择多个方案）(p. 132)。

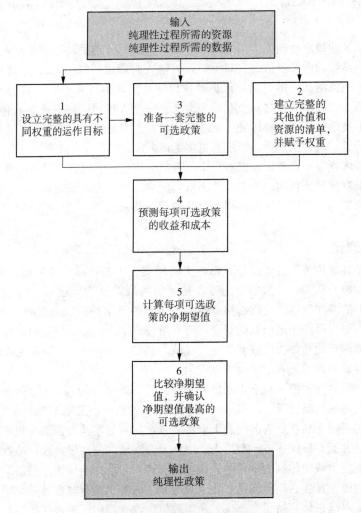

图 2—5 纯理性政策制定过程

资料来源：Y. Dror. (1968). *Public Policy-Making Reexamined*. San Francisco：Chandler, p. 134。

在理论上，理性主义包括所有个人的、社会的、政治的和经济的价值，而不仅仅是可以转换为货币的价值；而在现实中，由于测量上存在困难，不可能把除经济价值以外的所有其他价值都包含在内。因此，这一模型将经济效率提升到其他潜在社会目标（如公平、博爱和自由）之上。

政治现实主义者反驳说，公共部门的决策，包括公共教育，是在政治理性而非经济理性的基础上制定的。对他们来说，"理性主义"与政治程序完全不相关，并可能引起功能上的混乱（C. L. Schultze，1968）。林德布洛姆（1959，p.88）认为，要知道理性选择政策的所有要素——所有的社会价值偏好及相对权重、所有可供选择的政策和每个可选政策的结果，是"超出人类理解范围"的。本质上，理性主义试图量化不可能量化的所有政治程序要素和人类行为要素，力图用数学函数来描述决策制定，这也是不可能的（Lavoie，1985）。在手段与目的之间的关系不被认为是"现实主义"时，怀斯（Wise，1979）就曾提到坚持官僚政治的理性化问题——这是超越了知识范围的理性化努力（在第 9 章中我们将继续讨论这一概念）。具有代表性的立法机构（如教育委员会和国会）并不完美，它只是一种近似估算的"所有的社会价值偏好及其权重"的政治机制。

建立在经济原则和程序基础上的理性研究方法，应该是预算制定中的一个重要因素。然而，西伯尔卡（Cibulka，1987）的研究发现，理性主义在其中只扮演了很小的角色。瓦尔德斯基（Wildavsky，1964）也提出，纯理性是一种幻想。他强调预算程序的政治性质："如果把政治看成是政府用资源来解决紧迫问题的过程，那么预算就是政府努力的焦点……用更完整的话来说，预算处于政治程序的中心"（pp. 4—5）。

类似的结论出现在比根沃德（Bigenwald，1977）、戴敏（Demmin，1978）和希茨格斯（Hitzges，1988）关于学区资源配置决策影响因素的研究中。社会经济情况、危机、坚持己见的专业和外行人士都是预算结构中的决定力量。

理性主义哲学对政策分析具有重要的影响，并间接影响到政策决策的制定。由于经济效率常常在传统的政治程序中被忽视，所以理性主义哲学对经济效率的偏好是很有价值的。理性主义精神培养产生了"规划—项目—预算"系统（PPBS）、零基预算（ZBB）、目标管理（MBO）、运筹学（OR）以及成本—收益分析、成本—效率分析等管理工具。**问责制**和**评估**等术语现在已经成为国内教育的一部分，对教师、学生和项目的评价也成为一种被接受的程序。地方教育委员会、州政府和联邦政府通过进行强制评估和测试项目，即"标准化教育"，在原来长期关注教育投入的数量和质量的基础上，又增加了对教育产出的数量和质量的关注。所有这些都试图将更多的经济理性引入教育决策和教育过程。

虽然理性分析工具对教育决策过程有一定的影响，但理性主义解决方法仍不能满足其支持者的期望，而且还受到传统教育决策过程支持者的强烈反对。使用不同教育分析方法的阻力在于教育职业本身。除了作为雇员本身既定的利益外，教师们强烈地意识到，要量化与教育投入和产出以及教学过程有关的所有复杂变量，这几乎是不可能的。

对理性分析最热情的支持者是那些追求公共部门经济效率的经济纯化论者。在私人部门，市场提供强有力的机制来消除无效率。事实上，政府的角色之一就是维持市场秩序，抑制这些机制正常发挥作用的力量。但是，事实上很少有类似的机制会在公共部门发生作用。

与渐进主义注重手段不同，理性主义要求对结果达成共识，但在多元化的组织（如联邦政府、州政府、大城市学区）中，这是不可能的。由于在学校层面上，利益冲突的群体数量在减少（较小的、同质的学区也存在这种情况），所以这种共识经常能够达成，理性主义也能在这一层面上发挥作用。当然，这是校本管理模型的通常要求。

55

政府干预中涉及的问题

关于这一点，我们已经分别介绍过经济和政治系统是如何运行的，也已经说明了这两个部门制定政策的不同。每个部门都有能力回答人们提出的政策问题，但作为个人和社会，我们可能会对所有政策都由其中一个部门单独制定而感到不满。考虑到主要由私人部门制定政策的资本主义社会的一般偏好，我们下面将讨论政府部门应该何时介入私人部门决策以及如何介入的问题。

政府应该何时介入

埃克斯坦（Eckstein，1967）指出了因市场机制失效导致政府必须介入的四种情况：集体物品、外部经济（即私人成本与收益、社会成本与收益之间的不对应）、特殊风险和自然垄断。我们在前文已经对作为一种集体或公共物品的教育进行了讨论。

外部经济

当价格反映了包括产品或服务在内的全部成本时，市场的运转是正常的。然而也有例外的情况，如当厂商能够通过低价让消费者获得利益而逃避支付全部生产成本时，或者厂商不能够按照其产品的全部价值定价时，都被认为是外部经济或不经济。当外部经济发生时，产品或服务不是完全由私人部门提供的，教育就是其中的一个例子。虽然一些带有特殊目的性的教育项目也存在利润动机，如职业教育和大学预备培训，但由私人部门提供普通教育几乎是没有利润动机的——特别是对穷人和残疾人而言。

外部经济性可以用造纸业的例子来加以说明。如果没有环境保护法，造纸厂很可能将制造过程中产生的大量有毒废水倒入附近的河流中，导致野生动物死亡和大气污染。要求在将废水排出之前先进行排毒净化处理，会增加厂商的生产成本和消费者的购买成本。在环境保护法出台以前，厂商能够逃避支付这部分生产成本。而其中的一部分成本则是以低质量的生活和财产的低价值的形式由工厂附近的居民来承担的。

同样地，当学生辍学或被迫失学时，他们很可能会成为需要社会救助的弱者。与受过完整教育的人相比，他们不大可能找到稳定的工作，而且很可能以领取失业保险金、福利和医疗补助的形式接受政府的援助。失学者还很可能犯罪，从而被刑事机构拘留、监禁。一些学区因没有完全教育这些人所节约的资源，又被社会浪费损失掉了，因为社会必须为这些人以后的生活提供社会服务，而且主要是由联邦政府和州政府提供财政支持。

除非有联邦政府和州政府的介入，否则有严重智力缺陷和生理缺陷的人将无法接受教育，因为特殊教育的成本很高。这就意味着，他们的整个生活将在专门化的机构中度过。现在，他们中的一些接受过教育的人能够独立地工作和生活，或者只需要很少的照管，这降低了社会服务的成本，给处于不利条件的人们创造了更好的生活，教育支出增加的红利就是以这些形式来支付的。

特殊风险

特殊风险是指投资的可能回报或盈利很低的情况，如原子能、太空探索和癌症研究。对学习、教学和课程研究的投资也可以归于此类。全球经济增长要求对低技术工人的再教育进行投资，以防止由自由贸易协议造成的永久性下层阶级的壮大：这是一个社会问题，但不必然是经济问题。

自然垄断

自然垄断就是指企业的成本曲线呈持续下降趋势。换句话说，就是指随着所生产的产品或提供的服务的增加，产品和服务的单位成本越来越少。因此，由于发展规模经济，大企业具有明显的竞争优势，甚至将小企业驱逐出该市场，如电力、煤气和供水行业，而技术主导型企业或行业也存在这种情况。规模经济在到达规模不经济点之前一直存在，规模不经济是指当产品或服务产量的增加，单位成本也随之增加。这就形成了一条 U 形的成本曲线，使得大企业不再比小企业更具优势和竞争力。

目前普遍存在一种误解，认为在教育服务的提供上存在大量的规模经济。这种误解常常鼓励各州采取学校合并政策。但事实上，如第 12 章将要说明的那样，规模经济只影响到最小的学校和学区。但同时，也有关于大学校和学区教育的令人信服的规模不经济的证据。尽管如此，教育已经接近于公共垄断。

政府介入的其他原因

政府介入的发生，也可能是由于其他原因。联邦政府承担调控经济周期、抑制通货膨胀以及在一定限度下重新分配社会财富的责任。教育和培训经常成为实施这种控制的手段。所有的政府都利用这种特有的权力地位，促使将私有财产销售给公共部门使用，如州际高速公路或学校的建造。

如果需要政府介入，政府如何介入？

一旦作出政府介入的决策，那么介入的方式也有很多种。公立学校通常是由政府所有和运营的。警察和消防部门以及美国的武装军队也是如此。然而，拥有所有权并不是政府介入的典型方式，政府也可能通过管制、许可证、税收、补贴、转移支付和契约等形式来监管公共利益。

美国大部分通信系统、公共设施、城市交通运输公司都是私有的，但它们也会受到严密的监管和控制。为防止其违反健康法律，餐馆会受到例行检查。获得政府许可的工作人员，即使大多是专业人士（教师除外），也主要工作在私人部门。州政府的机构也会监管私立学校和家庭教育。

政府可以通过补贴或税收的方式改变某些特殊物品的价格，从而影响人们的行为。对烟草、酒精类饮料和汽油消费的征税，可以增加消费者的购买成本，从而达到降低需求的目的。此外，政府可以给农民提供补贴，从而鼓励他们增加（或者减少）某项特殊产品的产量，或者给企业提供补贴，以使它们能够面对国外的竞争。同样地，补贴和奖学金能够降低高等教育成本，鼓励家庭或个人继续参与高中以上的教育。全额补贴使得普及小学和中学教育成为可能。

政府也会与私人企业签订合同以获取它们提供的服务。联邦政府、州政府和地方政府要依靠这些承包商来建造建筑设施、公路和公园。虽然太空探索是由联邦政府来协调的，但研究、开发和生产空间设备却是以合同的形式由私人来完成。在入学人数快速增长的时期，学区可能会从私人手里租用空地。一些学区与私人签订合同，由这些人来提供交通运输、清洁和餐饮业务。最近，一些学区已经就个别学校的运营、特殊行政服务和整个地区业务的管理签订了合约。

有些政府职责是通过向个人转移支付来实现的，如社会保障、未成年儿童补助（即福利）、失业保险、食品券和教育券等。通过转移支付，政府可以均衡资源的分配，同时也允许个人能最大限度地使用自己的资金。例如，在社会保障建立以前，年老的贫困者被送进由地方政府所有和设置的专门机构里，就像今天的学校一样。现在，由于有社会保障系统提供的月保障费，被收容者有了更多的选择，例如，他们可以选择住在自己家里、小公寓里，或者住在退休人员社区、疗养院里，抑或是亲戚家里。为所有老年人提供满足其最基本生活的、不指定其生活方式的公共政策已经实现了。《退伍兵权利法案》（The G. I. Bill）为第二次世界大战和朝鲜战争中的退伍军人支付使其进入再就业培训机构的费用，而这些机构不仅仅是公立机构，这就是教育券的一个例子。一些大城市已经开始在小学和中学教育阶段有限制地使用教育券。

选择适当层级的政府介入

58   在任何给定的情况下，根据各政策目标的相对优先顺序，能够构造权力在政府和潜在决策者之间配置的显著不同的模式（Kirst, 1988；Theobald & Malen, 2000）。权力高度集中的特点是，所有决策都是集体制定的，并通过公共机构来执行。而在权力高度分散的情况下，就不存在公立学校和社会补助，教育服务的提供和分配都唯一地通过市场的力量来决定。这种安排增加了实现效率和个人自由的潜在可能性，但对其他像公平这样的社会价值的实现，却有严重的负面影响。

在第二次世界大战后，提高权力、权威的集中程度被用来作为促进公平的一种手段，但是在20世纪最后20年间，国家批判的浪潮和由此带来的改革运动意味着教育系统的效率和有效性已经被削弱了。为了在保持一定程度的公平的同时促进效率和自由，一些州采取了允许跨区上学的政策，还有一些学区通过创建一些磁性学校（有吸引力的学校）或者允许自由选择就读的学校等措施来增加家庭的自由择校权。很多州采用了更为激进的措施，如授权特许学校，少数州和学区还批准在私立学校中使用公共财政发放的教育券。其他一些地区将重要的决策权下放给学校和教师，为实施校本决策和向教师授权奠定了基础。集权化政策建议是以提高教育系统效率为目标的，这些政策建议包括：设定学生成绩的州标准，采用州制定的课程设置体系，由州统一管理成绩测试，提高中学毕业的要求，以及提高州的教师职业资格标准。

沃特和科斯特（1982）把集权/分权的张力看成是"个人主义和多数主义"之间固有冲突的结果。他们认为，当今社会的政治压力源于我们强调把个人偏好和个人需求转化为公共政策。在承认所有人都同等重要的同时，政府要想生存下来，就必须协调由于个人需求不同而引起的冲突，以使冲突保持在人们能够容忍的范围内。多数原则是构成民主治理的重要原则。与此同时，个人主义在我们的经济体系中以及为保护个人不遭受"多数人暴政"而在国家和州宪法的权利法案中都能够被反映出来。弗里德曼（Friedman，1962）是这样分析这种情况的：

> 当达成不必要的一致性时，社会结构面临着压力；市场机制的引入，能够在允许它包含的任何活动中减轻这种压力。市场能够覆盖的活动范围越广，需要制定出明确政策的问题就越少，必须达成一致的问题也就越少，从而在保持自由社会的同时达成共识的可能性也就越大。(p. 24)

在社会政治等级的所有层次上，都会涉及教育的合法利益问题，关键是要达到各种合法利益的最佳平衡。随着社会背景、价值含义和优先次序的变化，最佳平衡在不同的社会之间以及同一个社会的不同时期都会有所不同（Wirt，1986）。

总　结

在这一章中，我们描述了教育决策是如何作出的。由于教育通过不同的方式，为个人和社会提供具有很高价值的收益，这个决策过程会非常复杂，而且同时包含政府和市场两个方面。

在本章开头部分，我们讨论了人力资本理论。这一观点解释了个人为什么会为自己及其子女进行教育投资，以使其获取更多的知识和技能。由于个人的技能会影响到他人的福利（外溢效应），同时也因为很多人没有足够的资源投入到教育中，人力资本理论也提供了公共部门介入以确保普通教育的依据。因此，我们指出，根据排他性原理，教育具有私人物品的特征，同时也具有公共物品不可分割的特性。 59

我们对通过市场来配置稀缺资源进行了描述，介绍了几个政治决策模型，并确认了任何一个社会都必须解决的五个教育问题。这些问题要么通过政府的政治过程，要么通过市场来解决。因为政治过程更倾向于公平的元价值，而市场更倾向于个人自由和效率的元价值。对这些问题的解决方法的优先选择，不同的部门会有很大的不同。这些问题应该何时由政府来解决？应该何时通过市场留给个人自己解决？我们为这一决策提供了指导。同时，我们也介绍了政府介入的一系列方法，讨论了对联邦、州和地方机构授权的意义。

思考与活动

1. 辨析教育所具有的消费品属性和投资属性。

2. 辨析教育所具有的公共物品属性和私人物品属性。

（1）分别列出教育所带来的公共利益和私人收益。

（2）是否有来源于私立学校的公共利益？如果有，这些利益是什么？在公共利益的范围内，公共财政对私立学校的资助是否能够被证明是合理的？

3. 描述关于教育的基本经济决策过程。

（1）有哪些群体会参与第 43 页[①]中列出的关于教育的基本经济决策的制定？

（2）指出如何组织学校以更有效地满足以下人员的需求：

• 没有严重学习障碍的学生

---

① 指英文原书页码，即本书边码，下同。——译者注

- 残疾儿童
- 天资聪颖的儿童
- 成年人
- 学前儿童

4. 讨论政府介入财政支持、组织和分配教育服务能够采用的战略。

（1）在现在的初等和中等教育中，公立学校维持近乎垄断的地位。让所有孩子达到高的教育标准的目标，是否能够证明公立学校的垄断是合理的？分别列出支持或者反对的证据。

（2）为使所有孩子达到高的教育标准，如何组织开展初等和中等教育？本章介绍了哪些可供选择的结构？你认为哪种是最可行的？为什么？

5. 研究地方政府层次的有关教育的政策制定过程。

（1）采访你所在学校的主管人员或者教育委员会成员，了解有关教育政策是如何制定的，以及在你的学区谁会影响到这一过程。

60

（2）在收集到前述采访信息的基础上，对第 48 页中列出的每个政策制定模型进行描述。

6. 识别出由于收益的不确定性而使教育不可能存在私人投资的方面。

（1）对教学、学习和课程发展的研究是否代表了这样一种行动——在这一行动中，私人投资的可能收益太低，以致需要政府的介入？列出能够支持你答案的论据。

（2）在理想化情况下，应该如何组织和资助教育研究？

计算机模拟：教育收入

在 Allyn & Bacon 的网页（http：//www. ablongman. com/edleadership. com）上可以进行计算机模拟。这一章的计算机模拟是为电子制表软件的初学者设计的。有经验的使用者没有必要再做这个模拟。该模拟的主要目的如下：

- 理解公共教育依靠各种层级政府获取收入的程度。
- 熟悉计算机电子制表程序。
- 提高初学者的计算机技能，如录入数据、运行资料、复制和录入公式。

参考文献

Agarawala，R.（1984）．*Planning in developing countries：Lessons of experience*，World Bank staff working papers，No. 576. Washington，DC：The World Bank.

Becker，G. S.（1964）．*Human capital：A theoretical and empirical analysis，with special reference to education*. New York：National Bureau of Economic Research.

Benson，C. S.（1978）．*The economics of public education*（3rd ed.）. Boston：Houghton Mifflin.

Bigenwald，M. M.（1977）．*An extension of Thorstein Veblen's "The Theory of the Leisure Class" to contemporary consumption of educational services*. Buffalo，NY：Unpublished doctoral dissertation，State University of New York at Buffalo.

Blaug, M. (1970). *An introduction to the e-conomics of education*. Middlesex, England: Penguin Books.

Carlson, R. V., & Awkerman, G (Eds.). (1991). *Educational planning: Concepts, strategies, and practices*. New York: Longman.

Cibulka, J. G. (1987). Theories of education budgeting: Lessons from the management of decline. *Educational Administration Quarterly*, *23*, 7—40.

Darling-Hammond, L., & Barry, B. (1988). *The evolution of teacher policy* (Report No. JRE—01). Santa Monica, CA: The RAND Corporation.

Demmin, P. E. (1978). *Incrementalism in school budgeting: Patterns and preference ordering in resource allocation*. Buffalo, NY: Unpublished doctoral dissertation, State University of New York.

Dennison, E. F. (1962). *The sources of economic growth in the United States*. New York: Committee for Economic Development.

Downs, A. (1957). *An economic theory of democracy*. New York: Harper & Row.

Dror, Y. (1964). Muddling through— "science" or inertia? *Public Administration Review*, *24*, 153—157.

Dror, Y. (1968). *Public policy-making re-examined*. San Francisco: Chandler.

Dye, T. R. (1987). *Understanding public policy* (6th ed.). Englewood Cliffs, NJ: Prentice-Hall.

Dye, T. R., and Zeigler, H. (1981). *The irony of democracy*. Monterey, CA: Brooks/Cole.

Easton, D. A. (1965). *A systems analysis of political life*. New York: John Wiley & Sons.

Eckstein, O. (1967). *Public finance* (2nd ed.). Englewood Cliffs, NJ: Prentice-Hall.

Elazar, D. J. (1972). *American federalism*. New York: Harper & Row.

Elmore, R. F., & McLaughlin, M. W. (1988). *Steady work: Policy, practice, and the reform of American education* (Report No. R—3574—NIE/RC). Santa Monica, CA: The RAND Corporation.

Friedman, M. (1962). *Capitalism and freedom*. Chicago: University of Chicago Press.

Grodzins, M. (1966). *The American system*. Chicago: Rand McNally.

Guskey, T. R., Ed. (1994). *High stakes performance assessment: Perspectives on Kentucky's educational reform*. Thousand Oaks, CA: Corwin.

Hanushek, E. A., & Kim, D. (1995). *Schooling, labor force quality, and economic growth* (Working Paper 5399). Cambridge, MA: National Bureau of Economic Research.

Hess, G. A., Jr. (1991). *School restructuring, Chicago style*. Thousand Oaks, CA: Corwin.

Hitzges, R. A. (1988). *Analyzing professional staff allocation decision process in selected public schools*. Buffalo, NY: Unpublished doctoral dissertation, State University of New York at Buffalo.

Hodgkinson, C. (1983). *The philosophy of leadership*. Oxford, England: Basil Blackwell.

Kaufman, R., & Herman, J. (1991). *Strategic planning in education: Rethinking, restructuring, revitalizing*. Lancaster, PA: Technomic.

Kirst, M. W. (1988). Recent educational reform in the United States: Looking backward and forward. *Educational Administration Quarterly*, 24, 319—328.

Kozol, J. (1991). *Savage inequalities: Children in America's schools*. New York: Harper Perennial.

Kuznets, S. (1966). *Modern economic growth*. New Haven, CT: Yale University Press.

Lavoie, D. (1985). *National economic planning: What is left?* Cambridge, MA: Ballinger.

Levin, H. M. (1987). Education as a public and private good. *Journal of Policy Analysis and Management*, 6, 628—641.

Lindblom, C. E. (1959). The science of muddling through. *Public Administration Review*, 19, 79—88.

Lindblom, C. E. (1968). *The policy-making process*. Englewood Cliffs, NJ: Prentice-Hall.

Marshall, A. (1948/1961). *Principles of economics* (8th ed.). New York: Macmillan.

Moore, M. K., Goertz, M., & Hartle, T. (1983). Interaction of federal and state programs. *Education and Urban Society*, 4, 452—478.

Murphy, J. (1982). The paradox of state government reform. In A. Lieberman & M. McLaughlin (Eds.). *Educational policymaking*. The 81st Yearbook of the National Society for the Study of Eduction. Chicago: University of Chicago Press.

National Center for Education Statistics. (2001). *Digest of education statistics 2001*. Washington, DC: U. S. Department of Education.

Odden, A., & Marsh, D. (1989). State education reform implementation: A framework for analysis. In J. Hannaway & R. Crowson (Eds.), *The politics of reforming school administration* (41—59). New York: Falmer.

Paquette, J. (1991). Why should I stay in school? Quantifying private educational returns. *Journal of Education Finance*, 16, 458—477.

Pierce, B., & Welch, F. (1996). Changes of structures of wages. In E. A. Hanushek & D. W. Jorgenson (Eds.), *Improving America's schools: The role of incentives* (pp. 53—73). Washington, DC: National Academy Press.

Samuelson, P. A., & Nordhaus, W. D. (1989). *Economics* (13th ed.). New York: McGraw-Hill.

Schultz, C. L. (1968). *The politics and economics of public spending*. Washington, DC: The Brookings Institution.

Schultz, T. W. (1963). *The economic value of education*. New York: Columbia University Press.

Schultz, T. W. (1981). *Investing in people: The economics of population quality*. Berkeley, CA: University of California Press.

Smith, A. (1993, originally published 1776). *An inquiry into the nature and causes of the wealth of nations*. Oxford, England: Oxford University Press.

Theobald, N. D., & Malen, B. (2000). *Balancing local control and state responsibility for K—12 education* (2000 Yearbook of the American Education Finance Association). Larchmont, NY: Eye on Education.

Truman, D. B. (1951). *The governmental process*. New York: Knopf.

Walker, D. B. (1981). *Toward a functioning federalism*. Cambridge, MA: Winthrop Press.

Weiler, H. N. (Ed.). (1980). *Education planning and social change*. Paris: UNESCO:

International Institute for Educational Planning.

Wildavsky, A. (1964). *The politics of the budgetary process*. Boston: Little, Brown.

Wirt, F. M. (1986). *Multiple paths for understanding the role of values in state policy*. Paper presented at the Annual Meeting of the American Education Research Association, San Francisco, CA.

(ERIC Document Reproduction Service No. ED—278086)

Wirt, F. M. , & Kirst, M. W. (1982). *Schools in conflict. The politics of education* Berkeley, CA: McCutchan.

Wise, A. E. (1979). *Legislated learning: The bureaucratization of the American classroom*. Berkeley, CA: University of California Press.

第二篇

为学校取得财政收入

现在进入第二篇，我们开始讨论历史上支持公共教育的资金的来源，并且讨论目前政策制定者面临的各种具有挑战性的问题。在第一篇中，我们建立了一个普遍适用的政治—经济分析框架，该框架可以用于分析教育决策。立法机构和教育委员会以及他们所代表的公众，赋予各种价值优先次序（价值排序）；立法机构和教育委员会要对情况的变化和价值优先次序的变化作出反应，政策制定就是随着这种反应不断演化的。现在我们利用这一框架分析财政收入来源。我们将集中分析税收的基本原理以及联邦、州和地方政府的主要财政收入。

在考察专门的税种之前，我们首先分析联邦体制下的税制结构，在这种体制中，不同层级的政府都有权管理和筹集收入。联邦、州和地方政府都不同程度地依赖于财产、收入、消费和特权税税基。可以依据如下标准对不同税种的意图和结果进行分析：收入、公平、中性、弹性和行政成本。我们将在第3章中引入这些标准；在第4章中，我们用这些标准分析和评估联邦和州政府的税收来源；第5和第6章分别分析和评估地方政府和学区的税收来源。

第 **3** 章

税收原则

议题和问题

- **公平且有效率地达到高的标准**：选择税收系统并通过这一系统取得财政收入以促进公共教育，其背后的原则是什么？
- **联邦税收体制**：在监督和增加用于公共教育的税收的过程中，多方治理结构有哪些优点和不足？
- **税基**：可以对个人和商业组织的哪些形式的行为和活动征收财产税、收入税、消费税、特许经营税？
- **评估各种税种优点的标准**：当政策制定者考虑采用哪种税种取得收入时，收入、公平、中性、弹性和行政成本标准能帮助我们观察到什么？
- **税收归宿和影响**：谁来纳税？不同纳税群体之间的相对税收负担情况如何？
- **设计税收体制中的价值平衡**：当政策制定者决定哪个税种最适合公共目标的需要时，他们如何在前述标准和自由、平等、博爱、效率和经济增长这些有冲突的价值标准之间，进行权衡取舍？

联邦税收体系概述

在美国，联邦、州以及地方政府的权力划分对公共财政的影响很大。人们相信，多级政府能够更有效率且更有效地（efficiently and effectively）筹措资金、提供公共服务。然而，这种划分并不严格，因为在联邦、州与地方政府之间存在着一定程度的税源共享，并且大量的资金会从联邦政府、州政府转移到地方各级政府，如县（counties）、市镇（townships）、自治市镇（municipalities）以及学区。

高度分权的体系导致提供服务的辖区要承担相应的成本，成本承担与管辖权紧密相连。人们认为，各级政府之间的松散联邦能更强地刺激经济发展，在这一体制中，商品、服务和其他生产要素会对不同水平的税收和收益作出反应，从而进行自由流动（Musgrave & Musgrave, 1989, p. 469）。同时，高度分权的体系也容许不同辖区之间的政府提供性质和数量不同的产品与服务，容忍一定程度的不平等。比如，财产或收入水平不同的两个学区从税基中征收所需的财政资金的能力就有很大的不同。由于这些原因，为了确保能够提供充足的公共服务，层级较高的政府会进行干预，采取措施使其管辖的各个较低级别辖区的税收能力或者财政资金均等化。

在 20 世纪的大部分时期，财政联邦主义体制趋于集权化。20 世纪后期，更高比例的政府税收收入由联邦和州获得，并且与这种趋势同时发生的是联邦政府对州和地方的财政转移支付的增加。虽然国家财政收入集中化，并且收入的增加是联邦、州和地方政府共享的，但是，提供公共服务的责任主要落在地方政府身上。这种安排再次证明了财产税作为为地方学校提供财政支持的主要手段的合理性。联邦和州政府的具有广泛税基的税收体系，更适合担负重新分配财富的功能，扩大了获得公共服务的机会。联邦制度下的治理和税收体系认识到了集权与分权的优点，并推动各级政府之间相互作用。

在州政府没有授权的情况下，地方政府就没有征税权力，因而州政府在制定政策上处于优越的位置。比如，许多州（以及联邦政府）允许纳税人在计算其所得税前，先减去地方财产税的价值。其他一些州准许低收入者和老年人用收入的所得税抵消所缴纳的一定比例的财产税。虽然宪法没有规定联邦政府具有协调税收体系的法律责任，但是联邦条款（federal provisions）能影响较低层级政府的税收结构。那些拥有所得税的州，在很大程度上需要依赖联邦所得税政策来减少行政管理费用，并在纳税人计算税额、申报税款时，减轻纳税人的负担。类似地，1986 年的联邦所得税改革，取消了州和地方销售税减免，并因此影响了州和地方政府的税收征集和税收政策的制定。

实际上，相互依赖、相互影响体现了美国联邦松散的治理结构和财政体制的特点。正是在这样的理解框架下，我们提出几种税收评估的基准，用以判定各种税收收入来源的合理性。

主要税基

对纳税人的公共服务**支付能力**和其对**公共服务使用**的度量，是政府征税的基础。财产、收入、消费和特许经营都属于主要税基。基于不动产、个人财产或者到去世时积累的财产所征收的税，反映了对在给定时间内的**财产**征税的不同形式。相反，所得税则代表了在一段时期内，如自然年度或财政年度内，个人或商业企业所得**收入**的一部分。

基于**消费**所征收的税适用于购买商品时缴纳，但没有反映纳税人的财产和收入情况。特许消费税是针对特定商品征收的，比如对汽油、香烟消费等征收的税，而一般销售税和总销售收入税在实际征收中的选择性较少。然而，即使是一般销售税，通常也免除对购买食品、住房和其他生活必需品征收。在一些州，对那些合法的博彩业的税收是按照个人的消费征收的，同时也是依照参与这种游戏的特权征收的。

特许经营税是允许个人或机构从事某些特定活动或使用公共设施而征收的税。例如，教师和其他专业人员能够获得许可证，国家公园的游客入园时要支付门票费用，农场主向政府交费可被允许在公共土地上放牧牲畜。还有许多特权税与交通有关，比如车辆所有者支付登记费，司机获得驾驶执照要交费，在限制进入的高速公路上行驶要缴纳通行费等。

政策制定者要审慎地思考根据各种不同税基和特定的课税对象征税的合理范围。一旦决定对人们的经济福利征税，一些立法者就会考虑哪种课税对象（如工资、投资收入、购买或其他货币流动形式）是最合适的。其他政策制定者更喜欢对财产、资本累积、存货、净资产、不动产和"现有"财富的其他计量形式征税（MacPhail-Wilcox，1984，p. 325）。经过对公共政策深思熟虑的选择，形成了一系列不同的税种，政府依靠这些税收来提供公共服务的经费。

评估各种税源的优点

政府依赖于各种不同税基，依靠哪种税基取决于税收政策的目标和一些评判其合理性的标准。提供足够的货币收益是采用特定税收计划的一个原因，但不是唯一的原因。税收有多种用途，包括重新分配财富和权力、为经济发展创造环境、限制某些商品的消费、鼓励不同的社会经济政策等。许多目标需要考虑的是，一种特定的税种会以什么方式影响哪些群体或行业。有五个用于评价税收的标准——收入、公平、中性、弹性和行政成本，这些标准深化了我们对税收目标的理解，并有助于评价现有的和潜在的税收收入来源的特征。

收 入

税收收入流会影响政府财政状况。如果没有足够的收入，政府也许就不能提供公共服务、平衡预算、避免不必要的债务。在各级政府中，只有联邦政府预算赤字是合法的，所有州宪法都要求州和地方政府维持当期预算平衡，同时要求它们从其他级别的政府和它们所拥有的税源中筹集足够的收入，以维持公共服务的开支。很明显，通过比较不同的税源可以发现，能提供较大收益的税种比收益较小的税种更受欢迎。

一个税种的收入金额是由税基（如收入总额或购买商品的价值或所拥有财产的价值）和税率的乘积确定的。而税率又是由主管机构或者选民投票决定的。政府可以通过经济增长扩大税基来增加税收收入，或者通过在给定税基情况下提高税率来增加税收收入。

公 平

在税收政策中，公正是一个非常重要的原则。通常认为，对社会上所有的人都应一视同仁，他们都应该为提供公共物品作贡献。然而，当征税时，并非所有的纳税人都处于同样的经济条件下，因而，在决定实际纳税金额时，引起了**支付能力**和**享用服务**之间的矛盾冲突。公平是五个标准中最复杂的，也是最难衡量的。这个部分考虑了公平概念背后的原则，包括受益原则、支付能力原则、均等牺牲原则（equal sacrifice principle）、横向公平原则和纵向公平原则。

受益原则

受益原则要求纳税人在从公共服务中获益的同时，应该根据所获收益对政府作出贡献，就如在私人部门购买商品或者服务时那样。例如，不管个人收入和财富如何，市政交通和国家公园对所有获益人（使用者或服务接受者）的收费是一致的。在某种程度上，也许有人会争论，在民主政治下，所有税收和支出政策都反映了受益原则："总之，如果不能从中得到收益，人民或多数人不会愿意支持一个政府的财政项目"（Musgrave & Musgrave，1989，p. 220）。

然而，获得的收益与所缴纳的税款之间的关系并不总是那么清楚。诸如图书馆、公园等公共设施，是由一个税收辖区的居民（以及非辖区居民）所共有的，我们很难确定谁从中受益、在多大程度上受益。进一步说，为使用公共设施而缴纳的税费，可能并不能全部抵消其成本，因此，收益与成本之间的不一致就不可避免地发生了。这样，对于一般的公共服务（包括学校教育服务）而言，在评价税收政策时，支付能力原则就比受益原则更合适。

支付能力原则

支付能力原则指出，纳税人应该根据自身的经济能力纳税，以支持公共服务的提供。这个原则需要对个人的贡献能力进行考察，而不是要求绝对的平等。早在1776 年，亚当·斯密就提出了这个标准：

> 任何国民都应尽可能地为政府财政作出贡献，所作贡献应尽可能地与其能力成比例，即与其在国家的保护下所获得的收入成比例。税收平等与否，取决于税收是否符合这一原则。（Smith, 1993, p. 451）

斯密所说的收入可能包括来自投资或财产的任何回报。收入是纳税能力最好的测度，因为它决定一个人在一定时期内对资源的支配情况，收入可以用于消费，也可以用于储蓄（Eckstein, 1967, p. 60）。然而，在把收入作为纳税能力差异的合理度量这一点上达成共识却很困难，这种困难导致政策的两难困境和税收的不公平感。

均等牺牲原则

为了维持税收负担分配的相对公正性，高收入者纳税时不仅需要支付较高的数额，而且所纳税额占其收入的比例也应该较高。这种要求在均等牺牲原则下是合理的，它把根据能力纳税与减少边际效用的经济学观点联系在一起。

根据这一原则，消费者根据自己的收入，通过购买各种商品和服务，使自己的满足程度最大化，或者说追求效用最大化。比如，购买第一辆汽车可以带来很大的效用（见图 3—1 中的 U_1），再次购买汽车可以带来更多的利益，但付出个人资源连续购买新车时，每增加一辆新车对总效用的贡献却越来越小。新的汽车可能便于其他家庭成员自由独立行动，或者用于特定的用途（如消遣），但从某一点开始，增加车辆所增加的效用将会减少。同先前购买的汽车相比，购买第五辆汽车仅使总效用有一个较小幅度的增加（从 U_4 到 U_5）。

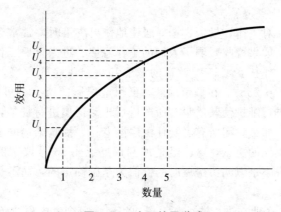

图 3—1 边际效用递减

如果一个人只有一辆车，若该车被盗走，则其效用就减少很多。与同一个人仅有一辆汽车而被盗走的情况相比，如果从一个拥有五辆车的人手中盗走一辆车，这个人的损失就比较小，或者说效用减少不多。把这个原则应用于税收，对于收入较少的人来说，缴税使得减少收入导致的损失较大。均等牺牲原则意味着不同收入水平的人向政府贡献的税收不同，但是，他们所减少的效用是等量的。

横向公平原则

横向公平原则体现了法律面前人人平等的观念。实践中，这个原则经常包含一个假定：具有类似经济条件的个人，在收入和财富方面应具有相同的能力。因此，每个人都应该缴纳相同的税额（也就是对相同能力的人相同对待）。例如，具有相同年收入的纳税人应该缴纳相同的收入所得税。

纵向公平原则

纵向公平原则要求具有不同纳税能力的人缴纳不同的税额（也就是对不同能力的人不同对待）。在联邦所得税中运用这一原则，就要求具有较高年收入的个体缴纳数额较多的所得税。更高的税不仅意味着数额更大，也意味着纳税额占收入的比例更高。纵向公平原则力图通过纳税额的不等来实现税收负担对待上的公平、公正。也就是说，同纳税能力低的人相比，一个纳税能力更强的人需要贡献的税收就更多，其纳税额占收入的比例也就更高。

中　性

税收应是中性的，以便在经济运行中不会产生我们不希望出现的负面影响："一种会对经济运作造成扭曲的税收体系，往往会在纳税本身造成的福利损失之外，给消费者带来一些额外的损失。这种额外的福利损失，就是税收的超额负担。"（Oates，1972，p.121）一种中性税（或者说有效率的税种）不会使个体或企业因为纳税而改变行为。它不会扭曲消费者的消费模式，不会对工作激励和生产方式的选择产生积极或消极的影响。

70　　税收可以改变产品生产方式和资源利用方式，降低其潜在效率。例如，一种消费税会提高产品价格，从而引起消费者偏好的改变，引导制造商将资源改用于其他商品的生产。消费税通常会导致劳动力和资本资源的再配置，这不是自由市场机制的结果，而是政府间接介入的结果（Webb，McCarthy，& Thomas，1988，p.80）。

纳税人在对工作、投资、选择居住地作出决策时，常常会考虑现实的或潜在的税收负担。如果税收减弱了人们的工作意愿、进入重要工作岗位的意愿、为一些专业性的工作接受必需的教育的意愿和承担风险的意愿，社会就会受到损失（Due，1976，p.258）。在城市地区，低租金房屋的所有者可能会决定卖掉房屋；如果对房屋进行维护使其质量有所改进后再对房屋进行评估，房屋会转变成更高的纳税负担，那么房屋所有者会任由房屋老化。税收结构的变化会影响人们是否重新选择居住地的决策，这已经是加利福尼亚州13号议案的结果之一，依据该议案，财产税率是以购买房屋时的价值为基础确定的，而不是以现行的市场价值为基础。

类似地，企业在进行选址和投资决策时，也会考虑税收负担。不同的州、县、自治市镇的销售税、财产税和企业所得税不同，这会促使企业在生产效率不是最优的区位选址。税收政策的投资激励会影响企业向新市场扩张的决策。税收不仅会对个人或企业行为造成影响，而且个人或企业行为的扭曲同样会减少财政收入，迫使总体税率提高。

与征税带来的潜在的负面作用相反，我们有意设置一些税收，使其产生我们期望的有益的扭曲（Levin，1987，p.431），并且，因为其有益的经济或者社会作用而被法律认可并得到实施。例如，奢侈品税用于控制诸如香烟和烈性酒等产品的消费；对进口产品征收的关税，通过提高进口产品的价格来保护本国生产企业。但是，如果这样，消费者可能会支付更高的价格，产品质量也会下降，因为国内生产商不需要引进最先进的生产技术。

弹　性

一种税的弹性决定了税收收入相对于经济变化的稳定性与灵活性，经济变化通常用国民生产总值（GNP）或人均收入的变化衡量。**弹性税**的特点是税基的增长率比经济增长率高，或者税基是稳定的但税率结构是累进的。在上述任何一种情况下，税收的增长都快于经济的变化。相反，**无弹性税**的收入增长率比经济增长率低。如果税收的变化率与经济的变化率是一致的，这种税源则具有**单位弹性**。

计算弹性系数的方法是，用一段时间内税收变化的百分比，除以同时期内州或全国收入变化的百分比，其比值就是弹性。

$$弹性 = \frac{\dfrac{税收\ t_2 - 税收\ t_1}{税收\ t_1}}{\dfrac{收入\ t_2 - 收入\ t_1}{收入\ t_1}}$$

例如，假定一个地区的收入从8亿美元增加到10亿美元，所得税额从5 000万美元增加到7 000万美元。在这种情况下，所得税就是高弹性的，弹性系数为1.6。如果销售税总额从1 800万美元增加到2 250万美元，则其弹性系数为1.0，这表明，它是单位弹性的。与之形成对比，财产税则相对缺乏弹性，财产税收入从1 360万美元增加到1 666万美元，弹性系数为0.9。

除非提高税率，稳定税种（弹性系数小于1.0）的税收收入要慢于经济增长。相反，当经济衰退时，稳定税种的税收额也不会下降很快。这种稳定性提供了一定程度的可靠性，这对政府计划、预算安排是至关重要的。财产税相对没有弹性，而且是大额的可预知的财政收入，这对地方政府来说是特别合适的税源。

> 我们希望有一种稳定的财政收入来源，其每年的波动较小，当经济下降时，我们的税收遭受较少的损失，尤其是对于学区来说更是如此，因为学区的借贷能力和权利非常有限。财产税被视为一种稳定的财政收入来源，尤其是相对于收入所得税和销售税来说。在周期性变化的经济条件下，财产价值的估价对经济变化的反应不敏感，所以财产税是稳定的。（Netzer & Berne，1995，p.52）

在经济繁荣时期，与弹性税（弹性系数大于1.0）相关的税收增长能够使政府增加项目、扩展服务，也能使政府不必通过对稳定的和无弹性的税种频繁调整税率，就能实现预算平衡。但是，在萧条时期，也就是普通民众更需要政府支持的时候，弹性税收入下降幅度要比经济衰退时的更大。具有高弹性系数的税种（如所得税）产生的税收收入会随着经济条件的变化而大幅度波动。这种灵活性或者说是敏感性，在经济繁荣时期是有益的，但在经济萧条时期会限制政府的活动。相反，即使在不确定的经济条件下，一种更稳定的税种也能提供可预知的收入。

行政成本

税收管理与纳税过程中的成本一般可视为行政成本。征税都是通过一定的操作程序和过程来完成的，这是必需的，但对政府来说，也是有成本的，这种成本有货币形式，也有其他形式。好的税收体系应该是明确的，对家庭和企业没有暗藏税收。税收体系必须确保政府不能随意进行征税，征收成本必须足够低，以使政府在保证有足够税收的同时，也能有效阻止逃税。类似地，确定纳税人所应缴纳税金的过程应该是可以理解和接受的，不能是令人讨厌、给纳税人造成麻烦、引起误解的。纳税成本和征收成本减少了税收收入，降低了纳税人的认可程度，因此，这些成本必须最小化。

征税必须明确指出个人和企业的责任。公共部门与私人部门的稳定性部分取决于这样一个税收系统——在这个系统中，税收支出是可预知的。企业进行投资决策时，必须对税收情况非常了解，个人也无须担心对其收入再征收不可预知的税（Eckstein，1967，p.58）。

一些批评家对财产税的公正性提出质疑，因为法律规定，慈善机构、政府所有财产、退伍军人和美国原著居民保留地，可以免除财产税。因商业、农业、空置物业财产等不同类型财产的估价比率不同，一些批评家会对此提出批评。有时，政治压力和贪污腐败会对法律所要求的按照统一程序进行免税造成影响。

在很大程度上，纳税人对税负的接受程度取决于纳税过程的容易程度。在发放工资时扣除收入所得税，在按揭付款住房还款中征收财产税，在购买商品时征收销售税，这些方法都能减少纳税成本。与之相反，收入所得税准备所用的时间和费用对纳税人来说是一笔昂贵的负担，因为联邦和州政府的免税代码很复杂。

对于一个好的税收体系来说，可行性是很重要的。为了使税后收入最大化，合理**避税**是合法的行为。当企业和个人确定开支计划或最有利的投资时，会考虑税收规定。**逃税**是指违反法律的免税规定而不纳税。所有的税收体系都要求政府对课税对象进行价值核算。如果很容易隐藏一些形式的财产和收入，评估人员很难对其进行评估，或者很容易高估特定的所得税减免额，逃税、避税的情况就会发生。

审计能够确保纳税人准确地报告财产价值和应税收入，但是，从人员和技术角度看，这种做法对政府、个人和企业来说是昂贵的。如果审计过程过度干扰或者侵犯了纳税人的工作，那么从审计过程中获得的额外税收收入，就不足以抵消由税务机构引起的公众对税收系统的不满。相反，宽松的审计程序可以使诚实的纳税人方便纳税。

税收和税制结构影响的测量评价

纳税人和政府会关注税制结构的经济影响和税制结构的整体公正、公平性。如何对纳税人进行分类？选择怎样的经济能力衡量方法？不同群体的相关税收负担如何？这些问题对于理解征税对纳税人和经济的影响是至关重要的。在这一部分，我们将讨论税收归宿的概念以及一些衡量税收影响的方法。

最初受一个既定税种影响的个人和企业，往往不是税收的最终**归宿**，"税收会发生转嫁，或许也不转嫁"（Seligman，1927，p. 2）。举个例子，对一个公司增收的税可能通过提高产品价格向前转嫁给消费者。另外一种情况是，税收负担也可能**向后**转嫁，转嫁给投资者，使他们获得的红利减少；或者是转嫁给企业工人，使他们的薪水降低。

要理解税收归宿，首先要关注的是如何划分群体，这是分析的焦点。如果纳税人群体的划分是勉强的，理由不充分、不恰当的（如按种族或职业划分群体），在这种情况下，就算同一类群体成员纳税一致，也会违反公平原则。要确定税收对待情况，更合适的分类标准是收入，我们所关心的是税收对不同收入水平群体的影响差异，这些群体是税收的最终归宿。

间接税是很容易转嫁税收负担的税种。例如，对烟草征收的消费税最初是对制造商征收的，但是，最终会全部或者部分转嫁给消费者（这取决于市场条件）。对打算承担税收责任的个人征收的**直接税**就比较难以转嫁，所有者居住自己的房子时所缴纳的财产税和个人所得税就是这样。即使是个人所得税也可以转嫁，比如人们有可能转移到高所得税征收基数地区，或者用更高的工资收入补偿所增加的税收负担。厂商可能力图通过提高产品价格把增加的税收负担转嫁给消费者或者降低利润，并减少对投资者的利润分配。

一些州可以把税收负担转嫁给其他州的居民。这种情况在一些能源丰富的州最为明显，这些州的政府靠开采税获得财政收入，但是，税收负担最终是由消费能源的州来承担的。类似地，一些旅游产业发达的州，其财政收入依靠旅游贸易，而其销售税负担主要由州以外的旅游者承担。

第二个应当关注的是，找出一些基本原则，判定税负与纳税人的经济地位存在怎样的关系。因为税金最终靠收入缴纳，因而税收负担最常与个人收入进行比较。**累进税**是指随着收入的增加，所缴纳的税金占收入的比例也相应提高，例如联邦所得税。纳税人收入30 000美元时纳税240美元，收入50 000美元时纳税500美元，这种税制就是累进的。收入越高的群体，其税率也越高，在上例中分别是0.8%和1%。如果随着收入水平的提高，纳税金额占收入的比例下降，则这种税就是**累退税**。例如，假定在一个社区的给定区域内，对住房类似的家庭征收相同数量的财产税，一些家庭的纳税额可能占其收入的8%，而收入是其两倍的其他家庭的纳税额只占其收入的4%。比例税要求所有收入水平的群体其纳税额占收入的比例都相同。如果对所有挣得收入的人按照统一的税率征收工薪税，例如，在全市范围内都按照个人总收入的2%的比例征收工薪税，那么工薪税的负担就是比例性质的。

在我们选取的城市中，州和地方税是根据家庭的收入缴纳的，相对税收负担是明显的（见表3—1）。纽约市就是一个实行累进税制的例子，其税负从收入的

8.6%（对于收入为 25 000 美元的家庭）增加到 14.1%（对于收入为 100 000 美元的家庭）。与之相对照的是费城的累退税制，在费城，税收负担沉重地落在了低收入群体身上。在巴尔的摩、底特律和堪萨斯等城市，当收入在 75 000 美元以下时，税收是累进的，在收入高于 75 000 美元后，税收就是比例税。除了在各个不同收入水平之间进行比较外，各个城市税收负担的大小也反映了各个州税收政策和实践的差异。例如，在 50 000 美元的收入水平上，孟菲斯市纳税额占收入的比例（4.9%）就比费城的（12.2%）一半还小。

表 3—1 若干城市的州和地方税[a] 占收入的比例（1998 年）

城市	家庭收入[b]			
	25 000 美元	50 000 美元	75 000 美元	100 000 美元
阿尔伯克基，NM	6.4	7.3	8.4	8.9
亚特兰大，GA	7.0	8.5	9.7	10.0
巴尔的摩，MD	7.1	10.7	11.2	11.2
芝加哥，IL	10.8	10.5	11.0	10.7
哥伦比亚，OH	8.3	8.7	9.5	9.9
底特律，MI	9.6	9.9	10.6	10.6
印第安纳波利斯，IN	8.0	7.6	7.8	7.7
堪萨斯，MO	8.9	9.0	9.6	9.6
孟菲斯，TN	6.0	4.9	5.3	5.2
密尔沃基，WI	9.9	11.2	11.7	11.6
纽约，NY	8.6	11.7	13.4	14.1
费城，PA	13.0	12.2	12.2	11.9
波特兰，ME	10.7	12.1	13.5	13.7
西雅图，WA	8.3	7.0	7.2	6.8
华盛顿，DC	8.6	8.7	10.5	10.9
51 个城市的中位数	7.7	8.3	9.4	9.6

[a] 包括州和地方的销售税、所得税、汽车税和房产税。
[b] 指有双工资的四口之家的收入，他们拥有自己的房产、居住在城市、在城市缴税。
资料来源：U.S. Department of Commerce, Bureau of the Census. (2000). *Statistical Abstract of the United States；2000*. Washington, DC. U.S. Government Printing Office, Table 516。

对税源以及对税负的分配进行更加严格的比较，得出的结论部分取决于对税收归宿的假定。在佩奇曼（Pechman, 1985）的税收归宿分析中，他把联邦、州和地方的税负结合起来，使用八种不同的方法或者说在八种假设下进行对比分析。在所有的方法中，都把个人所得税归于纳税人、销售税和消费税归于消费者。税收归宿的差异来源于对公司所得税、财产税和工薪税的处理。在佩奇曼使用的方法中，累进程度最低的方法是 3b（见表 3—2）。在此方法下，财产税的征收是这样划分的：土地税落到土地所有者身上；建筑和其他附属设施税落到消费者身上。这个方法也把一半的公司所得税和一半的工薪税负担归于消费者。在佩奇曼最累进的假定下

（表 3—2 中的方法 1c），所有的财产税归于资产所有者，公司所得税在股东与资本所有者之间分配。

表 3—2　在两个税收归宿假定下，联邦、州和地方税收占工资比例（1966—1988 年）

收入群体（十分位）	Variant 3b（累进性最低，%）			Variant 1c（累进性最高，%）		
	1966 年	1985 年	1966 年	1985 年	1988 年[a]	
第一[b]	27.5	24.0	16.8	17.0	16.4	
第二	24.8	20.1	18.9	15.9	15.8	
第三	26.0	20.7	21.7	18.1	18.0	
第四	25.9	23.2	22.6	21.2	21.5	
第五	25.8	24.4	22.8	23.4	23.9	
第六	25.6	25.0	22.7	23.8	24.3	
第七	25.5	25.5	22.7	24.7	25.2	
第八	25.5	26.2	23.1	25.4	25.6	
第九	25.1	26.7	23.3	26.2	26.8	
第十	25.9	25.0	30.1	26.4	27.7	
所有群组	25.9	25.3	25.2	24.5	25.4	

[a] 依据有效联邦税率的变化进行的估计，由 1985 年的数据推算得出。

[b] 仅包括第六到第七百分阶层。

资料来源：J. A. Pechman. (1985). *Who Paid the Taxes, 1966－1985?* Washington, DC: The Brookings Institution, Table 5－2, p. 68, with revisions obtained from the author; reprinted with the permission of the Brookings Institution; J. A. Pechman. (1989b). *The Case Against the Value Added Tax. Statement before the U. S. Senate Finance Committee*, p. 7.

　　有效税率表明了一个人承担的税收占收入的比例，是指考虑到税收负担转嫁**后**，一个人实际承担的税收占收入的比例。从表 3—2 中我们可以看到，在刚才描述的两种税收归宿假设下，通过比较 1966 年和 1985 年的有效税率并比较在累进程度最高的方法下 1988 年的有效税率可以发现，收入最低的阶层的税收负担比较重，此外，整个税收体系是轻微累进的。在每个归宿假设下，1966 年中间收入档次（从第四到第七阶层）的负担几乎与收入成比例；到 1985 年，从第二到第九阶层都有了更大的累进增加。

　　在佩奇曼（1989b）认为是最接近实际情况的累进性最高的假设下，最高收入阶层的税收负担有了很大的下降。1985 年，收入低于 7 300 美元的人的有效税率是 17%，超过 60 000 美元的人的有效税率是 26.4%。在 1966 年，最低收入组的负担（16.8%）与 1985 年相差无几，但是，较高的收入阶层的负担就大得多（30.1%）。1966—1985 年，有效税率的变化对富人是有利的。收入前 5% 的人的税率从 32.7% 降到了 26%，而前 1% 的人的税率降的更多，由 39.6% 降到了 25.3%。佩奇曼把这种下降归因于个人所得税率（从 70% 降到 50%）和有效公司税率（从 32.8% 降到 16%）的下降。

　　表 3—2 中在累进性最高假设下对 1988 年有效税率进行的估算，体现了自 1985 年以来提高社会保障税率的效果（社会保障税率是高度累退的），也体现了根据

1986 年的《税收改革法案》修订所得税所带来的影响。1986 年的个人所得税改革，取消了一些减免所得税合法手段导致的有利税率，并提高了个人免税标准和税收扣除标准。尽管税率比较低，但根据《税收改革法案》，所征收的公司所得税是增加的。这项法案重新界定了税基，填补了法律漏洞（Pechman，1989b）。总体来看，最低收入水平的三个群体的负担有一定程度的下降，而七个高收入水平群体的负担增加了，这使得 1985—1988 年期间的税制更加累进了。然而，尽管 1966—1985 年期间恢复了一些累进税，但最高收入群体仍然从比 1966 年更低的有效税率中继续受益了。通过对 1986—1987 年期间的税收负担变化进行模拟分析，加尔珀和波洛克（Galper & Pollock，1988）在联邦和州税收体系中都发现了更高的累进性。

表 3—2 的数据中表明，不同收入水平的群体之间税收负担的转移是明显的。但是，在这 20 年间，总的税收负担没有变化，纳税额占收入的平均比例仍是 25%。中间收入或高收入群体（第五至第九阶层）的负担增加了，而收入最低的四个群体以及最高收入群体的负担降低了。这样处于收入两个极端的群体的税负被转移了。

对收入转移的思考使我们对相对税收负担有了更多的认识。福利、食物券、社会保障、失业保险和其他诸如此类的社会项目，都具有把钱从高收入群体转向低收入家庭的作用，这样就使税制更加累进。佩奇曼关于转移支付的分析指出，处于最后三个收入阶层的家庭获得的转移支付比他们缴纳的税金多，而处于其他收入阶层的群体的纳税比其获得的转移支付多。因此，他得出结论："税收—转移体系是高度累进的"（Pechman，1989a，p. 23）。

各种价值观与标准之间的权衡选择

权衡增设新税的建议和改革当前税制结构的建议的优劣，涉及价值判断，这就需要在政治领域中解决价值判断问题。在第一篇中讨论的自由、平等、博爱、效率和经济增长的价值观受到税收体系改革的影响。税收政策的发展是个不断演化的过程，经常要在这些冲突的价值中寻求平衡："税收是一门艺术，是一种技术，同时也是一门科学，它总是要根据特定的时间、地点所对应的条件来作出判断"（Groves，1974，p. 24）。

税收的相互矛盾的目标要求在这些价值和本章中提到的标准中作出权衡选择。比如，通过提高税率来达到使财政收入最大化的目标时，要考虑到中性原则，并考虑到要对社会和经济的干扰影响最小。类似地，一项主张向高收入群体转移负担、旨在促进公平的改革，也许无意中会成为引起纳税人或企业产生相反行为的导火索。为促进公平而采取的改革，也有可能增加过多的行政成本，从而导致更高的纳税和执行成本。为了保护国内生产企业、促进经济发展而提高进口税，也会减弱对提高生产效率的激励，从而可能遭到批评。

一方面要对与公正、公平这些目标相关的公正、公平的税收予以充分考虑，另一方面要考虑约翰、莫菲特以及亚历山大（Johns，Morphet，& Alexander，1983，p. 94）提出的折中原则；事实上，立法机关是在二者之间的某点运转的。这种方法，又被称为税收的"社会权宜理论"。该理论认为，受征税影响的群体的反对越小，就越容易征税：既要拔鹅毛，又要让鹅叫得最轻。政治家意识到了对那些最爱抱怨的群体加税所需要承担的政治责任。但是，通过逐步提高税率而不是一次性大幅度加税，或者能有力证明为维持或改进公共服务必须加税，就能使这种影响最小化（Gold，1994，p.6）。

当建议被采纳，并成为确定在各种税源中征收哪种税的决定性因素时，公共政策制定的政治见解就会发挥到极致。当讨论一个税种时，各种利益群体（包括公立学校教职人员）会对政策制定者施加压力。政府机构和其他特殊利益群体组织（如教师联盟、学校董事协会）会寻找新的收入以提高薪水，或者发起新的项目。有些组织在不提高税收收入的同时，努力推动政策去转移税负，以增加税收体系的公平性。而其他行业则要求获得有利的税收待遇，以减少税收负担，刺激投资，提高经济生产力。如果改革对社会、经济地位造成不利影响，原先赞成税制改革的群体就很可能抵制变革。尽管存在这些不同的力量，或者也正是因为它们，州和联邦政府的税收体制改革正在缓慢进行，不同税基之间的负担也达到微妙的平衡。

结果是，政府的财政收入来源是混合型的，不同级别的政府其财政收入来源各不相同，且每个州都有自己独特的体系。第 4 章将主要介绍支持联邦和州政府的特别税。

总　结

本章所列举的税收原则，构成了税收政策的大体轮廓，界定了资金从私人部门转向公共部门所使用的途径和方法。美国治理和财政的联邦体制表明，某种形式的税收更适合于某些特定的政府管辖区，而不是另外的管辖区。在联邦体制下，不同级别的政府在税收政策上的权力划分并不是很清晰，某一层级政府在税收结构和管理上的变化，会影响到其他层级政府的税收政策和收入。

政策制定者必须持续地评估各种税基的潜力（包括财富、收入、消费和特权），以便在维持一个公平的税收制度下，为提供公共服务征收必需的税收收入。收入、公平、中性、弹性和行政成本这五个概念，对于理解政策意图和结果是有益的。征税的目的是为政府筹集经费收入，同时也为影响个体和企业的各种经济社会目标服务。税收政策的发展非常复杂，因为政策对自由、平等、博爱、效率和经济增长存在着现实和可能的潜在威胁："一个阶层公民负担的减轻，也许意味着另一个阶层公民负担加重，税收政策如何平衡化解这些张力冲突，会对国家和个人的社会经济进步产生影响"（MacPhail-Wilcox，1984，pp.318－319）。税收制度的有效性在很大程度上取决于对待所有纳税人的实际的或可能的公平程度。对税收归宿和相对税收负担的分析表明，美国政府的税收体制总体上是累进的，尤其是当考虑把钱向穷人转移支付的时候。

在接下来几章，我们主要根据税收的目的和本章介绍的标准，讨论各种税源的优点。第 4 章主要讨论联邦和州的税收政策；第 5 章和第 6 章的主题是与地方学区相关的财产税和其他税源。

思考与活动

1. 如果有理由的话，那么允许每一级政府利用任何有效的税基以获得必要收入的理由是什么？为什么每一级政府会被限制一个或两个具体的税基？

2. 当设计机制以调整在联邦、州和地方政府间的税收结构和政策时，应该怎样考虑第一篇介绍的各种价值观和本章介绍的税收原则？

3. 记录一个给定的州在过去 10 年内的人均收入和选定税源的税收收入，计算这些税收对收入增长的弹性（使用计算表格能够加快计算）。

4. 定义与税收体系相关的中性的概念，讨论利用税收政策影响个人和私人部门企业的社会经济行为的优点和缺点。

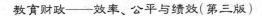

参考文献

Due, J. F. (1976). Alternative state and local tax sources for education. In K. Alexander & K. F. Jordan. (Eds.), *Educational need in the public economy* (pp. 257—298). Gainesville: University Presses of Florida.

Eckstein, O. (1967). *Public finance* (2nd ed.). Englewood Cliffs, NJ: Prentice-Hall.

Galper, H., & Pollock, S. H. (1988). Models of state income tax reform. In S. D. Gold (Ed.), *The unfinished agenda for state tax reform* (pp. 107—128). Denver, CO: National Conference of State Legislatures.

Gold, S. D. (1994). *Tax options for states needing more school revenue*. Westhaven, CT: National Education Association.

Groves, H. (1974). *Two hundred years of thought in Great Britain and the United States*. Madison: University of Wisconsin Press.

Johns, R. L., Morphet, E. L., & Alexander, K. (1983). *The economics and financing of education* (4th ed.). Englewood Cliffs, NJ: Prentice-Hall.

Levin, H. M. (1987). School finance. In G. Psacharopoulos (Ed.), *Economics of education: Research and studies* (pp. 326—436). Oxford, England: Pergamon Press.

MacPhail-Wilcox, B. (1984). Tax policy analysis and education finance: A conceptual framework for issues and analysis. *Journal of Education Finance*, 9, 312—331.

Musgrave, R. A., & Musgrave, P. B. (1989). *Public finance in theory and practice* (5th ed.). New York: McGraw-Hill.

Netzer, D., & Berne, R. (1995). Discrepancies between ideal characteristics of a property tax system and current practice in New York. In D. H. Monk (Ed.), *Study on the generation of revenues for education, Final report* (pp. 31—47). Albany, NY: State Education Department.

Oates, W. E. (1972). *Fiscal federalism*. New York: Harcourt.

Pechman, J. A. (1985). *Who paid the taxes, 1966 — 1985?* Washington, DC: The Brookings Institution.

Pechman, J. A. (1989a). *Tax reform, the rich and the poor* (2nd ed.). Washington, DC: The Brookings Institution.

Pechman, J. A. (1989b). The case against the value added tax. Statement before the U. S. Senate Finance Committee.

Seligman, E. R. A. (1927). *The shifting and incidence of taxation*. New York Columbia University Press.

Smith, A. (1993, originally published 1776). *An inquiry into the nature and causes of the wealth of nations*. Oxford, England: Oxford University Press.

U. S. Department of Commerce, Bureau of the Census. (2000). *Statistical abstract of the United States: 2000*. Washington, DC: U. S. Government Printing Office.

Webb, L. D., McCarthy, M. M., & Thomas, S. B. (1988). *Financing elementary and secondary education*. Columbus, OH: Merrill.

第4章

联邦和州政府的财政收入来源

议题和问题

- **公平且有效率地达到高的标准**：为支持提供包括教育在内的公共服务，在 *79* 多大范围内，州和联邦政府依赖于主要税基以及政府之间的财政转移支付？为了给教育筹集更多的经费，什么样的改革能提高税收能力和税收努力？
- **评估州和联邦税收的优点**：根据第 3 章提出的分析标准，个人和公司收入所得税、消费税和销售税、博彩税、开采税、财产和赠与税以及工薪税都有哪些优点和缺点？
- **实现一个平衡的税收体制**：依赖于多元的、宽税基的政府财政收入来源，对政府有哪些益处？

在 20 世纪 60 年代和 70 年代期间，州和联邦政府在学校财力支持中所占的比 *80* 例迅速增加；并且，在 20 世纪 80 年代和 90 年代期间，公众对财产税愈加不满，使得教育家对属于州和联邦政府的税源越来越关注。本章将继续对税收问题进行讨论，但与第 3 章介绍税收的主要原则不同，本章将对州和联邦政府支持学校和其他公共服务的主要税源作一简要描述。本章只简要提及地方政府，第 5 章和第 6 章将重点描述财产税和其他税源对地方政府的影响。

主要税源

1995 年，各级政府共筹集税收收入 2.759 万亿美元，其中包含 1.418 万亿美元的州和地方政府税收收入（U. S. Department of Commerce，2000，p. 301）。同时，在征集税收的过程中，联邦、州和地方政府对各种税源的依赖程度是不同的。

表 4—1 列出了各级政府从政府间转移支付和本级税源中获得的收入的比例分布。联邦政府对州政府的拨款援助占了州政府收入的近 1/4。类似地，从联邦政府和州政府向学区、市、专区（特别区）的转移支付，占了这些地方政府总财政收入的 1/3。政府间转移支付的总量在整个 20 世纪处于增长态势，但从表 4—1 可以看出，1980—1995 年间，地方政府获得的转移支付比例反而是下降的。

联邦政府并没有从财产税上获取收入，州政府也只是从财政税上取得了一点微不足道的收入，虽然地方政府从财政税上获取了不少收入，但其在地方政府收入中的相对重要性却在下降。1970—1995 年间，财产税占所有地方政府总收入的比重从 37％下降到了 20％。虽然财产税仍然是地方政府的主要税源，并且方便地方学区使用，但还是有人对地方政府依赖财产税提出了质疑。与此同时，许多州和地方政府想利用其他的税源来取代财产税。例如，密歇根州的选民支持将销售税从 4％增加到 6％，以弥补在 1993 年立法中被取消的地方财产税。

表 4—1　　　　联邦、州和地方政府的财政收入（占总财政收入的百分比）

来源	联邦			州			地方		
	1970年	1980年	1995年	1970年	1980年	1995年	1970年	1980年	1995年
税种									
财产税	0.0	0.0	0.0	1.1	1.1	1.1	37.1	25.6	19.8
个人收入所得税	43.7	43.2	37.5	10.1	13.4	13.9	2.2	1.9	1.6
公司所得税	16.0	11.5	10.0	4.5	4.7	3.2	0.0	0.0	0.2
销售税或者毛收入税	8.7	5.7	4.8	30.3	24.5	21.7	3.4	4.7	5.3
总税收[a]	68.4	62.1	53.7	46.0	49.5	44.0	42.7	33.3	34.5
收费和各种杂费	8.3	11.9	10.8	10.1	11.6	13.7	14.6	17.1	20.6
政府之间转移支付	0.0	0.4	0.2	22.5	23.1	23.8	33.7	39.5	34.2
其他财政收入	33.3	25.6	35.3	21.4	15.8	18.5	9.0	11.2	10.7
总财政收入	100.0	100.0	100.0	100.0	100.0	100.0	100.0	100.0	100.0

　　[a] "总税收"包括没有被单独列出来的税种。

　　资料来源：U. S. Department of Commerce, Bureau of the Census. (2000). *Statistical Abstract of the United States*: 2000. Washington, DC: U. S. Government Printing Office, Table 493。

　　联邦政府的一大部分收入来自个人所得税。同时，1970—1995 年间，在州政府总收入中，个人所得税的比重也从约 10％上升到了约 14％，州政府对个人所得税的依赖程度提高了。与此同时，销售税和毛收入税占州政府税收收入的比例却从约 30％下降到了约 22％。即便这样，这些税种仍然是州政府最主要的税源。无论是在联邦政府一级，还是在州政府一级，相对于其他税种来说，公司所得税都是在下降的。相反，收费和其他杂项税收在州政府和地方政府中的比重不断提高。另外，随着政府间转移支付比例的提高和财产税比例的下降，收费所得收入和销售税的比例在地方政府中相应提高了。

　　表 4—2 列出了税收收入的国际比较情况。该表揭示了与世界其他国家相比，美国（包括各级政府在内）对各种可用税源的依赖程度。加拿大对个人所得税的依赖程度几乎和美国一样；瑞典是另外一个在其收入中个人所得税比重超过 1/3 的国家。在表 4—2 所列的国家中，日本和英国对公司所得税的征收比例最高。有 6 个国家征收的社会保障税所占的比重要高于美国。

　　除日本外，其他国家在一般消费税所占比重方面要比美国高得多。欧洲国家通常会比其他国家征收更高的消费税，并且在生产的各个环节对商品征收增值税。除日本外，其他国家都偏向于征收一般消费税，而对特殊商品和服务征税所占比重低。表 4—2 中的"其他税收"包含了财产税，而财产税在这些国家所占的比重各不相同。政府间关系咨询委员会（the Advisory Commission on Intergovernmental Relations，1992，p. 27）在一份报告中指出：1989 年，财产税占德国州和地方政府收入的 9.1%，占英国地方政府收入的 100%。意大利和瑞典并未征收财产税，但财产税却占了美国州和地方政府收入的 31.7%。表 4—2 中显示的各个国家对不同税种的依赖程度的差异性，反映了各个国家经济结构的差别，包括财政集中程度、企业部门重要性的差异以及税收政策和态度的不同（Musgrave & Musgrave，1989，p. 322）。

82

表 4—2　　　　1997 年几个国家总的税收收入分布情况（占总收入的百分比）　　　　*81*

国家	个人所得税	公司所得税	社会保障税	一般消费税[a]	特殊商品和服务消费税[b]	其他税收[c]
加拿大	38.0	10.3	13.4	13.9	8.4	16.0
法国	14.0	5.8	40.6	17.8	8.8	13.0
德国	23.9	4.0	41.6	17.6	9.0	3.9
意大利	25.3	9.5	33.5	12.6	9.7	9.4
日本	20.5	15.0	36.9	7.0	7.6	13.0
新西兰	15.6	10.5	40.9	16.0	9.5	7.5
瑞典	35.0	6.1	29.2	13.6	8.0	8.1
英国	24.8	12.1	17.2	19.5	13.9	12.5
美国	39.0	9.4	24.2	7.8	6.8	12.8

[a] "一般消费税"主要包括增值税和销售税。
[b] "特殊商品和服务消费税"是酒、香烟和汽油之类的商品的消费税。
[c] "其他税收"包括财产税、其他的工薪税以及没有单独列出来的各种税收。

资料来源：U. S. Department of Commerce，Bureau of the Census. (2000). *Statistical Abstract of the United States：2000.* Washington，DC：U. S. Government Printing Office，Table 1375。

联邦政府的税收收入

　　表 4—3 中明显地表现出美国政府的税收征收趋势。个人所得税从 1970 年的约 900 亿美元增加到 2000 年的约 9 520 亿美元，同时在这 30 年间，所有联邦政府税源的税收额都增加了。个人所得税的相对重要性在这几十年间基本保持不变：所得税占总收入的份额在 1970 年和 2000 年分别是 46.9% 和 48.6%。相对于其他税种而言，政府对公司所得税的依赖程度降低了，即从 1970 年的 17.0% 下降到了 2000 年的 9.8%。

82

　　工薪税——包括社会保障税和失业保险税，在这 30 年间显著增加了。联邦政府总收入中，工薪税所占的比重从 23.0% 上升到了 33.2%。同时，消费税的比重下降到当初的一半以下，即在 1970—2000 年间从 8.1% 下降到了 3.5%。

表 4—3　　　　　　　　　　　　1970—2000 年间联邦政府总税收

税源	税收的数量（十亿美元）				占总税收收入的比例（%）			
	1970 年	1980 年	1990 年	2000 年[a]	1970 年	1980 年	1990 年	2000 年[a]
个人收入	90.4	244.1	466.9	951.6	46.9	47.2	45.2	48.6
公司收入	32.8	64.6	93.5	192.4	17.0	12.5	9.1	9.8
社会保障和失业保险	44.4	157.8	380.0	650.0	23.0	30.5	36.8	33.2
消费	15.7	24.3	35.3	68.4	8.1	4.7	3.4	3.5
其他各种杂税	9.4	26.3	56.3	93.9	5.0	5.1	5.5	4.8
总计	192.8	517.1	1 032.0	1 956.3	100.0	100.0	100.0	100.0

[a] 2000 年的数据是估计的近似值。

资料来源：U. S. Department of Commerce，Bureau of the Census. (2000). *Statistical Abstract of the United States：2000*. Washington，DC：U. S. Government Printing Office，Table 534。

州政府的财政收入

　　由于公立学校在相当程度上需要州政府的税收资金支持，因此，州立法机构可用的税源对教育机构是极其重要的。而 50 个州对不同税源的依赖程度差别很大。

　　正如表 4—4 中显示的那样，1970—1990 年间，州政府以消费为税基筹集的税收额要多于以收入为税基筹集的税收额。这个关系在最近 10 年发生了改变。到 2000 年，对一般销售税和机动车燃油、酒及烟草的特殊消费税所征收的总税额是 2 170.1 亿美元，而从个人收入和公司收入中征收的总税额达到了 2 267.85 亿美元。总收入额的相对比例变化在表 4—4 中也可以看出来。一般销售税的比例只从 1970 年的 29.6% 小幅上升到 2000 年的 32.3%；而同时期个人所得税从 19.1% 大幅上升到了 36.0%；另外，以机动车燃油、机动车牌照、酒和烟草为对象的消费税的相对重要性降低了。这种下降趋势从一定程度上反映了税基的特点。例如，消费税一般是以单位来征收的（比如每加仑汽油），而销售税和所得税是以各项的价值或者所赚的收入为税基的。

表 4—4　　　　　　　　　　　1970—2000 年间州政府税收所得

税源	税收的数量（百万美元）				占总税收收入的比例（%）			
	1970 年	1980 年	1990 年	2000 年	1970 年	1980 年	1990 年	2000 年
一般销售收入和总销售收入	14 177	43 168	99 702	174 450	29.6	31.5	33.2	32.3
个人收入	9 183	37 089	96 076	194 461	19.1	27.1	32.0	36.0
机动车燃油	6 283	9 722	19 379	30 117	13.1	7.1	6.4	5.6
公司净收入	3 738	13 321	21 751	32 324	7.8	9.7	7.2	6.0
机动车牌照和驾驶执照	2 728	5 325	10 675	16 517	5.7	3.9	3.6	3.1

83

续前表

税源	税收的数量（百万美元）				占总税收收入的比例（%）			
	1970 年	1980 年	1990 年	2000 年	1970 年	1980 年	1990 年	2000 年
酒及烟草产品	3 728	6 216	8 732	12 484	7.8	4.5	2.9	2.3
财产和赠与	996	2 035	3 832	7 998	2.1	1.5	1.3	1.5
其他税收	7 129	20 199	40 342	71 289	14.9	14.7	13.4	13.2
总计	47 962	137 075	300 489	539 640	100.0	100.0	100.0	100.0

资料来源：U. S. Department of Commerce, Bureau of the Census. (1990). *State Government Tax Collections*；*1990*，Washington, DC：U. S. Government Printing Office, GF－90－1；U. S. Department of Commerce, Bureau of the Census. (2001). *State Government Tax Collections*：*2000*，Washington, DC：U. S. Government Printing Office, State Tax Section。

所得税的快速增长一方面反映了所得税自身具有更高的弹性，另一方面也显示了州政府对征收所得税而不是消费税的偏好。个人所得税的征收额从 1970 年的 92 亿美元增长到 1992 年的 1 046 亿美元，增速为 1 037%；与此同时，一般销售税的征收额从 142 亿美元增加到 1 078 亿美元，增速为 659%，可见前者的增速远大于后者。在弹性保持一定的情况下，消费税以和通货膨胀率大致相同的速度增长。因此，对消费税的增速进行了调整，并使其涵盖范围扩大到包含附加的商品和服务，以促使收入以 659% 的速度增加（ACIR，1995，pp. 89－94）。同时，对所得税增速进行了指数化，以使其下降到和通货膨胀率差不多的速度上来，这意味着所得税的快速增长是由于弹性本身以外的因素导致的。州政府扩大了对所得税的征收，实际上四个州（新泽西州、俄亥俄州、宾夕法尼亚州、罗得岛州）在这段时间开征了所得税。也许有人会推测，表 4—4 中显示的所得税的快速增长将使所得税对各州的重要性越来越高。但另一方面，1994 年密歇根州选民决定采用销售税而不是立法机构所施加的所得税，表明了他们对该税的偏好。

表 4—5 中列出的各州对不同税源的依赖比例关系，清晰地表明了各州不同的税收政策模式。各州总的征税额中，最少的南达科他州是 9.27 亿美元，最高的加利福尼亚州是 838 亿美元，各州的征收量在二者之间变动，而且这是随着各州人口的变化而变化的。除了 5 个州之外，其他州均征收销售税。在这些征收销售税的州中，占总税收额比重最低的是佛蒙特州的 14.6%，最高的是华盛顿州的 61.6%。所有州都对机动车燃油、烟酒等特殊的商品和服务征收消费税，但它只占总税收额中相对较小的一部分。除 7 个州之外，其他各州都通过个人所得税来提供公共服务。特别是在俄勒冈州，个人所得税占总征收额的近 70%。而除了 4 个州之外，其他州均征收公司所得税，但相对于其他税来说，该税的比例很低（平均占 6%）。

表 4—5   2000 年州政府税收来源

州	总征收量（百万美元）	占总税收的百分比（%）						
		普通销售和总收入	机动车燃料	烟酒产品	个人收入	企业净收入	机动车驾照费	其他[a]税种
亚拉巴马	6 438	26.4	7.8	2.9	32.2	3.8	3.0	23.9

续前表

州	总征收量（百万美元）	占总税收的百分比（%）						
		普通销售和总收入	机动车燃料	烟酒产品	个人收入	企业净收入	机动车驾照费	其他[a]税种
阿拉斯加	1 423	0.0	3.0	4.3	0.0	30.8	2.5	59.5
亚利桑那	8 101	44.8	7.3	2.6	28.3	6.5	1.9	8.6
阿肯色	4 871	35.0	8.0	2.5	30.2	4.9	2.4	17.0
加利福尼亚	83 808	28.0	3.6	1.8	47.2	7.9	2.1	9.3
科罗拉多	7 075	26.1	7.7	1.3	51.4	4.7	2.5	6.2
康涅狄格	10 171	33.6	5.3	1.7	39.1	4.2	2.3	13.8
特拉华	2 132	0.0	4.9	1.8	34.4	11.3	1.5	46.1
佛罗里达	24 817	60.5	6.5	4.1	0.0	4.8	3.7	20.4
佐治亚	13 511	34.3	4.7	1.7	47.1	5.3	1.7	5.3
夏威夷	3 335	46.1	2.2	2.4	31.9	2.3	2.3	12.8
爱达荷	2 377	31.4	8.8	1.5	40.6	5.3	4.6	7.9
伊利诺伊	22 789	28.1	6.0	2.6	33.5	9.9	4.5	15.5
印第安纳	10 104	35.4	6.9	1.2	37.1	9.2	1.6	8.6
艾奥瓦	5 185	33.2	6.7	2.1	36.5	4.1	6.5	10.9
堪萨斯	4 865	35.8	7.3	1.0	38.3	5.6	3.0	7.4
肯塔基	7 695	28.2	5.7	1.1	35.1	4.0	2.5	23.4
路易斯安那	6 512	31.6	8.4	2.2	24.3	3.4	1.7	28.3
缅因	2 661	31.8	6.8	4.1	40.5	5.6	2.6	8.6
马里兰	10 354	24.1	6.3	2.3	44.6	4.2	1.7	16.9
马萨诸塞	16 153	22.1	4.0	2.1	56.0	8.1	1.4	6.3
密歇根	22 756	33.7	4.7	3.2	31.6	10.5	3.6	12.7
明尼苏达	13 339	27.9	4.6	1.9	41.6	6.0	4.8	13.2
密西西比	4 712	49.5	8.9	2.0	21.4	4.8	2.4	11.0
密苏里	8 572	32.5	8.1	1.6	41.4	3.1	2.8	10.4
蒙大拿	1 412	0.0	13.4	2.2	36.6	7.1	3.9	36.9
内布拉斯加	2 981	34.5	9.4	2.1	39.4	4.7	2.8	7.1
内华达	3 717	52.2	7.0	2.2	0.0	0.0	3.1	35.5
新罕布什尔	1 696	0.0	6.9	6.3	3.9	18.4	3.8	60.7
新泽西	18 148	30.4	2.8	2.6	39.7	7.4	1.9	15.2
新墨西哥	3 743	40.1	6.2	1.6	23.5	4.3	3.8	20.4
纽约	41 736	20.5	1.2	2.0	55.6	6.6	1.5	12.5

续前表

州	总征收量（百万美元）	占总税收的百分比（%）						
		普通销售和总收入	机动车燃料	烟酒产品	个人收入	企业净收入	机动车驾照费	其他[a]税种
北卡罗来纳	15 216	22.1	8.0	1.6	46.6	6.5	2.8	12.4
北达科他	1 172	28.2	9.4	2.4	16.9	6.7	3.7	32.7
俄亥俄	19 676	31.8	7.1	1.9	41.9	3.2	3.1	11.0
俄克拉何马	5 852	24.6	6.9	2.3	36.5	3.3	11.1	15.3
俄勒冈	5 946	0.0	8.0	3.4	68.9	6.8	6.2	6.7
宾夕法尼亚	22 467	31.4	3.4	2.2	30.1	7.6	3.5	21.7
罗得岛	2 035	30.5	6.4	3.4	40.7	3.7	2.5	12.7
南卡罗来纳	6 381	38.5	5.8	2.5	38.3	3.6	1.7	9.6
南达科他	927	52.6	13.5	3.2	0.0	4.9	4.2	21.6
田纳西	7 740	57.4	10.2	2.0	2.3	7.9	3.0	17.0
得克萨斯	27 424	51.1	9.8	3.8	0.0	0.0	3.4	31.9
犹他	3 979	35.8	8.3	1.8	41.5	4.4	2.0	6.2
佛蒙特	1 471	14.6	4.1	1.9	29.4	2.9	2.4	44.6
弗吉尼亚	12 648	19.5	6.4	1.1	54.0	4.5	2.4	12.0
华盛顿	12 567	61.6	3.7	2.0	0.0	0.0	2.3	26.4
西弗吉尼亚	3 343	27.4	7.2	1.2	28.9	6.5	2.6	26.2
威斯康星	12 643	27.7	7.2	2.4	47.1	4.6	2.4	8.5
怀俄明	964	38.3	8.4	1.2	0.0	0.0	5.4	46.7
全国平均	539 640	32.3	5.6	2.3	36.0	6.0	3.1	14.7

　　[a] "其他税种"包括没有单独列出的税种和各种证照费。

　　资料来源：U. S. Department of Commerce，Bureau of the Census. (2000). *State Government Tax Collections：2000*，Washington，DC：U. S. Government Printing Office.

　　除了表4—4和表4—5中所列出的主要税源以外，州政府还对下列形式的税收有不同程度的依赖，如遗产税、开采税、博彩税和使用费。在许多州，这些税和其他税源占了税收的很大比重，阿拉斯加、蒙大拿、怀俄明州对开采税的依赖程度很大；特拉华州主要依靠使用费和牌照费，内华达州主要依靠博彩税。表4—5虽然清楚地说明了各州对不同税基的不同依赖比例，但并没有揭示各州对潜在税源的利用程度。

　　有几种不同的方法可以描述州政府从可用税源中获取收入所付出的相对努力程度。国会成立了政府间关系咨询委员会来监督税收的执行情况，并提出政策性建议。这个机构现在定名为"美国政府间咨询委员会"（ACIR），它对有关家庭收入中支付税收的比例及各州对可用税基的利用程度等数据进行报告。而后一种评价州政府相对努力程度的方法对税源的多样性更加敏感，也对州政府将税负转移给非居住地居民的能力更加敏感。

86

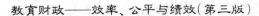

美国政府间关系咨询委员会（以下简称委员会）提出的代表性的税收制度（RTS）使用国家的平均税率，针对27种普遍征用的税种，分别给出了各州税基的指数。**财政能力**是指一个州在征收税收结构中所有税种的情况下可以获得的人均财政收入。对财政能力的测量有助于检测各州财政健康状况的趋向，并提供了解区域经济趋势的视角。相对于理论上推算的财政能力，税收**努力程度**用州政府的实际税收收入来测算，表示整个税基的税负大小。税收努力的测量可用来比较各州利用税基的程度。对于那些从他们自己的税源中筹集税收能力较弱的州，税收能力和税收努力可以用来测算应对这些州提供多少援助；或者根据税收能力和税收努力，通过反映税收努力的转移支付拨款公式，确定给予该州多少联邦拨款。政策制定者能够很容易地确定相对于全国平均水平而言，一个州在某种税源上是征收不足还是征收过度。然而，委员会提醒我们，分析家是这样看待这些描述性数据的："它们并不意味着一个州政府应该或者不应该有一个特定的税收努力程度或者税收收入组合。进一步讲，州的财政能力排名并不代表其服务水平和税收制度的好坏，也不反映其税收效率的高低"（ACIR，1993，p. 9）。

表4—6中列出的数据包括如下内容：1992年从州和地方税源中筹集的收入占个人收入的百分比以及委员会给出的1991年各州税收能力和税收努力的指数情况。这些数据反映了每个州各自的情况和区域的差异。例如，威斯康星州的税收能力低于全国平均值10%，但是其税收努力指标达到118，表明该州的税收征收努力要远远高于全国平均水平。这种努力也可以从州和地方税收占个人收入12.2%这一数据中看出来。相反，新罕布什尔州的税收能力高于全国平均水平10%，但税收努力却比平均值低16%，并且州和地方税只占个人收入的9.6%。内华达州和怀俄明州同样具有高的税收能力，但努力程度低。新罕布什尔州不征收销售税，另外的州不征收个人所得税。

税收能力位于前列的几个州是：阿拉斯加、夏威夷、怀俄明、康涅狄格、内华达、特拉华、新泽西、马萨诸塞和加利福尼亚。税收努力程度排在最前面的有：纽约、阿拉斯加、威斯康星、罗得岛、明尼苏达、新泽西、密歇根、马里兰和亚利桑那。华盛顿特区在税收能力和努力方面都很高。阿拉斯加是各州中税收能力最高的，其努力程度也排在很靠前的位置，尽管该州不征收销售税和所得税，其税收主要是从对自然资源开采征收的开采税获取的，但该州税收占个人收入的17%，这是相当高的比率。其关键点是该税的税收归宿并不是该州的居民，而是其他州消费从矿产中获取的能源和产品的人。从这些消费中获取的收入，使得阿拉斯加州的居民能得到年度退税款（annual rebates），而不用再缴纳所得税。

表4—6　美国税收收入占收入百分比、税收能力和税收努力程度的地区差异

根据地区排列的州	州和地方税占个人收入的比例（1992年）（%）	税收能力（1991年）			税收努力（1991年）		
		得分	排名	1988—1991年间的变化	指数	排名	1988—1991年间的变化
新英格兰							
康涅狄格	11.3	130	4	—13	99	18	9
缅因	11.8	95	24	—3	102	11	—3

续前表

根据地区排列的州	州和地方税占个人收入的比例（1992年）（%）	税收能力（1991年）			税收努力（1991年）		
		得分	排名	1988—1991年间的变化	指数	排名	1988—1991年间的变化
马萨诸塞	10.8	117	9	−12	101	13	7
新罕布什尔	9.6	110	11	−16	84	43	18
罗得岛	11.1	89	38	−10	115	5	11
佛蒙特	12.1	105	15	0	97	21	−3
中东部							
特拉华	11.3	125	6	1	80	49	−4
华盛顿	14.7	123	7	0	157	1	3
马里兰	10.0	106	14	−3	103	9	−5
新泽西	11.2	119	8	−5	112	6	11
纽约	14.7	103	16	−6	156	2	4
宾夕法尼亚	10.6	96	23	2	95	25	−2
五大湖地区							
伊利诺伊	10.1	102	19	3	100	14	−2
印第安纳	9.7	90	36	3	93	31	0
密歇根	11.1	94	26	−1	107	8	−5
俄亥俄	10.2	93	28	2	96	23	−1
威斯康星	12.2	90	36	0	118	4	−1
大平原地区							
艾奥瓦	11.1	93	28	10	100	14	−13
堪萨斯	10.1	93	28	2	100	14	−4
明尼苏达	12.1	101	20	−3	112	6	0
密苏里	8.8	91	32	1	85	42	−1
内布拉斯加	10.7	95	24	5	99	18	1
北达科他	10.3	91	32	5	92	33	1
南达科他	9.1	86	42	8	83	44	−12
东南地区							
亚拉巴马	8.7	81	48	5	81	47	−3
阿肯色	9.7	78	49	4	82	45	−2
佛罗里达	9.8	103	16	−1	86	40	4
佐治亚	9.8	91	32	−3	95	25	6
肯塔基	10.6	83	43	2	100	14	12
路易斯安那	10.4	89	38	6	89	37	−1

续前表

根据地区排列的州	州和地方税占个人收入的比例（1992年）（%）	税收能力（1991年）			税收努力（1991年）		
		得分	排名	1988—1991年间的变化	指数	排名	1988—1991年间的变化
密西西比	9.4	68	51	3	92	33	−2
北卡罗来纳	10.2	93	28	2	87	38	−6
南卡罗来纳	9.8	83	43	4	90	36	−6
田纳西	8.3	82	45	−2	82	45	−1
弗吉尼亚	9.5	103	16	−1	91	35	0
西弗吉尼亚	10.6	77	50	−1	102	11	14
西南地区							
亚利桑那	11.6	94	26	−5	103	9	7
新墨西哥	11.6	87	40	4	96	23	−3
俄克拉何马	10.0	87	40	−2	93	31	4
得克萨斯	10.1	97	22	1	87	38	−1
落基山脉地区							
科罗拉多	9.8	109	12	2	86	40	−3
爱达荷	10.7	82	45	6	94	29	−3
蒙大拿	10.9	91	32	6	78	50	−24
犹他	10.9	82	45	4	94	29	−12
怀俄明	12.5	134	3	11	81	47	−13
远西地区							
阿拉斯加	17.4	178	1	19	119	3	−8
加利福尼亚	13.2	115	10	−1	95	25	1
夏威夷	14.1	146	2	32	95	25	−17
内华达	9.4	128	5	−7	73	51	4
俄勒冈	11.3	100	21	9	97	21	−2
华盛顿	10.9	108	13	10	99	18	−3
全国平均	10.8	100			100		

资料来源：ACIR. （1994）. *Significant Features of Fiscal Federalism*，Vol. 2：*Revenue and Expenditures*. Washington，DC：Advisory Commission on Intergovernmental Relations，Tables 51，98−99，pp. 92−93，182−183.

从整体上看，五大湖地区和大平原地区各州的平均税收努力程度要高于平均税收能力。新英格兰地区和远西地区各州的税收能力相对高于它们在税收努力上的排名。东南部的许多州，尤其是阿肯色、亚拉巴马和田纳西，税收能力和税收努力都很低。而除少数例外情况外，中东部的各州在上述两方面都高于平均水平。有趣的是，税收能力和税收努力并不像预期的那样呈相反关系，即高税收能力的州可以用比其他州低的努力程度来提供相同水平的服务。事实上，许多较富有的州似乎愿意以高于其他州的税收努力来扩大服务范围，提高服务质量。这些州通过更高的税收努力来补偿与城市化相联系的高额成本。

　　表4—6同样列出了1988—1991年间各州在代表性税收制度中得分的变化情况，并反映了这段时间中经济情况和税收制度的变化。尽管夏威夷、阿拉斯加、怀俄明、艾奥瓦和蒙大拿等州在税收能力上有了显著提高，但同时它们在税收努力上出现了下降。与之相反的是，新罕布什尔和罗得岛州在税收能力下降的情况下，税收努力却增加了。前面这些州选择在不增加税收努力的情况下，改善并扩大其公共服务水平，以达到与其提高的税收能力相称的水平；后面这些州相对于其税收能力下降的程度，税收努力增加的程度更大。

　　近年来，一些州的税收政策发生了变化，这给其他州的努力方向提供了借鉴，*89*将来其他州的立法机构可以向这些州学习。1993年发生了较大的税收改革，即阿肯色、俄亥俄、华盛顿州将一些新的服务加入了销售税的税基中。艾奥瓦、明尼苏达、密苏里、内布拉斯加、俄亥俄州通过增加新的收入等级或重新界定收入所得税纳税主体的途径，来增加所得税的累进程度。威斯康星州提高了低收入纳税人的免税标准，明尼苏达州加大了对劳动收入的税收课税扣除。伊利诺伊州废除了不受欢迎的疗养院税，并增加了对香烟的税收以弥补所损失的收入。夏威夷、犹他、西弗吉尼亚州制定并颁布了新的卫生保健税计划。新罕布什尔州实行了一个宽税基的商业企业税，以使企业更加公平。内布拉斯加州开征了彩票税。9个州增加了汽车燃油税。15个州增加了香烟税，包括马萨诸塞州选民提出的每包烟增加26～51美分的幅度（Mackey, 1993）。

　　1994的税收改革主要对个人所得税进行改革：新泽西、密歇根、亚利桑那、新墨西哥等州降低了税率；马萨诸塞、新墨西哥、纽约、宾夕法尼亚州扩大或者制定了新的减轻低收入纳税人负担的项目。另有6个州减轻了老年人或者家庭的税负。纽约和南卡罗来纳州推迟了原定的税收削减计划以平衡收支。还有一些其他税收改革措施也被颁布：密歇根州将销售税从4%提高到了6%，并且出台了财产税政策，以弥补损失的地方税收。宾夕法尼亚州计划三年内将该州的企业净收入税从国内最高的12.25%降低到9.99%。肯塔基、密苏里州提高了机动车燃油税，但新墨西哥州调低了机动车燃油税。另外，密歇根和爱达荷州提高了香烟税（National Conference of State Legislatures, 1994）。在1993年和1994年实行全部税改措施和经济环境改善的情况下，州的总税收额在1994和1995财政年度分别增加了41亿和38亿美元。

各类税种的优点

　　从上文对政府税源的详细比较可以看出，政府大量地依赖一些税种，诸如个人所得税和销售税；而诸如消费税与遗产税之类的税种，其税收收入只占税收总量很小的一部分。根据第3章所提出的标准，可以看出各类税种的优点和不足，同样也能解释政策制定者为什么对不同税源的依赖程度差别如此之大。鉴于所得税和消费税在税收制度中的普遍性，下面将详细讨论所得税和消费税，然后对博彩税、开采税、财产和赠与税和工薪税加以介绍。

个人所得税

所有的税收最终都来源于个人收入。同时，以收入多少作为支付能力的判断标准也被广为接受，因而对收入征税被看做是主要税源中最公平的一种。一直以来，累进制的个人所得税都被用来调节由收入分配不均而带来的在福利、机会和经济地位上的差距（Simons，1938，pp. 18－19）。

在美国独立之前的殖民地时期曾征收过一种所谓的"能力"（意指支付的能力）税，根据各人技能和职业的不同而征收不同数量的税金。尽管这种税减弱了商品税的效果，因为商品税对低收入者来说相对负担更重，但后来这种以收入为税基的税却被废止了很多年。国家建立之初，一直依靠关税来筹集联邦政府各项活动的经费，但南北战争对税收的需求使政府不得不开始征收一种临时的收入税。

19 世纪末期的工业化进程和大量的社会运动，重新唤起了人们对累进税的兴趣。如果不是最高法院宣布 1894 年的税法修正案违反宪法的话，美国可能早已开始征收个人所得税了（*Pollock v. Farmer' Loan and Trust Co*，1895）。因为最高法院考虑到了税收在各个州之间分配很不平等，这一考虑在对美国宪法的第 16 修正案中表述得很清楚。1913 年通过的税法修正案赋予了国会对任何收入来源征税的权力，同时不用在各州之间分摊权力，也不用考虑人口数量普查的情况。

最初的联邦所得税是从一项"追求社会公正的党派运动"中产生的（Waltman，1985，p. 6）。这是针对关税作出的反应，因为关税是累退的，而且给低收入者以相当大的税收减免，以减轻低收入者的负担。对收入高于 4 000 美元的人征收单一的 1％税率的所得税，对收入高于 20 000 美元的人征收更高的累进税。在整个 20 世纪，此税的覆盖范围扩大到了几乎所有的收入获得者。更高的累进税率结构和整体上更重的税负，保障了美国在两次世界大战中的军费开销，支持了美国在东南亚的几次"维和行动"，并扩大了美国的政府规模。20 世纪 60 年代，政府对收入达到 400 000 美元以上的人征收了税率高达 91％的所得税。

20 世纪 80 年代公众的减税要求最初使联邦税率降低，在最低收入阶层内，税率从 14％降到了 11％，在最高收入水平上，税率从 70％降到了 50％。1986 年的《税收改革法案》将收入等级从 14 级缩减到 2 级并分别按 15％和 28％的税率征税，取消了州销售税完税的扣除，取消了家庭抵押贷款之外的利息扣除，取消了正常收入与资本利得之间的差别，并对收入为 78 400～162 700 美元的人征收附加的 5％临时税，使最高税率上升到 33％。一直到 1990 年制定了三个收入等级方案时这一规定才发生改变，三个收入等级的税率分别是 15％、28％、31％。而 1993 年的《税收收入协调法案》（The Revenue Reconciliation Act）将夫妻共同申报收入在 140 000 美元以上的家庭以及单个纳税者收入在 115 000 美元以上的个人的征收最高税率增加到 36％。对收入在 250 000 美元以上者征收 10％的附加税，使边际税率达到了 39.6％，这样就使所得税变成了 5 级（Research Institute of America，1993，p. 9）。2001 年的《经济增长与减税协调法案》（The Economic Growth Tax Relief Reconciliation Act）降低了税率：2002 年对应税收入高于 307 050 美元者征收 38.6％的最高边际税率，这一税率在 2004 年和 2006 年分别降低到了 37.6％和 35.0％（Research Institute of America，2001，p. 18）。

州个人所得税除了在哥伦比亚特区实行累进制外，在 44 个征收所得税的州中有 33 个州也实行**累进制**，即收入等级越高，税率也越高。例如，艾奥瓦州的所得税分 7 个等级，即从对收入低于 1 060 美元者征收 0.4％到对收入在 47 700 美元以上者征收 9.98％的税金（ACIR，1995，p. 49）。康涅狄格、伊利诺伊、印第安纳、密歇根、宾夕法尼亚 5 个州对所有的收入实行**单一**税率。科罗拉多、北达科他、罗得岛、佛蒙特 4 个州按联邦所得税程序，对应税收入征收一定税率的税额。新墨西哥、田纳西 2 个州对利息和红利征收很有限的税。征收所得税的州中有 7 个州的所得税占其税收额的 40％以上，俄勒冈州更是达到了 70％。其他的 7 个州不征收任何形式的所得税。

在 11 个州中有超过 3 000 个地方政府（2 500 个在宾夕法尼亚州）征收所得税（ACIR，1995，p. 70）。除了这些州的许多城市外，印第安纳、肯塔基、马里兰的县镇以及艾奥瓦、俄亥俄、宾夕法尼亚州的学区也征收所得税。

个人所得税的优点

州和联邦政府从所得税中筹集了大量的资金（见表 4—3 和表 4—4）。这些收入在 20 世纪 80 年代中期作**指数化**平减之前是非常有弹性的。这种方法将税收增长与通货膨胀关联起来。加尔珀与波洛克（1998，p. 125）计算出联邦所得税的弹性系数在 1986 年税改之后从 1.95 降到了 1.80，这同时反映了此税的增长速度要快于国民收入的增长速度。20 世纪 70 年代，剧烈的通货膨胀增加了家庭的现金收入，使他们进入了更高的税率等级并支付更多的税额，但他们的实际收入却下降了。这一上升被形象地称为"等级蠕动"，这种收入等级的上升使税负责任增大，但实际收入并没有增加，而政府的税收却大大增加了（MacPhail-Wilcox，1984，p. 327）。91

从 1985 年起，税率和个人税收豁免额根据消费价格指数（CPI）进行了指数化，以使它们的增长能和普通物价指数的变化关联起来。这样，在收入等级指数化和重新结构化之后，联邦政府的税收增长放缓了。与此同时，社会保障和军队退休人员福利支出随着生活成本增加而增加了。相对减少的收入以及越来越多的公共支出责任，使联邦政府赤字大大增加。20 世纪 90 年代又采用累进程度更高的所得税扭转了这种趋势（Gold，1994，p. 21）。

与以消费为税基或者以财富为税基的税收相比，所得税对公平目标考虑的更加充分、细致（参见第 3 章对公平问题的讨论）。**税收豁免、扣除、抵免**以及**累进结构**承认了纳税人在纳税能力上的差别。例如，2001 年度联邦政府所得税的豁免额度是 2 900 美元，加上同一年可以扣除的 4 550 美元，可以保证收入在 7 450 美元以下的单个纳税人不用缴纳任何所得税（U. S. Department of the Treasury，2002a）。这些税收豁免和扣除使低收入者可以不承担或者少承担税收责任。其他的一些税收豁免政策对税基进行了调整，以反映家庭大小、盲人、老年人等特殊情况。对户主的标准扣除额增加到 6 650 美元，对夫妻的扣除额则增加到 7 600 美元。经济负担重者也可以使用分项扣除来降低应税收入。作为标准扣除的替代方法，在分项扣除中纳税人可以扣除医药费、已支付的州和地方所得税、已支付的房地产税、抵押贷款利息、赠与税、工会会费、预缴税款等（U. S. Department of the Treasury，2002b）。

税制累进结构对应税收入低于 27 050 美元者征收 15％的税金，对低于 65 550 美元者征收 27.5％的税金，对低于 136 750 美元者征收 30.5％的税金，对低于 297 350 美元者征收 35.5％的税金，对 297 350 美元及以上者征收 39.1％的税金。以上的累进等级和税率是对单个纳税人而言的。家庭户主和夫妻也实行同样的税率，但是，他们的应税收入累进梯度要大一些（U. S. Department of the Treasury，2002a）。最后，低收入者、儿童抚养及教育成本、老年人或者残疾人、某些投资都可以获得税收抵免，以减轻纳税人的税收负担。由于这些税收豁免、扣除、抵免，个人所得税在整个收入变动范围内是累进的，只对最高的收入者有一点累退性（Pechman，1985，p. 53）。许多州政府通过更大额度的税收免除和扣除，进一步减轻了低收入者的税负。同时，34个州使用个人所得税作为减免财产税的一种机制。

这些条款有利于实现纵向公平。然而，对收入的调整却侵蚀了税基，并且增加了人们对一些受照顾的纳税群体的关注。一些并未从收入调整中获益或者认为这些调整不公平的人认为，那些被设计用来鉴别个人经济状况或者纳税能力的"合理"方案是存在漏洞的。例如，税务条款包括了个人所得税减免的手段和扣除方法，这些手段和方法通过鼓励纳税人为退休储蓄，或者促使纳税人延期交税，直到他们落到更低的收入等级，进而改变纳税人的行为。所得税政策的效果与消费税或者财产税政策无法预料的结果是不同的，因为通常消费税或者财产税政策改变之后，它们的效果才显现出来。由于个人所得税的变化并不直接干预市场活动，因而所得税在经济和社会影响方面比其他税种更加中性。

政府对所得税的管理和纳税人纳税的绝对成本都是很高的，这也是纳税人唯一需要负责评估自己纳税责任的主要税种。国家税务局对税务条款的监管和解释可以指导纳税人纳税。私人提供的纳税咨询服务收费很高，税收审计以及国家税务局和法院解决税收争议的成本也非常高。然而，税收管理的相对成本只占税收总收入的0.5%（Pechman，1983，p. 61）。

详尽的税收扣除和抵免制度使所得税更加复杂，也调动了纳税人巧妙避税的积极性。纳税人必须仔细记录收入明细，并且经常向会计和税务顾问求助来准备申报纳税，这使纳税成本增加到总税收的7%（Musgrave & Musgrave，1989，p. 279）。同时，税收的扣缴通过工资扣除的方式来进行，因而税负被分配到一年当中去了。那些将本州个人所得税按照联邦所得税的一定比例征收的州，简化了税务管理成本并且最小化了纳税成本。然而，这些州却放开了对税收豁免和扣除决定的控制，这很大程度上影响了州的税收。

联邦和州所得税的优点很多，但是，地方政府层面上的所得税却遭到了各方面的批评（Due，1970，p. 320）。异地的居民在某地获取收入，这种情况是存在的。这样一来，不同地方的重复征税引发了一些问题，并且使税收监管和税务审计愈加困难。如果有强烈的激励措施促使个人或企业搬迁到不征收所得税的地区，经济状况就会发生扭曲。

收入所得税改革

长久以来，对所得税改革的要求都集中在简化税制以降低所得税的复杂程度并降低人们的纳税成本上。虽然通过税收扣除、抵免等优惠措施可以达到纵向公平的目标，但却破坏了横向公平，因为毛收入相同的人，有的人缴的税更低，这样一来，就打击了不少人的纳税积极性。批评者们主张废止这些应税额调整，并提出对所有收入群体按15%～20%的单一税率征税，以保证公平并能提高税收量。

通过对**有效税率**——在税收豁免和扣除之后，纳税额占收入的比率——的分析中可以看出，税收改革之前的联邦税收制度由于许多税收优惠而流失了不少税收。1985年，有效税率从收入5 000美元以下者的0.7%，到收入为500 000～1 000 000

美元者的 26.4％这一区间变动（Pechman，1984a，pp. 16—17）。与此形成鲜明对比的是，收入在1 000 000美元以上者的实际税率只有 23.1％，大大低于税收条款中规定的 50％。取消所有的个人扣除、抵免、投资激励等，将会扩大税基，这样一来，同样总额的税收收入将对每个人征收更低的税率，每个人也能有更多的纳税免除额。严格按照"同等待遇"原则征收的个人所得税，除了抚养人和被抚养人可以扣除之外，将适用于所有来源的收入（Pechman，1986，p. 45）。1986 年、1990年和 1993 年的税收改革一定程度上达到了这个目标。

93

马斯格雷夫夫妇（Musgrave & Musgrave，1984）也从更广的范围上来定义收入。他们提议将所有的增加额都包含进来，不管是储蓄的还是消费的，并提出了一个有意义的且判断标准一致的公平定义："如果没有这种规则，把应税收入的定义应用到一些情况下的技术处理方式将不一致，也不公平，从而导致经常出现的关于税收漏洞的压力将难以消除"（p. 351）。例如，实行抵押贷款利息扣除而不是住房补贴，对高收入的住房所有者比租房者更有利，因为租房者大多是低收入者。

对资本利得征税是导致纠纷、经济扭曲的一个重要原因。理论上，每年应对资本价值进行评估，并对增值额（相对于物价变化的增加额）进行征税。实际上，一般是在财产或者股票出手之后才能对其征税，一般要等很多年之后，而且对其所得只征收很低的税率以鼓励投资和承担风险。很多资本利得避开了征税，还有一些普通收入也被计入资本利得名下，以获得很低的税率。1986 年税收条款变化以后，鉴于征税的目的，对已实现的资本利得和普通收入实行同样的待遇（但没有考虑通货膨胀）。但是，在强大的维持投资激励要求的压力下，政府将个人资本利得税和企业资本利得税税率分别定为 28％和 35％。1993 年的税收改革制定了更高的分级（39.6％），这一限定对投资者愈发重要了。还有一个一直以来存在争议的问题，即如何处置投资中未变现的资本利得。允许资本利得实现的时候再缴税，实际上是政府在给高收入者以无息贷款（Musgrave & Musgrave，1989，p. 337）。

自从第 16 修正案得到批准以来，个人所得税经历了多次变革。税收改革的过程带有明显的政治性，然而，那些受到税收优惠的个人和企业却抵制税制的剧烈变革。为了调和一些社会和经济目标，公平和经济效率的目标往往被弃而不顾。例如，由于一个政府不能对其他政府的财政工具征税的原则性假定的存在，导致富有的纳税人购买的市政府债券获取的利息可以不计入收入，这对他们将是非常有利的。然而，如果没有这些税收刺激来鼓励投资的话，学校以及其他的一些公共设施的建设成本将更高。

公司所得税

公司所得税曾经一度占联邦政府税收的 1/4，但现在还不到总税额的一成。除了内华达、得克萨斯、华盛顿与怀俄明州之外，其他州都从此税获取收入，而且此税在其中 4 个州占总税额的 10％以上（见表 4—5）。密歇根州于 1976 年取消了公司所得税，取而代之的是一种对企业征收的较简单的修正过的增值税（ACIR，1995，p. 35）。

很久以来，企业的获利就与公共服务的成本紧密联系在一起了。当 20 世纪 80年代末期联邦个人所得税的合宪性被质疑时，国会就对有权利从事商业活动者征收一种消费税。起初只按 1％的税率征税，后来由于对税收收入需求增加，税率慢慢变为累进制。1987 年以来，公司收入在50 000美元以下的按 15％的税率缴税，介于50 000～75 000美元的税率为 25％，高于75 000美元的缴纳 34％的税。1993 年的税收改革将高收入公司的所得税税率提高到 35％～39％（Research Institute of A-merica，1993，p. 24）。

公司所得税的税率一般是在公司销售收入扣除了生产成本、利息和租金支出、固定资产折旧及州和地方税收的基础上确定的。45 个州以这种公司利润作为税基来征税，其中有许多州也以股票市值或净值来征税；3 个州按毛收入征税。税收抵免和鼓励措施降低了公司税负，并服务于经济和社会目的。例如，投资抵免促使企业购置新设备来提高劳动生产率；能源抵免促进企业节能；15 个州将诸如员工职业培训和雇主赞助的儿童教育项目的一部分成本作为税收抵免。另外，税收激励有助于雇主参与员工养老金计划、雇用残疾人以及积极参与到公私合伙关系中来（ACIR，1995，pp. 78—87）。

税收政策的不断发展也产生了与个人所得税相似的问题。每一项扣除和抵免都会减少税基。实际上，很难就哪部分成本扣除是合适的，或者哪些重要的鼓励政策应该作为抵免以降低纳税额达成一致。公司所得税与个人所得税的不同之处在于，前者是就利润而征税，后者是就个人在一年中的收入而征税。

有效税率是在下降的。1965 年，公司所得税税率为 48％，利润为 804 亿美元，有效税率为 34.5％。到1982 年，实际税率已经下降到了 13.1％，而名义利率和利润额却分别为 46％和2 383亿美元（Pechman，1984b，p. 144）。

公司所得税的优点

公司所得税相对较高的税率和税收弹性使联邦和州政府的税收有很大的增长潜力。公司所得税和其他一些税种的实际负担，对纳税人来说是看不见的，这些税的税负经常被转移到其他州，甚至其他国家（Gold，1994，p. 15）。由于公司所得税对选民的直接影响很小，而且它被广泛认为是对富人征税，所以公司所得税在政治上很受欢迎。然而，并不是所有的股东都是有钱人，特别是那些将一大部分退休金投资到公司中去的人。考虑到公司所得的最终转嫁会使消费者支付更高价格或者使员工的工资更低，征收累进税的理由也就站不住脚了（Pechman，1985，p. 57）。实际上，公司所得税可能是累退的。消费者同样的收入所得，首先要以直接形式缴纳个人所得税，然后在购买商品的时候不知不觉地缴纳公司所得税和销售税，这会使税负进一步复合到个人收入中去。

税收的管理成本相对于收入已经尽可能小了，但各州之间的商业活动却带来了税额在各州之间分配的问题。对那些采用了收入申报和分配所征税收到各州的统一系统的州来说，重复征税问题已经少之又少了。各公司要仔细计划支出，并详细记录收支来降低税负，但纳税成本却很高。

消费税和销售税

消费税一直是支撑联邦和州政府的重要税收，现在也越来越受到地方政府的重视。消费税可以按单位征收，如每加仑燃油或酒；也可以按价格来征收，如火车票价或者电话费的一定百分比。鉴于消费税与消费获益的紧密关系，这些对特殊商品所征的消费税常被称作服务费的替代形式。举例来说，很多州就把燃油税和车辆登记费称作使用费，以作为高速公路维护费用，并将征收的收入用于这个目的。

关税和消费税只对某些特殊商品征税，与之不同的是，州和地方政府消费税征收范围更广，对许多货物零售额和服务价值征收一般消费税。在 20 世纪 30 年代的大萧条时期，财产税和所得税不断下降，迫使各州开征紧急销售税。在第二次世界大战期间，这些税已经牢不可动了，并自那以后，税率稳步上升（ACIR，1990，p.74；Due，1982，p.273）。1962 年，在 36 个征收消费税的州中，只有 5 个征收 4% 的最高消费税率。1994 年最普遍的税率是 5%（14 个州），而科罗拉多州的税率只有 3%。另有 14 个州的税率为 3%～4.9%，15 个州及哥伦比亚特区的税率在 5% 以上。而密西西比和罗得岛州实行最高的 7% 的消费税税率（ACIR，1995，p.93）。阿拉斯加、特拉华、蒙大拿、新罕布什尔、俄勒冈州并不征收一般销售税（见表 4—5）。

31 个州允许地方政府征收消费税，路易斯安那州甚至还允许学区征收此税（ACIR，1995，pp.95—99）。在州销售税之外的市、县征收销售税，使此税在 22 个大城市中的税率超过了 8%。

消费税和销售税的优点

以消费为税基的税收额是相当大的。在佛罗里达、内华达、南达科他、田纳西、得克萨斯和华盛顿州销售和毛收入的征税额占总税收的 50% 以上（见表 4—5）。所有州都征收燃油消费税，3 个州的燃油消费税征收额占到了总税收的 10% 以上。各州都征收烟草消费税，34 个州征收酒精消费税，但还没有哪个州这两种消费税占总税收的比例能达到 10% 以上。所有以消费为税基的税收加起来，已经占到了州所筹集总税收额的 40%。

1970—2000 年的州销售税和消费税的数量增长可以从表 4—4 中找到。对燃油、酒及烟草的特别消费税增长了 3 倍多，一般消费税和毛收入税增长了 10 倍多。同时，地方政府对销售税的依赖性也增加了（见表 4—1）。一般消费税和毛收入税占地方政府税收额的比例在 1970 年和 1995 年分别是 3.4%、5.3%。最近教育改革对资金需求的增加，可以在一定程度上解释这些税收的增加。比如，密歇根州将一般消费税从 4% 提高到 6%，将烟草的消费税从每包 25% 提高到 75%，以弥补财产税的减少。

消费税不如所得税在实现平等目标上那么明显，因为前者是对物征税，后者是对人征税。消费税并不能反映纳税人的经济状况，只能反映个人的消费模式。生产商、零售商可能承担消费税和毛收入税的最初影响，但最终的税负会落到消费者身上。不管其收入高低，对购买同样产品的消费者所适用的税率都是相同的，税法中也没有对此做扣除或者累进的方案。只是许多州具有可对食品、收容所、医药等花费免除税收的方案，使一般消费的累退性降低，因为这些基本必需品占了穷人很大一部分开支。有趣的是，以消费为主导税基的国家（见表 4—2）的税收的累进性没有以收入为主导税基的国家高（Pechman，1989，p.14）。

收入相同的人由于消费习惯的不同而缴纳不同的销售税和消费税，因此，横向公平的效果并不理想。收入不同的人，其消费和储蓄习惯也大不相同：随着收入的增加，消费在收入中所占的比重降低了，高收入者会将他们的资金转移到住房和投资上去，而住房和投资是不征收这些税的。因为销售税和消费税对于低收入者的税负更重，没有或很少有税收减免措施，因而纵向公平目标也难以实现。正如第 3 章佩奇曼（1985）分析的那样，10 个群体中收入最低的那组人所付销售税的实际税率达到了18%，而收入最高的那组人的实际税率只有1%。

销售税政策对这种累退性作出了灵敏的反应，包括必需品税收免除等。1994年，哥伦比亚特区和45个（2个除外）征收销售税的州免除了处方药销售税，26个州免除了食品销售税，但未免除饭店餐饮的销售税，31个州对一部分电、气公用事业成本不征收销售税（ACIR，1995，pp. 89－92）。只有8个州免除了长途通信服务（如电话）销售税，但35个州停止了个人服务消费税，如理发服务。所有州都不再对租房服务征收销售税。

这些减免措施被认为是能增加销售税的公平性的，然而，对更多的个人服务征收消费税可能也会增加纵向公平。这是因为服务对于收入的弹性要高于消费商品对于收入的弹性，即随着收入的增加，人们更倾向于购买服务消费（Howard，1989）。比方说，对法律、医疗、教育服务征收消费税，可以降低其累退性。但是，对服务征税也可能带来意想不到的经济扭曲，如鼓励公司迁移以避税，使一些公司自己提供服务而不是外购服务（Gold，1994）。不管怎样，为了增加税收或者提高税收公平，越来越多的州扩大了其个人和商业服务的销售税清单（ACIR，1995，pp. 89－92）。

尽管有政治上的呼吁和税收负担的降低，税收免除仍然使税收流失（约占潜在税源的20%～25%），并使零售消费税征管变得复杂而需要州加强对税收的监管，也使中上层收入者的很多消费支出没有被计算进来（Due，1982，p. 273）。例如，对购买汽车和其他交通工具的征税采用封顶值，增加了税收的累退性，也流失了税源。取消包括食品、处方药在内的所有税收免除，可以简化税收管理，并增加税收。更好地解决销售税累退性的一种方法可能是，在8个州使用减轻税负的"开关"机制（ACIR，1995，pp. 89－90）。一些州给予每个家庭成员以同样的收入所得税抵免额，而不考虑其收入；另一些州随着收入的增加，抵免率也逐渐降低；还有其他的州实行了税收退还计划。尽管那些不用缴税的低收入者也可能获得税收退款，但他们可能会忽视对必要的所得税表格的申请。

以消费为税基的税并不是中性的，它会导致严重的经济和社会后果。尤其是在一个相对较小的地区内，当销售税有较明显的差别时，消费者的消费习惯会发生改变。购物广场和汽车代理经销商的位置选择，也会受到市、县之间税率差别的影响，甚至跨越州的边界。缩小不同地理范围内的税率差别，会使税收更加中性。另外，对通过邮寄或者船运进行的跨州交易进行更好的监管，也能弥补税收流失。

97　　　向备受指责的商品征收更高的税率，将会降低酒及烟草等的消费。基于以下理由，人们通常认为征收消费税是合情合理的：过度消费这些商品会给社会造成额外的成本，并且这些商品也是属于限制消费的奢侈品，因为对它们的消费常被看做是不道德和不健康的消费方式。如果这些税是有效的话，商品消费和税收都会下降（Musgrave & Musgrave，1989）。

消费税和销售税相对简单的税制结构使税收管理和纳税成本都很低。生产商根据产量缴纳消费税，零售商在卖出产品的同时，也缴纳了一般消费税。计算机化的现金登记方式，也简化了销售税的程序，减少了店员的失误，这些登记工作以前容易产生问题，特别是对某些商品免除销售税时更容易出问题。对零售商会计账目审计的成本也很低，据估计，审计成本大概只占总税额的1%左右（Due，1970，

p. 305)。

以个人支出税和增值税作为替代方式

个人支出税和增值税提供了另外的以消费为税基征税的方式。个人支出税或者称为消费支出税是以个人总的消费支出为税基征收的（Courant & Gramlich，1984；Musgrave & Musgrave，1989）。与销售税和消费税不同的是，它是对消费者征税，而不是对购买的商品和服务征税。作为所得税的替代方式，它也可以提供税收免除与扣除，并且也可以实行累进的税率。

税负责任通过以下步骤确定：（1）在纳税年度的开始阶段，将所有来源的收入加到资产中去；（2）在纳税年度期间，在上一步得到的数额中加上借款额或者减去投资额，得到了个人可以支配的消费额；（3）在年底，从上一步得到的总额中减去累积的资产额，就得到了个人年消费额；（4）选用合适的税率征税。由于支出税兼有所得税和销售税的优点，因而被当做所得税和销售税的替代税种。支出税中包含了个人税收免除、扣除及累进税率以保护低收入群体，因为低收入群体的消费额在其收入中占很大的部分。同所得税抑制投资的弱点不同，支出税可以鼓励储蓄、抑制消费（Pechman，1989，p.112）。然而，它的监管和纳税成本将大大增加，因为需要进行年度资产估价。

增值税也被提议当做零售业销售税的替代税种。此税认为商品在生产的不同阶段增加其价值，而最后的售价反映了它们增值额的总和。增值税在世界上很多国家得到了成功应用，并已成为欧盟国家之间税收协调的基本工具。20世纪80年代的财政赤字也使美国愈加注重增值税，并把它作为增加税收、刺激投资、改善国际收支平衡的重要手段。

大多数国家使用的发货票方法是一种间接的计算税额的方法，它不像所得税、销售税、财产税那样，要先计算出总价值来，然后把总价值作为税基，应用合适的税率计算税额（Tait，1988，pp.4—5）。相反，它是将经营的毛收入减去中间投入品价值和其他生产成本后再应用税率计算税额。将增值税率用到税基上，然后减去已经由中间产品和资本产品供应商缴纳的增值税，就得到了纳税额。

反对者认为，增值税是隐性的、累退的，管理成本也很高（Aaron，1981；McClure，1984，p.185；Tait，1988，pp.400—403）。增值税最初的影响是在生产者身上，但随着价格的上升，增值税也向前转移，税负最终落到了消费者身上。正如一般消费税那样，可以通过对必需品免税及所得税抵免的方式来降低累退性。这些措施可以减弱增值税的累退性，使最低收入者的税负与其收入成比例，但对更高收入的人仍然是累退的（Pechman，1989，p.8）。增值税的政府监管成本以及企业的纳税成本，比一般消费税要高很多。

在增值税政策推广的过程中，必须考虑税收收入在不同政府层级上的分配。如果联邦政府增值税取代了州一般消费税，以工业为主的州将会从对生产阶段征收的税收中获益，而其他许多州将失去当前从零售中获取的税收。同样，也会有一些州失去当前从销售进口汽车和其他一些商品中获取的税收。

要证明增值税是合理的，就必须讨论税收体制是累进程度太高，还是需要大量收入来寻找全新的方向或者弥补令人难以忍受的赤字。在今天的政治环境中，州和地方政府很关心联邦政府对消费所征的税。也有人担心，有多少企业获益，就有多少企业受损。这种环境并不支持增值税（Aaron，1984，p.217；Tait，1988，

p. 34）。由于增值税的缺陷以及当前税收体制结构的潜在复杂性，在美国不大可能推行增值税。

博彩税

彩票被定义为一种"出售获取奖金分配机会"的赌博游戏（Commission on the Review of the National Policy toward Gambling，1976）。博彩税既可以看做是以消费为税基的税，也可以看做是以权利为税基（privilege-based）的税。如果将彩票业的付出看做政府出售产品的价格，除去经营费用，剩余的收入就可以当做该产品的消费税（Guthrie，Garms，& Pierce，1988，p.95）。此税"隐性"地将所获收益中的一部分变为税收（Clotfelter & Cook，1989，p.219）。也可以将它看做是一种权利税，正如越来越多的州从娱乐场、赌博场的赌博游戏中征收的税收一样，博彩税是政府准许民众参与并就机会下赌注所收取的费用。

历史上，博彩业被用来客观地解决争端并为教堂和政府筹集经费。在内战时期，大约有50所高校和300所中小学从征收到的博彩税中获得资金支持（Ezell，1960）。然而，由于政治上的腐败以及所声称的任何形式的赌博将导致不道德行为、欺诈、贿赂等，使得博彩税一直以来都黯淡失色。19世纪末，博彩业的过度发展使得联邦立法禁止提供运输赌博物品的邮政服务。尽管慈善组织连续多年承办合法的社会博彩游戏活动（例如奖券销售、宾戈游戏），但政府还是在批准更容易使人上瘾和更商业化的博彩活动上显得（如赌场）犹豫不决。时至今日，政府承办的博彩活动已经遍及从低赌注到高赌注的整个博彩范围（Jones & Amalfitano，1994，p. xⅶ）。

20世纪60年代中期，博彩业在新罕布什尔、纽约州重新兴旺起来。到1992年，37个州和哥伦比亚特区均经营博彩业，其中9个州的博彩收入超过了10亿美元，它们是加利福尼亚、佛罗里达、伊利诺伊、马萨诸塞、密歇根、新泽西、纽约、俄亥俄、宾夕法尼亚（ACIR，1995，pp.106－107）。其中，加利福尼亚州的博彩收入达到最高的21亿美元，已经占该州总收入的4.8%（p.108）。1991年，全国191.7亿美元的博彩收入中，103.5亿美元（54%）用于支付奖金；11.5亿美元（6%）作为管理费；余下的76.7亿美元（40%）作为税收。

1988年，联邦制定的《慈善博彩广告法案》（Charity Games Advertising Clarification Act），允许非营利组织和商业组织在州法律范围内经营博彩业，并可以在邻近的各州媒体上做博彩广告及列出中奖人名单（P.L.100－625，18 USCS 1301）。博彩的形式多种多样，包括：即时博彩，即参与者将奖券上的一层蜡质刮掉，即可判断中奖情况；数字博彩，即参与者通过计算机投注终端向一个三位数或四位数下注，随后从媒体上得知中奖号码；对号码博彩，即参与者从36个号码中选6个号码下注，一周过后公布中奖者名单；电视博彩，类似于casino中的自动贩卖机。琼斯和亚马菲塔诺（Jones & Amalfitano，1994，p.42）发现，许多观察者期望采用最后一种方式——1991年仅在5个州合法化，互动的电视博彩成为未来增长最快的博彩形式。

支持者认为，博彩对税收收入的贡献超过了自身的不足。与其他不受欢迎的税种不同，博彩税只是向愿意支付者征收一种"无痛苦"的税（Clotfelter & Cook，1989，p.215）。这种自愿参加的博彩游戏使参与者获得了一定程度的快

99

乐，并且在没有增加其他税收的情况下，增加了政府税收。由于获得的奖金也要缴纳所得税，奖金的一部分也就成了一种税源。然而，由于扣缴免税和只申报600 美元以上现金支付等多方面的原因，许多税收都流失了。这样一来，博彩税就成了双重征税的一个典型例子，因为购买票券的钱已经被当做收入征过一次税了。但因博彩过程并没有为社会创造出新的收入，所以可能会有人认为不应该对奖金收入征税。

博彩税的缴纳不用填写任何表格，奖券的价格也很低廉，这使得它很方便征税，也成为它的一大优点。然而，相对收入来说，较高的管理成本引起了各方对博彩税制度效率问题的关注。博彩税占州收入的比例不到 7%，营销成本、印刷成本以及向获奖者支付的奖金数额却很高。其运作成本占 1991 年收入额的 3%（纽约、宾夕法尼亚）～29%（蒙大拿），而其他税的管理成本不到税收额的 5%（Thomas & Webb，1984，p.303）。其结果是，博彩收入中用于政府活动项目的资金只有 20%（蒙大拿）～67%（南达科他）。

这种平均税率，即收入额中成为州财政收入的数额的比例（40%），也高于包括酒及烟草等其他商品的消费税。和其他以消费为税基的税相同，彩票的价格对每个人都是一样的，因此对于低收入者来说，他们购买彩票的负担更重，所以有些学者认为，博彩税比一般销售税和消费税的累退性更强（Mikesell & Zorn，1986）。克劳特菲尔特和库克（Clotfelter & Cook，1989，p.223）从他们对博彩税累退性的研究中发现：“毫无例外，各种证据表明，对博彩税是累退的。”如果为了增加与其他税种的可比性，博彩税的税率更低些，则中奖额就可以高一些，税负也轻一些，但是，政府在其中所得的份额就降低了。

博彩业引发了道德和公共政策的两难境地。反对者认为，博彩使政府陷入了很窘迫的处境，它诱使居民参与已被禁止并被认为是不道德的活动，以筹集政府所需的税收，并且赌博合法化助长了有组织犯罪，增加了政府腐败和欺诈行为。作为回应，支持者认为，政府承办的合法博彩提供了一种可替代选择，进而能和有组织犯罪进行竞争并对其加以阻止（Jones & Amalfitano，1994，pp.59，64－68）。 *100*

22 个征收所得税的州将博彩税的收入指定到公共教育、养老计划或者其他具体的用途上。这些措施能促进彩票销售，扩大政治上的影响力，但指定这些税收的用途，并不会在总体上改变财政资金的安排情况。有证据表明，原先分配到这些用途上的资金将被转移到其他用途，所以指定博彩税收入用途，并没有给予财政法定接受者更多的好处（Borg & Mason，1990；Stark，Wood，& Honeyman，1993）。琼斯和亚马菲塔诺（1994）发现，无论是政府博彩业，还是将税收指定到教育用途上，都不能对州政府在教育支出和教育努力上的变化作出解释。通过分析税收效应以及道德和政策的困境，他们认为，各州应该在承办博彩业、确保广告真实性上更加审慎，并确保从博彩税收入中转移的收入能专门用于私人慈善。

尽管博彩税具有累退性、低收入、高管理成本等特点并受到关心社会效果的集团的反对，各州还是开征了这种带有自愿性的税。博彩业的成功和目前的受重视程度以及新一代自动化、交互式的博彩游戏的出现，都预示着它们的重要性不断增加，并被看做是一种传统税源的替代方式。然而，教育界对此持谨慎态度——他们认为，这些额外的税收并不必然保证公立学校获益。

开采税

38个州对从陆地或者水域开采自然资源的特权征收开采税（ACIR，1995，pp.122-129）。对诸如煤炭、天然气、矿石、森林产品、鱼类等资源征收生产、特许、保护方面的税。石油和天然气生产方面占这些税收的80％，能源产业通过租金或者在公共用地上进行能源生产的矿权出租合同、企业所得税和地方财产税，给州和地方政府带来了税收。

有的开采税根据资源开采量征收特定的税款，比如密苏里州征税的标准是每吨煤0.45美元；有的是按货物的市场价格征税，比如华盛顿州对水产品价值征收3％～5％的税。不同的开采过程致使很难通过评估其价值来征税。有时，需要投入大量资金来开采很小的矿产资源，如钻石；有时候却只需要很低成本的开采过程，就能获取丰厚的收益，如天然气开采。

1973年的石油禁运以及后来的石油、天然气产业放松管制，使得开采税的征收额迅速上升，但在20世纪80年代又下降了。此种税收是不大稳定的：先从1972年的8亿美元迅速上升到1983年的74亿美元，而1987年降到了只有41亿美元，1993年又升到了49亿美元（U.S. Department of Commerce，1995，Table 492）。开采税占到了阿拉斯加州1993年总税收额的50％，同期占到了怀俄明州的39％（U.S. Department of Commerce，1995，Table 492）。

那些在能源方面能征收开采税的州、县和学区可以更好地提供公共服务，并且可以将一大部分税负转移到非本地居民身上（Cuciti，Galper，& Lucke，1983，p.17）。为了减少这种税负转移的发生，有人提出了不少建议，比如将开采税的税收限定为产品价值的一定百分比，或者将人均总税收额限定在一定水平上。州政府的政策可能要求生产能源的县、学区将一部分开采税与能源消费区分享。但持不同意见者认为，开采税是对开采过程中产生的环境破坏的一种合理补偿。

财产和赠与税

赠与、财产和继承税是以财富为税基的。联邦和州政府对将现金、资产留给继承人的行为征收遗产税，许多州还对继承遗产征收继承税。对巨额财富的继承征税是基于这样的理论假定：一个具有大额财富的、在政治上有很大影响力的贵族可能会破坏企业间的自由竞争，也可能导致大额遗产继承者丧失劳动热情（Pechman，1989，p.121）。向慈善组织捐款免收遗产税的政策，使得很多学校和私人基金会从中大受裨益。

1976年的税收改革将联邦财产和赠与税规定为统一的税率，以减弱对人们在临死前将其财富分发以避税的激励。对价值60万美元以下的遗产免征联邦遗产税。凡是对合格受赠者的赠与在每年1万美元以下的，受赠者和赠与者都可以免缴赠与税。遗产捐赠人在其一生中所缴的赠与税在其死亡时可以抵免遗产税。1981年的税收改革将遗产留给未亡配偶的免税比例从60％提高到100％。对余下的应税遗产的税率为从对1万美元以下征收18％到对300万美元以上征收最高的55％（ACIR，1995，p.29）。大量的免税政策使得税收大幅度降低，财产和赠与税所占比例联邦总税收的1％。

所有各州都从联邦税中获取一定的财政收入，有6个州对遗产另外征税，有

17 个州征收遗产税，还有 6 个州在捐赠人的一生中还会征收另外的赠与税（ACIR，1995，p. 147）。这些与死亡和赠与有关的税收占 2000 年州总税收的 1.5%（见表 4—4）。

工薪税

与前面的为政府支出提供经费的税源不同，工薪扣除将专门用在两项联邦保险项目上：社会保障和失业救济。在 1935 年《社会保险法案》的基础上发起的项目，如今正在减轻老年人、家庭劳动力夭折、医疗支出、长期失业等人群的经济负担。

养老、遗属、残障和健康保险——自 1965 年启动健康福利计划以来一直被这样称呼，简称 OASDHI——是联邦政府主办的一个最大的项目。国会最初的意图是建立一个具有充裕资金的保险计划。1939 年失业保险的加入改变了投资方法，创造了一种"随人支付"的资金系统（Davies，1986，p. 169）。尽管 1970—1980 年的征收额在上升，但信托基金还是没有跟上资金需求的增长。1975 年，生活成本调整的办法开始被用来防止通货膨胀导致的实际获益价值的下降。1980 年，征收额的增幅达到了 14.3%，以后随着消费价格指数的下降逐年降低，直到 1995 年，其增幅为 2.8%。1983 年立法以后，信托基金的状况因对社会保障收益征税而得到了改善，近几年税率不断提高，到 2017 年，退休年龄将被从 65 岁推迟到 67 岁。近几年，工薪税的征收额已经超过了其支出额，在 2050 年之前，现在的平衡状况将被完全打破（Pechman，1989，p. 183）。

社会保障计划始于 1937 年，税率为 1%，以 3 000 美元收入为起征点，对超过 *102* 的部分最高征收 30 美元（ACIR，1995，p. 27）。这个起征点自 1972 年以来每年都随着工资的增长而增加，到 2002 年为 84 900 美元（RIA，2001，p. 20）。1988 年，对收入在 45 000 美元以下者征收 7.51% 的工薪税，在 1990 年调整为 7.65%，并保持至今。另外，雇主要为每个雇员最先收入的 7 000 美元缴纳 6% 的失业救济税。这些税对参加全国计划的学区来说，是一笔相当大的费用。总征收额在联邦税收中占很大一部分，事实上大约占到了 1/3（见表 4—3）。

在所涵盖的收入基础范围内，工薪税对各收入等级基本上是同比例的，但对高收入群体却是累退的，这些超过起征点的群体不用缴更多的税。然而受益计划却是累进的，低收入者缴纳的社会保险费用在其收入中占有较高的比例（Davies，1986，p. 171）。另外，如果年收入在 44 000 美元（已婚）或 34 000 美元（单身）以上，受益人需要就其社会保障收益的 35% 缴纳所得税。

近些年，税率的提高、收入基础的增加，缓解了人们对由于退休年龄提早、预期寿命增加、对收益人进行生活成本调整、难以预计的失业率等可能带来的对基金破坏的忧虑。据预测，2000 年后，只有 2 个人供养 1 个退休者，而 20 世纪 80 年代中期，这一比例是 3∶1。为了维持偿付能力并降低累退性，需要进行更深入的改革，如提高缴纳上限、用个人所得税支付如医疗等健康保险计划、降低生活津贴及允许劳动者将社会保险捐助中的一部分存到私人账户。

多元的、宽税基的税源优势

单纯依赖我们以上所讨论的某一种税源，将会使其缺点更加突出，并且会使社

会中的某一群体承受沉重的税负来保障政府提供服务。这一章提供的表格说明，政府选择了多样化的税源，并对不同的税种保持一定的依赖。设计一种包含多种税收形式的宽税基税收制度来征税，对政府是很有利的。

戈尔德（Gold，1994）注意到了依赖宽税基的平衡税收制度的重要性。选择多种税源，可以使每种税的税率都很低，进而可以刺激经济发展，可以使政府不受某一税种收入波动的制约，保持政府稳定。另外，多种税源对经济的扭曲也最小，因为各种税的缺点达到平衡。宽税基的税收制度也更加中性，因为它对区位选择决定的扭曲最小化，并改善了横向公平状况。

这些优点以及对在第3章中提到的价值观的权衡考虑，可以解释为什么税收是政府财政支持的重要组成部分。学区的收入主要来源于上一级的政府，这样学区除了依赖历史上形成的财产税之外，也间接依赖多元化的税源。

总 结

本章所详细讨论的各种税源为联邦政府、州政府提供了资金，某种程度上也支持了地方政府。个人所得税税额很高，并很好地反映了经济情况的变化，有助于实现纵向公平，社会和经济扭曲程度最小，管理成本相对较小。然而，它有缺点，其复杂性和纳税成本高以及被认为存在漏洞，因而，需要进一步改革。消费税和销售税结构简单，不包含任何扣除或者纳税免除，使管理和纳税成本很低。然而，除非制定必需品免除以及所得税抵免的条款，否则这些消费税扭曲了消费者的真实偏好，并和公平目标相悖。这两种主要的税源给联邦政府和州政府带来了不同程度的便利，因而有人主张增加它们在税收政策中的重要性。而它们的缺点为税收改革留下了空间。

公司所得税、博彩税、开采税、财产与赠与税、工薪税也对政府的税收作出了贡献。因为它们依赖不同的税基，这些税将会使税收政策进一步多样化。各州在人口、地理状况、自然资源、经济和传统方面的差别，使得各州对以收入、消费、财富、权利为税基的各税种的依赖程度不同。而最好的是依靠宽税基的平衡税收制度。

下一章将着重分析财产税的结构和管理问题。与本章讨论的税收不同，财产税是地方政府的主要税源，对学区而言，更是如此。

思考与活动

1. 追溯一种税收来源的历史，考察其最初的征收理由；考察可能导致原来目的改变的法律条文的变化；考察随着时间的变化，税率和税收数量的变化趋势。

2. 根据收入、公平、中性、弹性和行政成本标准，讨论收入税相对于消费税的优点。

3. 选择一个州，调查这个州支持教育的最初的税种。指出该州从下列各税源中分别获得多少比例的税收收入：个人收入、企业收入、消费、销售、博彩、退休金、遗产和其他。你准备给出什么样的修改建议，以使州的税收体制更好地符合收入、公平、中性、弹性和行政成本标准？

4. 相对于低能力、低积极性的州，高能力、高努力程度的州的支出确实多吗？

把州的能力和努力排名（见表 4—6）同它们的生均收入（见第 7 章表 7—1）进行比较。

5. 设计一个工具，对你所在的社区或者州的居民及政策制定者进行调查，研究在未来 10 年中他们对税收政策改革的偏好。

计算机模拟：州的财政收入来源

与本章内容相关的计算机模拟练习可以在 Allyn & Bacon 的网页上找到（http：//www. ablongman. com/edleadership. com）。这些模拟主要针对作图，或者对现有的数据和信息使用各种图形方法进行分析。这些练习的目的是：

- 搞清楚州对各种税收来源的相对依赖性。
- 找出政府税收比例变化的趋势。掌握在教育财政政策分析中，使用电子表格画图的能力。

参考文献

Aaron, H. J. (Ed.). (1981). *The value-added tax：Lessons from Europe*, *Studies of government finance*. Washington, DC：The Brookings Institution.

Aaron, H. J. (1984). The value-added tax：A triumph of form over substance. In C. E. Walker & M. A. Bloomfield (Eds.), *New directions in federal tax policy for the 1980s* (pp. 217—240). Cambridge, MA：Ballinger.

ACIR. (1990). *Significant features of fiscal federalism*, Vol.1：Washington, DC：Advisory Commission on Intergovernmental Relations.

ACIR. (1992). *Significant features of fiscal federalism*, Vol. 2：Washington, DC：Advisory Commission on Intergovernmental Relations.

ACIR. (1993). *RTS 1991：State revenue capacity and effort*. Washington, DC：Advisory Commission on Intergovernmental Relations.

ACIR. (1994). *Significant features of fiscal federalism*, Vol. 2：*Revenues and expenditures*. Washington, DC：Advisory Commission on Intergovernmental Relations.

ACIR. (1995). *Significant features of fiscal federalism*, Vol. 1：*Budget processes and tax systems*. Washington, DC：Advisory Commission on Intergovernmental Relations.

Borg, M. O., & Mason, P. M. (1990). Earmarked lottery revenues：Positive windfalls or concealed redistribution mechanisms? *Journal of Education Finance*, 15, 289—301.

Clotfelter, C. T., & Cook, P. J. (1989). *Selling hope：State lotteries in America*. Cambridge, MA：Harvard University Press.

Commission on the Review of the National Policy toward Gambling. (1976). *Gambling in America*. Washington, DC：U. S. Government Printing Office.

Courant, P., & Gramlich, E. (1984). The expenditure tax：Has the idea's time come? In J. A. Pechman et al., *Tax policy：New directions and possibilities* (pp. 27—36). Washington, DC：Center for National Policy.

Cuciti, P., Galper, H., & Lucke, R. (1983).

State energy revenues. In C. E. McLure & P. Mieszkowski (Eds.), *Fiscal federalism and the taxation of natural resources* (pp. 11—60). Lexington, MA: Lexington Books.

Davies, D. G. (1986). *United States taxes and tax policy*. Cambridge: Cambridge University Press.

Due, J. F. (1970). Alternative tax sources for education. In R. L. Johns et al. (Eds.), *Economic factors affecting the financing of education* (pp. 291—328). Gainesville, FL: National Education Finance Project.

Due, J. F. (1982). Shifting sources of financing education and the taxpayer revolt. In W. W. McMahon & T. G. Geske. (Eds.), *Financing education: Overcoming inefficiency and inequity* (pp. 267—289). Urbana, IL: University of Illinois Press.

Ezell, J. S. (1960). *Fortune's merry wheel: The lottery in America*. Cambridge, MA: Harvard University Press.

Galper, H., & Pollock, S. H. (1988). Models of state income tax reform. In S. D. Gold (Eds.), *The unfinished agenda for state tax reform* (pp. 107—128). Denver, CO: National Conference of State Legislatures.

Gold, S. D. (1994). *Tax options for states needing more school revenue*. Westhaven, CT: National Education Association.

Guthrie, J. W., Garms, W. I., & Pierce, L. C. (1988). *School finance and education policy: Enhancing educational efficiency, equality, and choice*. Englewood Cliffs, NJ: Prentice-Hall.

Howard, M. A. (1989, Summer). State tax and expenditure limitations: There is no story. *Public Budgeting and Finance*, 9, 83—90.

Jones, T. H., & Amalfitano, J. L. (1994).

America's gamble: Public school finance and state lotteries. Lancaster, PA: Technomic.

Mackey, S. R. (1993). *State tax actions 1993*. Denver, CO: National Conference of State Legislatures.

MacPhail-Wilcox, B. (1984). Tax policy analysis and education finance: A conceptual framework for issues and analysis. *Journal of Education Finance*, 9, 312—331.

McLure, C. E. (1984). Value added tax: Has the time come? In C. E. Walker & M. A. Bloomfield (Eds.), *New directions in federal tax policy for the 1980s* (pp. 185—213). Cambridge, MA: Ballinger.

Mikesell, J. L., & Zorn, C. K. (1986, July/August). State lotteries as fiscal savior or fiscal fraud: A look at the evidence. *Public Administration Review*, 46, 311—320.

Musgrave, R. A., & Musgrave, P. B. (1984). *Public finance: Its background, structure, and operation* (4th ed.). New York: McGraw-Hill.

Musgrave, R. A., & Musgrave, P. B. (1989). *Public finance in theory and practice*. New York: McGrawHill.

National Conference of State Legislatures. (1994). *State budget and tax actions 1994: Preliminary report*. Denver, CO: Author.

Pechman, J. A. (1983). *Federal tax policy*. Washington, DC: The Brookings Institution.

Pechman, J. A. (1984a). Comprehensive income tax reform. In J. A. Pechman et al. *Tax policy: New directions and possibilities* (pp. 13—18). Washington, DC: Center for National Policy.

Pechman, J. A. (1984b). *Federal tax policy*

(4th ed.). Washington, DC: The Brookings Institution.

Pechman, J. A. (1989). *Tax reform: The rich and the poor* (2nd ed.). Washington, DC: The Brookings Institution.

Pechman, J. A. (1985). *Who paid the taxes,* 1966 — 1985. Washington, DC: The Brookings Institution.

Pechman, J. A. (1986). *The rich, the poor, and the taxes they pay*. Brighton, Sussex, England: Wheatsheaf Books of the Harvester Press.

Research Institute of America (1993). 1994 *RIA federal tax handbook*. New York: Author.

Research Institute of America (2001). *Federal tax handbook*. New York: Author.

Simons, H. C. (1938). *Personal income taxation: The definition of income as a problem of fiscal policy*. Chicago: University of Chicago Press.

Stark, S., Wood, R. C., & Honeyman, D. S. (1993). The Florida education lottery: Its use as a substitute for existing funds and its effects on the equity of school funding. *Journal of Education Finance, 18,* 231—242.

Tait, A. A. (1988). *Value added tax: International practice and problems*. Washington, DC: International Monetary Fund.

Thomas, S. B., & Webb, L. D. (1984). The use and abuse of lotteries as a reve-

nue source. *Journal of Education Finance, 9,* 289—311.

U. S. Department of Commerce, Bureau of the Census. (1990). *State government tax collections: 1990*. GF—90—1. Washington, DC: U. S. Government Printing Office.

U. S. Department of Commerce, Bureau of the Census. (1995). *Statistical abstract of the United States: 1995*. Washington, DC: U. S. Government Printing Office.

U. S. Department of Commerce, Bureau of the Census. (2001). *State government tax collections: 2000*. Washington, DC: Author. Available at: www. census. gov/govs/www/statetax00. html.

U. S. Department of Commerce, Bureau of the Census. (2000). *Statistical abstract of the United States: 2000*. Washington, DC: U. S. Government Printing Office.

U. S. Department of the Treasury, Internal Revenue Service. (2002a). *1040 Instructions, 2001*. Cat. No. 11325E. Washington, DC: U. S. Government Printing Office.

U. S. Department of the Treasury, Internal Revenue Service. (2002b). *Schedule A—Itemized deductions, 2001*. Cat. No. 11330X. Washington, DC: U. S. Government Printing Office.

Waltman, J. L. (1985). *Political origins of the U. S. income tax*. Jackson, MS: University Press of Mississippi.

第5章

支持学校的财产税

议题和问题

106

- **公平且有效率地达到高的标准**：地方对财产税的依赖，通过什么方式导致了各个学区之间在教育项目和学校设施的经费与质量上的差异？

- **财产税税基**：受益理论如何导致用财产税支持包括教育在内的地方服务？

- **决定应纳税的数量**：我们用什么程序评估不动产的价值、减免某些纳税人的税收负担、计算个人和企业应纳税额？

- **税收的能力和努力程度**：各个州的财产税税基的规模、对这些税基征税的税率以及税收收入有什么不同？

- **财产税的长处和短处**：财产税是否符合收入、公平、中性、弹性和行政成本标准？

- **收入和支出的限制**：宪法和法令限制，特别是通过公民提议施加的，如何影响州和地方增加税收的能力，或者如何制约了州和地方收入和支出的增长？

- **地方自治和财产税**：如果在教育财政改革中，扩大税基有各种潜在的好处，那么社区为什么反对把财产税由地方税提升为区域或者州的财政收入来源？

107

财产税是传统的地方政府财政收入（包括学区的收入）的主要来源。这一税收持续地为地方提供大量的资金。同时，公众表达了对于财产税公平性的关注，政策制定者也考虑用税基更为广阔的收入税或销售税来代替财产税。

由于多种原因，财产税一直作为地方政府主要的税收来源。这一地方税收使得地方官员和管理者在为公民制定和实施公共服务提供计划时，能够准确地预测每年的财政收入量。财产税与地方政府自治有着紧密的联系。由于县和州的管理机制已经存在多年，财产税的征收成本相对较低。

尽管存在这些优点，财产税还是遭到了严厉的批评。公众把它列为最不受欢迎的税收（ACIR，1988，p.97），而且把它形容为"管理最差的税收"（Shannon，1973，p.27）。对于财产税的质疑，经常提及它存在的以下缺点：其累退性使贫穷的人承受了过多的负担；加速了对城市住房的老化；无力捕捉社会真正的财政能力；对于不同学区的孩子提供了不公平的教育机会。

因为它在学校融资中的历史重要性，也因为在几乎所有的州它都是重要的税收来源，我们将用一章的篇幅来讲述财产税。

财产税税基

财产税是对各种形式的有形和无形个人财产、有形不动产等财富进行征收。有形个人财产包括机器、存货、牲畜以及商业设备等，同时还包括个人所拥有的珠宝首饰、家具、汽车和电脑。无形个人财产包括股票、债券、存款和其他投资。无形个人财产没有具体的存在形式，而是用账户或证书的形式来表示它的价值。

同无形财产相比，有形财产更容易被识别，所以有形财产更广泛地被各个州作为税基。只有 9 个州把无形财产纳入当地的税基中。相比较而言，有 18 个州对商业存货征税，有 17 个州对家庭个人财产征税，有 18 个州对机动车征税（U. S. Department of Commerce，1994，p. Ⅵ，Ⅶ）。因此，大多数州从税收中免除了有形和无形个人财产。

现在大多数的财产税都指向了有形不动产，其中包括土地和那些被称为"生活改善设施"的不动产，诸如房屋、商业建筑、游泳池等。表 5—1 中的数据显示，1991 年地方评估的不动产已经超过了58 000亿美元，这个数据使得5 890亿美元的个人财产黯然失色。再加上各州评估的2 860亿美元，地方上经过评估的总净资产超过66 000亿美元。20 世纪 70 年代，在税基中，不动产部分的增长十分迅速。1971—1981 年，这一部分增长了 335%。在 20 世纪 80 年代的 10 年中，这一部分的增长速度有所放缓，从24 000亿美元增长到58 000亿美元，只增长了 141%。财产税基中的不动产部分，是学校财务中最值得关注的。因此，在本书中术语**财产**指的就是不动产。

表 5—1	不动产和个人财产评估价值（1961—1991 年）（单位：十亿美元；%）				
财产的种类	1961 年	1971 年	1981 年	1991 年	1971—1981 年百分率变化	1981—1991 年百分率变化
地方评估的财产	326.1	641.1	2 678.4	6 395.8	318	139
不动产	269.7	552.7	2 406.7	5 806.7	335	141
个人财产	56.5	88.3	271.7	589.0	208	117
州评估的财产	27.8	53.5	159.0	285.8	197	80
总计评估的财产（净地方税收）	354.0	694.6	2 837.5	6 681.6	309	135

108

　　资料来源：U. S. Department of Commerce, Bureau of the Census. (1994). *1992 Census of Government*, Vol. 2：*Taxable Property Values*. Washington, DC：U. S. Government Printing Office, Table C, p. ⅩⅣ.

财产税对地方政府的支持源于受益原则（参见第 3 章）。社会中的警察和消防、图书馆和学校、公园和博物馆以及其他公共服务和设施，增加了财产的价值。有这样一种假设，即从这些服务中得到好处的个人应当支付相应的费用。同样也存在这样的假设，即得到的好处大体上与这些财产的价值成正比（Musgrave & Musgrave，1989，p.411）

根据受益原则，在拥有更广泛和更好的公共服务的社区，财产所有者和租房者愿意直接或通过租金间接地缴纳更多的税。然而，收益、财产价值和税收水平之间

107
108

的关系并不像它们原来表现得那样直接。虽然地方性服务随着财产价值的增加成比例地增长，但是不动产的拥有者并不必然从中收益。事实上，很多商业住宅和出租住房的所有者，并不住在当地社区中。并且，许多并没有居住在缴税义务地区的个人，却享受了由当地财产税基融资建立的各种服务设施，如城市公园、图书馆和博物馆等。由于这些原因，研究者们努力解决地方和社区在维持对教育适当控制的同时（Monk & Brent, 1997），扩张或改变地方财产税基的问题（Theobald & Malen, 2000）。

允许家庭跨学区择校的政策，使精密的传统财产税结构变得更为复杂。传统的受益原则把教育收益、地方财产税基及用于学校项目和设施的资金联系起来，但随着跨区择校这一实践的继续扩展，不论是学区内的，还是在跨区的公共或私人的部门中，这种联系变得越来越微弱。同时，我们已经看到财产税基础结构变化太慢，但由于多种原因，取消财产税也是不大可能的，我们将在本章中介绍这些原因。

财产税是一种一般性税收，它适用于全体社会公民，而不考虑是否对家庭产生直接收益，这种方法基于收益广泛分配的假设。因此，这种税收基于这样一种假设——公共教育服务于更广泛的公共目标，不能仅仅对其孩子进入学校读书的家庭收费。此外，美国财产税支付的数量是基于财产的价值，而不是以纳税人的收入、财富或支付能力为标准。在英国和其他一些国家，财产税取决于实际的出租收入，或取决于所有者占有的出租价值，这样能更好地反映纳税人的支付能力。税基的价值如何被决定，不仅影响税收数量，而且影响可以观察到的税收公正性。

财产评估和税收决定

在根据第 3 章介绍的标准讨论财产税之前，我们必须熟悉评估财产价值和计算应缴税金额的方法。

财产评估

县、自治市、特殊区域以及财政独立的学区，在**按价**征收财产税时，依据的是土地和土地上的设施的价值，并不考虑资产净值的数量（财产中代表所有者财富的部分）。比如，一家银行或其他控股公司可以在名义上享有最大份额的财产价值，但是，个人或商业组织则很可能为财产的全部价值支付所有的税收。

法令赋予地方政府权力，使它们可以依据财产的估价来决定征税的数量。一个被任命的或被选举的官员，通常隶属于县、市或城镇级别的政府，在其管辖权范围内，负责调查、记录和评估每一处应纳税的财产。法令也许指定了财产评估周期，在一定的时间内，评估人员要重新对财产的价值进行认定。例如，俄亥俄州的评估周期是 6 年（Ohio Department of Taxation, 2001, p. 130），康涅狄格州是 10 年，而密苏里州每年都要重新评估。其他州的法令表明，只有部分不动产需要每年进行重新评估，如在爱达荷州，每年只有 1/5 的不动产需要重新评估（U. S. Department of Commerce, 1994, p. D—1）。

理想的评估是与现行的市场价格相同。**公平市场估价**，通常被称为真实的或完全的价值，被定义为在公开市场环境下买者和卖者自愿达成的价格。住宅房产和闲置的土地通常根据可比较的财产销售情况来评估。然而，因为商业和工业财产并不经常转手出售，因此，不容易掌握现在的市场价值。对它们的评估更多的是基于盈利能力或变更财产的成本（Oldman & Schoettle，1974，chap. 3）。

主观性是以下三种常用的评估方法的主要局限，也是引起税收纠纷的主要原因。市场评估法认为，一块给定的土地的价值可以通过其他财产的销售来评估，这些财产有着相似的年限、条件、区位和风格；成本法依赖于对土地价值的估计、对替换当前建筑和其他设施的成本以及折旧的估计；收益法要评估财产的剩余期限，以及在计算从财产中获得的未来收益现值中的合适的资本化率。每一种方法的局限性都可以通过其他方法的优点来补偿，所以，那些可以客观应用多种评估方法的估价员作出的估价才是最公平的。

技术的进步为更客观和更频繁的评估提供了可能。科学的评估依赖于用统计方法把民用的或商业的财产的实际（或估计）出售价格同一系列的特征联系起来，包括区位、土地面积、房产面积、取暖类型、通风系统以及壁炉的数量等。现有的技术可以满足以下可能性：使评估同其财产的全部价值更相近，以及不需要实地检验就可以每年重新评估所有财产。从当期的和更精确的评估中获得的额外收入，可以补偿因采用科学的评估所花费的额外成本，特别是在房地产市场迅速变化的时期。但是，纳税人可能会表达对他们认为没有理由的财产价值上涨的担心。

评估价值是由一名官方评估员对一处财产所给定的价值。用来表示评估价值与实际价值关系的评估比率，通常在不同的财产类别中各不相同。最后，在一个行政区域中，相同的税率被应用到所有的财产中，所以分类收税方案的作用是，可以合法地把税收负担从一部分纳税人转移给另一部分纳税人。在合法的分类计划中，评估比率依据一个可接受的和一致的应用标准而变化，就像我们现在所采用的。

110

表 5—2 对评估比率进行了解释说明。23 个州要求按照完全市场价值评估，包括内布拉斯加州。另外的 11 个州，如康涅狄格州和印第安纳州，指定了一个单一的、可应用所有可征税财产的完全价值评估比率。剩下的 16 个州，包括亚利桑那州和田纳西州，对不同的类别指定了不同的比率。对于工业、商业、公用事业和运输财产的评估比率，普遍要高于农业和住宅财产。

财产评估是基于财产"最大和最好的"用途，依照最适合该区位的用途和可能获得的潜在的货币回报的最大化进行的。有几种评估方法，为开发农业用地、休闲用地等提供了激励。例如，俄亥俄州给予特定的农业用地优惠待遇，而其他所有种类的财产被评估为市场价值的 35%（Ohio Department of Taxation，2001，p. 130）。1991 年，27 个州采用了一种优惠评估方法（U. S. Department of Commerce，1994，p. Ⅸ）。这种方法是一种较低水平的评估方法，它基于当期的收入或用途，而不是基于该土地的实际市场价值。

111 | **表 5—2** | **1991 年所选定州不动产的评估比率和分类**

亚利桑那州	13 个类别：a. 矿区和森林，30%
	b. 通信、天然气和公用设施用地，30%
	c. 商业和工业用地，25%
	d. 农业用地和荒地，16%
	e. 非营利住宅用地，10%
	f. 出租住宅用地，10%
	g. 铁路线和航空线，根据这类财产的市场价值 确定其评估价值的类别为 a、b 或 c
	h. 和历史有关的财产，5%
	i. 和历史有关，但部分是商业和工业用地，根据类别 c 的比 率修改
	j. 和历史有关，但部分是出租用地，根据类别 f 的比率修改
	k. 家畜、水禽和蜜蜂养殖用地，8%
	l. 可以得到利息的用地（如出租给运输设施），1%
	m. 生产石油或汽油的公司用地，100%
康涅狄格州	所有的财产按照市场价值的 70% 评估
印第安纳州	所有的财产按照市场价值的 33% 评估
内布拉斯加州	所有的财产按照市场价值的 100% 评估
田纳西州	3 个类别：a. 公用设施用地，55%
	b. 工业和商业用地，40%
	c. 农业和住宅用地，25%

资料来源：U. S. Department of Commerce, Bureau of the Census. (1994). *1992 Census of Governments*, Vol. 2: *Taxable Property Values*. Washington, DC: U. S. Government Printing Office, Appendix A。

110   有 31 个州采用了一种延期税收方法。这种方法同样提供了优惠的评估，但是，当土地的用途变更时，它会遭到处罚（如补偿税收和利息）。有 14 个州采用了另一种方法，这种方法提出了一种限制性的合约，在一个特定的时期内，土地所有者同地方政府达成一致，规定土地的用途，以此来换取较低的评估和延期的税收。例如，用农业的保留和非营利的信托机构拥有的农场土地和开放土地来换取较低的税收或税收减免。

马斯格雷夫夫妇（1989，p. 417）认为，健全的财产税管理要求"按照完全市场价值进行统一评估"。然而，不精确的评估操作通常使得住宅的评估价值低于公平的市场价值。公众不太可能抱怨这些较低的评估，或者去投票更换这些地方政客。类似的减少商业评估价值的做法吸引了制造业或商业活动，或阻止了产业离开本地区。同时，那些没有获得优惠评估的住宅和商业财产必须承担那些接受优惠对待的财产所延迟或者免除的税收负担，这会导致其所有者支付更多的税。如果所有的财产都适用同样的标准，那么就不会使其所有者缴付这么高的税。实际评估中的主观性，容易使评估偏离已经确立的政策或标准，由此，偏袒或政治上的任人唯亲就有可能发生。作为一种管理的成本，这些活动将被充分讨论。

111   由于州通常按照地方财富来分配用于支持学区的财政资金（见第 7 章），所以州应当监督地方的评估行为。奈特则和伯恩（Netzer & Berne, 1995）讨论了不同行政区财产价值均等化的重要性：

对于全州范围内的政策执行（例如计算州对学校的拨款、决定税收和债务的限额），均等化是必需的；一些人在重复纳税，对于这些个人纳税者的纳税义务的确定，均等化也是必需的。均等化的进程应当是可理解的，它产生的结果应当是使不同行政区之间均等化，并且在本质上是公正的、公平的。(p. 34)

一个州级的均等化委员会对于每一个税收征管区都确定了一个相应的**均等化比率**。根据各自的均等化比率来计算财产的评估价值，这样就产生了一个近似的市场价值。这种做法把一州所有的评估都纳入到一个共同的基础中。表5—3所描述的学区，重复隶属于4个税收征管区，比如城镇或县。征管区 A 拥有最高的均等化比率，不是因为它是最富有的城镇，而是因为它评估的财产价值高于市场价值20%。征管区 D 的评估价值最低，但是它的均等化价值比 B 或 C 都高。这是因为征管区 D 评估的财产价值只有市场价值的15%，同时征管区 B 和 C 的评估价值分别是市场价值的85%和50%。

表5—3　　　　　在一个学区中对于几种税收征管区的均等化比率的说明

征管区	评估价值（美元）	均等化比率	均等化价值（美元）
A	324 000 000	1.20	270 000 000
B	85 000 000	0.85	100 000 000
C	45 000 000	0.50	90 000 000
D	21 000 000	0.15	140 000 000
总计	475 000 000		600 000 000

上述例子阐明了州在缩小地方评估差异中的作用。州政府的这种干预也许会降低纳税人对财产税不公平的预测和推定。此外，在每一个征管区内运用均等化价值，会导致一个更加公平的、根据地方税收能力确定的州资金分配方案。假如没有这样一个均等化的评估比率系统，税收征管区也许会低估财产价值，使它们的价值表现得更低，以此获得更多的州税收。

免税和减税

地方税基因几种财产类别的全部或部分免税而削减：(1) 学校、大学和政府；(2) 宗教和福利组织，包括教堂、商业会所、博爱组织和劳工联盟；(3) 户主、老年人、退伍军人、消防志愿者和残疾人；(4) 振兴房地产业或吸引工业的动机。那些财产税与他们收入的比值超过一定比例的个人，可以通过收入所得税课税扣除来进行税收减免。

免税被辩称为是基于期望的社会价值。它假设在不缴纳税收的情况下，非营利组织提供给社会的利益可以补偿它们所提供的公共服务支出的成本。当最高法院审查对宗教的援助违宪的申诉时，对教堂的免税在美国宪法第1修正案的审查中被保留了下来："取消免税会导致政府对宗教的介入，如对教堂财产价值的评估、对教堂实施税务扣押权、因未缴税而取消赎回权等问题，并且在法律程序之后，面对与宗教的直接冲突，这些都会导致政府对宗教的介入"（*Walz v. Tax Commission of* *the City of New York*，1970)。

此外，免税遭到批评是因为税收所产生的不经济。例如，能够带来税收的办公大楼、酒店和医疗中心，可能坐落于免税的教会或大学用地上。县镇出租给私人公司的制造企业，也可能建立在免税土地上。即使建立在私人用地上的设施，也通常属于指定的企业区域，为促进经济发展，这些区域内的企业也是免税的。在短期内，通常不超过10年，位于这些企免税土地上的工业，从免税或优惠税率中享受到了好处。而且，这些企业和其他居民从不断扩大的税基中获得了长期的收益，这些税基减轻了未来的税收负担，使公共服务的最终扩张成为可能。

很多免税和减税政策对各种利益集团提供补助，致使其他的居民和商业组织必须缴纳更高的税收。免税给地方政府带来的税基损失是很大的。1991年，除12个州外，其他州免税的部分约占总评估价值的5%。例如，在印第安纳州总的地方评估价值中，免税的部分有39亿美元（接近12%）。在很多大城市，免税的损失可能更大。在新奥尔良，超过1/3的评估财产是免税的（U. S. Department of Commerce，1994，pp. XI，17，42）。

自治市和城市的学校系统，因为这些财产免税政策而遭受损失。它们损失的收入从州的税收退还中得到补偿，这一做法类似于联邦政府为学区提供财政资金，补偿因为军事设施、政府为低收入者所建的住房和美国土著居民保留地的免税所导致的学区收入损失（见第9章）。通过这种方法，使那些不住在社区中，但享用了公共图书馆、公园、大学和其他设施的人，也分担了免税的成本。另一种分散税收负担的方法是，要求免税组织对一些政府服务支付使用费。例如，很多大学付费给自治市以补偿公共服务的成本，并与社区保持友好关系。

几乎所有的州在财产税中都对个人纳税者进行了减免。这种**自住房**减免税收（homestead exemption）从20世纪30年代大萧条时期就开始实行了。这一减税政策适用于自住房所有者，而不考虑他们的收入。从那时起，也对年老的住房所有者、退伍军人和残疾人减免税。税收减免减少了资产的评估价值，减轻了纳税负担。例如，佐治亚州住房所有者的财产评估价值减少了2 000美元；年老的纳税人通常拥有4 000美元的免税额以及1 000美元的教育（纳税）资产估价。残疾退伍军人的财产价值减少了32 500美元（ACIR，1995，p.138）。在俄亥俄州，同样对年老和残疾的纳税人免税，但是，其减免额要根据收入和纳税的财产价值来调整（Ohio Department of Taxation，2001，p.131）。这种免税减少了税基，使税收管理变得更加复杂，并且可能对那些有能力纳税的人提供不必要的补贴，因而遭到了批评（Shannon，1973，pp.35—37）。

35个州和哥伦比亚特区的**自动减免**（circuit breaker）政策，允许老年人、低收入家庭，在某些情况下还包括租房者，当财产税超过他们收入的一定比例时，可以减免州所得税。例如，宾夕法尼亚州为那些年龄超过65岁的自住房拥有者（住自己房子的私房屋主）或租房者以及残疾人纳税者提供减税（最高500美元）。这种税收抵免范围从收入低于5 500美元的减免100%，到收入超过13 000美元的减免10%，使平均每个家庭获益257美元（ACIR，1995，p.135）。

自动减免能够维持地方税基并在州这一层级上进行收入再分配，与普通的自住房减免税相比，自动减免更具有优越性。然而，这种方法也许不能帮助所有的低收入者。那些一年中很少或没有应税收入的财产拥有者和租房者同样符合减少财产税的条件，但当所得税减免是抵免了食品和必需品的销售税时，这些低收入家庭可能不再申请财产税减免了。租房者目前在 28 个州符合自动减免（circuit breaker）要求，如果假设他们承受了所有的财产税负担，那么他们应当符合减税的条件。

　　阿伦（Aaron，1973）指出，由于自动减免没有完全减轻低收入纳税人的负担，单独挑选出这一家庭开支（如财产税）来减免税收，可能是出于政治上的可接受性。他主张采用住房补贴的方式。考虑到财产税影响住房成本，住房补贴可能是一种更有效的机制。

计算财产税

　　我们已经讨论过，评估技术的作用就是确定一个征管区中的财产价值，也就是税收能力。通过政治决策确定税率。税率反映了社会纳税的努力水平，反映了社会愿意为公共服务提供多少税收支持。

　　征收的地方税收数量（**征税额**）可以用给定的财政年度内计划实施的项目的支出（也就是**成本**）与联邦、州提供的资金以及其他本地来源的资金数量（**收入**）之间的差来计算：

　　　　征税额＝成本－收入

　　征税额除以税收区内的财产总**评估价值**，或者在有的州，除以财产**均等化价值**，就是**税率**：

　　　　根据评估价值测算的税率＝征税额/评估价值
　　　　根据均等化价值测算的税率＝征税额/均等化价值

　　税率通常用厘（mill）的形式来表达。一个厘代表千分之一（0.001）。10 厘的税率就表示对财产评估价值征收 1% 的税收。10 厘的税率也可以表示为小数的形式（0.01），或者在很多州，通常以每 1 000 美元的评估价值征税 10 美元来表示。在其他州，这种比率表示为每 100 美元的价值征收 10 美分的税。例如，表 5—3 中描述的学区一共有 6 亿美元的均等化价值，如果需要 1 500 万美元来支持地方学校的运行，则要求税率为 0.025（15 000 000/600 000 000），也就是 25 厘，相当于每 1 000 美元征税 25 美元，或者每 100 美元征收 2.5 美元，或者对评估价值征收 2.5% 的税。

　　对表 5—3 中给出的四个税收征管区适用 25 厘的税率计算征税额，见表 5—4。整个地区的税率分别除以 4 种各自的均等化比率，就等于可应用于最初评估价值的税率。所计算出的结果是，为保证学区运作，4 个税收税收区总计需要征税 1 500 万美元。

表 5—4　　　　　　　　　一个学区税收征管区的税率和征税额说明

征管区	均等化价值税率	均等化比率[a]	评估价值税率[a]	评估价值[b]（美元）	征税额[b]（美元）
A	25.00	1.20	20.83	324 000 000	6 750 000
B	25.00	0.85	29.41	85 000 000	2 500 000
C	25.00	0.50	50.00	45 000 000	2 250 000
D	25.00	0.15	166.67	21 000 000	3 500 000

[a] 见表 5—3。
[b] 四舍五入后取近似值。

115　　　　一旦确定税收辖区的税率，就为每一份财产准备好了税单。常数税率乘以每一组应税财产的评估价值，就是应征收的财产税的数量。

征税额＝税率×评估价值

　　表5—5中四组财产的财产税计算，说明了这个公式的应用以及对那些住自己房子的业主、老年人或者退伍军人免税的效果。这些财产拥有同样的市场价值，都是80 000美元。然而，由于两个税收征管区的均等化比率不同，组1、组2与组3、组4的评估价值也就不同。虽然组1和组3有着不同的评估价值和税率，但它们的所有者缴纳的税收数量却相同，具有同样的有效税率。组2和组4从免税中获得了好处，并且比组1和组3少缴纳了税收。因为免税适用于评估价值，而且同组2相比，组4根据更小的比率进行价值评估，所以组4的免税效果比组2更大，组4缴纳最低的税收，具有最低的有效税率。

表5—5　　　　　　　　　　**计算税收净额和有效税率**

	税收征管区 B		税收征管区 C	
	组 1	组 2	组 3	组 4
税收净额				
市场价值（美元）	80 000	80 000	80 000	80 000
均等化比率	0.85	0.85	0.50	0.50
评估价值（美元）	68 000	68 000	40 000	40 000
减去免税额（美元）	—0	—5 000		—5 000
应税价值（美元）	68 000	63 000	40 000	35 000
乘以税率[a]	×0.294 1	×0.294 1	×0.05	×0.05
应缴税收净额（美元）	2 000	1 853	2 000	1 750
有效税率（美元） （每1 000美元的市场价值）	25.00	23.16	25.00	21.88

[a] 来源于表5—4。在表5—4中，税率以每1 000美元评估价值的纳税金额表示。为了计算的方便，这里以小数的形式表示。

　　除了学区以外，财产税也许会被单独或者联合征收，以支持地方政府重叠的分支机构。这些分支机构包括：县、城镇或市政府；社区学院和公共图书馆；消防部门、供水部门、排水部门以及道路部门。一份给定的财产通常只由一个税收征管区来评估。然而，就像上面举的例子一样，一个诸如学区的实体，也许会包括几方面的评估机构，这就有必要采用均等化比率。因此，由一个机构来征税是有可能的，比如说由县政府征收，而不是由学区或其他政府机构来征收。

　　确定税率的政治决策不完全是政府官员的事情。税率的上涨通常由**公民投票**决定。当项目扩张或设施建设申请得到批准时，很多州的学区的公众愿意支持政府。

116　例如，在俄亥俄州，政府官员能够单方面决定征收10厘税率的税收；设定更高的税率，比方说1999年征收的51.91厘，需要取得公众的支持（Ohio Department of Taxation, 2001, p. 130）。

各个州的财产税税收能力和税收努力之间的差别

　　不同的州和地方税收征管区的财产税税基和税率的不同，反映了征收财产税的

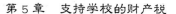

能力和意愿的差别。表 5—6 显示了各个州的税收能力和税收努力情况。

表 5—6　　　　　1991 年各个州财产税税收能力与税收数量

州	人均征税量（美元）				税收努力		
	住宅	农业	商业/工业	公共设施	人均税收（美元）	指数	等级
亚拉巴马	287.48	14.06	136.75	47.10	170.78	35	49
阿拉斯加	550.12	0	244.50	17.65	1 212.64	149	7
亚利桑那	484.37	19.31	125.36	40.06	661.86	99	24
阿肯色	252.89	35.52	128.72	55.88	244.20	52	45
加利福尼亚	679.55	12.79	183.30	28.50	639.38	71	39
科罗拉多	585.29	28.37	165.25	30.41	689.77	85	32
康涅狄格	667.39	3.82	229.57	38.80	1 137.61	121	13
特拉华	517.31	13.30	324.00	48.86	311.05	34	50
哥伦比亚特区	543.55	0	280.34	48.90	1 474.71	169	3
佛罗里达	500.71	12.36	115.31	36.65	687.15	103	20
佐治亚	315.73	13.26	157.60	47.55	506.41	95	26
夏威夷	1 135.32	15.01	139.12	27.00	430.46	33	51
爱达荷	300.97	61.33	119.95	40.63	426.81	82	33
伊利诺伊	358.88	24.97	203.28	49.85	785.40	123	11
印第安纳	287.12	26.15	189.77	56.68	570.81	102	23
艾奥瓦	395.81	97.89	131.83	41.54	686.28	103	21
堪萨斯	289.04	63.29	156.94	61.15	691.46	121	12
肯塔基	275.62	25.79	157.98	39.76	276.82	55	44
路易斯安那	275.08	13.52	213.34	58.64	275.50	49	46
缅因	463.98	8.10	136.82	33.29	796.43	124	10
马里兰	505.57	7.18	135.08	40.20	616.52	90	28
马萨诸塞	571.42	2.89	187.49	32.59	829.90	104	19
密歇根	345.11	8.83	199.29	42.16	893.83	150	6
明尼苏达	371.88	41.71	189.70	36.09	717.89	112	17
密西西比	238.88	26.69	118.96	42.11	344.23	81	34
密苏里	293.10	28.66	161.12	40.12	377.37	72	38
蒙大拿	287.43	128.44	120.75	68.67	524.20	87	31
内布拉斯加	392.41	116.04	127.50	20.40	743.92	113	16
内华达	460.74	10.71	154.92	52.99	455.76	67	41
新罕布什尔	511.74	6.73	150.30	39.00	1 341.23	190	1
新泽西	545.83	3.89	239.28	38.30	1 256.94	152	5

117

续前表

州	人均征税量（美元）				税收努力		
	住宅	农业	商业/工业	公共设施	人均税收（美元）	指数	等级
新墨西哥	313.89	46.67	108.95	59.38	221.80	42	48
纽约	395.47	3.39	196.45	31.07	1 100.63	176	2
北卡罗来纳	424.40	12.63	165.21	45.45	382.18	59	43
北达科他	214.11	165.67	105.07	27.33	505.27	99	25
俄亥俄	363.76	12.33	191.52	43.53	540.84	88	29
俄克拉何马	252.70	35.66	173.23	57.71	250.43	48	47
俄勒冈	490.30	25.07	145.19	29.77	877.05	127	9
宾夕法尼亚	403.26	8.40	182.04	49.45	561.80	87	30
罗得岛	375.48	2.41	133.50	17.70	879.63	166	4
南卡罗来纳	320.58	9.78	140.20	46.09	423.42	80	35
南达科他	251.42	156.25	96.86	27.08	579.92	109	18
田纳西	265.27	17.46	153.99	16.43	329.10	73	37
得克萨斯	310.60	25.83	209.61	51.93	679.39	114	15
犹他	405.89	18.16	132.68	32.24	416.21	71	40
佛蒙特	591.81	21.46	134.79	32.44	925.00	119	14
弗吉尼亚	499.94	12.94	152.34	38.69	638.34	91	27
华盛顿	621.86	17.96	157.99	22.11	625.11	76	36
西弗吉尼亚	199.76	9.07	132.59	109.06	272.91	61	42
威斯康星	333.33	21.39	167.55	37.41	796.78	142	8
怀俄明	472.20	81.70	211.01	127.07	912.22	102	22
全国平均	431.58	18.88	174.70	40.76	665.93	100	

资料来源：ACIR. (1993). *RTS 1991*：*State Revenue Capacity and Effort*. Washington，DC：Advisory Commission on Intergovernmental Relations，Tables 4−25 to 4−27，pp. 100−102. RTS＝ representative tax system。

116 　　美国政府间咨询委员会（ACIR）把**税收能力**定义为包括：（1）住宅和农业财产的评估价值；（2）商业/工业和公共设施财产的净账面价值。表5—6列举了各州

117 四类财产的税收能力。很多州一直都有较低的税基，包括阿肯色、密西西比和西弗吉尼亚州，它们都位于美国南部。在蒙大拿和达科他州，非常高的农业财产的税收能力，抵消了相对低的住宅和商业/工业财产的税收能力。相反，夏威夷、加利福尼亚和康涅狄格等州拥有最高的住宅税基，但却拥有相对较低的农业财产税收能力。商业/工业财产税收能力最高的是特拉华、阿拉斯加和新泽西。与阿拉斯加、罗得岛和田纳西形成对比，怀俄明、西弗吉尼亚和蒙大拿州拥有较高的公共设施财产税基。

118 　　表5—6同样给出了1991年各州征收的财产税，并且给出了一个相对税收努力

程度的指数。这个**税收努力**程度指数，表达了实际产生的税收收入和每个州的税收能力之间的关系。哥伦比亚特区征收了最高的人均财政收入。就像美国的其他城市一样，这一税收征管区作出了非常高的税收努力。新罕布什尔、纽约和罗得岛州有着最高的税收努力指数。阿拉斯加州的税收努力排位相对靠前，但是，这个州向其他州转嫁了大量的与能源相关的财产税。由于其较高的税收能力（高税基），康涅狄格州的人均税收能力看起来较高，但作出的税收努力程度较低。由于相对较低的税收能力和非常低的税收努力程度，亚拉巴马、阿肯色、新墨西哥和俄克拉何马州从财产税中征收的人均税收量很低。

传统上，新英格兰比其他地区更加依赖于财产税（Gold，1979，pp. 298－303）。那些税收负担曾经接近于全国最高水平的平原区和五大湖区的州，已经通过地方性收入税和限制财产税的增长，领先于实施自动减免和转移税收负担的政策的其他州。

传统上，东南部的州有着较低的财产税，它们的财政集中化带来了更多的州转移支付资金。东南部地区更加依赖于使用费和销售税，并且它们的财产分类方案和家庭自住房免税减少了税收。很难概括那些位于落基山脉、西南部或远西地区的州的特点。

除了各个州之间税收能力和税收努力程度的差异外，各个学区的财产价值评估是极为不同的，税率通常也极为不同。接下来的章节将要对这些情况进行讨论。

财产税的优点

我们在第 3 章中讨论的标准——收入、公平、中性、弹性和行政成本——为我们提供了一个框架，以评价作为政府的一种税收来源的财产税的优点与缺点。

收入和弹性

1996 年，各州和地方政府从财产税中共获得了 2 090 亿美元的税收收入。这一收入从 1980 年的 680 亿美元，增加到 1990 年的 1 560 亿美元。通过把财产税收入的数量与其他税收的数量相比较，可以看出，财产税的重要性是十分明显的。1996 年，由州和地方政府征收的财产税与销售税和毛收入税（2 490 亿美元）旗鼓相当，并且大大超过了个人和公司所得税（分别是 1 470 亿美元和 420 亿美元）（U. S. Department of Commerce，2000，Table 502）。尽管数量如此巨大，各州和地方政府对财产税的依赖性却逐年下降。作为州和地方政府的税收来源，财产税占政府税收的比例从 1956—1957 年的 45％下降到 1976—1977 年的 36％（U. S. Department of Commerce，1994，p. XIV）。在 1996 年，这个比例进一步下降到了州政府和地方政府税收的 30％（U. S. Department of Commerce，2000，Table 502）。

当只考察地方税的征收时，我们发现，社区很少依赖这部分税收。表 5—7 表明，地方财产税收入从 1956—1957 年的 126 亿美元，增加到 1993—1994 年的 1 888 亿美元。然而在这段时期，它对地方政府的贡献率却在下降，不仅表现在占总财政收入的比重中（从 43％下降到 30％），而且表现在占总税收的比重中（从 87％下降到 74％）。财产税同样也作为州政府的税收来源（1993—1994 年大约是 84 亿美元），但是，与其他州政府的税收相比，财产税所贡献的比重也下降了。

119

表5—7　　　　　1956—1957年度到1993—1994年度财产税收入　　（单位：百万美元）

年份	州政府			地方政府		
	财产税收入	占总财政收入的比重（%）	占总税收的比重（%）	财产税收入	占总财政收入的比重（%）	占总税收的比重（%）
1956—1957	479	1.9	3.3	12 618	43.4	87.0
1961—1962	640	1.7	3.1	18 416	42.6	87.9
1966—1967	862	1.4	2.7	25 186	41.3	86.6
1971—1972	1 257	1.1	2.1	41 620	38.0	83.7
1976—1977	2 260	1.3	2.2	60 267	34.3	80.5
1981—1982	3 113	1.2	1.9	78 805	30.0	76.0
1986—1987	4 700	1.2	1.9	116 618	28.8	73.7
1990—1991	6 228	1.2	2.0	161 705	30.8	75.3
1993—1994	8 386	1.3	2.2	188 754	30.2	74.8

资料来源：American Council on Intergovernmental Relations. (1998). *Significant Features of Fiscal Federalism*, Vol. 2：*Revenues and Expenditures 1995*. Bethesda，MD：America Council on Intergovernmental Relations，Table 36，p. 78。

财产税通常被认为是没有弹性的，因为"当收入增加时，财产的全部价值没有成比例地增加"（Netzer & Berne，1995，p. 52）。评估出的价值和法定的税基，并不必然反映市场价值，财产税的弹性系数似乎低于单位弹性。实际上，把商业财产包含在其中降低了财产税的弹性，而住宅财产的评估更能反映经济的变化。基于这个原因，奈特则（1966，pp. 184－190）认为，弹性是由财产税收入变化与基本的税基变化的关系决定，而所谓的基本税基指的是财产的市场价值，而不是个人收入。他考察了与市场价值或者州均等化税基有关的弹性，并公开了研究成果。

由于财产评估对于经济变化情况反应迟缓，所以财产税具有稳定性。这既是财产税的优点，也是其缺点。一方面，对于政府官员来说，稳定性是十分重要的，政府官员必须根据可得的收入制定预算和平衡支出。另一方面，资产定价对于价格和收入的波动反应迟缓。不同于很少调整的收入税和销售税税率，财产税税率必须每年重新审定。随着评估方法的改进和财产价值的频繁变动，上升的财产评估价值反映了成长的市场价值，特别是在通货膨胀时期。随着与经济相关的税收的增加，税率的调整必须减少。然而，资产定价机制的盛行已经造成了纳税人的不满，并且最终导致对加利福尼亚州和其他地区财产价值的增长进行了法律上的限制（Musgrave & Musgrave，1989，p. 418）。

120
由于在大萧条时期和第二次世界大战期间税基没有得到扩张，学校支出的增长速度落后于经济的增长速度。财产评估的增长和公众对教育的强有力支持，使得财产税收入和税率在20世纪50—60年代得到了提高，这一时期也是公共教育迅速发展的时期。20世纪70年代，经济的衰退对政府扩张形成了限制，没有考虑到税源。联邦政府和州政府过多地依靠富有弹性的税收，因而面临着潜在的巨大的收入不足。学区过多地依赖财产税，在很多情况下占有一定的优势，这是因

为财产税收具有稳定性。相反，在 20 世纪 90 年代早期和 21 世纪初，很多学校系统因为增长停滞而导致了财政收入损失，部分原因是因为它们过多地依赖州政府的税收来源。

公 平

在农业社会，土地所有权与财富、收入及权力紧密联系在一起。之后，不动产成为一个反映个人纳税能力的很好的指标。在信息和工业社会，土地所有权只是财富的一种形式，免税准则的平等对待，通常以收入的形式来衡量（见第 3 章）。此外，随着很多形式的财富（如投资和很多个人财产）在财产税中被免除，纳税人的财富与收入和纳税额之间的联系就很微弱了。横向公平遭到了破坏，因为收入相同的个人不必缴纳相同数量的税收。

纵向公平的含义是，不同情况的人有不同的税收对待。为了确定税收来源在多大程度上实现了纵向公平，我们必须首先考虑谁是税收的负担者，然后确定其与纳税人收入的关系。通常是居住者为住房付税。财产税直接向房产所有者征收，在将来房子增值被卖掉后，房主可以收回一定比例的已经缴纳的税收。当出租财产的所有者提高租金时，税收的增加就转移给了那些租房者，这时，财产税就变成了间接税。

根据传统的税收归宿理论，税收负担对低收入者来说被认为是过高的。以租房者为例，住宅税收的负担落在了租房者身上，而不是落在财产所有者身上；商业财产税的负担落到消费者身上，而不是商业财产所有者或股东身上。假如对高价格住房以相对低的价值评估，并且低收入家庭花费在住宅上的费用占了其收入的很大一部分，那么住宅财产税被认为是累退的（Netzer，1966，p. 131）。

另一种决定税收归宿的方法是把财产税看做是一种对资本征收的税，其归宿在财产所有者身上。因此，商业和工业财产税的分配是根据资本的收入，而不是基于消费支出（Aaron，1975）。如果财产所有者承担了税收负担，那么这个税收就是累进的。这一结论是基于资本所有权和收入分配之间有紧密联系的假设。

我们在第 3 章中讨论了在这两组假设情况下的总体税收负担（见表 3—2）。除了最低收入群体承受的负担相对较高外，1985 年用于支付税收的收入比例在这两种假设条件下上升得很缓慢。甚至假设财产税自身就是累退的，也没有显示出总体税收负担是累退的。在很多州，基于收入的家庭免税和自动减免（circuit breaker）实际上是减少了财产税。

中 性

财产税并不是中性的。它不鼓励财产所有者最大限度地利用财产的潜在价值，这样一来，就使得城市地区的情况变得老化，影响了人们的居住和企业对区位的选择，并且导致了教育项目的不平等。

社区采用了"财政商业主义"（Netzer，1966，pp. 45—59）的做法，根据公共服务需求，使税基最大化。低税率激励个人和企业从城市迁到郊区，从北部的州迁到南部和西部的州。限制性的分区管制规定了土地的用途，税收利益和这些管制鼓励形成产业飞地（特殊区域）（industrial enclaves）。高收入家庭被吸引到住房价值较高的社区，然而，低收入家庭不能为税基做什么贡献，却又增加了公共服务所需的成本，因此，不鼓励低收入家庭居住在这样的社区中。

征收不动产税、评估建筑和其他设施价值的做法，就像现在由地方政府建立和管理的那样，也许会阻碍财产所有者进行大量的投资。根据位置的价值收税，只包含土地的价值，而不包含在此基础上的设施的价值，从而减少了财产税基，简化了财产价值评估，也许会使财产税变得更中性。从定义来说，中性税收对生产过程中各种资源的组合（如土地、劳动力和资本），没有或者很少有影响。只对土地自身征税，不包括在土地上的设施的价值，是否会阻碍生产？对这一问题已争论了很多年，"土地的全部价值可能会被计算到税收中，其唯一的效果是刺激工业发展，为资本提供新的机会，并增加财富的生产"（George，1879，p.412）。因为最大限度地利用土地是财产所有者的利益所在，这种方法会激励充分开发利用不动产，实现其全部的潜在价值，特别是在萧条的中心城市（Peterson，1973）。然而，根据区位的价值收税可能会阻碍投资者对旧建筑、单层建筑、停车场以及其他不能最大化利用土地的建筑的保护和维护。

由于土地价值被低估，建立在土地上的设施被高估，所以城市萧条地区的土地不能被最大化利用。在萧条的邻近地区改善财产质量、提升其价值，会使土地上的相关设施有更高的评估价值，但并不一定会带来大量的房租，这样的投资一定会导致较高的税收。对萧条地区过高的评估导致了税收的过失，很多城市在强行征税方面进展缓慢（Peterson，1973，p.10）。

英杰、博斯基-苏潘、布卢姆和拉德（Yinger，Borsch-Supan，Bloom，& Ladd，1988）发现的强有力的证据证明，在某种程度上，有效财产税率的差异被资本化到住宅的价格中去了。这是由于在其他条件相同的情况下，相对于高税收的房子而言，购买者愿意为低税收的房子付更多的钱。英杰等总结道：

> 家庭之间为了能够得到低税率辖区中的房子而相互竞争，所以相对税率低的征管区中的房子将有相对高的价值，反之亦然。在均衡状态，拥有较高财产税税率房子的家庭必须被较低的住房价格所补偿。（p.56）

不管实际税收征收情况如何，财产税的全部资本化将对每一处住宅施加相同的税收负担。然而，有效的税率并没有全部资本化。英杰等人研究发现，资本化程度在16%~33%之间。威科夫（Wyckoff，2001年）断言，不仅仅是财产税税率资本化进入住宅价格，基于相似的原因，州政府的均等化转移支付补助拨款也可以资本化进入住宅价格。这些与住宅价格相关的对财产税的不同对待和州政府的均等化努力，可能会影响家庭和社区的选择。

财产税造成了不同学区用于日常运作和设施建设的资金方面的不同。在大多数州，学生教育资源的平均水平，在某种程度上取决于地方社区的财富以及纳税人支持学校的努力水平。地方学区对于财产税作为它们资金来源的依赖程度越高，不同学区之间资金水平的差异也就越大。这一点对于基础设施建设资金尤其重要，它主要依赖于财产税，很少或没有从州政府的收入来源中获得资助。

然而，财产税本身并没有引起这么多经济扭曲。问题在于地方治理结构的分散。如果另一种税收来源，诸如所得税或销售税，在传统上由地方政府征收，那么相似的不同将会很明显：邻近的和竞争的税收征管区之间，任何主要地方税种的税率的较大差异，都是坏事而不是好事（Netzer，1966，p.172）。系统的机制（如州政府对

122

于学校的援助项目），力图克服这些经济扭曲，但是，它们经常是政治现实的一种妥协。尽管新的提高地方收入的方法（见第 6 章；Addonizio，2001；Monk & Brent，1997；Pijanowski & Monk，1996）想把税收负担从财产税中移走，但它更可能倾向于妥协均等化的努力，并可能会导致并非由财产税引起的差距和不平等。

行政成本

对于财产税的批评通常集中在对它的管理方面，以及在对财产税的评估中对公平性、公正性的感觉。当价值评估和征收程序都是有效率和公平地实施时，纳税人乐意接受并支持税收，这时，政府收入也实现了最大化。

与所得税不同，个人纳税者不需要计算他们的财产税责任。财产评估和税收计算是地方政府部门的责任，相应的纳税成本也几乎不存在。然而，很多评估人员在评估程序方面受到的训练比较少，只是兼职的工作，他们通常只关心他们的连任或在地方、州政治舞台上的晋升。税收管理的典型问题是评估人员面临的冲突，评估人员必须提高评估价值以跟上通货膨胀的速度和财产增加，同时还要保持地方权力结构的偏好和支持。由于这样的原因，进步的行政区将评估人员任命为公务员。这一举措反映了一个早期提案——抛弃选举、赞同任命的方法，任命是建立在展示评估财产的能力以使评估方法专业化的基础之上的（ACIR，1973，p. 69）。

与其所产生的税收额相比，财产税的管理成本很小；与其他主要税收来源的成本相比，财产税的成本也很低。然而，这样一个较低的成本表明了评估做法与实践的不足，这种不足与小政府单位的无效率有关。全面公开地方评估程序和做法以及改进申诉程序，具有减少不公平、减少对评估系统政治干预的优点，同时增加了公众的信心。财产税管理成本占税收额的 1.5% 是可能的，与所得税和销售税的管理成本相比，这个比例是可以接受的（Netzer，1966，p. 175）。

在那些税率改变需要选民同意的州，政府部门和学区的管理成本是非常高的。无法衡量的多重征税，不受欢迎的公众投票要求教育领导者从头开始以及使财产税征收获得通过的重复的公共关系活动，都意味着大量的税收负担。这些负担，尽管对于征税和纳税来说是间接成本，但是，它们大大增加了公众不满意的程度。在过去几十年中，在许多州，公众对政府日益增长的规模和成本的不满意——尤其是更大的财产评估和税单——使税收限制的建议达到了极点。

税收的限制和政府的开支

税收和支出的限定抑制了政府提供公共服务的能力，鼓励政府承担财政责任。那些过分热衷于满足辖区选民需要的政府官员，可能提高税收和负债，使其达到一个危险的水平。美国独立战争就是为了确保公民能够对政府税收有发言权而打响的。接下来的两个运动，都是针对地方政府造成的大量债务（19 世纪后期）以及州政府和地方政府开支与税收的增加而开展的（20 世纪 70 年代到现在）。在这一章，我们讨论最近一次运动所导致的对税收的限制，因为这些限制对地方财产税收入和学区运作产生了直接作用。这些限制同样影响了州政府的收入和支出。

对地方政府负债和税收的限制

州宪法和法令规定了地方政府的结构，同时也限制了它们的财政权力。对地方政府的典型限制是针对税收类型或者是它们所能征收的最高税率而设置的。针对可能的未来支付责任，对债务的限定规定了地方政府的财产税基的最高百分比。

表5—8列举了几个州对学区的限制税率、资产评估、税收和支出的规定。很多州的限制税率是以厘（如密歇根和俄亥俄州）或每100美元价值的税收（如北卡罗来纳州）的形式来表示的。与之形成对比，科罗拉多和威斯康星州依据预算公式或先前的支出水平，限制税收和支出。一旦税率限制被确定下来，对评估价值的处理就变得很重要了。比方说，密歇根州评估价值的增长被限制在通货膨胀率以内或5％，但要选择较小的一个；在俄亥俄州，评估价值的增长用来抵消税率的下降，以产生同样数量的税收，而不用考虑通货膨胀的调整。

124

表5—8 　　　　　　　　　　几个州对当前财产税和税收增长的限制

州	限制的类型	限制性条款
科罗拉多	税收和支出	税收和支出的增长被限制在20％以内或最高200 000美元。 地区可以从两个限制中选择一个较高的，但必须要经过选民的同意。
密歇根	税率和资产评估	设置了几个税率限制，但经过选民同意，它们可以超过50厘。 评估价值被限制在通货膨胀率以内或5％，但要选择较小的一个。
北卡罗来纳	税率	最高税率是每100美元评估价值征收1.5美元的税收，这一制度已建立。 不需要经过选民同意。
俄亥俄	税率和税收	10厘作为最高税率不需经过选民的同意；经过选民同意的厘数没有限制。 当评估价值增长时，相应的税率应下降，以保持税收数量不变。
威斯康星	税收和支出	每年从州政府的补助和财产税中获得的收入和支出的增长是受限制的，无论是否经过选民的同意。 在1999财政年度，增加的数量被限制为每个学生208.88美元，在未来的年度里根据通货膨胀来调整。

资料来源：National Center for Education Statistics. (2001). *Public School Finance Programs of the United States and Canada*, 1998—1999. NCES 2001—2309. [J. Dayton, C. T. Holmes, C. C. Sielke, A. L. Jefferson (compilers)；W. J. Fowler, Jr. (Project officer).] U. S. Department of Education, Washington, DC：Author。

123

如表5—8中所反映的那样，各个州采用了很多不同的方法来限制财产税和政府收入的增长。在不同的州，选民在这一过程中所起的作用也有很大不同。例如，在科罗拉多、密歇根和俄亥俄州，即使支出是在所设定的限制范围内，若运营支出超过已经确立的基线，也需要经过选民的批准。相反，北卡罗来纳州的这些程序只需要进行公开的听证会，而不需要选民同意。威斯康星州需要公开听证和选民同意，但是，政府有权调整税收以满足教育的需要（NCES，2001）。

很多州都设置类似的限制规定，限制用于建筑和购买学校巴士的资本支出的长期借款。法律要求负债产生之前或负债超过一定水平之前，必须经过听证或经选民批准。另外，财政不独立的学区的教育董事会本身不得负债。

限制税收和支出增长的运动

美国南北战争结束后的通货膨胀时期，随着自治市的增多，支出通过流动债支付，这些债务可以逐年下转，而不是通过增加税收来支付。很多税收征管区在 19 世纪 70 年代之前就扩大了它们的税基范围，各个州根据各自的税收状况，采取措施限制负债和公共服务支出。到 1880 年，10 个州对税收作出了限制，一半的州对由城市产生的负债作出了限制（Wright，1981，p.42）。

一个世纪后，公众对于政府无节制的扩张和无效率的不满，引发了一个类似的限制税收和支出增长的运动。对政府的信心和信任在 20 世纪 70 年代呈下降趋势，人们断言，减少税收是政府有效率地提供必要服务所必需的。在 20 世纪 50 年代和 60 年代，这种税收对抗是对联邦、州和地方政府快速增长所产生的反应："投票是反对通货膨胀和令人气愤的管制以及政府行为的投票，而不仅仅是反对税收"（Due，1982，p.281）。然而，税收变成了焦点，公众通过两种形式对税收和政府开支加以限制：（1）减小现有的政府规模，这种限制是基于这样的看法，即税收负担太重，而且政府并不是好的投资者；（2）限制政府的扩张，这种限制是基于这样的看法，即政府应该具有它本身应当具有的规模（Palaich，Kloss，& Williams，1980，pp.1—2）。这两个目标在几个州的提案中都有所说明。

1978 年，这一运动在加利福尼亚州开始。13 号提案是力图达到第一个目标的公民倡议，即通过减少税收和支出来削减政府规模。这一改变，把地方财产税率限制在 1975—1976 年度公平市场价值的 1%，把每年的评估增长率最高值限制在 2%。只有在改变财产所有权或评估新建筑时，评估才能反映当前的价值。一年后，使加利福尼亚州选民投票通过了 4 号提案，该提案阐述了限制政府扩张的目标。这一措施旨在限制州和地方政府拨款的增长，包括从税收收入到生活成本和人口的增长率。这一遵循简单多数原则的全民公决同样使得调整任何政府部门的支出限制成为可能，并且要求州退还与任何新建或更新项目有关的全部统治成本。

对财产税进行限制的效果，可以通过有效税率的变化趋势表现出来。表 5—9 中的数字表明，在几乎所有的州，税收增长相对于住房的价值是缓慢的。有效税率表示税收占住房的市场价值的百分比，住房的市场价值通过联邦住宅局（Federal Housing Authority）确定。全国平均税率从 1958 年的 1.34%，增长到 1966 年的 1.70%。然而，随着抗税运动和同时发生的税收负担向州政府的转移，这个趋势被逆转了。有效税率在 1986 年被减少到 1.16%。除了 8 个州之外，其他所有的州在

表 5—9　　　　　　　　　　平均有效财产税税率[a]

州	1958 年（%）	1966 年（%）	1977 年（%）	1986 年（%）	排名[b]
亚拉巴马	0.56	0.66	0.74	0.39	49
阿拉斯加	1.12	1.42	NA	0.82	41
亚利桑那	2.14	2.41	1.72	0.68	45

续前表

州	1958 年（%）	1966 年（%）	1977 年（%）	1986 年（%）	排名[b]
阿肯色	0.86	1.09	1.49	1.09	25
加利福尼亚	1.50	2.03	2.21	1.06	28
科罗拉多	1.72	2.20	1.80	1.09	24
康涅狄格	1.44	2.01	2.17	1.46	12
特拉华	0.71	1.14	0.88	0.73	43
哥伦比亚特区	1.08	1.37	NA	1.17	21
佛罗里达	0.76	1.09	1.13	0.89	39
佐治亚	0.84	1.30	1.27	0.90	36
夏威夷	0.62	0.81	NA	0.51	48
爱达荷	1.14	1.23	1.46	0.91	35
伊利诺伊	1.35	1.96	1.90	1.59	9
印第安纳	0.84	1.64	1.66	1.28	19
艾奥瓦	1.34	2.12	1.76	1.96	8
堪萨斯	1.65	1.96	1.37	1.06	29
肯塔基	0.93	1.03	1.25	1.10	22
路易斯安那	0.52	0.43	0.61	0.25	50
缅因	1.50	2.17	1.65	1.21	20
马里兰	1.47	2.05	1.69	1.30	18
马萨诸塞	2.21	2.76	3.50	1.08	27
密歇根	1.45	1.81	2.63	2.26	5
明尼苏达	1.57	2.14	1.39	1.03	31
密西西比	0.66	0.93	1.10	0.77	42
密苏里	1.12	1.64	1.59	0.89	38
蒙大拿	1.32	1.70	1.31	1.32	17
内布拉斯加	1.90	2.67	2.48	2.21	7
内华达	1.06	1.47	1.71	0.61	46
新罕布什尔	1.81	2.38	NA	1.55	10
新泽西	1.77	2.57	3.31	2.33	1
新墨西哥	0.93	1.30	1.65	1.01	32

126

续前表

州	1958 年（%）	1966 年（%）	1977 年（%）	1986 年（%）	排名[b]
纽约	2.09	2.40	2.89	2.22	6
北卡罗来纳	0.90	1.31	1.35	NA	33
北达科他	1.54	1.81	1.26	1.37	15
俄亥俄	1.07	1.44	1.26	1.08	26
俄克拉何马	0.86	1.11	0.95	0.90	37
俄勒冈	1.55	1.98	2.25	2.26	4
宾夕法尼亚	1.50	1.88	1.85	1.37	16
罗得岛	1.67	1.96	NA	1.49	11
南卡罗来纳	0.48	0.60	0.82	0.70	44
南达科他	2.01	2.64	1.79	2.31	2
田纳西	0.97	1.37	1.40	1.04	30
得克萨斯	1.36	1.62	1.84	1.44	13
犹他	1.05	1.52	1.03	0.93	34
佛蒙特	1.63	2.27	NA	NA	NA
弗吉尼亚	0.90	1.13	1.21	1.42	14
华盛顿	0.92	1.14	1.75	1.10	23
西弗吉尼亚	0.56	0.71	NA	0.88	40
威斯康星	1.82	2.31	2.22	2.27	3
怀俄明	1.17	1.34	0.87	0.57	47
全国平均	1.34	1.70	1.67	1.16	

[a] 有效税率只针对存在的被保险的 FHA 抵押，被保险的 FHA 抵押反映了州变化的总的单亲家庭住宅的百分比。

[b] 若 1986 年的数据不适用，那么排名基于最近几年的数据。

NA：缺少数据。

资料来源：ACIR. (1987). *Significant Features of Fiscal Federalism*, *1987 edition*. Washington, DC: Advisory Commission on Intergovernmental Relations，Table 30, p. 70。

1966 年或 1977 年都有较高的税率，在 1986 年明显都有更小的税率。例如，加利福尼亚州的有效税率从 1958 年的 1.50% 增长到 1977 年（13 号提案通过的前一年）的 2.21%。然后，在 1986 年，有效税率又降到 1.06%。在 51 个主要城市的近期比较中，洛杉矶在 1988 年的有效财产税率只有 0.79%。但它的税率还高于檀香山，后者的税率只有 0.46%，远远低于拥有最高税率的三个城市：康涅狄格州的布里奇波特（Bridgeport），4.59%；纽约州的纽瓦克（Newark），3.99%；新泽布什尔州的曼彻斯特（Manchester），3.33%（U. S. Department of Commerce, 2000, Table 517）。

127

表5—9所指出的那些年份中有效税率的减少，并不意味着对评估价值征税的厘计税率（按厘即0.001美元计算的每美元的税率）的降低或所征税收数量的减少。即使厘计税率保持不变或稍微降低，快速增长的市场价值仍然带来了税收的增长（假设资产评估也有类似的增长）。例如，在给定的平均有效税率为1.7％的情况下，1966年评估价值为22 000美元的房子，其相应的税收为374美元。当同样的房子在给定的州平均税率为1.16％的情况下，1986年评估价值是45 000美元，税收应为522美元。尽管有效税率确实减少了，但税收的增加反映了评估的增长。

在加利福尼亚州，已经有很多关于13号提案效果的报道。有人说，通过减税，州的经济在短期内被加强了（Adams，1984，pp. 171－174）。增加的公共游泳池、高尔夫球场、码头船坞等公共设施的使用费，让受益人承担负担和成本。商业财产价值增长的速度超出了人们的预期，新增长的资产评估把财产税负担从居民住宅转移给商业。在学校方面，13号提案导致的结果是以州政府的财政拨款来替代财产税收入，这一举措减少了学区之间每个学生经费支出的不同。

同时，很多预料之外的经济效果发生了。对州政府税收依赖程度的提高，导致地方自治权缺失，减少了公民对决策的参与。财产税的减少并不总是传递给消费者和租房者。抗税的受益者还包括商业企业、大型的石油企业和财产所有者（Due，1982，pp. 281－283）。新建筑或新购买的财产所缴纳的财产税，与没有经过转手的财产所征的税收不同，这导致了相邻的社区中有效财产税率不相等，产生了不公平。加利福尼亚州居民要支付更高的联邦个人所得税，这是因为他们对财产税申请了更低的减免。随着负担向使用者转移，拥有财产的家庭仍然要为公共服务支付费用。但是，他们失去了联邦个人所得税的减免，只有当他们通过财产税承担公共服务的费用时，他们才能符合联邦个人所得税减免的条件。

即使州政府为公共教育支付了更多的费用，但与其他州相比，加利福尼亚州的学校的总收入还是有较大的下滑。在13号提案出台之前，加利福尼亚州的学校平均学生支出位居全国的前10名，但是，在13号提案出台之后，其平均学生支出落到了第35位。到20世纪80年代后期，加利福尼亚州的排名一直稳定在第25位（Verstegen，1988，p. 85）。对比评估价值与财产卖出时的价格可以发现，这一改革的效果之一是税基急剧减少。把税收负担转移给年轻人、低收入的纳税人，这使得税收更具有累退性："加州的13号提案将会在长期内极大地降低税基，并且使得财产税总体上更具有累退性，破坏了横向公平"（Odden & Picus，2000，p. 137）。

1980年，马萨诸塞州的提案既是为了减税，又是为了限制政府扩张。它把财产税率限制在"全部和公平的现金价值"的2.5％，要求之前超过这一水平的税收征管区减少税收，并且从不动产中征收的税收额保持每年增长率为2.5％。到20世纪80年代初期，30个州实施了支出和税收的限制。这些限制，大部分都是把税收的增长同生活成本的变化联系起来，为税收增长制定一个相对于前一年来说固定的增长比例，或者一个固定的财产价值比例（Wright，1981，pp. 29－30）。

限制税收和支出的运动在20世纪80年代缓和了下来，根据ACIR（1994，pp. 14－19）的记录，在24个拥有积极的税收或支出限制的州中，只有6个州在1982年以后还采取这种限制。1980年6月，9号提案被加利福尼亚州选民否决。该提案建议修改宪法来减半州收入所得税税率，以通货膨胀浮动税率阻止税级攀升，并废止州存货税。在同一年，马萨诸塞州的提案被通过了，而其他5个州的提案没有通过。1988 年，税收或支出的限制措施在 3 个州被置于选民面前，但是，它们都没有获得通过。

1978 财年，全国财产税收入为 664 亿美元，一年以后，这一数字下降到了 649 亿美元；此后，这一数字又有了明显的增长。1996 财年，全国财产税收入增长到 2 090 亿美元（U. S. Department of Commerce，1994，p. Ⅵ；2000，Table 502）。在 20 世纪 80 年代后期，公众的意愿又一次改变，他们支持公共服务的财政支出，特别是那些与教育相关的支出。他们期望得到较高质量的卓越的教育。公众表达了他们提高州政府和地方政府税收、为学校提供财政资金、提高教育质量的意愿。为了保证有充足的资金来支持公共教育，另一个提案在加利福尼亚州被提出。98 号提案在 1988 年被选民们通过，这一提案对宪法进行了修正，公共教育可以从下列两种额度中选择较大者：州政府任何新的税收收入的 40%；前一年的拨款数量由于通货膨胀率而提高和入学人数而增加而增加的额度。因为 4 号提案提出的支出限制，州政府的钱不可能被花完，这些资金也可以转用于支持教育。

人们认识到，通过限制可能不会有效地控制政府的扩张，所以抗税运动减缓了。霍华德（Howard，1989）关于限制有效性的研究发现，在控制州政府的税收和开支方面，限制只起到很小的作用。

> 相对于那些强加的限制来说，州政府经济的总体条件和州政府税收系统的结构与政策制定者对抗税情绪的敏感性等结合起来，对州政府的开支有更多的限制作用。（p. 83）

她解释了那些限制为什么具有有限的有效性，她注意到，大部分州政府征集的资金（在研究的 17 个州中，有 6 个州超过了 50%）被免除了限制，当那些限制与个人收入的增长联系起来时，限制的有效性就减弱了，因为州政府的税收系统没有很高的弹性；有些州已经超出了限制范围，因为它们面临着压力，要承担先前由地方政府承担的财政责任。

在很多州，包括表 5—8 中列出的大部分州，法律规定使抗税运动在 20 世纪 90 年代重新复苏（Fulton & Sonovick，1992）。俄勒冈州的选民们通过了一个宪法修正案，将学区的财产税税率限制为 15 厘。随着地方税收负担降到 5 厘，更多的学校财政责任被转移到了州政府的头上。1992 年，有 6 个州采取了限制措施。佛罗里达州限制了居住房财产税收的上涨，罗得岛州限制了总的州政府的支出。亚利桑那州和科罗拉多州的限制是，立法机构制定的有关增加税收的法律，需要经 2/3 的选民通过。俄克拉何马州宪法要求税收增加要经州政府立法机构或 3/4 的选民投票通过。科罗拉多州的提案同样要求限制支出。对于州和地方政府而言，当支出增长超过人口增长率和消费者价格指数（CPI）变化率时，需经选民同意；对于学区而言，当支出增长超过新生入学人数增长率和消费者价格指数（CPI）变化率时，需经选民同意。

1994 年的选举包含了 200 多个提案，其中的 78 个来源于公民的请愿要求（Lindsay，1994a）。佛罗里达州批准的税收上限使州政府财政收入的增长不得超过个人收入增长。然而，这一宪法修正案免除了财产税和博彩税，这二者都是学校财政的资金来源。内华达州的选民初步通过一个宪法修正案，规定需要 2/3 的选民投票同意，才能制定增加税收的立法。但是，在修正案生效前，选民必须经两次投票

129

通过修正案。在密苏里、蒙大拿、俄勒冈和南达科他州，选民否决了类似的限制税收或财产价值增长的宪法修正案提案。

在回顾7个州的公民议案成功或失败的原因时，惠特尼（Whitney，1993）认为，"当财政支出同明确具体的教育改进联系起来，并且已经向公众进行了成功的解释时，教育财政措施极有可能成功"（p. vii）。对地方政府的不信任，以及现实的或是可以预见的不必要的税收负担，都会导致限制财产税收入增长的提案。之后，地方政府会寻求州政府的额外援助。财产税一度是很多地区资金的重要来源。随着政策制定者把支持学校的税收负担转移给州政府，它的重要性已经下降。

财产税和州政府层级上的税收

当根据收入、公平、中性、弹性以及行政成本等标准考察财产税时，就没有理由首先考虑降低财产税。然而，人们确实反对社区的教育项目和教育设施的融资严重依赖财产税。有人认为，把财产税从地方转移到州政府或区域，或者用税基更加宽广的税收来替代财产税，将会更加公平。也有人认为，财产税是地方社区控制学校的重要手段之一。

州政府对财产税的承担

多年以来，人们一直认为，持续地将大量的支持学校的财政税收负担施加于规模很小的地方政府，这一做法与资源配置的公平性和有效性的目标不一致（Netzer，1973，pp. 13—24）。如果州政府在学校财政方面承担更多的责任，那么将使教育机会更加公平。这一目标认识到了教育的区域或者空间外溢性。当人口在社区之间流动时，各种教育的积极和消极的后果会分散到不同的社区，这就会产生区域或者空间外溢性。类似地，通过州或区域控制税收政策，而不是通过县政府或学区控制，税收管理的效率可能会更高。被蒙克、布伦特等人对这些可供选择的税收结构进行了广泛研究（Monk & Brent，1997；Brent，1999）。

在20世纪70年代的财政改革运动中，司法裁决、税收研究以及其他实现公平性目标的压力，使很多州降低了地方财产税的重要性。当州政府和联邦政府承担更多的初级教育和中级教育的财政责任时，就减轻了地方税收的负担（见表2—1）。联邦财政承诺给予教育更广泛的支持，使不同区域学校的财政能力均等化，并且改进价值评估方法（ACIR，1973，p. 77）。然而，不公平依然存在。教育改革的目的是确保所有的学生达到更高的标准，消除不同学区之间在经费支出、项目和设施方面的极端不平等。有些人根据这些教育改革，质疑财产税的作用，科泽尔对此作了描述（Kozol，1991）。同时，在20世纪80年代后期和贯穿整个20世纪90年代的系统改革运动中，维持学区或学校层级的控制权，再一次引起了人们的注意（Theobald & Malen，2000）。对财政事务的控制是项目控制的重要组成部分。事实上，甚至是在诉讼中和财政不确定的情况下，利益相关者和政策制定者也明显注重维持地方控制权和决策权（Monk & Theobald，2001）。

有权获得大量的收入对地方政府的自治权是十分重要的。传统上，财产税是最适合地方政府的收入来源。它是地方政府自治权的象征，任何把财产税转移给州政府的行为都会遭到抵制。香农（Shannon，1973，p. 28）对此进行了论证，他认为，这种税收来源"是抵御集权力量的防护板"。更进一步，汤普森和伍德指出（Thompson & Wood，2001），当各级政府共享收入、用于支持教育的财政资金短缺而不能满足需要时，除了依靠财产税之外，地方教育当局很少有其他选择。

戈尔德（1994）注意到，"不平等性真正的根源在于对**地方财政收入**的依赖，而不是财产税本身。如果地方政府的收入来源是收入所得税或销售税而非财产税，那么不平等性将会更加严重"（p.9）。在分配财政资金时，州政府的财政政策通常考虑的是地方能筹集到的资金数量，而不是消除财产税。这一规则使得地方社区的税收能力（税基）均等化，并且使不同学区之间的支出水平更具有可比性（见第 7 章）。更大的税基，包括公益设施财产和工业财产，分散在更多的地区中。因此，税基的不平等和公共服务的不平等大大减少。在这个意义上，均等化没有发生，地方提出的增加地方税收收入的议案使得不平等性更加持久。

即使是在那些州政府承担了大量财政责任的州，财产税的征收管理依然存在，其中，绝大部分是地方政府的责任。但是，州政府采取了均等化税率，并且对评估方法进行了更多的控制。这一方法提高了财政努力的一致性，加强了区域中纳税人之间的公平感，而且没有将财产税转为州政府所有（Clark，1995）。然而，得克萨斯州高等法院判定这一做法违宪（*Carrollton v. Edgewood*，1992）。即使如此，扩展财产税基的许多可能性仍然存在，或者至少扩展那些非住宅部分（Monk & Brent，1997；Brent，1999）。

以更广的税基来代替财产税

在 20 世纪 90 年代中期，有几个州接受了提案，要求大量减少财产税的负担，转向税基更加宽广的销售税或收入所得税（NCSL，1994）。密歇根州的立法机关征收了一项全州范围的财产税，筹集了 10.2 亿美元，以弥补已撤销的对学校的几乎所有地方支持，这一撤销大约损失了 44 亿美元。当被问到适合的可供选择的用于增加州层级的额外资金的方法时，选民们通过了一项宪法修正案，把销售税税率从 4％提高到 6％，而不是允许自动地增加州的收入所得税。这个修正案以及随后的法令改变要求：立法机构需经过 3/4 的选民同意才能增加税率，每年评估价值增长的上限为 5％和通货膨胀率之间的较少者，把香烟税从每包 25 美分增加到 75 美分，以及对房屋和商业财产的销售征收 0.75％的税。立法机构的行动最初取消了支持学校的财产税，但州政府的税收负担导致了再次征收财产税，以用于支持"系统的教育改革"（Addonizio，Kearney，& Prince，1995）。不论是为了限制税收，还是为了实行均等化的目标，密歇根州的政策制定者和选民都在寻求取消财产税。他们发现了其他税基；然而，他们同样发现，依赖财产税以及允许不同地区之间财产税收入的不相等是必要的。

威斯康星州的立法机构通过大量削减财产税、转向税基更宽广的州政府的财政收入，把州政府提供给学校的资金的比例从 40％提高到 60％。罗得岛州的选民们通过了一项宪法修正案，要求立法机构拟订一个教育财政计划，以便在减少财产税的同时能够增加州政府的拨款资金。与之形成对比的是，1994 年，其他州反对立法机构提出的减少对财产税依赖的提案。科罗拉多、内布拉斯加和新罕布什尔州就是著名的例子。然而，法院系统越来越多地要求州政府减少对地方财产税的依赖。芬威克（Fenwick，1998）注意到了这点，并以肯塔基、俄亥俄和田纳西州作为例

131

子对此进行了研究。

教育设施的融资过度依赖地方的财产税收入。随着法院越来越坚持资产价值评估的公平性和充分性，教育设施的融资更多地强调公平（见第 10 章）。例如，新泽西州的诉讼导致了州政府对教育设施投入的增加（Erlichson，2001）。得克萨斯州的诉讼导致了几百万美元的教育设施支出以及几十亿美元的教育设施拨款（Clark，2001）。在俄亥俄州，教育资金需求达数十亿美元，立法者从 1991 年就开始致力于满足教育设施的资金需求工作（Edlefson & Barrow，2001）。学校运作和教育设施建设要求更高水平的州拨款，这使州政府感到了很大压力，这一压力同时也促使州政府尝试从财产税以外的税基获得支持教育的财政收入。

一种合适的税基更加宽广的税收来源的选择，似乎局限于以收入所得税和销售税来代替大量的财产税。布什和斯特瓦特（Busch & Stewart，1992）指出，1989 年，俄亥俄州的选民第一次得到机会制定具有地方选择权的收入所得税以补充支持教育的财政资金，他们为 17 个学区制定了措施。在对选民态度的调查研究中他们发现，支持地方所得税的人比支持财产税的人多一点。他们得出的结论是，所得税是教育资金的一种可行的税收来源。今天，俄亥俄州的 123 个学区选择了享有地方选择权的收入所得税（Ohio Department of Taxation，2001，p.119），但是，它对税收的总体支持和税收额比财产税少了很多。例如，只有 20％ 的学区采用了收入所得税。这些学区总共获得了 1.416 亿美元的所得税收入，相比较而言，超过 81 亿美元的税收来自不动产税。

在密歇根州，学校财政更多地依赖于消费税收入已经得到确立。与密歇根州的经历不同，俄亥俄州的选民在 1998 年反对增加销售税。即使从 19 世纪起全国就有了减轻地方税收负担的趋势，但州一级的政策制定者和地方一级的决策者已经没有了选择权。考虑到公众对诸如政府及其税收、立法上的财产税限制以及不断增加的对政府资源的需求等，问题存在持续的不满意，奥顿和阿奇伯尔德（Odden & Archibald，2001）的观点也许是正确的，他们认为，学校的大量资源流不会立即到来，需要更多地关注资源的配置。无论发展情况和结果如何，即使税基更加宽广的税收来源在全国是安全可靠的，在州、区域和地方层级上征收财产税的必要性也注定是持续存在的。

19 世纪以来，全国的趋势就是减少地方税收的负担。立法机构与选民们把依赖于财产税转向依赖于税基更宽广的收入所得税和销售税，这一运动还大有可能会持续下去。如果我们假设有其他的政策来保护与项目决策有关的地方学校和社区自治权，那么这一观点就是正确的。

总　　结

132

以财富为税基的不动产税，为地方政府带来了稳定而多产的税收。它的多产和稳定性，有力地回击了有关财产税的争论。它的稳定性提供了可预测性，使地方政府官员能够为城市和学区项目制定计划、作出安排、维持预算平衡。相对于以收入或消费为税基的税而言，财产税是相对无弹性的，因为决定税收额的财产评估价值对经济变化反应很慢。随着价值评估方法的改进，这类税基会更加真实地反映市场价值，如果我们采用与经济同步的财产价值评估方法，即便较少调整每年的税率，税收额也会增长。

财产税税收结构和管理在各州之间有很大的不同。评估和均等化比率、免税、税收和支出的限制以及税收减免机制会对税基和税收额产生影响。很多这类政策与武断的评估方法一起，妨碍了税收公平性和中性。一些法律规定把税收负担从一组人群转移到另一组人群。这样的转移导致了经济资源的错误配置，导致了不同收入水平的纳税人之间的不公平。通过周密的政策制定，包括采取自动减免的办法来减轻低收入家庭的税收负担，使得这一税收的累退性减少。其他的法律条款影响了住房的购买和住房改造、企业和产业的位置选址以及空地和农业用地的开发。城市的发展受到了阻碍，企业、公司和高收入家庭被鼓励搬迁到税率更低、但服务更好的地区。

　　在大多数州，财产税都使得地方政府能够在州立项目财政拨款所支持的最小限度外发展教育项目。然而，税基（税收能力）以及税率（税收努力）在社区间的不同通常导致或加剧了教育项目的不公平性。也许州政府或地区评估财产价值的责任和标准会减轻税收的不公平性，减少教育项目的极端不平等。如果诸如公益事业财产和产业工厂等财产能够从地方税基中移除，只由州政府来征税，那么地方的税收能力分布将会更加均匀，很多由财产税产生的负面的社会和经济效果将会被减弱。

　　然而，必须在这些改革和历史上强烈维护地方自治的先例之间进行权衡和平衡。如果我们继续把设定税率的责任放在地方或区域层级上，那么评估方法可能会得到改进，地方政府也可能获得一定程度的独立性。未来的十年中，州政府和地方政府的首要目标应该是通过继续改进其结构和管理来增强财产税的整体性。随着更多的州采用减少或消除这种税收来源的建议，一个至关重要的政策问题将是地方自治权应保留多少。

　　随着税收和支出限制的复苏以及减轻或消除财产税负担（为教育筹措经费）运动的持续，教育必须更加依赖于州政府的财政收入，必须要有一个更加公平的分配方法在各地区之间分配资金。关于税收和支出的提案旨在控制政府的膨胀，或者引致效率的极大提高。这在一定程度上也许会成功。然而，与此同时存在一个推力，使得地方政府保护新的税收以维持或提高公共服务的水平。

　　在下一章中，我们将探讨利用地方税收来源支持学区的策略。借款和投资为基础设施的建设带来了新的资金，也保证了学校的持续运行。合伙伙伴关系和志愿者为学校以最低限度的成本获得人才提供了机会。

思考与活动

　　1. 就在州的立法机构考虑废除用来支持学校运行的财产税时，一个学区的教育委员会提出议案，要求提高地方税率，从而为你所在学区的教育项目或设施提供资金。在一次公开会议上，你对这个计划进行描述，当你被问到为什么财产税是这一目标的合适的税收来源时，你怎样回答？ *133*

　　2. 联系你所接触的税收评估人员，向他咨询学区、自治市以及其他特殊地区的当前税率。上一次财产评估将在什么时候？下一次评估又将在什么时候？以下三种评估方法——市场价值法、成本法和收益法——哪一种最有可能在评估住宅、企业以及农业财产中被使用？评估价值的多大比例将获得免税？你对提高财产评估方法的公平性有什么建议？

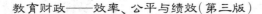

3. 设计一个税收激励方案，以低财产评估价值来吸引新的工业和商业开发。请记住，如果这种新的开发需要扩大城市服务和教育服务，当前运作企业的税收将会上升。

4. 准备一个图表，根据收入、公平、中性、弹性和行政成本等标准来比较财产税与以收入和消费为税基的税收的优劣。在表的左侧列出上述5个标准，在表的上方标出3列主要的税基——财产、收入和消费。在每一个单元格中列出在第4章和第5章中讨论过的与指定的税基和标准密切相关的主要的税收来源。

5. 描述一个州的宪法或法令中限制地方政府征税的权力或限制税收与支出增长的条款。设计一个研究方案，探讨立法者与管理者关于这类限制的观点。

6. 阐明你对于地方政府控制教育财政和项目以及地方自治权与将政府税收用于支持学校教育的政策之间的关系所持的观点。阐明这些观点在何种程度上与以下提案相一致：(1) 把对财产税的管理、控制移交给州政府；(2) 以税基更加宽广的税收来源代替财产税。

练 习

1. 用以下形式来表达23.2厘的税率：每1 000美元所征收的税收量、每100美元所征收的税收量、评估价值的百分比。假设适用这样的税率，那么一所被评估为64 000美元的房子的税收额是多少？

2. 一处公司财产位于均等化比率为0.25的税收征管区内，市场价值为160万美元，这处财产面临着每100美元均等化价值要为教育缴纳3.5美元税的情况，请计算这处财产的均等化价值和财产税数量(税率用十进制表示，或用你所在州通常使用的数学等价方法来表示)。

3. 有两个学区，每个学区均招收5 000名学生，总计市场价值分别为510 000 000美元和360 000 000美元。假设它们都位于一个州以市场价值的1/3来评估所有财产价值的州内。

(1) 计算每个学区的总体评估价值以及按照28厘的税率征税时每个学区应为每个学生征收的税额。

(2) 如果税率保持不变，但州政府的评估比率提高到40%，那么每个学区提高或减少了多少税收？

(3) 假设评估比率为40%，每个学区要为每个学生征收1 428美元的税收，那么税率是多少厘？

(4) 这些学区从财产税中获得的每个学生的资金数量不平等，解释这一不公平现象的原因。

计算机模拟：财产税

与这章内容相关的计算机模拟计算可以在 Allyn & Bacon 的网页上找到，有兴趣的读者可以查阅，其网址是 http://www.ablongman.com/edleadership.com。这一模拟的目的在于计算财产税税率和征税量以及计量财产税免除的影响。这些练习的目标是：

- 加深对均等化比率、免税、有效税率等一系列概念以及它们对学区税收能力的影响等的理解。

- 加深对增加单个税收征管区的税率和部分财产税税率的影响的理解。

参考文献

Aaron, H. J. (1973). What do circuit-breaker laws accomplish? In G. E. Peterson (Ed.). *Property tax reform* (pp. 53－64). Washington, DC: The Urban Institute.

Aaron, H. J. (1975). *Who pays the property tax: A new view.* Washington, DC: The Brookings Institution.

ACIR. (1973). *Financing schools and property tax relief—A state responsibility*, Report A－40. Washington, DC: Advisory Commission on Intergovernmental Relations.

ACIR. (1987). *Significant features of fiscal federalism, 1987 edition.* Washington, DC: Advisory Commission on Intergovernmental Relations.

ACIR. (1988). *Changing public attitudes on government and taxes.* Washington, DC: Advisory Commission on Intergovernmental Relations.

ACIR. (1993). *RTS 1991: State revenue capacity and effort.* Washington, DC: Advisory Commission on Intergovernmental Relations.

ACIR. (1994). *Significant features of fiscal federalism, 1994 edition*, Vol. 1. Washington, DC: Advisory Commission on Intergovernmental Relations.

ACIR. (1995). *Significant features of fiscal federalism, 1995 edition*, Vol. 1. Washington, DC: Advisory Commission on Intergovernmental Relations.

Adams, J. R. (1984). *Secrets of the tax revolt.* New York: Harcourt.

Addonizio, M. F. (2001). New revenues for public schools: Blurring the line between public and private finance. In S. Chaikind, & W. J. Fowler, Jr. (Eds.), *Education finance in the new millennium* (pp. 159－171). Larchmont, NY: Eye on Education.

Addonizio, M. F., Kearney, C. P., & Prince, H. J. (1995, Winter). Michigan's high wire act. *Journal of Education Finance*, *20*, 235－269.

American Council on Intergovernmental Relations. (1998). *Significant features of fiscal federalism*, Vol. 2: *Revenues and expenditures*, *1995.* Bethesda, MD: American Council on Intergovernmental Relations.

Brent, B. O. (1999, Winter). An analysis of the influence of regional nonresidential expanded tax base approaches to school finance on measures of student and taxpayer equity. *Journal of Education Finance.* *24*, 353－378.

Busch, R. J., & Stewart, D. O. (1992, Spring). Voters'opinion of school district property taxes and income taxes: Results from an exit-poll in Ohio. *Journal of Education Finance*, *17*, 337－351.

Carrollton-Farmers Branch ISD v. *Edgewood ISD*, 426 S. W. 2d 488 (1992).

Clark, C. (1995). Regional school taxing units: The Texas experience. In D. H. Monk, *Study on the generation of revenues for education: Final report* (pp. 75－88). Albany: New York State Education Department.

Clark, C. (2001). Texas state support for school facilities, 1971 to 2001. *Journal of*

Education Finance，27，683—700.

Due，J. F. (1982) Shifting sources of financing education and the taxpayer revolt. In W. W. McMahon & T. G. Geske (Eds.)，*Financing education: Overcoming inefficiency and inequity* (pp. 267 — 289). Urbana，IL: University of Illinois Press.

Edlefson，C.，& Barrow，R. (2001). The impact of litigation on school facilities funding in Ohio. *Journal of Education Finance*，27，701—712.

Erlichson，B. A. (2001). New schools for a new millennium: Court-mandated school facilities construction in New Jersey. *Journal of Education Finance*，27，663—682.

Fenwick，J. (1998). Funding public education: The constitutionality of relying on local property taxes. *Journal of Law and Education*，27，517—523.

Fulton，M.，& Sonovick，L. (1992). Tax and spending limitations—An analysis. *ECS Issuegram*. Denver，CO: Education Commission of the States.

George，H. (1879). *Progress and poverty*. Garden City，NY: Doubleday，Page & Company.

Gold，S. D. (1979). *Property tax relief*. Lexington，MA: Lexington Books.

Gold，S. D. (1994). *Tax options for states needing more school revenue*. Westhaven，CT: National Education Association.

Howard，M. A. (1989, Summer). State tax and expenditure limitations: There is no story. *Public Budgeting and Finance*，9，83—90.

Kozol，J. (1991). *Savage inequalities*. New York: HarperCollins.

Lindsay，D. (1994a，November 2). Educators buck giving the public say on taxes. *Education Week*，pp. 1，20—21.

Lindsay，D. (1994b，June 15). N.Y. lawmakers tap surplus in approving 5% boost in school aid. *Education Week*，p. 13.

Lindsay，D. (1995，May 24). Tide turns for the better in N.J.，Ohio budget votes. *Education Week*，pp. 12，15.

Monk，D. H.，& Brent，B. O. (1997). *Raising money for education: A guide to the property tax*. Thousand Oaks，CA: Corwin.

Monk，D. H.，& Theobald，N. D. (2001). A conceptual framework for examining school finance reform options for the State of Ohio. *Journal of Education Finance*，27，501—516.

Musgrave，R. A.，& Musgrave，P. B. (1989). *Public Finance in theory and practice* (5th ed.). New York: McGraw-Hill.

National Center for Education Statistics. (2001). *Public school finance programs of the United States and Canada，1998 — 1999*. NCES 2001—309. [J. Dayton，C. T. Holmes，C. C. Sielke，A. L. Jefferson (compilers); W. J. Fowler，Jr. (project officer).] Washington，DC: Author.

NCSL. (1994). *State budget and tax actions 1994: Preliminary report*. Denver，CO: National Conference of State Legislatures.

Netzer，D. (1966). *Economics of the property tax*. Washington，DC: The Brookings Institution.

Netzer，D. (1973). Is there too much reliance on the local property tax? In G. E. Peterson (Ed.). *Property tax reform*. Washington，DC: The Urban Institute.

Netzer，D.，& Berne，R. (1995). Discrepancies between ideal characteristics of a property tax system and current practice in New York. In D. H. Monk，*Study on the generation of revenues for education: Final report* (pp. 31 — 47). Albany:

New York State Education Department.

Odden, A. R. , & Archibald, S. (2001). *Reallocating resources: How to boost student achievement without asking for more.* Thousand Oaks, CA: Corwin.

Odden, A. R. , & Picus, L. O. (2000). *School finance A policy perspective* (2nd ed.). New York: McGraw-Hill.

Ohio Department of Taxation, Tax Analysis Division. (2001). *Ohio's taxes: A brief summary of major state and local taxes in Ohio, 2001.* Columbus, OH: Author.

Oldman, O. , & Schoettle, F. P. (1974). *State and local taxes and finance: Text, problems and cases.* Mineola, NY: The Foundation Press.

Palaich, R. , Kloss, J. , & Williams, M. F. (1980). *Tax and expenditure limitation referenda,* Report F80 — 2. Denver, CO: Education Commission of the States.

Pijanowski, J. C. , & Monk, D. H. (1996). Alternative school revenue sources: There are many fish in the sea. *School Business Affairs, 62,* 4—10.

Peterson, G. E. (Ed.). (1973). *Property tax reform.* Washington, DC: The Urban Institute.

Shannon, J. (1973). The property tax: Reform or relief? In G. E. Peterson (Ed.) *Property tax reform* (pp. 25 — 52). Washington, DC: The Urban Institute.

Theobald, N. D. , & Malen, B. (Eds.). (2000). *Balancing local control and state responsibility for K — 12 education.* Larch-

mont, NY: Eye on Education.

Thompson, D. C. , & Wood, R. C. (2001). *Money and schools* (2nd ed.). Larchmont, NY: Eye on Education.

U. S. Department of Commerce, Bureau of the Census. (1994). *1992 Census of Governments,* Vol. 2: *Taxable Property Values.* Washington, DC: U. S. Government Printing Office.

U. S. Department of Commerce, Bureau of the Census. (2000). *Statistical Abstract of the United States: 2000.* Washington, DC: U. S. Government Printing Office.

Verstegen, D. (1988). *School finance at a glance.* Denver, CO: Education Commission of the States.

Walz v. *Tax Commission of the City of New York.* 397 U. S. 664 (1970).

Whitney, T. N. (1993). *Voters and school finance: The impact of public opinion.* Denver, CO: National Conference of State Legislatures.

Wright, J. W. (1981). *Tax and expenditure limitation: A policy perspective.* Lexington, KY: The Council of State Governments.

Wyckoff, P. G. (2001). Capitalization and the incidence of school aid. *Journal of Education Finance, 27,* 585—608.

Yinger, J. , Borsch-Supan, A. , Bloom, H. S. , and Ladd, H. F. (1988). *Property taxes and house values: The theory and estimation of intra-jurisdictional property tax capitalization.* San Diego, CA: Academic.

第6章

拓展学校经费来源

——通过使用费、资金流动管理、基建投资、合作伙伴关系和志愿者

议题和问题

137

- **公平且有效率地达到高的标准**：学校和学区有哪些机会可以扩大它们用于教育改进的资金来源？
- **使用费**：从与教育相关的项目、交通和设施中直接受益的家庭及社会群体是否应该为这些服务付费？
- **投资和借贷**：如何将多余或者闲置的资金进行投资以获得利息收入，直到需要支付工资或者其他支出？在没有得到联邦、州和地方资金支持的情况下，学区应该采取什么短期战略来承担财政责任？
- **基本建设投资**：怎样通过出售债券获得长期贷款，以使学区能够进行设施建设、购买昂贵的设备？
- **合作伙伴、教育基金和志愿主义**：社区和私人部门参与公共教育，在多大程度上增加了教育改革的资源和对教育改革的政治支持？

138

教育官员们越来越多地试图从非传统的资金来源寻求支持。为寻找新的资金来源作出的努力，对一些州而言，是对限制财产税增长所作出的反应；对其他的一些州而言，则是对纳税人反对增加当地税收来支持业务预算或扩大项目所作出的反应。考虑到政府各种需求之间的竞争和冲突，对州和联邦的可用教育资金的限制也促使地方教育委员会和管理者寻找其他经济来源。

在前一章中，我们指出财产税是学区控制的最大数额资金的来源。但是，教育机构的收入并不局限于这一项，它们还通过向学生和其他赞助人收费，加强对现金流转的管理，包括及时地决定投资或借入资金，来扩大资源基础。另外，它们也获得了为大项目提供的资金和费用。创造性地利用合作关系、基金会以及志愿者，同样筹集了很多的资源，同时它们还邀请家长和社会积极参与到学校项目中来。

教育项目使用费

第3章介绍了以特权为基础的课税，包括特殊政府服务使用者应缴纳的费用。根据受益原则，这种税款形式是合理的，对受益人征收的数额与假定的优惠价值是联系在一起的。实际上，这些费用很少能够完全包括整个教育事业的成本，其他形

式的税款也被用于对教育项目的资助。

在允许收费的州，学校还可以针对课外活动、暑期学校、学前和学后项目、午餐、实地调查旅行、选修课、课本和日常用品，而向学生收费。除此之外，学校设施的非学生使用者，如在体育馆举行集会的社团，也经常支付设备的使用和维修费。对外部群体征收费用已经给学校带来了一定的困难，对此我们不再讨论。这一节重点介绍向参与学校项目的在校生征收费用的普遍性和合法性。

1996—1997 年间，全国范围内的学校对午餐和其他活动征收的费用总计分别是 45 亿美元和 29 亿美元（U. S. Department of Commerce，2000，p. 14）。作为学校从地方获得收入的一部分，这些费用平均只占学校总资金的 3.26％和 2.09％。

使用费是学校资金一个很小的来源，但是，对加拿大温哥华附近七个学区费用的研究显示，对学生所收的费用存在很大的差异，最高的学费包括技术课1 000美元、课外活动1 500美元、毕业费 110 美元以及12 000美元的国际学习项目费用（Brown & Bouman，1994）。瓦斯摩和费希尔（Wassmer & Fisher，2000）曾经断言，在美国，附加服务的成本可以通过收费补偿，收费所得的资金大约能支付公立学校 13％的支出。确实，对特殊活动和服务收取的费用能够为学校提供更多的潜在收入（Monk & Brent，1997），但是，这些费用的收取也对决策者和管理者提出了挑战。

这项费用有可能引发学校职员和公众对哪些项目可以把成本负担从纳税人转移到家长和其他使用者身上以及转移的数额应该是多少的争论。家长们和法院提出了很多问题："如果学生家长有支付能力，学校是否能够针对一些服务向学生收费？如果家长无力或拒绝支付这些费用，学校是否有剥夺孩子们参加活动的权利？如果学校有这项权利，那么有哪些限制？"（Jones & Amalfitano，1994，pp. 142—143）

这些问题涉及在第 3 章中讨论过的几条税收标准，特别是公平原则以及中性和行政成本等。根本问题是，对于经济状况不同的所有孩子应当免费享用各种服务的公立学校而言，收费是否合法。另一个问题在于由收费引起的不可预知后果的程度，比如，减少学生的参与性和因家长反对这些额外收费导致的负面的公共关系。最后，使用费给政策的遵守和弃权政策的监督带来了很多困难。

法律地位和不平等

因为教育是州宪法和法律规定的内容，所以在解决收费和其他学校财政问题方面，联邦法院服从州政府的决定。认为收费这种做法违反了州宪法关于公立教育免费的保证等对收费提出的挑战，已经造成了复杂的后果。在一些案件的判决中，宪法条款被理解为允许收取课本费和教学用品费，其他的判决却否定了这种观点。结果，有 34 个州允许至少收取一种学生费用，15 个州和哥伦比亚特区禁止向学生收取费用（Hamm & Crosser，1991）。在很多案例中，对使用费的接受与项目支出是否是教育必需的或必要的组成部分有关，例如，伊利诺伊州一家法院的判决支持向学生收取餐厅管理费，因为这是用于非教育服务的支出（*Ambroiggio v. Board of Education*，1981）。

初看起来，根据这种标准，教育项目是减少了，因为法律禁止对学生教育的基本组成部分收费。与治理教育相关的州宪法和法规，禁止公立学校为教育项目收取学费（异地求学的学生除外）。在这种情况下，学费抵消了地方税收的差异。尽管

139

一直以来允许暑期学校项目收取费用（*Washington v. Salisbury*，1983），但是，很多收费可能会受到挑战。美国上诉法庭呼吁要确保有残疾的学生能够获得全年的服务，否则将中断学校符合现行《残疾人教育法案》规定的固有的教育项目（*Alamo Heights Independent School District v. State Board of Education*，1986）。戴顿和麦卡锡（Dayton & McCarthy，1992）已讨论过一种类似的情形，这种情形导致了对肯塔基州教育局关于私立学校学生支付所需要的暑期补习费的要求提出了挑战。这项反对是基于1990年的《教育改革法案》，该法案规定，对没有通过升级所要求的最低能力测试的学生进行免费的暑期培训。

对选修课收费是很普遍的现象。虽然这些收费被几项判决所认可（e.g.，*Norton v. Board of Education*，1976），但加州的一项司法审查却禁止对与学校有关的任何课程或课外活动估价（*Hartzell v. Connell*，1984）。这项决议总结说，根据州宪法第13条的规定，尽管各个学区都有财政压力，但"接受公共教育是每个公民享有的权利，而不是待售的商品"（p. 44）。

允许收取课本费的仅有8个州，它们是阿拉斯加、伊利诺伊、印第安纳、艾奥瓦、堪萨斯、肯塔基、犹他和威斯康星州（Hamm & Crosser，1991）。关于允许收取教材费，法院又作出了不同的解释，例如，在卡迪夫诉比斯马克公立教育学区案（*Cardiff v. Bismark Public School District*，1978）的判决中，禁止在北达科他州收书本费。相反，在马歇尔诉学校管辖区案（*Marshall v. School District*，1976）中，却认可可罗拉多州各学区的书本费，而且要求对贫困生给予财政帮助。补充性的教育资料，如练习簿、词典、平装书，享受不同于所需课本的待遇，对于它们的收费通常是被允许的（e.g.，*Sneed v. Greensboro Board of Education*，1980），其他法庭还认为，所有的课本和学校日常用品都包括在免费教育的保证之内，都是免费的（e.g.，*Bond v. Ann Arbor School District*，1970）。

各个州都不把课外活动视为教育必需或必要的一部分，23个州确定对加入俱乐部收费，21个州允许对体育队收费（Hamm & Crosser，1991）。在早期的一个判决中，爱达荷州高级法院不允许对所有学生普遍收费——这些收费的一半用于支持课外活动；但是，法院支持只对参与者收费（*Paulson v. Minidoka County School District*，1970）。密歇根州上诉法庭允许对学校间的体育运动收费，因为这些活动并不是州立教育项目的基本部分，而且对贫困生实行费用减免可以使贫困生能够参与其中（*Attorney General v. East Jackson Public School*，1985）。

交通费也变得更为普通。随着公交线路延伸到不同学区，孩子们能够选择不在他们家附近、比较远的或不同学区的学校上学，在极少的关于使用费的一项联邦司法审查中，美国最高法院勉强（5比4通过决议）认可北达科他州法规关于允许学区收取交通费的规定（*Kadrmas v. Dickson Public School*，1988）。各学区可以根据法律取消对低收入家庭的收费，但法律并没有强制它们这么做。有人反对说，支付不起费用的学生被剥夺了受教育的最低可能性，这违反了第14修正案的平等保护条款。针对与学区间总财力的不同水平有关的类似观点，法院在圣安东尼奥独立学区诉罗德里格斯案（*San Antonio v. Rodriguez*，1973）的判决中作出了分析，该判决否定了这一观点。因为平等保护条款没有要求提供免费的交通，而且，州政府成功地为法令和其鼓励各辖区提供公车服务的目标之间的关系作出了辩护，法庭允许收取运输费。

州法庭的决议同样也认可各区的交通费。根据宪法条文规定，"立法机关可以为学生的出行提供交通服务……"，密歇根州一家法院对乘公共汽车上学的费用进行了考察。这个条文可理解为允许而不是命令用公车载运学生，法院认可对这项学校教育的非本质部分收费（*Sutton v. Cadillac Area Public Schools*，1982）。加利福尼亚州最高法院认为，交通运输是附加性服务，与其他的不允许收费的基本教育活动不同。政府同样否定了对平等保护的挑战，因为允许收取运输费的法令包括免除贫困生的费用（*Arcadia v. Department of Education*，1992）。

　　对于那些从传统的州或地方收入中获得较少资金的学区来说，征收使用费用于提供基本的教育服务或扩大课外项目是必需的。然而，这些学区的家庭可能最没有能力支付得起额外费用。这些费用是累退的，因为它们并不总是由一个家庭的支付能力来决定，而且学校也不是根据支付费用家庭拥有的孩子数量来调整费用。此外，学费部分地反映了社区和政府为学校提供足够资金的能力。学生人均支出低的州，正是那些收取学费的州（Hamm & Croser，1991）。

　　由于在拨款公式中，政府没有考虑使用费收入，收费可能影响到对贫富学区学校经济支持的均等化。然而，瓦斯摩和费希尔（2000）主张通过使用费达到公平的目的，但仅仅是对辅助性服务收费，而不是针对标准的课程服务收费。 *141*

费用减免

　　考虑到不同支付能力的父母按照同样的标准支付费用会产生不平等，作为对不平等问题关注的反应，学校实行了费用减免和奖学金计划，以鼓励那些低收入家庭的学生参加到各种活动和选修课中。按照学生的家庭收入和规模，管理者通过奖学金形式减免费用或减半费用，通常也以同样的标准来确定符合免费或打折午餐资格的人数。

　　各州法院在关于费用减免者的法律地位的问题上存在意见冲突（Dayton & McCarthy，1992）。在北加利福尼亚，一个完善的费用减免政策（包括确保保密和能够及时告知学生家长关于该政策的益处及程序）是进行收费所必须具备的前提条件（*Sneed v. Greensboro Board of Education*，1980）。相反，包括加利福尼亚在内的几个州的法院判决却否决了对宪法要求的基础性教育收费，也拒绝了对收费的豁免。哈特泽尔诉康奈尔案（*Hartzell v. Connell*，1984）的判决则认为，不应当对任何公共教育项目收费，并且发现了"在学费问题上的这个固有的缺陷，既不能通过免除那些勤奋学生的费用来矫正，也不能通过强调财政困难来证明其合法性"（p. 44）。根据犹他州法院的判决，地方的学区政策可能并不比州的政策受到更多限制。这一决议不允许学区对书本、学习材料和一些学习活动收费减半。然而，州委员会却允许对任何不能支付学费的人提供帮助（*Lorenc v. Call*，1990）。

中　性

　　考虑到税收对社会、经济和其他方面的影响，我们在第 3 章中讲了中性的标准。由于收费问题，学生不能积极参加课程内的活动和各种课外活动，因此收费遭到了人们的指责。它们使那些经济困难的学生减少了发展体育、社会艺术和其他技能的机会。即使有费用减免或奖学金体系的帮助，处于劣势的学生也会感到自我价值减弱，并因感到受到社会的歧视而拒绝参加学校的项目。社会致力于建立其他的积极项目，使年轻人通过获得学术和体育上的成功，避免帮派盛行和参加其他对社会有不良影响的活动，然而，学费的存在在一定程度上是与这些努力背道而驰的。

费用也能对学生家长产生不必要的负面效应。他们通常认为，学费是他们承担的一种没有必要的双重税收。此外，对使用空间的收费，特别是在广告业中，会影响中性和公共关系（Cooper，1996；Pijanowski & Monk，1996）。在从对使用者收取的各种费用中获得经济收益的同时，必须权衡收费对学生参与积极性的打击和对社区公共关系所作出的各种努力的潜在损害。

行政成本

使用费的数额必须足够多，以补偿一部分服务开支。与项目成本相比，项目收费越少，普通资金或者用于活动的其他收入来源的负担就越大，用于收费时的管理开支就越少。然而，大量的收费也许会增加学生不参加活动的可能性，从而增加收费成本，减少公众和学生对学校活动的支持。

无论是监督被期望缴费的人是否缴费，还是监督减免政策是否得到贯彻执行，在管理上都存在着很多困难（Brown & Bouman，1994）。隐形的执行成本可能以各种情况出现：教师推迟活动、教练拒绝参与训练和游戏活动、不允许学生登记、校长私自联系家长、工作人员发出暗示、扣押报告卡和报告单。减免费用自身也增加了一系列的管理费用：向家长宣传其益处和程序；监督有资格的学生；为得到减免的学生保密；向那些得不到减免的学生进行解释。

由于依赖使用者支付的费用来支持活动会产生上述额外的管理成本，学校可能寻求企业或其他捐赠者的支援来扩展项目。在这一章的后面，我们将探讨学校通过合作伙伴关系获得资源的机会。现在，我们来看看学校和学区是如何通过利息收入和贷款来补充传统的收入的。

通过投资和借款管理现金流转

对教育系统的财政拨款是以月份或年为单位来拨付的。在资金支出之前，如果有资金积累的话，明智的投资决策能够带来丰厚的利息回报。但是，当从地方税收或者从州和联邦政府补贴中获得的预期资金延期拨款时，或者拨款不足以弥补当前支出时，则有必要借入资金。第一种现金流转方案给学校资金投资带来了机会，第二种方案使得借款成为可能。

非岁入收入（nonrevenue receipt）包括短期贷款和发行长期债券（见关于基建投资的讨论），并不构成学校新的资金来源。这是因为借款金额和利息必须从预期收入中及时偿付。岁入收入（revenue receipt）能从税收、联邦和州政府的补助性支付、捐助、投资收益和学费中得到资金，而非岁入收入却与此不同。非岁入资金对教育系统非常重要，因为它们使财政官员们能确保学区资金按照计划维持稳定的现金流动，满足薪金支出和其他预期开支等的需要。它们也日益成为学区增长的债务。1990—1991年间，非岁入资金已经达到637亿美元，其中包括605亿美元的长期债务（超过一年）和32亿美元的短期债务（U. S. Department of Commerce，

1993，p. 21）。五年后，这些债务几乎增长了一倍。1996—1997 年间，非岁入资金总量达到 1 257 亿美元，包括 1 232 亿美元的长期债务和 25 亿美元的短期债务（U. S. Department of Commerce，2000，Table 10）。

学区和学校资金的投资

学区，特别是财政上独立的学区，往往通过投资收入和非岁入资金来增加其资源。按照惯例，学校可以通过投资于利息账户为学生组织获得额外资金。目前，在学校现场管理的情况下，在管理人员和老师们的控制下，学校正在进行大规模的投资。

大笔的收入，特别是来自财产税的收入，通常在一年中通过一次或几次集中拨付。而学校运营支出在一年中是较为均匀分布的。例如，如果地方财政年度是从 7 月 1 日至第二年的 6 月 30 日，则税收收入可以在 7 月和 2 月收到。由于资金是在预算年的上、下半年早期征集的，腾出来的大量闲置资金可以用于相当长一段时间的投资，借款可以相应减少（Ray，Hack，& Candoli，2001）。税收、各州和联邦补助资金、债券发行的收益或来自债券先期票据的收益、上一年度结余留到下一年度的资金，所有这些都产生了大量的现金余额和通过投资赚取额外收入的机会。这些投资包括：美国国库债券及票据（U. S. Treasury bonds and notes）、联邦政府机构债券（federal government agency bonds）、存款证（certificates of deposit）、货币市场储蓄存款和存款簿储蓄存款账户（money market saving and passbook saving accounts）、证券回购协议（repurchase agreements）和公司发行的商业票据（commercial paper）（Ray，Hack，& Candoli，2001）。

表 6—1 列出了各个州以存款和证券形式进行的投资。1996—1997 年，持有财产量最大的州是加利福尼亚州（超过 100 亿美元），随后是得克萨斯州（超过 80 亿美元）、伊利诺伊州（超过 70 亿美元）和宾夕法尼亚州（超过 50 亿美元）。该表没有或少有体现阿拉斯加州、哥伦比亚特区、夏威夷州、马里兰州、北卡罗来纳州和弗吉尼亚州的信息。但是，有一些学区在财政上依赖于政府的其他单位，这些单位可能代表学校和其他部门经营管理大型投资。全国公立教育系统持有财产总额在过去的 20 年中每年都在大量增长：从 1977—1978 年的 149 亿美元到 1996—1997 年的 785 亿美元；从 1990—1991 年到 1996—1997 年，现金和有价证券持有量增长了 54.3%。这些数据表明学校有大量资金用来投资，并且强调了现金流量管理的重要性。

表 6—1　　　　　美国公立教育系统持有的现金和金融证券[a]　　（单位：百万美元）

州	1977—1978 年	1985—1986 年	1990—1991 年	1996—1997 年	1990—1991 年到 1996—1997 年间百分比的增加或者减少（%）
亚拉巴马	98.7	220.9	299.6	935.1	212.1
阿拉斯加	b	b	c	c	NA
亚利桑那	353.7	741.9	925.6	1 242.6	34.3
阿肯色	120.5	238.1	266.5	436.4	63.8
加利福尼亚	1 725.0	3 223.6	5 302.0	10 447.8	97.1

续前表

州	1977—1978 年	1985—1986 年	1990—1991 年	1996—1997 年	1990—1991 年到1996—1997 年间百分比的增加或者减少（%）
科罗拉多	342.8	615.9	1 524.8	1 662.7	9.0
康涅狄格	8.0	3.8	20.6	124.7	505.3
特拉华	3.5	13.0	16.0	44.9	180.6
哥伦比亚特区	b	b	c	c	NA
佛罗里达	726.9	1 761.5	3 216.3	4 177.1	29.9
佐治亚	326.3	656.2	1 776.2	1 997.7	12.5
夏威夷	b	b	c	c	NA
爱达荷	44.4	107.3	153.8	292.2	90.0
伊利诺伊	1 338.4	2 449.5	7 025.8	7 154.3	1.8
印第安纳	458.6	559.9	635.4	1 745.2	174.7
艾奥瓦	205.7	281.4	536.6	803.2	49.7
堪萨斯	293.0	561.1	802.1	425.1	(47.0)
肯塔基	82.1	181.8	161.4	391.4	142.5
路易斯安那	315.9	851.2	885.5	1 325.0	49.6
缅因	7.2	55.2	53.9	66.7	23.8
马里兰	b	b	3.7	c	NA
马萨诸塞	58.2	67.7	96.7	98.2	1.6
密歇根	947.4	1 375.6	2 785.1	4 457	60.0
明尼苏达	490.9	830.4	2 018.2	3 051	51.2
密西西比	92.9	225.8	276.1	617.5	123.7
密苏里	353.3	563.6	1 734.9	1 571.6	(9.4)
蒙大拿	171.0	149.3	307.9	191.2	(37.9)
内布拉斯加	164.2	318.0	778.0	607.3	(21.9)
内华达	15.9	137.0	612.9	1 029.6	68.0
新罕布什尔	11.7	36.5	59.5	84.7	42.4
新泽西	346.2	610.7	968.1	1 498.5	54.8
新墨西哥	60.8	189.1	278.6	388.9	40.0
纽约	550.1	1 540.1	2 905.4	3 395.9	16.9
北卡罗来纳	b	b	4.0	c	NA
北达科他	47.7	180.2	156.3	150.4	(3.8)
俄亥俄	1 013.3	1 006.2	1 764.3	2 847.2	61.4
俄克拉何马	245.0	698.5	640.0	973.5	52.1
俄勒冈	325.7	360.0	406.5	1 071.4	163.6
宾夕法尼亚	721.9	1 489.7	3 172.9	5 706.2	79.8
罗得岛	0.1	0.8	—	3.9	NA

续前表

州	1977—1978 年	1985—1986 年	1990—1991 年	1996—1997 年	1990—1991 年到 1996—1997 年间百分比的增加或者减少（％）
南卡罗来纳	145.4	280.1	418.2	740.0	77.0
南达科他	75.7	120.8	170.3	258.5	51.8
田纳西	7.8	8.5	19.5	32.6	67.2
得克萨斯	1 356.3	4 243.6	4 615.0	8 035.8	74.1
犹他	183.5	302.1	93.9	649.9	592.1
佛蒙特	18.4	67.8	68.7	57.2	(16.7)
弗吉尼亚	b	b	c	c	NA
华盛顿	392.4	875.4	1 313.2	2 068.6	57.5
西弗吉尼亚	186.1	322.9	296.7	283.0	(4.6)
威斯康星	337.0	776.5	1 121.7	2 199.0	96.0
怀俄明	80.5	279.1	220.4	190.5	(13.6)
全国总计	14 850.2	29 614.9	50 908.3	78 531.5	54.3

a 不包括持有的退休基金债券。
b 独立教育系统持有的债券没有被报道。
c 零或者四舍五入后近似为零。
NA：缺少数据。
资料来源：U. S. Department of Commerce，Bureau of the Census（1980），*Finances of Public School Systems in 1977－1978*，Series GF/78－10，Washington，DC：U. S. Government Printing Office，p.12；U. S. Department of Commerce，Bureau of the Census（1988），*Finances of Public School Systems in 1985－1986*，Series GF/86－10，Washington，DC：U. S. Government Printing Office，p.10；U. S. Department of Commerce，Bureau of the Census（1993），*Public Education Finances：1990－1991*，Series GF/91－10，Washington，DC：U. S. Government Printing Office，p.12；U. S. Department of Commerce，Bureau of the Census（2000），*Public Education Finances：1997*，Series GC97（4）－1，Washington，DC：U. S. Government Printing Office，p.1。

　　投资是现金管理的一个重要组成部分。戴姆博斯基和戴维（Dembowski & Davey，1986）把**现金管理**定义为："管理学区的资金，以确保获得最大限度的可用资金和最大的投资收益的过程"（p.237）。监控现金流量的目标包括：（1）**安全性**，防止学区资产流失；（2）**流动性**，将投资转换为现金，并且没有利息损失，这样就有足够的可用资金满足每天的支出需要；（3）**收益**，获得最高的投资回报。这些目标之间可能会产生冲突，比如，长期投资能够带来高额利息和收益，但如果资金失去了流动性，可能就需要通过短期贷款来支付花费。同样，一定程度的风险能够产生高额利息，但公共资金的安全性可能会受到损害。例如，1994 年加利福尼亚州奥兰治县（Orange County）联合投资的失败，威胁到了 27 个学区的近 1 亿美元运营资金的安全。这个州的各县都支持学区投资，其中，一些学区曾采取低息贷款的方式来增加高收益基金的投资额。有的县大量借款，使它的投资翻了三番，并且购买较少的证券衍生品。这种激进的投资战略应该为基金的崩溃和县申请破产保护承担部分责任（Lindsay，1994）。

　　各学区管理现金流量的方法也有助于一些重要的非财政目标的实现。健全合理的财务管理，有利于在纳税企业和社区间建立信任和友好关系，促进供应商和银行间建立良好的业务关系，确保各区的财务运转有序进行（Dembowski，1986）。同

145

时，也要考虑到法律和道德问题，谨慎的现金流动管理策略减少了挪用公款和贪污的可能性。支出和投资决策的透明，迫使工作人员按照法定程序办事，包括法律规定的对投资的任何限制（Ray，Hack，& Candoli，2001）。例如，许多州要求学校投资应有抵押物，但是，当它们把资产作为抵押品而不是用于更能赚钱的其他用途时，银行将支付较低的利息率（Dembowski & Davey，1986）。当给出的利息率高于预期时，财务人员会很谨慎，因为这可能表明出价人濒临破产或迫切需要吸引投资者。

各学区可以利用几种短期和长期投资策略。储蓄账户有利于资金的及时流动，不用提前通知就可随时取款，而且利息是按天来计的。不过，储蓄得到的利息收入要低于其他投资方式的收益。货币市场账户的利息，随经济情况的变化而变化，当利息率上升时，可以有机会来提高收益。然而，对每月的取款数量也可能有一定的限制，所以货币市场账户不如储蓄账户灵活方便。长期存款也具有安全性，但往往要支付更高的利息。随着存款时间的延长，利息率逐渐上升。当各学区协调好投资期限（一周到一年之间）和开支预定日期时，它们就可以自主灵活地进行投资了。

美国政府的有价证券是最安全的长期投资方式之一，兼有很高的安全性和流动性。政府为这些投资作担保，它们是按面值打折销售的。其全部价值到期支付，这个差额就是投资者获得的利润。这些有价证券在一个强大的、包容性很强的二级市场流动。其他投资者将在它们到期之前在开放市场购买。因此，如果有必要，学区可能实行清算。

投资联邦机构的有价证券也可提供类似的安全，然而，这些都不是政府的法定义务。例如联邦土地银行（Federal Land Bank）、联邦住宅贷款银行（Federal Home Loan Bank）、合作社银行、联邦中期信代银行（Intermediate Credit Bank）以及美国联邦国民抵押贷款协会（房利美）（Federal National Mortgage Association，FNMA，Fannie Mae）所发行的有价证券，往往要比财政部的有价证券具有更高的收益。

各个学区参与回购协议，称为"repos"，由于其较低的可销售性，从而在短时期内可以获得相对较多的收益。它们根据协议买进财政部或其他政府证券，将来再把这些证券卖给发行银行，这个策略使得各学区有机会把闲置资金投放到安全、高效益的投资中，哪怕只投资一天也可以。

现金流转时间表（Dembowski & Davey，1986，p.240）追踪即将获得的收入和支出，以帮助学区或学校职员制定最有效的现金管理策略，管理者一收到资金，就将它存进银行。现代的电子转账加快了交易速度，特别是大宗的州和联邦援助款项的存储，支出款以最短的时间从学区和学校的账户里挪走现金。当活期账户和储蓄存款账户的存款满足当前支出时，零散的资金可以被集中起来，从需要大批存款的长期投资中产生更高的收益。

这种集资方式在分配资金以控制个人建筑的学区是常见的，投资被集中化，而且集资带来的利益以原来捐助的比例分发到个人账户，小的学区也能通过这种方式获得类似的利益。它们可以通过合作服务委员会或其他形式的政府中介单位来集资，从而使收益最大化，同时把财务管理人员的工作量减到最小。

获得贷款以支付短缺

在收到预期的资金之前，合理的财政管理通常依赖短期贷款来满足当前的责任要求。通过借款，学区能够避免潜在的严重后果，比如，学校运作的崩溃；因供应者即时付款信任度的降低而造成的将来购买所需设备费用的增加；由薪水和预定生活用品的拖欠导致的员工士气的变化。短期贷款的数量被限制在该学区将来收入的范围内。偿还贷款通常被安排在学区征收税收或收取援助款项的财政年度内。

人们可以运用不同的机制来减轻暂时的财政赤字（Dembowski & Davey，1986）。**预算方案说明**允许学区以将来的收入而不是财产税作抵押来进行贷款。在收到房地产税和地方所得税之前，可以通过**债券先期本票**（债券应付票据；债券正式发行前的临时债券）获得所需的资金来支付运行的总支出。通过募集资金来应对不可预知的紧急事件的**预算短笺**，要在下一个财政年度偿还。**债券预支短笺**能使各区在债券发行前启动建设工程或获得公共汽车及其他设备。下一节主要讨论长期贷款中的基建投资。

基建投资

教育系统往往需要比其可自由支配的资金更多的钱来建造新设施、整修旧楼舍、购买校车和比较大的设备。很多学区发现，如果没有政府发行的债券来分散账款，进行大的项目建设是很难的。同时，政府规范了借款，以确保债务的可靠利用，这样就防止了学区不履行义务或长期亏损等情况的发生。 *147*

尽管学校系统可以在它们的年度预算之内来拨款购买小的设备，但是，它们通常通过其他资源渠道为主要工程提供资金，由此带来的长期债务加重了当地以财产税为基础的财政拨款的负担。长期债务是指偿还期大于一年的债务。尽管学校年度运行资金越来越依赖于政府收入，然而仅有少数政府对学校设施建设负起了责任。

各学区主要是从州政府和地方政府获得资金来满足财政支出的需要。1990—1991 年间，为中小学建设提供资金的重担落在了地方政府身上。地方政府提供了全国花费的总计 198 亿美元的几乎所有资金（98%）（见表 6—2）。财政独立的学区支付了大部分的财政开支（大约占总额的 81%），其他学校机构从县政府、市政府或特别区政府获得资金。州立法机关为财政开支贡献了 4.28 亿美元，其中 3.74 亿美元用于基础设施的建设（U. S. Department of Commerce，1993，p.2），与所有的州或地方用于小学和中学财政支出的费用相比，学校财政方面的增长较明显。1980 财年，这个比例是 6.8%，到 1998 财年，用于财政支出的资金比例已升到 10.8%（NCES，2001，Table 162）。 *148*

表 6—2　　　1990—1991 年和 1998—1999 年州和地方政府对初等
　　　　　　和中等教育的基本建设支出　　　（单位：百万美元）*147*

	总计	地方	州
1990—1991 年数额	19 852	19 424	428
1990—1991 年比例	100%	97.8%	2.2%
1998—1999 年数额	40 768	40 160	608

续前表

	总计	地方	州
1998—1999 年比例	100%	98.5%	1.5%
增长的数额（1990—1991 年到 1998—1999 年）	20 916	20 736	180
增长的比例	105.4%	106.8%	42.1%

资料来源：U. S. Department of Commerce, Bureau of the Census (1993), *Public Education Finances. 1990—1991*, Series GF91－110, Washington, DC：U. S. Government Printing Office, Table 1, p. 2; U. S. Department of Commerce, Bureau of the Census (2001), *United States State and Local Government Finances by Level of Government*：*1998－1999*. Washington, DC：U. S. Government Printing Office, p. 2. Available at http：// www. census. gov/govs/estimate/9900us. html.

当前工作的重点在于改善学校设施和学生们的学习条件，这能对一部分增长作出解释。其他可能的解释包括建设项目的增加、建设费用的提高、现行的工资水平（Keller & Hartman, 2001）以及利息率的波动。正如先前所指出的那样，政府间基本建设资金的转移不大，国会每年拨发有限数量的联邦财政资金用于小学和中学教育。这些资金主要用于美国土著居民居留地和受军事设施影响学区的学校建设（见第 9 章）。

表 6—3 呈现了 1996—1997 学年初等和中等教育基建投资项目的详细开支。在全国 324 亿美元的支出中，最大的部分（69%）用于设施建设，包括新增加设施和原有设施的改善，26% 用来购买设备、交通工具和使用寿命为 5 年以上的办公设备，5% 用来获得土地和维持现有建筑。各州基建投资的生均支出差距很大，从罗得岛州的 144 美元到注册人数急剧增加的内华达州（Nevada）的 1 310 美元。对于支出存在差异的可能解释包括各州间的人口流动、一些州的生活成本较低和建设成本存在差异。

表 6—3　　　　　　　1996—1997 学年初等和中等教育基本建设支出

州	建设（千美元）	仪器设备（千美元）	土地和现有的建筑（千美元）	总计（千美元）	生均（美元）
亚拉巴马	261 414	130 787	27 869	420 070	562
阿拉斯加	126 594	15 241	10 495	152 330	1 172
亚利桑那	418 794	214 645	45 354	678 793	849
阿肯色	109 182	74 817	8 205	192 204	420
加利福尼亚	1 963 005	808 550	317 119	3 088 674	543
科罗拉多	437 318	226 518	14 795	678 631	1 008
康涅狄格	103 513	57 842	32 865	192 204	368
特拉华	52 503	21 443	——	73 946	669
哥伦比亚特区	43 690	9 416	——	53 106	675
佛罗里达	1 536 931	500 920	73 598	2 111 449	942
佐治亚	789 453	236 790	30 273	1 056 516	784
夏威夷	109 277	3 258	11 169	123 704	659

续前表

州	建设 （千美元）	仪器设备 （千美元）	土地和现 有的建筑 （千美元）	总计 （千美元）	生均 （美元）
爱达荷	146 080	32 623	—	178 703	729
伊利诺伊	1 017 654	580 420	—	1 598 074	810
印第安纳	370 770	279 049	17 209	667 028	679
艾奥瓦	168 145	124 741	2 672	295 558	588
堪萨斯	59 266	115 326	13 564	188 156	404
肯塔基	200 374	119 305	4 688	324 367	494
路易斯安那	122 022	100 230	27 643	249 895	315
缅因	26 167	27 615	17 843	71 625	335
马里兰	425 086	146 447	21 192	592 725	724
马萨诸塞	357 900	81 373		439 273	470
密歇根	913 794	425 406	139 750	1 478 950	877
明尼苏达	616 031	148 986	34 137	799 154	943
密西西比	156 073	88 028	—	244 101	484
密苏里	313 152	196 815	42 338	552 305	613
蒙大拿	32 903	23 232	3 581	59 716	363
内布拉斯加	85 657	120 676	7 339	213 672	732
内华达	299 727	57 929	11 873	369 529	1 310
新罕布什尔	106 175	18 564	44 738	169 477	855
新泽西	650 191	169 686	118 656	938 533	764
新墨西哥	154 684	46 023	48 963	249 670	751
纽约	2 283 303	259 285	18 542	2 561 130	901
北卡罗来纳	561 782	235 743	50 703	848 228	701
北达科他	22 257	22 317	3 418	47 992	400
俄亥俄	617 036	417 276	41 194	1 075 506	583
俄克拉何马	142 264	122 781	17 577	282 622	455
俄勒冈	294 811	86 925	13 705	395 441	735
宾夕法尼亚	1 189 620	202 972	7 581	1 400 173	776
罗得岛	7 749	14 104	—	21 853	144
南卡罗来纳	343 397	155 543	10 693	509 633	781
南达科他	4 497	58 695	—	63 192	441
田纳西	326 830	140 889	12 448	479 484	530
得克萨斯	2 372 945	673 713	100 427	3 147 085	822
犹他	171 970	88 682	22 175	282 827	587
佛蒙特	74 570	13 273	8 322	96 165	904
弗吉尼亚	534 688	287 312	9 898	831 898	759

续前表

州	建设 （千美元）	仪器设备 （千美元）	土地和现 有的建筑 （千美元）	总计 （千美元）	生均 （美元）
华盛顿	639 737	212 683	44 717	897 137	921
西弗吉尼亚	62 864	48 085	33 260	144 209	474
威斯康星	588 558	145 001	27 631	761 190	866
怀俄明	52 668	29 517	2 045	84 230	850
全国总计(生均)	22 465 071	8 416 814	1 552 264	32 434 149	711

注："—"为零或者近似为零。

资料来源：U. S. Department of Commerce, Bureau of the Census（2000）, *Public Education Finances*：*1997.* [Series GC97(4)－1] Washington, DC：U. S. Government Printing Office, Tables 9, 18, pp. 9, 172。

150　　　尽管有大量的、逐渐增加的资金用于学校设施建设，但是，很多社区学校的设施还是不够多，而且需要大范围的翻新以满足 21 世纪的要求。美国学校行政人员协会（Hansen, 1991）所作的学校所需设施的调查显示，目前学校中，1/3 是于第二次世界大战之前成立的，另外的 43% 是在 20 世纪五六十年代的扩招年成立的，相对很少的学校是在 20 世纪 70 年代（14%）和 1980—1993 年间（11%）成立的。大约 13% 的学校学习环境恶劣。早期的一个调查显示，1/4 的学校条件不充足，大多数学校（61%）需要大规模的修理，很多学校（43%）都有了环境公害，另外 13% 的学校存在结构不合理现象（Education Writers Association, 1989）。

根据对全国学校官员抽样调查的结果，美国总审计署（the United States General Accounting Office, 1995a）估计，1/3 的学校需要大幅度的整修和重建，而改善学校设施、使其达到一种良好的总体情况大约需要 1 120 亿美元。其中的 110 亿美元用于帮助学区执行之前的联邦命令，使残疾学生能接受所有的教育项目，消除危险物质，如石棉、水中的铅及油漆、地下贮藏箱里的物质以及氡。美国总审计署后来的一个调查显示，大部分学校都没有充分利用现代科技。大约 40% 的学校没有达到实验室科学标准，半数以上的学校没有灵活安排使用多种有效教学策略，2/3 的学校不符合课前或课后护理或日常护理的要求（the United States General Accounting Office, 1995b）。这份报告还指出，"整体而言，中心城市的学校以及少数民族人口占一半或更多的学校比其他学校更可能没有足够的科技力量和令人满意的环境条件，特别是照明设备和人身安全"（p. 2）。

1995 年教育基本建设支出为 1 120 亿美元，最近对学校所需基本建设财政支出的估算数额是 1995 年的两倍。克兰普顿、汤姆森和哈吉等人（Crampton, Thompson, & Hagey, 2001）估计需要 2 661 亿美元资金。他们研究的目的是"为没有满足的、用于学校基础建设的资金需要作出预算"（p. 644）。他们的预算也包括对未来的预测，如在招生数量和政策上的预期变化。根据这项预算，需要引进资金最多的州有纽约（476 亿美元）、加利福尼亚（220 亿美元）、俄亥俄（209 亿美元）以及新泽西（207 亿美元）。佛蒙特和新罕布什尔州需要的资金最少，分别是 22 010 万美元和 40 950 万美元。此外，研究者声称，眼前和短期补救措施将不足以支付这种规模的所需投资。相反，永久性的资金组织，如那些帮助国家向学校提供援助的组织，都是至关重要的（Crampton, Thompson, & Hagey, 2001）。

恶劣的学校条件，反映了选民不愿投资到公共教育事业。另外，传统融资方式的资本支出可能导致资金不足，这给地方资源带来了很大的负担。实际上，西尔克（Sielke，2001）发现，有 39 个州都需要选举人的批准才能发行债券，以用于学校基础设施的建设。此外，只有夏威夷一个州在 1998—1999 年度为学校基础建设提供了全部的国家贷款，而有 12 个州没有提供任何国家贷款。或许最令人不安的是国家资助资金、基本建设投资以及估计所需之间的差别。西尔克（2001）指出，从 1993—1994 年度到 1998—1999 年度，政府提供的资金从 41 亿美元增长到了 109 亿美元。尽管数量上有了很大的增长，但是，基本的资金同学校建设所需资源的预算相比就微不足道了。美国总审计署的预算是 1 120 亿美元，而克兰普顿、汤姆森和哈吉等人（2001）预计是 2 661 亿美元。在缺乏重要的州——或许联邦政府——投资介入的情况下，本地的基本建设投资需求将越来越多地通过传统方式得到满足。

尽管一些州政府为学区提供贷款，或者部分或者全部由州政府承担资本成本，但绝大多数学区必须依靠多种方法为资本项目筹集资金。例子包括即付计划、沉淀资金为将来的建设项目节省开支以及发行长期债券。其他获得所需设备的方式包括新房产开发的评估费、租赁和采购经费以及合营企业的收入。下面所讲的为财政支出提供资金的方法是由奥尔蒂斯（Ortiz，1994）、汤普森、伍德、哈尼曼（Thompson，Wood，& Honeyman，1994）以及科瓦尔斯基（Kowalski，2001）详细讨论过的。

当期收入和建设基金

15 个州的学区都没有得到州一级的用于基本建设投资的财政支持。即使是在那些提供一部分资金的州，地方当局也只是支付项目所需资金的大部分（Education Writers Association，1989）。用目前的税收收入支付重大的项目是罕见的，因为它们的开支很大，而且对年度预算也有很多其他的要求。仅在最大的和最富裕的学区，用税收收入支付工程花费是可能的。这项即付的做法能带来好处，它避免了利息的损失并能劝阻学区对奢侈设施的改善，如果国家金额拨款资助项目，它们就可能改善这些奢侈的设施。但是，这种方法使得大部分学区必须大幅度提高税率，以此来满足支出需要。各区必须借助于某种形式的储蓄或借贷，使每年的税率保持基本一致。

"建设"基金和"沉淀"基金是专门为将来的建设需要而长期积累储备的账户。一些州允许此类的资金存在。这些储蓄计息以扩大贮备量；随着储备的增长，它们鼓励为未来的需要作远程规划。这个办法的好处是，学区积累"沉淀"资金利息的同时，消除了大量的借款利息。不过，储蓄可能并不足以筹资改建设施或支付新的建设，或在人口超常增长时期购买足够数量的巴士。此外，学校董事会和纳税人都不愿为不确定的未来计划承诺资金，尤其是在学区不能满足目前教学需要时，或在学校董事会选举或行政任命改变资金使用优先次序的情况下。

发行债券

不用等到有储蓄时才进行修缮，在需要时，各学区可以通过发行债券为具体项目提供资金。这种形式的借款的优点抵消了必须支付给投资者利息的额外工程开

152 支。首先，这种形式的借款产生的债务是由将来的实际用户支付的，这与第 3 章中讨论过的受益原则是一致的。否则，该债务就要在项目开始之前由对"沉淀"基金收取的税收来支付。其次，以当前价格建设的设施实际上可能为该学区节省了开支，这是因为低利息的债券是由未来的税收收入支付的，税收通常会因为通货膨胀而贬值。

各地通过发行债券募集了 75％ 以上的基本建设资金，为各地的财政改善提供了资金（Ortiz，1994，p. 40）。萨拉蒙和托马斯（Salmon & Thomas，1981）给**债券**下的定义为："联合机构发行的书面财政工具/手段，借钱时，有时间限制和利息、主要的偿还方法以及清晰表达债务的术语"（p. 91）。州的法规使学区和其他公共实体能够举债，这些是由将来的门票收入或预期的财产税收入来偿还的，与房屋抵押贷款和其他各种以房地产作为抵押物的长期债务不同，**基本义务公债**有公共实体"完全存在"和信守承诺的誓约作保证，因为它们强制学区，或在其他情况下，强制该州为偿还债务而提高税率，而且债务往往首先要求政府援助，人们很少害怕学区不履行付款义务。另外，因为投资于公共工程赚得的利息不用缴纳联邦和州的所得税，学区发行的债券对投资者来说是很有吸引力的。

管理董事会在依赖财政的学区，或学区选民在财政独立的情况下，决定是否发行债券和定期征收财产税来支付本金和利息。有些州充分利用自身强大的征税权利和信用等级进行学校债券销售，这样，它们可以得到更低的利率。在这些情况下，地方在选民批准一个项目后可以请求州参与到债券销售中。另外，州可以为所有的地方债务承担责任（Thompson，Wood，& Honeyman，1994，p. 568）。

债券通过债券担保人的竞争性招标发行，从而使投资者也获得债券。市和学区的债券以大幅降低后的利率发行。这些利率都很低，因为债券具有高度安全性，并且债券持有者所得的利息是免税的。而贷款必须支付税收以对商业建设项目进行融资。因此，公共部门基建项目的成本减少了。那些拥有良好信贷等级的学区处于更具优势的地位，因为它们可以以很低的利率发行债券。专业的债券评级公司，如穆迪投资者服务公司和标准普尔，会考虑到本地财产估值、未偿债务、目前的税率等因素。一个创办计划（Wood，et al.，1995）将债券发行目的、类型和面值、充分暴露区财政状况（其中包括未偿债务）、任何影响债券销售的悬而未决的诉讼和其他有关学区的信息等，传给了金融界。这些债券担保人收集的信息和当前的国民经济状况，影响了支付给投资者的实际利率（Education Writers Association，1989，p. 31）

分期还本债券（serial bonds）是投资学校建设的最常见形式。它在一定期限内（比如一年）分期偿还借款的一部分；全部借款在发行期内（比如 10 年、20 年或者 30 年）全部还清。短期的分期偿还的利息比长期的要低一些。投资者和学区等，要注意长期利率的详细说明。它们犹豫不决是由于经济的波动可能意味着非常低或非常高的利息回报。学区不经常购买**定期债券**（term bond），定期债券是那种指定

153 本金和利息在一定日期到期偿还的债券。

可提前偿还债券（callable bonds）是指在指定的若干年以后可以重新发行的债券。该债券为学区提供了在未来利用低利率的机会。不可提前偿还债券（noncallable bonds）保护了投资者，因此也带来了可观的利率。但是，不可提前偿还债券使得学区不可以根据经济波动来控制利率的额度。在利率比较高的时候，最有可能

考虑可提前偿还债券。

即使在学区背负了不可提前偿还债券的高利率债务时，提前再投资也可以提供降低借款全部净成本的可能性。在某些州，提前再投资是受管制的。在这种机制下，新的债券在一个较低的利率上发行，且投资基金的债券比先前的债券更早到期。发行债券主要是当地政府想要增加基本建设投资基金，但是，州政府却管理资金的使用和债券交易的过程本身。学区借用基金可以用于购买土地、建造新的设施、添置附加物、修缮已存建筑物和购买设备，但这些基金不能转而用于学校的运行。一旦学校委员会批准了一个建造计划，而且也从州政府得到了许可，它就必须发布一个关于该项目的公众通知并且接受意见。在那些学校财务独立的学区，要进行公民投票来授权借款和通过提高税率进行债券偿还。发行债券的性质也要受到州政府的控制。法规可以明确规定可接受债券的类型、到期年限及最大利率。

州政府可以明确地方政府的最高债务限额。**最高债务限额**（debt ceiling）经常用于限制学区过量使用它们的应纳税税基，也保证未来良好的客户信贷等级。该最高限额可以采取增加基本建设投资基金的最大税率的形式，也可以采取资产价值固定比例的形式。许多贫困的学区，由于它们有限的债券能力限制了其用于设施建设和重塑而需要增加的金额，因而不能满足基建投资需求。最高债务限额允许较富裕的学区比那些较贫困的学区通过债券来增加更多的基金，即使这些限制和学区设施需要没有任何关系（Augenblick，1977，p. 12）。

州贷款和转移支付资金

尽管州法庭和立法机构一直关注学校运营中生均投入不均等的问题（见第 7 章和第 10 章），但它们没有要求制定政策以减轻设施方面的严重不平等，而这些不平等来自基建投资资金对当地纳税税基的严重依赖。贷款和直接转移支付已经提供了一些州层级的援助，但是这些拨款不足以满足资金需要。

地方政府可以从州政府那里得到资金，这些资金来自没有发行市场债券的已批准项目的贷款。即使最高债务限额限制了可获得资金的数额，州贷款也使得很多学区能拥有充足的设施。贷款来源于偿还项目的准备资本、直接立法机构的拨款、利率有专门用途的预留永久基金（permanent funds set aside with interest used purpose）或者州层级的借款。萨拉蒙等人（Salmon et al. 1988，p. 9）在报告中说，有7 个州可以使学区获得低利率的贷款。教育作家协会（Education Writers Association，1989，p. 27）列出了这样的 5 个州。

因此，对要求偿还的贷款的使用是有限的。相反，大多数的州立法机构都根据一些方法来拨付基本建设投资资金，并且对这些资金进行分配，只有夏威夷完全提供基建投资资金。州政府完全投资的局限性在于：地方政府对决策失去了发言权，项目审批和投资数量的有限限制了州政府满足所有设施需求的能力（Augenblick，1977，pp. 7—8；Salmon & Thomas，1981，p. 96）。许多州政府根据不同学区的财政能力而采用灵活的方法来支持学校建设。提供不同转移支付的大多数州政府都根据基础或者百分比平等公式来做到这一点（见第 7 章），该公式考虑了当地的资产价值，在一些情况下，还考虑了税收结果（Gold，Smith，& Lawton，1995，pp. 48—52）。

有几个州政府允许进行公共合作来增加基建资金。建筑授权于 20 世纪早期首次创立,它避免了对市政当局和学区的债务限制条件。坎普和萨拉蒙(Camp & Salmon,1985)报告说,有19个州政府在进行建筑授权试验,但只在8个州仍然进行州和地方政府级别的运营。比如,纽约市教育建设基金代表了对大城市学校设施投资的创新性办法。该组织将建筑物修在学校自己的土地上。学校只占有该建筑物设施的一部分,剩下的部分出租给商业机构以偿还债务。4个州政府经营债券银行(Education Writers Association,1989,p.27)来加强债券的发行,因此,它们可以利用比可获得的个体项目更低的利率。坎普和萨拉蒙(1985)建议说,城镇合作公共组织和区域债券银行可以提供资金优势和规模经济(scale economic),这与那些提供教育服务的机构合作所取得的资金优势和规模经济是相似的。

在进行基建投资时,较大的州政府有几点优势。当较为贫困的学区可以得到扩大和改进设施的大量税收时,教育机会将更加均等。学区认识到,还本付息中的贷款是存在成本的。不管是使用州政府的高信用等级来发行债券还是得到无借款的直接补助,这都是事实。因此,为了获得州政府拨付的项目资金而制定的方针和标准,经常列出符合成本效益原则的建设实践,对学校建筑物的设计和位置产生影响,并且致力于能源节约(Johns et al.,1983,p.286;King & MacPhail-Wilcox,1988)。

同时,较大的州也存在缺陷。当权力和控制变得十分集中时,当地居民可能对公共教育进行较少的支持。如果设施的设计和功能在每个州都是统一的,则禁止了学区对特殊需求的创新和认识。最后,假定州政府层级中存在激烈的资源竞争,则可能出现对当地需要的延迟满足(Salmon & Thomas,1981,p.96)。

开发者费用、租赁置业和合资

奥尔蒂斯(1994)描述了其他几种增加当地资源以满足设施建设需求的机制。郊区——主要就加利福尼亚州、科罗拉多州和佛罗里达州的那些发展较快的学区——对新的住宅和商业开发者直接征收**影响费**(impact fee)。这项措施和全学区内的一般财产税不同,它使那些开发者在得到项目批准时要向新的建筑和增加的服务进行一定比例的投资,投资比例通常在10%~15%之间。这些基于特权的税收,最终由那些从快速增长的社区的经济发展中直接获利最多的居住者和商业建筑物所有者来负担。那些渴望转移这些负担的居民如同影响费般引人注意,鲍曼(Bauman)警告教育官员要准备好接受来自受该费用影响最大的社区和商业领导的详细审查。

租赁置业(Lease-purchasing)是借款的一种形式,多年来,它被用来为那些不能负债的组织机构(如合作教育服务委员会)建设设施、获得大型设备和移动教室。承诺支付者一般将租赁权卖给投资者,学区通过这个收益来购买需要的设备。**合资**(Joint Venturing)能够使用以上讨论的各种形式的投资,从而让几个政府或者私人机构一起来建造和分享设施。和其他公共团体共同占有设施,可以实现设施利用的最大化,并且可以降低建设成本。尤其是诸如游泳池和网球场这样的娱乐设施的建设,通常是与市政机构和更高居民组织相协调。

以后,社区会越来越多地需要基建投资来更新或增加设施,尤其是在快速发展的学区。其他的学区会重塑旧建筑物,或者关闭损坏的旧建筑物。那些生源减少的学校会出售那些未充分利用的建筑物,或者将它们改作他用。公立学校的设施将为

155

学前教育和幼儿园学龄前的儿童提供更多的住所，并为学龄前和学龄后的学生提供教育项目，或者在晚上或周末为成年人提供继续教育和社区大学项目。重新构造初等和中等教育的组织模式以及教育和信息技术的运用，都会因为建筑物重建或原来构造的不同而产生压力。地方将对这些要求作出增加税收、呼吁国家援助、收取影响费或其他投资机制的回应。

合作伙伴关系、基金和志愿服务

从历史上看，学校一贯依靠私人资源来补充公共资金。居民——尤其是学生家长——通过学费和特殊费用、募捐者社会活动、直接捐赠和志愿活动来为学校贡献大量的时间、才能和资金。但是在 20 世纪 60 年代和 70 年代，除了财产税收，个人和私人部门在建造资源基础方面的参与越来越少。家庭结构的变化和时间优先安排顺序使得投入到学校活动的时间越来越少。迅速扩大的社区与集中的学校系统产生了很大的距离，并且也改变了家长和学校管理者之间的关系。日益增加的专业化工作代替了义务劳动，而且州政府承担了公立教育中更大份额的工作。这些变化的一个重大后果就是加剧了家庭、工作和社区之间的分离程度。正如马修斯（Mathews，1996，1997）指出的，学校在公众眼中失去了合理性，学校不再呈现出它为公众建立或者它是公众的一部分的组织特点。

近年来，在公立教育中鼓励更大程度的私有化和企业家身份的趋势得到了发展。许多州努力限制税收的做法有可能减少地方政府的收入。这些成果促使学校再一次依靠私人资源和货币的投入。私营部门的投入和经济增长与国际竞争有关。它激励学区不仅要在获得资源方面参与商业和社区活动，而且要在未来教育结构规划和学习成果方面参与商业和社区活动。

个人通过捐赠和"挑战补助"（challenge grants）增加了学校的资金，或者通过更加广泛地投资来支持改革，挑战补助要求接受者筹集配套的资金。1990 年，罗斯·佩罗（Ross Perot）的 50 万美元的挑战补助，激励了其他资金的筹集以支持"为美国的教学"项目，并且招募大学毕业生到该行业就职。迄今为止，对公共教育的最大金额的捐赠是 1994 年瓦尔特·安尼伯格（Walter Annenberg）的 5 亿美元的承诺。该捐赠中的一部分以挑战补助的形式通过新美国发展公司（New American Development Corporation）、州教育委员会（the Education Commission of the States）、设于布朗大学的安尼伯格教育改革研究所（Annenberg Institute for School Reform）和国家的几个最大的市内学区（Annenberg Institute for School Reform，1995）来吸引与学校改革相配套的公共和私人投资。

在最近的合伙运动早期，私营部门和公立学校发起了"领养一个学校"的项目。公司将执行经理借给学校，来提高学校的领导能力和管理能力。在暑假期间，它们雇用教师，从而使教师熟悉商业需求，而且也给学生提供兼职机会。它们投资做广告，通过广告来提高改善学校的意识并防止学生辍学。成人和继续教育项目共享学校空间，市政当局联合起来投资特殊设施的建设。教育基金激励了个人和公司进行投资。老年人和家长自愿到教室去做志愿者。随着该运动的发展，私营部门在吸引运营单个学校的公立学校委员会和提供执行经理来监督学区运营方面，变得更加积极（See Doyle，1994）。

在这一部分，我们考察了合作伙伴关系、教育基金和志愿服务形式的公司活

156

动。这些活动给学区提供了稳定的额外资金和人力资源，不但促使了教育的改进，而且丰富了政策和课程的对话（King & Swanson, 1990）。这些活动能够开展，是由于这些公司给个体学校提供了其需要的资金和人力资源。它们在系统层面的重构和更新的指导下参与到更有意义的公—私关系中。

公私合作

学区或者个体学校和商业机构之间正式和非正式的关系做成了一些事情。私营部门希望得到一支受过良好教育的劳动力队伍，以提高劳动生产率、降低在职培训的费用、提高国际竞争力。对学校改进的兴趣部分来自对"明天劳动力市场来自今天的学校"和对"商业和教育者可以在发展需要的技术方面进行合作"的认识，"对技术的共享是有效关系的基础"（Hoyt, 1991, p.451）。对人力资源开发方面的投资，在第2章有更加详细的说明。它对商业产生的回报，与对社会产生的回报一样。

学校历来就是商品服务销售和捐赠的巨大市场。商业机构从直销中获利。学校从私营部门保证提供更加有效的商品和技术的研发中获利。私营部门的参与也受到通过对公立学校捐资和捐赠商品而获得的税收收益的驱动（Wood, 1990）。

作为对公立学校投资的回报，私营部门希望提高学校的绩效。相反，学校系统希望得到更多的资源，以增加供给并产生更好的结果，道尔（Doyle, 1989）提到，商业参与的前提通常是参与的成果会产生更多的资源：

> "商业机构对学校的期望应该正好是它本身的期望和客户对其的期望——绩效。学校必须能够描述它们在价值增加方面要做的事情。学校要做的有什么不同？哪些度量方法可以测量学生在学校里的进步？"（P. E 100）。

学校和商业机构之间的合作关系的改善，以资源和共同进步的形式对双方产生了回报。

公私合作的形式多种多样，其中主要有捐赠、分享和企业活动三种类型，这是麦农总结的（Meno, 1984）。**捐赠活动**定位于捐赠商品、服务和金钱。**分享（合作）活动**是允许学校与社区组织、大学、政府机构合作以降低成本。**企业活动**包括学区的各种产生收入的服务：准备食物、信息处理、为其他组织提供交通服务、将多余的建筑物租赁给其他团体使用、将运动场租赁给专业运动员使用或者将空置的建筑物租赁给营利单位（如信用合作社）；推动游泳教学和设施建设，这是可以收取使用费和服务费的项目；出售学校市场，比如食物服务权利和自动贩卖机。最近，随着学校寻找另外一种收入，企业概念变得更加广泛。家长和学生积极募集资金，而且参与到了各种资金筹集的活动中；惠特尔第一频道（Whittle's Channel One）带来了新闻项目和教室内的合作广告；一些学区将学校的墙壁、运动制服和公交车作为广告空间出售（Bauman & Crampton, 1995）。捐赠、分享和企业活动用各种方法增加了学校的资源。预计每一种方法可以通过合作安排来给它们所服务的学校或者社区带来极大的收益。

学校层面上的合作提供了直接影响教学的机会。有数不清的私人捐赠学校项目的例子。商业机构可以通过直接投资或者发行挑战补助来激励创新。它们捐赠计算机和其他设备、资助艺术表演、为辍学学生提供咨询和工作前的实习，而且筹集资金来确保高中毕业生能够找到工作或为其上大学提供资助。商人也可以在学校工作——为学生讲课、供职于计划委员会等，并且制定与其他合作者更有效合作的策略（Sammon & Becton，2001）。格伦（Glenn，2001）声称，最成功的合作是基于社区，并且包括一个连续改进过程，这个过程包括计划、发展、实施、管理、监督、评估和对未来的计划（p. 12）。

高等教育已经制定了和中小学合作的伙伴协议。切尔西——马萨诸塞州的公立学校——在实行教育改革时转向波士顿大学寻求帮助。1989 年，州立法使大学管理学校体系长达 10 年之久。得克萨斯州立大学和埃尔帕索市立大学的校长，联合其他领导成立了合作小组，目的在于提高该区的公立学校学业成绩（Navarro & Natalicio，1999）。纽约州立大学和威斯特郡公立学校合作，旨在增加合格大学生的输入、培养教师职业的活力、提高标准、强化职业咨询、发展领导能力和增强中学的教与学（Gross，1988）。许多教育学院也与公立学校合作，创造学校的职业发展，提高当前技能，培养未来教师。高中生可以进入大学课堂获得学分，大学教师也可以到中学授课（Ziegler，2001）。

通常，合作伙伴关系都是在地方学区内建立的。然而，州的改革立法经常鼓励和规定企业与学校一同分析和规划学校发展。除此之外，几个国家项目也鼓励企业参与到校本活动、全系统的政策发展和州一级的改革中来。成立于 1988 年的全国教育伙伴协会（National Association of Partners in Education，NAPE），意识到了教育改革中建立公私伙伴关系的价值。

公共教育基金网（Public Education Fund Network，PEFNet）覆盖了 60 个城镇学区，它尽量地将很多地方性非营利组织联合起来（Bergholz，1992；Muro，1995）。网络组织成员的目标及策略在过去有一些变化（Useem & Neild，1995）。创建基金是为了从市领导和商人那里得到学校改进的政治和经济支持。最初的策略是提供资源、改善公共关系、发起"领养一个学校"项目以及通过给予教师和其他工作人员一些小金额补助来为教学项目提供设备。在中产阶级离开城市学校的年代，公共关系目标对于从市领导和商人那里获得资助是十分重要的。伴随着教育改革的变化，合作的作用也在变化，它在很多学区发展成为：在学区级的政策争论和整个学校改革中，更加直接地包括了私人部分。"对于很多长期资助来说，它们的主要角色已经从仅仅作为资源提供者和相对不重要的学区投资者，转变到了愿意坦率地说出系统改革需要的长期变化的催化剂和中介"（Useem & Neild，1995）。它们不但提出组织存在的问题，进行管理安排和运行效率的研究，对变动的政策进行建议，而且还使用补助来执行改革。

新的合作活动的特点是项目促进了学校重建、研究了组织问题并鼓励了州层级改革（Useem & Neild，1995）。有合作伙伴参与的重建包括：通过发起"学习"（LEARN）活动，在洛杉矶的 600 个地点进行重建；在费城，激励教师进行课程改革，并进行强调艺术、数学和科学的学校重建；在查塔努加（Chattanooga），将古典教育理想的哲学应用于课程和教学的实践；在旧金山，建立了针对将资金用于重建工程的校长研究小组。几种合作关系均研究了组织的问题，并形成了政策建议。比如，纽约教育总长的战略研究工作组发起了全系统范围内的数学课程改革，同时也调整了毕业标准。丹佛（Denver）学区公立教育联合会捐资成立了一个管理效率审计机构来评估 5 个学区的管理状况。最后，州层级的改革也是合作活动的一个副产物，在马萨诸塞州，企业教育联盟提出建议以后，《1993教育改革法案》也形成了。

印第安纳州教育政策中心对26个州的50个私营部门联合组织进行了调查，考察合作活动对州层级政策的影响（Hamrick，1993）。该研究中涉及的联合组织将它们自己看做是全州范围的教育改革的中介，并且通过影响州层级的教育政策制定者和选举出来的官员来增加对改革的发言权。这些联合组织中的最高级别优先权在于提高学生的表现、通过公民和家长的参与来改变权力结构、改变国家教育治理结构、减少或者完全废除州的规制以及现场管理和教师在决策中的参与。尽管这些组织代表了私营部门的利益，但除了西部的几个州外，在整个国家中，学校选择、教育券和学费的减免在合作内容的优先次序中是最低等级的。州政府代表认为，这些组织是有效率的，至少在某种程度上是有效率的，并且将它们的效率和群体在发展与州政府官员的关系方面、在提出特定的立法建议方面以及在获取公共资助方面的成功联系在一起。哈姆里克（Hamrick）得出结论认为，私营部门的影响是强烈且渐增的，并且该联合组织就是增强这种影响的重要策略。

人们从这些或其他提高学校项目的活动中得到了很多经验教训。商业领导者开始熟悉学校经营。当考察学区政策并发起整个学校改革时，他们提出了关于权力分配的问题。他们也被诸如协会合同、教师雇佣政策、中学进度表和标准化的测试要求等结构障碍所困惑（Useem & Neild，1995，p.7）。例如，发起了1993年"新理念学校"（New Visions Schools，全名为New Visions for Public Schools）的纽约城市基金，最终与学区和协会达成了协议，允许在不考虑合同的资历条款的情况下在学校雇用教师（Lief，1992）。通过对公共教育基金资助活动的回顾，尤斯姆和内尔德（Useem & Neild，1995，pp.17，21）总结出，它们的效应取决于以下三个方面：（1）主管的鼓励和支持；（2）通过基金会或者其他与基金会合作的组织的渠道，得到商业机构明显而强大的支持；（3）基金会成员之间的谈判和建立联盟的技巧。他们也指出了参与者之间在各个阶段经常进行交流的重要性，提到了认真开展对学区实践活动进行评估的重要性，"评估通过一个独立于基金会的、由具有广泛代表性的人组成的委员会或者专门工作组完成"（p.19）。

公私合作的优点很多，如没有官僚主义、超乎党派、非政治化，并且具有灵活、创新等特性。同时，它们在组织内部是这样的（具有自己的委员会来设计特殊的学校系统、管理和教师会），在组织外部也是这样（具有独立的管理董事会和资金来源）（Useem & Neild，1995）。

大城市中这些项目的规模和显著性使得小学区中的这些项目黯然失色，实际上，小学区具有正式合作关系的必要性较少。比起大城市和大学区来说，农村学区形成了较少的教育—商业合作关系，英曼（Inman，1984）和曼恩（Mann，1987b）对其原因进行了讨论。农村学区先前存在的紧密联系、分散的经济、本地节俭的文化以及社区之间那些无意识的竞争，都消除了建立联盟的必要性，并且使得联盟不受欢迎。农村学区没有强大的经济基础，当公司为它们进行捐赠或者提供支持的时候，对于公司来说，它们仍然要纳税来支持学校系统的预算。因此，公司认为，对学校进行捐赠或者支持是不明智的。小学区的学校与其他学校、公司和社区机构之间有更加紧密的联系。这种联系的缺乏，正是城市里进行合作的动力。大城市学区是合作活动的最大受益者，部分原因是由于公司更加愿意支持与它们在同一个社区的学校。

合作活动在 20 世纪 80 年代增长迅速。麦克拉夫林（McLaughlin，1988）报告称，在 130 个大公司中，有 64% 都将初等和中等教育列为它们所关注的第一位的社区事务。然而，仅有 3% 的公司对教育的贡献投在了大学前的公共教育上（Timpane，1984）。海斯（Hess，1987）对以芝加哥为基础的 62 个基金组织作了调查，结果发现，它们共为学区拨款 446 次，总计 770 万美元。然而，这只占它们总贡献的 4.6%。20 世纪 90 年代，公司缩减开支，影响了它们的拨款。例如，亚特兰大富地公司的慈善捐献从 1983 年的 3 700 万美元减少到 1993 年的 1 250 万美元（Sommerfeld，1994）。尽管公司领导人推断，慈善性捐赠将会随利润的增加而增加，但是，基金会中心预测，20 世纪 90 年代慈善事业将持平发展，其原因部分源于联邦税收对公司捐赠态度变化所带来的不确定。

企业捐赠的数量可以反映出商业在学校活动和政策上的作用。曼恩（1987a，1987b）对 108 个教育系统（包括 23 个大城市）的研究发现，被调查的学校中，仅有 17% 发展了具备协调性结构、目的多样性、多方参与者和稳定性四个特征的新型商业参与关系。曼恩（1987a）指出，商业在致力于满足教育改革需求方面作用不大，这是可以理解的。

> 在为了防止滥用职权而建立权力有限的政府机制、把大多数控制权交给专业人员、在学校和社区之间插入董事会之后，为什么我们还对没有一个商业团体有权力解决问题而感到吃惊呢？（p.126）

很多合伙企业都避开有冲突的领域，一些行业把它们的参与限定为帮助学校取得资金和物资。根据廷潘（Timpane，1984）的说法，商家不愿牵扯到学校事务中，因为它们认为进行孤立的项目不大可能会"提高教育系统的运行绩效，由于地方、州和联邦各级政府数年来的不作为，使得教育系统深陷于项目管理和财政控制之中"（p.391）。然而，它们有限的合作作用并没有促使教育者利用商业技能、领导地位和政治影响力，因为改革的方向是由地方和州层级的政府制定的。

与这些关于企业有限作用的报道形成对比的是一份关于有效学校的研究，研究表明，共同的协作与努力使得学校项目大为不同。威尔逊和罗斯曼（Wilson & Rossman，1986）关于 571 所典型中学项目和政策的调查，揭示了几个共同的问题。这些学校积极地从社区招募人力资源，运用积极的公关活动，成功地吸引了个人和商业资金。学校和社区双方都获益了，社区大量使用学校设施，而学校也在社区中树立了积极的形象。是什么使这些学校不同于其他的学校呢？其不同之处在于学校同社区频繁的合作、高水平的参与以及这些活动对学校任务和项目的重要程度。

合作性活动为学校项目提供的远不止表面上的变化。不要把实现合作关系作为单独的、目标明确的任务，现在的趋势是使合作者同学校任务相结合，使其成为包括多方利益相关者和志愿者在内的综合行动的一部分。

教育基金会

私人资助和非营利性学校基金会扩大了单个学校募集资金的能力（Addonizio，2000；Monk & Brent，1997；Pijanowski & Monk，1996）。很多学区已运用这种合作形式来协调、鼓励个人和企业的捐赠。**教育基金会**能够支持总的教育目标，或者能够创立特殊用途的基金来吸引捐赠物用于具体的学校项目、体育或其他活动以及设施的建设。基金会的资金可以用于一系列的特殊项目,包括科学和计算机实验室、在当地或到国外的实地调查旅行、教师进修、教学用椅、体育设备以及以物质激励学生完成高中学业进入大学。以特殊群体,如校友会、雇用毕业生的行业或者是社团中富有的居民为目标,是有效获得基金的策略。长期的发展活动鼓励通过房地产规划设立基金,这样就可获得预期收入,用来赞助教学岗位和奖学金。

基金会给整个州或者是特定教育系统内的学校带来利益。埃德娜·迈克康乃尔·克拉克基金会(Edna McConnell Clark Foundation)努力促成了肯塔基州的政策改革,这就是一个很好的例子,说明了基金会为州范围改革做出的努力(McKersie & Palaich,1994)。基金会向学区捐助的最大一笔资金是麦克阿瑟基金会(MacArthur Foundation)捐献的4 000万美元,麦克阿瑟基金会自1990年以来,10年内向芝加哥学校捐献了4 000万美元。"我有一个梦想"基金会为32个城市的"处于危险状态"(at-risk)的学生提供奖学金,以资助他们接受高等教育,鼓励他们完成高中学业。许多比较小的学区也建立了基金会,以募集和管理捐赠(Ballew,1987;Havens,2000;Neill,1983;Nesbit,1987)。

先前已讲过的国家公共教育基金网(PEFNet)紧接着公共教育基金成立,后者是1983年由福特基金会出资600万美元创立的。一项关于1983—1988年间经由该网络进行的55家基金会赞助的活动的研究发现,它们通过数额较小的拨款(平均为662美元)来资助教师,实施了小型的、透明度高的项目。它们也敦促公共关系项目支持学区实现发展目标(Olson,1988)。

对基金会所作努力的赞扬,激励它们在发起和支持教育改革中起领导带头作用:"以集中各个政策部门(包括政府的、营利的、非营利的、慈善性的)为基础的系统改革,将会比以单个政策部门为基础的系统改革取得更大的成功"(Mckersie & Palaich,1994)。前面引用过的扩大合作作用的例子,表明了基金会在改革中的潜能。

联邦和州法律把基金会的法律结构规定为慈善性的托管或非营利性的公司(Wood,1990)。因为它们通常作为自治的独立实体运作,基金会可以把教育委员会和学校教职员工的作用限制为咨询顾问的角色。作为顾问,学校教职员工帮助外部团体使它们优先使用学校资源,并且决定学校设备和教材是否适当。另外,它们还监管现金流转,以避免滥用资金的任何嫌疑。20世纪70年代后期,由于财务管理不善和诈骗行为,达拉斯公立学校把素质教育基金会告上了法庭,这个例子说明,监管是有必要的(Wood,1990)。

基金会活动为企业和个人提供了不需花费太多时间来支持公立教育的机会。而银行运作模式或"签发支票"模式(McLaughlin,1988)不能达到更广泛合作的目的,因为它不是直接让捐赠者参与学校活动。正因为如此,像国家公共教育基金网(PEFNet)这样的中间组织,试图缩短捐赠者与接受捐赠学校之间的距离。例如,当约翰·汉考克保险公司(John Hancock Insurance Company)通过波士顿协议(Boston COMPACT)捐赠100万美元时,公司的主管人员会就资金的使用召开会议,讨论教师们的提议。麦克拉夫林(1988)就此得出结论:"这些中间组织用此种方式获得了公立学校的信息,加深了对学校的理解和认识,而不是增加了距离或疏远"(p.69)。这一观察表明,捐赠者参与的本质和程度类似于志愿者,对学校的改善来说，它与捐赠数量起着同等重要的作用。

由于公立学校基金会是为特定的学区和学校而设立的，所以作为学校伙伴的捐赠者之间的联系，是有可能改善的。根据哈文斯（Havens，2001）的说法，公立学校基金会的数量正在增加，而且很可能会超过 3 000 个。此外，在佛罗里达和俄克拉何马州，几乎每个学区都有一个基金会；在圣地亚哥、加利福尼亚和波卡特洛、爱达荷州，一些学校还单独建有基金会。阿多尼西奥（Addonizio，1998）发现，在密歇根州，153 个基金会是由学区建立的，目的是增加收入和支持学校与社区之间的联系。的确，如同我们在对伙伴关系的讨论中所指出的那样，通过基金会扩大当地资源的趋势，是要建立与包括人和社会资源在内的社区的联系，而不仅仅是金钱。

志愿行为

家长、社区居民和其他个人在自愿主动提供自己的时间和想法时，就是在直接支持学校。在 1992 年盖洛普（Gallup）公司组织进行的全国性调查中，有超过 16% 的接受调查的成年人声称，在过去的一年中，他们曾为学校提供过志愿服务。这个数字仅次于志愿服务于宗教组织的人数——28%（National Center for Education Statistics，1995，p. 308）。1996 年，有 39.6% 的家长称，他们曾经志愿服务过学校。私立学校与这些志愿者家长们相处得更好些，有 66.4% 的志愿者家长为私立学校提供志愿服务，而公立学校只有 35.4%（National Center for Education Statistics，2001，p. 30）。

在 1994 年颁布的《2000 年的目标：教育美国法案》（Goals 2000：Educate America Act）中，国会肯定了与家长建立更紧密关系的重要性。这一目标扩大了最初由国家各地方州长采用的目标："每个学校要提升与家长的伙伴关系，促使家长更多地参与到促进儿童的社会、情感和学业发展中。"如同近几年合作伙伴关系和基金会的角色发生变化一样，学校志愿者的角色也发生了很大变化。

布朗（Brown，1998）对学校**志愿主义**或慈善的定义如下："学校外部人员对学校贡献的时间。它意味着不需要某种回报，但就捐赠者而言，对学生福利的兴趣是积极的"。(p. 27) 人们免费提供时间和金钱的动机有很多，但学校坚持从这种利他主义中获得好处。布朗认为，志愿主义是减轻学校所面临的以下三个问题的机会：学校可获得的儿童教育资源的缺乏；自治问题——不能基于学校层面自主决定需要优先考虑的事；综合问题——专门针对学生提供足够的关心和社会支持的需要。同时，他还指出，自愿行为是学校建设的一大部分，并提到了**自愿公立教育**。布朗（1998）将这样的学校定义为："主要靠公共资金支持，但以馈赠的形式接受大量资源的学校。"(p. 95) 他建议馈赠 10% 的学校资源。

志愿主义以个人和组织的各种形式出现，它们为教育、课外活动和筹措资金提供了价值无法衡量的支援。家长、大学生和老年人开始参与到课堂和实习与实地考查中，降低了儿童和成年人的比率，从而可以给予儿童更多的个别关注。援助者俱乐部对运动队、乐队、合唱团、辩论活动和戏剧活动提供支援。1897 年，家长—教师委员会（the Parent-Teacher Association）成立，现在，该组织已经是最大的志愿者组织（Brown，1998）。它通过多种方式来支援学校，包括对学校活动进行捐助、帮助保存商家的优惠券，并用来得到教育设施和运动场设施。在一个创新方法中，商店出售捐赠的衣服和家具，学区从中得到了很大收益。每一个学校都可以获得一定比例的自由决定用途的资金。资金的分配根据学校招收学生的数量以及每个住宅区内的家长和学生提供的自愿服务时间来进行。

教育服务中的老年人志愿者（Dedicated Older Volunteers in Educational Service，DOVES）协调马萨诸塞州中斯普林菲尔德（Springfield）地区的活动，该学区的居民志愿者担任助教、辅导教师、客户讲解员、图书馆助理等职务（Gray，1984）。"金色老年人项目"（the Golden Sage Program）将老年人融入学校活动中，并且给予他们500美元的学校税收减免（Ziegler，2001）。该项目开始减免老年人的税收，但现在，很多老年人在学校中仍然是志愿者。最近一项由布伦特（Brent，2000）组织实施的对57个初等学校的研究表明，14％的志愿者都是56岁或者56岁以上的老年人。

近年来，志愿者服务得到有效的鼓励，为社区成员创造了机会，从而使得他们能够影响教育目标和管理效率。咨询和决策制定委员以及战略规划团队依靠被选举出的代表或者个人，这些人由于其特殊专业知识或者在社区中的特殊职位而被学校管理人员委任。居民在员工发展项目中共享他们的专业知识。公司为学校提供行政人员来给学校的管理提出意见，并且对绩效进行审计。布朗（1990）注意到，额外的地方学校资源加强了学校现场管理："志愿者行为可以看做是地方分权主题下的多样化形式，它允许学校可以自由地支配这些私人资源，这就如同校本管理允许灵活地支配公共投资一样。"（p.1）除此之外，通过赋予家长和其他志愿者更多的责任，学校可以缩短它与家庭之间日益增加的距离（Sandfort，1987；Brown，1998）。参与布伦特（2000）研究的绝大多数校长认为，志愿者行为通过改善社区内的关系而使学校受益。

成功的、有组织的志愿者项目具有一些共同的特点（Gray，1984）。教育局长、学校董事会和商业领导者给予了其强大而明显的支持。一项支持政策被正式采纳，该政策帮助学校员工克服志愿服务的传统障碍。系统范围内的管理人员协调志愿者服务和促进信息共享。建设层面的协调者评估需求，并且确认有可能提供志愿服务的人员。工作的重点是吸引那些具有个人天赋和承诺志愿服务的人员，而不是那些希望获得报酬的人。志愿者可以通过很多途径来支持教育、帮助进行儿童咨询和协助学校管理。合作完成的长期规划中也包含了寻找志愿者参与改进学校的途径。不幸的是，国家范围内进行的志愿者项目，并不具有这些组织化的特点。尤其在很多地方，缺乏针对志愿者辅导教师的良好训练项目，缺少辅导教师和学生用的教学材料，缺少辅导教师项目的评估指南（Wasik，1997）。

志愿者活动将继续增加，该领域内的创新也将持续进行。最初是力图增加学校的货币资源，事实上，货币资源已经被劳动、专业技术和社区建设等多种形式的人力资源服务所压倒。越来越多的证据表明，志愿者活动已经将学校和家长、学校和社区联系在了一起。学校和商业机构的合作逐渐建立了专业知识、协调信息的网站，同时，社区也通过向学校提供员工和时间管理方法参与其中，而不是通过捐赠资金、设备和供应品来参与。即使通过学校基金会取得的学校进步淡化了独立捐赠者的想法，强调捐赠者为"利益相关者"和教育社区的成员，但重要的是，我们要记住，尽管志愿者行为的非金钱收益是明显的，我们也要仔细地考虑其产生的经济收益（King & Swanson，1990；Swanson，2000）。

合作活动的成本和收益

大量私营部门的参与和学校里的志愿者活动能够为我们带来收益，同时也可能造成公共教育成本；为了公平地评价这些活动，我们必须权衡这些收益和成本。我们对合作伙伴关系、基金会和志愿者活动的讨论表明，我们取得的收益包括丰富的项目、学术学习、家长的支持以及政治上的支持。但是，一些人认为，这些好处都集中在富裕的学区。他们认为，私有化有可能对现行的税收资源和公共教育决策产生负面影响。

衡量一些合作伙伴关系和志愿者活动的货币价值是十分困难的。据维斯布罗德（Weisbrod，1988）估计，投资在非营利组织中的志愿者活动的货币价值，包括学校在内，占到了总捐赠资金额的 50%。威尔逊和罗斯曼（1986）提出，社区参与、对其他组织开放学校以及从全选区的选民中取得政治支持，对学校预算所起的作用比财政补充更加重要。

> 它建立了承诺责任和忠诚度。它为学校建立了特殊身份，该身份使得学校可以包含周边的社区。它建立的相互关照的道德规范数倍地提高了学校效率，而且也将学校和社区整合到了一起。（p. 708）

对社区开放学校，改善了学校和社区之间的关系，同时也为"**社会资本**"作出了贡献，"社会资本"包括培养儿童成长和发展的多样化的社会关系（Coleman，1997）。学校、家庭和社会都可以通过投资"社会资本"而取得收益，这和它们通过对人力资本发展投资而取得收益是一样的。科尔曼和霍弗（Coleman & Hoffer，1987）对私立学校能力的提高进行了讨论。

> 对年轻人的发展有重要价值的"社会资本"，不仅仅存在于一些共同的价值观中，这些价值观是那些将孩子送到同一所私立学校中的家长所持有的。它同样存在于家长之间，存在于实际社会关系的职能社区中，存在于这种关系结构所表现出来的通过投票表决结束辩论中，存在于社区机构和家长之间的关系中。（pp. 225—226）

同样，合作伙伴关系和志愿者活动可以给公立学校很大一部分红利，而不用考虑学校所服务的这些学生的社会经济背景。科尔曼（1991）断言，一些公立学校中的社会资本将有所增长，在这些公立学校中，家长加入到教育者的行列中来，制定行为标准、强化与家庭一致的规则、相互支持其他人的孩子。布朗（1998）提到了贫困街区富裕学校的出现，这些学校拥有大量的物质条件、人力资本和社会资本。"总的来说，高水平的志愿者活动只在两种情况下出现：附近学区的居民都有较高收入，或者学校的管理欢迎并支持志愿者活动"（pp. 54—55）。当然也应为那些贫困家庭孩子提供进行志愿者活动的机会。

> 有证据有力地证明，在那些经济收入较低或者家长受教育程度比较低的家庭中，家长希望对自己孩子教育起到一定的作用。实际上，这些家长是在寻求一种角色，即使是当他们认为他们的孩子在学校中表现不好或者落后于其他学生的时候。传统的观点正好相反。其实，那些缺少知识的家长未必缺少对他们的孩子所上学校的兴趣。在大多数的学校或者学区内，真正缺少的是低收入家

165

庭的家长参与进来的合理策略和体制。(McLaughlin & Shields，1987，p. 157)

因为大众都感觉到了他们对"**他们的学校**"的责任和所有权，而且这种感觉在增加，所以地方税基增大了，学校具有更多的改进机会，学生是最终受益者。学校重建运动则是以这种希望为前提条件的。

与此同时，尽管这些物质的和无形的收益十分诱人，但是，关于合作伙伴关系的文献也列出了如下问题：

首先，如果公民和商业机构把私营部门捐赠给学校的额外的商品和服务看做是一种税收的话，尽管是自愿支援学校的活动，其后果也是对公共支持多样性的反对。如果存在越来越多的志愿者活动，也就意味着学校在实施项目时，需要更少的得到认证的专业人员和教学辅助人员，需要更少的办公室工作人员，那么教师协会和员工支持协会将对免费劳动力对员工的可能取代表示关注（Brown，1993，p. 197）。合作伙伴关系使得教育系统可以减轻对当地造成的税收负担。同样，州政府也会考虑到本地资源的增加，而减少对教育系统的援助。教育系统在给各个学校进行资金和人力资源分配时，也会将各个学校筹措额外资金的能力考虑在内。这些都会降低学区和学校筹措额外资金、获取外部支持的积极性（King & Swanson，1990）。

尽管在将来从私营部门获得额外支援，可能会减少传统的资源来源，但实际上，我们对以上几个问题的严重性估计过高。相对于全部的公共教育财政支出，公司参与只是非常小的一部分。社区和个人对学校参与的水平太低，从而不会威胁到传统资源来源。从合伙活动中得到的货币资源和人力资源，不但不会对财政支持造成负面影响，而且它还可以满足教师对更多教材、更小班级的需求，为教师节省一些时间，从而使他们可以进行团队规划，或者参与到决策制定中。由于合作伙伴关系的许多好处超过了它潜在的对现行资源和人员格局的威胁，所以没有理由来阻止学校寻求和接受私营部门的参与。

其次，也有人担心，通过个人和私营部门的参与而增加对公立学校的支持，这些因素可能对教育决策造成不适当的影响，甚至对传统的学校董事会的管理产生负面影响。麦农（1984）警告说，随着非传统资助活动的增加，教育者和决策制定者将不得不决定与实际中的潜在修改相比，获得这些财政收益是否值得。的确，家长在决策中的过多参与可能使问题复杂化，耗费很多时间才能艰难达成一致意见，导致对专业信任的蚕食，产生使教师们畏惧的心理氛围（Yaffe，1994）。与之相反，麦克劳林（1988）声称，大公司尊重教育者的专业技能，而那些小企业的捐赠者们则不能够影响学校作出决策。

在企业与学校、学区的合作中，商业利益将在学校或学区层面的正式决策过程中得到体现，正如企业继续在董事会中表达商业利益一样。教育者需要自由决定是否有必要形成合作伙伴关系或接受给予，特别是当他们考虑到学校政策的效果和课程时。为了控制利益冲突，对物资与服务的接受和后续使用之间的关系，学校和学区应当给予关注。尽管这种关注并不能成为校方拒绝私人部门参与的充分理由。

最后一个问题是公平，同合作伙伴关系和志愿者活动对传统资源来源和决策制定的潜在影响相比，对公平的关注更多。学校和学区在合作伙伴关系中的机会不同，所以它们在社区中募集资金的能力不同（Monk，1990）。正如不同的财产价值使学区征集的税收收入水平不同一样，社会经济地位的不同，也使学区和学区中的学校处在不平等的环境条件之下去获得私人资源。若合作伙伴关系在未来筹集资金的过程中成为有效力量，教育项目和课外活动中的不平等将会持续存在下去。伍德（Wood，1990）讨论了教育机会均等化中的私有化。

> 允许公立学区寻求外部的财政支持，无论支持公立教育事业的动机是如何高贵，都是让学区进入了对利益的**自由放任**的追求……这项议程和无论充足与否的地方资源无关，和教育财政需求无关，也和为达成这一目的的资源分配无关。在这种体系下，任何学区都能够以与其他学区竞争的方式，寻求使其现有资产价值最大化。(p. 60)

尽管许多小的、农村的学区没有大的、富裕的学区利用的私人资源多，但对公正目标的潜在影响可能被夸大了。麦克劳林（1998）指出，和学区的总预算相比，这些活动提供的资金很少，所导致的不平等程度不大，不至于导致司法诉讼（见第10章）。斯旺森（Swanson，2000）认为，当私人资源规模大到需要司法干预的地步，政策制定者可以调整州对学区的和学区对学校的资金分配。如果合作援助的中心完全在单个学校，它们从中受益将有很大不同。然而，并不是所有的私有部门都将个别学校作为资助对象。一些赞助活动和基金更为恰当地维持在了集中的层面上——区、学区或州，使得分配资金时，对公正的问题很敏感，可以更多地考虑公平问题。例如，洛杉矶教育合作基金（Los Angeles Educational Partnership）捐赠红利，并将这些资金用于市内学校申请的教师项目、支持把一个学区作为一个单位而受益的项目、学生激励项目和数学/科学协作项目。这些做法和安排给其他学区带来了希望，当它们在重构学校中分配资金时，可以参考洛杉矶教育合作基金的做法。

学校的发展在很大程度上依赖于社区和商业企业的积极参与，不管它们能提供多少金钱赞助。教育界人士也呼吁私人部门参与其中，特别是当商业利益通过立法机关和教育委员会对公共教育的重构而获得时。每个学校和学区都有机会从伙伴和自愿者那里得到利益。

167

总　结

学区有很多机会扩大自己的资源，而不仅仅是依赖财产税和地方税的传统资源。使用费是以优先权为基础的收费，向享受服务和使用设施的学生收取一部分服务费和活动成本费。当需要通过借贷来增加可用的现金时，要通过学区账户认真规划和管理资金流动。在其他时候，这些被管理的闲置资金可用来投资。合作伙伴关系、基金会、志愿者活动增加了经费和人力资源，同时，为教育工作者重新考虑公共教育的作用和体制提供了必要的政治支持。

那些企图向学生征收关于教育资料、选修课、课外活动、交通运输以及其他服务费用的学校，应当考虑法律、财政和教育方面的政策和建议。收费使人们更加关注免费公共教育中的不平等性。它们限制了所有孩子参与学习课程和课外项目的机会，同时还带来了行政成本。当收费是针对教育非必需的活动或者不是教育过程的一部分时，或者收费政策包括对贫困孩子进行费用减免，从而使低收入家庭的孩子能够参与这些活动时，法庭往往是支持收费的。

流入学区的财政经费和非岁人收入形成了资金流动。根据将来的支出，学区可以围绕资金流动作好短期或长期投资规划，这样可以大幅度增加它们的收入。尽量减少活期存款账户余额，集合小账户以使投资最大化的做法是明智的。学区依据自身可能的收入、安全性或所承担的风险以及资金的流动性（在不损失利润的情况下，容易取得资金）来选择投资策略，将周期性剩余的资金进行投资。

通过长期和短期借贷取得的非岁入收入资金，帮助各区保持资金的平稳流动，并有助于建设学校设施。当财政出现赤字时，由税收和财政收入共同支付票据获得的短期贷款，使各区能够按时支付职工的工资和外部供货商的货款。当即付融资政策不可行时，通过一般责任债券[①]（general obligation bonds）筹集的基本建设资金，允许进行建设、更新改造设施以及购买仪器设备。然而，把当地的财产价值作为基本建设投资资金来源的基础时，使各个社区的学校建筑物产生了巨大的差距。州发起的贷款项目、州资金的直接拨款以及发行公共债券的权力都减轻了当地税收的负担，有利于学区实现提供足够的教育机会的目标，即便不能实现教育机会平等的目标。

税收限制和教育改革运动鼓励各区通过合作伙伴关系、基金会和志愿者活动来争取私人资金。这些活动能够使学校获得自由支配的资金、其他物品和服务，同时也加强了学校、企业、社区和家长之间的联系。个人和团体实质性的参与，能改善学校建设，改进学校领导。扩大当地资源基础的潜力是巨大的。在主要的城市和郊区，这些活动可以带来利益。然而，很多人担心，对学校资源的补充可能无法涵盖相对贫困和小的学校体系。

接下来的第三篇要讨论通过州和联邦的税源筹集的资金是如何转移支付给地方当局用于学校运转的，探讨转移支付的原则和机制。

思考与活动

168

1. 讨论本章介绍的各种财政和人力资源，如何提高学校和学区改善教育的能力。

2. 在你所在的州，调查教育政策对必修课程、选修课程、课外活动等进行收费的限制。如果允许收费，在规模和财富不同的几个学区，决定学生缴纳费用支持学校项目和活动的范围和程度。

3. 与一位学区财政官员讨论现金流动的管理，包括借款的时间和投资的时间。学校层级的借款和投资存在哪些机会？

4. 州对借款和投资所施加的限制，用哪些方式加强了财政管理实践？灵活性是学区使现金流策略取得收益最大化所必需的，这些限制在哪些方面减少了学区的灵活性？

5. 论证州和联邦政府在基本建设财政拨款中承担重要角色的合理性。

6. 在一个既定的州或者学区中，调查私人资源在多大程度上补充了学校和学区的资金。在学校内，什么样的人口状况和组织条件与从合作伙伴关系、基金会和

---

① 一般责任债券，是一种美国市政债券（municipal bonds），属无担保债券，即仅以发行者的信用为后盾，发行者以税收或其他收入来偿还这种债券。另一种市政债券称为"收入债券"（revenue bonds），用于为特定项目（如收费公路）融资，以项目的收入来偿还本息。市政债券是美国各州、郡、特区、市、镇政府机构或学校发行的债券，其利息一般免征联邦所得税。——译者注

志愿者活动中获得资源的数量有关系？

7. 商业合作伙伴关系是如何广泛地参与到一个学区中的？根据曼恩（1987a）的总结，合作伙伴关系新参与模式的四个特征分别是：结构协调性、目的多样性、人员多和稳定性。你认为合作伙伴关系在多大程度上体现了这四个特征？

参考文献

Addonizio，M. F.（1998）. Private funding of public schools：Local education foundations in Michigan. *Educational Considerations*，*26*，1—7.

Addonizio，M. F.（2000）. Salvaging fiscal control：New sources of local revenue for public schools. In N. D. Theobald & B. Malen（Eds.），*Balancing local control and state responsibility for K — 12 education*（pp. 245—278）. Larchmont，NY：Eye on Education.

Alamo Heights Independent School District v. *State Board of Education*，790 F. 2d 1153（5th Cir. 1986）.

Ambroiggio v. *Board of Education*，427 N. E. 2d 1027（ILApp. Ct. 1981）.

Annenberg Institute for School Reform.（1995）. *Walter H. Annenberg's challenge to the nation：A progress report.* Providence，RI：Author.

Arcadia Unified School District v. *Department of Education*，5 Cal. Rptr. 2d 545（1992）.

Attorney General v. *East Jackson Public Schools*，372 N. W. 2d 638（MI Ct. App. 1985）.

Augenblick，J.（1977）. *Systems of state support for school district capital expenditure.* Report No. F76 — 78. Denver，CO：Education Commission of the States.

Ballew，P.（1987，November）. How to start a school foundation. *Executive Educator*，*9*，26—28.

Bauman，P. C.（1995）. Searching for alternative revenues：The political implica-tions of school impact fees. *Journal of School Business Management*，*7*，38—49.

Bauman，P.，& Crampton，F. E.（1995，July）. When school districts become entre-preneurs：Opportunity or danger? *NCSL State Legislative Report*，*20*.

Bergholz，D.（1992）. The public education fund. *Teachers College Record*，*93*，516—522.

Bond v. *Ann Arbor School District*，178 N. W. 2d 484（MI Sup. Ct. 1970）.

Brent，B. O.（2000）. Do classroom volun-teers benefit schools? *Principal*，*80*，36—43.

Brown，D. J.（1993）. Benevolence in Cana-dian public schools. In S. L. Jacobson & R. Berne，（Eds.），*Reforming education：The emerging systemic approach*（pp. 191—208）. Thousand Oaks，CA：Corwin.

Brown，D. J.（1990）. *Voluntarism for pub-lic schools.* Paper presented at the annual conference of the American Education Fi-nance Association，Las Vegas.

Brown，D. J.（1998）. *Schools with heart：Voluntarism and public education.* Boul-der，CO：Westview.

Brown，D. J.，& Bouman，C.（1994）. *Policies on fees in public schools.* Van-couver，Canada：University of British Columbia.

Camp，W. E.，& Salmon，R. G.（1985，Spring）. Public school bonding corpora-tions financing public elementary and sec-ondary school facilities. *Journal of Edu-cation Finance*，*10*，495—503.

Cardiff v. *Bismark Public School District*, 263 N. W. 2d 105 (ND Sup. Ct. 1978).

Coleman, J. S., & Hoffer, T. (1987). *Public and private high schools: The impact of communities.* New York: Basic Books.

Coleman, J. S. (1991). *Parental involvement in education.* OERI Document ♯65－000－00459－3. Washington, DC: U. S. Government Printing Office.

Coleman, J. S. (1990). *Foundations of social theory.* Cambridge, MA: Harvard University Press.

Cooper, T. (1996). Buses and advertising: A unique way to raise funds. *School Business Affairs, 62* (7), 31－34.

Crampton, F. E., Thompson, D. C., & Hagey, J. M. (2001). Creating and sustaining school capacity in the twenty-first century: Funding a physical environment conducive to student learning. *Journal of Education Finance, 27,* 633－652.

Dayton, J., & McCarthy, M. (Fall, 1992). User fees in public schools: Are they legal? *Journal of Education Finance, 18,* 127－141.

Dembowski, F. L. (1986). Cash management. In G. C. Hentschke, *School business management: A comparative perspective* (pp. 214－245). Berkeley, CA: McCutchan.

Dembowski, F. L., & Davey, R. D. (1986). School district financial management and banking. In R. C. Wood (Ed.), *Principles of school business management* (pp. 237 － 260). Reston, VA: ASBO International.

Doyle, D. P. (1989, November). Endangered species: Children of promise. *Business Week*, Special Supplement, E4 － E 135.

Doyle, D. P. (1994, October). The role of private sector management in public education. *Phi Delta Kappan, 76,* 128－132.

Education Writers Association. (1989). *Wolves at the schoolhouse door: An investigation of the condition of public school buildings.* Washington, DC: Author.

Glenn, J. M. L. (2001). The giving and the taking: Business-education partnerships come of age. *Business Education Forum, 55,* 6－13.

Gold, S. D., Smith, D. M., & Lawton, S. B. (Eds.). (1995). *Public school finance programs of the United States and Canada, 1993－1994.* Albany, NY: American Education Finance Association and The Center for the Study of the States.

Gray, S. T. (1984, February). How to create a successful school/community partnership *Phi Delta Kappan, 65,* 405－409.

Gross, T. L., (1988). *Partners in education: How colleges can work with schools to improve teaching and learning.* San Francisco: Jossey-Bass.

Hamm, R. W., & Crosser, R. W. (1991, June). School fees: Whatever happened to the notion of a free public education? *American School Board Journal, 178,* 29－31.

Hamrick, F. (1993, April). Private-sector coalitions and state-level education reform. *Polity Bulletin.* Bloomington, IN: Indiana Education Policy Center.

Hansen, S. (1991). *Schoolhouses in the Red.* Reston, VA: American Association of School Administrators.

Hartzell v. *Connell*, 679 P. 2d 35, 201 Cal. Rptr. 601 (CA Sup. Ct. 1984).

Havens, M. M. (2000). *Dream big: Crea-*

ting and growing your school founda-
tion. Rockville, MD.

Havens, M. M. (2001). Beyond money:
Benefits of an education foundation.
School Administrator, 58, 16—21.

Hess, G. A. (1987). *1985 education sur-
vey*. Chicago: Donors Forum of Chicago.

Hoyt, K. (1991, February). Education re-
form and relationships between the private
sector and education: A call for integra-
tion. *Phi Delta Kappan*, 72, 450—453.

Inman, D. (1984, Fall). Bridging education
to industry: Implications for financing
education. *Journal of Education Finance*,
10, 271—277.

Johns, R. L., Morphet, E. L., & Alex-
ander, K. (1983). *The economics and fi-
nancing of education*. (4th ed.). Engle-
wood Cliffs, NJ: Prentice-Hall.

Jones, T. H., & Amalfitano, J. L. (1994).
*America's gamble: Public school finance
and state lotteries*. Lancaster, PA: Tech-
nomic.

Kadrmas v. *Dickinson Public Schools*, 487
U. S. 450 (1988).

Keller, E. C., & Hartman, W. T. (2001).
Prevailing wage rates: The effects on
school construction costs, levels of taxa-
tion, and state reimbursements. *Journal
of Education Finance*, 27, 713—728.

Kowalski, T. J. (2001). *Planning and man-
aging school facilities* (2nd ed.). West-
port, CT: Greenwood.

King, R. A., & MacPhail-Wilcox, B.
(1988, Spring). Bricks-and-mortar re-
form in North Carolina: The state as-
sumes a larger role in financing school
construction. *Journal of Education Fi-
nance*, 13, 374—381.

King, R. A., & Swanson, A. D. (1990,
Summer). Resources for restructured

schools: Partnerships, foundations and
volunteerism. *Planning and Changing*,
21, 94—107.

Lief, B. (1992). The New York City case
study: The private sector and the reform
of public education. *Teachers College Re-
cord*, 93, 523—535.

Lindsay, D. (1994, December 14). Count-
ing their losses in wealthy Orange Coun-
ty. *Education Week*, 14, 3.

Lorenc v. *Call*, 789 P. 2d 46 (Utah App. 1990).

Mann, D. (1987a, October). Business in-
volvement and public school improve-
ment, part 1. *Phi Delta Kappan*, 69,
123—128.

Mann, D. (1987b, November). Business
involvement and public school improve-
ment, part 2. *Phi Delta Kappan*, 69,
228—232.

Marshall v. *School District*, 553 P. 2d 784
(CO Sup. Ct. 1976).

Mathews, D. (1996). *Is there a public for
public schools*? Dayton, OH: Kettering
Foundation.

Mathews, D. (1997). The lack of a public
for public schools. *Phi Delta Kappan*,
78, 740—743.

McKersie, B., & Palaich, R. (1994, May
4). Philanthropy and systemic reform:
Finding a crosssector blend of risk—tak-
ing and political will. *Education Week*,
13, pp. 33, 48.

McLaughlin, M. L. (1988). Business and
the public schools: New patterns of sup-
port. In D. H. Monk & J. Underwood
(Eds.), *Microlevel school finance : Issues
and implications for policy* (pp. 63—80).
Cambridge, MA: Ballinger.

McLaughlin, M. W., & Shields, P. M.
(1987, October). Involving low—income
parents in the schools: A role for policy?

Phi Delta Kappan, *69*, 156—160.

Meno, L. (1984). Sources of alternative revenue. In L. D. Webb & V. D. Mueller. (Eds.), *Managing limited resources: New demands on public school management* (pp. 129—146). Cambridge, MA: Ballinger.

Monk, D. H. (1990). *Educational finance: An economic approach*. New York: McGraw-Hill.

Monk, D. H., & Brent, B. O. (1997). *Raising money for education: A guide to the property tax*. Thousand Oaks, CA: Corwin.

Muro, J. J. (1995). *Creating and funding educational foundations: A guide for local school districts*. Boston, MA: Allyn & Bacon.

National Center for Education Statistics (NCES). (1993). *Digest of educational statistics*. Washington, DC: Office of Educational Research and Improvement.

National Center for Education Statistics (NCES). (1995). *Digest of educational statistics*. Washington, DC: Office of Educational Research and Improvement.

National Center for Education Statistics (NCES). (2001). *Digest of education statistics, 2000*. Washington, DC: Office of Educational Research and Improvement.

Navarro, M. S., & Natalicio, D. S. (1999). Closing the achievement gap in El Paso: Collaboration for K — 16 renewal. *Phi Delta Kappan*, *80*, 597—601.

Neill, G. (1983). *The local education foundation: A new way to raise money for schools*. NASSP Special Report. Reston, VA: National Association of Secondary School Principals.

Nesbit, W. B. (1987, February). The local education foundation: What is it, how is it established? *NASSP Bulletin*, *71*, 85—89.

Norton v. *Board of Education*, 553 P. 2d 1277 (N. M. 1976).

Olson, L. (1988, April 20). Public-school foundation effort surpasses expectations. *Education Week*, *7*, 4.

Ortiz, F. I. (1994). *School housing: Planning and designing educational facilities*. Albany, NY: State University of New York Press.

Paulson v. *Minidoka County School District*, 463 P. 2d 935 (Idaho Sup. Ct. 1970).

Pijanowski, J. C., & Monk, D. H. (1996). Alternative school revenue sources: There are many fish in the sea. *School Business Affairs*, *62*, 4—10.

Ray, J. R., Hack, W. G., & Candoli, I. C. (2001). *School business administration: A planning approach*. Boston, MA: Allyn & Bacon.

Piele, P. K., & Hall, J. S. (1973). *Budgets, bonds and ballots: Voting behavior in school financial issues*. Lexington, MA: Heath.

Salmon, R., & Thomas, S. (1981, Summer). Financing public school facilities in the 80s. *Journal of Education Finance*, *7*, 88—109.

Salmon, R., Dawson, C., Lawton, S. & Johns, T. (Eds.). (1988). *Public school finance programs of the United States and Canada, 1986 — 1987*. Blacksburg, VA: American Education Finance Association.

Sammon, G., & Becton, M. (2001), Principles of partnerships. *Principal Leadership*, *1*, 32—35.

San Antonio Independent School District v. *Rodriguez*, 411 U. S. 1 (1973).

Sandfort, J. A. (1987, February). Putting parents in their place in public schools. *NASSP Bulletin*, *71*, 99—103.

Sielke, C. C. (2001). Funding school infrastructure needs across the states. *Journal of Education Finance*, *27*, 653—662.

Sneed v. *Greensboro City Board of Education*, 264 S. E. 2d 106 (NC Sup. Ct. 1980).

Sommerfeld, M. (1994, September 7). ARCO cuts unsettle corporate-giving field. *Education Week*, *14*, 12.

Sommerfeld, M. (1995, September 27). Corporate giving predicted to increase 3% this year. *Education Week*, *15*, 7.

Sutton v. *Cadillac Area Public Schools*, 323 N. W. 2d 582 (MI Ct. App. 1982).

Swanson, A. D. (2000). Book review of D. J. Brown, Schools with heart: Voluntarism and public education (Boulder, CO: Westview, 1998). *Educational Administration Quarterly*, *36* (4), 633—642.

Thompson, D. C., & Wood, R. C. (2001). *Money and schools* (2nd ed.). Larchmont, NY: Eye on Education.

Thompson, D. C., Wood, R. C., & Honeyman, D. S. 1994). *Fiscal leadership for schools: Concepts and practices*. White Plains, NY: Longman.

Timpane, M. (1984, February). Business has rediscovered the public schools. *Phi Delta Kappan*, *65*, 389—392.

U. S. Department of Commerce, Bureau of the Census. (1980). *Finances of public school systems in 1977 — 1978*. Series GF78, No. 10. Washington, DC: U. S. Government Printing Office.

U. S. Department of Commerce, Bureau of the Census. (1988). *Finances of public school systems in 1985 — 1986*. Series GF86, No. 10. Washington, DC: U. S. Government Printing Office.

U. S. Department of Commerce, Bureau of the Census (1993). *Public education finances: 1990 — 1991*, Series GF/91 — 10. Washington, DC: U. S. Government Printing Office.

U. S. Department of Commerce, Bureau of the Census (2001). *United States state and local government finances by level of government: 1989 — 1999*. Washington, DC: U.S. Government Printing Office.

U. S. Department of Commerce, Bureau of the Census (2000). *Public education finances: 1997*, Series GC97 (4) — 1. Washington, DC: U. S. Government Printing Office.

National Center for Education Statistics [NCES]. (2001). *Digest of education statistics, 2000*. U. S. Department ot Education, Washington, DC: U.S. Government Printing Office.

U. S. General Accounting Office (1995a). *School facilities: America's schools not designed or equipped for 21st century*, GAO/HEHS — 95 — 95. Washington, DC: Author.

U. S. General Accounting Office (1995b). *School facilities: Condition of America's schools*, GA O/HEHS—95—61. Washington, DC: Author.

Useem, E., & Neild, R. C. (1995, July). Partnerships. *Urban Education*, *30*.

Washington v. *Salisbury*, 306 S. E. 2d 600 (SC Sup. Ct. 1983).

Wasik, B. A. (1997). Volunteer tutoring programs: Do we know what works? *Phi Delta Kappan*, *79*, 282—287.

Wassmer, R. W., & Fisher, R. C. (2000, February). *Interstate variation in the use of fees to fund K — 12 public education*. Unpublished manuscript in review. California State University at Sacramento and Michigan State University.

Weisbrod, B. (1988). *The nonprofit economy.* Cambridge, MA: Harvard University Press.

Wilson, B. L., & Rossman, G. B. (1986, June). Collaborative links with the community: Lessons from exemplary secondary schools. *Phi Delta Kappan*, 67, 708—711.

Wood, R. C., Thompson, D. C., Picus, L. O., & Tharpe, D. I. (1995). *Principles of school business management* (2nd ed.). Reston, VA: ASBO International.

Wood, R. C. (1990). New revenues for education at the local level. In J. E. Underwood & D. A. Verstegen (Eds.), *The impacts of litigation and legislation on public school finance: Adequacy, equity, and excellence* (pp. 59 — 74), New York: Harper & Row.

Yaffe, E. (1994, May). Not just cupcakes anymore: A study of community involvement. *Phi Delta Kappan*, 75, 697—704.

Ziegler, W. (2001). School partnerships: Something for everyone. *Principal Leadership*, 2, 68—70.

第三篇

把联邦和州的资金分配给学校

本篇我们将探讨如何把联邦和州的资金分配给学校。首先，我们研究社会参与 173 教育提供的程度。在第二篇中，我们将注意力放在收入来源上，讨论了联邦、州和地方政府筹措资金、支持公共服务的手段。现在我们把注意力放在较高级政府的财政政策上，讨论较高级政府把资金分配给教育系统的政策。在第三篇，我们研究资金如何从联邦和州政府转移到地方的教育项目上，以资助这些项目。

第 7 章讨论政府之间转移支付的理由和原则，还讨论一般拨款（general grant，general aid）、综合性拨款（block grants）和专项拨款（categorical aid）的区别。州层级上的教育政策是分析的重点。我们介绍了一般性模型和实际的州资金拨付公式，说明建立资金拨付公式的各种方法。第 8 章进一步深入讨论州的政策，详细介绍在考虑到学生和学区的特征后，如何建立拨款公式分配资金。最后，第 9 章讨论联邦政府对教育政策的影响，这些影响是通过命令和财政激励而施加的。

第7章

政府间转移支付和分配州资助的模式

议题和问题

- **公平且有效率地达到高的标准：** 较高层级的政府如何通过为公共教育提供资金，促成这些目标的实现？
- **政府间转移支付的合理性：** 州和联邦政府为什么要为地方教育项目融资？
- **一般拨款、综合性拨款和专项拨款：** 为了实现转移支付的目的，联邦和州政府拨款应该达到何种程度？它们对该拨款在地方一级政府中使用的监督应该达到何种程度？
- **充分性、财政责任划分、能力和努力：** 在考虑这四种观念时，州拨款方式为什么不同以及如何不同？
- **财政拨款一般公式：** 州采用了什么样的方式为教育项目及其运作分配资金？

　　本章我们讨论对州和联邦政府向学区的转移支付进行管理的有关政策。我们会探讨援助性拨款的理论依据，以及政策可以在多大程度上规定这些资金的用途或其所应服务的学生。我们还会讨论许多基本的学校资助模型，并挑选几个州对它们的实施情况进行评价。另外，我们要按照它们考虑当地的财富和税收努力的情况来对这些模式进行比较。

转移支付的合理性

　　在第3章，我们介绍了在税收框架下各级政府的职责分工和合作。一些社会需求，比如高速公路和国防，适合由更高层面的政府来提供。然而，集权并不总是合理的。法律强制要求由地方政府来控制社区内的公共服务机构，由此所带来的好处，证明了分散化提供公共服务的好处和合理性。通过转移支付，把联邦和州级政府所筹措的资金拨付给地方使用。在为学校融资时，这种收入共享经费分担的机制是服务于多重目的的。

　　第一，宪法赋予了州政府建立和维持公共教育体系的责任。相应地，州立法机关规定了学校将怎样通过州政府获得资助，并规定了州政府一般要提供一半的援助资金。与之形成对照，美国宪法并没有让国会承担类似的责任。宪法第十修正案把对教育的责任保留给了各个州。然而，宪法的一般福利条款以及第五和第十四修正案规定，当国民利益需要必要采取立法行动来保护时，联邦政府可以介入。例如，联邦政府为国防提供财政支持、立法保护公民的权利、对所选教育项目提供财政资金（见第 9 章）。

第二，来自高层政府的领导和财政支持，能够保证在全国和全州范围内获得基本的公共服务（包括公共教育）。西奥博尔德和巴德泽尔对拨款导向法、劝告法和管制法进行了区分（Theobald & Bardzell, 2001）。第一个策略是联邦政府和州政府通过提供财政激励，使地方政府自愿赞助那些符合国家和州目标的项目。事实上，所有的联邦政府资助都具有这一性质。如果地方政府仅依靠自己的财政收入能力，那么许多有关公共服务的规模和质量的决策，将只会考虑该服务给当地带来的收益，而非考虑给整个社会带来的收益。例如，高一级政府的财政补助，通过鼓励学校扩大受教育机会来明确并实现"公平"目标。

劝告法，即总统或州长利用政府权威来敦促地方政策和教育实践的改变，而无须任何资金转移或额外人力投入。类似地，管制法则发布许多行政命令，并且也没有伴随资金的转移。但是，管制法要求地方政府去做一些他们自己不会主动去做或者可能做得不够充分的事情。在激励地方政府提高全体学生应达到的教育标准方面，劝告和行政命令发挥了尤为关键的作用。弗斯特（First, 1992）从保证学校为其教育成果负责的角度，强调了它们的作用。

在美国，为获得平等教育机会以及争取平等对待的斗争已经开始，并且在很大程度上已经取得了胜利。结果平等的斗争正在进行，同时，有关争取优质教育的斗争也正在进行，优质教育必须是对所有人都是优质的，这里州要担当重要角色。（p. 134）

第三，中央政府（州或者联邦）能够利用税基大以及规模经济优势，提高所有地区的效果和效率。中央政府（州或者联邦）的资金配置，使税基很小或者不愿提供充分性税收收入的社区，有可能获得更高水平的教育、提供更多的教育机会以及更广泛的课程。

177

从很多方面来说，州和联邦的领导能力及财政资源能够提高教育质量。从另一个角度来看，没有财政资助的强制命令，以及伴随一些财政拨款项目的管制，通常被认为是对地方政府事务的不正当干预。强制命令不仅没有促进效率和规模经济，反而可能会抑制教育工作者满足学生和社区特殊需求的能力。因此，立法者在设计财政拨款政策时，较高级的政府会采用各种不同的方法进行干预。政府有时会通过财政激励来影响教育项目。其他时候，它们（中央政府）无条件地提供税收收入，以便（学区）教育委员会能够对社区所考虑的优先次序作出反应，以便学校能够满足学生的教育需求。

一般拨款、专项拨款和综合性拨款

根据转移支付资金接受者对资金的可支配范围和程度，可以将其分为一般拨款（general aid）、专项拨款（categorical grants）和综合性拨款（block grants）。一般拨款会没有限制地从联邦和州政府流入市政委员会学区。具体的教育项目和相关支出，在很大程度上由地方教育委员会和教育工作者根据一个宽泛的指导原则或者方针自行决定。本章稍后部分，我们将介绍州通过基本财政拨款公式进行分配的一般拨款。这种一般拨款在州政府对学校运营的支持资金中占的比例最大。

与一般拨款相比,专项拨款项目将政府提供的资金与特定的目标联系在一起。为了有资格获得这样的拨款,地区或学校必须遵守项目的要求。因此,与一般拨款不同,只有某些特定群组的学生(如残疾儿童)、某种特定目的(如提高读写能力)以及某项特定工程(如学校建筑物的建造),才能够获得专项拨款。

联邦和州专项拨款是贯彻法律确定的优先权(优先次序)的一个重要政策工具。这些拨款既限制了地方自治,也约束了项目设计。比如,联邦政府分配资金,用于增加经济困难儿童或者残疾儿童的教育机会。一个权利保障性项目仅根据具有资格的学生的数量,在学区间分配资金,而没有任何详细的资金使用要求。相反,一个竞争性专项拨款项目,则需要教育工作者写出一份方案说明书,详细描述与资金支出有关的项目的目标。例如,一个改进学校的拨款项目,可能需要申请者在他们的方案说明书中列出详细的项目计划和项目评估。

专项拨款项目带来了更大的决策集权化以及更复杂的各级行政机关关系,并且立法机关取代地方来确定优先权(资金使用的优先次序)。然后,州和联邦政府机构监督项目的实施,并确保资金使用与立法意图相一致。它们为权利保障性项目制定指导方针,要求并评价竞争性拨款方案,监督资金使用,并要求对结果进行评价。本质上,几乎所有的联邦教育拨款都是专项拨款。

同一般拨款相比,专项拨款的管理,尤其是竞争性拨款的管理,需要地方政府更多的参与。学校有关人员必须设立一个独立的账户,以确保资金支出用于指定项目和目标群体。因此,项目协调人员很重要的责任,是证明专项拨款是用于补充而不是取代州和地方财政收入的。然而,每年流入学校的一般拨款几乎没有任何行政监督,很多专项拨款要求每年申请,并要求有定期的支出说明以及经常性的项目评估。由于在竞争资金过程中,涉及竞争性专项拨款的文件将小地方和边远地区置于不利地位,因此,很多拨款是以权利保障性项目的形式发放的。近年来,综合性拨款已经吸收包括了先前的专项拨款,减轻了纳税人负担,缓解了集权控制,提高了地方自主权。

根据较高级政府控制的程度,一般拨款和专项拨款位于资金类型连续流的两端,而综合性拨款则居于其中。州和联邦综合性拨款可以在更广的政府目的范围内对一系列服务提供拨款。另外,综合性拨款对计划、执行和项目评估的要求也没有一般拨款明确。

20世纪80年代初,当国会将大量先前的专项项目合并在一起时,联邦政府普遍采用了综合性拨款方法。1981年颁布的《教育巩固与促进法案》,加强了地方对联邦项目的控制(见第9章)。在综合性拨款中,各州根据其学生总数,而不是通过竞争性申请过程获得资金。因此,州建立了考虑入学人数的拨款公式,同时也开发了对学区分配经费的其他一些需求测度方法。最初,综合性拨款项目体现了一些广义目的。在项目设计上,1994年修订案赋予了学区工作人员更大的自主权。

地方教育委员会、行政管理人员和教师,一般都会偏爱那些没有约束条件的拨款,使行政管理过程和程序最简单化,允许尽可能地满足地方认为是重要事情的需要。但是,特殊利益集团以及多数教育专家都很担心限制条件较少会削弱项目效果。他们认为,应该由更高级的州和联邦来确定政策目的。政治现实曾经偏爱通过严格的专项拨款,支持公平目标。20世纪八九十年代,其又开始通过综合性拨款和更大程度的地方自治,支持自由和效率目标。很明显,在实现不同级政府资金转移支付的政策设计中，根据对资金使用的控制程度，形成了三种不同的拨款方法。

州财政政策通过一般拨款为大多数州提供了运营费用。本章其余部分主要关注的是通过财政公式分配这些资金的州政策。在第 8 和第 9 章，我们将更详细地讨论专项拨款和综合性拨款。

州财政项目模式

州一般拨款的分配有一些典型做法或者遵循一些模式。确保所有学区都有足够的资源，提供一个最基本水平的教育，在这一过程中，州立法机关所起的作用越来越大，资金拨付办法、拨款公式也处于演进改变中。立法机关努力寻求教育机会均等化，以纳税人可以接受的合理成本达到高标准、实现效率，并且尊重地方委员会和选民决定教育项目优先权的愿望，这使得教育财政公式变得越来越复杂。

本节介绍的模式描述了混合地方和各州税收收入、为学校提供运作经费的财政公式结构或者模式。所有模式都使用了四个关键的概念：充分性、财政责任划分、税收能力和税收努力。充分性反映的是可得资金总量是否足以保证教师和学生实现高的学术期望（见第 11 章）。传统上，人们根据生均费用或者每班（每个教室）运营费用，衡量对充分性的支持。财政责任划分决定了在期望收入或支出方面，州和地方贡献的相对份额。社区征税以支持教育的能力被定义为生均财产值或者生均个人收入。地方税收努力通常反映的是纳税人为教育筹集资金的意愿。税收努力被定义为对财产或收入征税的税率。我们将介绍各种模式的一般特点，概述选定州对一些模式的应用，并建议通过练习和计算机模拟，来帮助读者理解这四个概念是如何与实际拨款结构联系在一起的。 *179*

表 7—1 介绍了州教育统计中心[1] 提供的州拨付基本教育运营经费主要采用的资助方法。1998—1999 年度，总共有 36 个州通过基础项目为学区融资；5 个州利用了百分率均等方法；2 个州运用了保障税基模式；4 个州采用了州完全资助模式；3 个州为各个学区提供生均数量统一的拨款；6 个采用了通用拨款或基本金计划的 *181*州，也将税基均等模式作为向学区分配资金的第二种方式。

表 7—1 州财政支持的基本项目（1998—1999 年）；生均经费，各种经费来源所占比例（1999—2000 年） *179*

州	拨款项目	收入		收入来源		
		生均（美元）	排名	联邦（%）	州（%）	地方（%）
亚拉巴马	FND	5 596	47	10.4	64.5	25.0
阿拉斯加	FND	8 694	8	12.5	63.6	23.9
亚利桑那	FND	5 170	48	7.3	49.2	43.5
阿肯色	FND	5 792	45	8.2	62.9	28.9
加利福尼亚	FND	7 284	25	7.7	62.9	29.4
科罗拉多	FND	6 039	42	5.5	44.6	49.9
康涅狄格	PCT[b]	11 014	1	4.7	42.7	52.6
特拉华	FLT[c]	8 887	5	7.4	66.0	26.6

续前表

州	拨款项目	收入		收入来源		
		生均（美元）	排名	联邦（%）	州（%）	地方（%）
佛罗里达	FND	7 453	21	8.1	50.8	41.1
佐治亚	FND[d]	6 383	36	6.6	51.5	41.9
夏威夷	FULL	7 288	24	9.8	87.8	2.3
爱达荷	FND	6 134	41	7.0	60.9	32.0
伊利诺伊	FND	6 890	31	6.5	27.3	66.2
印第安纳	GTB[e]	8 197	16	4.5	50.7	44.8
艾奥瓦	FND	7 078	29	4.3	52.8	42.9
堪萨斯	FND	7 152	27	6.2	64.4	29.4
肯塔基	FND	7 316	23	8.0	63.2	28.8
路易斯安那	FND[d]	6 354	38	11.7	50.8	37.5
缅因	PCT[b]	7 952	17	6.2	46.3	47.6
马里兰	FND	8 324	12	5.4	39.9	54.8
马萨诸塞	FND	9 532	4	5.0	43.0	52.0
密歇根	FND	8 863	6	6.7	72.2	21.1
明尼苏达	FND	8 307	13	4.7	60.0	35.3
密西西比	FND	5 166	49	14.0	54.7	31.3
密苏里	FND[f]	7 348	22	6.8	37.7	55.5
蒙大拿	FND[d]	6 765	32	11.1	44.8	44.1
内布拉斯加	FND	6 608	34	5.3	43.3	51.5
内华达	FND	6 654	33	5.0	30.5	64.5
新罕布什尔	FND	7 185	26	3.7	8.5	87.8
新泽西	FND	10 182	3	3.2	38.1	58.7
新墨西哥	FULL	6 445	35	12.6	74.7	12.7
纽约	PCT	10 745	2	6.6	45.7	47.6
北卡罗来纳	FLT	6 312	39	7.6	68.6	23.9
北达科他	FND	6 024	43	11.5	40.3	48.2
俄亥俄	FND	8 236	15	5.8	43.3	50.9
俄克拉何马	FND[d]	6 200	40	8.7	61.5	29.9
俄勒冈	FULL	7 519	19	6.3	57.0	36.7
宾夕法尼亚	PCT	8 557	9	5.5	41.0	53.5
罗得岛	PCT[g]	7 931	18	4.4	38.1	57.6
南卡罗来纳	FND	7 110	28	7.9	51.3	40.8
南达科他	FND	6 355	37	10.4	36.6	53.1
田纳西	FND	5 710	46	9.0	48.1	42.9
得克萨斯	FND[d]	6 999	30	8.4	44.0	47.6
犹他	FND	5 076	50	6.9	62.4	30.7

续前表

州	拨款项目	收入		收入来源		
		生均（美元）	排名	联邦（%）	州（%）	地方（%）
佛蒙特	FLT[d]	8 514	10	4.5	76.6	19.0
弗吉尼亚	FND	5 871	44	5.4	37.8	56.7
华盛顿	FULL	7 474	20	7.7	65.8	26.5
西弗吉尼亚	FND	8 289	14	9.0	62.8	28.2
威斯康星	GTB	8 862	7	4.6	53.4	42.0
怀俄明	FND	8 439	11	7.6	52.1	40.3
全国平均[h]		7 574		6.9	50.7	42.4

[a] FIT 为通用拨款；GTB 为保证税基拨款；FND 为基本金拨款；GY 为保证收入；FULL 为州完全资助；PCT 为比例均等化。

[b] 尽管康涅狄格州和缅因州把它们的基本拨款方式作为保证基本金项目，实际上，它们的拨款计划是 PCT，因为基本资金数量的计算取决于地方与州的纳税能力的比率。

[c] 特拉华州有一个小的均等化项目（8% 的拨款）超出了通用拨款。

[d] 第二层级的资金（PCT，GBT 或 GY）超出通用拨款和基本金项目。

[e] 印第安纳州保证税基拨款方式的第二层级是保证收入项目。

[f] 密苏里州把保证税基拨款整合到基本金公式中。

[g] 罗得岛州百分比均等化在 1998—1999 年期间暂停了，所有学区拨款数等于上一年的百分比均等化的拨款数。

[h] 包括哥伦比亚特区（每个学生的收入经费为 9 317 美元；联邦拨款占 16.6%，地方拨款占 83.4%）。

资料来源：National Center for Education Statistics. (2001). *Public School Finance Programs of the Untied States and Canada*，1998－1999 http：//www. ed. gov/pubsearch/pubsinfo. asp？pubid＝2001309；National Education Association (2001).*Public School Revenue per Student in Fall Enrollment*，1999－2000，Table F－2，www. nea. org/publiced/edstats/00rankings/f－2. html（accessed 10/15/01），reprinted with permission of National Education Association；U. S. Department of Commerce，*Statistical Abstract of the Untied States*，1996－1999 (2001).Washington，DC：U. S. Government Printing Office，Table H，p. 93，www. census. gov/prod/www/ statistical－abstract－us. html.

　　表 7—1 还给出了 1999—2000 年度生均经费以及联邦、州和地方资助的相对份额。*181* 例如，新罕布什尔州的基本金计划在很大程度上依赖于地方收入（87.8%）。伊利诺伊和内华达州学区 60% 以上的收入也都来源于地方。相比之下，夏威夷州的资金占有很大份额（87.8%），这反映了夏威夷把州作为单一学区的组织结构。在特拉华、密歇根、新墨西哥、北卡罗来纳、佛蒙特和华盛顿州的教育经费收入中，州资源所占份额同样超过了 65%。许多州为学校提供资金的财政计划中，州和地方给予的支持几乎相同（差距不超过 10 个百分点），这些州包括亚利桑那、科罗拉多、佛罗里达、印第安纳、缅因、马萨诸塞、蒙大拿、内布拉斯加、纽约、北达科他、俄亥俄、田纳西以及得克萨斯。美国全国的平均百分比表明，州政府提供了主要的经费收入（50.7%）；地方提供的经费所占份额较少（42.4%），联邦政府所占份额则更小（6.9%）。

　　在涉及总收入充分性问题时，州和地方资源组合百分比通常会被扭曲。一般人们会认为，在州资助比例较高的州，学区能够获得更多的资金，但是，情况并非如此。图 7—1 绘制了州资助百分比与生均经费之间的关系图（利用表 7—1 的数据）。生均经费极差（从犹他州的 5 076 美元到康涅狄格的 11 014 美元）和州收入所占百分比极差（从新罕布什尔州的 8.5% 到夏威夷的 87.8%）都很大。图中的回归线显示，这两个变

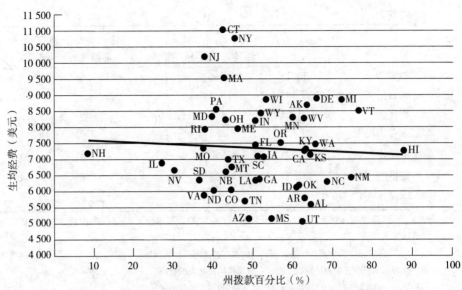

图7—1　各个州生均经费和州拨款百分比分布

量之间多少有些负相关（相关系数为-0.054 53）。低相关系数和几乎水平的回归线表明，支出水平与州政府资源占收入的百分比之间实际上没有关系。28个州政府资助百分数在50%以上的州的生均经费均值为7 221美元，而州资助在整个教育资助中所占比重低于50%的22个州的生均经费均值为7 550美元。

帕里什和弗劳尔的研究发现，在他们的分析中，学区间教育资源的不平等存在相同模式（Parrish & Flower，1995）。调整后生均总经费最低的西部各州，获得了最多的州政府资源支持（平均为60.5%）。相比之下，东北部（平均从州政府获得的资源占总资源的40.4%）和中西部（平均从州政府获得的资源占总资源的41.5%），则有较高的总收入。总体上，继续依靠地方税基的州的总收入，要比那些主要依靠州政府资源为教育融资的州高。

教育体系能够获得的总的资金量，取决于所有税基（即税收能力）的生均价值量和立法者、学校委员会及选民开发这些资源来支持公共教育的意愿（即税收努力）。本节介绍的简化模式说明，各个学区的生均日常经费（PPOR）可以存在很大差异，也可能各个学区的资源实质是相同的。但是，他们并没有强调，一个特定学区或者全州的生均日常经费量是否足以让学生达到高标准。在确定州资金分配时，这些拨款模式考虑到了学区税收能力和税收努力。在划分州和地方政府之间责任的各种办法中，它们还沟通协调关于平等和自由价值观的优先权（优先次序）。六种模式包括的范围很广，把从没有任何州资助的完全地方融资到整个教育由州资助都包括在内了。

州不干预

尽管州政府已经承担了公共教育的宪法责任，但是直到20世纪，州在学校融资方面都没有起很大的作用。18世纪和19世纪，人们自愿入学，为了鼓励正规教育的传播，各州建立了学区。最小州补充了由县或者学区征收的财产税以及通过私人捐助等获得的经费收入。

在第一个模式中，小且非常相似的学区教育项目可获得的资金存在很大差异。生均经费取决于个人财富的多少和税基大小，取决于个人和纳税人将资金投入到教育的意愿。因此，经费的充分性（在当时被认为是实现地方制定的目标所必需的资助支持水平）和随后的教育项目的充分性，密切反映了地方的财产价值以及税率（见第 5 章）。能力较大的社区（如生均财产估值很高）能够以很小的努力（如税率）提高生均日常经费。但是，能力较小的社区，即使付出很大的税收努力，也不能很好地为充分性项目融资。因此，机会平等（根据财政投入情况）仅仅是学区间而不是学区内的平等。

这些情况在世纪之交很普遍，1906 年，克伯雷（Cubberley，1906）倡导州政府在教育财政中发挥作用时写道：

> 完全依靠或者几乎完全依靠地方税收维持学校运转，这是可能的；但是，这样的做法可能使一些社区作出很小的努力，而对另外一些社区则造成过重的负担……这些过重的负担，很大程度上是由共同物品的提供而产生的；过重的负担应该部分地由州政府来均等化。为了达到这一目的，某种形式的一般拨款是需要的。（1906，p. 250）

今天，州拨款让所有的学区都至少能资助最低标准数量的教育项目；即便如此，筹集资金建设基础设施，通常还要取决于地方的税收能力和税收努力。如果州很少参与或者不参与设备融资，那么将会造成很大的不公平［见第 6 章以及考佐（Kozol，1991）关于基本建设费用的讨论］。

配套拨款

配套拨款是州政府首选的拨款方式之一。在第二个模式中，州政府资助通过要求地方提供配套资金，刺激地方政府征税。我们可以 1 美元对应 1 美元为基础，或者根据一定的比例配套原则进行操作。例如，州政府每提供 500 美元资金，地方政府提供 100 美元。

尽管配套拨款能够有效地激励选民纳税筹集资金，但是，获得的资金总量还取决于地方的税收能力和税收努力。由于配套拨款支持那些富裕地区，这些地区能以很小的税收努力筹集到地方必须筹集的份额，因此这不符合均等化学区能力的目标，进一步扩大了学区间支出的不平等。因此，配套拨款加剧了"教育机会不平等，或者说加重了地方教育税收"负担（Burke，1957，p. 395）。

配套拨款不再是向学区提供一般州政府资金的模式，表 7—1 没有列出这个模式。不管怎样，一些州要求利用配套资金来建设教育设施，或者为改进教育提供激励。比如，印第安纳州学区决定，如果为没有达到州熟练标准的学生提供补救项目，那么州每提供 2 美元，它们愿意配套提供 1 美元。联邦政府通过配套拨款，促进了职业教育和技术教育的发展（见第 9 章）。当捐赠者试图为激励地方筹款而进行捐赠时，他们也可能采用这种策略（见第 6 章）。

通用拨款（flat grants）

一般拨款支持那些不愿付出税收努力或者税收能力有限的学区更好地扩大教育机会，因此各州废除了配套拨款。在第三个模式中，州按人数分配资金——也就是

183

根据学生或者教师数分配。这种通用拨款忽略了地方税收能力和税收努力。

这种融资方法认为，要保证每个学生都能获得一个最低水平的教育，州政府要承担相应的责任。因此，政府通过对每个学生平均分配资金，实现某种形式的公平。在回应20世纪早期完全依靠地方财产税基的做法中，克伯雷（1906）论证道：州政府应该"尽可能地利用手中的可得资源，把优势均等给所有的人"（Cubberley，1906，p.17）。尽管确保所有学生都尽可能获得较高的最低标准教育是各州的责任，但是，他告诫，不能将所有教育都降低到这个水平。因此，地方仍然保留了学校治理优先权。各州将仅为那些"不损害当地运营单位的健康项目"提供必要的支持（Mort & Reusser，1941，p.375）。

只要通用拨款结构将超出最低要求水平的项目决策权交由地方委员会或者投票者，那么自由的价值就能够通过通用拨款方式得以实现。这个模式通过对财产征税，允许社区将财产税提高到规定的充分性水平之上。如果平等是根据最低要求项目标准来确定的，那么由地方自主选择决定的税收所导致的总支出差异，并没有被认为是不公平的。

由于本章假设州的计算机模拟可能会用到通用拨款计划，因此，图7—2对计划作了描述。由地方决策征收的地方税收是数量不等的，并对统一的（如6 000美元）生均州政府基本拨款作了补充。相对富裕的Sommerset学区投票者，同意对每名学生的统一州政府资助给予2 719美元的地方补助，使生均支出达到预期的8 719美元。这一地方补充值（2 719美元）除以财产值（617 100美元），就是税率（4.41‰）。[2]

184

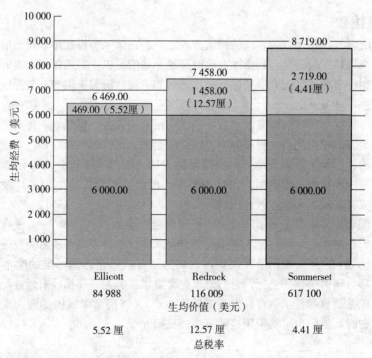

图7—2　通用拨款模式

尽管 Ellicott 和 Redrock 学区都使用了较高的税率（分别为 5.52‰ 和　183
12.57‰），但是，它们的总税收收入仍然相对较低（6 469 美元和 7 458 美元）。　184
很明显，当对地方税收有很大依赖时，在这种计划下或者项目中，学区间可得资
金总量就会有很大差异。通过扩大州基本拨款相对于（学区征收的）补充资金的
规模，或者通过对地方税收设定上限，州政府可以更好地实现学区间总经费的均
等。如果州立法规定地方不能有任何自行决策的余地，那么这项计划将能实现生
均经费的完全均等。

生均日常经费（PPOR）基本量没有考虑到当地的税收能力和税收努力。简单
地根据学生数量或者教学单位分配为学区运营提供的总资金，其导致的结果是用通
用拨款办法分配资金。但是，这种方法的不同之处在于，可变通用拨款方法允许根
据学生或者班级的特殊需求确定不同的资助水平。加权学生数或者加权教育单位技
术的使用（将在第 8 章充分讨论），使各州能够调整资助规模解决教育项目和服务
成本差异问题。

特拉华、北卡罗来纳和佛蒙特三个州使用的就是通用拨款方法（见表 7—1）。
佛蒙特州统一为每个加权学生提供州综合性拨款（1998—1999 年度为 5 010 美元）。
由于这种拨款在所有学区都一样，因此，它消除了地方投票者期望的总支出水平的
差异。北卡罗来纳根据州确定的用人岗位数量分派人员经费。图 7—3 描述了这项　185
计划的特点。人员经费分配反映了与特定项目相关的教师特征及班级规模特征。但
是，经费分配不根据地方的税收能力和税收努力的不同而改变。学区可能会利用本
地资源，对州政府的基本分配作补充，财产税是这些本地资源的主要来源。一般来
说，州资助在总支出中所占的份额相对较高（1999—2000 年度为 64.3%），因此学
区间总支出的不均等程度很小。

北卡罗来纳州通用拨款项目

州政府根据人事分配情况对地区进行资金分配。分配的职位数量取决于平均每日人员数。地方
可能会通过财产税对通用拨款进行补充。

州基本项目资助

在自 1933 年颁布以来一直没有变动的财政计划下，基本支持项目不需要地方参与。州会对它考
虑的地区日常费用要求提供完全资助。人事分配主要取决于平均每日人员及学生数。可变拨款反映
了该州是根据各年级的班级大小比例进行分配的：k—2 年级，1：20；3 年级，1：22.23；4～6 年
级，1：22；7～8 年级，1：21；9 年级，1：24.5；10～12 年级，1：26.64。

教师经验和培训情况不同，人事分配也会不同，这种不同可以通过一个全国范围内的工资计划
表来体现。入学学生数也决定了教辅人员、教师助理、中心办公室行政管理人员以及建筑管理者的
职位分配。其他职位（如主管）则由地方政府分派。

基本项目外的地方支持

除 2 个学区外，117 个学区中的其他 115 个都是由财政供养的。县委员会委员可以不经过选民同
意而征收额外税，每 100 美元估价财产征收 1.5 美元以上的税。这些选择性征税为州分配之外的人员
雇用以及州最低工资水平的补充提供了资金。在全国范围内，这些地方对日常费用的平均贡献，在
每年的总预算中已占到 23.4%。地方税收还为设施建造和维修提供资金。

图 7—3 北卡罗来纳州可变通用拨款

资料来源：J. K. Testerman & C. L. Brown（2001）。North Carolina. In National Center for Education Statistics, *public School Finance Programs of the United States and Canada*, *1998—1999*. http://www.ed.gov/pubsearch/pubsinfo. asp? pubid=2001309.

即使其他另外的一种模式构成了州向学区拨付日常运作资金的基本模式,富裕的学区仍然可以通过通用拨款方法确保获得最低标准的州资金量。例如,加州所有的学区都能得到宪法规定的生均120美元的拨款。除此之外,很多专项资金项目都需要通过通用拨款的办法拨付经费。伊利诺伊州通过通用拨款办法来对特殊教育进行资助,具体的拨款方法是利用通用拨款拨付教师工资的一半,使生均教师工资的一半达到1 000美元,或者使每名教师的工资的一半达到8 000美元。这些学区的心理专家和专业医师同样也能获得8 000美元的拨款。

基本金项目

与通用拨款模式一样,在基本金项目中,由州立法机关针对基础教育制定一个基本的资金水平,地方有权决定另外的项目,并为这样的项目提供资金。基本金项目模式与通用拨款模式之间拨款方式的不同,体现在对基本水平资金的筹措拨付责任上。在通用拨款模式下,仅由州政府提供统一的生均资金量或者统一的每班级资金量;而在基本金项目下,州和学区形成合作伙伴关系,共同承担所需要的项目成本,为项目筹措资金,地方的参与程度由各州来确定。除了14个州以外,其他各州在设计财政政策时都运用了这个模式。

斯特雷耶和哈格设计了州和地方共同承担教育成本的计划。学区或者县以全州统一的税率征税,在这一税率下,"只有最富裕的学区能够征收到足够的满足成本要求的税收"(Strayer & Haig,1923,p.176)。其他所有学区所筹集到的资金与基本金水平之间的差额,由州拨付的资金弥补。学区按照要求征税,地方的税收努力程度是规定好的,税收能力确定了地方和州为基本金而筹措资金的相对份额。与通用拨款模式一样,在均等化所保证的资金外,地方有自行决策的余地,这符合学区的利益自由。

186图7—4给出了通过计算机模拟得出的该模式的图示。在该模式中,学区可以利用的收入总量与图7—2描绘的通用拨款模式收入总量相同。在这些柱状图示中,基本经费的收入来源构成有所不同。必须保证的生均经费(也就是基本金,本例中为6 000美元)以水平线表示。该模式的图示中,通常以"斯特雷耶—哈格线"(Strayer-Haig lines)代表基本金水平或者最低标准水平。生均支出或者说每班支出在基本金水平以下的部分,学校的收入是由地方按照规定的税收努力(7.55‰)征收的税收和州拨付的资金共同构成的。

税收能力大的地区,对资金贡献的份额比例也较大。因此,比较贫困的Ellicott和Redrock学区比富裕的Sommerset学区获得更多的州拨款,这两个贫困学区获得的生均州拨款分别为5 358美元和5 124美元。除了达到规定的7.55‰的地方税收努力外,这些学区的选民批准学区选定的税收数量(税率或者努力程度),这与通用拨款模式中由地方决定税收一样。实际上,根据选民对项目的重视程度和支付意愿不同,以及各个学区的财产价值不同,地方决定的税收也会存在很大差异。从图7—4中我们可以看出:Redrock学区将生均支出增加了1 458美元,需要较大的额外税收努力(12.57‰);相比之下,Sommerset学区只需要4.41‰的额外税收努力就可以将生均支出提高1 719美元。尽管基本金水平是相同的,但是,总支出和税率不均等、不公平。相对于Ellicott和Redrock学区,Sommerset学区拥有最多187的税收收入,总的税收努力最低(仅为11.96‰),但是Ellicott和Redrock学区的总税率分别为13.07‰和20.12‰。

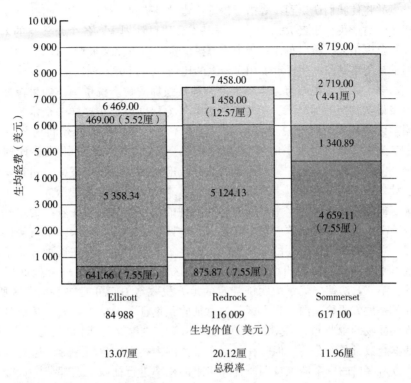

图 7—4　基本金模式

在这个模式中，规定的学区地方税收努力没有斯特雷耶和哈格构想的基本金计 *187* 划要求征收的税收量高。从严格的均等化立场来看，Sommerset 学区不应该获得任何州资助，州的统一的税率应该是 9.72‰（6 000 美元/617 100 美元）。但是，立法行动是多个目标间政治妥协的结果。采纳基本金计划的一个重要立法目标，就是利用州资金来减轻地方税收负担，并通过州层次上的征税来扩大税基。因此，即使未能实现地方财富的完全均等，但是，这样做的结果是较低的税率。

从理论上讲，基本金水平上的保障性经费与州最低教育标准或者州教育规划有关，与之有关的教育规划包括"州希望保证能力最低的社区为学校教育提供资金支持的所有活动"（Mort & Reusser，1951，p. 397）。不过，确立这种保障性通常是根据可得收入作出的政治决策，而不是根据教育需求和成本作出的理性决策。如果这一保障性经费水平太低，那些税基较小或者选择不征收额外税的学区的生均日常经费将会不足。但是，州可能会宣称它们已经履行了自己的责任。但是，最低标准拨款不可能为基本的教育项目提供充足的经费支持，更不用说让所有学生都达到高的学术标准了。在司法审查和充分性分析中，一个州所有学区可利用的资金水平，可能会成为审查的一个问题（见第 10 章和第 11 章）。

约翰、莫菲特和亚历山大（1983）建议在这种保障性资金中，州所提供的部分应该占有较大的份额——至少 75%。将责任归州，可以利用州有较大税基的优势，并将使我们认识到在筹措学校基本建设经费和项目补充资金中，地方过于依赖于本地财产税。如表7—1所示，在基本金项目计划中，各个州参与的筹措资金的变化范围很大。新罕布什尔州中州筹措的资金所占比例最低，仅为8.2%；与之相对的是肯塔基州，州贡献了相对较大的比例，达到68.0%。

　　规定的地方税收努力本质上是一种州强加的财产税税率。如果像斯特雷耶和哈格最初构想的那样——把规定的地方努力程度设定在这样一个水平，使得最富裕学区所征收的财产税正好达到这一基本金水平，那么，州将有效地利用财产税，建立一个更高水平的经费基数标准，这个水平高于通用拨款计划提供的资金。但是，州立法机关一般不会否决州政府对学区的任何拨款。州在实际实施这项计划中，有可能在以下几方面削弱了基本金项目均等化的潜力。第一，在降低规定的地方税收努力水平的同时，保障性的基本金被维持在较高的水平上。在这种情况下，更多的州政府资金会流入到学区，特别是会流入到最富裕的学区。第二，一些州通过保障性的通用拨款，建立了基本金项目。在这种方式下，即使那些本来不能获得任何州拨款的最富裕学区，也能确保获得一个最低标准的州拨款。第三，法律、规章中明确规定的地方税收努力，可能并不是学区所需要的，并不是地方所希望的。当学区不愿意征收预期征收的地方税时，按照计划，地方应该征收的税收量往往就变成了对基本金的"扣款"。因此，在立法机关看来，基本金数量是充分的，但是在基本金量范围内存在支出不均等。这是因为预期的地方所筹措的资金应该按照所计算出来的税率进行征收，这部分资金被从州所分配的资金中减除了。

　　模式中所描述的地方决定的征税（见图7—4）是指投票者所决定的税收（voter override）。这种允许地方自行选择的税收，在一些州被看做是厘计税率的一个增加。这种自行决定的征税获得的经费收入，是在为学校运作提供了基本水平资金基础上征得的，并且基本金数量符合均等化目标。为学校教育项目筹措资金时，允许学区选民自己决定他们认为是充分性的资金水平，以及帮助学生达到预期的要求，因此这种财政体制符合自由目标。超过基本保障水平的支出的差距，不仅反映了不同的税收努力和地方投票者的愿望，而且反映了各地不同的税收能力。

　　投票者选择来源于早期财政计划，早期的计划严重地依赖于地方收入，并且期望社区参与到教育财政中。在对早期激励地方努力的配套资助方式的评价中，财政理论专家论证道：在没有州规定的充分性水平的约束下，地方投票者的参与激发了创新，促进了效率提高。这种"适应性"或者说随时间变化而变化的地区倾向(Mort, 1933)，使得示范学区（lighthouse district）能够进行试验（Fleischmann Report, 1973；Jones, 1985）。一旦在这些示范学区的试验得到证明，一个项目，诸如全日制幼儿园或者班级规模缩小等，就会被采用并将被推广到其他教育系统，那么，学区将向立法机关施加压力以提高基本水平，以便所有学区都能利用这个成功项目的好处。

　　有36个州是利用基本金项目筹措日常教育经费的（见表7—1）。36个州中的大多数州都为基本金项目规定了一个详细的地方税率，其他州则允许地方设定税率，当采用一个比期望税率低的税率时，州将调整基本金水平（强行扣款）。图7—5对密歇根州基本金项目进行了总结，密歇根州为每个学区设立了生均基本拨款（基数）。这项保障性的经费来源于地方按统一税率（18‰的非住宅财产税）征收上来的税收收入和州分配的资金。在州的资金分配中，通过向财产评估值较低的学区分配更多的资金，使地方征收的财产税均等化。州将销售税（税率为 4％）的 60％以及投票者同意增收的销售税（2％的税率）的全部都用于教育。除此之外，州还对所有财产征收 6‰的财产税，以为学校筹集更多的资金。地方投票者可能会通过赞成对所有财产征收 3‰以上的税，对均等的保障性资金进行补充。

189

密歇根州基本金项目

    提供一般运营资金的基本金项目考虑地方筹集的非田园财产税收入。非田园财产税税率由州规定，并且州筹集到的销售税、全州范围内的财产税以及其他收入来源的总和与地方筹集到的资金相等。除此之外，投票者可能会通过对所有财产累进征税为基本保障提供补充。

地方/州份额

    州政府要确保每个地区都有一个基本水平的生均资助。1994—1995 年度生均津贴是 5 000 美元，并且这一基本津贴在逐年增长。但是，并不是所有地区都能获得这一水平的资助，在不降低其他地区基本水平、同时提高支出水平较低地区生均资助水平的计划下，实际基本津贴存在很大差异，从 4 200 美元到 6 500 美元不等。根据比例增加原则，支出水平较低地区每年会有一个较大的增加额。

    地区基本津贴由地方承担的部分是通过非田园财产税（是指除了自用住宅和农业财产之外的财产）筹集的（规定税率为 18‰）。州政府承担的份额是指基本津贴与按规定税率征收的非田园财产税之间的差额。

    6％的在全州范围内征收的销售税是州主要的收入来源。宪法规定将第一个按 4％的税率征收的税收的 60％以及额外按 2％的税率征收的一般销售税收入全部作为教育拨款基金。其他对教育拨款有贡献的州政府收入还包括 6‰的州财产税、个人所得税、烟酒税、商业工业设备税和彩票税。

    高收入地区（1994—1995 年度基本津贴在 6 500 美元以上）政府除了征收州规定的 18‰的非田园财产税以及 6‰的田园财产税，还分别对非田园财产和田园财产额外征收 1‰的税，这些额外征税对那些高收入地区不会产生坏的影响。

均等项目之外的地方支援

    该州的 555 个学区都是财政独立的。投票者可能会同意地方在规定征税之上对所有财产多征收 3‰的累进税。

图 7—5 密歇根州基本金项目

资料来源：M. F. Addonizio, E. M. Mill &C. P. Kearney（2001）. Michigan. In National Center for Education Statistics，*Public School Finance Programs of the United States and Canada1998－1999*. http：//www. ed. gov/pubsearch/pubsinfo. asp？pubid＝2001309。

税基均等项目

    几种税基均等方式代表了第五个模式。不像通用拨款和基本金拨款方法那样，*188*由州政府为所有学区确定一个保障性的资金水平，这些计划强调由地方确定一个期望的支出水平。一旦地方官员或者投票者制定了支出目标，州将通过均等学区间的能力来筹集必需的资金。

    厄普德格拉夫和金（Updegraff & King，1992）强调了财政决策中给予地方主导权的重要性。

        我们应该通过以下方式来提高学校运作中的效率：无论何时，州拨款都应随着实际税率的提高而增加，随着地方税收的降低而减少。（p. 118）

    他们认为，州的恰当角色应该是帮助教育部门实施由地方教育专家设计的教育项目。地方税基决定支出目标，州政府同样应该缩小地方税基的差距。

同基本金项目一样，三种不同的税基均等模式，对实现州的财政均等目标作出了贡献。这些模式与基本金项目之间的差异在于：确定州支持的水平时，地方的参与程度不同。即使全部支出结果存在差距，但是，这些税基均等项目仍然符合财政中性标准要求，在几个教育财政政策的司法审查（见第 10 章）中经常强调财政中性这个概念。财政中性要求公共教育资源应该是整个州财富的函数，而不是地方财富的函数。孔斯、克卢恩和休格曼（Coons, Clune, & Sugarman, 1970）详细说明了这个概念，并总结出一个可接受的州拨款体制必须具备的两个特征。

首先，州内任何地区因为相对富裕而具有的与教育有关的权利，都是不允许的。所有公立学校的学生都应该能平等地获得州财政总资源。对公立学校的最终责任是由州承担的。其次，从另一方面说，各单位应该是自由的，它们通过税收机制，选择分享不同量的州财富（通过确定它们愿意对自己征税的努力程度）。（pp. 201—202, emphasis added）

这种观念认为，一个中性的财政计划能够确保社区有能力在它们选择的支出水平上筹集资金支持教育。但是，由于支出水平是由地方决定的，地方筹集到的资金总量可能不足以让所有学生都达到州规定的学术成绩标准。

很明显，州政策中有三种不同的税基均等数学形式：比例均等化、保证税基和保证经费收入。有 7 个州（见表 7—1）将这些税基均等方法作为主要的资助机制。其他 6 个州在通用拨款项目或者基本金项目基础上，将这种税基均等方法作为第二个资金拨付办法。

比例均等化

在比例均等公式中，州和地方政府在地方决定的支出中所占的份额，是学区财富相对于整个州财富的函数。这项计划中，州政府的资助份额是根据下面的公式计算的：

$$州政府资助比率 = 1 - c \times \frac{学区税收能力}{州平均税收能力}$$

依照评估方法和均等化比率，学区税收能力和州平均税收能力每年都在变化（见第 5 章）。常数 c 代表居于平均财富水平的学区所筹措的资金占支出的份额，它由立法机关确定。假定规定的地方份额为 50%（也就是 c 等于 0.5），州生均财富为159 951美元，则公式变为：

$$州政府资助比率 = 1 - 0.5 \times \frac{学区税收能力}{159\ 951\ 美元}$$

图 7—6 给出了计算机模拟既定学区生均日常经费中州和地方政府所占的份额。三幅图描述了常数分别为 0.25、0.5 以及 0.75 时的比例均等化计划。例如，情形 B 中假定期望支出中地方资源占 50%。为了实现地区的支出目标，余下的50%则由州政府来分配。依据比例均等化公式（见上），我们通过比较地方财产估值和州平均估值（159 951美元），计算州拨款比率。

很明显，比州平均水平贫困的 Ellicott 学区（生均价值84 988美元），州拨款比率较高（73.4%）。在 Ellicott 学区以及州内任何其他生均财产估值与之相同的学区，地方政府只为教育委员会或者选民选择的期望支出提供 26.3%的资金。因此，在总支出中（6 469美元），学区提供的资源只有1 722美元，税率是 20.26‰

（1 722美元/84 988美元）[①]。与之形成刘比，Redrock 学区的拨款比率是 63.7%，该学区从州政府那里获得了4 747美元拨款。州拨款加上地方以 23.37‰的税率筹集到的2 711美元，使该学区获得了预期的生均支出水平（7 458美元）。 *191*

我们继续在情形 B 条件下讨论，在这种条件下，生均财产估值超过州平均水平（159 951美元）的学区，其州拨款比率在 50% 以下。生均财产估值为319 912美元的学区，得不到任何水平的州政府拨款（比例均等化公式拨款比率是 0.00）。超过这一估值的学区，其州拨款比率为负值。这些学区需要将超出它们确定的支出水平的财产税上交给州政府。举个例子，Sommerset 学区的生均财产估值为617 100美元，计算得到的拨款比率是−93.34%。在期望支出水平（8 719美元）和负拨款比率既定的情况下，计算得出的州政府生均拨款是−8 138（8 719×−0.933 4）美元。为了筹集16 857美元（支出水平与负拨款总和），该学区必须以 27.32‰的税率征税。那么，学区总共筹集了相当于规定支出的193.34%的资金。州政府筹集负 *192*拨款资金，并将它们分配给较贫困的地区。

州对地方筹集的财产税实行再分配，通常被称为再征收（recapture），它出现在很多州政府制定的政策中。然而，州立法者不愿从学区那里拿走资金，并且政治现实是要确保所有学区都获得一些拨款。很多州政府曾在它们的基本均等计划或税基均等计划中采用了再征收方法。堪萨斯、蒙大拿、得克萨斯以及佛蒙特州的州法院支持了再 *193*征收规定。而在威斯康星州，这项政策则是违背该州宪法规定的（见第 11 章）。

情形 A *190*
这一模式的等价形式如下：
比例均等，常数为 0.25；保证税基，保证的税基是638 364美元；
保证的收入每厘征得638.36美元。

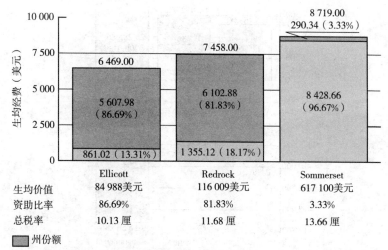

图7—6　税基均等化模式（计算中精确到 0.01，比例均等，
保证税基和保证收入模式所得结果的差异
都源于这一水平的四舍五入）

[①] 原书在列举数据时未采用四舍五入方式，只是简单地保留了整数位，故此处数据与图7—6 情形 B 的数据略有差异。——译者注

191　情形 B

这一模式的等价形式如下：

比例均等，常数为 0.50；保证税基，保证的税基是 319 182 美元；
保证的收入，每厘征得 319.18 美元。

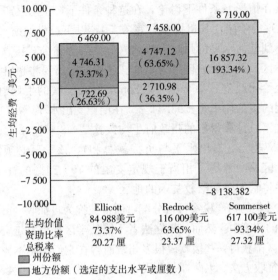

	Ellicott	Redrock	Sommerset
生均价值	84 988美元	116 009美元	617 100美元
资助比率	73.37%	63.65%	−93.34%
总税率	20.27 厘	23.37 厘	27.32 厘

■ 州份额
□ 地方份额（选定的支出水平或厘数）

图 7—6　（续）

192　情形 C

这一模式的等价形式如下：

比例均等，常数为 0.75；保证税基，保证的税基是 212 788 美元；
保证的收入，每厘征得 212.79 美元。

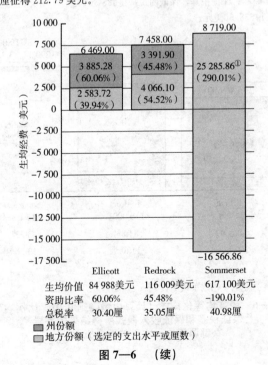

	Ellicott	Redrock	Sommerset
生均价值	84 988美元	116 009美元	617 100美元
资助比率	60.06%	45.48%	−190.01%
总税率	30.40厘	35.05厘	40.98厘

■ 州份额
□ 地方份额（选定的支出水平或厘数）

图 7—6　（续）

---

① 原文为 25 285.97，疑原文有误，已根据前后文数据进行更正。——译者注

州政府实行比例均等化计划时，比较常用的策略是设置一个拨款下限，对所有学区提供最低拨款。不论是以美元计的资金数量，还是以最低拨款比例发放，通用拨款保证了即使是最富裕的地区也能获得一些州政府的资金支持。税基均等化应用的另一个常见的修正，是制定由州政府拨付的生均经费上限，或者最大值。这种做法限定了州政府的总财政责任。如果设定的上限低于大多数学区的经费支出水平，那么对于满足所有学区学生教育需求来说，这个规则是没有效率的。制定上限对贫困学区的负面影响最大。如果州政府不能再征收到超额收入，不能强制设立下限和上限，那么，税基均等化方法将不能削弱财富与支出之间的关系（Phelps & Addonizio，1981）。在这种情况下，与通用拨款和基本金项目一样，税基均等化方法也会产生不公平，不能确保所有学区拥有足够资源，让学生达到高学术标准。

图 7—6 中的情形 A 和情形 C 说明了调整常数对结果的影响。如果常数减小到 0.25（在财富水平等于平均财富的学区，75％的生均日常经费由州政府负担），实际上所有学区都有资格获得州政府的拨款（见情形 A）。这三个学区获得的州拨款比例分别是 86.69％、81.83％ 和 3.33％。由于常数较小情况下，州支出份额要比情形 B 中所描述的大，三个学区各自对生均支出的贡献都减小了。因此，各学区分别将税率降低到 10.13‰、11.68‰、13.66‰，以筹集地方分担的费用。

与之形成对比，情形 C 描述的是将常数提高到 0.75 对结果的影响（在财富水平等于平均财富的学区，1/4 的生均日常经费由州政府负担）。这项政策降低了州政府拨款所占的份额（或者说增加了再征收量）。当常数为 0.75 并保持各学区的预期支出不变时，Ellicott 学区的州拨款比率下降到 60.06％，州拨款也减少了 3 885美元。Redrock 学区的州拨款比率下降到了 45.48％（3 392美元）。在负拨款比率（−190％）下，州政府将通过再征收，从 Sommerset 学区获得更多的资金。该学区必须征收 25 258.86 美元财产税，以达到州规定的 16 566.86 美元生均经费水平。实际上，在较大的常数下，各学区的税率分别提高到了 30.40‰、35.05‰和 40.98‰。

减小常数值对所有学区都有好处，尤其对那些高财富水平学区来说收益更大。从州政府的角度来看，降低地方资源比例的代价非常大。增大常数减少了对所有学区的拨款。这项政策变化降低了州资助的负担，并将财政负担从税基宽广的州政府税收转移到地方财产税上。如果使常数保持很高的值，则州政府能够以相对较小的拨款负担均等化最贫困学区的经费收入。不论投入到学校的税收收入是多少，通过调整常数，任何一个州都可能负担得起这个计划。

如果三个学区的投票者都选择相同的支出水平，那么它们的州拨款比率将决定不同的州和地方资金份额。在情形 D 中（见图 7—7），假定 Sommerset 学区的支出水平与投票者最初选择的（8 719 美元）相同，常数 c 的值为 0.5。注意如果所有学区都具有相同的厘计税率（27.32‰），那么与支出目标相伴随的努力也是等同的。情形 D 清楚地表明：再征收政策是一个完全可操作的比例均等化计划所必需的。否则的话，富裕的学区将保持很大的优势，因为它们可以以较小的努力实现它们的支出目标。那么，州政府就必须寻找其他的收入来源，帮助贫困学区达到期望的支出水平。

这一模式的等价形式如下：

比例均等，常数为 0.50；保证税基，保证的税基319 182美元；

保证的收入，每厘征得 319.18 美元。

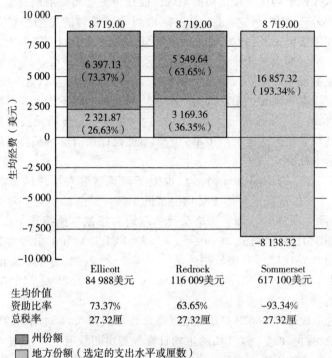

图 7—7　税基均等化模式下的均等支出（计算中精确到 0.01，
比例均等，保证税基和保证收入模式所得结果的差异
都源于这一水平的四舍五入）

　　图 7—8 总结概括了纽约州的比例均等化项目。该州的财政能力由实际财产和个人收入共同决定（见第 8 章关于财政能力的讨论）。每个学区的州拨款比例都考虑了以下因素：财产评估值和调整总居民收入，相对于这些税基的州平均值。州日常经费拨款总额是可接受拨款的学生数、拨款比率以及期望支出水平的函数。对这项计划的几种调整，说明了对比例均等化模式的偏离。首先，设置通用拨款底线，确保了所有学区都能获得一个最低水平的州资助（生均 400 美元）。其次，对均等地方支出金额设置上限，使得这项计划看起来像是一项基本金项目。最后，拯救无辜者条款（a save-harmless provision）规定确保将州政府资助维持在前几年确定的水平上。因此，多数学区获得的拨款不仅仅是财政能力、学生教育需求或者地方财政努力的函数。

　　康涅狄格、缅因、宾夕法尼亚和罗得岛州同样也利用比例均等化公式确定州拨款数额（见表 7—1）。除此之外，路易斯安那州将比例均等化计划作为第二种拨款形式。这种方法一般会被用来资助那些基本教育项目之外的特定项目。和马萨诸塞、蒙大拿州一样，还有 5 个州（康涅狄格、缅因、纽约、宾夕法尼亚和罗得岛）依据比例均等化公式，把这种方法作为州基本资助拨付的首选办法，拨付学校基本建设资金。

196

纽约州比例均等项目

运营拨款取决于拨款比率，这种比率是通过各地区财富与州总体财富比较得出的。地方财富包括财产价值和人均收入。任何地区获得的生均拨款不得低于 400 美元，并且规定了均等支出的上限。由于不存在再征收规定，地区的支出水平可能会超过这个上限。

地方政府/州政府份额

可接受拨款的学生数（TAPU）由居民和非居民学生平均日出勤（ADA）决定。额外部分包括那些州考试分数确定的有特殊教育需求的高中学生和残疾学生。学生数加上额外适用拨款学生数，构成了公式中的学生总数（TWPU）。

682 个地区都雇用了 8 个或者 8 个以上的教师，这些地区都有资格获得一般拨款。5 个最大城市的财政是独立的。地区财富捆绑比率（WCR）不同，地方支出份额也存在差异。支付能力的测度是两个比率的总和：与州平均水平有关的均等生均实际财产值（AV）占 50%，另外 50% 是与州平均水平相关的生均居民纳税人调整毛收入（INC）。给定 1998—1999 年全州范围内生均实际经费均值 246 400 美元，生均调整毛收入均值 86 400 美元，则：

$$CWR = \frac{0.5 \times \text{地区 AV/TWPU}}{246\,400} + \frac{0.5 \times \text{地区 INC/TWPU}}{86\,400}$$

某地区下述四种计算中的较大的那个值，是某地区州运营拨款比率（OAR），但不得低于 0.00，不得高于 0.90：

$$1.37 - (1.23 \times CWR)$$
$$1.00 - (0.64 \times CWR)$$
$$0.80 - (0.39 \times CWR)$$
$$0.51 - (0.22 \times CWR)$$

地区可以获得生均 400 美元的拨款（确保不论财富多少，所有地区都能获得的最低通用拨款），或者可以获得根据生均基本运营拨款（BOA）公式计算得出的拨款。

$$BOA = [3\,900 + 0.05 \times (\text{地区费用/可接受拨款的学生数})] \times \text{州政府运营拨款比率}$$

式中，地区费用是指地区投票通过的运营费用（AOE）。3 900 美元加上（ⅰ）低于 8 000 美元的运营费用或者基准年生均 AOE 低于 3 900 美元的部分与（ⅱ）0.075 或者 0.075/CWR 中较大者的乘积，得到的总和就是基本运营拨款的上限。

例如，一个财富在平均水平上的地区：CWR 等于 1.00，在第三个 OAR 公式下，41% 的运营费用由州政府支付：

$$OAR = 0.8 - (0.39 \times 1.00) = 0.41$$

州支付额为 1 665 美元，假定地区生均 AOE 是 6 050 美元，那么：

$$BOA = [3\,900 + 0.075 \times 6\,050 \text{ 美元}] \times 0.41 = 1\,665 \text{ 美元}$$

州拨款量随着可接受拨款学生人数的增加而增加。本例中，地区的拨款份额是 4 385 美元或者说地区支付占其总支出的 59%。

1998—1999 年，大部分地区（627）的基本运营拨款都偏离了这个公式。很多地区本应该得到更多的拨款，但是，有限的州资助限制了州完全拨款。那些获得过渡拨款（transition aid）地区逐渐开始转向公式，其他那些获得无损害救援拨款的地区保证其基本运营拨款不低于基准年提供的量。

均等项目之外的地方支持

由于没有再征收规定（拨款比率不可能低于 0.00），许多地区筹集到的税收使它们能够将支出水平提高到运营拨款上限之上。

图 7—8　纽约州比例均等

资料来源：B. O. Brent（2001）. New York. In National Center for Education Statistics, *Public School Finance Programs of the United States and Canada*，*1998—1999*. http：//www. ed. gov/pubsearch/pubsinfo. asp? pubid=2001309.

保证税基项目

在税基均等化拨款方式的这种变化形式中，保证了各学区有一个实现它们支出 *196*

目标的州政府规定的生均财产估值。该计划与比例均等化计划一样，由学区决定支出水平。税收努力和州政府拨款额都随要求支出的增加而增长。

期望生均预算除以保证税基（GTB）得到的结果就是一个地区必须征收的财产税税率。

税率＝支出/GTB

根据保证税基（GTB）所征收的税收数量，与学区通过评估的财产值（AV）征收的实际税收之间的差额部分，由州政府资源来补充：

州政府拨款＝（比例×GTB）－（税率×AV）

给定与情形 B 相同的参数（见图 7—6），各地的税率都是由预期的支出和立法机关确定的保证税基相除得到。在这种情况下，GTB 为 319 182 美元，是州平均财富的两倍。给定 Ellicott 学区的预算，则税率为 20.27‰（由 6 469 美元/319 182 美元计算得出）。州政府和地方政府各自所占份额由前面的公式确定。比如，Ellicott 学区的州拨款是 4 747.12 美元[①]，这是地方在给定 GTB 下筹集到的资金（0.020 27×319 182 美元）与运用同样税率对实际生均财产征税得到的收入（0.020 27×84 988 美元）之间的差值。这些结果反映了那些从常数为 0.5 的比例均等模式得到的结果（若存在任何偏差，都是由计算时四舍五入造成的）。情形 A 和情形 C 分别说明了增加或减少州 GTB 的结果。

尽管从数学上看，比例均等和保证税基计划相同，但是 GTB 主要关注的是地方税收而不是支出水平。如情形 B 所说明的一样，本质上，GTB 计划确保所有学区的税基都为 319 182 美元。那些选民决定的期望生均支出为 8 719 美元的学区，必须征收 27.32‰ 的税（8 719 美元/319 182 美元），如图 7—7 情形 D 所描述的。如果学区的财富高于平均财富水平，如 Sommerset 学区，在这一税率下，该税基能产生较大的税收量（16 857.32 美元）。因此，州政府会对该收入量与按 GTB 筹集的量之间的差额进行再征收。

与比例均等化项目一样，税基均等通常也通过设置上限来限制州政府承担的拨款量。并且，最低资助水平确保不论财富情况如何，所有地区都能获得一些州政府拨款。在这样的情况下，该项目仅补偿了那些税基低于州 GTB 以及那些支出低于上限的学区（Reilly，1982）。

1998—1999 年，印第安纳州和威斯康星州都依靠保障税基公式分配拨款（见表 7—1）。图 7—9 所示的威斯康星州 GTB，对应不同的支出水平产生了三个保证产值。与初始成本对应的一个高 GTB（K－12 地区 2 000 000 美元）为所有地区（除了一个富裕的地区）带来了第一个生均 1 000 美元的州拨款。与 1 000～6 285 美元之间的第二级成本对应的较低的保证财产估值（676 977 美元），以及高于 6 285 美元的第三级成本对应的较低的保证财产值，给较贫困地区带来了更多的州拨款。尽管在早期，州最高法院不同意再征收规定（*Buse v. Smith*，1976），但当前的 GTB 计划包括了一种形式的再征收。根据三级成本公式，当富裕学区的州拨款是负数时，州会将该部分资金从二级拨款中扣除。因此，财产税收入并没有像严格再征收地方超额收入政策下可能发生的情况那样，从富裕地区向州政府转移。

----

① 原文为 4 747.31 美元，疑原文有误，已根据前后文数据进行更正。——译者注

威斯康星州保证税基项目

州政府在三种不同的支出水平上，将各学区的生均价值与州保证税基进行比较，以确定均等拨款。一些收入是通过对富裕地区的再征收获得的。

地方政府/州政府份额

两个计算日的平均学生数和暑期参加教育项目的人数，共同决定了拨款的 ADM。平均每位成员的全部价值决定了 426 个财政独立地区的财政能力（370 个 K—12；47 个 K—8；10 个中学学区）。拨款以成员数为基本（ADM），其值等于财产估值、分担成本额、州政府保证的估值（GTB）以及学校可得资金的总和。

公式中包含三个层次的成本，这些成本由根据年级结构和支出水平确定的财产估值承担。1998—1999 年，支出超过初始成本上限（1 000 美元）的生均 GTB、二级成本（在1 000～6 285 美元之间）生均 GTB 以及超过6 285 美元的三级成本生均 GTB 分别如下：

地区类型	初始成本	二级成本	三级成本
K—12	2 000 000 美元	676 977 美元	263 246 美元
K—8	3 000 000 美元	1 015 465 美元	394 869 美元
中学	6 000 000美元	2 030 931 美元	789 738 美元

地区按如下公式获得各成本水平上的拨款：

$$州政府拨款 = 地区成本 \times \frac{地方税基}{保证税基}$$

州政府份额总量等于初始成本、二级成本和三级成本生均拨款乘以 ADM 得到的总和。那些三级成本保证产值较低、支出超过二级成本上限的 227 个地区获得了拨款。如果由于地方税基大于保证税基，三级拨款为负，那么这些拨款将从二级拨款中扣除。但是，如果二级拨款与三级拨款之和为负，初始拨款则不会减少。

例如，一个生均价值为 225 659 美元的 K—12 地区，地方产值与州 GTB 的比率是 0.113（225 659美元/2 000 000 美元）。初级成本中州政府拨款占 88.7%（1—0.113＝0.887）。如果生均经费为5 600 美元，那么每 ADM 的初始成本资助是 887 美元（88.7%×1 000 美元）。二级成本地方产值与州 GTB 的比率是 0.333（225 659美元/676 977 美元），因此，州政府按 66.7%（1—0.333＝0.667）的比例分担了剩下的成本（4 600 美元）。二级拨款额达3 068.20 美元。该地区没有三级拨款，其获得了每 ADM 3955.20 美元的州政府拨款。

初始成本的高 GTB 确保除了一个地区之外，其他所有地区都能获得州政府拨款。一个坚持无害的专门调整，缓解了拨款减少的影响（前年拨款的 85%减去1 000 000 美元）。

均等项目之外的地方支持

超过二级成本上限的三级成本保证公式要求再征收负的拨款。对超过保证水平的税基征税筹集的收入，富裕地区也可以使用。

图 7—9 威斯康星州保证税基

资料来源：M. Larsen & D. Loppnow（2001）. Wisconsin. In National Center for Education Statistics, *Public School Finance Programs of the United States and Canada*, *1998—1999*. http：//www. ed. gov/pubsearch/pubsinfo. asp? pubid=2001309。

保证收入（Guaranteed Yield，GY）

第三种税基均等方法主要关注的是地方税收努力（税率）。取代保证税基，州 *198* 政府规定和确保地方征收的每单位税率都能获得一个保证的经费收入。

说明保证收入（GY）模式例子的参数与图 7—6 情形 B 中的参数相同。州政府保证所有学区征收的每厘税率都有生均 319.18 美元的经费收入。20.27‰的税率可以产生6.469 美元的生均日常经费（20.27‰×319.18 美元）。这大致等于前面例子中 Ellicott 学区所期望达到的值（若存在任何偏差，都是由计算时四舍五入造成的）。类似地，不管地方的实际能力如何，23.37‰的税率保证了7 459.24 美元的生均日常经费，27.32‰的税率产生了8 720美元的生均经费。一旦确定了期望的支出水平,地方将运用相应的税率征税。地方贡献与预期支出之间的差额由州政府提供。保证收入项目与涉及州和地方合作关系的基本金项目相反,该项目中税收努力是地方自由选择的。除此之外,税收能力以及选择的税收努力不同,州政府承担的份额也会不同。

孔斯等人(1970)提议,在完全实施保证收入模式时,如果一个富裕学区产生的经费数量超过完全实施保证收入所产生的支出保证水平,那么,州政府应再征收这一超额收入。在前面的例子中,针对期望的支出8 720美元而规定的税率是27.32‰,Sommerset学区根据规定的27.32‰的税率还多筹集到8 139美元的收入,这部分额外收入是可以再征收的。当一个地区将这些资金上交给州政府时,就维持了一个财政中性计划的完整性,该计划中所有选择既定税收努力的地区都有相同的生均日常经费。尽管再征收(或者负的拨款)是几个州的拨款公式的一部分,但是,下限和上限的存在意味着目前还没有一个州完全实施这种理想形式的保证收入计划。

印第安纳、佐治亚、蒙大拿、俄克拉何马、得克萨斯和佛蒙特州都将保证收入作为第二种拨款分配方式。

得克萨斯州财政结构的第二级说明了保证收入(GY)方法(见图7—10)。州政府保证每1%的地方财产税税率获得一定的收入(每加权学生单位21美元),税收努力相同的学区,保证有相同的收入,直至达到上限(每100美元财产估值达到

199

得克萨斯州保证收入项目

这种奖赏努力计划保证了第二级资助中每一分地方税收的收入产出。基本项目下第一级收入是等量筹集的。再征收政策下,富裕地区有五种方法再分配筹集到的收入,这些收入是通过对超过均等财富的财产征税筹集的。

地方政府/州政府份额

多元体制允许地方决定税率并按地方财富成反比例的方法向1 042个财政独立的学区提供州政府拨款。第一级基本项目考虑的是平均每日出勤学生数(ADA)。一个基本分配(1998—1999年2 396美元)规定的地方努力(RLE)是每100美元征收0.86美元。州政府拨款补充二者之间的差额。

第二级保证收入计划考虑的是加权学生(WADA),项目负担包括特殊教育、补偿性教育、双语教育、职业教育和精英教育。州政府保证一美分征收每WADA的产出(1998—1999年为21美元)。州政府对这一努力设置了限制(每100美元征收1.5美元);因此地区为第二级保证收入平均征收47.9美分(如超过86美分的RLE)。

预期支出相同的地区税收努力相同。保证水平与那些可征税财产达210 000美元的地区筹集到的收入之间的差值由州政府填补。每WADA财富水平在210 000~280 000美元之间的地区,21美元的产出完全由地方筹集。财富超过这一均等水平(1998—1999年为280 000美元)的地区必须将地区财产税财富减少到这一水平。

均等化项目外的地方支持

州政府不会完全征收地方筹集的超过保证收入的收入。每WADA财富在210 000~280 000美元之间的地区保留所有超额收入。

一个保持无害的供给允许高财富水平地区保留尽可能多的超出平均水平的财富,因为这对以1.5美元税率将收入维持在1992—1993年水平上来说是很有必要的。除此之外,所有地区都从永久教育基金利益分配以及25%的机动车燃油税中获益。

图7—10 得克萨斯州保证收入

资料来源:C. Clark(2001). Texas. In National Center for Education Statistics, *Public School Finance Programs of the Untied States and Canada*,1998—1999. http://www.ed.gov/pubsearch/pubsinfo.asp? pubid=2001309.

1.5 美元）。在再征收政策下，富裕地区（每加权学生 280 000 美元以上）用以下五 198
种方法减少它们的超额财富：与其他学区兼并形成新的学区；将财产转移到较穷的
地区；购买出勤信用（向州缴纳单位 WADA 收入）；支付另一个学区学生教育的成 199
本；与另一地区合并税基支付两个地区的日常经费。受制于这一规定的 93 个学区，
都选择其中了第三种或第四种方法。除了第二级保证收入为日常经费提供拨款外，
保证收入方法还确保得克萨斯州的学区能够为设施筹集到资金。1998—1999 年，
每美分税收的产出是生均 28 美元。

州政府完全资助

这个模式中的所有成本完全由州承担，这与基本金项目和均等税基项目形成鲜
明对比；很明显，在基本金项目和均等税基项目中，州和地方是共同分担成本的合
作关系。

为了促进学校之间教育的一致性，莫里森（Morrison，1930）提议，由州政府
统一管理服务于公共目标或社会目标的学校，并完全由州政府提供资金支持这些学
校。他的理由是：教育和公民职责、权利培训是州关心的事，因此地方自治应该做
出让步。这种方法的提议者认为，让所有学生都能达到高学术标准的教育项目可得
资金，无论如何都不应该由地方税收能力或税收努力来决定。弗莱斯曼报告
（Fleischmann Report's，1997）建议纽约州实行州政府完全资助，报告考虑到以下
几点好处：

> 州政府完全资助能更有效率地控制支出，这是可能的，尽管这可能无法自
> 动地实现。它允许政府以与该州总体经济增长相协调的速率增加投资，改进教
> 育质量。这就消除了富裕地区之间在豪华房屋和奢侈品上的竞争。(p.56)

单一的州政府完全资助模式（见图 7—11）表明，州政府将平均分配所有收
入，不论其来自州还是地方。在相对较穷的 Ellicott Redrock 学区和与它们相比较 200
富裕的 Sommerset 学区，每个学生的可得资金都相同（7 000 美元）。州政府要么考
虑所有财产税收入，要么该计划完全由州层次上的收入提供资金。统一的生均日常
经费由立法机关决定，而不是由地方教育委员会或地方选民确定。在这项计划下，
不存在地方选民自由选择对州确定的资助水平进行补充的情况。并且，在这项财政
中性计划中，无论是地方税收能力还是税收努力都不影响学校支出。

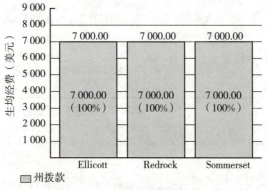

图 7—11 州政府完全拨款模式

由于夏威夷只有一个学区,因此它是州政府完全资助的,并且实行州政府严格控制的教育体制(Thompson,1992)。图 7—12 描述了正在向州政府完全资助模式发展的俄勒冈州财政项目。20 世纪 90 年代,俄勒冈州投票者实施了两个措施以限制财产税增长,并将教育资助的负担转移给州政府。地方征税的税率不能超过宪法对筹措日常经费而规定的税率。最终,当所有学区的税收水平都在高于或低于保证的生均日常经费水平附近时,这种方法是完全均等的。即使地方财产税和来自森林保护区林业的收入将税收增加了 30%,州政府在分配资金时也把这些资金考虑在内。这一经费筹措结构,建立起了一个能够确定成本和业绩关系的框架(见第 13 章)。

作为向州完全资助方向发展的州,加利福尼亚、新墨西哥和华盛顿也被包括在表 7—1 中。但是,这几个州允许一定程度的地方自治。一项要求财政中性的财政结构的司法判决以及随后限制税收和支出的运动,使得加利福尼亚州从基本金项目迈向州政府完全资助。即使仅有 30.6% 的收入来源于地方,但是,地方财产税仍由州政府直接控制。由于法院判定先前的财政计划不能给予所有学区同等和充分的资金水平(见第 10 章),导致华盛顿州的基本教育经费几乎完全由州政府提供。选民可能会同意将"特殊征税"提高到州和联邦税收的 24%。新墨西哥州基本金项目允许地方在州政府保证的水平之外,不在学校日常运作上花费更多的资金。直到最近,学区才保留了财产税(税率 0.5‰)、联邦影响拨款(federal impact aid)和林业收入的 5%。这一比例可以提高到 25%,但是,其差额只能用于学校建筑和基础设施。

俄勒冈州政府完全资助项目

政府重视 198 个学区为教育筹集到的所有收入。

地方/州政府份额

投票者在 20 世纪 90 年代颁布的两项主动法令中严格限制了财产和财产税增长。1990 年,投票者通过标准 5 将教育征税限制为每 1 000 美元财产征收 5 美元税。1997 年的标准 50 强加了一个固定永久的为教育运营征税的税率,并将可估计产值压低到 1995—1996 的标准水平。这一最大估价的增长每年不得超过 3%。

这些都要求州政府用其收入弥补地方财产税损失。在降低州政府贡献的分配公式中,州政府会将乡镇教育基金、木材税收入和政府普通教育基金考虑在内,因此,能够有效地将税收和林业收入的控制从地方转移到州政府。在这项计划中,州政府提供的资金大约占其基本运营资金的 70%。

每年的"目标拨款"量由立法机关确定,并且根据教师平均经验与全州平均之间的差异,在各地区进行调整。

近年来通过提高或降低水平来均等地方收入的过程几乎是这项计划的全部内容。该计划已经消除了 96% 的在公式改变之前存在的不公平。

基本项目外的地方支持

地方投票者可能不同意将税率提高到高于标准 5 和标准 50 规定的水平来增强教育项目。地区依靠地方税收为学校建筑融资。

图 7—12 俄勒冈州政府完全资助

资料来源:F. P. McNamara(2001). Oregon. In National Center for Education Statistics, *Public School Finance Programs of the Untied States and Canada*,*1998—1999.* http://www.ed.gov/pubsearch/pubsinfo.asp?pubid=2001309。

州政府完全资助模式很好地说明了我们在第 2 章所讨论的平等、自由和效率目标之间的冲突关系。这种模式均等了生均日常经费,实现了财政中性目标,将教育筹资负担转移到更宽广的税基上，并提供了政府认为实现高标准需要的收入。与之相对应，更加统一的财政和政策可能会带来一个无效率并且由非个人官僚机构严格控制的教育（a regimented education）。减少地方在政策和财政上的参与，可能限制了对特定社区需求的反应程度。对财政灵活性的限制，可能制约了学区的支持能力，妨碍了对创新的激励。除非有足够多的收入，使所有学区的教育经费都至少提高到采纳州政府完全资助模式之前最高支出学区能够达到的支出水平，或者提高到被认为是充分性的水平；否则，任一个州都很难满足所有地区的需求。另一个可供选择的方法是再分配当前可得的再征收的地方税收收入。但是，这样做会降低很多地区的支出水平，这是在政治上不受欢迎的策略。

在某些州，包括一般教育运营经费不完全由州政府提供的州，专项项目的所有成本都由州政府承担。比如，在内布拉斯加、俄勒冈、华盛顿，州政府完全承担了特殊教育的超额成本；而在特拉华、佐治亚、新墨西哥和华盛顿，州政府同意承担学生交通费用。

总　结

联邦和州政府对地方的转移支付，确保了所有社区基本公共服务的提供。财政援助鼓励地方扩大项目，全面满足学生的教育需求，并使他们能够取得期望的高标准成绩。这种经费收入共享分担，通过使中央政府（州和联邦）可获得更宽广的税基，平衡了地区财政能力。这些转移支付对地方决策的影响和约束的程度，取决于它们是一般的、专项的还是综合性拨款。这三种方法在很多方面有所不同，例如，目标是由哪级政府确定的，资金对相应的群体或者目的的针对性程度，方案制定者、项目监督员的责任，以及资助结构等。

教育运营经费由州一般拨款和地方税收收入共同承担。为了理解州对生均日常经费的资助，我们介绍了四个概念，它们分别是：充分性或者说是支持水平，这反映的是立法机构或者选民有关教育项目的期望水平以及与学术标准有关的资助水平的决策；州政府和地方政府之间的财政责任划分；根据生均财产值或者生均收入定义的地方税收能力；地方税收努力即财产税或收入税税率。如果教育财政资源的可得性仅由地方税收能力和税收努力决定的话，那么，各个学区生均日常经费将存在很大差异，并且很多学区的经费将会不充足。州财政计划考虑到了地方税收能力和税收努力的不同，这样做的好处是缩小了学区间生均日常经费的不均等。

我们介绍了六种普通补助资金的分配模式。这些模式考虑到了社区税收能力及税收努力上存在差异。配套拨款对较富裕的地区比较有利，因为获得州资金的多少直接与税收能力和税收努力有关。而州通用拨款则既不考虑地方税收能力，也不考虑它们的税收努力。在基本金项目中，通过州资金的分配调控地方税收努力，并且资金的分配跟税收能力呈相反的关系，也就是说根据税收能力分配资金，能力高的学区获得的资金少，能力低的学区获得的资金多。在通用拨款或者基本金项目中，允许地方自主决定征税对基本的生均日常经费（PPOR）进行补充。尽管这些征税让选民能够确定他们认为合适的学生达到学术标准的充分性水平，但是，这些选民决定的水平并不均等，并且导致了总支出存在差异，使总支出反映了税收能力和税率。在不同的税基均等化形式下，州政府根据地方税收努

202

力进行资金的分配，但是，税收能力（税基）是完全相同的。在税基均等化项目中，支出水平由地方政府确定，州均等化学区能力，实现学区的支出目标，实施由地方界定的充分性的项目。由于州政府完全资助方式既控制了财政能力，又控制了地方努力，因此，这种方式下学区间不存在生均日常经费的差异。在这种州政府控制的财政计划下，由各州根据所有学区的项目和资金，确定什么样的资金水平才是充分性的。

在下一章，我们将更为全面地介绍政府财政政策；我们将考察各州如何测度和考虑不同的学生需求，分析几种学区调整基本融资方式的方法。最后，我们考察地方在确定教育财政资金中地方和州收入各自占多大比例时使用的税收能力和税收努力测度方法。

注　释

[1] 本章引用的有关州政策的例子主要摘自州财政规划说明，我们可以通过全国教育统计中心获得这些资料，也可以通过 CD 光盘获得，还可以通过下列网址获得：http：//www. ed. gov/pubsearch/pubsinfo. asp？pubid＝2001309。除非另有说明，1998—1999 年度的融资公式和资助金额对学区产生了影响。我们还可以在州立法者全国协会的网站上获得关于州财政拨款方式的额外信息，其网址为 www. ncsl. org/programs/educ/ed＿finance/edudata。

[2] 为了说明起见，本章对厘税率的计算精确到小数点后两位。实际计算中，州拨款公式可以保留四位或更多位小数。

思考与活动

1. 确定并比较描述至少两个州或者联邦资助项目的规定和目的的条例或规章。找出支持你将政策分为一般拨款、专项拨款或者综合性拨款的规定。

2. 查找全面介绍某州财政计划的文献。比较本章介绍的六种模式的基本支持项目。除了基本项目，州还采用其他方法为特殊项目和服务融资吗？

3. 回顾教育财政委员会、州机构或者政策分析者在专业期刊上公布的报告，分析给定州财政体制下财政计划的优点和缺陷。政策有变化吗？如果有，这些评估是否建议要考虑税收能力、税收努力、地区间收入的不均等以及帮助学生达到高学术标准的资金充分性问题？

4. 立法者与教育专家委员会正在考虑均等教育机会的可选财政计划，同时还鼓励地区创新。根据平等和自由目标，讨论委员会在这项工作中可能遇到的困境并指出委员会改进本章介绍的一般融资模式的一项基本原则。

5. 运用本章介绍的计算机模拟，建立一个州基本资助项目收入分配公式电子表格。录入所有地区（或者一个样本）的数据，变动一些参数，观察其对州资助分配的影响。

练　习

1. 某州立法机关为该州 2 350 000 名学生提供了 8 812 500 000 美元的教育资

金，则：（1）统一通用拨款分配量是多少？（2）如果有两个地区对这项州资助进行补充，补充方法是分别以 10‰ 和 15‰ 的税率征税，这两个地区的生均财产值分别为 240 000 美元和 180 000 美元，那么每个地区可得的生均经费是多少？（3）生均通用拨款增加 600 美元，同时规定地方财产税税率上限为 12‰，会产生什么样的影响？（假设最后这两个地区都按这一税率征税。）

2. 一个有 60 亿美元总产值、2 000 名学生的学区：（1）如果州要求地方按 4.5‰ 的税率征税，并确保生均经费为 3 400 美元，那么基本金项目下，州对该地区的生均贡献是多少？（2）如果该地区按 14‰ 的税率征收总税收（包括 RLE），那么包括政府转移支付和地方税收在内的生均可得总量是多少？

3. 假定某地区平均财富（生均财产值 220 000 美元）对比例均等化项目的贡献是 48%，那么：（1）计算生均财产值分别为 160 000 美元、250 000 美元和 520 000 美元的三个地区，州资助的支出份额。（2）如果这三个地区中，每个地区的生均经费都是 4 800 美元，那么州资助是多少或者说地方将上交给州多少财政收入？

计算机模拟：州资助模式

与本章内容相关的计算机模拟可以在 Allyn & Bacon 的网页上找到：http：// *204* ablongman/edleadership。它们主要关注的是基本金项目州资助的分配、比例均等化项目州资助的分配以及保证税基项目州资助的分配。这样做的目的如下：

- 建立三种州对学区资助分配方式的基本的理解框架，这三种资助方式分别是：基本金项目、比例均等化项目和保证税基项目。
- 向学生介绍假定州的数据库。
- 对选定州的州资助模式进行"假设"分析。

参考文献

Addonizio, M. F., Mills, E. M., & Kearney, C. P. (2001). Michigan. In National Center for Education Statistics, *Public school finance programs of the United States and Canada*, 1998—1999. http：//www. ed. gov/pubsearch/pubsinfo. asp? pubid=2001309.

Brent, B. O. (2001). New York. In National Center for Education Statistics, *Public school finance programs of the United States and Canada*, 1998—1999. http：//www. ed. gov/pubsearch/pubsinfo. asp? pubid=2001309.

Burke, A. J. (1957). *Financing public schools in the United States*. (Rev. ed.).

New York：Harper & Brothers.

Buse v. Smith (1976). 247 N. W. 2d 141.

Coons, J. E., Clune, W. H., & Sugarman, S. D. (1970). *Private wealth and public education*. Cambridge, MA：The Belknap Press of Harvard University Press.

Clark, C. (2001). Texas. In National Center for Education Statistics, *Public school finance programs of the United States and Canada*, 1998 — 1999. http：//www. ed. gov/pubsearch/ pubsinfo. asp? pubid=2001309.

Cubberley, E. P. (1906). *School funds and their apportionment*. New York：Teachers College, Columbia University.

First，P. F. (1992). *Educational policy for school administrators*. Boston，MA：Allyn & Bacon.

The Fleischmann report on the quality，cost，and financing of elementary and secondary education in New York State. (1973) Vol. I. New York：Viking Press.

Johns，R. L.，Morphet，E. L.，& Alexander，K. (1983). *The economics and financing of education*. (4th ed.). Englewood Cliffs，NJ：Prentice—Hall.

Jones，T. H. (1985). *Introduction to school finance：Technique and social policy*. New York：Macmillan.

Kozol，J. (1991). *Savage inequalities：Children in America's schools*. New York：Crown.

Larsen，M.，& Loppnow，D. (2001). Wisconsin. In National Center for Education Statistics，*Public school finance programs of the United States and Canada，1998 — 1999*. http：//www. ed. gov/pubsearch /pubsinfo. asp? pubid=2001309.

McNamara，F. P. (2001). Oregon. In National Center for Education Statistics，*Public school finance programs of the United States and Canada，1998 — 1999*. http：//www. ed. gov/pubsearch/pubsinfo. asp? pubid=2001309.

Morrison，H. C. (1930). *School revenue*. Chicago：University of Chicago Press.

Mort，P. R. (1933). *State support for public education*. Washington，DC：American Council on Education.

Mort，P. R.，& Reusser，W. C. (1941). *Public school finance：Its background，structure，and operation*. New York：McGraw-Hill.

Mort，P. R.，& Reusser，W. C. (1951). *Public school finance* (2nd ed.). New York：McGraw—Hill.

National Center for Education Statistics. (2001). *Public school finance programs of the United States and Canada，1998 — 1999*. NCES 2001—309. (J. Dayton，C. T. Holmes，C. C. Sielke，& A. L. Jefferson，compilers；W. J. Fowler，Jr.，project officer.) Washington，DC：U. S. Department of Education，office of Educational Research and Improvement. Available on CD—ROM or http：//nces. ed. gov/pubsearch/pubsinfo. asp? pubid= 2001309.

Parrish，T. B.，& Fowler，W. J. (1995). *Disparities in public school district spending，1989 — 1990*. Washington，DC：U. S. Government Printing Office.

Phelps，J. L.，& Addonizio，M. F. (1981，Summer). District power equalizing：Cure-all or prescription? *Journal of Education Finance*，7，64—87.

Reilly，G. J. (1982，Winter). Guaranteed tax base formulas in school finance：Why equalization doesn't work. *Journal of Edu-cation Finance*，7，336—347.

Strayer，G. D.，& Haig，R. M. (1923). *The financing of education in the State of New York*，*Report of the Educational Finance Inquiry Commission*. Vol. 1. New York：Macmillan.

Testerman，J. K.，& Brown，C. L. (2001). North Carolina. In National Center for Education Statistics. *Public school finance programs of the United States and Canada，1998—1999*. http：//www. ed. gov/pubsearch/ pubsinfo. asp? pubid=2001309.

Theobald，N. D.，& Bardzell，J. (2001). Introduction and overview：Balancing local control and state responsibility for K—12 education. In N. D. Theobald & B. Malen (Eds.)，*Balancing local control and state responsibility for K — 12 edu-*

cation （pp. 3 — 18）. Larchmont， NY：Eye on Education.

Thompson，J. A. (1992，Spring). Notes on the centralization of the funding and governance of education in Hawaii. *Journal of Education Finance*，17，286—302.

U. S. Department of Commerce. （2001）. *Statistical abstract of the United States*， *1996—1999.* Washington， DC： U. S. Government Printing Office， www. census. gov/prod/www/statistical-abstract-us. html.

Updegraff， H.， & King， L. A. （1922）. *Survey of the fiscal policies of the state of Pennsylvania in the field of education.* Philadelphia： University of Pennsylvania.

第**8**章

根据学生特点和地域
特点对州拨款项目进行调整

议题和问题

- **公平且有效率地达到高的标准**：立法机关如何通过对学校拨款模式的调整来实现这样的目的？
- **测量教育的需求**：在分配资金的时候，州认为，学生和特殊项目的哪些特征对成本有合法的影响？
- **补偿学区之间的成本差异**：地域特点——包括规模、人员和实施教育的成本——是否被合理地纳入到资金的分配公式中？
- **测量地区财富和税收努力**：把对学区的财富价值评估和其他为教育提供经费的能力的测量结合起来，是不是更有优势？如何界定税收努力才能使其体现立法者和当地投票人利用现有税源支持教育的力度？

在这一章中，我们将继续讨论州教育财政政策。我们的注意力将从拨款公式的基本结构，转向考虑与教育系统的教学条件和财务条件相关的一些测量问题。当州立法机构对简单地按学生人数进行资金分配的公式进行调整的时候，它们的目的是公平地考虑地区的财政能力和教育成本。由于有些教育成本是教育当局不能控制的，如果不能进行这种调整，可能使本该得到资金进行教学改进的地区缺少这部分资金。

莫特（Mort, 1924）在20世纪初提出，州应当考虑由当地教育机构不可控因素导致的成本差异。自此以后，学校的拨款公式已经变得越来越复杂。目前的公式为地区提供不同水平的资金，旨在使它们能根据学生的学习能力和教育需求来提供相应的教育项目。很多州把这些额外的成本纳入到均等化拨款项目。其他的州则是通过专项资金来满足这些特殊需要。当州在基本的资金公式以外分配资金的时候，它们常常不考虑地方的支付能力，而对所有地区的成本都进行补偿。

一旦学生的教育需求界定完毕，州就考虑是否根据地区差异对教育成本进行调整。在分配资金的过程中，州可能考虑以下几个方面：地区的大小或者人口的分布情况、生活和教育的成本以及教职员工的特征。在决定了需要拨款项目的总成本以后，资金结构决定了州和地方财政对教育支持的结合程度。在第7章中，我们已经讨论了多种将地方财政纳入考虑范围的州拨款计划。现在，我们就要研究如何测量当地的税收能力以及纳税人对教育支持的税收努力。

值得注意的是，对教育需求、税收能力以及税收努力的测量，都只是对我们预期概念的一种近似度量。在很多情况下，它们是很合适的指标，但在其他一些情况下，也许出于政治妥协的考虑，如果一个指标不是很容易度量的话，可能会采用一个与之紧密相关的指标来代替。

学生教育需求的测量

公共教育的规模可以粗略地通过受教育的学生数量来体现。这种测量学区教育需求的方法和以下几个方面紧密相关：师资规模、教学设施和教学项目的规模；当然，最终还和所需资金量相关。另外，有些项目是用来满足学生的专门教育需求的，州政府对这些项目的本质和成本给予了高度关注。下面，我们将阐明州如何计算学生的数量；在资金公式中，州又是如何对其赋予相应权重的；如何补偿学生的超额成本。然后，我们将提供一些由州立法机关资助的特殊项目的例子，并介绍一些用于补偿全部或是一定比例的额外成本的机制。[1]

学生人数统计

政府主要是根据受教育学生的数量来决定教育对财政资金的需求。在 20 世纪初，资金分配是基于对学龄儿童的普查。还有另一种方法为计算实际就读于公立学校和私立学校的学生数。前一种方法对鼓励学生入学的行为没有提供有效的激励，而第二种方法则可能导致在某些社区，由于很大比例的学生进入私立学校接受教育，致使公立学校存在资金过剩的情况。

目前的州援助计划提供了一种更好的估计公立学校在校学生数及其相关成本的方法。大概一半的州通过计算在一个特定的时期内学生在校人数的平均数来确定"平均日登记入学数"（ADM）。有 12 个州则是采用了在某一天的"实际入学数"（ENR）作为参考指标。有 8 个州通过对学年内特定的几周中学生到校数的计算来确定"平均日出勤数"（ADA）。极个别的州采用了根据教师数或是教学单位的数量来决定资金的分配。即使采用这种方法，最终反映的也是学生入学或是参与的数量。在计算中用到的如"特定的一天"（如入学的第 10 天）、"某个特定的时期"（如 10 月和次年 3 月的到校学生平均数），在法令中一般都有相关的规定。这是为了满足根据统计的学生人数来分配资金的需要。

是选择登记入学数，还是选择实际参与数，实际上在政治、教学以及效率方面都有很大的不同。ADM 和 ENR 考虑到，无论学生是否实际到校，学校的一些运营成本都是固定成本。但上述方法的缺陷在于，它们造成地方缺乏减少学生旷课和缺席的动力，造成无效率。基于 ADA 的资金计划则强调遵守义务教育法，并通过降低旷课率以最大限度地实现教学目标。采用"登记入学数"的方法，使得旷学率较高的大城市学区得到资金优势。相反的是，ADA 使可以利用的州资金投向有更高出勤率的城郊和农村地区。

大部分的州都把本年度的学生人数作为资金分配的重要依据。在这种方法中，州在每一个财政年度开始的时候，根据估计的入学人数或是出勤人数来提供资金。

208

后续的调整则反映了在一天或者更多计数日中,实际入学数或者出勤学生数的情况。其他的一些州则是根据上一年的登记入学数或者出勤数(而不是估计值)来拨款。这种策略的好处在于,在准备预算和雇用教职员工的时候,有准确的统计数字和财政经费收入分析作为依据。但在学年开始前,学生人数的改变可能会造成意想不到的困难。

一些深受当地"繁荣—衰退"经济周期影响的社区,当面临经济增长或者下降时,统计学生人数的方法很显然必须进行调整。具体而言,即使教职员工的工资以及设备的成本在一定程度上是固定的(Edelman & Knudsen, 1990),至少在短期内,急剧下降的入学人数意味着援助资金的减少。因为这个缘故,一些教育财政拨款公式中包括了一个"无风险"条款,保证提供与原来相同的数量,减轻资金突然减少的影响。比如,在密苏里、内华达和北达科他州,"无风险"条款保证按照前一年登记入学数的100%来拨付资金。有一些州则是确定一个前一年学生数的百分比,或者确定前几年学生数的一个移动平均数(a rolling average of several years'),以缓解影响。佛罗里达州对相对于前一年下降部分的50%进行补偿。密歇根州则是综合了上个学年2月份的数据(20%)和当前学年10月份登记入学的人数(权重是80%)来对资金进行调整。俄亥俄州的学区可以用当年的ADM数据,也可以用前三年(包括本年度)的ADM平均数来确定获得的资金量。

一个入学人数下降的地区,如果能继续前几年的为了拨款目的计算的学生数,那么开展项目的规划和决定对员工的承诺时,学区就有了更具预测性的资源基础。然而,"无风险"条款使学区没有遭受资金损失,但却毫无必要地使学区不用面对登记入学数减少带来的问题(Leppert & Routh, 1978)。这些条款很可能让那些实际上不需要缓冲资金减少所造成冲击的地区获得了资金——资金获得上的不公平,当然,在教育资金的使用上,地方的浪费行为也可以被认为是该条款的一个弊端(Goettel & Firestine, 1975)。为解决这样的问题,用学生数量比例的减少、缩短学期的长度来逐步减少资金的量,或是用几年的入学平均数来更有效地鼓励计划并提高效率,而不是将夸大的学生数量一直沿用到将来。

州的拨款计划也会根据与学生入学人数增多有关的成本的急剧增加作出相应的调整。由于在学年的前两个月学生人数增加,肯塔基州增加了额外的拨款。对那些在学年的前60天内学生人数比去年增加10%的地区,或是那些在30天内(到2月1日止)学生人数已增加超过15%的地区,怀俄明州重新计算了对它们额外拨款的力度。

年级水平和特殊项目

我们在第7章中所讨论的州拨款计划的简化模型,可能给人一种每个学生获得同等资金的错觉。在现实当中,资助的数额因每个学生的情况不同而不同。政策制定者通过批准某些特殊的、需要更多投入的项目来达到这个目的。这些所谓的更多的投入源自于更小的教室以及更多的教职员工,当然还包括特殊设备和教学资料。基于"纵向公平"的原则(对不同的人有不同的对待方式),州的财政拨款政策旨在把资金用在那些不同年级水平的高投入的教育项目和那些有特殊需要的学生身上。一般来说,州政府采用下述方法中的一种或两种来考虑学生、教师或者是特殊项目的特征。

加权单位

在大部分的州中，学校拨款公式采用**"加权学生数"**和**"加权教室数"**这两个概念。莫特在对早期的基金计划进行改良的过程中提出了这种方法。他所提出的"加权学生数"和"典型教师数"，为测量教育的需求提供了客观的方法。"对那些人均教育成本高于一般水平的学生，在计算他们的实际人数时，赋予额外的权重"(p.15)。这种在基本框架下调整资金分配的方法，对不同的年级和特殊项目赋予了不同的权重。一个 3~6 年级的正常孩子，被计为 1.0 单位。那些参加高成本项目的学生要被赋予额外的权重。

表 8—1　　　　　　　　　　　南加利福尼亚州加权学生的类别　　　　　　　　　　210

类别	权重
年级水平	
幼儿园（全日制）	1.30
初级教育（1~3 年级）	1.24
基础教育（4~8 年级）	1.00
高中教育（9~12 年级）	1.25
职业教育项目	
职业教育（三个阶段）	1.29
特殊教育	
学习障碍	1.74
可矫正的智力障碍	1.74
可训练的智力障碍	2.04
情感障碍	2.04
肢体障碍	2.04
孤独症	2.57
视力障碍	2.57
听力障碍	2.57
口吃	1.90
家庭课堂	2.10

资料来源：D. R. Tetreault & D. Chandler. (2001). South Carolina. In National Center for Education Statistics，*Public School Finance Programs of the United States and Canada*，1998—1999. http：//nces. ed. gov/pubsearch/pubsinfo. asp？pubid=2001309.

表 8—1 中列出了南加利福尼亚州在基础教育项目上，不同年级水平以及项目　*209*预期平均成本的权重比例。比如，表中 2.04 的权重表明，用于情感和肢体有缺陷的孩子身上的教育及相关的服务成本，是那些不参加特殊项目的学生的两倍。同样地，相对于投入最少的 4~8 年级，小学生和高中生的权重都要大一点。

因为学生的在校时间只占一天时间的一部分，"等价全日数"（full-time equivalent，FTE）这个概念被用来标示学生的数量。比如，明尼苏达州将那些半日制幼儿园学生的权重设为 0.53。一个拥有 128 个学生的幼儿园，得到的拨

款数相当于 64 个等价全日学生所得到的。在分配公式中，每一个全日制学生的权重是 1.06。

在我们对学生数进行加权的时候，为了确定资金的需要量，用每个年级和每个特殊项目中的全日制学生数乘以规定的各自相应的权数，把这些结果加总，就得到了一个综合的教育需求量。这种加权计量学生需求的方法，可以被纳入到第 7 章中提到的一般财务模型中。比如在基本金计划中，立法机关规定的某年特定的资金援助量要乘以总的加权学生数（以得到最后的资助总数）。同样，在测量一个地区财政实力的时候，总值也要除以这个总的加权学生数。

一些州赋予教学单位权重。这些权重是通过将学生的总人数除以法定的典型教室规模来决定的。"生师比"为不同的年级和特殊项目需求提供了一个测量的方法。比如，在田纳西州，分配教师的公式是这样的：从幼儿园到 3 年级，20 个学生配备 1 个教师；在 4～6 年级，这个比例是 1：25；在 7～9 年级，比例是 1：30；这个比例在 10～12 年级时提高到了 1：26.5。在特拉华州，针对特殊教育的 12 个类别，4～15 个学生配备 1 个教师。无论是对学生数还是教学的单位数进行加权，在传统的高投入的中学教育、职业教育和特殊教育项目中，体现出来的权重总是较高的。

权重的不同大致反映了不同学校成本的差异。这不是基于那些"什么样的拨款最适合资助教育项目，以满足学生需要"的研究。莫特（1924）提出，高中应有更大的权重，理由是，高年级比低年级配备了更多的老师，并且老师们有更高的工资。在实践中，当计划者接受普遍做法的合理性的时候，"加权"这种方法就成为分配州资金的标准方法了。相似地，国家教育资助项目（Johns, Alexander, & Jordan, 1971）确定生均成本的指标时，依据选择好的学区的各年级水平和特殊项目的实际成本，而不是需求的测算。纽约的弗莱斯曼报告（Fleischmann Report, 1973）指出了在支出公式中接受普遍做法的不足：

> 我们认为，很多情况下小学的生均教育成本高于中学是一项明智的策略，但是，目前的权重因素给人一种心理暗示，即所有的学区都应该在中学花费更多的钱。(p.64)

在本章后面的部分，我们会描述一些州调节高成本小班级的公式的一些做法。最近，在小学降低"生师比"的动力表明，政策制定者正倾向于强调教育需求，而不是继续让过去的平均成本来决定将来的分配。

额外成本补偿

另一种为特殊项目提供资金的方法是额外成本补偿。根据这种方法，州部分或是全部地对特殊项目中超出一定水平的成本进行补贴。

通过支付这些成本，州鼓励地方扩展服务于具有资格的学生的项目，比如那些就读于职业学校或是处于特殊教育中的学生。州为这些学生提供了双重援助，第一次是根据基本的援助公式，第二次则是通过额外成本补偿公式。所得到的援助金额可能只依赖于项目的实际支出，或者它可能反映出一个地区的财富水平。如果所有地区的额外成本都得到了补偿（例如通过一种通用拨款），这种专项援助就会违背公平目标。在一些州中，援助的金额和当地的财富水平是成反比的，这意味着，更多的资金流向了较贫困的地区。而这些资金为这些地区提供了它们本来不能承担的特殊项目的成本。一个来自国家立法委员会的报告（1994）指出了州为特定目标提供指定用途的资金增加的趋势。"因此，在一般拨款以外，州提供的资金所占的份额日益增加"（p.9）。

虽然设计它们的初衷是为当地的教育需求提供额外的资金，但加权单位以及额外成本补偿的方法在实际的操作中可能导致将学生错置的行为。它们可能将那些不必要从普通教室转移出来的学生转移了出来，目的是为了争取额外的资金。而补偿部分额外成本的公式，则最不可能导致学生错置的行为，因为它们要求地方在特殊项目的投入中占有相当的比重（Hartman，1980）。

弥补特殊教育的成本

州立法部门根据加权学生数或是额外成本补偿的方法来为大量的特殊项目拨款。在这里，我们举一些例子来说明州提供部分或是全部教育成本的政策，包括特殊教育、英才教育、职业教育、补偿性教育、学前教育、双语教育和学生接送服务。另外，我们还将提到立法机构确立的有优先权获得资金的项目，包括缩小班级规模、使用电子技术及可选择的学校和特许学校。

特殊教育

几乎没有一个州对为残疾学生提供的项目和服务所引发的额外成本进行全部的补偿。正如在内布拉斯加州和俄勒冈州发生的那样，如果州政府承担所有的超出教育健康学生的平均成本的花费，州就很难有动力去运营有效率的项目。正因为如此，大部分的州只是对额外成本进行部分的补偿，而由地方拨款来补足这个差额。

这种援助可以通过一个考虑了加权单位和当地财富水平的平均化公式来到达地区。有很多州，包括我们提到的南加利福尼亚州和特拉华州，都用基本援助公式来为项目拨款。这通常是通过对不同类型的学生、教学单位及服务赋予不同的权重来实现的。通用拨款可能会弥补一部分成本；比如，在印第安纳州，严重残疾的学生每人得到的拨款数额（7 285美元）比那些残疾程度较轻的学生（中度残疾是每人1 977美元，轻度是每人469美元）要大得多。在另一种不同的方法中，威斯康星州区分了不同的成本、不同的补偿比例：工资和交通费——63%，心理学家和社会工作者的成本——51%，安顿和运送非住宿学生的成本——100%。新罕布什尔州提供了特殊教育中80%的成本，这个数额是该州正常学生人均花费的3.5倍。这个补偿比例的最高限额是该州正常学生人均经费的10倍。在堪萨斯州，类似的灾难补助达到了每个学生实际成本的75%，而残疾最严重的学生可以获得25 000美元的补助。

英才教育

一些州是通过在公式中增加额外权重，为有天赋的学生的教育需求拨款。其他的州为合格的学生提供通用的资金量，同时也为创新性的项目设立多样的竞争性奖金，或是为住宿类高中的杰出学生提供经费支持。

俄克拉何马州为了让学区实行"寻找英才"的项目，专门提供了0.34的额外权重。加利福尼亚州根据已经确认的具有天赋的学生数，对不同的人数提供了按比例增减的资金数：1～10个学生，每人161美元；11～25个学生，每人147美元；26～50个学生，每人125美元；对那些超过50个学生的情况，用681美元乘以整个

右侧页码：212

地区的每日平均到校率。在犹他州，"加速学习项目"通过以下方式进行拨款：基于计算每个学生成本的英才计划，根据完成的学时和通过的考试来测量的高级职业课程等。密歇根州通过中级学区对参与英才教育项目的教师提供资金支持，为学生提供"暑期学院"，同时为学区5％的入学人员提供人均50美元的资助。有一些州提供资金来运营那些专门为有天赋的学生设计的特殊高中。缅因州和密西西比州为那些专攻数学和自然科学的住宿学校提供全额的资金。

职业教育

州对职业和技术教育的拨款，同样也有多种类似方法。对得到批准的项目按照专项资金的方式拨付款项，依然是最主要的方法。在均等化拨款公式中，学生人数通过"加权学生数"和"加权教学单位数"的方法被纳入职业和技术教育的考虑中。

特拉华州的拨款计划则要求，学生每周在职业教育的教室中接受教育的时间不少于27 000分钟。佛罗里达州的加权学生数的公式，为那些职业技术学校的6～12年级的学生赋予了1.24的权重。宾夕法尼亚州在比例均等化公式下，根据各地资助的比例不同而确定不同的补贴份额。密歇根州所有批准通过的项目，多达75％的额外成本都得到了补偿。在新罕布什尔州，有20个为11年级和12年级的学生设立的职业中心是州政府来支付学费和交通费的。

补偿性教育

很多州都对特殊项目拨款，用于资助那些来自贫困家庭、在教育上处于劣势地位的学生。决定资助对象的标准通常都和联邦政府援助补偿教育的标准类似。一些州用更宽泛的方法来认定那些可能面临学业问题的学生。

很多州都把家庭收入和受资助资格挂钩，这和联邦的两条指导意见是一致的：对有未成年人的家庭提供补助；在"国家学校午餐计划"中提供免费或低价午餐。佛蒙特州的学区通过一个加权学生数的公式，为学前项目提供资金，这个公式为那些领取贫困粮票的家庭的学生每人增加了0.25的权重。明尼苏达州对补偿性教育的援助，因贫困集中度的不同而不同。如果一所学校有至少80％的学生符合免费或是低价午餐的条件，那么该学校得到的补助将是最多的，一般来说是正常补助的60％。新泽西州对低收入学生就读的学校，通过"证实有效的项目"给予通用拨款。如果有20％～40％的学生符合条件，那么他们每人将得到316美元的补助；如果超过了40％，每人得到的补助将达到448美元。

马里兰州的学校义务援助卓越人才计划（SAFE）支持多个帮助那些处于困境境地的学生的项目。目标拨款的流向与符合免费或低价午餐的学生数有关。如果一所学校有超过25％的学生符合条件，那么这个学校将会得到8 000美元的教师发展资助。城市的学校会受益于教师辅导项目和有效率的学校项目。印第安纳州的风险因素依据10年统计的数据得出。低于贫困线的家庭的比例、单亲家庭的比例、超过19岁还没有高中毕业的群体的比例受到关注。

其他州在决定谁将获得补助的时候，考虑的是学业表现。在纽约州，不能达到"学生评估项目"最低要求的学生，将被赋予0.25的额外权重。华盛顿州为一个"学习促进项目"提供全额援助，这个项目是基于地区的贫困比例和在该州的4年级和8年级基础技能考试中得分处于最低部分的学生人数。在北卡罗来纳州，如果学生在州的标准化考试中不及格，地区就必须为州支持的辅导项目提供赞助。

在补偿性教育和风险调整中，决定需求的不同因素有自身的局限。有一些风险调整的方法，假设家庭收入和教育缺陷有一定的相关性。其他的对较差的学业表现的补偿，反过来可能成为对表现不好的学校的一个奖励。

学前教育

作为对全日制和半日制幼儿园拨款的补充，一些州为学前教育项目提供资金。一个由"教育评论项目"对各个州所作的调查显示，有 8 个州要求其管辖的地区实行全日的幼儿园制度，33 个州要求半日制，剩余的 9 个州则对幼儿园不作要求。共有 25 个州为那些提供全日教育项目的学区提供资金援助。

39 个州为 3～5 岁的儿童提供进入幼儿园前的教育服务，他们被认为是危险群体。有 21 个增补的联邦援助通过"从头开始"（head start）（见第 9 章）这个项目来服务于其余的儿童。佐治亚州、纽约州、俄克拉何马州为 4 岁的儿童统一提供他们上幼儿园前的教育服务。这种"统一性"体现在被服务对象的年龄上（都是 4 岁）。只有佐治亚州要求地区赞助教育项目，由州博彩业来为项目提供资金。纽约州的幼儿园前教育一般拨款主要从财富平均化的角度来分配资金。符合标准的 4 岁小孩，每人将得到 2 700 美元至 4 000 美元不等的补助。

南加利福尼亚州的学区必须为那些尚未准备好上学的 4 岁儿童提供至少半日制的教育项目。这些项目是与"学前儿童教育和发展协调委员会"协作完成的。对伊利诺伊州地区的补助，使得它们能够通过一个筛选项目来发现那些潜在的可能存在学业困难的学生。在得克萨斯州的基金项目中，对那些不能说或者不能理解英语、无家可归或是来自低收入家庭的 3～4 岁的正常小孩，州将为他们提供半日制的幼儿园教育。

一些州为家长教育项目提供资金。堪萨斯州相应的援助资金，使初为人父人母的人们得以接受长达两年的关于育儿和儿童发展的教育。明尼苏达州的幼儿家庭教育项目将育儿教育和其他机构间的服务联系在一起。这个项目旨在通过提高父母的育儿能力，使他们帮助自己的孩子进行最好的学习和发展，这个阶段一直从孩子出生持续到他上幼儿园为止。最大的资助额是将 113.5 美元乘以 150 或在当地居住的小于 5 岁的小孩的实际数量两者中较大的一个。另外，用于协调儿童发展服务的学习准备金的不同，主要是源于 4 岁小孩的数量和符合免费或低价午餐条件的儿童的数量不同。校方也因为对幼龄儿童（3～4 岁儿童）健康和发展的强制性监视而得到了平均每个孩子 25 美元的补助。

双语教育

对那些有英语熟练障碍（LEP）的学生，很多州通过通用拨款，或者是通过一个加权学生数的方法，抑或是用补偿额外成本的方法对他们进行补贴。马里兰州为那些有部分或完全英语熟练障碍的学生每人给予 1 350 美元的通用拨款。在佛罗里达州，凡是参加了为非英语国家学生设计的英语项目的学生，该州会额外给予他们 1.201 的权重。处于伊利诺伊州的学区，在符合条件的学生数达到 20 或是更多的时候，州就会为提供转换性的双语教育引发的额外成本给予补贴。

学生接送服务

几乎所有的州都部分或是全部地补偿接送学生往返学校的成本。这种资助主要是通过专项资金的方式，当然也包括校车的购买和更换。州的补贴额依赖于批准的生均经费——通常是实际的支出加上给定区域内公共汽车更换成本,然后除以符合资格条件的学生的数量(Thompson,Wood,& Honeyman,1994)。支出的大小是由以下因素决定的:载乘学生行驶的公里数;为特殊教育学生提供的学校—家接送服务的程度;用行驶的总里程数除以载乘的学生数而得到的密集指数;道路情况;海拔以及汽车运营成本和车龄。州的援助可能会在一个均等化的公式中考虑到当地的富裕程度,或者也可以用可变的通用拨款对交通费进行补贴。

特拉华、华盛顿和怀俄明州对规定范围内的交通费用给予完全补贴。阿拉斯加州则补贴90%的交通成本,其中包括学生乘坐飞机去参加体育或是文化活动的交通费用。科罗拉多州对允许的成本用如下的比例进行补贴:每公里37.87美分加上实际成本超出部分的33.87%,最多达到总交通成本的90%。马萨诸塞州的学区的交通成本仅是部分地得到了补偿,包括一般的学校运输成本、学生使用大众交通的成本、为达到种族平衡而发生的交通成本、因双语教育和特殊需要而增加的成本、对非公立学校的学生进行补偿。威斯康星州为每个学生支付了通用的成本。这个成本水平因里程的不同而不同,对少于2公里的学生给予每人12美元的补贴,而当路况特别不好的时候,对那些超过18公里的学生的补贴可以达到每人85美元。

印第安纳州是用一个均等化的公式来进行补贴的。交通成本反映了学校分布的集中程度(比如,用总里程除以载乘的学生数量)。允许的成本数和每100美元征收0.42美元的税收收入的差额,由州来补足。堪萨斯州的均等化公式包括了一个基于集中度/成本分析和那些运送超过2.5公里的学生数量的权重因素。纽约的公式则是将地区援助比例、人口分布因素、运送学生往返公立或非公立学校的合理成本这三项纳入了考虑的范围。

缩小班级规模

州立法机构在20世纪90年代初就开始鼓励提高"师生比"了。在有的州,所有的学校都在考虑的范围内。而有的州则主要针对较差的学校。

"缩小班级规模项目"要求加利福尼亚地区提高低年级的师生比。如果这些地区从幼儿园到小学3年级的每班学生数不超过20人,它们将得到生均800美元的奖励性补助,它们也可以因为新建一个教室或是对原有教室进行翻新,而得到40 000美元的一次性补贴。密歇根州的"小教室项目"为缩小班级规模提供竞争性的补贴,要求从幼儿园到小学3年级每班的人数为17人,最多不超过19人。有资格的地区必须满足两个条件:达到处于困境的学生资助标准;有一所超过50%的就读学生都符合免费午餐标准的小学。佛罗里达州则将缩小班级规模作为对学校的基本要求,要求从幼儿园到小学3年级的师生比达到1:16。南加利福尼亚州为那些将1~3年级的师生比提高到1:16的地区提供资金。那些处于较低等级的学校,在基于平均日登记入学数的分配上有优先权。其他学校获得资金,主要是根据学校符合免费或是低价午餐的学生的数量。那些获得援助基金的学校,要在三年内对参与"小教室项目"的学生的学习表现进行跟踪分析。

电子技术

州立法机构为各地区提供资金,以鼓励它们采用计算机以及远程教育技术。学校购买了相关器材,教师们接受专业培训,以学习如何将电子技术应用到课程教学当中。

"艾奥瓦州学校技术推进项目"为每个地区购置设备和软件以及进行员工培训提供了至少15 000美元的通用拨款。佐治亚州出资聘请专家，帮助教师学习如何使用电子技术。资助点的数量，各地大不相同。有32所或是更少学校的地区可能只有一个资助点，而有超过100所学校的地区则可能有10个资助点。在路易斯安那，"教室技术资金"使学校能够让更多的教师和学生使用先进的技术，明显地改善了教学效果。西弗吉尼亚州的"学生课程使用计算机"（SUCCESS）计划提供资金用于员工培训和购买硬件设备，使所有中学生都可能使用联网的电脑。"电子教室计划"开设了卫星传输网络，主要为初中生和高中生提供在语言和数学方面的有学分的课程，也可以为员工提供在弗吉尼亚的培训机会。新泽西州的"远程学习网络"为每个学生提供了41美元的资金，用于掌握电脑技术和接受职业培训。

可选择的学校和特许学校

　　很多州都在公立学校体系内为可选择的学校提供资金。有一些州的政策允许家长在公立和私立学校之间作出选择。越来越多的州授权地方或其他组织拥有颁发特许状的权力，鼓励因地制宜的做法和家长在公立学校间作出选择（见第14章和第15章）。

　　很多学校当局创立了有特殊的课程侧重的磁性学校（指以某个学科的特色来吸引学生的学校）。作为补充，州的立法机构会为接收那些有破坏性和被开除的学生的可选择的中学提供资金。俄勒冈州在尊重学生的学习方式和需求的前提下，提供可选择的教育来帮助学生。地区必须要为那些被开除的学生、屡犯纪律的有问题学生以及那些不经常上课的学生提供选择的余地，并且也要让家长知道，他们如果这样，就不能从一般的教育项目中受益。学生可以参加合适的公共或私人的非传统的教育项目，当然，这些项目也是在州教育部门注册的。宾夕法尼亚州通过对占中学入学人数2%的学生提供资金的方式，来帮助地区发展适合于有破坏倾向的学生的项目，目的是维护良好的学习环境，为那些有破坏性或是有暴力倾向的学生提供特别的项目支持，并鼓励学生重回一般性的学校。

　　多年来，缅因州和佛蒙特州都使用公共资金资助私立学校。在缅因州的一些不提供教育或只提供部分年级教育的学校，政府会帮当地学生支付学费，使他们能就读于附近的公立或是合格的私立学校。在佛蒙特州，历史上有5种公私共用的学院被用于高中教育。它们是以宗教学校的名义建立起来的，但在20世纪60年代，它们进行了课程改革，使其更通俗化，从而能够继续获得公共资金的支持。另外，没有公立学校的城镇，必须为那些就读于私立学校的学生提供相当于公立学校平均水平的学费。在对于参加私立学校没有强制性规定的情形下，父母可以选择州外或国外的学校。

　　一些州为来自低收入家庭的学生提供教育券项目（见第16章）。威斯康星州允许多达15%的密尔沃基市的学生免费就读于州内私立的宗教学校或是非宗教学校。州为密尔沃基市的学生提供均等化的援助资金或私立学校中每个学生的平均运营成本，一般选的是数额较小的那个。1998—1999年间，5.6%的本地区的学生在该项目的资助下分别就读了87所私立学校。1999年，佛罗里达州立法部门的"A＋学校选择项目"使就读于较差学校的学生可以获得一个"机会奖学金"。如果一个学校被评定为"F"，并且在4年时间里有2年表现不好，家长可以申请一个奖学金，让学生就读于一所私立学校。一个州法院将这种规定界定为违宪。因为在宪法的教育条款下，立法部门是要提供一种免费的公立学校系统的（Herrington & Weider, 2001）。在州政府对这个决定的支持下，该项目会继续运行。除了对较差学校的学生提供保证以外，2001年，佛罗里达州还为残疾学生提供了一个奖学金项目（Fine，2001）。这个项目并不以学校获得一个较低的评级为前提。残疾学生的家长如果认为学校不能满足学生的教育需求，州将保证他们获得就读于私立学校的学费。

在公立学校系统中，特许学校为学生提供了更多的选择，也让员工有了更多的自主权。就2000年而言，有36个州的法令允许学区、大学或是其他组织对自主管理的学校当局授予特许状（U. S. Department of Education，2000）。依赖于州的援助，特许学校为每个学生的补助是以该州平均花费水平为基准的，或者是基于当地收入，或是基于成本水平，再或是基于学校当局和授权机构议定的资金水平。作为基准资金的补充，学校通常也会有额外的资金流入来补偿和学生特殊需求相关的成本。州政府可以从地区或是私人机构购买所需的服务（比如特殊教育和员工服务）。

明尼苏达州是第一个批准特许学校的州，在没有地方的帮助下，为学校提供一般教育的平均补助。学校可以根据有学业危险的和有英语熟练障碍的学生的数量，来获得基本的技能补助。刚建立起来的特许学校有两年的创始补助，相当于生均500美元或是总数50 000美元两者中的较大者。康涅狄格州为那些就读于州教育委员会管辖下的特许学校的学生提供每人6 500美元的通用拨款。新泽西州要求那些将学生送入特许学校的学区为学生支付90%的正常教育成本，并且还要加上对学生的其他专项补助。科罗拉多州的学区将特许学校的学生人数也包括在了基础公式中。在学校的基本预算中，运营补助占95%，而剩余的5%（或更多）则是在区内或是区外购买教育服务的过程中商议产生的。

在亚利桑那州的学区，州教育委员会或州特许教育委员会为特许学校提供资金。州支持的学校和其他由基金项目（包括当地的投入）支持的学校获得的资助是相同的。那些由这两个州委员会赞助的学校在基金项目下得到了全额的补助，但它们不能得到由当地竞选产生的好处。密歇根州也允许其他的机构，包括大学和学校中介单位来授予公立学校特许状。在这里，基础的补助都是一样的，最多达到5 962美元。

为其他的优先项目拨款

在拨款公式中，专项拨款或公式中的额外权重都为一批其他教育项目提供资金。以下的例子说明的是州补偿学区教育花费并对学区给予激励的方法，这些方法的目的是鼓励学区采纳立法机构的价值优先次序，举办废除种族歧视的学校，减少暴力和失学率，加强家庭学校建设。

印第安纳、马萨诸塞、密歇根、明尼苏达、密苏里和纽约州都为州内或是跨州的自愿的学生流动提供完全的资金援助，这有利于实现种族平衡。威斯康星州的"废除种族歧视的援助协议"，将资金分配给了全日制幼儿园中的低收入学生、私人护理中心、为享受社会福利的家庭提供的非传统教育项目等。

宾夕法尼亚州的学校安全中心为所在的地区提供补贴，用于发展创新性的减少暴力的方法。田纳西州也提供同样的资金用于防范犯罪、解决冲突、控制破坏性的行为、改善校园安全和员工培训。有一些州，包括佛罗里达、路易斯安那、马里兰、密歇根、密苏里和弗吉尼亚州，都致力于降低高的辍学率。

南加利福尼亚州在基础公式中为在家接受教育的学生提供了一个权重因素 218
(0.25)。地区一般对有利于在家教育的总体监管、协调、指导的活动都会给予资金赞助。加利福尼亚州和艾奥瓦州为既参加正规学校教育、也参加家庭教育的学生提供全额补助。另外，艾奥瓦州通过一个权重（0.6）为那些在家接受教育并需要一个家庭教师的学生提供部分资助。在资助相关的课程时，阿拉斯加州考虑了在家接受教育的学生的成本。

学生的需求和不同的特殊项目，在决定对学校的支持程度上是很重要的因素。在下一节中，我们会谈到其他的对学生人数或是教学单位的调整，旨在反映学区的其他特征。

考虑学区特征

州拨款政策考虑到了那些当地学校当局不可控的成本。如果拨款公式只考虑学生的需求，将会导致严重的不公平。州援助计划的调整主要考虑了以下三个方面的因素：学校和学区的规模、人力成本以及学区的生活成本。

学校和学区规模

学校和学区规模在不同的地方差异很大。一些城市地区，无论在地理上，还是在受教育的学生数上，规模都很大。一般而言，大型的并且人口密集的教育系统，会享受规模经济的好处（见第 12 章）。同时，一些乡村地区则人烟稀少。州拨款公式经常根据由于规模的不同而造成的成本差异，来对每个学生或是每个教学单位占有的资金数进行调整。

人烟稀少的农村地区和人口密集的城市地区可能都具有很高的成本。斯旺森（1966）观察到，它们高成本的原因是很不同的。一些农村地区的高成本源于更小规模的课堂，由于更少的学生导致成本（例如行政主管和校长的薪水）分散，从而产生规模不经济；此外，还源于为了吸引教师而付出的额外工资，尤其是在教师短缺的学科领域。城市地区面临的是不同的挑战。它们的高生均成本是为了满足大量的有潜在破坏性的人的需求而增加的服务。城市的学校也可能包含与破坏行为有关的成本。因此，大的城市学区及小的农村学校和学区相对于郊区来说，提供相同的基础教育服务所花费的成本更高，尽管郊区有时花相同的或更多的成本来提供更高质量的教育服务。

表 8—2 表明，对代表人口稀少程度和农村地区较小学生规模的指标，不同地方所作的调整也不相同。拨款计划可能是通过额外的学生或教育单位权重，或额外的通用拨款，或更大比例的资金调拨来弥补与规模相关的成本。有的调整着眼于入学人数，如蒙大拿州和南达科他州；宾夕法尼亚州关注税收能力和入学人数；得克萨斯州关注人口分布的分散程度和公共汽车的行驶距离；加利福尼亚州和华盛顿则是关注边远地区小学校存在的必要性。州在决定一个小规模学校是不是必要的时候，主要是看地形或路况会不会造成安全问题。它们也将到最近的较大学校的车程数纳入了考虑的范围。

219 表 8—2   对选定的州所作的缩减规模的调整

加利福尼亚州	额外的资金援助适用于以下三个对象:地处偏远、平均日出勤数(ADA)少于2 501人的地区;人数少于 101 人的小学;人数少于 301 人的中学。
宾夕法尼亚州	市场价值和个人收入只有该州平均水平的 50% 或是略高一点的较贫困地区,以及那些平均日登记入学数(ADM)少于1 500人的地区,将额外得到生均 75 美元的补助。
蒙大拿州	每个学生享有的权利和学校规模是成反比的,拥有的学生数少于1 000人的小学得到更多的人均资助,而人数少于 800 人的高中也有同样的待遇。
南达科他州	学生的统计人数是这样调整的:对于人数少于 200 人的地区,用 1.2 乘以平均日登记入学数;对于那些人数在 200~600 人的地区来说,将 2.98 乘以平均日登记入学数的 0.829 3 次方;而对那些人数超过 600 人的地区,用平均日登记入学数就可以了。
得克萨斯州	平均日出勤数少于1 600人的地区将接受一个小的地区调整,而那些面积小于 300 平方英里的地区将在此基础上得到一个额外的权重值。平均日出勤人数少于5 000人的地区将会有一个中等的地区调整。一个稀少性调整则是针对不同年级的:一个提供从幼儿园到 12 年级的教育(K-12,下同)但就读的人数少于 130 人的地区,如果平均日出勤数达到 90 人或是到最近的高中有 30 英里或是更远的路程的话,那么它们将按平均日出勤数 130 人来计算他们获得的资金;一个地区如果提供K-8的教育服务,但总就读人数少于 50 人,如果他们的平均日出勤数达到 40 人或是到最近的高中有 30 英里或是更远的距离,他们将按平均日出勤数 75 人来获得援助资金;而提供 K-6 教育的地区,如果至少有 40 人的平均日出勤数或是离最近的高中有 30 英里或是更远的距离,那么将按平均日出勤数 60 人获得援助资金。
华盛顿州	对于那些地处偏远且重要的学校有额外员工数的规定:K-8 的学校小于 100 个全日工作日;提供 9~12 年级教育的学校少于 25 个全日工作日;没有高中教育的,50~180 个全日工作日;不足两个高中的,每个高中都要有少于 300 个全日工作日。

说明:ADA 为平均日出勤数;ADM 为平均日登记入学数;FIE 为等价全日工作日。

资料来源:National Center for Education Statistics, *Public School Finance Programs of the United States and Canada*, *1998－1999*. http://nces. ed. gov/pubsearch/pubsinfo. asp? pubid=2001309.

218
219
　　不仅仅是人口分布稀少的地区有较高的成本,大城市中的学生需求和成本也要求有额外的州援助。拨款公式可能包括对人口分布密度和大规模的调整。在作这些修正的时候,在地方税基一定的条件下,对公共服务的竞争性需求对财政产生了很大压力(也就是所说的负担过重)(Sjogren, 1981)。

　　几乎没有一个州会在学校拨款公式中考虑这个负担。科罗拉多州的规模调整因素考虑到大学区和小学区都会存在高成本问题。偏小的地区(学生人数少于 5 650
220 人)和较大的地区(学生人数至少 32 193 人)在基础公式中得到了最大的"规模调整"。纽约州为 5 个最大的城市学区提供"分享服务援助"资金用于弥补教学的成本。这些地区不在州援助的参加"合作教育委员会"项目的小的地区和郊区之列。

关于州对小地区和大地区提供援助的合理性的争议，主要集中在参与的程度和援助的数额上。政策的制定者在确定哪个地区符合援助资格的问题上的观点相去甚远。对小规模学校的调整，不应该鼓励对不必要和低效率学区的创立和维持（Johns，1975）。州必须保证必要的小学校中教育资源的充足，并且只有在合并不可行的条件下才能进行调整。否则，对规模进行的调整会变成一种"分配上的激励缺失"（Cohn，1975，p. 216），而这会鼓励学校和地区维持小的规模。州援助公式中的惩罚和激励措施，会促进存在浪费的教育系统的改进（Cohn，1974）。惩罚实际上是以一定的比例减少学校在最优运营状态下可能获得的资金量。在激励机制下，如果有的地区在年级层面上进行重组，或是进行地区合并，都会得到额外的一般援助和资本项目的补助。

在对较大地区的规模调整的争论中，政策制定者十分关心有多少援助是弥补学校不可控成本所必需的。这样的正当成本负担包括：和犯罪以及破坏行为相关的维护成本；吸引教师就职于恶劣环境所需的高薪水和福利；废除种族歧视；不成比例的有语言障碍、残疾和处于不利地位的学生。其他和学生需求以及员工成本相关的公式调整，可能已经考虑了这些负担。进一步来说，人们在选择居住的地方时，实际上已经表明他们愿意为社区的服务支付成本了（Tiebout，1956），州此时的干涉就显得没有理由了。

人力成本

将额外的资金分配给那些有很高师生比的小学校，因而每个学生分摊的教职员工成本也是很高的，最初是作为对人口稀少问题调整的一种形式出现的。除了规模因素以外，由员工的素质认证以及员工培训导致的成本，在某些州的分配公式中还占有相当的地位。

20世纪初期，克伯雷（1906）建议说："成本的实际单位是受雇于学校的教师，而不是可能出席或缺席的学生们"（p. 252）。将教师放在分配公式的中心位置，会反映员工的成本以及地方社区对学校的支持程度。将注意力转向教师，而不管他们的水平或所属领域，使我们有理由相信，这对创造性项目的发展不无裨益。厄普德格拉夫和金（1922）将"教师单位"概念进行了精炼，使其包含了其他的社区特征。与人口稀少度和集中度一样，每个教师的平均日出勤数的不同比例，可以解释在城市、农村地区的小学、中学以及某些学科的成本差异。

目前，体现在州政策中的人力成本的调整，主要依赖于决定工资的两个传统的因素。教师、顾问、管理者以及其他合格员工的经验和受到的培训，都被反映在一个最低工资的安排中。一些州通过基于教学单位的公式来灵活安排，从而为员工提供资金。亚利桑那、明尼苏达、新墨西哥和俄勒冈州通过考虑教师的培训和经验来确定员工的成本。俄勒冈州"教师经验调整项目"增加（或减少）每个地区的基础资金，平均每个学生大约为25美元，条件是每年该地区教师的经验水平要超出（或是低于）整个州的平均水平。

在新墨西哥州的加权学生数的公式中，用一个矩阵来确定和员工特征相关的权重，以此决定每个地区平均的培训和经验水平（见图8—1）。一些学校系统，因为教师的学历主要集中在学士学位，因而他们的权重相对较低。而较少的教育经验也使他们相比于其他有经验的受过培训的职员获得的权重小。因此，前者在获得州资金方面也相应地很难得到提高。

新墨西哥州的培训和经验水平指数

每个地区的教职员工的培训和经验（T&E）是这样计算的。

1. 将不同学历的全日制的员工数量乘以下矩阵中相应的工作年数：

| | 工作年数 | | | | |
学历	0~2	3~5	6~8	9~15	15 年以上
学士学位或低于学士学位	0.75	0.90	1.00	1.05	1.05
学士学位加上 15 个学分小时	0.80	0.95	1.00	1.10	1.15
硕士学位或是学士学位加上 45 个学分小时	0.85	1.00	1.05	1.15	1.20
硕士学位加上 15 个学分小时	0.90	1.05	1.15	1.30	1.35
博士学位或是硕士学位加上 45 个学分小时	1.00	1.15	1.30	1.40	1.50

2. 将从第一步得到的乘积，除以全日制教学员工的数量，地区因素都应该大于 1。

最后得到的 T&E 指数要乘以学前教育、1~12 年级、特殊教育和双语教育项目中的总人数。

FTE＝full-time equivalent.

图 8—1　新墨西哥州的培训和经验水平指数

资料来源：S. S. Ball & J. P. Garcia (2001). New Mexico. In National Center for Education Statistics, *Public School Finance Programs of the United States and Canada, 1998－1999.* http: //nces. ed. gov/pubsearch/pubsinfo. asp? pubid=2001309.

如果这方面的需求缺乏州援助的话，那些不能为工资筹集到足够资金的地区可能会面临需要解雇教师或是在教师经验增加或获得更高学位以后跳槽的现象。但如果存在教师联盟或是相应的解雇程序立法保障，这种情况就不太可能发生。从其他机构或管理部门的预算中调拨资金用于支持竞争性的工资水平，则是更可能发生的情况。这种对员工成本的支持在较差的学校系统更为奏效。然而，从纯粹的效果来看，这种援助实际上是帮助富有地区保持了它们的竞争优势，让它们得以吸引到和把握住最好的教师（Cohn, 1974）。那些隶属于高社会经济地位社区的教师们接受的正规培训更多，教育经验也更丰富。社会经济地位实际上是地区间工资差距的重要原因（King, 1979）。除了一个给定地区的相对富裕程度，当地支持教育的意愿在决定工资水平上也具有决定性的作用，尤其是跟邻近地区的薪水相比时（Kirby et al., 1993）。当州政府为员工工资提供援助的时候，立法部门应该认真检视在"对地方学校拨款中的不公平效应"（Leppert et al., 1976, p. 19）。

不同于由培训和经验所带来的调整，20 世纪 80 年代的教育改革将州的资金用于提高教育质量。职称制度以及基于业绩和技术的补助公式，扩展了或者说代替了传统的工资累进制（见第 13 章）。不同形式的援助资金为教师提供了整个教育生涯的发展项目。比如，俄克拉何马州资助聘请了一位教师咨询师或顾问，对刚从事教师职业的人提供监督、建议以及对他们的表现进行评估。爱达荷州的导师项目为刚入行的教师以及管理人员提供发展帮助。类似地，路易斯安那州的教师评估项目聘用了一位导师，他对刚入行的教师进行指导，使他们为以后的教学效果评估做好准备。西弗吉尼亚州的"教师指导计划"为导师们提供 600 美元的资金，同样是指导刚工作一年的教师。

马萨诸塞州的各地区必须从州拨款中至少拿出平均每个学生 100 美元的资金，来为目前的教师以及管理人员提供职业发展培训。另外，整个州的"教师综合激励计划"包括为杰出的候选人颁发奖金、给新教师提供贷款补助以及对那些毕业成绩位于班级前 25% 并愿意大学毕业以后回校工作至少 4 年的高中生提供学费全免的待遇。佐治亚州为教师以及其他员工提供资金，使他们能够改正缺点、掌握地区急需的技能并提高个人的竞争力。俄勒冈州的员工发展基金使学校和地区得以设计改进课程和教学方法的项目。肯塔基州对那些参加一系列由州赞助的职业发展项目的合格员工提供生均 15 美元的资金。

生活成本以及教育成本指数

与生活成本和提供教育的成本相联系的指数说明，某些区域的学校需要额外的资源来进行资助。决定不同地区生活水平的方法，包括了比较购买相同的"一揽子"消费品的成本。确定教育的成本则更为困难，主要因为其中很大一部分是员工成本（Fowler & Monk，2001）。温德林（Wendling，1981）认为，为教育目标所设的生活指数应该包括工资的多个决定因素：个人性格、职业环境、财政实力、学生特征、学区特征以及地区特征。

有一些州将生活成本纳入到均等化的公式中加以考虑，比如，俄亥俄州按县计算"从事商业的成本"。这种对基础数目的调整因地区间的差异而不同，主要是指生活成本、消费成本以及公共部门中的工资水平。阿拉斯加州的公式考虑到了生活成本的差异。科罗拉多州的生活成本调整，主要体现了住房、商品以及服务的成本。这个因素对基础援助中反映员工成本的部分起作用。如果所有的资金都由州来拨付，那么这种公式调整是最有必要的。比如，佛罗里达州的基础公式包括了一个价格水平指数，这个指数测量的是决定各县不同成本的三年平均消费价格。这个指数包含了影响工资水平的很多因素（比如住房、食物、交通、健康和娱乐）。

出于很多原因，很少的州对生活成本进行修正。前面提到的对教师特征的调整，可能使再调整的意义变得不大。有很大一部分的学校预算是和员工成本联系在一起的，在那些高社会经济地位的社团，员工成本更高。另外，那些要求对高成本地区的工资提供补贴的声音，在政治领域中没有引起关注。大都市中存在的文化礼仪、更多享受高等教育的机会以及更好的公共服务质量都会对额外的资助产生需求。并且，财政实力比较强的地区一般都在大都市中，这可能意味着对生活成本的调整与均等化的目标背道而驰。然而，这种调整弥补了城市学区那些最有需求的学生教育的高成本。

教育成本指数考虑了学校在购买特殊设备以及雇用员工过程中发生的实际成本的差异。州认为，帮助地区购买这些投入的材料，可以在教学中产生和我们在第 12 章中提到的生产函数相一致的重要作用。资源成本模型作为这种调整的第一种形式，评价了不同教育服务的成本差异，反映了不同资源的价格差异、学生对项目的需求以及学校和地区运营规模的不同（Chambers，1980；Chambers & Parrish，1986）。钱伯斯和弗劳尔（Chambers & Fowler，1995）提到了教师的特征（性别、种族、经验和教育程度）、工作条件（教室的规模）和包含在教师成本指数中的工资信息。钱伯斯（1998）的"地区教育成本指数"包括了另外一些投入因素，比如管理人员和非认证的员工。蒙克和沃克（Monk & Walker，1991）敦促在州拨款计划中对成本指数进行优化：

我们正在努力地为教育系统的目标进行分类，试图获取更多的关于教育现实效果的信息，试图制定评判教育模式的可行性标准，这样，我们就可以得到一个真正综合的教育指数。这个指数可以包括由很多现象造成的差异，而这些差异目前在我们的公式中是被特殊对待的。(p. 176)

  理想的情况是，州的援助可以赋予所有地区相同的购买能力以购买满足学生教育需要的相关资源。一个合理构建的指数可以提供给各地区帮助学生取得预想成绩的所有资源，这和我们对"充分"定义的理解（见第 11 章）是一致的。英杰(2001) 在定义教育成本时，强调了资源投入和学业目标两者的重要性："基于那些不可控的因素，一个学校的教育成本是指为了使学生达到特定的学业水平而必须支出的成本。"他的综合教育成本指数包括了劳动力市场条件的影响以及存在一些学业风险的学生这两个影响教育成本的因素。赖斯切斯基和伊玛泽科（Reschovsky & Imazeki, 2000）发展了一种统计学的方法用来测量教育成本，并将成本信息纳入学校援助公式，从而为学生提供"充分"的教育。

  得克萨斯州的教育成本指数将注意力放在了资源投入上，而怀俄明州的方法是从测量教育的需求开始的。得克萨斯州的教育成本指数在已知资源成本的条件下，考虑了由于不可控因素导致的地区成本差异。入学人数、低收入学生的集中度以及邻近地区教师的工资对指数有较大影响。怀俄明州的财务结构在考虑教育成本时，是在州最高法院判定前一政策违宪的基础上作出的（见第 9 章）。法院要求州先设定每个学生都应当接受的"一揽子"教育的内容。然后，关于教育成本的研究在考虑了不同学生的教育需求以后，会确定不同规模和类型的学区提供这"一揽子"教育内容的实际成本。最后，立法机构会根据实际情况进行拨款。目前采用的"教育资源补贴模型"将教育资源和运营资源作了细化，无论地方的条件如何，这些资源能使学生有公平接受高质量教育的机会。这个模型为每个地区都计算了五种运营资源在市场充分竞争下的成本：员工成本，包括教师的工龄调整，调整的范围不超过 20 年的工龄；供给、材料和设备；特殊服务，包括学生活动，职业发展、地区运营和维持；特殊学生特征，涵盖有天赋的学生、有英语熟练障碍的学生、经济困难的同学；特殊的学校/地区/区域特征，包括人口稀缺的调整。

  学生数计算、满足教育需求的特殊项目以及地区特征，在分配资金时都是重要的考虑因素。一旦拨款机制确定了教育项目的成本以及可进行的调整，具体的公式就可以确定州和地方满足这些需求所要投入资金的比例了。拨款结构的这个层面，主要依赖于对地方税收能力和税收努力的测量。我们会在下一部分对这些概念进行阐述。

确定地区的税收能力和税收努力

  在前几章中，我们已经讨论了由于学区管辖模式的极度分权而导致的财政不公平。地区的税收能力以及当权者或是选举人在多大程度上愿意为教育提供更多的资源，都决定了（教育）实际可用资金的数量。如果拨款政策没有将这些因素纳入考虑范围的话，可能会因为地区间每个学生占有资金量的不同，而导致教育机会上的不公平 (Johns, 1975；Kozol, 1991)。

在第 7 章中，我们谈到了一些弱化不公平的方法。除了通用拨款和州政府完全资助之外，所有援助公式中的基础部分都是对学区税基的精确测量。

测量地区的税收能力

税收能力"代表一个政府的资源或对资源可征税的权限"（Sparkman，1976，p. 302）。比较不同权限的税收能力的最好方法是，计算税收能力和公共需求的比值。在传统上，州对学校的拨款计划是将财产价值作为税收能力的量度，因为一直以来对税基有较强的依赖。对教育服务需求的测量来说，它们接受了以学生数目的计算，尤其是加权以后的数目，来考察不同服务需求和成本差异。

生均税收能力＝地区财产总值/加权学生数

多年来，这个公式中的分子和分母的计算采用了越来越复杂的方法。这些改进使税收能力的评估更加准确，并使州的分配政策更趋于公平。

在测量大城市的税收能力中，所存在的问题暴露了仅测量财产价值的缺点。城市地区，如亚特兰大、丹佛、纽约和旧金山，都有很大的商业和工业税基来为学校提供资金。但是，在需求公共资金和服务竞争性的情况下，这种基于财产的财富计量方法很难测量地方可用于教育的资金量。因为州的援助是和地方财富水平成反比的，并且当地政府希望从财产税基中获得资金以补足教育项目的资金要求，均等化公式假设所有的学区都有相同的财产税基。这个假设对城市中心地区很不利。

其他的城市，比如巴尔的摩、布法罗和圣路易，在过去的几十年中，商业和高收入的家庭大规模地转移到了郊区。由于税基不断地被侵蚀以及经济活动的减少，这些城市已经很难提供足够的市政服务和公共教育。与此同时，低收入家庭的集中化使需要那些高投入教育项目的儿童的比例大大增加。

在城市当中，服务的高成本以及对财产税基的要求（所谓的市政负担过重），都促使对税收能力有一个更宽泛的界定。很多州都对它们的拨款计划进行了调整：

- 在测量财产的方法中包含其他的经济指标。
- 使用人均税收能力而不是生均税收能力。
- 调整财富测量中的生均分母来反映学生的教育需求（Goertz，1981；Odden，1977）。

大部分的州只考虑评估（平均）价值。但将近一半的州对税收能力的界定已经远远超出了财产价值。一些州增加了对个人收入的测量，一些州则是包含了除个人收入以外的多种收益资源。有两个州（夏威夷和北卡罗来纳州）在作税收分配的时候，不考虑当地的税收能力。纽约的比例均等化公式包含了财产价值和个人收入两个部分（见表7—8）。在缅因州的运营补助公式中，也将个人收入（根据地方生活水平调整以后）纳入了考虑范围，并在决定地区税收能力中占有 15％ 的比重，而其余的 85％ 则由财产价值决定。类似地，在新泽西州，用收入乘数和财产值乘数来对当地的财产值进行调整。当一个州把那些真正可以获得的其他收益或是各种可能和税收无关的经济指标包括进来的时候，我们可以更准确地知道州提高当地收益的能力和意愿了。尽管这些指标很复杂，但它们提供了一种更精确的测量税收能力的方法（Gurwitz，1977；Ladd，1975）。

那些包含收入的方法增进了对税收能力的评估，对于那些征收地方所得税的地区更是如此。即使是已经征收了个人所得税的地区，要计算有多少实际可用的资金，仍然是很困难。如果该地区存在跨市或跨县的学校，这种情况就很可能发生。比如，纽约的一项将收入作为测量税收能力的部分指标的研究表明，很多问题源自于未能准确、及时、完整地将个人所得税收益上报所属学区（Dembowski et al.，1982）。然而，计算每个学生占有的收入量的方法，还是反映了税收能力和对教育的需求（Adams & Odden，1981）。绝大多数指标都是由加法得出，而不是由乘法得出。亚当斯和奥登（Adams & Odden，1981）建议，一个乘积性的指标会使低收入地区获得更多援助，学校拨款体系的公平性也能得到改善。

226 当财产价值和个人收入都被纳入拨款计划范围的时候，城市地区显得更穷了。城市地区有相对高的学生人均财产价值和相对较低的收入。因为在郊区，人们的个人收入较高，所以他们也显得更富有。比如，在康涅狄格州，财产的价值是通过将每个城镇的个人平均所得及中等家庭的收入水平与收入最高的城镇进行比较之后作出调整的。这种调整使很多地区计算出的税收能力降低了，它们因此得到了比原来在财产税的公式下更多的州拨款（Goertz，1981）。

用个人平均所得的方法来测量税收能力，而不是用生均的方法，实际上加大了财富和规模比值当中分母的值。财政援助更多地流向了就读于公立学校的人数比例较低的地区。这种情况在那些很多学生就读于私立学校的大城市是很常见的。另外，在城市中，没有子女的家庭的比例要比农村高。将总人口都包括进来，可以更好地测量市政当局提供多样市政服务的能力。然而，个人平均所得的因素，使更多的资金流向了有大量学生就读于私立学校的地区。因此，这些因素不能反映地区对其他学生支持能力的增加（Odden，1977）。除了康涅狄格州以外，还有其他一些州也用个人平均所得的方法来测量税收能力。弗吉尼亚州的"当地政府的支付能力综合指数"分别使用生均和人均两种方法，将财产值、个人收入和应税销售收入纳入考虑范围。

我们在前一节中强调根据学生的教育需求对学生统计人数进行调整的重要性。有一些州对当地税基的定义进行了调整，目的是反映学生的教育需要。通过这种方式对税收能力进行调整对城市更有利，因为它们参加高投入项目的学生比例具有不协调性。比如，纽约州的"学生单位总财富量"在决定是否存在有特殊教育需求的学生时，将学业成绩和给残疾学生的额外权重作为测量标准。

对税收努力程度的测量

在支持学校项目的地方贡献中，税收努力程度是与税收能力共同起作用的。税收努力程度被定义为"政府为实现税收目标对可利用资源的实际利用程度"（Sparkman，1976，p.302）。两个可能有相同的税收能力的学区，税收努力程度越大者，其相应的学校运营的收益也越大。

税收努力程度是用地方税收收入和表征税收能力的某个量的比值来测量的。

$$税收努力程度 = 税收收入 / 税收能力$$

这个比值通常代表了校方以及投票者对学校的支持程度。税收努力程度通常反映的是投票者对公立学校的态度以及他们对用税收来支持公共服务的总体认识。地区贡献的作用在拨款完全依赖于地方税收的时候最为明显。这在融资成本当中经常发生（见第6章）。如果地方选择税收并没有包含在通用拨款和基本公式中，并且税基均等计划中没有足够的州资金，税收努力程度也会非常明显，我们在第 7 章中已经对此进行过讨论了。

消费水平经常被用来估计税收努力程度，但这并不是完善的方法，因为在富有地区的花费被夸大了。这些地区有很强的税收能力，筹集和使用大量的地方税收不需要多少税收努力。地方税率表示的是税收收入和财产价值的比率。这些比值经常被用做测量拨款者对支持学校所作贡献的指标。在不同的学校系统中比较财产税贡献，最公平的方法就是用有效税率。如果税率和整个市场或一个平均值相关，不同的评估方法就被纳入了考虑的范围（见第 5 章）。

对税收能力的测量方法可以扩展到包括个人收入和其他的描述经济状况的指标。类似地，对地方税收努力程度的分析，也可以更充实一些。税收收入可以表述为个人收入的一个比例（人均或是生均），用来比较有不同支付能力的州的税收努力程度。同样，我们在第 4 章中谈到了那个具有代表性的税收体系，它考察了与可用税基（无论实际用不用）相关的实际税收收入，以比较不同的税收努力程度。

地方的税收能力和税收努力程度在财政结构改革中都是很重要的组成部分。教育机会的不平等很大程度上源于不同水平的税收能力和税收努力程度。然而，传统上，州把地方财产税收益作为提高地方总的可利用收入的手段。显而易见，地方的税收能力和税收努力几乎是所有州拨款计划中的重要组成部分。但在每一个具体层面，我们很难说清，什么样的指标可以更公平地测量可用财富以及公众对教育的支持程度。

在州援助公式中，关于测量税收能力和税收努力程度的最合理方法的争论，让关于学校拨款的政见活跃了起来。潜在的州援助的大规模变动，都伴随着对税收能力和税收努力定义界定的变动。赢得和失去学区，反映了它们在政界的地位。对于如何保护在缺乏效率的方法下所拨款项的争论，理解关于可选择方法的影响顺序和突出部分的基本原理是必要的。在地方可用税收收入数量上，这些政策的最后结果通常是州和联邦法庭的挑战主题。

总　结

州拨款政策通过分配资源来提高满足学生教育需求的能力。对需求的测量从简单的计算学生的入学数到考虑到学生的特性、教育目标以及不同年级和特殊项目对资源的不同要求。州政府采用加权学生数和加权教学单位数来对学校财政公式预期的成本进行拨款。有一些州则发放通用拨款或是对特殊教育的一部分额外支出进行补偿。州在以上两种方法中任选其一对残疾学生、英才教育、职业教育、补偿性教育、学前教育、双语教育提供资金。立法机关也会对班级规模缩减计划、电子技术、可选择学校和特许学校以及一些其他项目补偿成本。

州援助机制也认识到，学校运营成本也反映了社区和学区特征。由于规模经济（规模不经济）的存在，需要对教育规模进行调整，而规模经济（规模不经济）是与入学人数和当地人口数相关的。人员的培训以及员工的经验会影响项目运营成本。州政府提供资金帮助地区达到工资标准，并提供员工发展资金。对那些一般生活水平和教育资源其他成本偏高的地区，（当局）可能会在原来均等化的公式中设计一些因子对学生数进行调整。

228

在这一章中，我们谈到了很多对成本补偿的调整公式。如果不进行补偿的话，可能会对地方造成很大负担，或者使当地的教育机构陷入资金短缺的局面。然而，州必须避免向政治强势地区和利益集团倾斜的调整，因为这些调整会使资金不能满足更迫切的需要。另外，州也要意识到各地方开始更多地利用专项拨款（本来是用来补偿额外的成本的）来弥补一般性成本的趋势，这就不能为贫困地区提供足够的资金，使它们也具有实施教育项目的能力。

税收能力和税收努力程度的测量值，是地方支持公共教育的能力和意愿的两个指标。大部分的州援助计划都包括了地方的贡献。税收能力的测量由于引入了财产价值和个人收入而扩大，税收努力程度由于税收能力的增加而实际增加了税收，这些都加强了援助计划的执行力度。

州援助计划是为了满足学生的教育需求并对地区性的成本提供资金支持，而税收能力和税收努力测量了地方对整个援助计划的贡献程度。地方和州的合作伙伴关系提供了支持公立学校的几乎所有资金，剩余部分由联邦财政来补足。接下来，我们转向讨论联邦政府通过法规和拨款来影响州和地方的政策及课程设置的主要途径。

注　释

[1] 在本章中提到州政策的例子是从"国家教育统计中心"对州拨款计划的描述中摘录的（2001）。这篇文章可以在 NCES 上找到，也可以通过 CD-ROM 或是 http：//www. ed. gov/pubsearch/pubsinfo. asp？ pubid＝2001309 获得，除非另有说明，对学校的拨款计划及资助金额均指 1998—1999 年度。关于州拨款公式的更多信息可以在以下网站上找到：www. ncsl. org/programs/educ/ed _ finance/edu-date. html。

思考与活动

1. 定义学区的学生需求、税收能力、税收努力，并列出测量它们的几种方法。何种方式，即每个概念的测量方法的组合可能使得州拨款结构最有效？

2. 如果入学数［如实际入学数（ENR）或是平均日登记入学数（ADM）］代表了与学生人数有关的成本，为什么有的州用平均日出勤数（ADA）来计算学生的数量呢？试描述那些因使用登记人数而非出勤人数而从中受益的学校系统。

3. 请区分加权学生数的方法和对全部或是部分额外成本进行补偿的方法。两种方法各自暗含的动机是什么？它们各自存在什么样的优势？

4. 在基本的援助公式中，将入学人数的变化、地区和学校规模的大小、生活水平或教育成本以及教师的经验和培训等因素纳入对学生数调整的范围，讨论这种做法的优点。你如何通过研究确定这些调整是更多地尊重了学生和成本的要求，还是仅仅屈从了政治强势地区的意愿？

5. 找到任意一个州关于学校拨款的相关法案，或者在 NCES 的网站上找到对公式的描述（见注释 1）。确认计算学生数或是教学单位数的规则，可以在考虑特殊的教育需求和项目以后，对结果进行调整。当然，也可以将地区大小或是生活水平等其他有关学生需求或是地区差异的因素考虑进来。

6. 检视一个州的政策，在它的拨款公式中确定一个地区财富水平。收集数据并比较以下两种定义方式有什么不同：（1）包括了财产价值和收入；（2）在税收能力的测量中采用人均或是生均的测量方法。哪一种方法更有利于农村地区，哪一种更 *229* 有利于郊区，而哪一种又使城市地区受益？

计算机模拟：对州拨款公式进行调整

这一章中与计算机模拟有关的资料可以在 Allyn & Bacon 的网页上查到（http：//www.ablongman.com/edleadership）。其重点是在比例均等化项目中改变对地区财富水平的测量方法；用平均日出勤数（而不是平均日登记入学数）来测量某个学校或地区的教育需求；将平均日登记入学数转变为加权的平均日登记入学数。这些变化的目的在于：

• 充分理解如何对拨款计划各个不同的指标进行测量的重要性。

• 理解在以下情况下州分配计划的不同作用：

（1）地区的税收能力是用生均财产价值、生均个人收入或是它们的某种组合来测量的。

（2）地区的教育需求用平均日登记入学数或是平均日出勤数来测量。

（3）在地区教育需求的计算中，使用加权的方法来表征由于学生个性不同造成的相关成本。

参考文献

Adams，E. K. ，& Odden，A.（1981）. Alte-rnative wealth measures. In K. F. Jordan & N. H. Cambron-McCabe（Eds.），*Perspectives in state school support programs*（pp. 143 − 165）. Cambridge，MA：Ballinger.

Ball，S. S. ，& Garcia，J. P.（2001）. New Mexico. In National Center for Education Statistics，*Public school finance programs of the United States and Canada，1998 − 1999*. http：//nces. ed. gov/pubsearch/pubsinfo. asp? pubid=2001309.

Chambers，J. G.（1998）. *Geographic variations in the prices of public school inputs*. Washin-gton，DC：U. S. Department of Education，National Center for Education Statistics（NCES 98−104）.

Chambers，J. G. & Fowler，J. J. ，Jr.（1995）. *Public school teacher cost differences across the United States*. Washington，DC：U. S. Department of Education，National Center for Education Statistics（NCES 95−758）.

Chambers，J. G.（1980，Winter）. The development of a cost of education index. *Journal of Edu-cation Finance*，5，262 −281.

Chambers，J. G. ，& Parrish，T. B.（1986）. *The RCM as a decision making process*. Stanford，CA：Stanford Education Policy Institute.

Cohn，E.（1974）. *Economics of state aid to education*. Lexington，MA：Lexington Books.

Cohn，E.（1975，Fall）. A proposal for school size incentives in state aid to education. *Journal of Education Finance*, 1, 216—225.

Cubberley, E. P. (1906). *School funds and their apportionment*. New York: Teachers College, Columbia University.

Dembowski, F. L., Green, M. & Camerino, J. (1982). Methodical issues in the use of income in the allocation of state aid. *Journal of Education Finance*, 8, 73—92.

Edelman, M. A., & Knudsen, J. J. (1990, Winter). An analysis of selected school aid compensation options for school districts with declining enrollment. *Journal of Education Finance*, 15, 319—332.

Editorial Projects in Education (2002). Building blocks for success: State efforts in early-childhood education. *Education Week*, 21, 58—59.

Fine, L. (2001, August 8). Florida's "other" voucher program taking off. *Education Week*, 20, 28, 35.

The Fleischmann report on the quality, cost and financing of elementary and secondary education in New York State. (1973). Vol. I. New York: Viking.

Fowler, W. J., & Monk, D. H. (2001). *A primer for making cost adjustments in education*. Washington, DC: National Center for Education Statistics.

Goertz, M. (1981). School finance reform and the cities. In K. F. Jordan & N. H. Cambron-McCabe, (Eds.), *Perspectives in state school support programs* (pp. 113—142). Cambridge, MA: Ballinger.

Goettel, R. J., & Firestine, R. E. (1975, Fall). Declining enrollments and state aid: Another equity and efficiency problem. *Journal of Education Finance*, 1, 205—215.

Greenwald, D. (Ed.). (1994). *McGraw Hill encyclopedia of economics* (2nd ed.). New York: McGraw-Hill.

Gurwitz, A. (1977). *The financial condition of urban school districts: A federal policy perspective*. Santa Monica, CA: The Rand Corporation.

Hartman, W. T. (1980, Fall). Policy effects of special education funding formulas. *Journal of Education Finance*, 6, 135—159.

Herrington, C. D., & Welder, V. (2001, Summer). Equity, adequacy and vouchers: Past and present school finance litigation in Florida. *Journal of Education Finance*, 27, 517—534.

Johns, R. L., Alexander, K., & Jordan, K. F. (Eds.). (1971). *Planning to finance education*. Vol. 3. Gainesville, FL: National Education Finance Project.

Johns, R. L. (1975). An index of extra costs of education due to sparsity of population. *Journal of Education Finance*, 1, 159—204.

King, R. A. (1979, Winter). Toward a theory of wage determination for teachers. *Journal of Education Finance*, 4, 358—369.

Kirby, P., Holmes, C. T., Matthews, K. M., & Watt, A. D. (1993). Factors influencing teacher salaries: An examination of alternative models. *Journal of Education Finance*, 19, 111—121.

Kozol, J. (1991). *Savage inequalities: Children in America's schools*. New York: Crown.

Ladd, H. F. (1975, June). Local education expenditures, fiscal capacity and the composition of the property tax base. *National Tax Journal*, 28, 145—158.

Leppert, J., Huxel, L., Garms, W., & Fuller, H. (1976). Pupil weighting programs in school finance reform. In J. J. Callahan & W. H. Wilken (Eds.), *School finance reform*: *A legislators' handbook*. Washington, DC: Legislators' Education Action Project, National Conference of State Legislatures.

Leppert, J., & Routh, D. (1978). An analysis of state school finance systems as related to declining enrollments. In S. Abramowitz & S. Rosenfeld (Eds.), *Declining enrollment*: *The challenge of the coming decade* (pp. 187—208). Washington, DC: National Institute of Education.

Monk, D., & Walker, B. D. (1991, Fall). The Texas cost of education index: A broadened approach. *Journal of Education Finance*, 17, 172—192.

Mort, P. R. (1924). *The measurement of educational need*: *A basis for distributing state aid*. New York: Teachers College, Columbia University.

Mort, P. R. (1926). *State support for public schools*. New York: Teachers College, Columbia University.

National Center for Education Statistics. (2001). *Public school finance programs of the United States and Canada*, *1998 — 1999*. NCES 2001—309. (J. Dayton, C. T. Holmes, C. C. Sielke, & A. L. Jefferson, compilers); W. J. Fowler, Jr., project officer.) Washington, DC: U. S. Department of Education, Office of Educational Research and Improvement. Available on CD — ROM or at http: //nces. ed. gov/pubsearch/pubsinfo. asp? pubid=2001309.

National Conference of State Legislatures. (1994). *State budget and tax actions 1994*. Denver, CO: Author.

Odden, A. (1977, Winter). Alternative measures of school district wealth. *Journal of Education Finance*, 2, 356—379.

Reschovsky, A., & Imazeki, J. (2000). *Achieving educational adequacy through school finance reform*. No. RR — 045. Philadelphia, PA: Consortium for Policy Research in Education.

Sjogren, J. (1981). Municipal overburden and state aid for education. In K. F. Jordan & N. H. Cambron-McCabe (Eds.), *Perspectives in state school support programs* (pp. 87—111). Cambridge, MA: Ballinger.

Sparkman, W. E. (1976). Tax effort for education. In K. Alexander & K. F. Jordan (Eds.), *Educational need in the public economy* (pp. 299 — 336). Gainesville, FL: University Presses of Florida.

Swanson, A. D. (1966). *The effect of school district size upon school costs*: *Policy recommendations for the state of New York*. Buffalo: Committee on School Finance and Legislation.

Tetreault, D. R., & Chandler, D. (2001). South Carolina. In National Center for Education Statistics, *Public school finance programs of the United States and Canada*, *1998 — 1999*. http: //nces. ed. gov/pubsearch/pubsinfo. asp? pubid=2001309.

Thompson, D. C., Wood, R. C., & Honeyman, D. S. (1994). *Fiscal leadership for schools*: *Concepts and practices*. White Plains, NY: Longman.

Tiebout, C. M. (1956, October). A pure theory of local expenditures. *Journal of Political Economy*, 65, 416—424.

Updegraff, H., & King, L. A. (1922). *Survey of the fiscal policies of the state of Pennsylvania in the field of education*. Philadelphia: University of Pennsylvania.

U. S. Department of Education. (2000). *The state of charter schools 2000*: *Fourth year report*. Washington, DC: Office of Educational Research and Improvement 〈http: //www. ed. gov/pubs/ charter4thyear/〉.

Wendling, W. (1981, Spring). The cost of education index: Measurement of price differences of education personnel among New York State school districts. *Journal of Education Finance*, 6, 485—504.

Yinger, J. (2001). *Fixing New York's state education aid dinosaur*: A *proposal*. Policy Brief No. 21/2001. Syracuse, NY: Center for Policy Research.

第9章

联邦政府在公共教育财政中的作用

议题和问题

- **公平且有效率地达到高的标准**：联邦政府的项目要求和财政补助计划，用 什么方式来帮助学校公平且有效率地实现这一目标？ 232
- **证明联邦角色的合法性**：联邦立法机关通过命令和激励措施来影响州和地 方制定政策，确定教育标准和课程体系。哪些国家利益证明了这些命令和 激励措施的合法性。
- **项目和财政补助**：什么样的目的和分配策略体现了联邦项目的特点？
- **补助数量**：在用于教育的联邦资金的分配中，考虑了哪些优先权？
- **未来的联邦角色**：考虑到历史上主流联邦主义观点的变化，鉴于国家对高 标准的持续关注，未来的方向在哪里？未来优先考虑的因素有哪些？

美国政府设立和实施的许多教育项目反映了本书的主题——高标准、公平和效 233 率。国会和法院通过扩大所有公民——不论其种族、民族、宗教信仰、性别或残疾 与否的——教育机会来促进公平目标的实现。有些项目旨在提高州和地方政府的能 力，以使用较低生均投资为国家培养劳动力，这反映了对效率的关注。鼓励各州提 高课程标准，并设法使学生们能够达到高标准的期望要求，其目的也是力图提高学 校效率。

尽管很多联邦项目旨在促进这些目标的实现，但联邦政府在公共教育财政中的 作用却一直很有限。在美国，联邦政府没有提供一个全国性的教育体系。公共教育 是州和地方学区的责任，州和地方政府几乎为学校提供了全部缴费支持。然而，联 邦政府在教育政策和课程上的影响，超过了它对学校财政支持的微弱贡献。这种影 响部分是通过所谓的"天字第一号讲坛"（白宫）实现的。总统和教育部长用这种 高度可视的国家讲坛和他们实际上可与媒体直接接触的便利，通过州和地方政府来 督促学校改革。除了总统和教育部的行政领导外，国会的行动和拨款也经常为国家 和地方教育资金的使用规定优先项。

在本章中，我们讨论政府间转移支付的原则。我们要追溯联邦财政补助的历 史。另外，不同项目所分配的资金数量不同，这表现了不同项目的优先级别不同， 我们也要对此进行讨论。

联邦主义和联邦政府拨款战略

在历史上，联邦主义的几种观点已经导致形成了国家政策制定者、州政府以及地方政府之间权力如何划分的争论。一方面，美国宪法权利法案第十修正案规定，教育方面的决策权留给州和人民。提供学校教育的权威机构是州政府，州政府把其中的许多责任授权给了地方学区。人们相信，地方可以更好地对学生家长作出回应，了解学生的教育需要，构思改革措施。依据这些观念，我们主张把教育项目和服务的决策权交给那些受其影响的人们（Elazar，1972）。当地方官员能够为提供和使用公共服务的选民负责时，就可以产生更高的效率和更迅速的反应（Levin，1982）。**一般转移支付**和**综合性拨款**与联邦主义观点一致，一般转移支付不指定目的或限制资金的用途，综合性拨款则在联邦总体规划的范围内，赋予地方一些决定资金使用优先次序的自由裁量权。

另一方面，一些人认为，在整个国家范围内，提供教育的程度和质量取决于联邦政府的领导能力。当学校服务于那些经济困难或身体残疾的学生时，这一点尤其正确。鉴于地方和州的资源常常用于维持现有的努力，"不受这些限制的联邦政府，可以试图根据边际变化来使用资源投入"（Milstein，1976，p.126）。因此，联邦政策可以将财政补助目标锁定在那些州和地方政府（可能由于资源有限或政治考虑）不能或不愿服务的目标人群（Verstegen，1987，1994）。**专项拨款**限制资金用途，必须将其使用于特定目标或使用于要服务的特定人群，使政府对教育优先次序的影响与联邦主义的这种观点相一致。

20世纪六七十年代发展实施的许多联邦专项拨款项目，显示了那个时期立法者集中干预教育的偏好。然而，政策使教育体系处于支离破碎的状态，并且，在这些"活页式"的教育项目中（可单独分离实施的项目），政策使那些有资格的学生处于孤立状态，这些政策在缩小不同社会经济群体成就差距方面是无效的。在20世纪的最后几十年中，随着把教育控制权交给地方的需要的增加，对专项拨款项目的支持逐渐衰弱。国会采用了综合性拨款的方法，并与以前的专项拨款项目相结合，赋予州和地方的政策制定者更多的自由裁量权。更少的项目和放松的规制，减轻了州和地方的行政成本，并提高了效率；在这一前提下，这种政策途径也可能会减少联邦资金分配。沃斯特根（Verstegen，1990）强调指出，在20世纪80年代，政府采用这种方法来实现联邦主义的目标、减少政府开支、消除通货膨胀。

为特定目的而进行的政府间转移支付，认识到了地方管理不能总是服务于更广泛的州利益和国家利益。州的干预影响着地方的优先目标，影响到资金使用的优先次序，并试图均等化财政能力；同样，早期联邦补助的依据是"用于改进州教育体系中的弱点和不足，特别是在那些与国家利益密切相关的地区"（Mort & Reusser，1941，p.473）。国会需要对选民、法院以及很多特定利益群体作出反应。通过这种方式，立法者决定项目和基金优先使用情况，从而服务于他们或者其他人所认为的国家利益。另外，他们利用美国宪法第八部分的"第一条"来证明这些做法的合法性。这一条款授权国会提供"美国一般福利"。因此，立法者的观点是要提高国家的总体福祉和广泛的国家利益，与之相对应，国会就可以颁布法律，影响公共教育。

国家利益永远处于变化之中，这使服务于国家利益的公共部门承受着压力；这种压力和联邦主义的各种观点一起，导致了各式各样的政策和资金援助战略。20世纪的多数时间中，社会迫切需要扩大教育机会，社会有为所有孩子提供教育机会的强烈愿望；联邦在公共教育中的作用扩大，就是对这种社会需要作出的反应。与上面提出的联邦主义的第一个观点相一致，在20世纪的多数时间中，教育的控制更多地集中在联邦和州层级上。联邦主义第二种观点的核心是放松管制和分权决策，这一观点指导着20世纪80年代政策的发展。然而，在20世纪末，这种减少联邦参与和联邦教育预算的运动，导致了人们对教育质量的迫切忧虑。

在各州州长的带领下，国会在20世纪90年代采用了8个"国家教育目标"。很多联邦专项拨款项目的再实施，促使各个学区和州提高了对学生成绩的期望，并通过自选课程和成绩标准，提升课程水平。与此同时，校园中的暴力事件变得很普遍。新世纪的开始使人们对国际恐怖主义越来越担心。人们开始更愿意得到个人自由，确保他们和他们的孩子获得更多人身安全。学校的工作人员希望州和联邦加强对武器的管理，公众期望联邦政府确保航空安全。尽管这样，2001年的《不让一个孩子掉队法案》（No Child Left Behind Act）的制定实施，重新授权很多联邦项目，这些项目给予学校在使用联邦基金方面更多的灵活性。这些年来，政府对教育政策和课程控制的放松和随后的收紧，清楚地说明了有关联邦主义的不同观点的斗争。

从历史上看，主流的联邦主义观点和政策制定者对国家利益的解释，决定了联邦介入公共教育的性质和程度。接下来的部分，我们通过6个主要方面来考察国会的行动，以阐释长期以来国家利益已经促进了联邦财政对学校的资助。　*235*

国家利益和联邦教育项目

美国联邦宪法并没有赋予联邦政府举办公共教育的权利和义务。与世界上很多国家不同，美国没有全国性的教育体系，也没有一个强大的联邦层级的管理机构来主管教育政策。然而，即使联邦政府只承担宪法清楚规定的责任，宪法一般福利条款所隐含的权力和法院对宪法条文的解释，共同决定了联邦政府在教育中的角色。

通过制定法律和批准拨付资金的权力，国会对教育政策的制定施加了很大影响。例如，2001年的《不让一个孩子掉队法案》就表达了国家对加强所有学生教育的关注。

> 这个条款的目的是保证所有孩子都有一个公正、平等并且重要的机会，去获得高质量的教育，根据具有挑战性的州学术成就标准和州学术评估检测，至少能够达到熟练程度。（P. L. 107—110，Sec. 1001）

立法影响着初等教育和中等教育（National Center for Educational Statistics, 2001，pp. 393—402）的历史，代表了国家在教育上的各方面利益。下面从六个方面对立法进行分类讨论：增强国力、提高劳动生产率；提高国防力量、改善国际关系；增加教育机会；促进改革和提升改善教育的能力；改善学生的营养、安全和健康；推进教育研究和发展。

增强国力和提高经济实力

在美国建国以前，大陆议会传达了受过良好教育的公民对发展民主的重要性：

"宗教、道德和知识对好的政府和人类的幸福是必不可少的，学校和教育机构应该永远得到鼓励"。1785 年和 1787 年的法令（即"西北法令"，Ordinances of 1785 and 1787）规定，在每个新移居的镇都预留一块土地，把这块土地上的收入用于支持公共教育。把国家的资源用于职业技术教育以及各种各样的课程改进，对增强经济实力起到了促进作用。

经济发展和职业教育

政府增强国家经济实力的愿望，提供了对公共教育进行直接财政资助的第一个合理理由。新的项目和资金经常与经济的、政治的、社会的变革保持一致。例如，南北战争以及随后的工业化、城镇化，激励政府设立项目，提高农业和工厂的生产力。1862 年和 1890 年的《莫雷尔法案》（The Morrill Acts）分配了公共土地，各个州将从公地获得的收入用于大学提升农业和机械工艺的教学与研究。今天的 69 所由公地收入支持的学院和大学，仍然从其拥有的土地上获得收入。1914 年的《史密斯－利维尔法案》（Smith-Lever Act）为老师接受农业培训和家政学培训提供资金支持，并由家庭示范机构、4－H 领导人和县级农业代理人提供更广泛的服务。

两次世界大战和大萧条强化了联邦在教育中的角色。1917 年的《职业教育法案》为各个高中与贸易相关的项目提供资金。大萧条时期的失业导致设置或产生了很多新机构和部门，如负责成人教育和职业康复的美国联邦紧急救济署（Federal Emergency Relief Administration）（1933 年）修建公共建筑（包括学校）的市政工程管理局（Public Works Administration）（1933 年）和为保护自然资源的青年人提供工作和教育的民间资源保护队（Civilian Conservation Corps）（1933—1943 年）。第二次世界大战推动制定了 1943 年的《职业康复法案》（Vocational Rehabilitation Act）和 1946 年的《职业教育法案》（Vocational Education Act），后者增加了对学校项目的支持。

20 世纪后半期，国内条件促使联邦采取行动来提升职业技术。1963 年修订的《职业教育法案》为学生创造了边工作、边学习的机会，为校外青年设立了许多项目，还为地方职业学校的建设提供资金支持。1966 年的《成人教育法案》鼓励人们获取新的工作技能。1968 年的《职业教育法案》增加了对各州提供的资金，还设立了国家职业咨询教育委员会（National Advisory Council on Vocational Education）。1973 年的《就业和培训综合法案》（Comprehensive Employment and Training Act，CETA）为经济困难人员和失业人口创造了就业和培训的机会。

最近这些年，国会使职业教育在消除歧视的基础上变得更可行，国会还敦促提高了项目标准。在 20 世纪 70 年代后期创立设置的 4 个预留项目，为职业教育分配了 50％的州基本拨款，而这些职业教育项目是为贫困者、残疾人、中学后的学生和双语人群服务的。1984 年的《珀金斯职业教育法案》（Perkins Vocational Education Act）也对结束歧视给予了关注。1990 年，这个法案在经修订后重新授权时，删除了为有特殊需要的学生提供专门资金的要求；但是，该法案规定，为有更高比例符合条件的学生的学区提供资金支持，给予地方学区更多的灵活性，并且设计了项目评估办法，以保证此类需要能得到很好的满足。这些改变增加了另一项国家利益：把教育机会扩展到了那些以前没有覆盖到的群体。1998 年的《卡尔·珀金斯职业和应用技术教育法案修订案》（Carl D. Perkins Vocational and Applied Technology Education Amendments）对该项目作了大范围的修改（American Vocational Association，1998）。国会赋予了各州和各学区更大的灵活性和自主权，以提升和整合学术标准和职业标准。然而，接收资金援助的州必须建立和贯彻实施一个全州范围的衡量中学、高中后和成人职业教育项目的核心标准体系和绩效测量方法。

美国联邦政府对教育的第一笔直接资助提供给了职业和技术教育学校。图9—1描述了目前的立法和拨款情况。在 2002 财年[①]的 19 亿美元的拨款中，有超过 12 亿美元提供给了各种各样的职业教育和技术准备计划，而 5.91 亿美元用于支持成人教育和扫盲计划。

237

提高职业和技术技能

项目目的：通过更加充分地提高各部分人口的学术水平和职业技能，来增强这个国家在世界经济中的竞争力。

国会行动：最初是《史密斯—休斯法案》（1917 年）。1946 年和 1963 年的《职业教育法案》增加了对中学的财政拨款。1984 年的《卡尔·珀金斯职业和应用技术教育法案》及其 1998 年修订案的目标是发展学生的学术、职业和技术技能，实现的途径是：通过州和地方的努力来发展学术标准；促进那些将学术、职业和技术教育融为一体的活动；增加州和地方在提供服务上的灵活性；扩大研究、提供职业发展和技术补助。

拨款：2001 财年有 19.34 亿美元的拨款，包括用于职业教育的 12 亿美元、用于技术预备教育的 1.08 亿美元和用于成人教育的 5.91 亿美元。

分配：一美元配套一美元的配套拨款鼓励各个州作出提供高水平财政支持的承诺。联邦拨款经由州教育局（SEAs）拨付，可能被截流 5％或者 25 万美元（取二者中较大的数目），用于州项目的管理费用。州职业教育委员会负责监督州计划的制定、实施和评价。地方的顾问委员会负责对地方的需要进行评估和向各州教育局提交议案。州政府至少负责分配这些资金的比例为：中学职业教育、中学后和成人教育项目，75％；单亲家庭项目，失去生活依靠的家庭妇女和单身孕妇，7％；性别平等项目，3％；州项目和州领导力活动，8.5％。在各学区接受的拨款中，各项目拨款占的比例如下：《初等和中等教育法案》（ESEA）"第一条"项目占 70％，《残疾人教育法案》项目占 20％，职业技术教育项目占 10％。

限制：联邦对于职业和应用技术教育的拨款是专项拨款，因为资金都有相应的专门用途。这些项目必须包括能够增进学术知识的基于能力的应用性学习、更高的思考推理能力和解决问题技能、良好的工作态度、获得经济独立所必需的职业技能。州政府有制定计划的权力。州的主要项目是针对教师和辅导员的职业发展、项目改进、将职业和学术标准与绩效评估融为一体的课程发展等。为了促进特殊人群的平等参与，各学区必须把各个项目同《初等和中等教育法案》（ESEA）"第一条"项目、《残疾人教育法案》项目、同那些针对英语熟练程度较低的学生的项目进行协调。

图 9—1　职业和技术教育

资料来源：20 USC 2301；34 CFR 400；Final Fiscal 2001 and fiscal 2002 appropriations（2002），pp. 26—27。

提升劳动生产率的课程改革

除了职业技术教育，本章探讨的大量的联邦项目，都通过与劳动力技术相关的方式，影响着学校的目标和课程。这些项目鼓励学生继续接受正式教育，提高他们的职业选择意识，提升成人和学生的文化水平，形成公共和私人的合作关系以及建立国家技术标准。

236

1974 年的《少年司法与犯罪预防法案》（Juvenile Justice and Delinquency Prevention Act）设立防止学生辍学和限制无根据开除学生的项目。1977 年的《青年就业和示范工程法案》（Youth Employment and Demonstration Projects Act）促进了读写能力训练、职业探索和在职技术培训。帮助中小学生来了解未来其可能从事的

238

---

① 图 9—1 中的时间为 2001 财年，疑原书有误。——译者注

各种职业，这一愿望导致 1978 年出台了《职业教育激励法案》（Career Education Incentive Act）。

1984 年的《确保经济安全教育法案》（Education for Economic Security Act）的目的是提高数学和科学教学的质量，促进这些领域及核工程、计算机、外语领域的职业发展。这个项目的资金用于鼓励商业社团、高等教育机构和中小学校之间形成合作伙伴关系。通过总统奖励表彰卓越的教学，对此进行认可；竞争性的"卓越教育"拨款也会促进教育质量的提高。1988 年的《增强美国竞争力教育和培训法案》（Education and Training for American Competitiveness Act）列举了美国在国际商业中的卓越地位所面临的挑战，为了改进数学、工程、外语和技术领域的教育，帮助成年文盲和辍学年轻人获得工作技能，法案进一步说明该项目对此拨款的依据和理由。《教育合作法案》（Educational Partnerships Act）鼓励私人和非营利部门积极参与教育，丰富教育内容，增强学生的职业意识。

减少成人文盲、提高无家可归儿童的教育水平，是 1988 年《无家可归者援助法案》（Homeless Assistance Act）和 2001 年《麦金尼－温图无家可归者教育援助改进法案》（McKinney-Vento Homeless Education Assistance Improvements Act）的目标。1990 年的《学校防止辍学和基本技能提高法案》（School Dropout Prevention and Basic Skills Improvement Act）与 2001 年的《防止辍学法案》（Dropout Prevention Act），督促学校采纳那些能够减少辍学、增加返校和提高毕业率的项目，这些项目可以通过把学校划分成较小的学习社区、选择性学校以及通过职业技能和就业相结合三部分来实现。文盲也是 1991 年《国家扫盲法案》（National Literacy Act）要集中解决的问题，该法案要求建立国家扫盲中心和由跨部门人员组成的扫盲专门小组。1994 年《从学校到工作的机会法案》（School-to-Work Opportunities Act）建立了一个机制，帮助实现从高中到就业或继续培训的转变。1994 年《国家技能标准法案》（National Skills Standards Act）促进了在高中和高中后学校中建立工作训练项目标准的自愿执行体系和自我评价机制，这些项目"将会提高生产率、加快经济增长和增强美国经济的竞争力"。1999 年《阅读卓越法案》（Reading Excellence Act）提高了儿童到 3 年级时具有的独立阅读的能力，并帮助学区缩小了低年级的班级规模。

2001 年的《不让一个孩子掉队法案》中的条款规定影响了课程设置，特别是对学术标准、阅读和高级选修课（大学先修课，advanced placement course）有影响。该法案范围内的"阅读第一议案"（Reading First Initiative）提供财政资助，用于"为从幼儿园到 3 年级的学生建立阅读项目，这些项目建立在科学的阅读研究的基础之上，以确保每个学生最晚不超过 3 年级时，具有相应的合格水平或其以上的阅读能力"（1201 款）。该法案同时将拨款增加了两倍（2002 财年从 3 亿美元增加到了 9 亿美元），用于提高阅读教学的几个方面，包括：加强新教师岗前培训和现任教师的职业发展、开发教学材料、选择评估方法、加强评估管理以及协调学校和家庭扫盲项目。"早期阅读第一项目"（Early Reading First Program）支持学前儿童的早期语言、识字和阅读前能力的开发，特别是针对那些低收入家庭的孩子。在 2001 法案下的"古德林公平起点家庭识字项目"（Goodling Even Start Family Literacy Programs），把儿童早期教育、成年扫盲和父母对子女的抚养教育项目整合成了一个统一的家庭文化教养方法。

2001 年恢复的《通向高标准法案》（Access to High Standards Act）促使州和地方通过大学先修课项目，以努力提高学术标准。联邦财政资助鼓励州和学校证明有更多的和来自更加多样性群体的学生可以在这些项目中取得成功，鼓励州在中学设立大学先修课前（pre-advanced-placement）的教学项目，使低收入学生和其他贫困学生能得到受过高水平训练的教师的指导，增加网上课程的有效性和可用性，支付大学先修课考试的成本费用。

自从美国建国以来，每当关注民主时，联邦政府在公立教育中就发挥作用，这种利益扩展到提高这个国家的经济生产率。为了服务于这些国家利益，联邦政府资助了一系列改革措施，包括：职业教育改革，设立实施成年人和学生识字项目，设立大学先修课和大学预科课程，其他领域的学校课程改革等。

提高国防力量、改善国际关系

联邦政府有宪法赋予的提供国防的职责。卡斯特和史密斯（Kaestle & Smith，1982）注意到，在国家危难时期，联邦政府扩展了其在教育中的作用："战争在威胁一个国家的同时，也将这个国家团结了起来，因为它为国家大规模地进行资源和人才的动员制造了理由，战胜了传统的对于中央集中控制教育的抵制力量。"（p. 391）因此，前文所提到的许多职业教育项目的实施时间，正好与战争同时，这并不是偶然的巧合。

政府对于军事院校的赞助，最好地说明了联邦对与国防有关的教育的支持。美国军事学院（1802 年建立）、海军学院（1845 年建立）、海岸警卫学院（1876 年建立）、空军学院（1954 年建立）几乎都是由联邦政府全资建立的。美国预备役军官训练团（ROTC）项目是由联邦政府在高中和高中后教育机构中赞助实施的。除了军事项目外，联邦政府还要提供资金用于补偿受联邦影响的公立学校，鼓励这些学校进行课程改革，以加强国防和国际关系教育。

对受影响地区的资助

美国的军事基地、政府建筑和土著美国人保留地享有财产税豁免权，其所在的学区会因此遭受财产税损失，所以"联邦影响拨款"（federal impact aid）对这些学区进行资助，补偿其损失。因美国军事设施的存在而导致财政收入受影响的学区，联邦政府对其进行间接形式的教育支持，这是 1941 年《兰汉姆法案》（Lanham Act）开创的资助方式。1950 年，与朝鲜战争同期，《向受联邦影响地区的学校进行资助法案》（School Assistance to Federally Affected Areas Act）扩大到了对学校运作和设施建设的资助。在接下来的 10 年中，资助项目扩展到了包括依靠土著美国人保留地生活的家庭和联邦支持的低收入者住房供给。图 9—2 列出了各种联邦影响资金的供给。

1994 年，"联邦影响拨款"转向集中用于资助受影响最严重的地区。在拨款公式中，给生活在土著美国人保留地和父母在军事站点的儿童（经常用"A Children"表示）赋予了最大的权重。给其父母为政府工作，但又不在联邦土地上居住的儿童（B Children）以及居住在廉租房里的孩子赋予较小的权重。对"B Children"进行的资助，是历史上影响资助里最具争议性的资助。在这些儿童中，有很多人在那些没有因联邦设施而失去财产的地区（例如，那些与哥伦比亚区边界相毗邻的农村）上学。这些地区不但在财政上没有受到影响，反而因为与政府活动接近而在经济上受益。因为所有州都有大量可获得的资助，停止上述资助的努力在政治舞台上一直遭受挫败。修订后的 1994 年拨款方案提高了获得资助的资格要求，一个地区只有 2 000 个以上的符合标准的学生，并且当他们超过该地区学生总数的 15％时，才能获得拨款资助。另外，修订案限制了影响拨款资助中对来自军人家庭和土著美国人保留地家庭的残疾儿童的特殊教育拨款。

联邦影响资金对地区资助的内容

项目目的：向处于遭受联邦活动影响地区的公立学校提供财政资助，包括那些为居住在联邦财产和土著美国人保留地的学生提供服务的学校，以及帮助那些与联邦相联系的学生达到州的内容和绩效标准。

国会行动：《向受联邦影响地区的学校进行资助法案》于 1950 年颁布，以帮助学校运转和进行学校设施建设；1994 年的《改善美国学校法案》第八条和 2001 年的《不让一个孩子掉队法案》又再次对此予以认定。

拨款：2002 财年拨款 9.93 亿美元，包括 9.825 亿美元的基本支持，对残疾儿童补充支付的 0.5 亿美元和 0.48 亿美元的设施建设费。

分配："父母—学生调查"根据学生居住地和其父母工作地，确认合格学生的数量。通过州教育局申请运作基金。拨款公式为那些居住在土著美国人保留地的学生赋予 1.25 的权重，为父母在联邦部门工作和生活的孩子赋予 1.00 的权重，为居住在廉租房里的儿童赋予 0.10 的权重，父母受雇于联邦政府但没有在联邦土地上生活的孩子的权重也是 0.10。后一类只包括受影响最严重的地区（那些有超过 1 000 个符合条件的儿童并超过了平均总上学人数的 10％）。如果前两类地区日常平均总入学人数超过 100 000 人，并且至少有 6 500 个符合条件的学生，则额外权重为 0.35。同时符合"受影响资助"和《残疾人教育法案》（IDEA）规定的残疾学生的权重是 1.00。符合条件的总的加权后的学生数乘以州或者全国均生均支出的 50％中的较大的那个数，或者通过比较州所认可了的地方贡献率，在资金不充足的年份，资金首先分配给符合条件学生比例高的学区。

限制：从本质上来说，影响资金是一般性拨款，而不是专项拨款，因为它是用联邦提供的资金来代替损失的财产税。例外的是用于残疾儿童和学校基础设施建设及现代化的资金。

图 9—2　影响拨款

资料来源：20 USC 7701；34 CFR 222；Final fiscal 2001 and fiscal 2002 appropriations（2002），pp. 26—27。

影响拨款补充了地方和州政府的资源，各地区为这种一般性拨款决定优先考虑的事情，但是，有两个重要的特例。第一，对于残疾儿童的资助是专用的，同时有法规确保资金是用在了经过确认符合标准的学生身上。第二，那些成功满足了两个财政公平标准之一的州，可使用申请到的影响拨款收入，以减少州向各地区的均等化拨款，就像它们考虑通过地方财产税来减少拨款一样。财富中性检验要求至少 85％的地方和州的运营经费与地方财富无关。只有少数几个州（包括亚利桑那、缅因、密歇根和堪萨斯等州）达到了这项要求。差距标准要求地区间在 5％和 95％分位上的学生的普通经费差异（见第 12 章中的联邦比率）不能超过 25％。只有阿拉斯加和新墨西哥州达到了该检验要求。这两个财政公平标准最初是为了决定"一州在多大程度上已经从地方上消除了联邦资助的主要理由之一——地方可税财富的损失"（Magers，1977，p. 126）。然而，在教育财政诉讼和各州采纳致力于实现公平、效率和充分性方案的背景下，检验中所包括的"收入"的界定和检验标准的严格程度，受到了一些分析人士的质疑（Sherman，1992）。

课程和国际关系

为了提高国防能力和改善国际关系，联邦采取了许多开创性的举措。1945 年颁布的《富布莱特法案》（Fulbright Act）和 1948 年颁布的《信息和教育交换法案》（Information and Education Exchange Act）支持那些在美国和其他国家间共享小学、中学和大学教员的项目。1950 年又成立了国家科学基金，以"促进科学进步，促进国家的健康、繁荣和福利，加强国防力量，以及实现其他目的"。

在苏联人造卫星发射一年后，国会颁布了 1958 年《国防教育法案》（National Defense Education Act，NDEA）。这一内容广泛的项目对科学、数学和外语教育进行财政资助，旨在增加优秀教师的数量，改进教学和指导，促进电视及其他媒体的使用。课程强调培育潜在的精英，教育体系随之采取政策，追踪有才干的学生，使其学习高级课程，进入优秀班级。

随着冷战演变成经济竞争，国家利益再次刺激了联邦项目。几部法案的名字可以说明当时国会所关心的问题：1984 年的《确保经济安全教育法案》（Education for Economic Security Act）；1988 年的《增强美国竞争力教育和培训法案》（Education and Training for American Competitiveness Act）；1990 年的《数学、科学和工程上的卓越法案》（Excellence in Mathematics，Science and Engineering Act）；1991 年的《国防授权法案》（National Defense Authorization Act）。1994 年的《外语资助法案》（Foreign Language Assistance Act）支持在小学和中学创造示范项目。这项立法是基于如下发现："多种语言提高了国民的认知能力，促进了社会增长，提高了国家在全球市场中的竞争能力，加强了国家安全以及增强了对不同民族和文化的理解能力"（7202 款）。

联邦政府实施各种各样的项目，提供财政经费用来资助军事院校、遭受联邦影响的学校系统里的儿童的教育、师生交换和思想交流，改进数学、科学和外语课程教学，这些都反映了国家在加强国防和改善国际关系上的利益。正像联邦对于职业和技术教育的支持一样，这些项目也使州和地方政府能够得以扩大教育机会。

增加教育机会

美国政府保证所有的学生都能够接受公共教育。从 18 世纪 80 年代开始，当时，土地赠予使得在美国土地上出现学校成为可能。南北战争后，为了扩大非洲裔美国人的受教育机会，成立了弗里德曼公署（Freedman's Bureau），扩展教育机会的兴趣随之增长。1890 年颁布的《莫雷尔法案》敦促获得土地赠予的学校认可学生的公民权利。《退伍士兵权利法案》给予退伍老兵接受更高等教育的机会，以努力减轻二战后就业市场的压力。

美国最高法院在布朗诉教育委员会案（*Brown v. Board of Education*，1954）的判决中指出，"分离但是平等"的学校，先天上是不平等的，这为接下来的立法定下了基调。国会采取各种行动禁止歧视行为，并对经济和教育权利的剥夺进行补偿。1964 年《民事权利法案》（Civil Rights Act）中的两个条款以及后来的许多法律，都敦促学校停止歧视性活动。《民权法案》第六条是针对学生行为的，这一条禁止在接受联邦财政资助的"项目和活动"中，有基于种族、宗教或出身国的歧视；第七条规定，在就业中，禁止基于上述同样原因和基于性别的歧视。[1]

后来制定的《教育法修正案》（Education Amendments，1972）第九条，禁止在接受联邦资助的教育项目中有性别歧视。《同酬法》（Equal Pay Act，1963）和《反就业年龄歧视法》（Age Discrimination in Employment Act，1967）进一步扩大了反对性别歧视的保护范围，消除歧视性政策和行动的侵害。《学校紧急救助法

242

案》(Emergency School Assistance Act，ESAA，1972) 奖励那些已经废止种族隔离的教育系统，并鼓励其他学校自愿废止种族隔离。《全体残疾儿童教育法案》(Education of All Handicapped Children Act，1975)、《残疾人教育法案》(Individuals with Disabilities Education Act，1991) 以及《残疾美国人法案》(Americans with Disabilities Act，1990) 都涉及参加项目和利用设施中的歧视问题。1994 年的《妇女教育平等法案》(Women's Educational Equity Act) 提供专项拨款，以有效地促进男女平等，增加妇女获得高技能、高报酬工作的渠道。2001 年修订此法案时指出：

> 联邦对男女平等的支持必须与系统的改革相配套，包括在地方上实施有效的性别平等举措，鼓励父母参与；以及……卓越教育，高水平教育成果和高标准要求，女性全面参与到美国社会中去；没有女性的教育平等，这些根本无法达到。(Section 5611)

根据 1964 年的《民事权利法案》设立了一项政策：收回联邦资金，用于鼓励学区遵守有关的命令和规定。教育部内新成立的民事权利办公室 (OCR) 调查了被报道的反民事权利事件。这种通过事后惩罚的办法 (如采取法律行动和收回转移支付拨款) 来影响改革的策略，对地方官员起到了"大棒"的强制执行作用。依靠制裁取得效果的办法，与财政激励的政策是不同的。这些激励 (通常被称为"胡萝卜") 对学校有一种微妙的影响。这些专项资金项目的指令，或者称作附带条件，将州、地方的政策及课程改向国家所要优先考虑的事情。

1960—1970 年间实施的联邦专项拨款项目，强化了正规教育能够提高特殊群体的社会经济地位的意识。这些项目导致对学校财政资助的大量增加。20 世纪 90 年代的重构学校课程和配合国家目标的评估活动，激发了许多此类项目的改革，以改善对所有学生的教育。2001 年的《不让一个孩子掉队法案》对许多联邦项目从法律上重新授权，该法案是为了扩大所有学生实现高标准的机会而制定的。立法要求按照高标准每年对州进行一次评估；强化州、地区和学校的问责制；赋予州和各地区在决定联邦资金使用上的灵活性；允许那些其子女在低绩效学校就读的父母选择辅助服务和公立学校。

在以下部分中，我们将回顾对服务于有特殊需要儿童的项目提供资助的主要法案，这些孩子经常被州和地方政府所忽略 (Verstegen，1987，1994)。主要的目标群体包括土著美国儿童、经济上处于劣势的人群 (贫困学生)、残疾儿童以及英语非母语的学生。本节中列出的许多项目都是权利型项目，这意味着，可利用款项是按照符合条件的学生数目分配的。其他竞争型拨款资助项目，则要通过申请来获得资助。提案要确定这些项目的目标、实施策略以及评估计划，以满足学生的教育需要。

对土著美国人的教育

19 世纪，有法律规定，联邦政府有教育土著美国儿童的义务。与今天关注政教分离相反，政府主动支持教会学校。对教会学校的资助在 19 世纪和 20 世纪之交终止，印第安人事务局 (BIA) 承担起了管理边远地区的寄宿学校和人口密集地区的走读学校的责任。今天，其边界与保留区重叠的公立学校校区，为大多数土著美国学生提供服务。在公立学校中，资助印第安人教育的联邦项目始于 1934 年的

《约翰逊—欧玛利法案》(Johnson-O'Malley Act, JOM)。1972 年的《印第安教育法案》(Indian Education Act) 通过那些研究和示范项目，开发了合适的双语教学和课程教材，扩大了联邦的作用。1990 年的《土著美国人语言法案》(Native American Language Act) 提供拨款，以帮助确保本土语言的存续，促进语言技能的代际传播。虽然作为保留地的校区从影响拨款中获益，但这些普通资金不必用于为土著美国学生服务的项目（见图 9—2）。

根据 2001 年《不让一个孩子掉队法案》第七条规定分配的资金，用于满足美国印第安人、本土夏威夷人和阿拉斯加本土学生的"与教育和文化相关的独特的学术需要"。拨款的目的是支持地方作出努力，"以便使这些学生能够达到具有挑战性的州的学生学术成就标准，正如期望其他所有学生都达到这些标准一样"(section 7102)。资金的数量是各个州的生均支出或国家生均支出的 80% 中较大的那个数。

对贫困学生的教育

随着 1964 年《民事权利法案》的颁布，国会设立了经济机会办公室，而且资助了一些旨在改善贫困孩子和青年教育状况的项目。其中最显著的项目是"工作就业团"、"服务美国的志愿者组织"、"从头开始"项目、"坚持到底"以及"向上跳"等项目。

最大的项目是"从头开始"，其目标是为低收入家庭的学龄前儿童提供综合的健康、营养、教育和社会服务。"从头开始"在 1994 年的重新实施中，为从出生到三岁的儿童创设了项目，用 25% 的资金来提高人事管理和项目运作的质量。国会也希望有一个识别和改进低质量项目的过程。那些在一年之内没有纠正缺陷的项目，面临着资金中断的可能。同样开始于 1994 年的"公平起点家庭识字项目"将幼儿早期项目和成人识字以及父母教育项目结合起来。这个项目于 2001 年重新开始，连同"早期阅读第一项目"对学龄前儿童，尤其是那些来自低收入家庭孩子的读书指导保有持续的关注。

一旦教育上有缺陷的孩子进入学校，他们就可能得到《初等和中等教育法案》(Elementary and Secondary Education Act) "第一条"的项目服务。1965 年的《初等和中等教育法案》"第一条"的最初目的是向那些"低收入家庭孩子密集的学区提供财政资助……来扩展和改进它们的教育项目。"该项目是关于 1981 年《教育巩固与促进法案》(ECIA) 中对于"初等和中等教育法案"这一条的重新肯定。冠名为《初等和中等教育法案》"第一条"的项目，又在 1994 年《改善美国学校法案》(Improving America's Schools Act) 中再次出现。在接下来的重新确认中，"第一条"继续把资金投向有大量符合条件的贫困生的学校，这些学校的贫困生比例高于该地区的平均水平，或者是高于 36%。在目标学校中，补救性的阅读和数学项目帮助在标准化测试中表现较差的学生，而不考虑学生的家庭收入。另外，地方教育局通过分配资金向私立学校中的学生提供同等的服务。

"第一条"的效果所受到的审查和引起的争论，比其他任何联邦专项拨款项目都要多。大量的分析证明，该项目成功地提高了弱势学生的认知水平，尤其是那些黑人学生和西班牙裔学生（e. g., National Assessment of Educational Progress, 1981；Stonehill & Anderson, 1982；Stickney & Plunkett, 1983；Schorr & Schorr, 1988；U. S. Department of Education, 1999）。然而，其他一些研究发现，该项目

244

的效果并不是很大，而且在时间上不具有可持续性（e.g.，Kaestle & Smith，1982；Carter，1984；Millsap et al.，1992；Puma et al.，1997）。维森（Wayson，1975）列出了阻碍补偿性教育发挥潜在作用的若干因素。这些"活页式"项目把帮助学生成功的责任从正常课堂教学的教师身上转移出去，这种支离破碎的学校教育经历意味着，在正常的普通教学和联邦项目进行的补救性教学中采用了不同的教学风格和不同的课程教材。组织和政治上的障碍，包括地方和州官员不愿接受"第一条"的主要优先权，教师、校长在支持项目上的失败等因素，阻碍了项目的成功。缺少足够资金也阻碍了该项目充分发挥作用。例如，沃斯特根（Verstegen，1992，1995）注意到，只有60%的符合"第一条"条件的学生得到过该项目的服务。

《初等和中等教育法案》以及对1994年的《改善美国学校法案》和2001年的《不让一个孩子掉队法案》的重新授权，把上述诸多阻碍因素都考虑了进去，所以后来的立法增加了拨款，也带来了更大的学术成就责任，并允许灵活地使用其中的许多联邦资金。"第一条"是以教育部名义提供的最大的财政资助，图9—3总结了"第一条"的目的和条文规定。在2002财年，只有农业部向学校午餐项目提供的拨款超过了"第一条"规定的123亿美元拨款。2001年的立法规定，拨款逐年增加，到2007财年达到250亿美元。

全国有接近11%的学生参加了"第一条"的阅读项目，参加数学项目的学生要少一些（7%）。这些学生集中在中心城市的初等学校和农村的综合一体学校（从幼儿园到12年级，教育都在一个学校中完成）（National Center for Education Statistics，2001，Table 59）。摩尔（Moore，2001）报告说，约92%的地区在提供教育服务时，利用了"第一条"项目的资金。钱伯斯等（Chambers et al.，2000）的研究发现，各地区把"第一条"项目的资金主要用于"教学、为雇用另外的教师和教辅人员提供支持、提供教学材料和计算机、支持其他教学服务和资源"（p.98）。

1994年的修正案在项目要求、学校范围内的资金使用和责任义务方面发生了很大的变化。经济上处于不利地位的学生占区域全体入学人数的比例至少是75%的学校，有获得资金的优先权。为了促进公平目标的实现，集中拨款会划拨给有15%或6 500个符合条件的儿童的地区。尽管资金仍然以贫困为基础来分配给学校，1994年的重新授权不再限制许多学校低成绩学生的参与。有超过50%的学生来自低收入家庭的学校，可以让所有的学生都参加到"第一条"项目中。钱伯斯（2000）指出，全国接近一半的学校进行了这一**学校范围的改革**（school-wide reform）。此次政策改革旨在减少"第一条"项目的不完整性及资金专用的特点，提高整所学校的效率，而不是一味地去满足少数的处于不利地位的部分学生群体的需要（Wong & Meyer，1998，p.116）。最大限度地使"第一条"项目的学生不脱离正常的课堂教学学习，致力于让学生们都参与到学会复杂性思维和"问题—解决"的训练教学活动中来。学校还可以通过延长每个教学日时间或延长学年时间，或者通过一些夏令营项目，或者通过提供其他一些能够丰富或加快课程的机会，来增加学习时间和提高学习效率。这样一来，教师对学生的表现要承担更多的责任，但换来了更多的灵活性和决策权。

帮助贫困学生实现高标准

项目目的：改善高度贫困学校的"教"与"学"水平，使更多符合条件的学生能够达到该州制定的富有挑战性的成绩标准。

国会行动：最初是 1965 年《初等和中等教育法案》的"第一条"；后经修改作为 1981 年的《教育巩固和提高法案》的"第一章"；又经重新审核，作为 1994 年《改善美国学校法案》的"第一条"和 2001 年的《不让一个孩子掉队法案》。

拨款：2001 财年有 123 亿美元拨款，包括拨给各州的 103 亿美元，用于"阅读第一"立法提案的 9.75 亿美元，用于移民教育的 3.96 亿美元，用于"公平起点家庭识字项目"的 2.5 亿美元，用于综合性学校改革的 2.35 亿美元。

分配：资金通过州教育局流向各区，基本拨款（总量的 86%）是由符合条件的学生的数量（由家庭收入所决定）乘以该州生均支出的 40% 来计算的（在国家平均水平的 80%～120% 之间）。有 15% 或 6 500 个以上符合条件的学生的地区会获得集中拨款（总量的 14%）额外分配的资金。

限制：公立和私立学校的专项拨款，集中用于低收入家庭。有些项目可能只是学校范围的，如果该校高度集中了大量的符合条件的学生（50% 及以上）。过去，只有落后学生参加这种项目。学校可能结合联邦、州和地方的资金，通过多方面的努力来提升整个教育项目。学校负责帮助所有学生达到州的学术内容和成绩标准，目标是：在 12 年内，依据各州对 3～8 年级学生的数学和阅读/语言文科的年度评估，100% 的学生都能达到精通/优的级别。基于种族/民族、贫穷、英语不熟练而划分的组，各组都有进步目标；还有对于 4～8 年级学生的国家评价。各地区必须向表现较差的学校的学生家长提供选择补充性教育服务的机会，包括私人家教辅导、日延时补习和暑期补习学校以及向其他公立学校转学。那些连续 5 年未能实现足够进步的学校，就可能被重组。

图 9—3 贫困学生的教育

资料来源：20 USC 6301；34 CFR 200；Final fiscal 2001 and fiscal 2002 appropriation (2002)，pp. 26－27。

根据 2001 年的重新授权，州的"第一条"方案必须确保要有"富有挑战性的 学术内容标准和学生学习成绩标准"（Section 1111）。这些针对处于不利地位的学生的标准必须说明知识、技能和成绩要求，而且要求参与项目的学生至少在数学、阅读或语言艺术学科和科学（从 2005—2006 年开始执行）方面，掌握所有学生所应掌握的同样的知识、技能，达到所有学生所应达到的同样的成绩水平。所谓的"学术内容标准"指明了学校期望学生知道什么和能做什么，包含连贯和严格的内容，同时也鼓励教授一些高级技能。而"成绩标准"与学术内容标准相呼应，把好成绩分为两个等级——精通（优）和先进（良），以区分学生掌握学习内容的程度，还规定了第三个等级（及格），以监督成绩差一些的学生的进步情况。这次修改的目的之一，意在减小"优秀学生与差学生之间的差距，特别是少数民族学生与白人学生、贫困生与家境优越的学生在成绩上的差距"（Section 1001）。

2001 年的重新授权要求各州在 2005—2006 年度之前，做到每年都对 3～8 年级学生的阅读和数学情况进行评估，在 2007—2008 年度之前，对科学情况作出评估。各个学校要根据不同学生的学习需要，在评估上作出适当的调整。此外，各州对那些已在本国连续居住达 3 年以上、但英语仍不熟练的学生的成绩，用英语作出评估。除了各州的年度评估外，每隔一年需选一部分 4 年级和 8 年级的学生参加两年一次的由教育进步评估国家委员会（NAEP）举办的对阅读和数学的测试，以此来对各州的年度评估结果作一个跨州的检查确认。当然，家长们可能不让自己的孩子参加这种联邦政府的评估项目。

此法案加强了对州和学校的**问责**制度,"通过提高所有学生的成绩,找出那些未能向学生提供高质量教育、运作绩效差的学校,并设法扭转这些学校的表现;同时为这些学校的学生提供了另外的选择"(Section 1001)。递交给家长们的年度报告卡会对全部的州评估结果作出说明,还有根据家庭收入、种族/民族、残疾及英语不熟练程度的各项进步结果的说明。报告同时包括学生毕业率信息,各州根据情况还可以自行决定报告内容,包括学生连续升级率、课堂出勤率、高级选修课以及大学预备课程情况等。

　　各州每年需制定学生学术成绩进步目标。对于表现差的学校,会给予一定的**帮助**。对于完成年度进步指标的学校,将给予**奖励**(如州学术成就奖、奖金及表彰等);当然,对于那些未完成"基本年度进步指标"的学校,也会有相应的**惩罚**(Section 1111)。法案要求各州以 2001—2002 年度的数据作为衡量进步程度的起始数据,像各州所定义的那样,在 12 年内实现 100% 的进步。

　　对于连续两年未完成年度进步目标的学校,会给予这些学校的学生转学的机会,选择转学到另外的高绩效的公立学校,包括特许学校,并且由州提供交通服务。对于学校提供的可供学生家长选择的额外的教育服务项目,可享受联邦政府支持。额外项目包括学校请私人或公共机构指导,延长教学日和学校暑期举办的项目。各个学区要把拨付给"第一条"项目的经费的 20%,用于为符合条件的学生提供择校服务,或为符合条件的学生提供补充教育服务。5 年后,那些仍然无法完成基本年度进步目标的学校,将勒令其进行重组。相关的制裁措施包括撤换学校人员、课程修补,甚至转变为特许学校。

　　在加强学校对学生学习成绩问责制的同时,2001 年重新授权的法案还增加了对联邦政府资金使用的灵活性。《州和地方资金转移法案》(State and Local Transferability Act)允许各州和地方无须批准便可以转移不超过 50% 的联邦资金,但要在以下四个项目或者"第一条"项目之间选择:提高教师质量项目、改善教育技术项目、创新性项目以及建立安全无毒品学校项目。各个地区可使用这部分资金来缩小班级规模、增加师资力量、增加教师工资开支以及促进学校发展等。《州和地方灵活性示范法案》(State and Local Flexibility Demonstration Act)资助的项目达到 150 个。所有参与的学区 5 年内都可以自主使用联邦政府资金以提高学生成绩,并以成绩协议作为交换。

　　各个州和学区实施了提高处于不利地位学生的学术成绩的项目,州和学区要协调这些项目,与其他的联邦政府项目相配合,后者的例子有:《博金斯职业和应用技术教育法案》,《从头开始法案》(Head Start Act)以及《残疾人教育法案》。考虑到校外的许多因素会对学生的学习成绩造成一定的负面影响,"第一条"的条文中敦促统筹协调项目服务,与"其他为年轻人、孩子和家庭提供服务的机构"相配合。类似地,家长们也应有"足够的有意义的机会"参与到孩子们的教育中去(Section 1001)。

　　很多联邦政府项目允许州立教育机构预留一定比例的资金,用于管理、协调、职业培训和技术援助。随着《初等和中等教育法案》的实施,这种支持资金快速增加。各个州为管理和改善学校活动预留了 1.5% 的"第一条"项目的资金。有报告显示,20 世纪 90 年代,州立教育机构有超过 40% 的资金和工作人员都来自联邦政府。显而易见，联邦项目对于州立教育机构的扩大有着非常大的促进作用。据美国总审计署 1994 年的资料，联邦政府对各个州的支持是不一样的，从 10% 到 80% 不等，这取决于州立教育机构管辖范围内的联邦政府和州项目的数量与类型（U. S. General Accounting Office，1994）。尽管有联邦政府的巨额资助，州立教育机构还是因为未能提供所需的项目领导力而受到批评："工作人员太少，其他一些职责占用了太多的工作时间；与学区打交道而处理问题时，工作人员对于管理、规制、行政和财政事务的兴趣远远超过了对课程和教学的兴趣"（Millsap et al.，1992，pp. ix - x）。除此之外，州立教育机构增加了对"第一条"项目和其他项目中学区课程的监督。除了指导课程建设、建立成绩标准和相应的配套评估外，州立教育机构还控制着改造低绩效学校的行动。

《初等和中等教育法案》2001 年经修订后重新授权实施，对于接受"第一条"项目资金的州而言，其意义是深远的。《初等和中等教育法案》带来了多种变化，并将这些特点进行了综合，这些特点是：根据评估结果实施的问责制、资金使用的灵活性、家长们对额外教育服务的选择权、学生们享有从低绩效学校转学到更好的公立学校的权利。结果，该法案很可能使联邦对各州的教育政策产生更大的影响，这些政策主要是针对标准、评估和对所有学生学术成绩的问责制。

对残疾学生的教育

扩大残疾学生的受教育机会，成为 20 世纪 60—70 年代联邦政府优先关注的事情。其中，根据《初等和中等教育法案》"第 VI 条"，于 1965 年开始设立教育项目，提供财政资金资助。同年，根据《国家聋哑人技术学院法案》（National Technical Institute for the Deaf Act）创立了盖劳特大学。这一受联邦资助的学院的运营为聋哑中小学作出了示范。

1968 年的《残疾儿童早期教育资助法案》（Handicapped Children's Early Education Assistance Act）批准了学前项目；1970 年，依据《残疾人教育法案》设立了残疾人教育局。在多个联邦法庭的判决中（e. g.，*Mills v. Board of Education*，1972），联邦法院法官宣布，残疾学生进入免费公立学校的权利是受宪法保护的。

1973 年的《职业康复法案》（Vocational Rehabilitation Act）第 504 条款规定，禁止歧视身体、精神或情感上有残疾或者缺陷的人。这一公民权利法律保护了那些因为存在一种或多种精神、身体上的缺陷，且足以导致某种主要的生命活动存在障碍的儿童。然而，仅有要求学校向残疾儿童提供与同年级和同年龄的正常儿童相匹敌的教育经历的规定，却没有相应的资金支持。例如，教育方必须为那些不能离开轮椅却有学习学术资料能力的学生建造住所，改造有关设施。第 504 条款同时规定，要保证向携带艾滋病毒、注意力缺陷紊乱、（精神性）药品滥用等儿童提供教育服务，该法律对残疾给予了更狭窄的定义（Anthony，1994）。

1975 年《残疾儿童教育法案》的颁布实施，表现了国家对公立学校残疾儿童所负有的责任。该法案于 1991 年被修订为《残疾人教育法案》，确保符合条件的儿童可以获得"能够使他们获得充分机会的公平恰当的教育服务"（20USC，1400）。图 9—4 总结了《残疾人教育法案》的具体条款和拨款情况。作为最大的联邦教育项目之一，2001 年[①]，《残疾人教育法案》向各州和校区提供了 87 亿美元来支持特殊教育的额外开支和相关服务。根据 2001 年国家教育统计中心的数据，全国大约有 7% 的学生享受到了特殊教育待遇。这些学生均匀地分布在小学和中学以及市区、小城市和农村。

1988 年通过的《残疾人技术相关援助法案》（Technology-Related Assistance for Individuals with Disabilities Act）帮助各州开展全州范围内的针对所有年龄阶段残疾人的有效的技术项目。《残疾儿童家庭支援法案》（Families of Children with Disabilities Support Act）是联邦的一项新举措，这一法案通过鼓励发展"家庭为中心和导向的、具有文化特征的、社区为中心的、全方位的、全国性体系"来支持家庭。这种竞争性的配套资金拨款机制，促进各州进行部门之间的协调和创立示范项目。1998 年的《残障人技术援助法案》（Assistive Technology Act）强调学习需要。

残疾学生教育

项目目的：确保 3～21 岁残疾人享有免费的恰当公立学校教育，包括特殊教育和相关服务，以满足他们的特殊需求，为将来就业和独立生活做准备。

国会行动：最初是 1975 年的《残疾儿童教育法案》（通常被认为是公法第 94～142 款），1991 年修订为《残疾人教育法案》（IDEA），1994 年被《改善美国学校法案》第三条修正，1997 年被重新修正。

拨款：2002 财年，总共拨款 87 亿美元。其中包括拨付给州 75 亿美元；学前教育项目 3.9 亿美元；婴儿和家庭项目 3.84 亿美元；人事准备 0.9 亿美元；技术和媒体服务 0.38 亿美元；研究和创新 0.78 亿美元。

分配：州教育部门代表学区递交每年的项目计划。补贴平均分给 3～21 岁接受特殊教育和相关服务的残疾人，然后乘以全国生均支出的一定比例（《残疾人教育法案》规定最高是 40%）。州教育部门可以留下资金的 25% 支付管理开支，包括财政和项目审核，然后将至少 75% 的资金以一般拨款的方式分发给各学区。

限制：地方教育部门可以将《残疾人教育法案》资金只支付残疾儿童特殊教育和相关服务的额外开支。适应学生特殊需要的教学，会发生在最少受限制的情况下。符合要求的学生有个人教育计划：确定当前的教育程度；年度计划和短期的教学目标；特殊教育和相关服务；用正常教育项目和评估计划中的参与程度来判断学生的进步程度。州和地方公共管理部门要负责保证从公共部门享受特殊服务的私立学校学生享有个性化的教育计划。接受资金的学区要把《残疾人教育法案》与"影响拨款"和《初等和中等教育法案》"第一条"协调起来。

图 9—4 残疾学生教育

资料来源：20 USC 1400；34 CFR 300；Final fiscal 2001 and fiscal 2002 appropriations (2002)，pp. 26—27。

《残疾人教育法案》要求免费的恰当公立学校教育、个性化教育计划和最少的限制环境。得到经济援助的各州必须保证所有的残疾学生能都得到**免费的恰当公立学校教育**（FAPE）。这一要求同样适用于那些被终止学习和被强迫离开学校的残疾学生。这一原则已经成为法律诉讼的主题，分歧之处在于学校对严重残疾孩子所需要承担的责任。例如，学校有义务对那些多重残疾学生进行教育，而这些学生宣称，他们不能从特殊教育中获益（*Timothy W. v. Rochester*，1989）。当公立学校不能满足孩子需要，而最适当的安排是在私立学校时，公共财政应该为这项教育提供资金。1993 年，美国最高法院判定，家长能够得到私立教育费用的补偿，即使那

---

① 图 9—4 中的时间为 2002 财年，疑原书有误。——译者注

个学校没有获得州官员的批准，并且不符合联邦的规定要求（*Florence v. Carter*，1993）。

《残疾人教育法案》将"特殊教育"定义为：一种专门设计的、不依靠父母承担成本而又能满足残疾儿童特殊需要的教育方式。一种**个性化教育计划**（IEP）道出了教育及其相关措施的本质。这种每个孩子专用的教育意味着，特殊教育不能在正常的学术或职业教育教学中完成，不能通过社区生存技能的培养以及一些过渡性的服务，为学生以后的生活做好准备，也不能通过安置小组（placement team）认为可行的其他任何方式完成。**相关的服务**包括交通（指学生上学、放学的接送服务）、智力拓展、矫正以及一些可以帮助孩子们从特殊教育中受益的支援性服务。这些服务包括物理和作业治疗、语言表达病理及听力障碍矫正方面的服务、心理咨询服务、提供娱乐活动、定向行走训练服务以及体检和评估身体状况的医疗服务。最高法院的一些判决清楚地规定了必须提供的服务范围。最高法院拒绝了一个父亲希望为其成绩优异但患有听力障碍的孩子配一名手语翻译的请求（*Board of Education v. Rowley*，1982）。相反，最高法院判定，提供导尿服务是相关服务，如果学校不提供导尿服务，学生就无法上学，学校的工作人员应该为学生提供导尿服务（*Irving v. Tatro*，1984）。在 2000 年，最高法院裁定，某一个学区有责任为一个身体残疾的学生支付专职护理人员以及提供其他医疗服务的费用（*Cedar Rapids Community School District v. Garret F.*，1999）。

《残疾人教育法案》要求自由环境，要求有一系列可替代的安置方案。安置小组必须对普通教室、特殊专用课堂、家庭、医院以及其他机构的适用性作出判断，决定哪个安置是合适的。但是，残疾学生与正常学生在一起接受教育，这是最大程度的合适，选择因此而受到限制。特殊专用课堂、残疾学生与正常学生分开接受教育，或者其他形式的不使用普通教室和不通过正常的教学活动，只有在特殊情况下才发生，那就是当"残疾的性质和程度都很严重，导致在利用一些辅助性帮助和服务后，在普通教室中进行教育仍然不能达到满意效果"。正如 1994 年，学生的教育环境要根据个性化教育计划和第 504 条款计划来确定。成本是安置方案要考虑的诸多因素之一。比如，是否可以让一个患有唐氏综合征的小孩在辅助服务帮助下与正常学生在一起接受正常教育？当联邦法院对此作出裁决的时候（*Greer v. Rome*，1991），法院如果要考察残疾学生与正常学生在一起接受教育是否合适，就要评估两种方案在学术上的好处以及非学术方面的益处，比如社会发展、对其他学生的影响、财政成本等。

这种残疾学生与正常学生兼容并包的运动，让残疾学生和正常学生在社会和学术层面上更紧密地融合在一起（Skrtic，1991；Sage & Burrello，1994）。州教育委员会全国协会（the National Association of State Board of Education，1992）和一些州都对**完全的融合**（full inclusion）持支持的态度，所谓完全的融合就是让所有的孩子在普通教室和邻近的学校接受教育。考夫曼等人（Kauffman et al.，1995）把这样一种融合的教育制度定义为："一种考虑到各种安置、能为各种学生服务的体系，所提供的条件使得每个学生都有安全感、被接纳、得到尊重，并有助于发展自己的情感能力，有助于提高智力"（p.545）。《残疾人教育法案》通过一系列措施来鼓励这种完全的融合，这些措施努力确保：州政府拨款机制不导致局限性的安置；

251

给予学区在普通教室中使用资金的决策空间；修改拨款公式，以消除为增加收入将学生置于局限性环境中的激励（Chaikind，2001）。目前，这种完全融合策略面临的障碍包括：缺少培训经费，不能培训教师解决孩子们学术问题和身体问题的能力；班级规模太大；特殊教育工作者太少，每个课堂中分配的人数很少；校长以参与的方式促进融合，但他在这方面的专业知识是有限的；缺少对这种完全的融合对特殊学生和正常学生学习影响效果的研究（Anthony，1994）。

1997 年的重新授权（公法第 105～117 款），把我们的注意力从权利的保障转移到了项目质量上。这一变化确保残疾学生和正常学生有同样的课程、相同的高标准以及同样的评估，大多数残疾学生都可获得为正常学生开发的课程、标准和评估。克罗斯和汉密尔顿（Koretz ＆ Hamilton，2000）描述了几种融合地方和州评估的可选择方案，并且区分了"适应性调整"（accommodation）和"可选择评估"（alternate assessment）这两个概念。根据残疾的性质，很多残疾学生可以参加成绩的一般评估，评估不需要作出调整。其他一些有残疾的学生则需要调整，这被定义为评估表现形式的改变或者对考试回答的模式的改变。设计这些调整的目的是为学生提供一个更加公正和有效的成绩评估。而对于一些没有按照一般教育标准去要求，但又在公立学校接受教育的残疾学生，则可以采取一种可选择的评估方式。这种评估更改实际上是对评估内容本身的改变。

第 504 条款和《残疾人教育法案》的要求，已经成功地为残疾儿童在公立学校中争取到了更多的教育机会。但联邦政府承诺的与这些命令要求相配套的资金并没有到位（Council for Exceptional Children，1999）。《残疾人教育法案》授权联邦政府为每个学生提供占全国生均支出 40％ 的经费，其他大部分经费由州政府和地方政府来承担。帕里什和沃斯特根（Parrish ＆ Verstegen，1994）的研究表明，联邦政府为残疾学生拨付的资金最多只占到全国生均支出的 12.5％，而这个比例在近年来又降低到了 8.2％。"特殊教育筹资中心"（the Center for Special Education Finance，1994）敦促法律规定的资金要全额、及时到位，并提出了几种改变拨款公式的方案。基于每个州拥有的学生数来分配资金的方法，可以有效地阻止对残疾学生的过度识别问题，当按照被确定为有资格接受特殊教育的学生数来拨付资金时，可能发生过度识别问题。采用根据贫困学生数来调整的办法，可能把资金导向贫困家庭集中的州和学区。

沃斯特根（2000）总结了《残疾人教育法案》在 1997 年修订后的财政拨款情况。以前的法规都是按照接受特殊教育和相关服务的学生人数拨款到各州的（也就是一个由孩子数量决定拨款的公式）。新的拨款公式扩大了以前拨款公式的基数，把一个州全体学龄人口数（占 85％）和来自贫困家庭学生数（占 15％）作为基数计算拨款。然而，这些拨款取决于在公立学校和私立学校就读的学生总量，因此，不包括下列学生：在家接受教育的学生；在监狱或其他机构的学生；辍学的学生。除了拨款公式考虑到了更大学生人口群体和贫困因素这些变化外，重新修订的《残疾人教育法案》使各州可以保留一定数量的基金。1997 年，州拨款总量的至少 25％ 是被州政府预留的，用来进行项目管理和其他直接服务与支援。这个数量每年的增加量取决于通货膨胀率或者州拨款比例的变化。通货膨胀率的任何

252
增加，都会直接影响到能力建设以及为残疾学生和其他特殊活动而进行的学区项目

的改进。

尽管作了这些调整，帕里什和沃尔曼（Parrish & Wolman，1999）仍倡导公平、充分、责任明确和灵活的资金拨付体制。《残疾人教育法案》资金是应该继续在国会授权内自由决定（我们已经指出，40％是这样的），还是应该纳入联邦预算按命令要求执行，成为近些年来《残疾人教育法案》重新修订时争论的问题（Sack，2001）。如果后者成为法律，那么国会将大量增加拨款来支付各州 40％ 的由这个法案所导致的额外成本。本书出版时，这个问题仍未得到解决。

双语教育

1968 年通过了《双语教育法案》（修订后的《初等和中等教育法案》的第七条），母语是非英语的孩子受到了关注。最高法院判定，否认对母语是非英语的孩子的"有意义教学"违反了《民事权利法案》第六条（*Lau v. Nichols*，1974）；紧随其后，1974 年的《教育机会平等法案》（Educational Opportunities Act）促使各学区提供平等的教育机会，无论他们的母语是什么。

项目还帮助移民和难民的孩子获得学习英语的设施。1962 年的《移民和难民援助法案》（Migration and Refugee Assistance Act）和 1975 年的《印度支那移民和难民援助法案》（Indochina Migration and Refugee Assistant Act）授权给教育和技术培训以贷款和补贴。当一个学区由于移民导致入学学生大量增加时，1994 年修订的《双语教育法案》中的紧急移民教育项目将提供财政援助，从改善在这个学区实施的教育项目。

2001 年颁布的《不让一个孩子掉队法案》的第三条，重新授权和修改了以前的《双语教育法案》，将其重新命名为《英语语言习得、语言强化和学术成就法案》（English Language Acquisition，Language Enhancement，and Academic Achievement Act），目的在于"保证那些不精通英语的孩子，包括移民的孩子和青年，掌握熟练的英语、用英语去取得高水平的学术成就、学习同样富有挑战性的学术内容、达到所有学生都有望实现的学术成就标准"（Section 3102）。这一法案下的资金拨款有助于增加课程和教学材料，促进教师职业发展，加强部门之间的协调，扩大家长参与。法案取消了一项要求，即 75％ 的双语教育基金用来支持以孩子们各自的母语来教学的项目。

图 9—5 描述了 2002 财年为双语教育和移民教育提供的 6.65 亿美元资金的使用目的和拨付情况。大约有 7％ 的学生参加了双语教育项目和英语作为第二语言项目（National Center for Education Statistics，2001）。这些项目主要服务于城市内初等学校的学生。

如果有争论的话，双语教学主要在时间长短问题上引起了争论：当学生将英语作为第二外语学习时，应该用他们的母语接受教育；这一时间应该多长是有争论的。有些专家主张将英语作为第二外语，用他们的母语传授基本技能，直到他们掌握英语。另一些人的观点是，缩短英语学习的过渡期，使孩子们尽快加入到正规班级。第三部分人赞成在公立学校里只用英语讲授，不使用母语进行教学。学区具有设计教学方式的灵活性。然而，2001 年修订的条款要求，一个学生在美国注册学习连续三年以后，他们的阅读和语言艺术学科的州评估要用英语进行。

253

英语非熟练学生的教育

项目目的：教育英语非熟练的孩子和青年人，使他们学习州规定的所有孩子应学习的学术内容，并达到州规定的所有学生应达到的成绩标准。

国会行动：最初是《初等和中等教育法案》1968 年修订版的第七条；1974 年修订为《双语教育法案》；1994 年修订为《促进美国学校教育法案》，并重命名为《英语语言习得、语言强化和学术成就法案》，作为 2001 年《不让一个孩子掉队法案》的第三条。

拨款：2002 财年为双语和移民教育拨款 6.65 亿美元。

分配：资金是根据具体情况相机分配的，而不是基于某个公式。学区直接向教育部申请资金。州得到对学区拨款的 5%，以用于协调和技术支持。

限制：2001 年修正授权中把双语教学项目并入一个具有灵活性的议案中，它确保学生学习州规定的所有孩子应学习的学术内容，并达到州规定的所有学生应达到的成绩标准。学生在入学三年后必须用英语参加州评估。资金可能被用于更新课程设置、开发教学材料和评估手段、促进教师的职业发展。

图 9—5　英语非熟练学生的教育

资料来源：20 USC 7401；Final fiscal 2001 and fiscal 2002 appropriation (2002)，pp. 26—27。

252
253

　　这一部分讨论的权利法规和专项拨款项目，通过扩大各种群体学生的教育机会，促进了国家实现教育公平的目标。国会设计的项目，其最初目的是保证每个人享受公共教育。自从 1994 年以来，批准拨付资金的法律条文规定，促使各州和学校确保所有的学生掌握各州规定的教学内容，达到州规定的成绩标准要求，并且赋予根据学生需要使用联邦基金的灵活性。

促进改革和提升改善教育的能力

　　前面分析了联邦在提高经济实力和扩展教育机会方面的行动，这些行动经常影响到地方资金配置和课程开发的优先次序。此外，通过改善教学设施、改进教育技术、提高专业知识和技能等措施，联邦资金使学校和学区可以进行教学能力建设。国家目标和财政激励促进了地方在课程、教学传授和在公立学校之间选择等方面的改革。

　　图 9—6 描述了本节讨论的为改善教学而拨付的资金情况。2002 财年，国会批准的用于学校发展和创新的 78 亿美元[①]拨款中，将近 29 亿美元用来资助学区，提高教师素质。大额拨款用于鼓励创立 "21 世纪社区学习中心"、提高教育技术、确保学校和社区安全、远离毒品项目、州评估以及创新教育项目策略等。特许学校、乡村学校、小型学习社区和磁性学校也将得到财政资助。挑战性补助资金（challenge grants）将鼓励学校改进美国历史、体育、品格教育和咨询项目。小额拨款用

254

于资助"明星学校"、无家可归儿童的教育、艺术教育和减少酗酒。许多这些拨款项目组成了教育发展基金。

设备、教学材料和教育技术

　　在学校建设方面，联邦政府只承担了有限的责任。教学基础设施建设是教育中耗资巨大的一部分，这些资金主要来源于地方财政收入。联邦政府在对教材和教学技术的更新换代方面起到更为积极的作用。

　　1930 年，国会拨款 4 700 万美元建设学校。1965 年的《赈灾法案》（Disaster

---

① 图 9—6 中为 72 亿美元，疑原文有误。——译者注

Relief Act）给予各学区财政支持，"帮助满足由全国范围的灾害导致的紧急支出需要"。最近，1994 年的《学校基础设施完善法案》（School Facilities Infrastructure Improvement Act）将学校设施（包括图书馆和多媒体中心在内）建设的财政资助与实现国家教育目标联系起来。旨在增加联邦对学校基本建设进行财政支持的大量的其他提案都被否决了。

学校发展和创新基金

2002 财年，国会为学校改进项目拨款总计 72 亿美元，主要包括如下内容：

提高教师素质的州政府拨款	2 850 000 000 美元
21 世纪社区学习中心	1 000 000 000 美元
教育技术	785 000 000 美元
安全和无毒品的学校和社区	654 250 000 美元
州评估	387 000 000 美元
创新教育项目战略	385 000 000 美元
特许学校拨款	200 000 000 美元
乡村教育	162 500 000 美元
小型学习社区	142 189 000 美元
磁性学校资助	110 000 000 美元
传统美国历史教育	100 000 000 美元
无家可归儿童和青年的教育	50 000 000 美元
体育教育	50 000 000 美元
父母辅助信息中心	40 000 000 美元
初等和中等教育辅导	32 500 000 美元
社区技术中心	32 475 000 美元
明星学校	27 500 000 美元
夏威夷土著教育	30 500 000 美元
艺术教育	30 000 000 美元
减少酗酒	25 000 000 美元
个性教育	25 000 000 美元
自愿公立学校选择	25 000 000 美元

图 9—6　学校改进项目的各项拨款

说明：包括至少获得 2 500 万美元专项拨款的项目。

资料来源：*Final Fiscal* 2001 *appropriations and President Bush's Fiscal* 2002 *Proposals.* Reprinted with permission from *Education Week*，Vol. 20，No. 36，（2001），pp. 26—27。

财政刺激鼓励教师改进教材，鼓励教师采用新的教学技术。1965 年颁布的《初等和中等教育法案》中的许多条款，帮助州立教育机构和学校改善图书馆资源，开发课程和教材，发起创新项目，评估教学进步情况。根据 1962 年的《通信法案》（Communications Act）、1967 年的《公共传播法案》（Public Broadcasting Act）以及 1976 年的《教育广播设施和电信示范法案》（Education Broadcasting Facilities and Telecommunications Demonstration Act），学校扩大了对电视机和其他媒体的使用。1990 年的《儿童电视法案》（Children's Television Act）对广告和电视节目编排施加限制，以满足儿童的"教育和信息"的需求。

随着信息时代的到来，对教学技术的应用也不断扩大。依据 1991 年的《高性能计算法案》（High Performance Computing Act），建立了国家研究和教育网，并为高性能网络建立了标准。由于教学技术整合的潜在利益，发起于 1994 年并于 2001 年被重新授权的多个项目，都获得了额外拨款。2001 年的《通过技术提高教育法案》（Enhancing Education Through Technology Act）促进了技术推动的课程开

255

发和教学提高，与此同时，还促进了学术内容改革和成绩标准的确立、为增加技术可获得性而进行的公私合作以及依靠电子手段的远程学习和职业发展。《明星学校法案》(Star School Act)提出了远程教育策略和通信合作，改善了数学、科学和外语的教学，尤其是针对贫困生和英语不熟练的学生。1998年，联邦通信委员会开始对学校和图书馆使用互联网以及其他电子通信服务进行打折，享受教育折扣率优惠。

钱伯斯等人(2000)得出结论，联邦基金对学区在技术上的开支作出了相当大的贡献，提供了将近25%的升级电脑。这些基金也向极为贫困地区的学校提供了53%的新计算机，实现了公平目标。

职业发展和教学改进

联邦政府于20世纪50年代末颁布《国防教育法案》(National Defense Education Act，NDEA)，开始关注教师开发课程和授课的能力。1965年颁布的《高等教育法案》成立了教师团，并为教师岗前培训设立奖金。1967年颁布的《教育职业发展法案》(Education Professions Development Act)则旨在提高教育质量，缓解师资力量短缺的局面。

1994年的《改善美国学校法案》和2001年的《不让一个孩子掉队法案》中几乎所有的分款都将职业发展列为增强学校能力的一个重要方面，以使学生达到州立学术标准。《艾森豪威尔职业发展法案》(Eisenhower Professional Development Act)支持各州、学区和教师岗前培训机构为改进教师的"教"和学生的"学"所作出的努力。该项目鼓励"持续且集中的高质量的职业培训"，这些培训要与各州的教育内容和成绩标准、持续彻底的学校改革相一致。2001年的法案将缩小班级规模和艾森豪威尔项目合并为教师素质项目。另外，高达50%的其他联邦基金的使用有较大的灵活性，这些基金用来雇用教师，以缩小班级规模、提高薪水和促进职业发展。2002年，联邦重新批准教师素质项目，拨款28.5亿美元。

教师和校长培训与招聘基金成立于2001年，为学区、州高等教育委员会和取得资格的合作单位提供经费，旨在"提高教师和校长素质，增加课堂中合格的教师的数量，增加学校中合格的校长和校长助理的数量，通过诸如此类的策略来提高学生的学术成果"(Section 2101)。教师和校长培训与招聘基金资助的活动包括：改革资格认证(许可证)要求，确保教师在他们的任教学科内能帮助学生达到标准要求；对新教师提供指导老师，减少教学工作量；为教师和校长建立各种资格认证的可选途径；改革教师任职制度和资格考试制度；测量教师职业发展对提高学生成绩的效果。

联邦政府项目还鼓励改善教育的其他方面。例如，1984年，通过立法创建了全国杰出教师奖励项目、联邦优秀奖学金项目和教育管理领导项目。1988年，建立了学校与教学改进和改革基金，批准拨款帮助处于危险状态的学生，以达到高标准要求，加强学校的领导力，加强教学，鼓励教育系统抓住重点、突出主要目标，为新教师和新管理者在进入工作岗位的第一年提供帮助。1991年，《延长学年全国委员会法案》(National Commission on a Longer School Year Act)产生了研究时间和学习成绩之间关系的小组数据(panel data)。1994年的《改善美国学校法案》为大量增加学校花在学术项目上的时间、提高学校计划的灵活性提供了种子基金。

256

国家目标

20 世纪 90 年代初，许多州和地方社区开始了一项运动，这项运动要求改革教育和提高对学生学术成绩的期望，并获得了支持。总统和各州州长敦促国会批准国家教育目标议案。《2000 年的目标：教育美国法案》宣称，到 2000 年：

1. 所有的美国孩子在入学时就为学习做好了准备。

2. 高中毕业率至少要增加到 90％。

3. 所有的学生在完成 4 年级、8 年级和 12 年级时，在下列具有挑战性的学科中，能表现出相当的能力，这些学科是英语、数学、科学、外语、公民和政府、经济学、艺术、历史以及地理等；美国的每一所学校都要确保所有的学生会使用大脑、学会思考，使他们在美国现代经济中为成为有责任的公民、为未来的学习、为进入有生产力的就业岗位做好准备。

4. 美国的教师队伍将有机会参加培训项目，从而持续不断地提高其专业技能；并有机会获得教授 21 世纪的美国学生所需要的知识和技能。

5. 美国学生的数学和科学成绩将是世界第一。

6. 每一个美国成年人都要具有读写的基本能力，在全球经济环境中掌握竞争、行使公民权利、承担公民责任所需要的知识和技能。

7. 美国的每一所学校都将免受毒品、暴力、没有许可证的枪支武器以及含酒精的饮料的危害，并将提供一个有纪律的利于学习的环境。

8. 每一所学校都要加强与家长的合作关系，使家长们能够投入并参与到促进学生在社会、情感和学术方面的进步中来（20USC 5842）。

《2000 年的目标：教育美国法案》提供的资金，目的在于帮助参与项目的州、学区和学校准备教育改善计划。该法案允许灵活地使用资金，以达到上述 8 项目标。国会授权：当管理其他联邦项目的法规有碍于实施学校改进计划时，《2000 年目标：教育美国法案》中的项目可以不受这些法规的约束，不用执行这些法规。对这些项目的拨款已经结束，但是，通过学术标准和地方使用联邦基金的灵活性来改进教育仍是受关注的焦点，因为国会在 2001 年通过了《不让一个孩子掉队法案》。

综合性拨款和学校发展的灵活性

不像专项拨款那样受严格限制，综合性拨款使州和区能够为自己学校的发展安排优先次序。1981 年的《教育巩固与促进法案》第二章采用综合性拨款的方式，巩固了以前的 43 项专项拨款。综合性拨款的目的在于，在决定如何使用资金时，给予地方教育机构相机处理决策权（自由裁量权），由地方自己判断哪里最需要改进，使联邦的参与程度降到最小，减少文书工作量，消除指示性的规制和监督。综合拨款通过州拨款给公立或非公立学校，资助与基本技能发展、学校改进和支持服务及特殊目的有关的活动。这一资金拨付战略将资金管理权移交给各州，并分权给学区和学校工作人员，由他们负责在上述广泛的目的内设计和实施项目。但是，现在的资金要比先前的项目资金减少大约 25％。补助资金几乎分配到各个地区，这损害了贫困和少数民族孩子的利益，因为贫困和少数民族孩子主要集中在城市学区中（Verstegen，1987）。

《教育巩固与促进法案》的第二章被重新修订为 1994 年的《改善美国学校法案》中的《初等和中等教育法案》的第六条。参与《2000 年的目标：教育美国法案》的那些州，继续获得拨款。法案中被命名为"教育项目创新策略"（Innovative

257

Education Program Strategies) 的一部分，提供的资金更多是专项拨款，用于支持学区的创新改革，促进实现全国教育目标，达到各州的内容和绩效标准。前面我们已经指出，2002 年法案的修订和重新授权，给予州和学区更大的灵活性，州和学区可以在选定的项目和"第一条"项目之间转移资金。

特许学校和磁性学校

2002 年《初等和中等教育法案》的修订，鼓励州和学区使家长与学生有更大的选择学校的权利。在低绩效学校就读的学生能够转进好的公立学校；除此以外，法案的第五条鼓励在公立学校体系内创立特许学校性磁性学校，并作为可供选择的学校。

为州特许学校拨款项目所提供的财政援助，用于制定计划、项目设计、特许学校的最初试行和评估其对学术成绩的影响。法案的其他目标就是在全国增加高质量的特许学校，鼓励各州财政对特许学校进行支持，使其与对传统的公立学校的拨款相当。关于最好和最有希望的特许学校实践的信息如何传播到州的各个学区，州计划应对此作出说明。

磁性学校援助项目认识到这些可供选择的学校在学区自愿废除种族隔离中发挥的作用，并将其作为学校改进的模式。这个援助项目的目的包括：减少少数民族的封闭、实现自愿消除种族歧视，设计创新实践活动以促进学校多样化，鼓励选择学校。

许多联邦项目都直接或间接地影响公立学校的教学内容，并帮助学校提高它们的教学传授能力。最近，联邦政府督促学校改革，使每个孩子达到州的学术内容要求和成就标准。其他国会法案主要是针对学生的健康和安全。

改善营养、安全和健康

政府补助和项目对学生身体状况的关注是多方面的，继对学校的食品服务进行支持后，联邦项目目前关注预防滥用毒品、学校安全和空气质量。

营　养

农业部下的学校午餐项目在某种程度上是对学生营养关注的反映。这个计划旨在缓解农产品的过度供应。

对低收入家庭儿童福利的承诺与 20 世纪 60 年代旨在帮助经济上处于劣势地位的儿童的教育项目不期而遇。1966 年的《儿童营养法案》为符合条件的学生提供早餐和午餐津贴。家庭收入在贫困线（由管理和预算办公室制定）的 130% 以下的学生可以获得免费午餐；家庭收入在贫困线的 185% 以内的学生可以获得低价午餐。2001—2002 年间，年收入为 22 945 美元的四口之家的儿童可以享受学校免费午餐的待遇，同样家庭规模而收入在 32 653 美元的儿童则可以享受低价午餐。大约有占总数 1/3 的学生，其中大城市占 44%、乡镇占 30%，符合免费或低价午餐的条件（National Center for Education Statistics，2001，Table 373）。

学校安全和预防滥用毒品

对毒品滥用的全国性战斗出现在 20 世纪 70 年代早期。1970 年的《酒精和毒品滥用教育法案》（Alcohol and Drug Abuse Education Act）的拨款用于加强宣传、发展社区教育项目和培训教师。两年后，《毒品滥用办公室和救治法案》（Drug Abuse Office and Treatment Act）针对毒品滥用建立了一个专门的行动办公室，协调相关的计划和政策。依据这一法案，创立了国家毒品滥用防治咨询委员会，为社区救援提供资金，以支持精神健康中心治疗毒品滥用者。

1986 年的《无毒学校和社区法案》（Drug-Free Schools and Communities Act）为反毒品教育和预防毒品滥用提供财政支持。同年，《综合性毒品滥用防治法》（Omnibus Drug Abuse Prevention Act）批准了教师培训和儿童早期教育项目。根据 1990 年的《反毒品教育法案》和《抑制毒品滥用教育法案》，学校和法律执行机构获得了额外财政支持。

在关注毒品滥用的同时，学校和社会上发生的青年暴力事件不断增多，由此促使联邦在这方面立法。1994 年的《安全和无毒学校社区法案》（Safe and Drug-Free Schools and Communities Act）和 2001 年的《初等和中等教育法案》批准提供财政资金支持项目，让家长参与并利用社区资源阻止暴力，阻止非法使用酒精、毒品和烟草。学校安全是 1993 年《无枪火学校法案》（Gun-Free Schools Act）关注的焦点。这一立法要求接受《初等和中等教育法案》财政资金的州和学区逐步制定相关政策，对在学校建筑、校园中持有枪械的学生开除一年。并且当地负责人有权在个案的基础上修改这一规定。

2001 年修订后的《初等和中等教育法案》允许学生转入安全的公立学校，如果学生是犯罪的受害者，或者学生就读的公立学校被州认为是不安全的。法案还授权教师和校长可以采取合理的行动措施，对制造混乱的学生进行惩罚，而不用担心受到无聊的起诉。 *259*

环境和空气质量

已经提出的多项联邦动议，关注环境和空气质量对孩子的影响。1970 年和 1990 年的《环境教育法案》（The Environmental Education Act）为教师培训和社区教育提供资金，发布生态信息，创建了联邦环境教育办公室。

1980 年的《石棉危险防护和控制法案》（Asbestos School Hazard Protection and Control Act）命令检查这种物质的含量，并制订计划予以清除。根据这一法案，联邦提供贷款帮助学区清除这种危险物质。空气质量也是《孩子优先法案》（The Pro-Children Act of 1994）关注的问题。这一联邦立法禁止在儿童保育设施、初等和中等学校以及为儿童服务的图书馆中抽烟。

因此，在改善学生营养方面，联邦的早期角色演化成了对健康和安全的社会关注。类似地，政府机构监督教育的范围从最小的信息搜集演化成内阁级别的办公室，发起了研究和发展活动。

推进教育研究和发展

在促进、资助、传播教育研究和发展的成果中，联邦政府起着重要作用。学校系统、州和联邦机构、大学和独立研究机构的研究人员，通过竞争获得研究资助。政府资助的研究，加深了我们对当前一系列改革和创新的理解，包括对教学和学习、治理和决策、学校组织和领导、财政和项目的公平、技术的使用及各种评估等的改革和创新。最初，美国教育部的职能非常有限，主要是搜集和发布信息，公布教育的状况和发展情况。1867 年设立教育部，一年后，教育部变成了内务部的一个办公室。1953 年，教育办公室被并入健康、教育和社会福利部。随着《国防教育法案》的颁布实施和国家科学基金的建立，联邦在教育研究和发展中的利益，特别是与科学和数学有关的利益，在 20 世纪 50 年代后期增加了。

1965 年，《初等和中等教育法案》第四条授权教育办公室发起资助建立区域实验室、挂靠大学的研究和发展中心、教育资源和信息交换中心（ERIC），并设立了教育研究研究生训练项目。在 20 世纪 60 年代和 70 年代，还有其他项目资助职业教育中的应用研究和示范、特殊教育、双语教育和图书馆服务。为各种项目，包括"从头开始"和"坚持到底"项目、实验学校项目、私立学校参加教学的绩效合同和鼓励在各种学校之间择校，设计了各种现场试验，包括计划变化的评估。1972 年，建立了国家教育协会（the National Institute of Education，NIE），联邦研究活动由这一独立的研究机构承担。国家教育统计中心自 1974 年建立以来，负责协调信息的搜集和发布。

目前的教育部创立于 1979 年，其他部和机构的项目合并到教育部管理，使教育问题更加引人注目。教育研究发展办公室（Office of Educational Research and Improvement，OERI）替代国家教育协会，负责协调和鼓励教育的研究和发展。1994 年，《教育研究、发展、宣传和革新法案》建立了"国家教育研究政策和优先权委员会"。"教育研究发展办公室的改革支持和宣传办公室"（Office of Reform Assistance and Dissemination）为发展和示范项目提供技术和财政支持，并且协调 10 个区域性教育实验室的活动。教育研究发展办公室监管 5 个全国性的研究机构，这些机构促进以下一些领域的研究、发展、宣传和评估：学生成就、课程与评估、落后学生的教育、教育管理、财政支持、政策制定和管理、儿童早期的教育和发展、高中后的教育、全民读书和终身教育。同时存在一个由 15 个综合性的地区支持中心组成的网络来协调这个部门的地区办公室、地区教育实验室、州立文化和职业资源中心的活动。全国推广网络（NDN）实施当地的教育扩展、咨询、培训和宣传项目，并帮助各地区执行这些可仿效的实践活动。

2001 年的《不让一个孩子掉队法案》的条款，要求探索有效的指导策略，以帮助所有儿童达到州的课程内容要求和成绩标准。关于"第一条"对学术成绩的影响，各个州要对所有学生达到熟练水平目标的实现情况进行评估；根据州评估的情况，还将会有一个全国性的、纵向的评估。这项法案同时要求批准设立"教育发展基金"。这一议案通过研究、发展和评估下列领域和措施来促进教育改革，这些领域和措施包括学生学术成果、家长和社区的参与、对公立学校的选择、校本决策、模范学校的树立，此外还包括对学校的财政奖励——在评估中，一些学生的成绩远低于熟练水平，对缩小这些学生学术差距的学校进行财政奖励。

总之，这六个主题抓住了政府在公共教育中的主要难题。这些项目表明了国会和执行机构在特定方面影响公共教育的意愿。那些得到教育学家极大关注的项目，以及那些遭到反对联邦干预的批评家们激烈反对的项目，通常是得到最多资金的项目。

联邦教育资金

在 2000 财年，美国政府在各级教育上花费了 910 亿美元（National Center for Education Statistics，2000，p. 6），其中接近一半（440 亿美元）的资金提供给了初等和中等教育项目，大约占初等和中等教育所有教育经费的 7%。另外，有 200 亿美元联邦政府资金用于支持高中后教育，还有一部分资金投资于研究，约 210 亿美元。剩下的60亿美元提供给其他不同类型的教育项目。

联邦教育资金在初等和中等教育中所占的比例，比州和地方政府小得多。表2—1给出了联邦、州、地方政府提供的财政收入比例。联邦政府所占比例从20世纪30年代以前的不到1％增加到1950年的3％。那时，联邦政府为学校免费午餐项目、职业教育、印第安人教育和受联邦影响地区的教育提供支持。到1970年，联邦资金所占比例增加到对学校所拨资金的8％，尤其是财政支持被提供给更大范围的增加教育机会的项目。1980年，联邦资金占所有教育收入的9.8％。经过10年的项目扩展，包括残疾儿童教育项目的大量增加，联邦经费所占的比例达到顶点。到1990年，随着州和地方经费的增加，联邦经费占初等和中等教育总经费的份额下降到6.1％。在1993—1994年间，联邦经费占初等和中等教育总经费的份额达到7.2％。但是，这一比例在1999—2000年间下降到6.9％（见表7—1）。

联邦经费占初等和中等教育总经费的百分比，在各个州和各个学区有很大不同。在1999—2000年，有8个州接受的联邦经费占本州初等和中等教育总经费的比例超过10％，其中最高的是密西西比州，达到14％。接受联邦经费占本州初等和中等教育总经费比例低于5％的州有9个，其中一个低于3.2％，这个州就是新泽西州。1980—1990年间，联邦拨款下降（进行通货膨胀调整后，平均下降14％），各个州都不同程度地受到影响，4/5的州都下降了两位数（Verstegen，1994，p.109）。其中，亚利桑那、密歇根、北卡罗来纳州的下降超过40％。与此同时，科罗拉多、纽约、佛蒙特州联邦资助的增加超过了40％。

表9—1给出了20世纪后半期联邦政府为初等和中等教育项目分配的经费。表中展现的趋势揭示了联邦教育方针的优先次序。除了1985年以外，学校午餐和牛奶项目占了联邦提供给学校的大部分经费。在1965—2000年，这一经费从6.23亿美元增加到约100亿美元（没有根据通货膨胀进行调整）。1985年，对贫困学生的资助超过了为学生食品提供的资金。

表9—1　　　　部分教育项目的联邦拨款（1965—2000财年）　　（单位：百万美元）

项目	1965年	1975年	1985年	1990年	1995年	2000年[a]
学校午餐和牛奶[b]	623	1 884	4 135	5 529	8 201	9 856
贫困学生	—	1 874	4 207	4 494	6 808	8 379
特殊教育	14	151	1 018	1 617	3 177	5 432
"从头开始"项目	96	404	1 075	1 448	3 534	5 267
学校改进项目	72	700	526	1 189	1 398	2 663
职业和成人教育	132	655	658	1 307	1 482	1 547
教育改革，2000年目标	—	—	—	—	61	1 125
影响资金	350	619	647	816	808	1 034
土著美国人教育	108	163	203	218	436	512
双语教育	—	93	158	189	225	496

说明：表中数字没有根据通货膨胀进行调整。

[a] 估计值；

[b] 包括农业部为学校食品服务提供的其他补助资金。

资料来源：National Center for Education Statistics（2000）．*Federal Support for Education：Fiscal Year 1980 to 2000*．Washington，DC：U. S. Government Printing Office，Table D。

1965 年对残疾孩子教育资助的数量为 0.14 亿美元。1985 年，在 1975 年公法 94～142 条款的推动下，这一数字增加到 10 亿美元。特殊教育资金在 2000 年达到 54 亿美元。直到 1985 年，"从头开始"学前教育项目的资金才超过特殊教育的资金。这一资金从 1965 年的 0.96 亿美元，增加到 2000 年的 53 亿美元。学校改进项目投入的资金从 1965 年的 0.72 亿美元，增加到 2000 年的 27 亿美元。2000 年，联邦政府为《2000 年的目标：教育美国法案》项目提供 10 亿美元的资金，鼓励州和地方围绕国家目标设立项目。

从 19 世纪中期开始，资助职业技术教育一直是联邦政府的重要活动。但是，在 1965—2000 年间，联邦政府的相对重要性在教育财政中下降了，对职业技术教育的资助都转向了社区学院。对受联邦影响学区的拨款也有类似的趋势。1965 年，这一拨款是仅次于午餐项目的第二拨款项目。同其他项目资金相比，这一"影响拨款"的资金增长缓慢，从 1965 年 3.5 亿美元增加到 2000 年的 10 亿美元。双语教育项目资金从 1975 年的 0.93 亿美元，增加到 2000 年的 4.96 亿美元。

资金分配的变化趋势反映了政府在支持初等和中等教育上国家利益的变化。午餐项目资金以及相关农业产业资金一直处于高水平。同 20 世纪 60 年代中期以后教育机会均等化项目的资金相比，20 世纪 60 年代以前的与国防有关的影响拨款和职业技术教育项目拨款的相对水平发生了变化，这是国家其他利益变化的证据。有各种各样的教育项目，包括贫困学生、特殊教育、移民和移居教育、"从头开始"、土著美国人教育以及双语教育等项目。在这数不胜数的项目中，对于教育公平的关注是最为引人注目的。如表 9—1 所示，学校改革项目资金的相对水平原来比较低，近年来有所增长。影响学校课程正在成为国会拨付教育改革资金的方向，这是很明显的，并且要求州每年都要进行一次学生成绩评估。提高对所有学生达到高的学术标准的期望值，这仍然是国家优先考虑的事情。

确立联邦在教育中的合理角色

服务于公立学校和学生的主要联邦项目符合国家利益，前面已经介绍了其中的六类。联邦政府通过这些项目来影响地方和州举办教育的努力程度，增进一般的社会福利，但是，联邦政府的影响范围受到了质疑。根据联邦宪法第十修正案，教育属于州或者人民自己决定的领域，在过去半个世纪的大部分时间里，联邦政府对教育的参与被视为是对这些领域的非法侵入。根据联邦宪法第四修正案，在保护少数民族群体的受教育权利和确保得到公平对待问题上，联邦法院和国会有合法的作用。但是，根据宪法，联邦政府在鼓励州确立教育标准、提升课程质量中的作用更是脆弱。前面我们介绍了对于联邦控制教育的合适程度以及联邦资金来源的关注。我们这里讨论的是联邦政府影响教育目标和教育项目的合理角色，根据这一内容，我们再次提出联邦控制教育的合适程度的问题。

怀斯（1979）分析了 20 世纪 60 年代和 70 年代联邦政府对教育参与的扩大。他把地方控制、组织自治和课堂活动中更大的集权化概括为"法律规定的学习"（legislated learning），并且引入了超理性化的概念（hyperrationalization）。

随着其他和更高级政府努力寻求促进教育公平、提高教育组织的生产率，重要教育决策的制定越来越集权化。由于被要求与政策的方向相一致，地方官员的自主决策权受到了限制。这一过程充满了官僚主义行为，并没有达到预期目标，我将它所导致的结果称为学校的超理性化。（pp. 47—48）

超理性化出现在学校投入和产出的过多规定中，也出现在教育项目的推广实施中，我们把教育项目作为解决社会所面临问题的方法。政策制定者和教育工作者预言，新的教育政策和教育项目在实现公平目标方面是更有效率的，他们坚信这一点：“先前的教育体制被假定为没有知识，或者没有意愿，或者没有所需资金教学生，有了联邦资金后，教育体制就发现了知识、获得了意愿，或者获得了所需资金去解决这一问题”（Wise, 1979, p. 68）。

其他人坚信，教育政策越来越多的集权化控制，没有明显导致无效率的结果。在 20 世纪 80 年代早期，他们要求解除管制约束，督促实行综合性拨款。卓越教育国家委员会的报告——《国家处于危难之中》，根据国家的经济竞争力提出了高于一切的教育质量问题。在提升公共教育质量问题上，与国家教育目标相呼应，国家领导人和国会对州提出了挑战。国会颁布了《2000 年的目标：教育美国法案》，督促各州通过自愿改革教学内容和提升绩效标准来进行教育改革。教育成为国家优先考虑的事情，成为总统政治注意力的焦点。

詹宁斯（Jennings, 1998）比较了两个主要政党在最近选举中发表的施政纲领。两个政党都重视教育对民族的重要性，但是，它们所倡导的教育改革策略不同。共和党要求废止“2000 年的目标”这一法案，要求把专项项目与综合项目相结合，给予州足够的灵活性；要求设立教育券项目，使私立学校能够教育低收入家庭学生；增加教师和学生的问责制；限制或者取消教育部的权力。这些策略将有效地改变联邦在确立教育目标和标准、设计课程方案和评估方案中的作用。这势必降低联邦作用，而扩大州、地方和家长对学校的控制。根据这种联邦主义的观点，联邦政府合适的角色是促进与协调州和学校的努力，而不是去设计项目并密切监督项目的实施。

与之相反，詹宁斯描述了民主党的方案，这些方案包括：增加联邦对公共教育项目的财政拨款；通过联邦行动，增加所有学生的受教育机会；在公立学校范围内增加家庭的选择；提高绩效期望；强调教师的专业化发展。通过这些途径，为教育项目提供财政资金，确保使所有学生都达到高标准；这些途径要求联邦承担更多的责任，发挥更大的作用。这种相反的联邦主义观点，赞成政府在公共教育中担当更重要的角色。持联邦更多参与公共教育观点的人，担心减少拨款、放松管制将会抑制很多学校和学区实现紧迫目标的主动性和能力。政治上没有权利的群体，包括越来越多的贫困家庭的孩子，将再一次被剥夺获得充分的、合适的教育的机会。许多州层级的政策制定者喜欢综合性拨款的灵活性。那些来自大城市学区的政策制定者表达了他们的忧虑：教育和社会项目将要遭受损失，因为更少的资金被稀疏地分散到项目中，用以补充州政府在其他领域中拨款的减少。

2000 年当选后不久，乔治·布什总统就敦促改革联邦教育项目。此后，布什总统签署了《不让一个孩子掉队法案》，重新确认了《初等和中等教育法案》。这些法案提出了几个关键策略：问责制和测验，灵活性和地方控制联邦资金的使用，扩大在低绩效学校就学孩子的父母的选择权。接受“第一条”项目资金的州，每年不得不对 3～8 年级所有的学生进行州选定的阅读和数学评估检测。除此以外，一个从 4 年级、8 年级学生中抽取的代表性样本要参加教育进步评估国家委员会（Na-

264

tional Assessment of Education Progress)的数学和阅读测验。这些扩大的评估要求极大地增加了联邦对州教育政策的影响。继续接受联邦项目资金、以教育经济上处于不利地位的学生的州，不得不改变它们的各项教育政策，包括标准、评估和问责制等政策，这些政策影响**所有**的学生。但是，里德（Riddle，2001）注意到，这些测验要求是在增加州和地方使用联邦资金灵活性的情况下，施加给各州的："在这种策略下，联邦资金使用的问责制标准更多的是建立在学生的绩效成果上，责任的追究不是基于目前的项目程序和资金使用是否与事先规定的项目程序和资源运用目标一致。"

在未来，美国联邦政府在教育中的角色将继续反映两种联邦主义的斗争。当本书就要付印之时，国家对恐怖主义发动了一场战争。公民期望联邦加强机场安全和国土安全，尽管这可能导致经济上的赤字和更大的权力集中。对联邦的更多参与和对联邦支出扩大的容忍是否能转承到教育项目上，这并不确定。在本章的前面我们已经指出，其他国际冲突和经济危机已经扩大了联邦对职业技术教育的支持。目前，提高所有学生学术标准的动议，可能会扩展到职业技术教育的标准。

在21世纪的早期，无论强调国家经济和国防安全会演化出什么样的政策，我们可以预期，总统和国会将继续担负领导责任，提供财政资金，帮助州、地方和学生公平且有效率的达到高的标准。

总　结

联邦政府把政府转移支付资金用于帮助提供教育，以实现更广泛的社会目标。尽管教育是州的责任，但总统可以通过"天字第一号讲坛"（白宫）影响教育，国会可以援引一般福利条款，通过与立法机构关于国家利益观点保持一致的方式去影响教育项目的优先次序。六个主题体现了联邦教育立法的历史，显示了联邦参与和资助教育的原则：增强国力和提高经济实力；提高国防力量、改善国际关系；增加教育机会；促进教育改革和提升改善教育的能力；改善学生的营养、安全和健康；推进教育研究和发展。

很显然，联邦政府通过对特定项目专项拨款实现目标的偏好，是在支持职业技术教育项目中形成的。但是，直到1965年国会通过《初等和中等教育法案》，联邦层级的拨款才显著地影响教育。这个法案和其他的专项拨款项目影响教育的优先次序，形成了一个新的"地方—州—联邦"合作伙伴关系。20世纪80年代导致了联邦参与的减少、解除管制和分权化。一个有限的综合拨款项目合并了先前的许多专项拨款项目。

在国家领导人的鼓励下，20世纪90年代，国会在教育中开始扮演一个更为积极的联邦角色。《2000年的目标：教育美国法案》把这8个"国家教育目标"法律化，《改善美国学校法案》为教育指明了改革方向、提供了所需资金，使参与的各州能够设计面向所有学生的学术内容和成绩标准。2001年的《不让一个孩子掉队法案》重新认可了《初等和中等教育法案》，重要途径包括：通过要求州的评估而促进问责制；增加学区在使用联邦资金时确立优先次序的灵活性；通过父母的选择，增加对低绩效学校学生的补充教育服务。

美国联邦制度下的教育管理结构把控制权主要放在了州层面。只有当国家利益和联邦主义的主流观点支持拨款时，联邦政府才会在高等教育领域施加更多的影响。在各级政府之间保持适当平衡，是政府间转移支付持续面临的一个两难选择：在多大程度上州和联邦政府可以在不妨害地方控制利益的前提下干预学校的政策和实践？

本章总结了我们对州和联邦向教育拨款的研究。本书接下来的部分将探讨法院和政策分析者根据公平和效率标准对这些理财结构进行评价的方式。

注　释

[1] 术语"条"（title）是指一个特定法律的一部分。因此，联邦法律有很多部分可以被称为"第一条"、"第二条"……我们提醒读者注意，我们说法律的"某一条"时，都是针对特定法律而言的。我们必须明白指的是哪个法律的部分。例如，这一段中，我们说第六条、第七条都是指《民事权利法案》的第六条、第七条。

思考与活动

1. 彻底调查一下本章所列的某一联邦资助项目。找到美国法典里的法令条款和联邦条例法典里的执行条例（二者都可以在 www.findlaw.com 找到）。拜访州和/或者教育系统的项目协调人，以对灵活性问题进行讨论。为了改进这一联邦项目，你建议对其进行哪些修改？

2. 下面是对联邦在为教育融资中的作用所作的修改，辩论其优劣：（1）增加教育收入从国家税收收入中获取的比例（例如，教育收入的 1/5 或者 1/3 从国家税收获取），以减轻地方和州的税负；（2）对现在的联邦拨款进行重新分配，以使州和地方的财政能力相均衡；（3）给予州或者学校使用联邦财政拨款的完全控制权。

3. 本章已确认的六个一般主题，哪个或哪些可以成为联邦在即将到来的 10 年里对教育财政政策干预的主要理由？

4. 拜访负责监管联邦项目的地区或学校的相应负责人员。他们认为政府在帮助州和学校达到高学术标准、确保教育机会公平和提高效率方面应该发挥怎样的作用？

参考文献

American Vocational Association,（1998）. *The official guide to the Perkins Act of 1998*. Alexandria, VA: Author.（ERIC ED 435 807）.

Anthony, P. G.（1994, Fall）. The federal role in special education. *Educational Considerations*, 22, 30—35.

Board of Education of Hendrick Hudson School District v. Rowley. 458 U. S. 176（1982）.

Brown v. Board of Education, 347 U. S. 483（1954）.

Carter, L.（1984）. The sustaining effects study of compensatory and elementary education. *Educational Researcher*, 13, 4—13.

Cedar Rapids Community School District v. *Garret F.*, 526 U. S. 66 (1999).

Center for Special Education Finance. (Fall, 1994). IDEA reauthorization: Federal funding issues. The CSEF Resource, *2*. Palo Alto, CA: Author.

Chaikind, S. (2001). Expanding value added in serving children with disabilities. In S. Chaikind & W. J. Fowler (Eds.), *Education finance in the new millennium.* AEFA 2001 Yearbook (pp. 67 — 79). Larchmont, NY: Eye on Education.

Chambers, J., Lieberman, J., Parrish, T., Kaleba, D., Van Campen, J., & Stullich, S. (2000). *Study of education resources and federal funding: Final report.* Washington, DC: U. S. Department of Education, Planning and Evaluation Service.

Council for Exceptional Children, (1999). *Federal outlook for exceptional children: Fiscal year 2000.* Reston, VA: Author. (ERIC ED 435 151).

Elazar, D. J. (1972). *American federalism: A view from the states.* (2nd ed.). New York: Crowell.

Final fiscal 2001 and fiscal 2002 appropriations. (2002, January 30). *Education Week*, *21*, 26—27.

Florence County School District v. *Carter*, *510* U. S. 7 (1993).

Greer v. Rome City School District, 950 F. 2d 688 (11 th Cir. 1991).

Irving Independent School District v. *Tatro*, 468 U. S. 883, 1984.

Jennings, J. F. (1998). *Why national standards and tests? Politics and the quest for better schools.* Thousand Oaks, CA: Sage.

Kaestle, C. F., & Smith, M. S. (1982, November). The federal role in elementary and secondary education, 1940 — 1980. *Harvard Educational Review*, 52, 384—408.

Kauffman, J. M., Lloyd, J. W., Baker, J., & Riedel, T. M. (1995, March). Inclusion of all students with emotional or behavioral disorders? Let's think again. *Phi Delta Kappan*, 76, 542—546.

Koretz, D., & Hamilton, L. (2000, Fall). Assessment of students with disabilities in Kentucky: Inclusion, student performance, and vitality. *Educational Evaluation and Policy Analysis*, 22, 255—272.

Lau v. *Nichols*, 414 U. S. 563 (1974).

Levin, H. M. (1982, November). Federal grants and educational equity. *Harvard Educational Review*, *52*, 444—459.

Magers, D. A. (1977, Summer). Two tests of equity under impact aid Public Law 81—874. *Journal of Education Finance*, 3, 124—128.

Millsap, M., Turnbull, B., Moss, M., Brigham, N, Gamse, B., & Marks, E. (1992). *The Chapter 1 implementation study: Interim report.* Washington, DC: Office of Policy and Planning, U. S. Department of Education.

Mills v. *Board of Education*, 348 F. Supp. 866 (D. D. C, 1972).

Milstein, M. M. (1976). *Impact and response: Federal aid and state education agencies.* New York: Teachers College Press.

Moore, M. T. (2001). Prospects for Title I in the early 21st century: Are major changes in store? In S. Chaikind & W. Fowler (Eds.), *Education finance in the new millennium* (pp. 53 — 66). Larchmont, NY: Eye on Education.

Mort, P. R., & Reusser, W. C. (1941).

Public school finance: Its background, structure, and operation. New York: McGraw-Hill.

National Assessment of Educational Progress. (1981). Has Title I improved education for disadvantaged students? Evidence from three national assessments of reading. Denver, CO: Education Commission of the States (ERIC ED 201 995).

National Association of State Boards of Education. (1992). Winners all: A call for inclusive schools. Alexandria, VA: Author.

National Center for Education Statistics (NCES). (2001). Digest of Education Statistics: 2000. NCES 2001—034. http://nces.gov/pubs2001/2001034.pdf (accessed May 2001).

National Center for Education Statistics (NCES). (2000). Federal Support for education: Fiscal years 1980 to 2000. Washington, DC: U. S. Government Printing Office.

National Commission on Excellence in Education. (1983). A nation at risk: The imperative for educational reform. Washington, DC: U. S. Government Printing Office.

Parrish, T. B., & Verstegen, D. A. (1994, Fall). The current federal role in special education funding. Educational Considerations, 22, 36—39.

Parrish, T. B., & Wolman, J. (1999). Trends and new developments in special education funding: What the states report. In T. B. Parrish, J. G. Chambers, & C. M. Guarino (Eds.), Funding special education. Thousand Oaks, CA: Corwin.

Puma, M. J., Karweit, N., Price, C., Ricciuti, A., Thompson, W., & Va-

den-Kiernan, M. (1997). Prospects: Final report on student outcomes. Cambridge, MA: Abt Associates.

Riddle, W. C. (2001). Educational testing: Bush administration proposals and congressional response. Washington, DC: Congressional Research Service.

Sack, J. L. (2001, October 10). Lawmakers, Paige debate reform, funding as IDEA overhaul looms. Education Week, 21, 27.

Sage, D. D., & Burrello, L. C. (1994). Leadership in educational reform: An administrator's guide to changes in special education. Baltimore, MD: Brookes.

Schorr, L. B., & Schorr, D. (1988). Within our reach: Breaking the cycle of disadvantage. New York: Doubleday.

Sherman, J. D. (1992, Summer). Special issue: Review of school finance equalization under Section 5 (d)(2) of P. L. 81—874, the impact aid program. Journal of Education Finance, 18, 1—17.

Skrtic, T. M. (1991). The special education paradox: Equity as the way to excellence. Harvard Educational Review, 61, 148—205.

Stickney, B. D., & Plunkett, V. (1983). Closing the gap: A historical perspective on the effectiveness of compensatory education. Phi Delta Kappan, 65, 287—290.

Stonehill, R. M., & Anderson, J. I. (1982). An evaluation of ESEA Title I-Program operation and educational effects: A report to Congress. Washington, DC: U. S. Department of Education.

Timothy W. v. Rochester, New Hampshire, School District, 875 F. 2d 954 (lst Cir. 1989).

Timpane, M. P. (1982, November). Federal progress in educational research. Harvard Educational Review, 52, 540—548.

U. S. Department of Education. (1999). *Promising results, continuing challenges: The final report of the national assessment of Title I*. Washington, DC: Office of the Undersecretary, Planning and Evaluation Service.

U. S. Department of Education. (2001). *School improvement report: Executive order on actions for turning around low-performing schools. Washington*, DC: Author (www. ed. gov/offices/OUS/PES/lpschools. pdf).

U. S. General Accounting Office. (1994). *Education finance: Extent of federal funding in state education agencies.* Washington, DC: Author.

Verstegen, D. A. (1987, Spring). Two hundred years of federalism: A perspective on national fiscal policy in education. *Journal of Education Finance*, 12, 516—548.

Verstegen, D. A. (1990, Winter). Education fiscal policy in the Reagan administration. *Education Evaluation and Policy Analysis*, 12, 355—373.

Verstegen, D. A. (1992). Economic and demographic dimensions of national education policy. In J. G. Ward & P. Anthony (Eds.), *Who pays for student diversity? Population changes and educational policy* (pp. 71 — 96). Newbury Park, CA: Corwin.

Verstegen, D. A. (1994, Summer). Efficiency and equity in the provision and reform of American schooling. *Journal of Education Finance*, 20, 107—131.

Verstegen, D. A. (1995). *Consolidated special education funding and services: A federal perspective.* Palo Alto, CA: Center for Special Education Finance.

Verstegen, D. A. (2000, Fall). Finance provisions under the Individuals with Disabilities Education Act 1997 amendments. *Educational Considerations*, 28, 32—38.

Wayson, W. (1975, November). ESEA: Decennial views of the revolution. Part II. The negative side. *Phi Delta Kappan*, 57, 151—156.

Wise, A. E. (1979). *Legislated learning: The bureaucratization of the American classroom.* Berkeley, CA: University of California Press.

Wong, K. K. , & Meyer, S. J. (1998, Summer) Title I schoolwide programs: A synthesis of findings from recent evaluation. *Educational Evaluation and Policy Analysis*, 20, 115—136.

第四篇

对实现高标准公共教育财政政策的再思考

在第四篇，我们站在法学家（第 10 章）以及政策分析者（第 11 章以及第 12
章）的角度评价教育政策。这部分是以第 1 章所介绍和定义的自由、博爱、平等、
效率和经济增长的元价值理论为基础来进行评价的。

在宪法和法律授权范围内，法院是社会创建的用来评价社会政策的正式机构。
第 10 章分析了法院对美国教育财政政策的评价。在美国，教育财政首先关注的是
公平，近来关注充分性，但是关注的价值不是唯一的、排他的。第 11 章分析了来
自政策制定者和政策分析者视角的一些紧密相连的相关概念，这些政策制定者和政
策分析者不会受到司法审查中的授权范围和程序的限制。然而，关于这些政策研究
的发现，却成为司法过程中运用的证据。

司法审查和政策评估研究都显示：许多学校在指导学生实现社会既定目标上都
是无效的，在主要为落后学生提供教育服务的学校，这一问题表现得更加突出。但
是，当学校没有做好自己的本职工作时，并不只是学生受到这种无效所带来的伤
害，公民也同样没有得到通过纳税方式投资所应得的合理回报，整个社会福利都会
受到损害。

效率与公平和充分性存在很大差异。我们在第 10 章和 11 章得出结论：教育不
可能无效率地实现公平。在第 12 章，我们将注意力转移到对经济学范式的研究，
试图通过研究寻求已经投入到教育领域的公共资源的更有效率的运用方式。

我们发现，作为一个国家，美国的生均投入要高于其他发达国家，特别是它的
主要经济对手。然而大多数国家是由国家这一级政府来对教育系统拨款和管理的，
资源是按教育人口平均分配的，这比美国这样一个拥有 50 个州和成千上万个学区
的国家的教育资源分配要平均得多。大量事实表明，对学区和学校资源的内部分配
存在严重缺陷。随着时间的推移，资源分配中的横向公平有所改善，但现在我们又
开始面临纵向公平问题。早期的对纵向公平的指责批评表明，我们低估了通过资源
分配消除不同种族及社会经济群体之间差距的必要性。因此，我们就在国家筹集的
用于发展教育的总资源的内部分配中遇到了问题。

同时，我们也存在一个效率问题。现有的证据不能给我们足够多的信心去认

定，给主要为落后学生提供教育的学校和地区的额外资源将被用于提高学生的成绩。关于公立学校以及学区资源利用的研究都表明，很多（甚至大多数）公立学校和学区并没有很好地利用它们的资源以实现利益最大化。如果教育产出可以有所改进，这些改进将不仅依赖于对落后人群教育的额外资源投入，还依赖于学校及学区内部效率的显著提高。

公共教育财政政策的司法审查

议题和问题

- **公平且有效率地达到高的标准**：司法判决以何种方式影响教育财政结构， *271*
以促使所有学生实现期望的公平和效率目标？
- **法院的作用**：法院在解决公共教育财政政策问题中的作用是什么？法院与
立法机关的作用有何不同？
- **司法审查的标准**：根据联邦和州立法机构的平等保护条款以及州立法机构
要求提供公共教育的教育条款，我们的司法审查标准是什么？
- **应用标准**：在宪法条款的框架范围内，联邦和州法院审查教育系统的资金
分配情况并作出司法判决，这种判决的后果是什么？
- **未来诉讼和政策发展**：在评估公共教育财政政策中扩大法律的作用，我们
可能会得到什么启示？

美国联邦宪法以及 50 个州各自的宪法为政府立法部门的政策制定提供了法律 *272*
依据。也就是说，州立法机关颁布实施的公共教育财政政策必须与宪法条款所提倡
的公平、效率、充分性原则相一致。而司法机关的工作就是审查这些政策及州资金
分配结果是否符合联邦或州宪法的规定。

自 1968 年以来，几乎所有州的公共教育财政体系都面临着挑战。起诉人对财
政政策进行了检验，认为拨款公式对资金的分配并不能使贫困地区的学生获得与富
裕地区的学生相同的教育机会。资源投入和学生学业成绩的不平等，不符合宪法所
要求的平等、充分、效率原则。因此，各州在促进地方控制的公共教育目标的基础
上，避免资源投入的地区不均等。起诉人认为，州的作用就是确保所有社区的资源
分配达到一个基本水平，同时由地方投票者决定补充供给水平。这一观点与自由价
值理论是一致的，所谓自由价值是指当教育委员会和投票者可以自由确定教育需求
和相应支出水平时，资源配置将会达到一个满意的水平。

本章首先比较法院形成判决的性质与立法机关政策制定角色的不同，进而讨论
由法院判决演化而来的公平、充分、效率的标准[1]；最后，在要求取得更好成绩的
背景条件下，根据宪法规定与法院判决，我们提出了未来政策改革的四点建议。

司法与立法机构在政策制定中的作用

在公共教育财政政策形成过程中，政府的司法与立法部门履行不同的职能。前

面章节讨论的州和联邦救助计划是立法过程的结果，司法机构则审查这些财政政策是否符合联邦和州宪法所表达的社会期望。法院的外部审查是对立法活动的审查。更进一步说，司法解释会鼓舞（甚至推动）立法机关改变教育财政政策。但是，法院不是司法审查的发起人。相反，它们是对受政策影响的公民提出的冲突和问题作出反应（如向一系列政府政策提出挑战的原告或者起诉方）。

从对澄清影响教育机会的国家政策是否与美国宪法第十四修正案相一致的判决中，可以知道司法机关的作用。这一修正案通过"对于在其管辖下的任何人，亦不得拒绝给予平等法律保护"的规定，部分地限制了各州的行动。在具有划时代意义的布朗诉教育委员会案（*Brown v. Board of Education*，1954）的审判中，美国最高法院运用了这一平等保护条款："根据平等保护条款，州所提供的这样一个（受教育的）机会，是所有的公民都应该得到的权利"，最后，法院认为，必须不分种族地提供符合公平标准的教育机会。

不同于上述最高法院关于种族问题的司法解释，联邦法院认为，不公平问题源于财政体制，需要通过州立法机构和法院来解决。尽管许多州的司法判决支持原告，尽管所有州都有进行财政政策改革以增加贫困地区的教育机会，但是，州立法机关却迟迟未作出回应。立法程序的"谈判、交易和妥协"（Fuhrman，1978，p.160）的特性，阻碍了财政体制的自愿改革。因为紧急政策必须经过一致同意程序才能形成，平衡税基和收入的改革行动不得不放缓脚步。

立法政策主要关注投票者的偏好、学区利益以及如何达成一致意见。社会和政治方面的考虑影响投票者的看法，而投票者的观点又反过来形成立法行动。

> 当给予选择机会时，大多数人不会选择加税，没有家长愿意为了给其他学校投资而减少对自己孩子所在学校的投资。当然，立法者必须对于选民的利益作出回应，当今社会结构与历史上财政自由的价值观以及地方控制教育交织在一起。（Sweetland，2000，p.98）

立法者代表那些直接受财政改革影响的社区的利益。与通过在州内以资源均等改善教育相比，立法者更关注他们所代表的教育系统的利益。由于通过财政改革实现的收入再分配影响到所有地区，因此，通过改革保证大多数利益的本质，是为了获得必要的投票。为了对可能改变货币支出水平的政策达成一致意见，通常会牺牲公平目标。在讨价还价和妥协的过程中，主要考虑的是对政策改变所带来的各区得与失的估计。另外，在立法者面前，公共教育财政问题并不是独立于其他事情而存在的，如改善高速公路和监狱。一般情况下，对某一财政提议的投票取决于立法者所代表的主要政策立场，而不仅仅依赖于均衡教育机会的优势（Brown & Elmore，1982）。

与立法者所关心的投票者偏好、地区利益和竞争需要相比，司法审查主要关注宪法原则。法院更倾向于考虑公共教育财政政策下学生教育机会的不平等。例如，继布朗案后，法院裁定让所有的学生都参加同一项目（也就是资源的绝对公平），剥夺了残疾儿童（*Mills v. Board of Education*，1972）和英语水平很低的孩子平等的受教育机会（*Lau v. Nichols*，1974）。

这些判决体现了**平等**原则。平等意味着所有儿童都有权参与与他们个人学习能力和需要相适应的教育项目。但平等教育机会不是指相同的生均教育经费或者相同的项目经费。在这一背景下，"平等"（也就是公平）需要为项目提供额外的人力和财力资源，满足合法的教育需求。

　　早期许多对教育财政体制的质疑主要源于不公平，这种不公平与地方财富的不均等相关联，州政府的政策不能为最贫困地区的教育项目提供资助，以达到充分性的要求。随着充分性标准的发展演变，法院提出了如果没有充足的资源，通过绝对有效的服务供给是否能实现上述的公平目标的问题。近期的判决同样也在审查州是否拥有足够资源使所有学生达到州所制定的成绩标准。

　　法院的作用是用宪法原则解释先前颁布的政策，同时，司法的作用在于通过立法机关为未来政策改革设定议程。 *274*

财政政策评价标准的演变

　　当人们认为政府政策和政府采取的行动不能满足公平原则时，个人或群体可能会寻求司法救济。公共教育财政诉讼案件的原告们认为，教育经费的差异是由财政体制、资源供给不足造成的，是违反联邦或州宪法条款的。平等保护条款和州宪法所包含的教育条款表达了社会对立法机构政策改革的期望。这些条款同样也产生了公共教育财政政策司法审查的标准——平等、一致、效率和充分性。

　　20 世纪 60 年代末期，当原告第一次上诉时，因为法院缺乏评估因财产不同而造成的教育机会不平等的标准（Alexander，1982，p. 201），对教育政策的挑战失败了，联邦地区法院的判决维持了伊利诺伊州（*McInnis v. Shapiro*，1968）和弗吉尼亚州（*Burruss v. Wilkerson*，1969）的教育财政制度。由于缺乏"公开、可操作的标准"（McInnis，at 335），法院遵从州立法机构的意见，法院认为，由立法机构进行教育政策改革的讨论是合适的。例如，在 Burruss 案的审理中，法院讨论了教育需求，但法院认为，法院本身通过适当的纠正措施减轻不平等的能力是有限的。"法院没有这方面的知识、相应的手段和方法，也没有权力筹集、分配公共资金以满足全州内不同学生的不同需求"（at 574）。法院的作用仅仅是保证某一群体的教育费用与其他群体相比不能过度不公平。尽管这些判决对原告来说并没有成功，但是，法庭辩论促进了公平标准的产生，通过这一标准可以决定消除财政不公平和纠正教育需求差异的州资金的水平。

平等保护

　　与第十四修正案"不得拒绝给予任何人平等法律保护"的规定一样，州宪法以同样的方式保证政府项目平等对待每一个人。这也就是说，只有法律明确规定，而不是通过武断或非理性而进行分类时，不同的对待才能得到支持。当宣称对儿童或者纳税人的区别对待有悖于平等保护条款时，我们可以运用以下三个检验之一来判断分类的合理性：严格审查检验（strict-scrutiny test）、合理性基础检验（rational-basis test）、滑动标尺检验（sliding-scale test）（Underwood，1989）。

　　当某一政策仅仅因为一些人属于一个"嫌疑分类"（suspect classification）（如种族，国别）而对他们区别对待时，法院将运用严格的审查标准，终止这一违背平等保护条款的政策。当涉及由宪法保证的基本权利的挑战（如宗教、选举权）时，同样适用这一严格的检验。如果按照严格审查检验来审理，法院要判定一种分类或者剥夺某一宪法权利是合理的，必须证明这种分类或者宪法权利的剥夺是为了促进州或者联邦政府的更为重要的目标。本章稍后部分将介绍州法院把教育解释为一项基本权利的判决。法院也发现，对财产税的严重依赖导致了基于财富的"嫌疑分类"。在这种情况下，不同学区教育机会的质量严重依赖于学区财富。这一论点在判定加利福尼亚州财政计划违背州和联邦宪法的平等保护条款时，具有指导意义。

与早期的 McInnis 案和 Burruss 案运用的模糊的教育需求标准相比，在 1971 年的判决中，加利福尼亚最高法院运用了一个较狭义的、更容易测量的标准（财政投入均等）。Serrano 案（*Serrano v. Priest*，1971）判决中出现的问题引起了争论：以地区财富为基础的财政计划是否导致了不合理的区别对待。州法院审查发现，由于教育系统之间财产和税收负担的不同，造成教育支出的不平等。法院宣称，教育是一项基本权利，学区财富不同导致了"嫌疑分类"。因此，要维持不公平现状的一个强制前提是，必须给出不得不维持这种不平等的理由，法院将举证的责任归于州。由于州没有通过严格检验程序的审查，法院判决这种教育政策违反了州和联邦宪法平等保护条款。法院采用孔斯、克卢恩、休格曼（1970）三人提出了**财政中性**概念来指导立法修正。财政中性的含义是："公共教育的质量不是学区财富的函数，而是整个州财富的函数"（p.2）。同年，一个联邦地区法院运用这一原理，判决明尼苏达州的财政计划违背宪法第十四修正案的规定（*VanDusartz v. Hatfield*，1971）。

在审查可能违反平等保护条款的第二个检验（合理性基础检验）中，法院的态度较为克制，采取了较为宽松的标准。当既没有涉及"嫌疑分类"，也没有涉及宪法基本权利时，采用不是很严格的合理性基础检验，审查分类是否与法定目标有关。如果政府完成了这一举证责任，政策将得到支持。美国最高法院和其他许多州法院都采用这一检验（合理性基础检验）来判决对教育财政的挑战。法院认为，如果教育财政结构是为了促进和维持地方对教育的控制，那么，即使当这一财政体制允许学区间项目不同或存在财政不平等时，它仍然是符合宪法要求的。

合理性基础检验仅在美国最高法院全面审查教育财政争论时得到运用（*San Antonio v. Rodriguez*，1973）。在审查得克萨斯州教育财政政策时提出的原则，与 Serrano 案中的表述不同。首先，教育不是一项基本权益，因为联邦宪法并没有明确或者暗含有保证接受公共教育的权利。最高法院在先前禁止种族分离的判决中，承认教育是"州和地方政府最重要的职能"（*Brown*，1954）。然而，在最近关于得克萨斯州教育财政的审查中（法院的法官以 5 比 4 的比例通过），最高法院认为，教育的重要性还不能使其提升到与需要联邦进行保护的其他基本权利相同的水平。其次，"嫌疑分类"权利中所产生的危害，没有达到 Brown 案中种族隔离所造成的危害程度。因为穷人没有必要集中于一个低财富水平的地区，没有为特定的群体规定特定的公共教育利益。在教育不是一项基本权利，或者"嫌疑分类"没有明显不足的情况下，采用稍微宽松点的"合理性基础检验"是合适的。

最高法院认为，维护地方对教育的控制是州利益之所在，教育的财政资助方案与其存在合理联系。这一判决的主要结果是将财政改革运动的焦点从联邦法院转移到州法院。州立法机关和州法院是解决州法律和联邦宪法规定冲突的最合适的地方。

密西西比州因修建铁路占用土地造成了财产税收入损失，州财政对这一损失进行补偿。有人主张，州财政对这种损失给予学区补偿是不公平的，联邦地区法院在审查这一主张时，遵循了 Rodriguez 案的判决所采用的原则。最高法院审查后认定下级法院的判决处理是恰当的，因为 Rodriguez 案判决中的，"这种差别资助不违反宪法精神"（*Papasan v. Allain*，1986，at 275）。一年后，第五联邦上诉法院的判决支持了路易斯安那州的教育财政制度。法院认为，路易斯安那州的教育财政制度没有违反平等保护条款，因为这种制度下的教育资助方式有利于实现财政制度的目标，"这些目标是：每个学区应该为该学区的每个学生提供必要的教育条件，并且鼓励地方政府为本地区的教育提供更多的支持。在现有的教育财政体制下，各个学区是这样选择的，而且它们有能力这样做；从这个意义上来说，教育资助方式有利于实现这些目标"（*School Board v. Louisiana State Board of Education*，1987，at 572）。

最后，中级水平的审查需要证明分类与重要的政府利益相关。在法院不愿意宣告某一特别分类（如以性别为基础的分类）属于"嫌疑分类"，仍然需要提供一些保护的时候，已经有案件运用了"滑动标尺检验"（Underwood，1989）。美国最高法院运用这一检验对得克萨斯州的一个案子进行了裁决（*Plyler v. Doe*，1982），要求得克萨斯州不得拒绝给予没有合法身份证明的儿童提供免费公共教育。在这一检验标准下，即使教育财政制度导致仅仅基于财富不同而对各地区区别对待，法院仍然认为这样的财政制度服从于州的一个重要目标。

采用哪一检验是最合适的？这一选择关系到州在为教育财政制度辩护时举证的内容和实质。在后面司法审查的讨论中将涉及这些检验，这些司法审查的内容是：原告因认为没有得到平等保护而对教育政策提出异议。

教育条款的一致性、效率和充分性

除了根据平等保护条款提出异议外，州法院的司法审查还集中于州宪法中有关教育条款的规定（McUsic，1991；Sparkman，1994）。教育条款由州立法机关制定，并主张建立和维持公共教育体制，为学龄儿童提供公立教育。这些条款明确规定，教育必须达到"一致性"、"充分性"、"彻底"和"有效"。

对州财政计划的合法性提出的异议，认为宪法精神要求所有的人都有权享有平等、有效、充足的教育机会。州回应说，教育条款仅要求州资源为所有地区提供基本的教育，或者说是最低限度的教育。因此，被告认为，即使政策允许地方对教育项目或设施的开支多于州保证的最低水平，仍然不违反教育条款。通常，这些冲突主要集中在可容忍的数量差异上，特别是当支出最少地区缺乏足够资源达到州的课程标准时。在这样的案件审理中，法院会更多地关注对于达到期望结果（也就是效率）而言，资源、计划和服务是否能够满足充分性要求，而不太关注财政公平（Sparkman，1983，p.99）。

麦卡斯（McCarthy，1981）比较了公平和充分性的概念。**公平**意味着公正、无偏见地对待；相反，**充分性**意味着州为实现某一特定目标，需要提供充足性的资源（见第 11 章）。伍德（Wood，1995）指出，充分性观点是对地方和州支出应与体制所提供的机会的关联程度的质问。原告必须根据"不能更新教材、聘用高学历教师、定期购买校车、提供与其他学区相同的特殊教育计划、支持削减专门教育资助等"（p.33）因素来证明可得资金对学生有较大影响。

如果公平、充分性标准都不能满足，那么，要制定一个"有效率的"、"彻底的"教育体制是很困难的。以下部分，我们将说明州法院在判定财政制度无效或支持财政体制的判决中对这些标准的运用。

州法院对教育财政制度的审查

除了早期的联邦法院审理的对教育财政政策的挑战外，还存在很多州法院的审查。表 10—1 是最高法院对 1968—2002 年间 43 个州的财政政策的审查判决。[2]

表 10—1 联邦和州法院对教育财政体制的审查

年份	维持财政制度		财政制度无效	
	联邦法院	州法院	联邦法院	州法院
1968	伊利诺伊			
1969	弗吉尼亚			
1971			明尼苏达	加利福尼亚[b]
1973	得克萨斯[a]	亚利桑那[b] 密歇根		新泽西[b]
1974		蒙大拿[b] 华盛顿[b]		
1975		爱达荷[b]		
1976		俄勒冈[b]		威斯康星[b]
1977				康涅狄格[b]
1978				华盛顿[b]
1979		俄亥俄[b] 宾夕法尼亚[b]		
1980				怀俄明[b]
1981		佐治亚[b]		
1982		科罗拉多[b] 纽约[b]		
1983		马里兰[b]		阿肯色[b]
1984		密歇根		西弗吉尼亚[b]
1986	密西西比[a]			
1987	路易斯安那	俄克拉何马[b]		
1988		南加利福尼亚[b]		
1989		威斯康星[b]		肯塔基[b] 蒙大拿[b] 得克萨斯[b]

续前表

年份	维持财政制度		财政制度无效	
	联邦法院	州法院	联邦法院	州法院
1990				新泽西[b]
1991		俄勒冈[b]		
1993		明尼苏达[b] 内布拉斯加[b]		亚拉巴马[b] 马萨诸塞[b] 密苏里 新罕布什尔[b] 田纳西[b]
1994		伊利诺伊 堪萨斯[b] 北达科他[b] 南达科他 弗吉尼亚[b]		亚利桑那[b] 新泽西[b]
1995		缅因[b] 纽约[b] 俄勒冈 罗得岛[b] 得克萨斯[b]		怀俄明[b]
1996		佛罗里达[b] 伊利诺伊[b]		阿肯色[b] 康涅狄格[b] 马里兰
1997		阿拉斯加[b]		亚利桑那[b] 新罕布什尔[b] 新泽西[b] 北卡罗来纳[b] 俄亥俄[b] 佛蒙特[b]
1998		爱达荷[b] 路易斯安那 宾夕法尼亚		新泽西[b]
1999		俄勒冈		新罕布什尔[b] 南加利福尼亚[b]
2000		威斯康星[b]		俄亥俄[b]
2001				阿拉斯加
2002		纽约		

　[a] 表示美国最高法院的判决。

　[b] 表示州最高法院的判决，主要是指州最高法院，但有时会用其他名称代替（例如，在纽约就叫做上诉法院）。

277
278
　　司法审查支持了 29 个州的财政政策，包括先前宣判无效的明尼苏达、威斯康星和得克萨斯州。法院发现，总共有 24 个州的财政制度不合宪法，其中阿拉斯加、亚利桑那、马里兰、蒙大拿、俄亥俄、南加利福尼亚、得克萨斯和华盛顿等 9 个州在早期的挑战中成功地维护了财政结构。表 10—1 包含的只是在下级法院审理判决的 5 个州（伊利诺伊、路易斯安那、密歇根、密苏里和南达科他州）。有一个州（密西西比州），在美国最高法院判决支持该州财政体制后，州法院就没有再审查过了。只有 7 个州没有针对教育财政制度诉讼和教育财政制度合宪性的审查（特拉华、夏威夷、印第安纳、艾奥瓦、新墨西哥、内华达和犹他州）。

279
　　法院决定推翻或者维持财政制度和计划，表明法院权衡这些政策的轻重，同时根据平等、效率和充分性标准，权衡州内不同的具体情况。除此以外，随着法官和立法政策的变化，标准的解释随着时间的推移也会发生变化，这解释了为什么一个州内会出现推翻以前判决的情况。

诉讼成功案件中的平等、效率和充分性

　　最初，州法院对教育财政制度和资金拨付方法的司法审查，主要依据平等保护条款。后来，原告们对教育财政制度提出异议的法律依据扩展到教育条款，教育条款要求政府提供的教育要满足一致性、有效性和充分性标准。这一部分，我们将回顾法院支持原告的判决，总结对教育项目和教学设施分配资金的方法是否违背州宪法的要求。

平　等

　　前面我们已经讨论了 Serrano 案提出的原则，许多早期宣布财政计划不合法的判决都遵循 Serrano 案提出的原则。例如，康涅狄格州最高法院在发现教育是州宪法所保证的一项基本权利后，运用"严格审查检验"审查了州教育财政制度（*Horton v. Meskill*，1977）。法院认为，该州的财政计划不能纠正社区财富的不平等，而这种不平等与教育机会紧密相关。最近，康涅狄格州最高法院的判决重申了对平等的关注。1996 年，法院发现哈特福德地区学校存在的极端种族隔离剥夺了儿童"事实上平等地接受教育的权利"（*Sheff v. O'Neil*，1996）。

　　怀俄明州最高法院推翻了该州的财政计划，法院认定，根据财富区分人群构成了"嫌疑分类"，并且教育是人们的一项基本权利（*Washakie v. Herschler*，1980）。根据州平等保护条款和州教育条款，法院判定教育资金的分配方式违宪，因此，法官在判决中将平等放在了重要位置："法院将严格审查立法机构的每一项教育财政改革，从而确定怀俄明州的教育制度是否消除了财政资金分配不公所带来的恶果，无论是由哪种不合理的原因造成的"（*Campbell County School District v. State*，1995，at 1266）。它们将立法机构的职责概括为为充分性的教育提供资金。这一职责将包括：决定"恰当的"教育应该包括什么，分析不同地区的实施成本以及采用的财政计划。

　　阿肯色州最高法院的一项判决表明：即使采用审查标准较为宽松的"合理性基础检验"方法，依据平等保护条款对财政制度的诉讼仍然能成功。前文我们指出，政府有责任证明政策与合法目标之间存在关系。州不能使法院确信，财政收入的差距符合州的利益："这一体制加大了优势群体的机会，而同时减小了弱势群体的机会"（*Dupree v. Alma*，1983，at 93）。在这一分析中，相对于维持地方控制教育而

言，法院把平等教育机会目标放在更重要的位置上。1990 年，阿肯色州最高法院拒绝了州下级法院判决中为州（立法机构）进行的请求（*Tucker v. Lake View School District*，1996）。下级法院依据教育条款对财政制度进行了分析，认为州没有提供一个"统一的、合适的、有效率的教育体制"。

平等程度必须满足司法审查的要求，这是佛蒙特州最高法院判决的主题（*Brigham v. State*，1997）。法院认为，资金分配的不平等阻碍了州平等教育机会的实现，这种教育机会平等是州宪法教育条款和共同利益条款所要求的。符合宪法规定的是教育机会的"实体性平等"，而不是绝对平等。

最近，纽约和宾夕法尼亚州的原告根据 1964 年《联邦人权法案》第六条的规定，对教育财政制度提出异议，认为教育财政政策违反了这一条款。这项法令禁止"任何得到联邦财政资助的项目或行动"因种族或国别而歧视某一学生。1999 年，原告声称，宾夕法尼亚州的财政政策带有种族歧视。他们认为，非白人学生比例大的地区生均资助相应较少，这违背第六条的规定。第三巡回法庭推翻了下级法院对这一案件的判决，命令审判法院判断是否存在违反第六条规定的完全不同的效果（*Powell v. Ridge*，1999）。

280

同样，2001 年，一个纽约下级法院审查了州教育财政体制，判定这一体制影响纽约市的学生（*Campaign for Fiscal Equity v. New York*，2001）。原告声称，州不能保证市区学校获得充分资金，以给学生提供"合理的基本教育"。法院认为，政府提供的教育"是如此的不足，以至于低于宪法教育条款规定的底线"。在第二次申诉中，原告断言，拨款机制对少数民族学生具有不利的、根本不同的影响，而这些少数民族学生占入学学生的 84%。他们认为，这一歧视违反了 1964 年《联邦人权法案》第六条的规定。法院认为，没有任何与教育有关的理由证明这种不同影响是正当的。法院的判决总结道，"保证每个学区都有足够的资源，提供达到合理的基本教育水平的教育机会"。尽管 2002 年上诉法院推翻了这一判决，但是，宾夕法尼亚州的判决和纽约州最初的判决表明，《联邦人权法案》第六条可能会给原告上诉资源不平等违背联邦民权立法规定提供一种途径。

充分性和效率

同 Serrano 案的判决一样，先前的判决主要集中于资源的不平等，并将资源平等作为审查的一个标准。其他州法院已经考虑到了这一观点：没有充足的资金来有效且高效率地满足所有学区学生的需求。州宪法明确规定了这一充分性标准，或者这一标准可以从宪法条文中推断、引申出来。典型的教育条款要求立法机关在一个州内建立并且维持彻底有效率的统一的公共教育体制。

新泽西州的一系列判决，体现了充分性标准的发展演变。在联邦最高法院对 Rodriguez 案作出判决后一个月，新泽西州最高法院解释说，州宪法要求立法机关确保提供一个"全面的、统一的、有效的"教育制度。法院将这一要求解释为提供"在当代社会环境条件下，把儿童培养成为合格公民和劳动力市场上的竞争者所必需的教育机会"（*Robinson v. Cahill*，1973，at 295）。根据充分性标准的定义，财政政策不能保证所有地区都提供充分性的教育。长期以来，立法活动和司法审查反复交替进行，目的就是为了寻求一个既确保实现公平和充分性，又能被普遍接受的财政制度。

1976 年，法院禁止新泽西州财政部门向学区提供资助。这一措施有效地关闭了学校，一直到立法机关采用州收入所得税扶助新的财政计划。一个下级法院随后对这一改革进展情况的审查发现，由于"均等化拨款公式的偏差，导致均等化拨款方案存在持久的支持不平等的倾向性"（*Abbott v. Burke*，1984，at 1284），不平等已经"稳步扩大"了。立法机构作出的回应是在 1990 年颁布了《教育质量法案》（The Quality Education Act）。

尽管这一行动使税收负担均等化了，但是，新泽西州最高法院在 1999 年的判决中仍然详述了其对充分性的要求。因为财政体制影响到贫穷城市学区，因而，它是不合宪法的。在这种体制下，所有地区的教育，实际上在课程、人事和师资等方面都是"极度不充分的"。除此之外，还存在难以接受的辍学率和不及格率（*Abbott v. Burke*，1990，at 395－401）。法院要求修正《教育质量法案》，以增加对比较贫困城市学区学校的拨款，使之达到富裕地区水平。更进一步，就是要有足够的州拨款，以保证教育支出不依赖于学区财产状况。这同样要求要有足够的资金"提供给贫穷城市学区，满足其特殊的教育需要，对其进行救济，弥补它们的极端劣势"（at 363）。但是，戈尔茨（Goertz，1993）注意到，后来法案的修订有效降低了教育的基准水平，并且将资助从均等计划转移到提供财产税减免。

法院在要求消除不平等的经费支出和追加项目与服务时，重新定义了充分性：

> 在这些有特殊需求的地区，全面有效的教育体制能使这些地区的学生与他们富裕的同伴一样，成为一个社会的合格公民和劳动力市场的竞争者，全面有效的教育体制是提供与较富裕地区实质相等的教育。（*Abbott v. Burke*，1994，at 580）。

立法机关作出的回应是，实施一个综合计划，把州拨付的资金同项目成本相联系，以使内容标准和教学工作条件合乎标准要求。但是，原告在 1997 年和 1998 年的诉讼中再次取得胜利，由于资金和设施不足，致使 28 个贫困地区不能使学生所受的教育达到规定的标准，这与计划的要求不符。判决中指出，"充足的资金对实现全面、有效率的教育目标仍然至关重要"，因而，州最高法院命令州增加对教育项目和教学设施的拨款（*Abbott v. Burke*，1998，at 469）。

在得克萨斯州最高法院对该州教育财政制度的审查中，效率标准是有争议的。该州对教育财政的诉讼发生在具有划时代意义的 Rodriguez 审判后 20 年，Rodriguez 审判坚持认为，在联邦宪法中，教育不是一项基本权利。1989 年，州法院解释州宪法的要求，认为存在"支持和维护有效率的免费公共教育体制"，以促进一般知识的传播（*Edgewood v. Kirby*，1989）。地区财富的极差（生均财产值从 20 000 美元到 14 000 000 美元不等）使得富裕地区只需付出较小努力就可以征收到必要的税收。州资金分配不能使各地区的教育经费以及与之相关的教育机会均等化。因此，州最高法院认为，"现行教育体制……不是提供一般知识的传播，而是提供有限的和不平衡的知识传播，它所导致的结果是不平等，这直接与宪法效率原则相冲突"（at 396）。

得克萨斯州法院要求教育体制达到完全财政中性（fiscal neutrality）的标准，并且要求"地区税收努力与可得教育资源之间存在直接和紧密关系"（at 397）。法院发现，促使学校教育资源配置满足财政中性的要求，就意味着平等和效率目标之间有隐含的联系，这一点是明显的。法院随后得出结论：修改后的财政体制通过将财产税征收考虑在内，使地方税收实际上成为全州范围内的**从价税**（*Carrollton*

Farmers v. Edgewood，1992）。因为这一修订违反了州宪法，因此，立法机关通过 282
以下五种方式之一将最富裕地区人的一部分财富转移到较贫困地区：合并税基、统
一学区、转移财产、签订合约为非居民提供教育或者向州缴纳资金。州最高法院支
持了这一计划，计划包括这些政府对资金再征收的形式。但是，对地方从价税的依
赖程度，并没有达到强制征收州税的程度（Edgewood v. Meno，1995）。

　　田纳西州和马萨诸塞州都很强调充分性标准。田纳西州最高法院发现，对地方
资金的依赖，抑制贫穷地区达到州 1990 年总体规划标准。同时，法院发现，"学生
接受的教育质量与资金支出具有直接联系"（Tennessee Small School Systems
v. McWherter，1993，at 144）。在认定问题是"教育质量和教育平等"，而不是资
助平等的情况下，法院宣判财政制度是不合宪法的。在回应实质平等的资助会"遏
制创新"的争论时，法院认为"根据教育的本质，对于所有的合理标准，一个满足
充分性要求的教育制度应该具有鼓励创新和进步的特征，包含创新和进步的项目"
（at 156）。随后，最高法院要求将教师工资均等化作为财政改革的一部分（Tennes-
see Small School Systems v. McWherter，1995）。

　　与田纳西州一样，马萨诸塞州最高法院裁定财政制度不满足充分性要求，是不
合宪的（McDuffy v. Secretary，1993）。上述法院判决列举了很多方面，诸如教
学基础设施不充足、图书馆不合格、课程发展缺乏、可预计资助匮乏、行政人员减
少以及指导咨询服务不充分等。在评论各个学区的不足时，安德伍德（Under-
wood，1994）指出：根据"剥夺理论"，原告能够获胜。如果有证据证明，学生没
有得到作为公民应该得到的最少教育，那么这一观点就是正确的。

　　一些判决极大地增强了法院在促进体制改革中的作用。在效率和充分性标准
下，司法部门既要严格审查治理结构的合宪性，还要审查财政制度的合宪性。西弗
吉尼亚州最高上诉法院——该州的最高等级法院，坚持认为"全面、有效率的免费
教育制度"要求使教育成为一项基本权利（Pauley v. Kelly，1979）。但是，最高
法院并没有立即判决教育计划不合宪法。相反，最高法院将案件发回下级法院重新
审理，要求下级法院确认是否有重要的州利益，证明该教育财政政策所导致的分类
是合法的。更为重要的是，法院需要判断是由于"无效率和没有遵守现行的教育法
律规定"，还是由于现行体制没有达到充分性标准而导致没有达到教育制度的"高
质量"教育标准（at 878）。因而，审判法院审查了与设施、课程、人事、教学器材
和设备等标准有关的资源水平。审查发现，所有学区，包括最富裕学区的教育制
度，都存在不足。因此，法院认为，教育体制和财政体制都不能满足"全面、有效
率"的要求。关于州教育体制的"宪法规定、实施和资金筹措"有必要有一个总体
规划。最后，最高上诉法院确认州教育委员会的"责任是确保实施和维护全面、有
效率"的教育制度（Pauley v. Kelly，1984）。

　　其他州法院追随西弗吉尼亚州，要求对体制进行系统改革。1989 年，肯塔基
州最高法院判定，"普通教育的整个体制都是不合宪法的"（Rose v. Council，
1989）。法院将"重创、重建"公共教育体制的责任归于立法机关：

> 　　这一判决适用于制定法令、建立执行体制和资金筹措体制，同时，也适用 283
> 于相应的规制管理等。这一判决内容包括建立地方学区、教育委员会以及负责
> 最低限度基本金项目和能力均等化项目的肯塔基州教育局。它包括学校的建造
> 和维护、教师资格证书等肯塔基州共同教育制度的全部内容。（at 215）

法院对能力方面的七项说明，明显体现了对充分性的关注，这七项能力包括能够使学生在学术领域或者劳动力市场中具有竞争力的学术内容和职业技能。除此之外，法院还明确指出：议会通过的任何财政计划必须根据 100% 的市值评估财产，同时有必要在全州范围内实行统一税率。影响深远的 1990 年《肯塔基州教育改革法案》促进了管理、课程和财政的系统改革。其中的关键要素包括：基本拨款公式、因提高学生成绩给予学校的财政奖励以及州教育部门的重组（Adams，1993；King & Mathers，1997）。基本拨款公式包括有限的地方政府征收的补充经费、增加的地区最小贡献率和较大的州销售税。

1993 年，亚拉巴马州最高法院肯定并进一步阐明了下级法院的判决，下级法院的判决成功的否决了整个教育体制。该下级法院曾经裁定教育是一项基本权利，"根据任何平等保护的审查标准（无论是'严格审查检验'、'合理性基础检验'还是'滑动标尺检验'），亚拉巴马州公共教育体制都不能提供给原告法律所要求的平等保护"。同时，法院还发现，州不能给残疾儿童提供合适的特殊教育服务。为了支持这一判决，最高法院要求立法机构"为儿童提供实质上的平等，并满足充分性要求的教育机会"（*Opinion of the Justices*，1993，at 165）。

自 20 世纪 70 年代，随着解释州宪法所要求的"全面、有效率"的教育体制的意义，这些判决开始推翻州财政体制。随着这些演变为标准的应用，法院支持各州供给充足资源，以使所有地方达到可能的较高的最低教育水平。最初，问题的焦点是学区可得的运营收入水平，近期的司法审查又将这一逻辑扩展到地方社区建立学校建筑的能力上。

设备设施的"充分性"

用于建设新校舍和提升校舍质量的财产税的支出数量是由地方投票者决定的。在为学校基本建设提供资金时，几乎没有一个州的拨款公式对地方财富进行均等化。因此，几乎所有贫困学区的校舍建筑都存在质量问题，需要大修（见第 6 章）。我们前面讨论过的一些司法判决都将设备设施状况作为充分性或教育质量的指标。亚利桑那和俄亥俄州最近的判决，将注意力集中在州为学校建设融资的责任上。

仅根据教育设施状况判定教育拨款制度是不符合宪法要求的，亚利桑那州是第一个这样做的州。州最高法院作出的结论是：基本建设资金的筹措办法，不能满足提供"普通并且统一"的教育体制的要求（*Roosevelt v. Bishop*，1994）。法院尤其注意到校舍建筑的状况和建筑物的年限的差距、教室质量和教学器材等方面的质量差距："一些学区校舍是危房，对身体有危害，并且违反了建筑物、防火和安全法规"（at 808）。设施质量的不均等是由"对地方财产税的过度依赖、随意划定区界以及仅仅追求均等化的部分努力"共同造成的（at 815）。最高法院随后宣判几个立法行为没有达到"固定资产设施的充分性标准"（*Hull v. Albrecht*，1997，at 1146）。

一个最近的俄亥俄州教育财政司法审查，将设施设备状况作为审查内容之一。该州最高法院早期的一项判决，以与维护地方控制相关为理由，支持该州的财政制度（*Board of Education v. Walter*，1979）。而 1997 年则根据充分性标准推翻了这一逻辑。俄亥俄州法院以不能满足"全面、有效率"的要求为理由，宣判州教育制度不合宪法。法院裁定：一个全面的制度不会缺乏资金，一个有效的教育制度不会出现师资匮乏、缺少建筑和设施设备（*DeRolph v. State*，1997）。2000 年，当原告以州不能提供满足学生需求的资金为由提出上诉时，法院重申了这　观点。

随着时间的推移，亚利桑那和俄亥俄州对州宪法给予了不同的解释，与这两个州一样，南卡罗来纳州最高法院 1998 年对宪法的解释和 1999 年的解释相互矛盾，似乎得出了悖论。前一个判决以增强州合法利益为理由，对州财政政策给予支持（*Richland County* v. *Campbell*，1998）；而后一个判决对教育条款的解释是，要求州立法机构保证最低标准的充分性教育和提供安全的设备设施，该判决据此支持了原告（*Abbeville County School District* v. *State*，1999）。

30 年的教育财政诉讼大都支持了原告，表明了标准从资源、设备设施的平等到资源设备充足的演变。与这些判决形成对比的是，在另外的司法审查中，州成功地为本州财政制度作了辩护。

支持财政体制判决的平等、效率和充分性

联邦法院支持伊利诺伊、弗吉尼亚、得克萨斯、密西西比和路易斯安那州的教育支持机制（经费筹措拨付体制）。我们前面指出，1973 年的 Rodriguez 审判判决是美国最高法院唯一一次对教育财政体制的审查。法院认为，根据美国宪法，不存在与教育有关的基本权利，得克萨斯州的政策没有使一部分人处于不利地位，造成"嫌疑分类"。这一判决明确表明，教育财政政策是州内要解决的问题。

与法院推翻财政体制的判决一样，裁定财政政策不合法的司法审查（见表 10—1），充分体现了法院所采用标准的演化。早期州法院的判决主要以平等保护条款为依据，而随后对政策的司法审查，则主要依据教育条款所要求的"效率和充分性"标准。

平　等

除了一些例外，当被要求裁定州法律是否符合平等保护条款时，支持教育财政政策的法院判定，教育不是一项基本权益。法官认为，合适的审查水平是较宽松的"合理性基础检验"。在这一水平下进行的分析中，州成功论证了财政计划与诸如维护地方控制教育的目标之间存在关系。例如，1973 年，亚利桑那州最高法院判决，应该保证儿童接受教育的基本权利，但是并没有宣判财政制度不合法。相反，法院裁定，分配应该"合情合理，既不能有歧视，也不能反复无常"（*Shofstall* v. *Hollins*，1973，at 592）。但是，在前面引用的 1994 年 Roosevelt 案的判决中，法院却得出了不同的结论。

科罗拉多州和爱达荷州最高法院认为，教育不是一项基本权利。运用"合理性基础检验"，两个州的法院发现，各自州的财政制度增强了各州的利益，这个利益是由地方控制教育所带来的。科罗拉多州法院强调州促进地方自治的目标："地方财产税不仅是地方教育经费的主要来源，而且也是当地公民掌控他们学区内的公共教育事业的保证"（*Lujan* v. *Colorado State Board of Education*，1982，at 1021）。这一推理回应了爱达荷州最高法院早期一项判决（*Thompson* v. *Engleking*，1975）。1993 年，当被再次要求审查关于经费支出不平等问题时，法官裁定，教育条款中统一体制的规定，仅仅是要求课程一致，而不是要求经费支出一致；这一结论后来成为不需要设施经费统一的判决的依据。1998 年，爱达荷州最高法院判决一个完整的制度应该包括设备设施的供给，创造有利于学习的安全环境。但是，这一宪法规定不要求州基本建设支出资金均等化。法院支持由地方决定设备设施的提供，而

285

不考虑是否造成不平等（*Idaho School Equal Educational Opportunity* v. *Evans*，1998）。

俄勒冈州最高法院认为，一致性标准适用于一般教育体制，而不是针对专门资金的不平等。当由地方掌握决策权时，即使学区教育项目的拨款低于州规定的最低水平，这也不违背宪法（*Olsen* v. *State*，1976）。随后在 1991 年的司法审查中，法院发现，该州选民已经批准了一个宪法修正案，该修正案为财政困难的学区设立"安全网"，法院依据这一修正案进行了审查。这些学区可以不经过投票者同意，继续根据前一年的征税额度来运作。因此，投票者已经批准了这一修正案，认可了由此导致的税收和生均经费水平的不平等（*Coaliton for Equitable School Funding* v. *State*，1991）。

依据一种"中间审查分析"（intermediate scrutiny analysis），北达科他州最高法院发现，教育是重要的实质权利。这一裁定肯定了审判法院"分配方式在整体上是不合法的"判决（*Bismarck* v. *State*，1994，at 257）。法院认为，"现行的教育拨款体制对一些学生存在严重歧视，并且侵害了这些学生获得平等教育机会的权利"（at 262）。尽管 3 位法官（多数）投票认为该计划无效，但是，由于宪法要求否决一项法规需要 4 位法官投票通过，所以该计划仍然通过了司法审查。法院得出的结论是，教育条款仅仅要求所有地区的基本教育水平相当，而不需要绝对的一致。

阿拉斯加州的原告声称，不同学区的不同对待，使学区破坏了平等保护的权利。州最高法院指出，这一问题所涉及的不受税收差异影响的利益，在平等保护条款所保护利益的滑动标尺（sliding-scale）的最低端。[①] 因此，需要证明财政政策和确保平等教育机会之间存在"实质性的重大关系"。由于原告不能证明学区贡献的资金差异转化成了教育机会的差异，所以不存在对平等保护的否决（*Matanuska-Susitna Borough School District* v. *State*，1997）。

新泽西州 Abbott 案的判决呼吁进行帮助贫困城市的补偿改革，与 Abbott 案的判决不同，纽约和马里兰州最高法院的司法审查没有将平等的概念扩展到市区条件的平等。但近期，两个州的下级法院裁定，教育财政体制不能为贫困和少数民族学生提供满足充分性要求的教育。

纽约的 4 个最大城市参加了贫困学区对州财政资金分配的诉讼，它们基于两个理由。第一，在下级法院中，原告指出，州的拨款办法使得对城市学区"任意和不公平地拨付不充足的生均经费"，而城市学区的学生高度集中，需要补偿教育服务（*Levittown* v. *Nyquist*，1978，at 611）。第二，原告认为，由于没有考虑居民的普遍贫困或者城市的高度自治和高水平教育服务，对地方能力的测量是武断的和不恰当的，而教育财政计划依赖这种测量。原告声称，州没有考虑到 4 种城市状况：自治的负担过重，在这些地方要求有较高的税收努力为庞大的公共服务融资；教育负担过重，由于高成本学生数量过多而导致；成本差异，由于为产品和服务支付较高的价格而导致；旷课严重造成的负担，根据学生平均日出勤情况决定拨付资金的数量（Goertz，1981）。

纽约上诉法院是纽约州最高级别法院，该法院裁定，财政制度没有否决平等保

---

① 也就是在平等保护条款所保护的利益中，是重要程度最低的。——译者注

护或者背离宪法教育条款（*Levittown v. Nyquist*，1982）。运用"合理性基础检验"方法，法院判定，"维持和促进地方控制教育"符合州的合法利益，这与财政体制密切相关。因为教育法不要求全州教育"平等或者实质对等"，所以支出不等不违背教育法。最后，法院判定，"自治取得的税收流入国库，这些资金的来源不是不动产税，非自治学区没有这些来源"，法院推定，这些收入来源反驳了资金分配计划违反平等保护条款的论点。

尽管地区间差距在扩大，贫困地区的资金需求缺口越来越大，1995 年，上诉法院还是再次驳回了原告的上诉（*Reform Education Financing Inequities Today v. Cuomo*，1995）。但是，法院明确阐明，州宪法"强制要求立法机关承担责任，确保为州内所有儿童提供基本的教育"（at 315）。这一责任成为先前讨论的下级法院否决财政体制的依据，因为在纽约城，财政体制严重影响了学生（*Campaign for Fiscal Equity v. New York*，2001）。但是，随后某一受理法院推翻了该观点，该法院认为，州政府必须确保一个"最低限度的教育机会"，而不是"一些更高、很大程度上不能详述的教育标准"（Gehring，2002）。

涉及城市原告的这种类型的司法审查，与马里兰州所经历的一样。州最高法院运用与 Levittown 案判决中类似的辩护，支持了州政府的财政规划（*Hornbeck v. Somerset*，1983）。然而，后来，一个下级法院判决，巴尔的摩学校的学生被剥夺了州宪法所保证的最低质量水平的教育权利（*Bradford v. Board of Education*，1996）。

在另一种截然不同的情况下，堪萨斯州的原告对完全均等地方财产税的拨款公式提出质疑。州的地区法院认为，"不管地方控制教育的现行实践和观念如何"，宪法对教育的规定意味着，所有资金（包括地方财产税）都由州政府控制和分配。1992 年，立法机关修订了教育财政法令以均衡地方财富。堪萨斯州最高法院支持了包括州财产税和在给定水平上对超额财产税的征收计划（*Unified School District v. Kansas*，1994）。

这一判决支持了从地方征收资金以促进所有地区资源均等的政策（见第 7 章）。其他州的原告已经对财产税收入从富裕地区向贫困地区再分配的合法性提出质疑。蒙大拿州最高法院是最早支持再征收政策的法院之一（*Woodahl v. Straub*，1974）。均等化公式要求富裕地区把任何超出基本资助水平的财产税收入上交给州。州政府请求在州强制征收的税中，对于那些纳税多于支持本地教育所必需税收的纳税人实行税收歧视；法院拒绝了州政府的请求。法院判定，一般财产税是"提供宪法所要求的基本公共教育的合理方法"（at 777）。1998 年，佛蒙特州最高法院同样支持了该州的税收规定（*Anderson v. State*，1998）。然而，1976 年，威斯康星州最高法院的判决却站在了与此相反的一面。该法院认为，通过州财产税收入再分配实现地方收入均衡，这是违反州宪法的（*Buse v. Smith*，1976）。

效率和充分性

一些州法院否决了原告以充分性为依据提起的诉讼。充分性概念源于州宪法的教育条款，这些条款要求立法机关建立和维护全面、有效率和充分性的教育。佐治亚州最高法院判定，宪法中的**充分性教育**不能"强制立法机关均等化教育机会"，这并没有阻碍学区增加教育经费以改善教育（*McDaniel v. Thomas*，1981）。明尼苏达州最高法院曾经讨论了充分性概念，形成的结论是：接受教育是人的一项基本

287

权利；法院判定，州财政体制（包括选民同意的税收补充、征收偿还债务税）应当可以通过严格审查检验（*Skeen v. State*，1993）。只要均等化基本资金提供了充分性的教育，那么全部资金的不平等是不会引起反对的。法院认为，这一术语"不是指达到最低限度水平的资金，而是指达到满足必要的需求数量"（at 318）。

宾夕法尼亚州最高法院审查了该州的财政计划，得出这样的结论：只要不构成对学区或者学生的法律伤害，就不存在全面、有效率的教育制度与宪法规定之间的偏离（*Danson v. Casey*，1979）。原告声称，财政制度不能提供充足的资金以满足城市学校学生的唯一需求，教育体制违反了"全面而有效率的"的法律规定，但是，他们再次败诉。下级法院指出，州宪法将支持公共教育的责任放在了立法机构，因此，法院"不会探究立法机构制定教育政策的逻辑、智慧和应变策略"（*Marrero v. Commonwealth*，1998，at 965）。

弗吉尼亚州最高法院在司法判决中将州最低标准界定为充分性，判决认为，教育是一项基本权利，法院支持州政府的财政计划（*Reid Scott v. Common wealth*，1994）。宪法不要求"实质平等的资金和项目"，但要保证满足州教育质量标准委员会的要求。同样，罗得岛州和佛罗里达州最高法院不顾对不平等和资源不足的呼吁，支持了它们各自州的财政体制。罗得岛州法院认为，单凭钱不能断定学生是否得到了"平等、充分和有意义的"教育（*Pawtucket v. Sundlun*，1995）。佛罗里达州最高法院认为，州宪法仅仅是需要一个教育体制，能为学生提供公平的机会，以实现基本教育目标（*Coalition for Adequacy and Fairness v. Chiles*，1996）。

威斯康星州最高法院运用平等和充分性标准，支持州财政体制。1998年，当法院裁决平等的教育机会是一项基本权利时，平等问题引起了人们的争论（*Kukor v. Grover*，1989）。但是，这一权利并不是要求资金的绝对均等。即使某些地区因缺乏资金而不能提供满足所有儿童需求的特殊项目，但在维护地方控制教育的目标下，资源的不均等是合理的。2000年，与课程标准相关的资源充分性成为法院裁决的一个问题。威斯康星州法院认为，只要立法机关提供了充足的资源，确保所有儿童都能获得平等的接受基本教育的机会，那么，教育财政体制就是合乎宪法要求的（*Vincent v. Voight*，2000）。法院这样定义一个**好的基本教育**机会：精通数学、科学、阅读、地理和历史；接触艺术、社会研究、体育、健康教育；学习外语以及接受职业培训。

支持州计划的判决表明了司法对经费差异的容忍，特别当它们反映投票者的偏好时。州法院早期的判决认为，鼓励地方控制教育的决策合乎州的合法利益。这一财政政策促进了第1章中所说的自由价值的发展。后来有人认为，财政计划不符合充分性标准，但是，当基本的资助水平能使地区提供一个充分性教育计划时，法院支持了原有的政策。摩兰（Moran，1999）总结道：只要它们"建立了完备的内容和成绩标准、评估体系以及确保学生达到熟练水平的拨款公式"（p. 40）。

教育财政政策改革的启示

联邦和州法院支持教育财政政策的历史揭示了这样一个事实：对标准的不同解释，源于宪法规定以及在处理教育财政结构冲突中的不同程度的司法行动主义（judicial activism）。司法审查提出了教育财政政策改革发展的一系列建议。

1. 尽管司法部门能促进教育财政改革，但政策发展仍然是立法机关的特权。

法官审查立法行动，判定财政体制是否符合宪法要求。同时，法院的判决也是政策变革的催化剂（Clune，1992），在推动财政改革中，其扮演的角色是"议程设置者"而不是"决策者"（Lehne，1978）。法院只是描述政策制定过程中应该考虑的问题，而不能像公共机构那样制定具体的政策。因此，法院对政策的影响是模糊的。但是，司法决策带来了更大的均等化、更高水平的教育补助以及权力从地方向州的转移，这些都是不争的事实（Henderson，1991；Hickrod et al.，1992）。此外，法院还推动变革，使州政府在直接命令下改革不合宪法规定的财政体制、有所作为，同时使州政府受到司法审查的威胁（Fuhrman，1978，p. 162）。

法院不愿意充当政策制定者的角色。法院对遵从立法过程的传统，确保有一个立法机构制定财政政策，包括税收和公共资金分配政策。例如，尽管 Rodriguez 案的判决认为，得克萨斯州财政制度通过了合法性审查，但法院仍然提出了意见："立法者由选民选出，立法者面临着来自选民的压力，最终解决方案应来自法律制定者以及选民的民主压力"（at 59）。爱达荷州最高法院尽量避免自己成为"一个在社会、经济和政治政策动荡的领域进行立法活动的'超级立法机构'"（*Thompson v. Engelking*，1975，at 640）。明尼苏达州最高法院认为："缺乏引人注目的不平衡时，有关教育财政政策的决策必须由立法机关作出，因为这需要在平等、效率与有限的地方自治三种冲突利益之间进行平衡"（*Skeen v. State*，1993，at 318）。但是，法院不会因为对政策制定者的这种尊重而回避问题。肯塔基州最高法院这样论述道："由于立法裁量（legislative discretion）、立法功能（legislative function）等原因而避免对案件作出判决，是对我们的宪法责任的亵渎。"（*Rose v. Council*，1989，at 209）但是，在下文中，我们将要指出：最近几年，法院在要求立法机关完善管理、修订政策和教育财政机制方面变得越来越积极。

当州令人信服的证明高于地方自治的目标成为立法者的特权时（首先要考虑的因素），无论会导致多大程度的经费支出差异，许多州法院都判定财政政策有效。在这些州，提倡改革的人必须在立法过程中进行改革，而不能依靠司法来促进平等和充分性目标的实现。科罗拉多和俄勒冈州的最高法院发现，由于地方投票者对教育的要求不同，在宪法框架下允许资金的不均等。在这一发现之后，这两个州各自的立法机构都实施了均等化拨款方案。

即使有些州法院判定财政计划不符合宪法要求，但是，法院通常还是尊重立法机关，让其制定改革方案。改革议程从法院转移到立法机关，这意味着财政政策将由个体立法者制定。这些立法者代表着其所在学区的特殊利益，同时还要对公民的价值优先偏好作出回应（Sweetland，2000）。当应根据原则进行的判决屈从于政治利益时，就要进行妥协，这将牺牲掉均等财富和教育机会的目标。原告可能会成功地向法院证明，由于财富的差异导致了学区之间资金、项目以及设施存在很大差距，阻碍了学生获得相同的教育机会，但这种成功可能仅是教育财政政策改革漫长历程的第一步。

2. 平等和充分性标准适用于对政策的司法审查和判决，被用来指导财政政策的改革和发展，这些财政政策改革能带来充足的资金，使学生能够实现高的学业成绩预期目标；在这一过程中，平等和充分性标准继续演变发展。

宪法对个人权利保护以及对公共教育系统维护的内容规定很多。在早期的判决中，法院努力想找到一种方法，通过这种方法可以将地区财富不等（学生需求不同）和联邦或州宪法保证的平等保护联系起来。在 Serrano 案中，法院提出了财政中性概念。所谓财政中性，就是要求政策制定者定义一个结构和参数，使教育经费成为州财富的函数。近年来，平等标准经历了实质性的变化，从强调资金经费的再分配发展到一个宽泛的概念，强调公正（fairness）[也就是公平（equity）] 和学生教育质量（也就是充分性）。

教育条款中诸如"一致性"、"充分性"、"彻底"和"效率"等含混不清的标准，让法院和立法机关倍感为难。许多州法院的判决遵循了新泽西州在 Robison 案和 Abbott 案中运用的标准，它们将教育资源和项目的充分性放在了与平等同样重要的位置。多少资金和何种资金分配方案才能达到充分或全面而有效率的教育体制的要求？政策制定者再一次承担了确定资金水平和资金分配方案的任务。财政制度导致了多大程度的资源投入不平等，并最终导致多大程度的学生学业成就的不平等？对"全面而有效率"的要求能否得到满足的初期裁决，依赖于对前一问题的分析。

随后新泽西州修订过的财政制度审查扩展了充分性的标准；这一扩展标准要求补充增加项目和服务的资源，以满足城市学生的需求，将他们培养成为合格公民，并能承担工作责任。补充性资金把经费水平提高到富裕学区的水平之上，因而符合宪法的要求："一定水平的教育（等同于全面和有效率），是**所有**学生必须达到的水平，**仅仅**是宪法所要求达到的平等"（*Abbott v. Burke*，1990，at 369）。法院对城市学校财政项目以及设备进行充分改进的要求，是为了让所有学生都能达到与富裕学区学生同样的标准。

在亚拉巴马、肯塔基、北卡罗来纳、南卡罗来纳、田纳西和西弗吉尼亚等州的司法审查中，法院在裁决经费收入是否充足时，考察了州对教育质量的期望。安德伍德和斯帕克曼（1991）观察到这些判决将焦点从与支出水平相连的公平性转移到根据学术预期满足学生需求上来："对教育产品和学生需求的关注，将问题从花多少钱转移到怎样花钱以及效果怎样上"（p.543）。安德伍德进一步阐述了法院关于公平观点的转变："拨款方案要达到的目的是给州内**所有**儿童提供平等的教育机会，更多的法院开始意识到这一点并接受了这一观点，法院得出结论：资金的不平等对提高州的利益没有任何益处"（p.145）。20 世纪 90 年代中期以及 2001 年的联邦政策改革规定，所有儿童都有机会参与到项目中来，这些项目使他们能够达到州要求的学术内容以及成绩标准。如果所有地区都达到了联邦和州的课程预期要求，那么法院和立法者将审查与学生成绩有关的资源是否充足。让贫困学生取得高水平学业成就，要求所有学区的资源都要达到充分性水平。

与上述法院判决相反，佛罗里达、明尼苏达、北达科他、罗得岛州、弗吉尼亚、威斯康星等州的判决则认可了确保基本水平的计划，这一基本水平使所有地区的教育项目都能达到最低标准。尽管这些州政策导致可利用的总体收入的不平等，同时使富裕地区处于有利地位，但在地方自治的名义下，这些州的司法审查还是容忍这些政策。在法院没有要求资源均等的情况下，立法机关更倾向于采纳这样的计划，这些计划尊重地方的要求——希望补充超出最低标准资金的要求。

设备设施的"充分性"经常被用来作为学生接受平等教育机会的指示器。亚利桑那、俄亥俄、南卡罗来纳、得克萨斯和怀俄明等州的最高法院都注意到了设施设备的质量与地方财富之间的关系。这些判决都促使州政策制定者使各地区获得充分基本建设投资的机会均等。基本建设成本是很高的，州的财政政策很少能够使基本建设资金达到一个充分的水平。许多州在筹措学校基本建设经费中的作用非常有限，州法院如果在保证一致性、全面而有效率、满足充分性要求的教育制度的标准下，审查的内容包括基本假设资金的可获得性，那么这些州的财政政策将不可能符合宪法的要求。

　　许多法院认识到，仅有平等或者公平的资源分配不能改进教育项目和教育服务。公平是实现教育机会平等的必要条件，但不是充分条件。梅奥里尼和休格曼（Minorini & Sugarman，1999）指出，根据平等和效率的宪法规定，特别是根据对学生高学业成绩的期望，充分性正在变成评判教育财政政策的一个重要标准。

　　　　与传统的教育财政案件不同，充分性审查方法最显著的特点在于它不依据平等对待原则。事实上，所有学生都有权至少达到一个最低水平，除了这一点与平等有关外，充分性案件根本就与平等无关。换句话说，充分性不是要比较提出质疑的群组和其他群组的经费，而是关注所需要的经费（在某些方面，关注的焦点更多地集中于学校或学生，而不是学区）。(p.188)

291

　　科斯基和莱文（Koski & Levin，2000）发现，包含充分性标准的法院判决，有助于立法机构的政策改革："这一新的策略使人们确信，在普通水平上的资金均等不能实现公平，这是新策略的优势。这一策略使经费超出最低要求水平的学区，消除了疑虑，所以，也就消除了教育资金筹措和分配改革中的反对意见的政治根源"(p.490)。由于州采纳严格标准以及对学术成果存在高的期望值，因而可能存在这样的司法解释：为所有学区提供同等高水平的资源是**立法机构的职责**。例如，怀俄明州法院声明：分析适当教育的成本，制定使各学区达到充分性要求的资助计划，这是立法机构的责任。宾夕法尼亚、纽约和马里兰州下级法院的近期判决坚持如下的观点：为所有学生——特别是贫困和少数民族学生——提供平等教育，以使他们取得期望的教育成果，是州的立法责任。

　　不同于早期由于缺乏"可操作的标准"而败诉的诉讼，法院将不难找到一个根据来判断州政府的行为是否不利于学区资源的平等和充分性。科斯基和莱文（2000）对法院采纳充分性标准作出这样的评论："不管充分性理论的实际操作如何困难，支持者和法院可以根据新的依据给出充分性的定义，建立充分性的测量方法，这将是法定标准，甚至是合法权利"(p.495)。我们可以预测，法院的判决将加强立法者的责任，这种责任就是根据对学校绩效和学生成绩的期望，公平地为学校提供充足的经费。

　　3. 财政中性目标与维护和促进由地方选择经费水平或者总税收努力的目标，二者是不矛盾的。

　　许多州的教育财政政策允许地区投票者自己决定支出水平，这明显体现了自由的价值。联邦和州法院已经认可了维护地方自治的目标，认为地方自治是合乎"合理性基础检验"的合法利益。20 世纪七八十年代的教育财政改革运动，鼓励各个州采纳强调平等胜过强调自由的财政计划。但是，这一运动也消除了学区自治的许多好处。沃德（Ward，1990）认为，地方投票者拥有很少的自由裁量权，并且教育项目变得更加标准化："教育财政改革的净效应增加了决策的集权化和官僚化，而不是加强了公共决策中的民主参与"(p.246)。作为对这次运动的回应，20 世纪八九十年代，各州把教育决策的控制权交回给学校员工、社区和家庭（见第 14、第 15 章）。但是，我们前面已经指出：伴随着州和国家评估，标准化运动对财政结构的司法审查有重要意义，审查主要涉及使地区所有学生都能达到高绩效水平的立法要求。

在财政中性要求下，加利福尼亚、得克萨斯和堪萨斯州法院宣称，学生接受的教育的质量是整个州财富的函数，而不是其他地区财富的函数。为了达到财政中性目标，立法机关可以选择地区教育经费支出完全均等的方案。但是，如果选择相同努力水平的地区具有相同的总的生均可得收入，那么财政中性原则容许税收努力和支出水平之间存在差异。改革者已经发展了一个模型，同时将财政中性和地方自治目标纳入其中。例如，无论是贫困还是富裕地区，如果具有相同的生均支出期望，那么，它们应该征收相同比例的财产税，因此，州政府为各地区提供了不等的资助，以帮助它们达到期望的支出水平。在这一计划下，各地区之间的总费用不同。但由于州使地方财富均等化，财政制度还是财政中性的，因此总费用的差距仅仅是地方对教育项目进行决策的函数。

得克萨斯州最高法院在 Edgewood 案（1991）的审理中得出这样的结论：在一个均等化财政政策的范围内鼓励地方自治，公平和效率目标都能实现。同样，1994年，堪萨斯州法院根据完全财政中性原则作出判决，支持了立法机构的计划。但是，支出绝对均等并不是州实现财政中性目标的必要条件。传统上，财富和教育总支出具有直接关系，政策仅仅需要改变这一点。

4. 在缺乏促进平等、效率和充分性的立法行动时，法院可能会担当一个更积极的角色。

当新泽西和得克萨斯州的立法机关未在满足标准的财政计划上达成一致意见时，最高法院威胁要停止为教育提供财政资助，直到政策制定者解决这一问题。针对法官日益增多的积极行为和法庭在政策辩论中的主动角色，莱纳（Lehne，1978）讨论了 Robinson 案的判决。

> 传统上，法院判决是用否定的陈述取缔特殊行动；近几十年来，法院更频繁地要求政府采取积极的行动，以实现特殊目标。现在，司法更倾向于要求行政部门、立法机关和公众来处理问题，但同样给它们一些不确定的、决定如何解决问题的自由空间。(p. 16)

博斯沃恩（Bosworth，2001）认为，在得克萨斯、肯塔基和北达科他州的政策修订中，州法院充当了政策制定者的角色。他根据司法激进主义描述了法院角色的特征。

> "司法激进主义者"将他们的职能看成是通过法律促进大众利益……他们不需要将他们的行动局限在发现宪法的错误上；这些法官们更倾向于为这些错误设计完整的纠正方案。(p. 3)

相反，"司法抑制主义者"则认为：法院的恰当作用是解释法律，并将其尽可能紧密地应用在法庭上。抑制主义者批评激进主义者用自己的政策判断代替被选举出来的立法者的判断。

法院变得越来越主动，在最近的教育财政诉讼案件中，一些法院已经在制定标准以及设计修改方案中担当了重要角色。这种日益增多的激进行为可能是与要求平等对待、全面、效率或者充分性的宪法语言的模糊有关。这也可能是对立法机构抵制改革以及协商、妥协倾向的一种反应。新泽西州法院设计了一种纠正方案，这一方案要求为城市学区拨付实质性补偿资金，以提供满足充分性要求的教育。更具有戏剧性的是，亚拉巴马、西弗吉尼亚和肯塔基州的判决表明，除了财政计划外，法院的意图还包括实现教育治理结构和教育供给的变革，让学生达到学术成绩标准。安德伍德（1994）总结道：由于解释模糊的宪法语言的回旋余地很大，特别是宪法教育条款，这允许了司法激进主义者的积极行为，给予法院"为达到法院本身希望的改革目的而解释宪法语言的自由"（p. 157）。

在肯塔基、新泽西、得克萨斯以及其他州，政府部门之间权力的平衡似乎已经转移到了法院。然而，立法者有机会也有责任制定教育政策，确保所有地区的学生，不论财富多少，都能参与充分性教育项目，并且取得高成绩。

293

总　结

在判断财政政策是否符合法律要求时，法院扮演了重要角色。因此，它们在促进教育财政政策改革中起了重要作用。对保证平等保护以及规定教育立法机构职责的宪法条款的解释，为未来政策发展确立了标准。20 世纪六七十年代，联邦法院的判决和国会采取的行动（关注的焦点是平等的受教育机会）导致了对教育财政制度的讼诉。当原告请求联邦法院审查财政政策被拒绝后，他们转向了州法院。

州法院对平等保护条款的不同解释，部分取决于对适当水平司法分析的选择。如果公共教育是一项基本权利，或者不平等是由以财富为基础的"嫌疑分类"造成的结果，在这些前提下，应该适用"严格审查检验"进行分析。这种分析给州带来了沉重的负担，它们需要判断学区间的差异是否正当。但是，州政府在比较宽松的"合理性基础检验"中取得了更大成功。它们经常证明，财政制度的不平等与合法目标有关，譬如维持地方对教育决策的控制。

司法审查也可能会依据州宪法的教育条款。这些条款通常要求州建立和维持一致、全面、有效率和充分性的公共教育制度。对这些规定的解释也发生了变化，从单纯决定不平等支出的程度发展到了对充分性的判断。充分性是指让学生都能得到课程标准要求的可用资源、项目、设备设施等。在界定与满意标准有关的学生成绩期望中，法院的作用扩大了，近年来对州政策的审查体现了这一点。而且，法院将宪法条款解释为：明确立法机关的职责是建立资金筹措拨付机制、提供充分性资源，以确保所有学生都达到这一标准。当一些州法院被要求审查财政政策时，它们的最终结论都是整个教育体制不符合宪法。

司法审查是决定财政制度是否符合平等和效率目标的一种途径。在下一章，我们将继续考察平等和效率，但将从政策分析者的角度对此进行分析。

注　释

[1] 我们所用的**标准**（criteria）术语，通常是指司法标准（judicial standard）。通过这种方式，我们区别了以下两个标准：法院审查中使用的源于宪法条款的标准（criteria），描述学生成绩期望所使用的"标准"（standard）。

[2] 文章没有涉及的州最高法院的判决包括：1996年伊利诺伊州的教育权利委员会诉埃德加案（*Committee for Educational Rights v. Edgar*）；1995年缅因州的教育管理学区诉委员案（*School Administrative District v. Commissioner*）；1989年蒙大拿州的海伦娜诉州案（*Helena v. State*）；1993年内布拉斯加州的古德诉奥利案（*Gould v. Orr*）；1993年、1997年新罕布什尔州的克莱尔蒙特诉州长案（*Claremont v. Governor*）；1997年北卡罗来纳州的黎珠诉州案（*Leandro v. State*）；1987年俄克拉何马州的教育财政公平委员会诉州案（*Fair School Finance Council v. State*）；1974年华盛顿州的诺思肖尔诉金尼尔案（*Northshore v. Kinnear*）以及1978年华盛顿州的西雅图诉州案（*Seattle v. State*，1978）。

思考与活动

1. 查找本文引用的至少两件司法审查的原始报告（见参考文献）。分析一个支持原告的判决和一个支持州财政制度的判决。对比法院的判决及其建立的原则。如果在平等保护条款下，经费的不平等支出受到质疑，讨论被认为是恰当的审查标准。如果教育条款受到质疑，确定法院如何运用"一致"、"效率"和/或者"充分性"标准以形成这一判决。

2. 在一个选定的州的教育政策发展中，立法机关和法院分别担当什么角色？针对一个对财政体制的实际诉讼或者将来可能的诉讼，拜访几个有关人员，阅读有关研究情况的说明。当原告对州政策提出质疑的时候，立法机构是否颁布法令，对判决或者改革压力作出回应？如果有，是什么样的法令？

3. 州标准和州评估对教育财政政策改革意味着什么？为所有学生提供平等和充分性的教育——这些政策使之成为立法责任了吗？

4. 预测未来10年法官在教育政策发展中的作用。把你的讨论同州法院的下列意愿联系起来：亚拉巴马和肯塔基州法院寻找公共教育制度不合宪法的主动性；宾夕法尼亚州法院寻找财政体制违背联邦《民事权利法案》的意愿；亚利桑那和俄亥俄州法院寻找设施的不均等也是充分性的一个重要方面的意愿。

参考文献

Abbeville County School District v. State, 515 S. E. 2d 535 (S. C. 1999).

Abbott v. Burke, 477 A. 2d 1278 (1984); 495 A. 2d 376 (1985); 575 A. 2d 359 (N. J. 1990); 643 A. 2d 575 (N. J. 1994); 693 A. 2d 417 (1997); 710 A. 2d 450 (N. J. 1998).

Adams, J. E. (1993, Spring). School finance reform and systemic school change: Reconstituting Kentucky's public schools. *Journal of Education Finance*, 18, 318—345.

Alexander, K. (1982). Concepts of equity. In W. W. McMahon & T. G. Geske (Eds.), *Financing education: Overcoming inefficiency and inequity* (pp. 193—214). Urbana: University of Illinois Press.

Anderson v. State, 723 A. 2d 1147 (Vt. 1998).

Bismarck Public School District No. 1 v. State, 511 N. W. 2d 247 (N. D. 1994).

Board of Education v. Walter, 390 N. E. 2d 813 (Ohio 1979); cert. denied, 444 U.

S. 1015 (1980).

Bosworth, M. H. (2001). *Courts as catalysts: State supreme courts and public school finance equity.* Albany, NY: State University of New York Press.

Bradford v. *Board of Education* (Md. Circuit Ct. 1996, unreported).

Brigham v. *State*, 692 A. 2d 384 (Vt. 1997).

Brown, P. R., & Elmore, R. F. (1982). Analyzing the impact of school finance reform. In N. H. Cambron-McCabe & A. Odden (Eds.), *The changing politics of school finance* (pp. 107 — 138). Cambridge, MA: Ballinger.

Brown v. *Board of Education*, 347 U. S. 483 (1954).

Burruss v. *Wilkerson*, 310 F. Supp. 572 (1969); Affirmed, 397 U. S. 44 (1970).

Buse v. *Smith*, 247 N. W. 2d 141 (Wis. 1976).

Campaign for Fiscal Equity v. *New York*, 719 N. Y. S. 2d 475 (N. Y. Sup. Ct. 2001).

Campbell County School District v. *State*, 907 P. 2d 1238 (Wyo. 1995).

Carrollton-Farmers Branch Independent School District v. *Edgewood Independent School District*, 826 S. W. 2d 489 (Tex. 1992).

Claremont School District v. *Governor*, 635 A. 2d 1375 (N. H. 1993); 703 A. 2d 1353 (N. H. 1997); 725 A. 2d 648 (N. H. 1998).

Clune, W. H. (1992, Spring). New answers to hard questions posed by *Rodriguez*: Ending the separation of school finance and educational policy by bridging the gap between wrong and remedy. *Connecticut Law Review*, 24, 721—755.

Coalition for Adequacy and Fairness in School Funding v. *Chiles*, 680 So. 2d 400 (Fla. 1996).

Coalition for Equitable School Funding, Inc. v. *State*, 811 P. 2d 116 (Or. 1991).

Committee for Educational Rights v. *Edgar*, 267 Ill. App. 3d 18 (Ill. 1994); 672 N. E. 2d 1178 (Ill. 1996).

Coons, J. E., Clune, W. H., & Sugarman, S. D. (1970). *Private wealth and public education.* Cambridge, MA: The Belknap Press of Harvard University Press.

Danson v. *Casey*, 399 A. 2d 360 (Pa. 1979).

DeRolph v. *State*, 677 N. E. 733 (Ohio 1997); 728 N. E. 2d 993 (Ohio 2000).

Dupree v. *Alma School District No. 30*, 651 S. W. 2d 90 (Ark. 1983).

Edgewood Independent School District v. *Kirby*, 777 S. W. 2d 391 (1989); 804 S. W. 2d 491 (Tex. 1991).

Edgewood Independent School District v. *Meno*, 893 S. W. 2d 450 (Tex. 1995); 917 S. W. 2d 717 (Tex. 1995).

Fair School Finance Council of Oklahoma v. *State*, 746 P. 2d 1135 (Okla. 1987).

Fuhrman, S. (1978, Fall). The politics and process of school finance reform. *Journal of Education Finance*, 4, 158—178.

Gehring, J. (2002, July 10). N. Y. appeals court rebuffs lower court's school aid ruling. *Education Week*, 21, 16.

Goertz, M. (1981). School finance reform and the cities. In K. F. Jordan & N. H. Cambron-McCabe (Eds.), *Perspectives in state school support programs* (pp. 113—142). Cambridge, MA: Ballinger.

Goertz, M. E. (1993, Spring). School finance reform in New Jersey: The saga continues. *Journal of Education Finance*, 18, 346—365.

Goertz, M., & Edwards, M. (1999). In

search of excellence for all: The courts and New Jersey school finance reform. *Journal of Education Finance*, 25, 5—32.

Gould v. *Orr*, 506 N. W. 2d 349 (Neb. 1993).

Helena Elementary School District No. 1 v. *State*, 769 P. 2d 684 (Mont. 1989).

Henderson, R. L. (1991, Fall). An analysis of selected school finance litigation and its impact upon state education legislation. *Journal of Education Finance*, 17, 193—214.

Hickrod, G. A., Hines, E. R., Anthony, G. P., Dively, J. A., & Pruyne, G. B. (1992, Fall). The effect of constitutional litigation on education finance: A preliminary analysis. *Journal of Education Finance*, 18, 180—210.

Hornbeck v. *Somerset County Board of Education*, 458 A. 2d 758 (Md. 1983).

Horton v. *Meskill*, 376 A. 2d 359 (Conn. 1977); 445 A. 2d 579 (Conn. 1982); 486 A. 2d 1099 (Conn. 1985).

Hull v. *Albrecht*, 950 P. 2d 1141 (Ariz. 1997); 960 P. 2d 634 (Ariz. 1998).

Idaho Schools for Equal Educ. Opportunity v. *Evans*, 850 P. 2d 724 (Idaho 1993).

Idaho Schools for Equal Educ. Opportunity v. *State*, 976 P. 2d 913 (Idaho 1998).

King, R. A., & Mathers, J. (1997, Fall). Improving schools through performance-based accountability and financial rewards. *Journal of Education Finance*, 23, 147—176.

Koski, W. S., & Levin, H. M. (2000). Twenty-five years after Rodriguez: What have we learned? *Teachers College Record*, 102, 480—513.

Kukor v. *Grover*, 436 N. W. 2d 568 (Wis. 1989).

Lau v. *Nichols*, 414 U. S. 563 (1974).

Leandro v. *State*, 488 S. E. 2d 249 (N. C. 1997).

Lehne, R. (1978). *The quest for justice: The politics of school finance reform.* New York: Longman.

Levittown Union Free School District v. *Nyquist*, 408 N. Y. S. 2d 606 (Sup. 1978); Affirmed, 443 N. Y. S. 2d 843 (App. Div. 1981); Reversed, 453 N. Y. S. 2d 643 (Ct. App. 1982); cert. denied, 459 U. S. 1139 (1983).

Lujan v. *Colorado State Board of Education*, 649 P. 2d 1005 (Colo. 1982).

Marrero v. *Commonwealth of Pennsylvania*, 709 A. 2d 956 (Pa. Cmwlth. 1998).

Matanuska-Susitna Borough School District v. *State*, 931 P. 2d 391 (Alaska, 1997).

McCarthy, M. M. (1981). Adequacy in educational programs: A legal perspective. In K. F. Jordan & N. H. Cambron-McCabe (Eds.), *Perspectives in state school support programs* (pp. 315 — 351). Cambridge, MA: Ballinger.

McDaniel v. *Thomas*, 285 S. E. 2d 156 (Ga. 1981).

McDuffy v. *Secretary of the Executive Office of Education*, 615 N. E. 2d 516 (Mass. 1993).

McInnis v. *Shapiro*, 293 F. Supp. 327 (1968); Affirmed, *McInnis* v. *Ogilvie*, 394 U. S. 322 (1969).

McUsic, M. (1991, Summer). The use of education clauses in school finance reform litigation. *Harvard Journal on Legislation*, 28, 307—340.

Mills v. *Board of Education of the District of Columbia*, 348 F. Supp. 866 (1972).

Minorini, P. A., & Sugarman, S. D. (1999). Educational adequacy and the courts: The promise and problems of moving to a new paradigm. In H. F. Ladd, R. Chalk, and J. S. Hansen (Eds.), *Equity and ade-*

quacy in education finance: Issues and perspectives (pp. 175 — 208). Washington, DC: National Academy Press.

Moran, M. (1999). Standards and assessments: The new measure of adequacy in school finance litigation. *Journal of Education Finance*, 25, 33—80.

Northshore School District No. 417 v. Kinnear, 530 P. 2d 178 (Wash. 1974).

Olsen v. State, 554 P. 2d 139 (Or. 1976).

Opinion of the Justices, consolidation of Alabama Coalition for Equity v. Hunt and Harper v. Hunt, 624 So. 2d 107 (Ala. 1993); affirmed, 713 So. 2d 869 (Ala. 1997).

Papasan v. Allain, 478 U. S. 265 (1986).

Pauley v. Bailey, 324 S. E. 2d 128 (W. Va. 1984).

Pauley v. Kelly, 255 S. E. 2d 859 (W. Va. 1979).

Plyler v. Doe, 457 U. S. 202 (1982).

Powell v. Ridge, 189 F. 3d 387 (3rd Cir. 1999).

Reform Educational Financing Inequities Today (R. E. F. IT.) v. Cuomo, 578 N. Y. S. 2d 969 (Sup. 1991); 655 N. E. 2d 647 (NY 1995).

Richland County v. Campbell, 364 S. E. 2d 470 (S. C. 1988).

Robinson v. Cahill, 303 A. 2d 273 (N. J. 1973); 306 A. 2d 65 (N. J. 1973); cert. denied, 414 U. S. 976 (1973); 335 A. 2d 6 (N. J. 1975), 335 A. 2d 129 (N. J. 1976).

Roosevelt Elementary School District v. Bishop, 877 P. 2d 806 (Ariz. 1994).

Rose v. Council for Better Education, 790 S. W. 2d 186 (Ky. 1989).

San Antonio Independent School District v. Rodriguez, 411 U. S. 1 (1973).

Scott v. Commonwealth, 443 S. E. 2d 138 (Va. 1994).

School Administrative District No. 1 v. Commissioner, 659 A. 2d 854 (Me. 1995).

School Board of the Parish of Livingston v. Louisiana State Board of Education, 830 F. 2d 563 (5th Cir. 1987).

Seattle School District No. 1 of King County v. State, 585 P. 2d 71 (Wash. 1978).

Serrano v. Priest, 487 P. 2d 1241 (1971); 557 P. 2d 929 (1976); 226 Cal. Rptr. 584 (Cai. App. 1986).

Sheff v. O'Neill, 678 A. 2d 1267 (Conn. 1996).

Shofstall v. Hollins, 515 P. 2d 590 (Ariz. 1973).

Skeen v. state, 505 N. W. 2d 299 (Minn. 1993)

Sparkman, W. E. (1983). School finance litigation in the 1980s, In S. B. Thomas, N. H. Cambron-McCabe, & M. M. McCarthy (Eds.), *Educators and the law: Current trends and issues* (pp. 96 — 108). Elmont, NY: Institute for School Law and Finance.

Sparkman, W. E. (1994, May). The legal foundations of public school finance. *Boston College Law Review*, 35, 569—595.

Sweetland, S. R. (2000). School finance reform: Factors that mitigate legal initiatives. *Journal of Education Finance*, 26, 87—101.

Tennessee Small School Systems v. McWherter, 851 S. W. 2d 139 (Tenn. 1993); 984 S. W. 2d 734 (Tenn, 1995).

Thompson v. Engelking, 537 P. 2d 635 (Idaho 1975).

Tucker v. Lake View School District, 917 S. W. 2d 530 (Ark. 1996).

Underwood, J. K. (1989, Winter), Changing equal protection analyses in finance equity litigation. *Journal of Education Finance*, 14, 413—425.

Underwood, J. K. (1994, Fall). School finance litigation: Legal theories, judicial activism, and social neglect. *Journal of Education Finance*, 20, 143—162.

Underwood, J. K., & Sparkman, W. E. (1991, Spring). School finance litigation: A new wave of reform. *Harvard Journal of Law & Public Policy*, 14, 517—544.

Unified School District No. 229 v. *Kansas*, 885 P. 2d 1170 (Kan. 1994); cert. denied, 515 U. S. 1144 (1995).

VanDusartz v. *Hatfield*, 334 F. Supp. 870 (D. Minn. 1971).

Vincent v. *Voight*, 614 N. W. 2d 388 (Wis. 2000).

Ward, J. G. (1990). Implementation and monitoring of judicial mandates: An in-terpretive analysis. In J. K. Underwood & D. A. Verstegen (Eds.), *The impacts of litigation and legislation on public school finance: Adequacy, equity, and excellence* (pp. 225 — 248). New York: Harper & Row.

Washakie County School District No. 1 v. *Herschler*, 606 P. 2d 310 (Wyo. 1980); cert. denied, 449 U. S. 824 (1980).

Wood, R. C. (1995). Adequacy issues in recent education finance litigation. In W. J. Fowler (Ed.), *Developments in school finance* (pp. 29 — 37). Washington DC: U. S. Government Printing Office.

Woodahl v. *Straub*, 520 P. 2d 776 (Mont. 1974).

第**11**章

从充分性角度考察公平

议题和问题

- **公平且有效率地达到高的标准**：促进教育资源分配和教育成果实现更高的 *297*
公平和充分性，需要在学校管理和财政方面作出怎样的改变？
- **公平的定义**：今天，公平的含义是什么？公平的含义是怎样发展到包含充
分性概念的？
- **公平和充分性分析**：公平研究关注的是哪些群体？公平研究应该包含什么
样的目标？公平研究的指导原则是什么？公平是如何测量的？在考虑到充
分性时，公平的测量是如何变化的？
- **教育财政公平和充分性研究**：对州、地区初等和中等教育以及学区内教育
资源的分配，是怎样做到公平和充分性的？州、地区基础教育以及学区内
教育的产出分配是如何实现公平和充分性的？

    法院是在宪法和法令权威授权的范围内评估社会政策的正规机构。在上一章， *298*
我们考察了美国法院对教育财政政策所作出的评价：在这些评价中，公平和充分性
（最近）是第一位的，但这并不排除对其他标准的关注。这一章，我们将从政策制
定者和分析者的角度来分析这些紧密相关的概念；从政策制定者和分析者的角度分
析，并不局限在司法审查的范围和程序上（但是，这些研究发现也常被作为司法审
查的证据）。

    与自由和博爱一样，在第1章中我们将公平描述为一种影响教育财政决策的道
德价值。平等是指同样的状态、同样的理想或者同样的品质，如享有平等的社会、
政治和经济权利。因此，平等是广义的公平。对于平等，莫里斯是这样定义的：
"正义、公平、公正的状态、理想或者特征"（Morris，1969，p. 443）。这一章，我
们运用公平术语来代替平等，因为在涉及公共政策时，这更加准确。

    自从1983年《国家处于危难之中：教育改革的紧迫性》发表后，政策分析者、
政策制定者以及法院越来越认识到，资源分配的均等不能消除种族和社会经济群体
之间成就的差异（如果平等分配的资源数量不能达到提供消除这一差距所需的教育
资源的话）。因此，人们开始从充分性角度来考虑平等问题。在第10章，我们是这
样定义充分性的，充分性是指满足某一特定目的的充足的状态。格思里和罗恩坦将
充足和充分性结合在一起，给出了精确的解释："保证学生有机会获得适当知识技

能水平的充足资源"(Guthrie & Rothstein, 2001, p. 103)。

我们首先考察导致美国公共教育资源分配、结果不公平的体制原因,由此开始对公平进行讨论。然后,我们在教育行业内建立了一个研究公平的理论模型,运用的工具是以往经验研究中也普遍运用的。最后,我们回顾总结了一些运用这些工具以及其他方法进行分析的公平研究。本章结尾考虑了充分性问题(充分性被认为是公平的理想状态)。

不公平的根源

很多国家已经在国家水平上建立了教育体制。在美国,我们选择将教育公民的责任赋予各个州。所有州(夏威夷除外)都选择承担有限监督者角色,并建立学区(大约有 12 000 个)运行管理公共教育,同时为公共教育筹集部分资金。

在对美国公共教育的批评性分析中,莫里森(1943)轻蔑地提到它的体制是"后期新英格兰殖民地的体制"(p. 258),描述学区是"每个交叉路口的一个小的共和国"(p. 75)。莫里森关注的是美国公共教育体制的性质——极端的分权化——这在世界教育体制中是独一无二的。美国的这种体制既有优势又有劣势。

在调动选民积极性、调整课程和教学内容、适应选民多样化的需求方面,分权化体制相对于高度集权化官僚体制更具有优势。但是,分权化体制具有不公平的倾向,在这种体制下提供的服务质量会不同。在分权化体制下,好学校变得更好;但是,这样一种体制也会产生非常差的学校。因此,需要更高一级的政府——州或者联邦——干预来产生更大程度的公平,制定最小的可以被接受的社会标准。自莫里森的观察报告后,在过去 50 年中这种干预经常发生。

最初,人们主要通过地方财产税为普通教育学校融资,辅以自愿捐献以及一些州政府的补贴。1920 年,83%的初、中级教育资金是由地方筹集的;联邦政府提供的资金不到 1%,余下的 16.5%来自州政府(NCES, 1999, p. 50)。现在,来自州政府的资金收入大约占到教育总支出的 50.7%,联邦份额接近 6.9%,还有大约42.4%由地方提供。地方提供的经费的主要来源仍然是财产税。

正如我们在前几章所看到的,联邦资金大部分以专项资助项目的形式提供。这种资助方式将货币和项目导向满足"处于危险中"的儿童的需求。"处于危险中"的儿童包括那些有资格获得补偿性阅读和数学教育的儿童,也包括那些残疾儿童。州有时也使用专项资金的形式拨款。然而,大部分资金被作为一般均等化补助(为了在一定程度上弥补地区可征税财富的差异,补助分配与地区税收能力成反比)分配到学区。

尽管我们努力均等学区可得资源,但是,学区间仍然存在极大的不均等。表11—1 给出了 1995 年各州的学区生均经费支出的四分位数分布情况。每个州内生均经费支出的极差不同,极差最大的是纽约州的学区(27 726 美元),最小的是特拉华州的学区(1 093 美元)。表中没有包括夏威夷州,因为夏威夷州没有学区,是按州的体制运作的。除特拉华、印第安纳州外,其他州第三个四分位数支出与最高支出之间的差异,大于第一和第三个四分位数之间的差异。这些差异表明,最大的不均等是由相对税基较大的少数高支出地区引起的。州平等政策的目标主要是针对财富以及低财富地区。

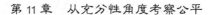

表 11—1 　　　　　　　　各个州生均经费支出四分位表格 　　　　（单位：美元） *299*

州	学区数	最低值	第一个四分位值	中位数	第三个四分位值	最高值	平均值	极差
亚拉巴马	127	2 680	3 031	3 262	3 557	5 618	3 347	3 138
阿拉斯加	51	5 750	5 924	6 319	7 057	23 571	7 516	17 821
亚利桑那	207	2 861	3 579	3 700	4 061	10 826	3 933	7 965
阿肯色	310	2 727	3 142	3 372	3 632	7 253	3 471	4 526
加利福尼亚	976	2 808	4 062	4 403	4 845	17 933	4 488	15 125
科罗拉多	174	3 556	4 197	4 528	4 743	12 184	4 609	8 628
康涅狄格	166	5 412	6 655	7 121	7 747	10 851	7 340	5 439
特拉华	16	4 909	5 285	5 543	5 786	6 002	5 556	1 093
佛罗里达	67	3 868	4 359	4 584	5 035	5 943	4 688	2 075
佐治亚	180	2 859	3 691	4 012	4 266	6 194	4 150	3 335
爱达荷	109	2 652	2 984	3 236	3 686	10 250	3 349	7 598
伊利诺伊	902	2 342	3 652	4 434	5 025	11 740	4 635	9 398
印第安纳	28	3 430	4 553	4 773	5 104	5 785	4 836	2 355
艾奥瓦	380	3 441	4 132	4 393	4 623	8 891	4 440	5 450
堪萨斯	304	2 901	4 080	4 573	4 823	11 054	4 544	8 153
肯塔基	NA	NA	NA	NA	NA	NA	NA	NA
路易斯安那	66	2 976	3 738	4 112	4 379	6 332	4 107	3 356
缅因	223	2 524	4 439	4 779	5 154	9 968	4 880	7 444
马里兰	24	4 931	5 155	5 603	5 996	7 419	5 822	2 488
马萨诸塞	295	3 078	4 537	5 063	5 938	12 669	5 362	9 591
密歇根	554	1 759	4 038	4 735	5 478	10 600	4 896	8 841
明尼苏达	341	2 810	4 507	4 894	5 423	12 233	5 050	9 423
密西西比	152	2 049	2 816	2 985	3 281	4 954	3 056	2 905
密苏里	527	2 331	3 271	3 769	4 329	10 300	4 152	7 969
蒙大拿	455	2 286	3 500	3 926	4 784	21 774	4 473	19 488
内布拉斯加	641	1 909	4 129	4 761	5 208	15 844	4 762	13 935
内华达	NA	NA	NA	NA	NA	NA	NA	NA
新罕布什尔	160	3 398	4 482	5 052	5 870	10 711	5 228	7 313
新泽西	551	3 976	6 431	7 059	8 001	14 691	7 254	10 715
新墨西哥	89	3 007	3 378	3 803	3 842	9 984	3 788	6 977
纽约	685	5 066	6 923	6 923	7 959	32 792	7 625	27 726
北卡罗来纳	116	3 453	3 870	4 135	4 293	5 537	4 151	2 084
北达科他	228	2 616	3 448	3 791	4 179	19 930	3 929	17 314
俄亥俄	610	2 543	3 702	4 330	5 266	15 000	4 576	12 457
俄克拉何马	542	2 798	3 279	3 493	3 863	12 429	3 615	9 631
俄勒冈	240	3 296	4 596	4 966	5 547	18 750	5 155	15 454

300

续前表

州	学区数	最低值	第一个四分位值	中位数	第三个四分位值	最高值	平均值	极差
宾夕法尼亚	NA	NA	NA	NA	NA	NA	NA	NA
罗得岛	35	4 816	5 652	5 810	5 997	10 405	5 866	5 589
南卡罗来纳	91	3 351	3 744	3 869	4 179	7 145	4 007	3 794
南达科他	173	3 135	3 502	3 852	4 205	11 343	4 039	3 208
田纳西	137	2 173	2 943	3 220	3 788	5 472	3 366	3 299
得克萨斯	1 042	2 733	3 622	3 882	4 089	14 786	3 935	12 053
犹他	40	2 583	2 728	2 868	2 950	7 292	2 967	4 709
佛蒙特	238	2 991	4 987	5 612	6 439	14 667	5 793	11 676
弗吉尼亚	133	3 657	4 070	4 482	5 331	8 660	4 806	5 003
华盛顿	55	3 953	4 191	4 284	4 519	5 830	4 343	1 877
西弗吉尼亚	296	3 500	4 655	4 843	5 113	23 000	4 957	19 500
威斯康星	425	3 693	5 136	5 540	6 207	10 214	5 667	6 521
怀俄明	49	4 687	4 858	5 043	5 297	19 475	5 395	14 788

资料来源：National Center for Education Statistics. State Equity Calculator ＜http：//216. 181. 15/ecalc/EcalaWeb。

表 11—1 还表明，在中、低支出水平学区间的均等化中，一些州相对其他州做得较好。在阿肯色和犹他州，生均支出第一个四分位数与第三个四分位数的差距不到 500 美元。相反，新泽西和俄克拉何马州则高达 1 500 美元。

为了说明学区间不平等的差异，表 11—2 提供了纽约大都市城区的学区人口及财政特征的信息。数据表明，不公平是由小学区的增多引起的（纽约是美国人口最密集的地区之一）。这些学区的学生数从最多的纽约市（NYC）的 1 000 000 人以上到最少的科尔德斯普林（Cold Spring）的 1 879 人不等。科尔德斯普林没有不精通英语（LEP）的学生，并且只有 0.1% 的学生享有免费或者减价的午餐。而邻近的亨普斯特德（Hempstead）有 16.4% 的不精通英语的学生，并且 88.5% 的学生享有免费或者减价的午餐；纽约市的数据分别为 16.7% 和 74.8%。休学率从弗农山城（Mt. Vernon）的 11.2% 到加登（Garden）的 0.3% 不等。

罗斯福学区 78% 的人口是非洲裔美国人，18% 是西班牙裔或者是拉美裔。不远的加登市 95% 是白人，0.5% 是非洲裔美国人，3.2% 是西班牙裔或者拉美裔。纽约市 77% 的人是少数民族，其中 34% 是西班牙裔或者拉美裔，8.8% 是亚裔。纽约市公共教育人口更多的是少数民族（表 11—2 中没有显示），18% 是白人和非西班牙后裔，37% 是非洲裔美国人，36% 是西班牙裔，还有 9% 是其他血统。只有塞万哈克（Sewanhaka）的人口分布反映了整个地区的分布。在这些情况下，作为社会综合一体的机构，普通学校的理想很难实现。

教育财政供给反映了学区间人口特征的差异。纽约市生均支出 9 034 美元，是都市学区中最低的；而富裕的大颈市（Great Neck）生均支出接近纽约市的两倍，达到 17 119 美元。查帕阔（Chappaqua）和科尔德斯普林的支出也至少比纽约市多50%。对贫困学区较高的州补助，不足以让它们的支出达到与邻近富裕学区可比的水平。纽约市生师比为 16.8，是区域最高的；相比纽约市，大颈市的生师比为11.4。最富裕学区能将它们 2/3 的支出用在薪金和薪水上，相比之下纽约市只有 53.1%。

表 11—2

纽约大都市城区选定学区的学生和学区特征

项目	学区											
	New York City	Chappaqua	Cold Spring	Garden City	Great Neck	Hempstead	Malverne	Mt. Vernon	Roosevelt	Scarsdale	Sewanhaka	Yonkers
在校生[a]	1 075 710	3 783	1 879	3 701	6 049	6 760	1 839	10 488	3 052	4 278	7 603	25 889
生均支出（美元）[b]	9 034	14 193	13 596	12 735	17 119	11 229	12 400	10 547	11 949	13 104	10 904	10 868
生师比[a]	16.8	13.2	13.6	13.2	11.4	16.3	12.6	16.2	14.5	13.1	16.1	14.6
学区来自联邦的经费所占比例[b]	11.0	0.4	0.7	0.6	0.9	4.5	1.7	4.8	5.1	0.4	1.5	6.2
学区来自州的经费所占比例[b]	42.1	7.8	7.7	6.6	6.2	40.2	18.9	42.5	60.0	6.9	16.6	34.8
学区来自本地的经费所占比例[b]	46.9	91.8	91.6	92.8	92.9	55.3	79.3	52.7	34.9	92.7	81.90	59.1
学区的工资支出所占比例[b]	53.1	59.8	63.6	66.3	66.3	59.4	62.9	60.0	59.3	66.2	65.3	60.3

302

续前表

项目	学区											
	New York City	Chappaqua	Cold Spring	Garden City	Great Neck	Hempstead	Malverne	Mt. Vernon	Roosevelt	Scarsdale	Sewanhaka	Yonkers
白人比例[c]	34.0	92.0	95.2	94.9	82.2	19.0	50.8	18.4	8.0	83.3	62.0	44.8
黑人或非洲裔美国人比例[c]	32.0	1.0	0.4	0.5	2.3	55.6	38.5	68.5	78.1	1.3	20.1	23.4
亚裔比例[c]	8.8	5.5	2.9	3.0	10.5	0.8	2.4	1.8	0.3	12.5	9.5	5.2
其他民族比例[e]	18.7	0.5	0.3	0.6	2.2	19.5	4.6	6.3	9.3	0.4	4.7	20.6
西班牙裔或拉丁美裔比例[d]	34.0	2.0	2.6	3.2	6.2	38.1	10.3	12.9	18.3	2.5	11.9	37.0
18岁以下人口少数民族总比例[d]	77.0	10.0	7.0	7.7	21.6	95.7	53.9	86.4	98.2	18.9	44.5	67.7
入学率[e]	86.5	96.0	95.0	96.0	95.0	90.0	95.0	92.0	93.0	97.0	95.0	89.0
延迟率[c]	3.2	1.0	1.4	0.3	1.7	7.1	10.2	11.2	8.5	0.5	7.1	9.1

续前表

项目	New York City	Chappaqua	Cold Spring	Garden City	Great Neck	Hempstead	Malverne	Mt. Vernon	Roosevelt	Scarsdale	Sewanhaka	Yonkers
						学区						
辍学率[e]	5.8	0.0	0.5	0.2	0.2	4.5	0.7	1.8	4.1	0.4	0.4	3.2
英语所受限制的比例[c]	16.7	1.6	0.0	0.9	4.7	16.4	3.4	7.8	6.0	4.1	2.2	16.4
享有免费或者减价免餐者的比例[e]	74.8	0.6	0.1	0.2	7.2	88.5	17.5	43.8	52.4	0.0	7.5	62.5

a 1999—2000学年。
b 1995—1996学年。
c 18岁以下总人口，美国联邦人口普查局2000年数据。
d 18岁以下人口占总人口的比例，美国联邦人口普查局数据。
e 1997—1998学年学区报告。

a,c,d 资料来源：National Center for Education Statistics, School District Demographics System, 2001。
b 资料来源：National Center for Education Statistics Common Core of Data (CCD), School Years 1993—1994 through 1997—1998。
e 资料来源：New York State District Report Card。

公平的维度

301

这部分我们将为考察公平问题打下理论基础。我们将介绍一个划分哲学因素和政治因素的模型。接下来在建立一个分析框架的过程中，我们将介绍另一个划分各种方法论因素的模型。

哲学和政治维度

图 11—1 给出了一个改编的由亚历山大建立的模型（1982），在这一模型中，亚历山大把公平的哲学维度和法律维度予以调整，以适应教育财政实践以及政策执行所需的一定程度的政府介入。公平定义的范围是从政治保守主义到政治自由主义的连续统一体。公平维度包括交换公平（commutative equity）、分配公平（distributive equity）、补偿公平（restitution equity）以及结果公平（outcome equity）。教育财政政策及实践与每一个维度都有联系。

交换公平仅以独立财产权为基础，赋予一个人对一些东西的权利；同时，不改变由市场产生的分配结果。这种哲学不支持政府对教育财政的任何干预。但是，在

304

政府的一些干预是不可避免的情况下，支持交换公平的人坚持在利用地方税税基中确保最大可能的地方自主。这一政策将我们在连续统一体上的注意力转移到分配公平上。

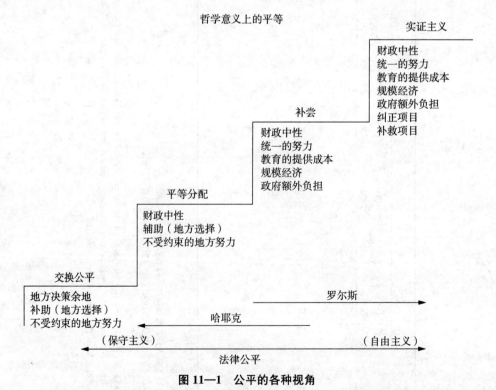

图 11—1 公平的各种视角

资料来源：Adapted from K. Alexander，(1982)．"Concepts of Equity ．" In W. W. McMahon and T. G. Geske (Eds.)，*Financing Education：Overcoming Inefficiency and Inequity* (pp. 193－214)．Urbana：University of Illinois Press，p. 211．Reprinted by permission．

分配公平关注的是修正由政府政策引起的不公平。这种方法与教育财政有直接关系，因为教育不公平的主要来源是学区税基差异所造成的税收收入的差异，而这一差异是由州政府建立的学区结构决定的。站在这一立场上的人会支持财政中性观念，尤其当其体现在不约束地方努力程度的税基均等化公式中时，这些人更是如此。

　　补偿公平支持修正不公平情况，这些不公平情况是由社会经济环境造成的，同时也是由政府行为造成的。除财政中性外，接受这一观点的人也支持这样的公共政策，即统一一致的税收努力，并且根据地区成本差异、规模经济以及城市负担过重进行调整。从这个角度看，完全由州提供经费是一个可以接受的公共教育融资办法。 305

　　实证公平引入了儿童教育需求概念。持这种观点的人认为，旨在帮助具有最少优势的人的政府干预是正当的、合理的。这种方法要求唯一的、高成本的修正补偿项目应当完全由政府来提供资金。为了达到这一公平水平，亚历山大（1982）认为，一个理想的教育财政模式应当具有如下特性：为基础教育项目提供的资金应该满足充分性要求，各学区的纳税能力应该完全均等化，统一一致的税收努力，以及为纠正、补偿教育项目制定补充标准。后者可能会包括将学校和社会服务联系在一起的项目。将学校和社会服务联系在一起，是为了加强家庭应对社会和环境因素的能力（Adler & Gardner，1994；Dryfoos，1994；Howe，1993；Kirst，1994；Zigler & Finn-Stevenson，1994）。

　　随着时间的推移，特别是近期，政策制定者和分析者的兴趣逐渐从交换公平转向实证公平。目前的教育改革运动是 20 世纪 80 年代开始的，此前在教育改革的焦点是平等分配和补偿公平。在目前教育改革运动的早期阶段，人们很少关注公平问题。早期的改革者对是否能同时满足公平和效率的社会目标感到迷茫。

　　20 世纪 90 年代，在新泽西、得克萨斯、肯塔基和西弗吉尼亚州法院判决的鼓舞下，情况发生了决定性的变化（Hirth，1994；Ladd & Hansen，1999；Guthrie & Rothstein，2001）。在许多案件中，法院判决（第 10 章作了充分描述）认为：州教育财政计划和方案既不公平也不满足充分性要求，州教育财政计划违背了各州的宪法。在肯塔基州的案件中，法院宣判，不只是教育财政拨款方案，甚至州的整个教育治理结构都是无效的。现在，新达成一致的社会共识似乎是，要建立针对所有儿童的高的基本（最低）成绩目标（Clune，1994）。很明显，其强调的重点是实证公平，与实证公平相伴随的是州和联邦政府更高程度的介入。

技术维度

　　伯恩和斯蒂菲尔（Berne & Stiefel，1984，1992，1994）已经从政策分析者的角度对教育财政公平进行了研究。他们围绕以下四个问题展开分析：

　　1. 教育财政体制的公平应该是针对哪个群体？应该对谁公平？

　　2. 需要在群体成员中公平分配的是什么服务和资源，或者更一般地说，教育财政公平是关于什么东西的公平？

　　3. 确认一个特定分配方案是否公平的准则是什么？

　　4. 评价公平程度运用的数量标准是什么（Berne & Stiefel，1984）？

　　关于第一个问题，目前已经有两个群体成为教育财政公平研究的主体：学生和纳

税人。在图11—2中，伯恩和斯蒂菲尔（1984）界定了在学生公平分析中涉及的几个概念。除了分析的主体外，与纳税人公平相关的概念陈述和图11—2类似。在评价纳税人公平时，主要关心的对象是税率以及由此产生的财政收入。

在学生间公平分配的对象（上文提到的第2个问题）包括投入、产出和结果。投入，也就是教育过程中使用的人力和物质资源，是传统的教育公平分析关注的焦点。我们用货币或者实际运用的物质资源数量来测度投入。最常用到的是货币投入，它被作为收入或者支出而进行分析。我们可以根据来源对收入进行再分类；可以按照目的的不同对支出进行再分类（例如，运营支出和教育教学支出）。在政策立场上，一些收入支出种类相对其他种类而言更加受关注，政策制定者需要谨慎作出选择。伯恩和斯蒂菲尔（1984，1992）建议使用调整后的美元价格来修正存在于州内以及州之间的地域性差异。

每一部分的各种可能选择		
公平概念的组成部分		
Who （群体）	学生	
What （对象）	投入 　美元 　价格调整后的美元 　物质资源	产出 　学生成绩 　行为结果测量	结果 　潜在的收入 　收入 　满意度
How （原则）	横向公平 　同等人同等对待 　分配的差距最小	纵向公平 　不同的人不同对待 　需要的人获得更多的资源	平等机会 　没有以学区财产 　财富为基础的歧视
How much （统计总结）	单变量离散情况 　极差 　限制极差 　联邦极差率 　相对平均离差 　麦克隆指数 　方差 　变异系数 　对数值的标准离差 　基尼系数 　阿特金森指数 　塞尔系数	关系 　简单相关 　简单斜率 　二次项斜率 　立方项斜率 　简单弹性 　二次弹性 　立方弹性 　常数弹性 　根据简单回归调整关系 　根据二次项回归调整关系 　根据三次项回归调整关系	

图11—2　伯恩和斯蒂菲尔总结的各种教育财政公平概念和模型

我们同样可以根据实际可得资源数量测度投入：学生/成人比例；平均班级规模；教师特性（如语言表达能力和经验）；图书馆藏书数量。使用实际资源测度的好处是，这种测度方法不受地区价格差异或者通货膨胀因素的影响。这种方法最大的不足在于不能找到一个令人满意的整合不同资源的途径，比如，不能将教师的教龄、教学经验和班级规模联系起来。在充分性维度上考虑公平问题，投入就不再是利益公平标准，而是作为**机会标准**（opportunity standards）或**提供标准**（delivery standards）。这种观念的假设前提是：如果期望的公平标准可以用产出或者结果表示出来，并且期望的公平标准可以实现，则存在必要物质投入最小化供给量。

产出和结果与教育目的和目标有关。产出代表教育的直接产品，通常用学生的学习成绩和行为变化来度量。结果包括终生收入和生活质量等教育的长期效应。这些一直都是隐含的公平标准，但是只有近几年的基于产出的分析数据可以获得，结果数据至今仍然不易获得。更进一步说，人们已经越来越意识到资源应用和成绩获得之间具有细微的联系。如今，随着对充分性的强调，法院和政策制定者都直接将焦点放在了教育产出上，并且给教育者施加压力以实现资源充分性条件下的结果公平。当然，如这章后面以及随后章节将要讨论的一样，定义什么是资源充分性是一个非常复杂的问题。

分析的可能目标是不确定的，同时，人们在什么样的投入、产出以及结果应该公平分配上也未达成一致意见。分析对象的选择应该与正在分析的政策所表述的或者所隐含的目的紧密相关。对分配和返还公平的分析已经趋于向投入集中。直到最近，产出和结果才在公平研究中有所应用，它们与图11—1描述的实证公平有关。

伯恩和斯蒂菲尔（1984）建议，在判定一个特殊分配是否公平时，可以运用以下三个原则（他们提出的三个问题）：横向公平，纵向公平以及机会平等。在第3章中，我们已经介绍过横向公平和纵向公平概念。横向公平是指对相同的人给予相同的对待——也就是传统意义上所说的"平等"。纵向公平准则认为，"平等对待"对条件特殊的受教育者（或者纳税人）并不总是"公平和公正的"。"平等对待"对诸如经济贫困者或者生理、心理或精神残疾的人（或者是居住成本高、人口分散、市政负担过重的地区）来说是不公平的。因此，纵向公平准则认为，对不同的人给予不同的对待是合适的。安德伍德解释说，充分性是纵向公平的一种形式，这里我们很好地将这两种观念结合在一起进行了介绍。我们站在同样的立场上，基于同样的观点，把充分性解释为**纵向公平的理想状态**。

伯恩和斯蒂菲尔（1984，p.17）用否定的术语定义机会平等，他们认为机会平等是这样一种状态——对不同种类的人的无差别对待，如对因种族、性别、民族或者其他不合法的分类而特性不同的人给予同等对待。其他的分析者则将机会平等看成是纵向公平的一个条件，我们支持这一观点。但是，一直到最近，关于教育财政公平的所有研究实际上都只停留在横向公平和机会平等上。在充分性背景下，纵向公平已经成为一个关键性的概念。

为了回应伯恩和斯蒂菲尔提出的第四个问题，图11—2列出了不同的统计指标，政策分析者运用这些指标估计资源分配满足公平原则的程度。下一节，我们将描述那些经常用到的测量方法。公平研究的分析单位是学区，研究还继续在这一水平上进行着。不过现在同样也有在学校层次上展开的研究。这类在学校层次上展开的研究，重点是对以下问题作出回应：（1）对最为关键的教学/学习活动是学生参与的活动这一问题的理解在加深；（2）人们不断增加对结果公平的关注。因为随着计算机技术的迅速发展，过去不能实现的细节数据的收集和分析变得容易起来，因此学校层次的分析已经是切实可行的。

公平的测度

这一节我们讨论对公平进行评价时用到的两类统计指标。最常用的单个对象分布的测度指标有极差、方差、麦克隆指数（McLoone index）、塞尔系数（Thiel index）和基尼系数（Gini coefficient）。测量两个或者多个对象之间关系的指标包括

308

相关系数、斜率和回归系数。

为了说明各个统计指标所隐含的意义，表11—3给出了两个假想的州的一系列指标的数据，假设每个州分别有 20 个学区，将这些学区根据我们感兴趣的对象目标进行升序排列，本例中，根据生均支出进行排列。假设每个学区有 100 名学生，因而每个州有 2 000 名学生。两个州的生均支出以及生均支出的中位数都是 5 175 美元。两州生均支出的范围也相同，都是 3 750～6 600 美元。虽然两州的极差相同，但在极差范围内两州的分布有很大的差异。表11—3 中还给出了生均全部财产以及少数民族学生比例的数据。本章给出的计算机模拟，为进一步探究这些公平的测度创造了条件。

单个对象分散程度

限制极差

在我们假定的这两个州中，支出最大学区与支出最小学区之间的极差是 2 850 美元（见表11—3）。表面上，这似乎表明了一种可以比较的公平。但是，进一步研究后我们会发现，在这两个州，地区间支出分布具有很大差异。在 A 州，各地区支出在极差范围内平均分布；在 B 州，各地区支出则在中位数（5 175 美元）附近比较集中。

消除边缘数据扭曲影响的一种方法是使用限制极差法——也就是位于第 10 个百分点和第 90 个百分点上的生均支出之间的差。A 州的限制极差是 2 250 美元（3 区的 4 050 美元与 18 区的 6 300 美元之差）。B 州较小的限制极差（1 050 美元）反映了我们观察到的更大的公平。

限制极差为我们提供了一个简单易懂的方法来比较两个或者多个州在给定时间内的公平。但是，由于通货膨胀的历史效应，限制极差法不能提供一个随时间变化的准确比较。为了说明这一点，假设进行一个五年的比较，并且成本五年内翻倍，那么为了提供相同水平的服务，学区必须将支出翻倍。这使两州的极差都增加到 5 700 美元，A 州的限制极差增加到了 4 500 美元，而 B 州则增加到 2 100 美元。两项统计指标都显示：尽管服务的实际分布没有发生变化，但两州的不公平都加剧了，特别是 A 州。

联邦极差率

为了消除通货膨胀效应，我们提出了联邦极差。它将处于中间 90% 的学生的限制极差（不考虑最高的 5% 学生和最低的 5% 的学生），除以位于第 5 个百分点上的学生的值（本例中是生均支出）。因为两个州各有 2 000 名学生，所以我们不考虑支出最高的 100 名学生和支出最低的 100 名学生。例如 A 州，限制极差变为 2 550 美元，用限制极差除以第 5 个百点上学生的支出，我们就可以得到联邦极差率为 0.65。在 B 州，联邦极差率是 0.26 [（5 775－4 575）/4 575]。联邦极差率越小，就越公平。如果联邦极差率为零，则是绝对公平（所有学区支出相同）。尽管分析对象的货币价值随时间推移而增加，只要通货膨胀对所有学区的影响都相同，那么联邦极差率就不会发生变化。联邦极差率的公式如下：

$$(X-Y)/Y$$

式中，X——州内第 95 个百分点上的生均支出；
　　　Y——州内第 5 个百分点上的生均支出。

表 11—3　两个假想的州中与公平有关的数据（每个州有 20 个学区、每个学区有 2 000 名学生）

学区编号	学生数	累积学生数	累积比例(%)	A 州 生均支出(美元)	A 州 生均全部财产(美元)	A 州 少数民族学生比例(%)	B 州 生均支出(美元)	B 州 生均全部财产(美元)	B 州 少数民族学生比例(%)
1	100	100	5	3 750	75 000	10	3 750	67 500	41
2	100	200	10	3 900	67 500	48	4 575	90 000	64
3	100	300	15	4 050	90 000	1	4 650	82 500	29
4	100	400	20	4 200	93 000	50	4 725	105 000	50
5	100	500	25	4 350	82 500	11	4 800	93 000	19
6	100	600	30	4 500	105 000	1	4 875	127 500	20
7	100	700	35	4 650	112 500	20	4 950	120 000	48
8	100	800	40	4 800	102 000	11	5 025	150 000	1
9	100	900	45	4 950	120 000	16	5 100	135 000	10
10	100	1 000	50	5 100	135 000	17	5 175	157 500	20
11	100	1 100	55	5 250	127 500	41	5 175	180 000	11
12	100	1 200	60	5 400	150 000	64	5 250	165 000	22
13	100	1 300	65	5 550	143 500	3	5 325	195 000	11
14	100	1 400	70	5 700	165 000	7	5 400	172 500	7
15	100	1 500	75	5 850	180 000	20	5 475	225 000	16
16	100	1 600	80	6 000	172 500	29	5 550	195 000	17
17	100	1 700	85	6 150	195 000	19	5 625	210 000	7
18	100	1 800	90	6 300	210 000	7	5 700	270 000	0
19	100	1 900	95	6 450	202 500	0	5 775	262 500	1
20	100	2 000	100	6 600	225 000	22	6 600	300 000	3

309

变异系数

虽然极差统计量容易计算和理解，但在分布中，它们仅由两个学区的情况决定。因此，各学区的标准差是更为可取的统计量。标准差测量的是在一个分布中各个学区偏离均值的程度。在一个正态分布中，大约有1/3的对象落在均值和均值以上一单位标准差之间的区域；另有1/3的对象落在均值和均值以下一单位标准差之间的区域。95%的对象落在均值上下两倍标准差范围内。标准差的计算公式如下：

$$标准差 = \left[\frac{\sum P_i(M - x_i)^2}{\sum P_i}\right]^{\frac{1}{2}}$$

式中：P_i——第i学区的注册学生数；

x_i——第i学区的生均支出；

M——所有学生的支出均值。

A州和B州生均支出标准差分别为888美元和587美元。B州较小的标准差表明该州较为公平。绝对公平意味着标准差为零。

但是，标准差遇到了与极差一样的问题——对规模变化比较敏感。我们运用与通过联邦极差率来解决极差问题相同的方法来解决这一问题。我们将标准差除以分布的均值得到变异系数。

$$变异系数 = \frac{\left[\frac{\sum P_i(M - x_i)^2}{\sum P_i}\right]^{\frac{1}{2}}}{M}$$

式中：P_i——第i学区注册学生数；

x_i——第i学区的生均支出；

M——所有学生的支出均值。

A州和B州的变异系数分别为0.17和0.11，B州较小的变异系数代表着较高的公平程度。如果一州所有地区的支出完全相同，那么变异系数将是零。

基尼系数

经济学家经常通过洛仑兹曲线来说明收入的不公平，这一方法同样可以用来说明与教育资源有关的不公平问题。图11—3给出了A州和B州的洛仑兹曲线。为了得到洛仑兹曲线，本例中将学区数据根据生均支出升序分类。于是我们就可以画出累计支出和入学学生的累计数（或者百分比）的曲线图。图中，横轴代表累计学生数百分比，纵轴代表累计支出百分比。平分第一象限的对角线（45°直线）代表绝对的公平。也就是说25%的学生应该拥有25%的总资源，50%的学生应该拥有50%的总资源。实际上，A州第一个25%的学生仅占有总资源的19.6%，因此代表实际资源分配的洛仑兹曲线在对角线的下方。理想分布（代表绝对公平的对角线）和现实分布（洛仑兹曲线）之间的面积越大，不公平程度越大。

不公平程度的数量测量方法是：将洛仑兹曲线与对角线之间的面积，除以由对角线、x轴以及图右边部分所组成的三角形的面积，得到的比率就是我们所熟知的基尼系数。基尼系数的计算公式如下：

$$基尼系数 = G/(G + A)$$

式中：G——洛仑兹曲线与对角线之间的面积；

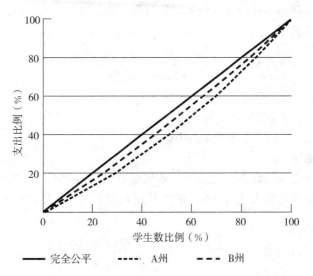

图 11—3　A 州和 B 州的支出和学生的洛仑兹曲线

A——对角线与横轴、纵轴所组成的三角形的面积。

基尼系数的另一个计算公式是：

$$
基尼系数 = \frac{\left[\dfrac{\sum\sum |x_i - x_j| P_i P_j}{(\sum P_i)^2}\right]}{2M}
$$

式中：P_i——第 i 学区的注册学生数；

　　　P_j——第 j 学区的注册学生数；

　　　x_i——第 i 学区的生均支出；

　　　x_j——第 j 学区的生均支出；

　　　M——所有学生的支出均值。

在绝对公平情况下，代表实际分布的直线将与对角线重合，二者之间的面积将为零，基尼系数也将是零。在我们所举的例子中，A 州和 B 州的基尼系数分别为 0.1 和 0.05。B 州较小的基尼系数表明，相对于 A 州而言，B 州的资源分配较为公平。基尼系数最大的优势就是给予所有学生（而不是学区）相同的权重，因为学区所服务的学生数量可能存在很大差异。

麦克隆指数

我们已经讨论过的统计量是对总体分布的性质进行测度。如果政策目的是为了让群组内所有个体受到同样对待，那么运用这些统计量评价政策是合适的。但是，州的政策目的很少是为了实现这一目标。更为突出的是，各州都试图确保将基本的支持水平超过学区自由决定时地方资源许可的水平，第 7 章介绍的基本金项目和通用拨款项目采用的就是这种方式。麦克隆指数就是在这些假设前提下用来评估公平的（Harrison & McLoone，1960）。

麦克隆指数是指中位数以下的所有学区实际支出的总和，与所有这些学区都是按照中位数支出时的支出总和之比。与前面的统计量相比，麦克隆指数的值越大就越公平，其取值范围小于或等于 1，1.00 表示最大程度的公平，0 代表最大程度的

312

不公平。A 州和 B 州的麦克隆指数分别为 0.855 和 0.992。B 州较大的指数代表了更大程度的公平。

$$\text{麦克隆指数} = \frac{\sum P_i x_i}{\sum P_i(med)}$$

式中：P_i——第 i 学区的注册学生数；

$\quad\quad x_i$——第 i 学区的生均支出；

$\quad\quad Med$——所有学生支出的中位数。

塞尔系数

不同于变异系数和基尼系数，塞尔系数最大的优点是：当因变量（研究的对象）是用自然对数表达的时候，它服从正态分布（如钟形曲线）。塞尔系数的公式如下：

$$\text{塞尔系数} = \frac{\left[(\sum P_i x_i \ln x_i) - (\sum P_i x_i \ln M)\right]}{\sum P_i x_i}$$

式中：P_i——第 i 学区的注册学生数；

$\quad\quad x_i$——第 i 学区的生均支出；

$\quad\quad M$——所有学生的支出均值。

塞尔系数的最小值是零，塞尔系数值越大就越不公平——也就是说公平减少。

测度各个指标之间的关系

前面介绍的统计指标强调的都是单个对象的公平。但是，有些时候，我们却对两个或者多个对象（或变量）之间的关系感兴趣。伯恩和斯蒂菲尔（1984）的机会平等维度就代表了这类情况。这里我们感兴趣的是一个对象的分布（如学生成绩、班级规模）与另一个对象——学生特征（如种族或者家庭收入）之间的关系。

为了判定财政中性标准的实现程度，我们需要进行这种变量指标之间关系的分析，我们在前面研究比例均等化项目、保障性经费项目、保障税基项目对税收收入和地区税率的影响时，也进行过这类关系分析。这些财政项目并没有打算消除学生支出的差异，而是试图切断支出与学区财富和税率之间的联系。在理解这些关系时，一些统计量如二变量或多变量相关系数和回归系数等都是很有用的。

相关系数

两变量之间的相关性大小通常通过皮尔逊相关系数来描述。相关系数取值范围是 [-1.00, 1.00]。相关系数为零，表明两变量之间没有相关关系，在分析横向公平、平等机会和财政中性时这是理想状态。系数为 1（无论是正值还是负值）表明两变量之间完全相关，不存在不能解释的差异。相关系数为正，表明两变量同时增加或者减少；相关系数为负，表明一个变量随着另一变量的增加而减小。

图 11—4 分别描绘了 A 州和 B 州生均支出对少数民族比例的散点图以及回归线。对于 A 州来说图上的点很分散，表明两变量之间几乎没有相关关系。很小的相关系数（-0.12）和几乎水平的回归线证实了上述说法。但是，B 州的情况也很明确。对于 B 州，随着少数民族所占比例的增加，生均支出下降，很高的且为负数的相关系数（-0.68）以及向下倾斜的回归线反映了这一点。在少数民族横向公平和机会平等方面，A 州比 B 州更为公平。

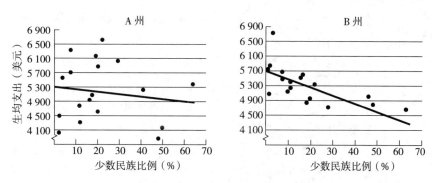

图 11—4　A 州和 B 州生均支出对少数民族比例的散点图和回归线

斜率

图 11—5 分别给出了 A 州、B 州生均支出相对于生均财产值的散点图以及回归线。在这两个州，生均支出与生均财产值之间具有很强的正相关关系，它们之间的相关系数分别为 0.98 和 0.93。但是从公平角度来看，A 州的形势较为严峻，因为在 A 州，生均财产值的增加会伴随更多的生均支出的增加。换句话说，也就是 A 州的回归线相对 B 州更为陡峭，这表明 B 州政策的均等化效应更强。分布的斜率测度的是自变量（x 轴）变化 1 单位时因变量的平均变化（y 轴）。斜率是由回归系数测度的，斜率越大就越不公平。A 州和 B 州的回归系数分别为 0.02 和 0.01①。

313

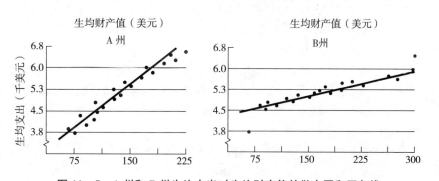

图 11—5　A 州和 B 州生均支出对生均财产值的散点图和回归线

多变量方法

尽管与公平目标相冲突的因素多种多样，但实际上，直到近期，所有关于财政 *314* 公平的分析都只是运用前面部分讨论的单变量或者二变量分析方法。但有一个例外，盖姆（Garms，1979）在对不同州进行比较或者对同一州随时间变化进行比较时，运用了多元变量技术。盖姆指出："对于多重目标的教育财政政策而言，要分别分析多重目标的效应（单独分析每一种），必须有一种方法，能剥离开与那些目标有关的配置"（p.416）。但是，从会计意义上来说，一般这是不可能的（单个配置可能会导致多个结果）。盖姆运用多变量统计指标，使"将地区财富供给差异从税率差异中分离出来，同时将二者从需求和成本供给差异中分离出来"成为可能（p.435）。在承认这一方法还存在几个问题，限制了其应用的同时，我们应该承认，盖姆发展的方法为我们理解教育财政体制提供了一个比前面介绍的方法更为全面综合的视角。

---

① 根据图 11—5，A 州和 B 州的回归系数应该分别为 0.20 和 0.10，疑原书有误。——译者注

20年后，多元变量分析程序在公平研究中得到广泛应用。帕里什、玛塔苏麻图和弗劳尔（Parrish, Matsumoto, & Fowler, 1995）在分析公共教育学区支出不平等时，应用了这项技术。他们认为，运用多元变量分析技术是合理的，理由如下：

> 由于造成学区间差异的诸多因素之间存在相关关系（如学校规模与城市化程度之间具有很高的相关性）[1]，因此在这些相关的变量中，判断学区之间的一种差距主要是由哪一种因素引起的，并把这种因素的效应从边际平均效应中辨别出来，是不可能的。通过同时考虑有可能影响解释因变量（如生均支出）变化的所有描述性因素，就有可能分辨出哪些是"真正"的影响因素，哪些仅仅是因为和"真正的因素"具有相关关系，才变成表面的影响因变量的因素。(p. D—19)

数据包络分析（DEA）是一种新的统计分析工具，在分析决策单元效率问题时，它允许使用多元输入和输出。瓦尔特和费曼（Walter & Freeman, 1993）在研究犹他州公平问题时，运用了这一方法。邓科姆、英杰（Duncombe & Yinger, 1997，1999）以及赖斯切斯基和伊玛泽科（2001）在充分性研究中也用到了DEA。在评价可比较的财富、税收努力以及支出公平时，与前面提到的其他方法相比，DEA能够允许包括更多的变量（Charnes, Cooper, & Rhodes, 1978）。在第12章，我们将对DEA作更为详细的介绍。

美国总审计署（GAO）开发了一种叫做隐含基本水平（IFL）的方法来研究州在缩小贫困和富裕地区资助差距上所作的努力。如果像州基本金项目那样，各个州规定各学区最低的税收努力程度，那么，隐含基本水平就是对一个州内各学区每个学生支出的最小资金量的估计。这种技术还可以度量州内和各个州之间的公平。除此之外，隐含基本水平方法能够清楚明白地显示出导致不公平的结构因素，包括州均等化政策（全部州资金占的百分比，以及针对特殊类型学生群体的补助所达到的程度），有多大程度的不公平是由地方政策（如地方税率的相对差异）导致的。

学生需求和成本差异的调整

影响教育成本的因素很多，诸如生活成本的地区间差异、与学生特征（如残疾学生和家庭贫困学生）有关的各学区之间教育成本的差异等。已经进行的教育公平问题研究中，没有考虑到这诸多因素对教育成本的影响，弗劳尔和蒙克（Fowler & Monk, 2001）对此进行了批评。实际上，20世纪90年代以前的研究大都存在前面两位学者所批评的问题。对存在成本差异的数据的处理，使公平分析更加准确，它将分析的焦点从分配到了多少资金转移到分配到的资金实际能够买到什么样的商品和服务上。处理学生特征差异的影响，是一种强调纵向公平和充分性观念的方法。

在考虑成本差异问题时，弗劳尔和蒙克（2001）列举了三个可能导致成本差异的因素：学区间的成本差异、成本随时间的变化（通货膨胀）和所购买物品的质量与数量的差异。

> 因此，成本指数必须同时考虑学区可以操纵的这些因素，诸如教职员工数量和质量以及那些学区不能控制的因素，如生活成本、劳动力市场的竞争以及

---

[1] 原文有一个单词"urbanicity"可能是错的，我们猜测可能是城市化的意思，无论是否正确，这并不影响对问题的理解。——译者注

气候、犯罪率、地理位置等。（p. 48）

在调整各州之间财政指标差异、州内一般成本差异（如生活成本差异）以及由学生特征不同而导致的项目成本差异的研究中，前面引用的帕里什、玛塔苏麻图和弗劳尔等（1995）的研究就是最早的研究之一。对于一般成本，他们使用区别各州内大城市和农村地区的生活成本的方法进行调整。这种调整方法是麦克马洪和张（McMahon & Chang, 1991）建立发展的。基于全国的研究，特殊教育学生成本是普通学生的 2.3 倍，接受补偿性教育的学生的成本是普通学生的 1.2 倍，不精通英语的学生的成本是普通学生的 1.2 倍。

帕里什、黑科多（Hikido）和弗劳尔等 1998 年的研究，拓展了帕里什、玛塔苏麻图和弗劳尔等 1995 年的研究，强调如何根据学区和社区的不同特征，调整公共教育可获得的一般拨款、专项拨款和总经费收入问题。为了调整不同社区货币购买力的差异，他们使用了钱伯斯和弗劳尔在 1995 年建立的教师成本指数。同时他们还采用了与 1995 年研究同样的权重，来调整学生需求的差异。表 11—4 中给出了调整生均收入的重要性和产生影响的幅度。

表 11—4   1991—1992 学年贫困学龄儿童百分比与一般、专项和总经费收入   *316*

贫困学龄儿童经费收入	占入学人数的百分比（％）(1)	该类经费收入占总经费收入的百分比（％）(2)	市场经费收入（美元）			
			实际 (3)	成本调整后 (4)	需求调整后 (5)	成本和需求调整后 (6)
贫困学龄儿童的一般经费收入						
少于 8%	22.2	88.7	5 555	5 196	4 814	4 505
8%～15%	23.6	84.5	4 458	4 471	3 811	3 823
15%～25%	27.7	79.0	4 079	4 274	3 430	3 595
25%或更多	26.6	74.9	4 193	4 150	3 440	3 407
贫困学龄儿童的专项经费收入						
少于 8%	22.2	11.3	711	667	613	576
8%～15%	23.6	15.5	816	819	695	697
15%～25%	27.7	21.0	1 084	1 135	909	952
25%或更多	26.6	25.1	1 406	1 406	1 147	1 147
贫困学龄儿童的总经费收入						
少于 8%	22.2	100.0	6 266	5 863	5 427	5 080
8%～15%	23.6	100.0	5 273	5 289	4 506	4 521
15%～25%	27.7	100.0	5 162	5 409	4 339	4 547
25%或更多	26.6	100.0	5 600	5 557	4 587	4 554

注：所有的结果都对学区入学人数进行加权处理。由于四舍五入，百分比之和可能不等于 100%。数据来自 Bureau of the Census, 1990 Census of Governments, Survey of Local Government Finances; U. S. Department of Education, National Center for Education Statistics, 1991—1992 Common Core of Data, 1990 Census School District Special Tabulation（summary file set I）。

资料来源：T. B. Parrish, C. S. Hikido, & W. J. Fowler. (1998). Inequalities in Public School District Revenues（NCES 98—210）. Washington, DC: Office of Educational Research and Improvement, U. S. Department of Education, p. xvi.

315　美国总审计署 1998 年的研究引用了上述调整后的财政数据，但对钱伯斯和弗劳尔的教师成本指数作了修正。这个指数适用于对与人员成本有关的日常支出的估计，这里人员成本包括工资、额外福利以及一些需要购买的服务。这一研究假定一个州内其他成本几乎不变，然后重新调整指数，使各州的地区水平指数唯一化。通过将学生需求指标作为因变量引进回归分析，得出学生需求指标调整成本的政策意义。这些指标包括学区生均个人收入、生活在贫困中的儿童所占的百分比、特殊教育学生占学生总数的百分比、学区高中学生百分比，以及学区入学人数平方（这是为了减小入学人数少的学区对统计分析的影响）。

选择公平测度和基准

在联邦政策方面，伯恩和斯蒂菲尔建议在测度公平时使用变异系数或者麦克隆指数。同时，他们还建议研究者运用加权学生数和所有的运营经费收入或支出（包*317*括一般资金和专项资金）来计算这些比率。他们认为，麦克隆指数在纵向公平方面最符合联邦利益，因为它强调获得最少资源的学生的权重。变异系数也是可供选择的指标，人们经常运用这一系数，也容易明白，并且它与不平等的更深入准确的测度保持一致。伯恩和斯蒂菲尔建议运用同样的测度分析横向公平，但分析横向公平时不需要加权学生数，同时收入与支出的定义也与纵向公平测度有所不同。对于机会平等，他们建议使用二次回归过程（这里不做讨论）。

我们已经介绍的统计量，还不存在能够普遍接受的公平基准。因此，对结果的评价很大程度上依赖于相对比较。奥登和皮克斯（Odden & Picus, 2000）认为下面的指标值是一个应该达到的公平水平：变异系数小于或等于 0.1；麦克隆指数大于或等于 0.95；基尼系数小于或等于 0.05。由于前面讨论过的一些限制，不鼓励使用联邦极差率指标。

在政策分析中运用公平测度，很重要的一点就是要认识到每个指标在概念方面都有稍许不同。选择评价某一政策有效性的指标，应当与政策意图达到的效果相对应。

教育财政学研究中的一些发现

人们对教育财政公平的关注在 20 世纪 70 年代达到高潮，直到 90 年代才逐渐减弱。自 20 世纪 60 年代民权运动及林登·约翰逊总统大社会构想下的补偿性教育项目开始，教育机会平等成为教育领域的主要议题。20 世纪 70 年代，人们关注的焦点是教育公平，一半以上的州发生了教育财政诉讼，对其教育财政体制合宪性提出了质疑（第 10 章已有讨论）。20 世纪 70 年代被认为是促进教育财政体制改革的十年，因为一个接一个的州在法院命令或者自愿下重建了它们的财政体制，以促进教育公平。在这一时期，来自多个学科的学者与法理学家、政策制定者、利益群体、特遣部队及国家基金会等合作，加强人们对公平问题的理解，并且评估补救措施的有效性。在这期间，公平被认为是单一维度的概念——也就是横向公平。

20 世纪 80 年代，国家的注意力转移到了卓越和效率上，对公平的关注有所下降，但整体上还没有完全消失。回顾 1980—1987 年的近 140 篇关于公平研究的文献，巴罗将它们称为"控股经营"（holding operation）（Barro，1987；
p. 3）。他发现这些文献中没有出现新的概念或者新的分析方法。相对于前十
年，对教育财政公平研究的需求及研究经费有所下降，教育财政公平研究成果
随之下降。

20 世纪 90 年代中叶直至进入新世纪以来，公平问题再次引起人们的关注。但
与以往不同，这时人们关注的焦点是纵向公平（2 个维度），最终的目标是充分性。
同时，也研究出了处理更复杂问题的新的分析方法。另外，在确定纵向公平和充分
性方面也取得了很大进展，这将对政策发展起到促进作用，但仍然有很长的一段路
要走。

在这一部分，我们回顾了一些教育公平研究，将大部分注意力集中在对过去
十年的研究上。我们从全国性研究开始，这些研究倾向于关注学区间教育资源的
分配。为了让读者对公平研究发展有一个纵向的了解，我们回顾了最近 30 年来
人们对密歇根、纽约、得克萨斯三个州进行的调查研究。最后，我们以介绍最近
公平研究的发展结束这一部分，最近公平研究主要是在学校或者学生层次上进
行的。

318

全国性研究

经济投入公平

对于大部分州及所有地区来说，学区间单位学生教育支出分配公平在 1980—
1994 年期间有了改善。同时，当将全国当做一个统一的整体来对待时，促进公平
措施似乎已经有所减弱，这主要是由于国内各地区间支出差异在扩大。上述结论是
由胡萨和萨尼伯格得出的（Hussar & Sonnenberg，2000）。他们研究关注的焦点是
横向公平；分析的对象是生均教育支出。学生特征或者地区价格差异引起了学区间
项目成本的差异，但是，他们没有根据学区间项目成本的差异，对学区间财富和支
出数据进行调整。

帕里什、玛塔苏麻图和弗劳尔等（1995）进行的全国性公共教育地区支出不平
等研究，包括了美国的所有学区。该研究分析了 1990 年地方政府财政调查（1990
Survey of Local Government Finances）得到的收入和支出数据，同时分析了来自国
家教育统计中心共同核心数据（the Common Core of Data of the National Center for
Education Statistics）中的非财政性数据。该研究主要强调由谁支付、支付多少、
为谁支付的问题。这些问题在一定程度上属于对具有同等教育需求学生的教育资源
分配，这些被认为是纵向教育公平问题。纵向教育公平强调，由于学生教育需求不
同，支出也应存在差异。在这一研究中，同样对由非项目因素引起的地区间成本差
异进行了调整。前面部分介绍测度公平问题时着重说明的二元分析、多元分析及离
差分析等方法，也在该研究中得到运用。

帕里什、玛塔苏麻图和弗劳尔等（1995）的研究得出，影响学区支出差异的主
要因素是：地区（东北部地区支出最高，而西部地区支出最低），人口规模（负相
关），社会经济状况和受教育程度（直接关系）；少数民族百分比（直接关系），贫
困程度（负相关）；接受特殊教育计划的学生百分比（负相关）。

公共教育资源的分配反映了均等化的程度。相对于用房产测度的家庭收入，资
源分配实质上更加平等，同时相对于家庭收入而言更不易变动。州财政拨款是教育

资源分配均等化的主要因素，同时，各种各样的联邦拨款项目，也能产生额外的均等化。

　　帕里什、玛塔苏麻图和弗劳尔等（1995）的研究主要关注的是教育支出方面的公平。帕里什、黑科多和弗劳尔等（1998）的研究以先前的研究为基础，将重点放在来自地方、州以及联邦的资源的公平性以及资源在不同的学生、学区和社区之间如何分配上。这些资金中很大部分是专项资金，是用于为特定学生群体提供补充性服务的。所有的州都向学区提供一般拨款，并且，所有的州都提供不同程度某种形式的专项资金。几乎所有公立教育联邦拨款都有一个特定的目的。地方拨款由地方当局决定使用办法，因此被视为一般拨款。与帕里什、黑科多和弗劳尔等人的研究不同，传统的公平分析通常仅仅关注普通教育支出问题，例如胡萨和萨尼伯格（2000）的研究就是如此，而不包括专项资助项目支出问题。

　　帕里什、黑科多和弗劳尔等（1998）的研究，针对贫困儿童百分比、少数民族儿童百分比和财富等地区重要特征来分析研究的税收收入的测量。经费收入的数据以实际数据形式报告，也根据资源成本、学生需求调整，或者根据成本和需求调整，并报告调整的数据。根据学生需求的调整，反映了适合不同特征儿童的项目成本差异。针对成本的调整，则反映了各个地方和区域间成本的差异。

　　表11—5和表11—6报告了美国49个州（没有考虑夏威夷州，因为该州只有一个学区）5个常用的公平统计指标。表11—5中的统计指标值是由未调整的生均总经费支出计算得出的，表11—6中的统计指标值是根据成本差距调整了的资源计算得出的。为了便于比较，对于每一个公平测度指标，每个州都获得一个四分位排序（名次）。为了得到一个全局性的收入分配公平测度，表最右边一列给出了5个公平测度指标排序（名次）的平均值。四分位数排序（名次）为1，表明该州有相对较高的公平程度；与之相比，四分位数排序为4，则表明该州有相对较低的公平。由此得出结论：内华达、西弗吉尼亚、特拉华、北卡罗来纳和佛罗里达5个州是最公平的州。最不公平的州有新罕布什尔、密苏里、内布拉斯加、俄亥俄、伊利诺伊、纽约、蒙塔纳和佛蒙特州。

　　通过对表11—5和表11—6所报告的统计指标的比较发现，这些调整对于决定各州在公平测度中的排序起着至关重要的作用。他们认为，表11—5是对横向公平分析的说明，因为其既未对特殊学生的教育需求进行调整，也未对由于其他原因而导致的成本差异进行调整。表11—6报告的统计指标，对特殊学生的教育需求及由于其他原因而导致的成本差异都进行了调整，因而被认为是对纵向公平的说明。

　　帕里什、黑科多和弗劳尔等（1998）的研究还得出了许多其他的重要结论。贫困人口及少数民族人口比例最少的地区，相对贫困人口及少数民族人口比例较大的地区，实际上拥有更多的一般性经费收入（没有调整）。但是，对于专项经费收入，情况则正好相反。联邦第一条款（p.319）的资金针对的是贫困儿童，但是实际资助结果却以最不贫困地区和最贫困地区都得到资助而告终。针对贫困儿童的州拨款情况甚至更糟糕。州补偿性项目对目标学生的拨款中，贫困学生百分比最少的地区，其生均拨款（项目目标学生获得）是其他地区的将近两倍。

表 11—5　各个州的实际生均经费：公平指标、四分位排名以及各项指标排名的均值

州	限制极差（美元）	四分位排名	联邦极差率	四分位排名	麦克隆指数	四分位排名	变异系数	四分位排名	基尼系数	四分位排名	排名均值
亚拉巴马	1 757	2	0.57	2	0.92	2	12.92	2	0.07	2	2.00
阿拉斯加	8 545	4	1.24	4	0.95	1	36.46	4	0.16	4	3.40
亚利桑那	3 536	3	0.91	4	0.93	2	19.80	4	0.09	3	3.20
阿肯色	2 298	3	0.64	3	0.95	1	13.24	2	0.06	1	2.00
加利福尼亚	1 866	2	0.47	2	0.92	2	13.64	2	0.08	3	2.20
科罗拉多	1 957	2	0.44	2	0.95	1	13.54	2	0.07	2	1.80
康涅狄格	3 828	4	0.53	2	0.92	2	13.69	2	0.07	2	2.40
特拉华	1 538	1	0.29	1	0.94	1	8.67	1	0.05	1	1.00
佛罗里达	1 927	2	0.38	1	0.92	2	9.38	1	0.05	1	1.40
佐治亚	3 050	3	0.80	4	0.91	3	18.03	3	0.10	3	3.20
爱达荷	1 554	2	0.48	2	0.93	2	12.73	2	0.07	2	1.80
伊利诺伊	5 449	4	1.51	4	0.82	4	31.18	4	0.16	4	4.00
印第安纳	2 177	2	0.50	2	0.92	3	12.98	2	0.07	2	2.20
艾奥瓦	1 465	1	0.33	1	0.94	1	9.18	1	0.05	1	1.00
堪萨斯	2 525	3	0.61	3	0.91	3	13.87	3	0.07	2	2.60
肯塔基	1 264	1	0.35	1	0.94	1	10.00	1	0.06	1	1.00
路易斯安那	1 506	1	0.42	1	0.92	3	11.33	1	0.06	1	1.40

320

续前表

州	限制极差（美元）	四分位排名	联邦极差率	四分位排名	麦克隆指数	四分位排名	变异系数	四分位排名	基尼系数	四分位排名	排名均值
缅因	2 664	3	0.54	2	0.92	3	15.13	3	0.08	3	2.80
马里兰	2 690	3	0.50	2	0.94	1	13.41	2	0.07	2	2.00
马萨诸塞	3 881	4	0.76	4	0.90	4	19.66	4	0.10	4	4.00
密歇根	4 096	4	0.93	4	0.84	4	21.32	4	0.12	4	4.00
明尼苏达	2 939	3	0.61	3	0.93	2	15.91	3	0.09	3	2.80
密西西比	1 253	1	0.44	2	0.92	3	11.78	2	0.07	2	2.00
密苏里	4 920	4	1.54	4	0.88	4	39.38	4	0.18	4	4.00
蒙大拿	4 752	4	1.20	4	0.91	3	32.58	4	0.16	4	3.80
内布拉斯加	2 845	3	0.85	4	15.62	3	0.09	3	3.20		
内华达	1 283	1	0.27	1	0.94	1	7.70	1	0.03	1	1.00
新罕布什尔	3 980	4	0.85	4	0.91	4	20.05	4	0.11	4	4.00
新泽西	5 138	4	0.70	3	0.90	4	16.01	3	0.09	3	3.40
新墨西哥	2 105	2	0.57	3	0.94	1	15.25	3	0.07	2	2.20
纽约	5 123	4	0.76	4	0.98	1	20.66	4	0.10	4	3.40
北卡罗来纳	1 698	2	0.42	1	0.93	2	11.26	1	0.06	1	1.40
北达科他	2 344	3	0.66	3	0.90	4	18.47	3	0.09	3	3.20
俄亥俄	4 498	4	1.22	4	0.87	4	28.92	4	0.14	4	4.00

续前表

州	限制极差(美元)	四分位排名	联邦极差率	四分位排名	麦克隆指数	四分位排名	变异系数	四分位排名	基尼系数	四分位排名	排名均值
俄克拉何马	1 556	1	0.46	2	0.92	3	13.06	2	0.07	2	2.00
俄勒冈	2 501	3	0.59	3	0.90	4	14.96	3	0.08	3	3.20
宾夕法尼亚	3 749	3	0.71	3	0.91	4	16 64	3	0.09	3	3.20
罗得岛	1 951	2	0.36	1	0.92	3	9.74	1	0.05	1	1.60
南卡罗来纳	1 523	1	0.39	1	0.93	2	10.43	1	0.06	1	1.20
南达科他	2 262	2	0.68	3	0.92	3	18.75	3	0.09	3	2.80
田纳西	1 955	2	0.71	3	0.87	4	18.20	3	0.10	4	3.20
得克萨斯	1 566	1	0.36	1	0.93	2	10.69	1	0.06	1	1.20
犹他	1 277	1	0.42	2	0.98	1	15.81	3	0.07	3	2.00
佛蒙特	5 908	4	1.10	4	0.84	4	23.73	4	0.13	4	4.00
弗吉尼亚	2 912	3	0.68	3	0.92	3	20.19	4	0.11	4	3.40
华盛顿	1 984	2	0.41	1	0.92	3	10.99	1	0.06	2	1.80
西弗吉尼亚	1 028	1	0.21	1	0.95	1	7.16	1	0.04	1	1.00
威斯康星	2 108	2	0.42	2	0.93	2	11.55	2	0.06	2	2.00
怀俄明	3 909	4	0.78	4	0.93	2	21.21	4	0.10	4	3.60

注：所有的结果均按照各个学区加权人数计算得出，数据来源于 Bureau of the Census, 1990 Census of Governments, Survey of Local Government Finances。
资料来源：T. B. Parrish, C. S. Hikido, & W. J. Fowler, Jr. (1998). Inequalities in Public School District Revenues. Washington, DC: U. S. Deparment of Education, National Center for Education Statistics, p. 112。

表11—6　各个州根据成本和需求调整的经费收入：公平指标、四分位排名以及各项指标排名的均值

州	限制极差（美元）	四分位排名	联邦比率	四分位排名	麦克隆指数	四分位排名	变异系数	四分位排名	基尼系数	四分位排名	排名均值
亚拉巴马	1 433	1	0.49	2	0.93	2	12.66	2	0.07	2	1.80
阿拉斯加	4 612	4	0.88	4	0.96	1	32.63	4	0.13	4	3.40
亚利桑那	2 940	4	0.84	4	0.92	2	18.30	3	0.09	3	3.20
阿肯色	2 187	3	0.63	3	0.94	1	13.03	2	0.07	2	2.20
加利福尼亚	1 783	2	0.58	3	0.90	4	14.10	2	0.07	2	2.60
科罗拉多	1 391	1	0.35	1	0.95	1	14.04	2	0.07	2	1.40
康涅狄格	2 737	3	0.52	2	0.92	2	14.42	3	0.07	2	2.40
特拉华	1 215	1	0.27	1	0.95	1	7.10	1	0.04	1	1.00
佛罗里达	1 290	1	0.27	1	0.95	1	8.85	1	0.05	1	1.00
佐治亚	1914	2	0.53	2	0.93	2	13.94	2	0.08	2	2.20
爱达荷	1 431	1	0.49	2	0.94	1	13.61	2	0.07	2	1.60
伊利诺伊	3 598	4	1.18	4	0.87	4	26.51	4	0.12	4	4.00
印第安纳	1 693	2	0.46	2	0.92	3	11.27	2	0.06	2	2.00
艾奥瓦	1 670	2	0.41	1	0.94	2	10.86	1	0.06	1	1.40
堪萨斯	3 007	4	0.74	3	0.91	3	18.47	4	0.09	3	3.40
肯塔基	893	1	0.27	1	0.94	2	7.45	1	0.04	1	1.20
路易斯安那	1 481	2	0.44	2	0.92	3	11.03	3	0.06	1	1.80

322

续前表

州	限制极差（美元）	四分位排名	联邦比率	四分位排名	麦克隆指数	四分位排名	变异系数	四分位排名	基尼系数	四分位排名	排名均值
缅因	1 950	2	0.49	2	0.91	3	14.02	2	0.08	3	2.40
马里兰	2 701	3	0.68	3	0.91	3	15.41	3	0.08	3	3.00
马萨诸塞	2 738	3	0.74	4	0.91	3	18.44	3	0.10	4	3.40
密歇根	2 774	3	0.71	3	0.91	3	17.43	3	0.09	3	3.40
明尼苏达	1 967	2	0.47	2	0.92	2	12.73	2	0.07	2	2.20
密西西比	1 427	1	0.52	2	0.93	2	12.98	2	0.07	2	1.80
密苏里	3 174	4	1.07	4	0.89	4	33.20	4	0.15	4	4.00
蒙大拿	4 960	4	1.55	4	0.90	4	35.13	4	0.17	4	4.00
内布拉斯加	3 284	4	0.81	4	0.87	4	19.70	4	0.10	4	4.00
内华达	907	1	0.20	1	0.97	1	5.87	1	0.02	1	1.00
新罕布什尔	3 027	4	0.84	4	0.90	4	19.98	4	0.11	4	4.00
新泽西	3 776	4	0.71	3	0.90	3	15.90	3	0.09	3	3.40
新墨西哥	1 995	3	0.56	2	0.96	2	16.21	2	0.07	2	2.20
纽约	4 568	4	1.01	4	0.80	4	25.10	4	0.14	4	4.00
北卡罗来纳	1 240	1	0.34	1	0.95	1	9.81	1	0.05	1	1.00
北达科他	2 687	3	0.80	4	0.91	4	20.07	4	0.10	4	3.60
俄亥俄	3 288	4	1.02	4	0.90	4	23.12	4	0.12	4	4.00

续前表

州	限制极差(美元)	四分位排名	联邦比率	四分位排名	麦克隆指数	四分位排名	变异系数	四分位排名	基尼系数	四分位排名	排名均值
俄克拉何马	2 007	3	0.60	3	0.91	3	17.83	3	0.09	3	3.00
俄勒冈	2 253	3	0.63	3	0.91	3	15.16	3	0.08	3	3.00
宾夕法尼亚	2 525	3	0.57	3	0.94	2	13.69	2	0.07	2	2.40
罗得岛	1 620	2	0.43	2	0.93	2	11.16	1	0.06	1	1.60
南卡罗来纳	1 225	1	0.34	1	0.93	2	9.89	1	0.06	1	1.20
南达科他	2 320	3	0.69	3	0.91	3	18.56	4	0.09	3	3.20
田纳西	1 680	2	0.64	3	0.89	4	16.50	3	0.09	4	3.20
得克萨斯	1 881	2	0.49	2	0.91	2	13.91	2	0.07	2	2.40
犹他	9 42	1	0.36	1	0.95	1	14.83	3	0.07	3	1.80
佛蒙特	5 188	4	1.14	4	0.86	4	24.65	4	0.14	4	4.00
弗吉尼亚	2 268	3	0.59	3	0.90	3	14.40	3	0.08	3	3.20
华盛顿	1 493	2	0.39	1	0.93	1	10.97	1	0.06	2	1.60
西弗吉尼亚	954	1	0.21	1	0.97	1	6.88	1	0.04	1	1.00
威斯康星	1 728	2	0.38	1	0.95	1	10.20	1	0.05	1	1.20
怀俄明	3 751	4	0.81	4	0.93	2	19.82	2	0.10	4	3.60

注: 所有的结果均是按照各个学区加权人数计算得出。数据来源于 Bureau of the Census, 1990 Census of Governments, Survey of Local Government Finances; U. S. Department of Education, National Center for Education Statistics, 1991—1992 Common Core of Data, 1990 Census School District Special Tabulation (summary file set D。

资料来源: T. B. Parrish, C. S. Hikido, & W. J. Fowler, Jr. (1998). Inequalities in Public School District Revenues. Washington, DC: U. S. Department of Education, National Center for Education Statistics, p. 113。

同时，研究还提供了强有力的证据，证明仅仅强调公平而忽略对供给的充分性 *319*
的关注，这是对所寻求公正的一种嘲弄。据报告可知，纽约在经费收入分配和支出
分布中是最不公平的州之一，纽约州第 5 个百分位数上的学生获得的生均收入，要 *324*
比那些经费收入和支出分配比较公平的州的大部分学生多。

通常情况下，州支持公共教育经费的比例增加，会产生支出和经费收入的分配
的更大公平。然而，从长期看，这一实践可能会导致州资助项目的充分性的削减。
亚历山大进行了一项全国性研究（1997），试图寻找解释州之间教育经费收入增长
存在差异的原因。在这一研究中，亚历山大发现，尽管主要依靠各州拨款支持的州
生均收入也经历了较小的增长，但是教育经费收入增长适度和较快的州，经费来源
趋向于更多地依赖地方而不是州。

前面部分介绍过，1997 年美国总审计署的研究提出了一个有关州内公平的新
的测度方法——隐含基本水平——以帮助他们努力寻找对不公平的结构性解释。美
国总审计署将个人收入而不是实际财产值作为测度财富的基础（不过实际财产值是
研究中经常使用的指标），并将总税收作为分析对象。由于地区间存在价格差异及
由学生特征不同而引起项目成本的差异，研究中针对这些差异，对个人收入和总经
费进行了调整。因为对项目成本进行了调整，由此可以认为这项研究是一项纵向公
平研究。但是，这项研究却没有考虑到充分性问题。

美国总审计署研究发现，有 37 个州的加权生均总拨款对富裕地区有利，只有
3 个州（怀俄明、阿拉斯加、内华达州）的拨款方式对贫困地区有利。其他州都采
取了财政中立方式。平均来说，富裕地区加权生均总拨款比贫困地区要多 24%。

缩小州贫困地区和富裕地区之间的拨款差距有以下三种策略：针对贫困地区进
行拨款，提高州总拨款的相对份额，提高贫困地区的税收努力。各州间地区经费收
入差距大小的 61% 是由这些因素造成的。即使它们的税收努力已经走在了 35 个州
的前面，缩小差距的最有力措施还是提高贫困地区的税收努力。对 6 个新英格兰州
的学生和纳税人的公平研究（Fastrup，1997）得出了类似的结论。法斯绰普（Fas-
trup，1997）指出，学生公平是地方税收政策和州政府政策的职责。例如，新罕布
尔什和罗得岛州的贫困地区确实作出了比该州富裕地区更大的税收努力，结果是，
学生公平得到改善和提高，但牺牲了纳税人的公平。

根据美国总审计署的研究，第二个缩小差距的最有效措施是提高州政府资金在
学生经费收入中比例。尽管针对贫困地区的拨款显著减小了差距，但是这不能消除
缺口；同时，这项策略也是上述所提到的三项策略中最没有效率的一项。美国总审
计署研究最终得出这样的结论：在州拨款没有任何增加的情况下，使一个州的均等
化努力达到最大，48 个州将不得不减少对富裕地区的拨款，以增加对贫困和中等
收入地区的拨款。实际上，在 29 个州，要达到的改变幅度必须使所有地区在平均 *325*
地方税收努力下使教育支出达到州平均水平。

为适应 1980—1990 年间的教育改革，州进行了拨款分配。在对这一拨款分配
的分析中，沃斯特根得到的结论是，新的拨款不能使学生平等受益，"处于有利地
位的学生获利，而处于弱势群体的学生未能获得好处"（Verstegen，1993，p. 33）。
她发现各州在向学区分配资金时采取了新的策略，这项策略将所有新增的拨款与州
政府的改革策略联系在一起，在这一策略下，70% 的资金都是作为非均等化资金进
行分配的。各州之间，将近 80% 的学校生均经费收入差异是由州的财富造成的，

而州财富是根据生均财产值来衡量的；并且，研究者发现，更多的财富与更大的税收能力、经济增长以及较低的贫困儿童百分比，能够导致资金更大幅度的增加。怀俄明、佛蒙特、佐治亚和康涅狄格四个州的州拨款增加了两倍（根据通货膨胀进行了调整）。沃斯特根的研究揭示了这样一个事实：20 世纪 80 年代的 10 年中，当新教育拨款目标指向服务于州改革策略时，大部分拨款是以非均等化的方式分配的，这就导致了州教育经费支出差异的扩大，并且，这些差异与州教育提供经费的能力显著相关（Verstegen, 1994, p.130）。这有助于我们解释本章前面讨论的各州间横向不公平加剧的问题，这一横向不公平加剧现象是由胡萨和萨尼伯格发现的（Hussar & Sonnenberg, 2000）。

很多研究（大部分研究局限于单个的州）已经对教育财政诉讼的影响作了评估（在第 10 章中进行了总结），认为这些诉讼是改善州内公平状况的一种方法。默里、埃文斯和施瓦布报告了一项全国层次上的研究（Murray, Evans, & Schwab, 1998）。他们运用固定效应模型，构造了一个不公平的综合测度指标作为因变量（不平等的综合测度中包括了塞尔系数、基尼系数、变异系数等指标），自变量是诉讼情况。模型控制了人口统计的影响，包括固定州、固定年份变量和误差项。固定州项使模型能够说明所有因素不随时间变化而变化，但随州的不同而变化；固定年份变量使模型能够控制住那些对所有州产生同等影响、但随时间变化而变化的因素，使其保持不变。模型估计的数据来源于"政府人口普查：教育财政"（*the Census of Government: School System Finance*）1972 年、1977 年、1982 年、1987 年和1992 年的数据。数据库包括美国 50 个州16 000个学区跨期 20 年的信息数据。

默里、埃文斯和施瓦布发现，经过法院裁定后的教育财政改革，州内教育支出不公平现象有所减少（Murray, Evans, & Schwab, 1998）。不公平的测度方式不同，计算得出的这一减少的幅度不同，从 19% 到 34% 不等。根据研究者的分析，公平状况的改善是通过提高较低教育支出学区的支出，而不改变最高教育支出学区的支出实现的。研究分析表明，改革的州是在不影响其他部门预算的基础上，在州预算中增加教育部门的预算，以对教育财政政策改革提供拨款。这就意味着，改革的州是通过增加的税收为教育的额外支出提供资金。

圣·安东尼奥独立学区诉罗德里格斯案（*San Antonio Independent School District v. Rodriguez*）是具有里程碑意义的，在回顾总结自这一判决以来的众多研究时，科斯基和莱文得出这样的结论："改革者和诉讼者在法庭上花的时间没有白白浪费"（2000；p.506）。他们所综述的各项研究表明，诉讼已经使学区间及学生间的生均支出方面的公平有了很大程度的提高；与这一更高程度的公平相伴随的是，州对公共教育资金的贡献率更高；更高的州参与率允许相应地减轻地方税收负担。但是，诉讼对总教育资金的影响还不是很清楚。

非经济投入与产出的公平

一些令人振奋的事实表明，作为教育改革运动的一部分，各个州都制定了更高水平的学术标准（学业标准），并实施相应的评估策略；其目的就是降低对处于危险状况儿童的不公平，尽管学业差距仍然很大。这些措施的实施成本相对会较低。1973—1990 年间，参加学术课程的学生比例从原来的 59% 增加到约 67%，同时全国的辍学率也从 14% 下降到 12%（Mirel & Angus, 1994）。对少数民族学生来说，这些数字可能会更大。

326

如今，少数民族学生正在学习的学术课程比过去更多、更难，并且在全国标准化考试中取得比以前更好的成绩。在 1976—1993 年期间的学术能力评估考试中（Scholastic Aptitude Test，SAT），非洲裔学生的语言成绩提高了 21 分，数学成绩提高了 34 分；西班牙裔学生的成绩也有了类似的提高。同时，有越来越多的少数民族学生参加高级课程考试（Advanced Placement Examination），参加这种考试的非洲裔学生人数从 1988 年的10 000人，增加到 1993 年的15 000人以上。同一时期内，西班牙裔学生参加这一考试的人数由10 000人增加到近30 000人。米瑞和安格斯对上述成就作了如下评论（Mirel & Angus，1994）：

> 半个多世纪以来，教育政策制定者都是在以下假设基础上作出决策的：严格的课程会自动提高辍学率，特别是增加贫困和少数民族学生的辍学率。并且，他们认为，保持辍学率不增长的唯一方法就是使高中课程的挑战性较少而娱乐性较多……允许贫困学生和少数民族学生修完相对较少的严格课程，就算是达到了毕业所要求的学术标准，或者是在保持课程名称不变的情况下，减少学术课程内容，降低对贫困和少数民族学生的毕业标准，但这些政策使他们经常遭遇更多的不幸。美国义务教育的很多失败，都可以归因于我们逃避寻求一种途径，使课程教学既让年轻人能够接受同时又富有难度和丰富的内容。（pp. 40—42）

然而，巨大的差距和严重的不平等依然存在。根据国家教育进步评估委员会（National Assessment of Educational Progress，NAEP）的测评结果，在 1971—1996 年间，白人学生和黑人学生之间的阅读成绩差距有所缩小，不公平确实有所改善（大多数测评在 1988 年前就已结束）；尽管如此，对所有年龄段学生（9 岁、13 岁和 17 岁）的测试表明，黑人学生与白人学生间仍然存在 30 分的差距（National Center for Education Statistics，2001）。但是不平等并没有完全消除。国家教育进步评估委员会（NAEP）1998 年进行的阅读测评的结果评估显示，16% 的白人学生不能达到规定的基本学业水平，而不能达到学业水平的黑人学生比例为 36%，西班牙裔学生比例为 35%。1998 年，在少数民族学生少的学校，有大约一半的教师具有硕士学位，与之形成对比的是，少数民族学生占学生总数一半以上的学校，其具有硕士学位的教师只占到教师总数的 38%。在贫困学生比例较小的初等学校中，95% 以上的教师拥有州政府颁发的教师资格证书，与之形成对比的是，少数民族学生人数占到学生人数一半以上的初等学校，有教师资格证书的教师只占到 88%。中学教师的特征情况也与初等学校相似。同时，需要提供免费或者低价午餐的学生的比例不同的初等学校和中学，也存在类似的教师结构特征。

这些不平等的直接结果就是 32% 的白人中学毕业生被认为超过了或者远远超过了大学入学资格标准，相比之下，黑人毕业生的比例仅为 16.2%，西班牙裔毕业生为 18.7%（National Center for Education Statistics，2001）。实际上，在大学就读的 18～24 岁的非洲裔学生的百分数仍在下降，自 20 世纪 70 年代中期以来，从 22.6% 降低到 21.1%，然而，白人学生的在读人数从 27.1% 提高到 31.3%（Mirel & Angus，1994）。

单个州研究

已经有大量研究对单个州内学区教育资源分配公平情况进行了分析。为了说明 *327*

这种类型的研究，我们选择了三个研究得最深入的州：密歇根、纽约和得克萨斯。下面将对各州的情况作具体介绍。

密歇根

伯恩和斯蒂菲尔的研究分析了密歇根州1970—1978年间的数据（Berne & Stiefel, 1984）。他们发现，横向公平指标的值在开始时点和结束时点上是相同的，但是，在1970—1978年间恶化了。在机会平等方面，他们发现富裕学区儿童获得了更好的教育机会；同样，他们还发现了区域间、种族间的不平等。

科瑞尼和陈继续了伯恩和斯蒂菲尔对密歇根州的研究（Kearney & Chen, 1992），将分析的范围扩展到1985年。尽管1984年和1985年横向公平标准有了很大改进，但是他们分析认为，与1979年相比，1985年取得的成就距离目标更远。1970—1985年间，机会平等在继续恶化。

科瑞尼和安德森（Kearney & Anderson, 1992）把对密歇根州的分析，扩展到1989年。他们的研究发现，在1976—1989年间，无论是对学生还是对纳税人来说，密歇根州的教育财政公平状况都在恶化，根据几乎所有的公平目标、公平原则及公平测度指标进行分析，得出结论都是如此。公平状况没有改变，这令人失望和沮丧，也许是这一原因导致了密歇根在1993年进行了激进改革。实际上，这次改革取消了将地方财产税作为支持公共教育的手段。第二年，密歇根州选民同意将州的销售税税率提高2个百分点，把增加的销售税投入教育。这些激进改革以及其他税收改革，使密歇根州的州教育补助拨款从改革前1994年的26亿美元增加到改革的第一年（1995年）的70亿美元，同时为教育而征收的财产税从62亿美元减少到31亿美元（包括州征收的11美元）。这些改革的净效应（net effect）就是使教育拨款中州教育拨款资金比例从27.4%提高到77.3%，地方资金比例从70.6%降低到22.7%。

在1993年的激进改革进行了三年后，普林斯研究了这次改革对横向公平的影响（Prince, 1997）。由于研究主要关注的是横向公平，因此将分析对象限定为基本补助经费收入（包括经费来源于州和地方两个层次的州一般资助项目）。州专项资助拨款被排除在分析之外，同时，起改善作用的地方税以及联邦补助资金也被排除在分析之外。改革的第一年，学区最低基本补助经费相对于前一年增加了1 122美元（增加了30个百分点），相反，最高基本补助减少了427美元（降低了4个百分点）。改革后，学区生均支出的平均值仅增加了144美元，但生均支出的中位数却增加了688美元。通过改革，所有研究中所涉及的所有公平指标都有所改善（联邦极差率、变异系数、基尼系数和麦克隆指数）。由于进行研究时很多方面的均等化改革仍在逐步进行中，因此公平状况有望进一步得到改善。

在密歇根州，对这种彻底的教育公平改革的政治反应是什么？艾东尼兹欧（Addonizio, 1997）对此进行了分析，虽然这一分析不是公平问题研究，但是，我们回顾一下这一分析，还是很有启发意义的。为了让教育资金分配体现更高程度的公平，密歇根州立法机关取消（或者说严格地限制）各地选民决定他们想要达到的基本经费水平的能力。随着时间的推移，大多数学区的地方希望的支出水平与实际支出之间的差距将扩大。在评估这项改革的政治前景时，艾东尼兹欧试图根据收入水平、边际税价以及品味偏好来解释学区教育支出偏好。他预言，高收入学区将会产生最大的不满，与之相伴随的是非居民财产较多的市区可能允许以相对较低的税收负担支持成本相对高的学校。这种情况表明，未来存在城乡结盟的可能性，同时，敦促州立法机关，给予边缘学区更多的增加教育支出的灵活性。与此同时，贫困和边远学区以及一些中等收入学区，可能希望较少的教育支出以减少税收，增加税后收入。艾东尼兹欧得出如下结论：

> 州可能会成功地限制公立学校的支出，至少暂时会成功，但不可能成功地限制教育支出。从长期来看，教育支出将趋向于与地方需求相一致，任何试图阻止这种一致趋势的州立法，都将可能被改正或者抛弃。（Addonizio, 1997; p. 38)

密歇根州教育财政改革并没有强调解决教职工的待遇问题，教职工工资仍然完全由学区财产税收入支付，州不给予资助。在密歇根州，选民同意的用于支持学校设备设施改善的借款利率很低。人们曾经希望，通过对一般拨款项目的改革，给地方更多的税收自主决策空间，但是，在极大程度上，这种期待的情况并没有发生。西尔克（Sielke, 1998）研究了密歇根州的公平情况，并得出这样的结论：由于资本支出的拨款机制仅与并且直接与财产税联系在一起，因此，情况明显是不公平。她发现有两个特征有利于选民投票支持债券发行：第一，家庭财产在学区税基中占有较小的份额；第二，学区已经支付债务利息或者说已经支付高额债务利息。根据艾东尼兹欧（1997）的分析，我们完全可以解释这两个相当有趣的发现。那些已经为债务利息征税的学区，很可能是那些对教育有高成本偏好的高收入学区；同样，那些家庭财产税所占份额相对低的学区，很可能是城市学区，艾东尼兹欧认为这些学区在享受相对较低的居民财产税（这是因为有大量非居民财产的存在）的同时，有高教育成本偏好。

纽约

伯恩和斯蒂菲尔研究了 1965—1978 年间纽约的公平问题（Berne & Stiefel, 1984）。他们发现，横向公平的大多数标准从样本期开始到 1969 年一直都在改善，但在接下来的五年情况有所恶化，随后一直维持在原来的水平上或者稍微有所改善。结果是，与 20 世纪 60 年代相比，教育机会不平等在 20 世纪 70 年代后期表现得更加突出。研究发现，在 14 年的样本期内，教育服务水平指标与生均财富之间一直存在正相关关系。

1990 年，伯恩和斯蒂菲尔更新了他们对纽约州的研究。研究发现，尽管根据通货膨胀调整美元值后，1977—1988 年生均支出提高了 40%，但是对生均支出的时间序列分析显示，在样本期内公平状况没有得到显著改善。1991—1992 年，处于支出第 90 个百分位数上学生的生均支出（9 586美元）近乎是处于第 10 个百分位数上学生（5 034美元）的 2 倍。最后，研究指出，纽约州公共初等教育和中等教育体制存在严重的投入和产出不公平。

1994 年伯恩在运用其他的投入测度指标的同时引入产出测度，对纽约州教育公平问题重新作了评估。研究发现，在少数民族和贫困儿童百分数高的地区，学生一直都是大班教学，较少有机会使用新的教育技术（instructional technology），并且持有教师资格证书的教师也很少。分析明确显示，投入不公平也扩展到产出方面，最贫困学校学生在州统一考试中一直位于成绩最低者行列，高贫困学校与低贫困学校之间的平均分数也存在差异。

邓科姆和英杰等人的研究（1999，1997），以及邓科姆、卢格和英杰等人的研究（Duncombe, Ruggiero & Yinger, 1996），探讨了纽约州学区的教育支出与学生特征之间的关系。研究发现，为了实现结果公平，纽约州的生均教育支出需要达到其富裕郊区生均支出的三倍。在州北部的主要城市与郊区之间，学生支出的比率大约是2∶1。对他们的研究，本章后面部分将作详细介绍。

纽约州的改革者十多年来一直都在强调解决不公平问题。早在1924年，该州就带头实施了基本金教育项目。纽约州的教育财政制度曾两次成功应对了挑战（*Levittown* v. *Nyquist*, 1982；*Reform Education Financing Inequities Today* v. *Cunomo*, 1991）。2001年，州的一个初级法院根据充分性原则，宣判纽约州教育财政计划不合宪（*Campaign for Fiscal Equality* v. *State of New York*）。但是，2002年，上诉法院驳回了上述判决，并且州最高法院最近正在复审此案。多年来，州立法机关对教育拨款公式作了大量改革，其目的就是为了改善公平状况。

前面引用过的帕里什、黑科多和弗劳尔等1998年的研究结果还表明，传统上，纽约的生均支出一直是全国所有州中支出最高的三个州之一，然而，其资源分配也是全国最不公平的州。帕里什等人的观察发现，在纽约，即使是教育支出最低学区的生均教育支出，也比全国大多数学生的支出水平要高。是分配最高端而不是最低端地区（Verstegen, 1996；Odden & Busch, 1998）的支出造成了纽约州的不公平问题。麦克隆指数（未根据学生需求或者成本进行调整）仅仅是对多少分数是可以接受的公平测度。也许会有人会对此提出争议，认为，即使资源分配模式不公平是不可防御的，但相对其他大多数州来说，纽约州的学校是在可防御的充分性水平上运行的。

我们已经习惯认为贫困学区的税收负担重，而富裕学区则承担了相对较低的税收负担，似乎大多数州的情况确实如此。但是，在纽约州情况并非如此；相反，纽约州富裕学区的税率与贫困学区相比较高（通常很高）。与艾东尼兹欧对密歇根州的分析相一致（Addonizio, 1997），在纽约州，富裕学区的市民对昂贵的教育项目有比较强（甚至非常强）的偏好。纽约州的情况也进一步说明了法斯绰普（1997）对新英格兰的研究中的一个发现：州（国家）教育财政政策，不是我们通常所认为的单独的州政府（国家）行为的函数，而是州（国家）和地方选民共同合作的产物。由于纽约州拥有很长的地方自治的历史，富裕学区对昂贵教育项目有很强的偏好，并且该地区的居民愿意自己纳税满足他们的偏好；鉴于这些情况，纽约州要找到一个令人满意的、公平的办法解决教育资源分配不公平问题，就会更加困难。奥登和皮克斯认为纽约是存在这一"新型"教育财政问题的典型（2000）。尽管在纽约州这并不是什么新问题，但是其他州（如伊利诺伊、密苏里和威斯康星州）却正在经历这些问题。

得克萨斯

沃斯特根分析了得克萨斯州教育财政系统1976—1987年的数据（Verstegen, 1987），考察最高法院判决圣安东尼奥独立学区诉罗德里格斯案（1973）后的立法行动，是否使财政公平有所改善。研究发现，所有测度指标（变异系数、联邦极差率、麦克隆系数、简单相关系数和弹性系数）都有所改善，这表明随着时间推移，教育财政越来越公平。如果将根据生均收入排序的前5%的学生从分析中剔除，那么公平程度将有更大的提高。

但是，这些提高还不足以使那些财富较少的学区满意，艾奇伍德独立学区（Edgewood Independent School District）对得克萨斯州的教育财政体制的合法性提出了一系列挑战。1993 年，为了迎合艾奇伍德案判决（1989，1991）中法院对公平的关注，得克萨斯立法机关制定法律对州教育财政制度进行了改革。图恩杰斯和克拉克（Toenjes & Clark，1994）进行了一项公平研究，分析这一改革可能对教育公平产生的影响。模拟分析发现，新的制度安排将大大改进制度公平状况，这种状况由描述财富与收入之间关系的统计指标所测度。由于立法是分阶段逐步完成的，这种安排的全部效应直到 1996—1997 年才得以体现。

把可能影响成本的学生和学区特征考虑在内，罗切斯基和伊玛泽科（Reschovsky & Imazeki，2001）估计了每个学区实现期望的学业水平所需要的资源水平（充分性水平）。他们借助计量经济学方法解决问题：对成本函数进行统计估计，然后将由估计的成本函数所计算的资源水平，转换成每个学区的成本指数。学区产出用"得克萨斯学术技能评估方法"（TAAS）所给出的 4～8 年级所有学生的综合成绩测度。研究者通过这些复合指标来反映学业成就或者说附加值。产出同样也包括学生的 ACT（高考）成绩。成本函数中包括的其他变量还有享受免费午餐或者降价午餐的学生百分比、教师工资指数、残疾学生数、母语为非英语学生数、高中入学率以及学区注册学生数。他们的研究估计了两个成本函数，其中一个包含效率指数。成本指数的范围是 21～400 100，代表州平均水平；根据效率调整后，成本指数的范围变为 52～177。有 5 个学区的成本指数在 300 以上，也就是说在这些学区要实现期望的结果（成就）所需成本将是所有学区实现这一目标所需平均成本的 3 倍。成本需求最高的圣安东尼奥和艾奇伍德学区，都率先对得克萨斯州的教育财政政策提起过诉讼。

学区内公平研究

20 世纪 90 年代，公平问题回到了政治议程上，但是学者分析的焦点却转移了。产出公平和机会平等成为一些研究的重点，这些研究涉及学区内资源分配以及学校、学生的公平，即使那些在地区、州和国家层次上的研究，也将产出公平和机会平等作为研究的重点。由于联邦和州政府增加了针对处于危险境地的儿童的专项拨款（针对危险中儿童的专项拨款是政府促进纵向公平的一个工具），所有的分析都变得更加复杂。在过去，专项拨款非常少，以至于在评估横向公平时可以将其忽略，或者纳入其他收入或支出。但是，随着专项拨款的增加，这样的处理方法就不再合适了。我们在评估纵向公平时继续使用一般教育拨款的评估方法。

伯恩和斯蒂菲尔的研究最早确定了学区内公平研究模式，正如他们早在十年前就对州内公平作了分析一样。由纽约市 32 个学区掌控的 800 多个初等学校和中学/初中的详细预算的公布（第一次），让伯恩和斯蒂菲尔对纽约市内学校间公平的研究成为可能（1994）。他们的研究探讨了一系列研究策略、统计指标和测度方法的有效性。这两位研究者发现，备受关注的普遍存在的州内关于贫困方面的纵向不公平，在纽约州内学校间不存在。在一般性教育资金的预算和使用中，贫困程度低的初等学校比贫困程度高的学校获得的生均资金多，尽管如此，纽约州高度贫困学校得到的专项拨款却足够多，足以使高度贫困学校的支出水平高于低贫困学校，虽然支出水平还没有达到我们前面介绍过的成本研究建议达到的水平（Duncombe & Yinger，1999，1997；Duncombe，Ruggiero，& Yinger，1996；Reschovsky & Ima-

331

zeki，2001)。中学/初中将更多数量的一般教育拨款拨付给了贫困程度高的学校。贫困程度高的学校不论年级，都有更多的机会获得大多数其他资源（如专项拨款）。

伯恩和斯蒂菲尔（1994）的分析表明：一般教育拨款预算资金中，到达初等和中等学校的比例相当低，生均一般教育拨款仅为2 550美元，而整个学区的生均总预算为7 000美元。贫困地区能够得到更多非分配的、学区办公机构用的和非直接的专项拨款（这些资金不是直接拨付给学生用的），但是分配的以及直接的专项生均拨款情况通常并非如此。那些有大量贫困学生的学区声称，在这些学区中，针对这些贫困学生的项目的非课堂管理及监护负担实际上很重。伯恩和斯蒂菲尔认为，他们的发现与这一主张是一致的。他们怀疑这种做法的效率，并追问是否可能以较低的一般管理成本，使贫困儿童直接获得更多的资源。斯皮克曼等人的分析得出了同样的结果（Speakman et al.，1996）。在学区的7 918美元生均支出中，非特殊教育学生在课堂上花费的支出只有2 308美元（29%）；对于特殊教育学生来说，在课堂上花费的生均支出是4 843美元，其他一半以上都是在课堂外支出的。

伯恩和斯蒂菲尔的研究（1994）还发现，纽约州贫困程度高的分学区（subdistrict）教师的平均工资比贫困程度低的分学区要少4 536美元。这种差异是由教师联盟公约中教师资历条款规定导致的。一个学区资历深的教师有优先选择学校的机会，因此，社会经济地位低的家庭的学生大多由经验少、受教育程度低、工资低的教师为其传授知识。这些发现也提出了一个方法论方面的结论"仅以美元分析公平是不够的，并且，在某种程度上必须考虑教育过程"（p.419）。

斯蒂菲尔、鲁宾斯特恩和伯恩（Stiefel, Rubenstein, & Berne, 1998），对纽约市、芝加哥、沃思堡（Fort Worth）和罗彻斯特等学区进行学区内的公平研究，发现这些城市的学校支出水平的横向公平在可以接受的范围内。在纽约市和芝加哥，学校间专项拨款分配显著体现了纵向公平，但是，对所有四个学区的一般教育拨款分配和总拨款分配来说，纵向公平结果则不一致。对大多数学区来说，少数民族学生比例高的学校能够得到的总拨款比少数民族学生比例低的学校多。在这四个城市中，贫困学生比例高的学校的教师平均工资比为富裕地区生源服务的学校教师的工资低。然而，贫困学生比例较高的学校的生师比的确更为合理。

鲁宾斯特恩（1994）在芝加哥的学校间资源分配的研究中发现了强有力的证据，表明初等学校间的专项拨款分配在纵向公平方面是很公平的。但是，支持学校为更多学生服务的一般拨款资金的分配在很大程度上破坏了这种关系。对财富多的社区的教师支付较高的工资，是导致上述结果的原因。

哈亚瑞（Hyary，1994）对纽约州300个学区的1 246所初等学校间的教育资源地区内分配情况进行了研究（研究将纽约市排除在外）。她研究的教育资源包括：教师年平均工资、新任教师百分比、在他们资格范围外教学的教师占的百分比、每个班的学生数即班级规模、100个学生的拥有计算机数以及每个学生拥有的图书馆藏书册数。研究发现，300个学区的地区内资源分配模式有很大的差异。地区内不公平程度高的地区，一般有相对较多的入学学生数、学校数和相对高的少数民族或者贫困儿童百分比。但是，没有证据表明，这些地区剥夺了少数民族或者贫困儿童同等的获得资源的机会。虽然一项旨在为少数民族或贫困儿童提供补偿性资源的地区政策（也就是纵向公平）可能导致地区内的不公平，但是，研究设计（采取横向公平形式）中不允许调查者检验这种可能性。

赫特从学区和学校两个层面考察了加利福尼亚州的生均支出不平等情况（Hertert，1996），该研究主要集中于完整学区中平均日出勤学生数至少为 2 500 人的学区。这些学区的学生占整个州学生数的 66％。从上述学区中，研究人员选择了 25 个学区作进一步的研究。这些学区有 1 042 所学校、926 740 名学生。分析不包括联邦和州的专项拨款，并且研究没有试图将中间管理成本分摊到各个学校，因为我们关注的是代表所有儿童利益的那些财政性资源（横向公平）。

　　通过研究，赫特（1996）得出如下结论：判断分配是否公平是个视角的问题（a matter of perspective）。加利福尼亚州拥有一个相当公平的学区间教育财政体制。正如所期待的，样本变异系数为 0.740，在可接受的范围内。相反，对地区所有学校来说，相同的变异系数统计量则远在可接受范围之外，值为 0.226。同样，地区内学校间的平均变异系数也在可接受的范围之外（0.184）。支出最高的学区的学校生均支出（3 184 美元）是支出最低学区的学校生均支出（1 627 美元）的 2 倍。在所研究的一些学区中，学校间差异是实际存在的，并且不能由学校规模或种族划分来解释。在过去的几十年中，人们集中关注促进学区间的公平，但是赫特认为如果能够将关注的焦点转移到学校层次，这种努力可能会更有效率。

　　欧文斯（Owens，1994）研究了佛罗里达州的戴德县的初等学校间资源分配公平情况，该学区是全国第三大学区，包括迈阿密市。研究的目的主要是看资源分配差异是否与学生的种族或者家庭收入水平有关。他通过以下四种方法测度支出：包括补偿性项目的基本项目的教育支出，不包括补偿性项目的基本项目的教育支出，加上反映总体学生需求的权重的生均支出，不加总体学生需求权重的生均支出。教育支出主要由教师工资和福利构成，福利也包括学校购买的服务以及课堂教育教学材料的支出。

　　欧文斯发现，戴德县的一些初等学校的教育支出要比其他学校高得多。在对纽约和加利福尼亚州的研究中，他发现这些差异与种族和家庭收入有关。无论用何种方法计算支出，非洲裔美国人和低收入学生百分比高的大学校的生均教育支出，都比没有这些特征的学校的生均教育支出少。但是，在对芝加哥和纽约市的学校层次的研究中，欧文斯将这种支出的不公平大部分归因于允许资历高的教师自由选择在哪所学校工作，导致在少数民族且贫困程度高的学校会有更多经验不足或者受教育程度低的教师。

　　劳登布什、付提和柴昂格（Raudenbush，Fotiu，& Cheong，1998）运用不同的方法，对种族和社会经济地位不同的学生群体间的教育资源分配公平问题进行了研究。他们所用的是在 1992 年国家教育促进评估委员会进行的州数学评估试验中所收集到的数据，41 个州 3 537 所学校 100 000 名 8 年级学生参加了这一州数学评估试验。在承认种族不同的学生成绩存在差异的情况下，他们试图考察学生种族和父母的社会地不同，是否会导致学生教育资源可获得性存在差异，社会经济地位的不同由父母受教育程度来测度。研究中所说的资源包括以下四类：学校纪律环境、学习高中代数的机会、数学专业教师以及把推理作为教学重点。总之，他们的研究证实，种族和父母受教育程度不同的学生，在上述四种资源的获得方面存在种族和社会的不公平。他们得出以下结论：

　　　　正如父母的高学历预示着孩子有好的教育结果一样，父母的高学历同样意味着孩子有机会进入好的学校接受教育，这些学校环境好、开设代数课、有接

333

受过数学专业训练的教师，课堂教学中强调推理教学。同样，教育结果（学习成绩）处于劣势的少数民族学生群体（非洲裔美国人、西班牙裔美国人以及土著美国人）则较少有机会获得这样的学习资源。（Raudenbush, Fotiu, & Cheong, 1998，p.263）

几乎所有的州都存在一定程度的不公平，但是不同州之间的不公平程度存在很大差异。在社会不公平程度高的州，种族不公平程度同样也会很高。

温格林斯基（Wenglinsky, 1998）以另一种非传统的方式考察了资源分配模式的公平问题，他发现教育支出和资本支出与数学平均成绩无关，但是却与不同社会经济群体间的成就差异有关。较低的支出水平与学校不同社会经济水平的学生之间较大的成绩差异有关。研究所运用的数据是具有全国代表性的 12 年级的学生数据库。学校间的差异仅仅解释了整个样本中学生数学成绩变化的 1/5，剩下的 4/5 则由学生间的差异来解释，这里所谈到的学生间的差异不考虑他们所在的学校。更高水平的教育支出和资本支出，有力地降低了社会背景和成绩之间关系的。"当学校有充足的资金时，它们就可以根据需求来教育所有的学生。但是，当资金变得不足时，学校就不能强有力地干预了"（Wenglinsky, 1998；p.270）。教育支出和资本支出可以针对一些有特殊需求的学生。比如，如果必须作出一种选择的话，教育拨款既可以用于高级选修课程项目，以帮助那些天资较高、能力较强的学生进一步提高；也可以用于补救项目，以帮助那些成绩较差的学生。资本拨款可以用于建立一个先进的生物实验室，也可以用于建立支持多媒体识字项目的计算机实验室。

在学校层面上进行公平研究，能使研究者超越学区平均层次，将分析引入教育教学实际发生的教室和学生层面。学校层面的分析同样使研究者在研究资源分配问题时，将地理位置和学生特征考虑在内。学校层面的分析的主要不足就是缺乏学校层面的财政数据，不过随着更多学区将预算和会计定位到学校层面，情况正在逐渐改善。

总　结

全国范围内学区间资源投入横向公平，要比单个州的学区间横向公平程度低；但是，州内横向公平又比学区内横向公平程度低。学区内的公平研究已经表明，有利于较富裕学校的一般拨款分配模式不公平。这种不公平部分地由有利于贫困学校的专项资金配置的不公平弥补了。但是，当一般拨款和专项资金结合在一起，共同在学校间公平分配时，情况就不再令人满意了。这本身就背离了大多数专项项目的初衷，尤其背离了联邦层次上"维持努力条款"的初衷；换句话说，专项拨款是在公平分配的一般拨款之外的资金。

将学习成绩差的学生的成绩提升到一个可以接受的高水平需要作出努力，这一努力的价格是多少？试图对这一问题作出回答的成本研究，是过去十年最具有参考价值的研究。这些研究表明，从货币资金方面来说，完成教育拨款任务是多么艰巨，以及向中心市区学校公平分配的资金是多么不充分、不充足。由于大众注意力已经转移到通过纵向公平获得充分性的资源，因此横向公平概念变得有点陈旧过时。未来的公平研究必须考虑到学生教育资源需求的差异和区域间价格的差异。我们应该更加强调学校、班级甚至学生层面的公平分析，因为这些层面与教学和学习活动的关系最密切。

在下面的部分，我们将回顾公平研究的转变过程，即从过去的横向公平研究到今天寻找理想的充分性状态的纵向公平研究的转变过程。

充分性的定义及测度

使所有学生达到高标准教育的全国教育目标的确立，改变了教育财政政策的定位和导向。这种挑战直接将财政和教育目的联系在一起（Ladd & Hansen，1999）。因此，尽管公平仍然是公共政策的目标，但是公平分析的对象已经从教育投入，转移到学校产出。由于公共政策不能直接影响产出，只能间接通过资源供给量、学校的实践以及相关的制度来影响产出。因此，在投入和产出存在正相关关系的假设前提下，公平分配资源投入的充分性就成为政策争论的前沿问题。

尽管投入与产出存在正相关关系的假设看起来很直观，但是，已有的经验证据却很微弱，这使得实现产出公平变得异常困难。证明投入与产出之间存在正相关关系的事实证据正在增加；但是，也有更强的证据证明，在同样条件下，使用同等的资源，产生的结果却有很大的差异。一些学校更擅长于将资源转化为它们所期望实现的教育目标（我们能说这更加有效率吗?）。资源利用的效率问题是第 12 章要讨论的问题。

在没有完全理解这些关系的情况下，从政策立场上看，我们现在最好的做法就是找到所需要的资源水平，使不同特征的学生能在相当大的概率上达到我们想要实现的目标。给定在这样的充足水平下提供资源，我们必须继续研究这些资源转化为我们所期望的学生行为变化和成就的机制，以使所有学校的学生都能获得成功。

由于我们对资源投入和教育产出、结果之间的关系缺乏理解，因而从广义上定义充分性这一术语非常重要，例如充分性是指生均日常成本，而不是指那些诸如班级规模或者详细课程的细节规定，如那些我们有时称其为"学习机会标准"的细节规定就不是广义上的充分性标准（Clune，Guthrie，& Rothstein，2001）。也许在将来的某一时候，我们的理解可能会证明细节标准是合适的。不过，我们需要时刻警惕"一刀切"的官僚主义倾向。

早期基本金水平的研究

目前，大多数州以各种不同形式的基本金项目对学区提供财政补助；但是，在目前采用的基本金项目的设计中，充分性概念不是很明确。乔治·斯特雷耶和罗伯特·海格在他们早期的研究中将基本水平描述为使学校能够"为州内所有儿童提供平等的受教育机会，以达到规定的某种最低目标"所需要的资源水平（George Strayer & Robert Haig，1924，p.173）。保罗·莫特（Paul Mort）可能是美国各个州中界定基本金概念最成功的一个人，他认为在定义充分性水平时需要考虑以下几点：

> 在通往经得起质疑和辩驳的教育机会平等目标——充分均等的道路上，我们能前进多远? 我们必须据此对每一个项目进行评估，无论其他的相关测评情况如何。因此，平等的本质问题就变成这样一个问题：让善意的教育人士能够真诚地为我们提供实现国家目标所需要的最低限度的资源。这里的国家目标是

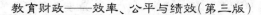
指作为一个民族应有的福利，以及作为人应有的完整的丰富的生活。这就需要我们对学校在各州的作用以及学校作为一个整体对国家的作用作出更为切合实际的评估；需要我们将最差的和最好的进行比较；需要我们站在对问题感兴趣、有利益关系的个人和群体立场上的作出判断；需要我们对授权履行政策决策责任的代理机构的立场和观点的认可程度进行判断。（Mort & Reusser, 1951，p. 385）

莫特指出，斯特雷耶和海格向我们指出的是将最低限度项目作为一种基准的概念，但是他们没有指出这种最低限度基准应该达到什么样的高度。1957 年，莫特感叹道，自斯特雷耶和海格提出他们的建议后 33 年以来：

> 他们的提议是"所有的地方都提供充分性的项目，应该有从州资源来取得这种项目费用的优先权"，然而，令人震惊的是，几乎没有人关注他们的提议的最关键的方面是什么。均等化拨款办法的机制适用于面向所有学区的一般资金的平等化分配，最初设想的均等化拨款办法的中心目的是确保有充分性基本金项目，问题的难点似乎是对均等化拨款办法在实现其中心目的方面寄予了过多的厚望。（Mort, 1957，p. 41）

但是，从一开始，我们就是利用政治和经济标准而不是教育标准来定义基本金水平的，至今仍然一直沿用这种做法。没有经过分析，州的生均支出迅速成为一个最低标准充分性项目的代名词，即使这一目标在实践中从未实现过。的确，1925 年，纽约州第一次使用斯特雷耶和海格提出的基本金项目制定基本水平，其基本金支出水平是州平均支出水平的 2/3。美国教育委员会（1933）所作的全国性分析发现，州基本金水平范围是"可以经得起推敲的基本金水平"的 40%～86%，这种"可以经得起推敲的基本金水平"是指各州拥有平均财富水平的学区所实际采用的平均基本金水平。

尽管他们的分析不是州官方的研究，但是，在 20 世纪 30—50 年代，学术界和教育利益群体作了大量努力，以定义最低充分性项目。他们一般采用以下四种方法：（1）根据州强制性立法和教育部门规章的财政含义来估计；（2）组织合理的平均财富水平学区的平均支出水平；（3）达到专业人士所定义的基本素质项目所需要的支出水平；（4）更为广义的，根据社会和个人的需求，确保一个合理的、可以被接受的教育项目所需要的支出水平（Mort & Reusser, 1951）。应该注意到的是，这些早期的研究是在资金与教育机会提供有关、资金是很重要的假设前提下进行的。教育机会平等是极具影响力的研究成果（Coleman et al., 1966），这一研究指出，学校在改善弱势儿童教育机会方面相对无效率如今，一些新的研究发现，教育机会提供与金钱有关，并且在教育投入与产出分配不公平长期存在的情况下（更不用说近期法院的干预），为了确保所有儿童都能获得充足水平的资源，定义充分性势在必行。

当代研究

与 20 世纪 30—50 年代相比，现在我们能够获得的用来分析的数据资源更加丰富，并且可获得的硬件设施和软件也都更加先进，但是问题的性质至今仍未改变，寻找解决问题的办法采用的技术也很相似。当代分析人员经常采用的方法包括以下几种：（1）包括教育投入测度、学生成绩、其他产出测度以及人口信息在内的全国性数据库的统计分析；（2）分析实现充分性结果的学区成本；（3）计算整体学校改革规划和根据专业判断发起的其他规划的成本。

计量经济学方法

本质上，充分性是产生期望结果的教育项目的成本。在达到充分性标准要求时，由于所服务的学生特征以及学区自身特征不同，学区间的成本不同，但不管怎样，结果应该是相同的。我们能够通过各种多元回归方法（例如二阶段最小二乘法回归）估计成本函数，可以利用足够大的数据库进行分析，在这种条件下，我们就可以估计各种不同的情况下的充分性成本（纵向公平）。充分性估计中，因变量是单位（生均或者每班）教育成本学生成绩、学生特征和学区特征是自变量。在学区特征和学生特征给定的情况下，在样本中变量间基本关系确定的前提下，由这种估计方法得出的回归方程中学区成本只有唯一解。这种方法的优点是，不需要详细考 _337_ 虑具体的教育教学实施体系（instructional delivery system），也不需要确定各个教育组成部分的成本。

我们在前面部分引用过邓科姆和英杰的研究（Duncombe & Yinger, 1997, 1999; Duncombe, Ruggiero, & Yinger, 1996），他们的研究通过前面介绍过的两阶段最小二乘法估计成本函数，使用的样本是 631 个纽约州的学区。然后，他们将这些成本转换为表示相对成本的成本指数，以比较各类不同学区间的教育成本。回归中，因变量是生均日常支出。外生性自变量（不受政策控制的变量）是入学人数、贫困指数、严重残疾学生百分比以及英语能力受限学生百分比。内生性自变量（受一些政策控制的自变量）有学生成绩、教师工资、没有辍学学生百分比以及获得州政府颁发的文凭的毕业生百分比。州政府颁发的文凭不同于要求较宽松的学区承认的文凭，获得州政府颁发的文凭需要通过很多重要科目的严格的标准化考试。在利用数据包络分析方法（DEA）进行的分析中，邓科姆、英杰也将学区效率纳入内生变量之中。数据包络分析过程将在第 12 章作更为详细的介绍。通过这种最优化技术，如果一个学区和其他学区特征相同，但是这个学区实现同样的业绩水平需要比其他学区花费更多，那么我们就认为这个学区是没有效率的。

邓科姆和英杰的研究（1997, 1999）发现，在得到可比较的学生成绩所花费的成本中，不同类型的学区之间存在很大差异。假定纽约州学区获得平均成绩的平均成本是 100，他们发现将纽约市学生的成绩提高到州平均成绩水平，需要花费的资源成本是州平均成本的 4 倍（指数为 396）。纽约市郊区的成本指数为 108；偏远的大城市学区为 190；农村学区为 99；偏僻的小城市学区为 109；偏僻的郊区为 91。

在前面部分同样讨论过赖斯切斯基和伊玛泽科（2001）的研究工作，他们在对田纳西和威斯康星两州的比较研究中得出了类似的结果。他们同样进行成本函数统计估计，并且通过数据包络分析修正了学区效率差异。去除最高的 10% 和最低的 10% 的学区，不调整效率差异，田纳西州学区成本指数的范围变为 [51, 168]（例如，51 就表示是州平均成本的 51%）。同样，威斯康星州的成本指数范围为 [74, 149]。如果对学区效率进行调整，田纳西州和威斯康星州的成本指数范围分别缩小为 [78, 126] 和 [89, 117]。作者承认他们的研究不准确，并且"怀疑'真实'成本在效率调整和不调整情况下计算的成本指数水平之间"（p. 390）。在这两个州，成本最高的学区都在大城市。这意味着要将那些高成本学区的学生成绩提高到充分性水平，需要向这些学区投入很多新的资金。

> 我们的模拟计算表明，资金拨付模式应该被认为是针对州资金分配的长期目标。即使在政治上有可能允许拨付更多的资金，如允许给予市区学区更多的资助，但是额外的突然增加的投入不可能有效地使用，以提高学生成绩。如果在一定时期内逐步实施，给成本高于平均成本的学校和学区提供的新资金，可能是提高学生成绩最有效率的办法。(p.396)

实证研究方法

在利用实证方法进行的研究中，学者们一般会选择已经成功地达到我们所接受的学生成绩标准的学区作为研究对象，假定这些学区的资源利用能够产生期望的结果，研究它们的教学及资源利用。

本质上，这是新泽西州最高法院艾鲍特诉伯克案（*Abbott v. Burke*，1997）判决中隐含的理论。这一诉讼是从 1970 年开始的，在不屈不挠的原告及其代理律师带来的强大压力下，法院对这一诉讼进行了 11 次判决（第 10 章已经作了充分的描述）；州宪法中的条款规定，立法机关应该提供一个"全面有效"的免费公立学校体制，法院的判决试图寻找这一条款规定的具有实际意义的定义。为了回应法院的判决，立法者和管理者在这些判决的指导下，进行了旨在解决富裕的郊区和 28 个贫困城市社区之间拨款不公平的立法。早期的判决寻求投入公平，但是，后来的判决寻求的是能够缩小贫困学区和富裕学区学生成绩差距的充分性投入水平。这种演进是人们关注的焦点从横向公平向纵向公平转移的一个主要标志。

在 1990 的判决中，法院承认新泽西州已经建立了一般的教育标准，能够用于检验是否与州宪法全面、有效、系统的要求相一致。但是，法院发现这些标准在实践中并没有得到切实有效的运用（Goertz & Edwards，1999）。由于缺乏对实际教育机会的明确测度，法院采纳了一种默认修正办法：依据州最富裕学区的实际情况。因此，"该州 108 个最富裕郊区常规教育项目的平均支出，成为该州 28 个最贫困城市学区全面有效支出水平的假定标准"（Goertz & Edwards，1999；p.16）。在 1997 的判决中，法院肯定了这种做法，并且要求最贫困和最富裕的学区的常规教育项目应该相同。

由于上述原因，人们将关注的焦点直接投向了针对最贫困学区的补充性项目的范围和成本。这些在 1998 年的法院判决中都有规定，从而确认和肯定了法院的审查范围从横向公平转移到纵向公平和充分性。

> 在最贫困的 28 个城市学区，学生人数占州总体学生数的 22%，并且 75% 的学生是非白人学生。在这些贫困学区实施的常规教育项目的支出，和州最富裕学区的平均支出相同。除此之外，还要确保贫困学区的学生有进入学前教育项目接受教育、享受健康和社会服务以及使用更好的教育设施的机会。所有城市的初等学校必须采取某种形式的"学校整体改革"，以此作为提供更为有效的教育服务的途径。（Goertz & Edwards，1999，pp.5—6）

以上就是新泽西州权力机关给出的充分性的实际定义。

俄亥俄州教育部以不同于新泽西州的方法对充分性下了定义，他们对充分性的界定是一个两阶段的过程。新泽西州以财富最高、支出最多的学区为基准定义充分性标准，与此不同，俄亥俄州遵循了 20 世纪 30—50 年代研究中提出的程序和过程。在最初阶段，除了财富和生均支出位于最极端的学区（高和低）外，代表性的学区组合中包括了俄亥俄州所有的其他学区（Augenblick，Alexander & Guthrie，1995）。

根据学生阅读、数学、写作和科学的综合成绩，研究者对留在代表性学区组合中的学区进行排序。学区层次的最小充分性水平是根据在多数量的测量中，成绩处于第 70 个百分位数或者更高的学生的平均成绩来定义的。然后，根据学校规模、班级规模、生师比和学校所设课程来检查学区教育安排是否满足充分性标准。这些学区的实践和做法，是那些学生成绩没有达到类似水平的学区的示范。同样，一个充分性项目的成本可以通过这种模式中所有组成部分的总成本来估计。

通过研究审查可以看出，因为所使用的充分性标准和提出了示范性实践做法的具体模式，1995 年的研究遭受了批评。修正后的研究（Augenblick，1997）依据标准参照测试（criterion-referenced）测量一个学区中达到或者超过最小能力水平的学生百分比。因限制了学区的自主权和主动性，示范性教育模式的界定受到了人们的批评。盛行的观点是，尽管使用的方法在服务于州的目标、确认教育拨款合理性的充分性水平中比较合适，但是，由于各个学区的具体环境条件存在很大差异，学区应该在它们认为合理的范围内，自由支配或者组织使用它们可获得的资源。修正后的报告删除了具体资源投入说明，仅揭示了与成绩标准有关的生均支出平均水平。

修正后的研究从俄亥俄州 607 个学区中找出 102 个学区作为参照性学区组合，这些学区的成绩要求、不动产财富和生均支出都不是异常值，而在正常水平范围内。以俄亥俄州 1996 年的支出水平为基础，奥根布里克（Augenblick，1997）运用参照学区组合的数据，计算出加权生均经费收入为 3 930 美元，并将此界定为充分性水平。对于有特殊需求和需要考虑其他因素的学生，需要在这一数量水平上加上另外的资源。

学校整体改革模式以及专业技术的应用

过去的 20 年，人们开发了大量意在提高学校效率的组织策略，所建立的模式都没有特别有优势的，但是，有一些模型已经得到了仔细的评估，能得出有希望的结果。可能会有人争论说：至少那些已经有成功记录的模式可以作为充分性的模式。计算这些模式的实施成本（King，1994），可能会为我们提供一个充分性的财政测度方法。奥登和皮克斯的研究已经表明，通过再分配已经承诺的资源，"一般的美国初等和中等学校都有充分性的资源来资助所有的学校规划，即使在规定计划和准备时间后（都是如此）"（Odden & Picus，2000，p.336）。在新泽西州，尽管法院通过实证分析方法为没有分类的学生设立了充分性水平，但是，为处于危险境地的儿童设立充分性水平要采用整体学校改革模式。事实上，从艾鲍特学区学校资源的投入情况可以看出，实施成本最高的整体学校改革模式［"让所有的孩子成功"（"success for all"）和"根与翅膀"项目（"roots and wings"）］[1] 非常成功，并且剩余了相当数量的自由支配资金（Odden & Picus，2000，p.350）。

学校整体改革模式由实际教育工作者亲自设计，或者至少咨询过他们，并且与国家的研究结果相一致。然而，在充分性的界定中，往往会出现这种情况：一个州

---

[1] "success for all" 和 "roots and wings" 都是整体学校改革模式，或者教育项目。——译者注

可能发现，没有一个模式能够精确地适合这个州的具体情况。在这种情况下，州政府明智的做法就是任命自己的专家和咨询小组，创建适合自身具体情况的模式。在创建模式过程中，专家和咨询小组可以从现有的研究成果获得知识和信息，借鉴全国学校采取不同模式实施改革的经验，并充分利用本州的专业工作者的智慧和经验。一旦一个兼收并蓄的模式建立起来，我们就可以计算模式中各个组成部分的成本，并且能够通过加总计算测度财政充分性。格思里等人对怀俄明州的研究就遵循了这一程序和过程（Guthrie & Rothstein, 1997, 1999）。

测度充分性

尽管近年来人们对定义充分性给予了很多关注，但是没有关注学区间充分性的测度。从法律的立场上看，如果充分性是官方定义的，那么若为学区提供的资金少于充分性水平，则在法律上是站不住脚的。在缺失官方对充分性定义的情况下，政策分析家更可能运用"如果……将会怎样"的方式分析说明定义在各种水平上的充分性。实际上，州制定一个充分性政策，可能希望采用这样的分析方式。

据我们所知，Odden-Picus 充分性指数（OPAI）（Odden & Picus, 2001）是对数据进行的唯一的充分性测度。除了用充分性水平代替中位数支出外，OPAI 测度过程与计算麦克隆指数过程相似。OPAI 计算过程如下：

1. 设定"充分性"支出水平。
2. 确定支出高于这一水平的学区的学生百分比。
3. 计算麦克隆类型比率（McLoone-type ratio），用定义的充分性水平代替支出中位数（参见本章前面部分的计算公式）。
4. 用支出低于充分性水平的学区学生百分比乘以第 3 步计算得到的比率。
5. 用第二步的值加上第四步的值就得到 OPAI。OPAI 等于 1，表示具有完美的充分性。

我们可以根据教育需求加权学生单位，或者利用成本函数指数调整支出，将纵向公平考虑进去。将一个州中支出水平低于充分性水平的学区的支出水平提高到充分性水平，所需要的资金总量可以通过如下步骤计算：（1）用 OPAI 与 1 的差值乘以充分性水平；（2）用第一步计算的结果乘以支出低于充分性水平的学生数。

用表 11—3 中假想的 A、B 两个州的数据，假定充分性水平为 5 700 美元，我们可以计算出每个州的 OPAI。在 A 州，14～20 区的学生支出达到或者高于充分性水平。这 7 个区的学生数占整个州的 35%。而在 B 州，只有 18、19、20 三个区的学生支出高于充分性水平，而这三个区的学生数只占州总体学生数的 15%。用充分性水平代替生均支出中位数，A、B 州的麦克隆类型比率的计算结果分别为 0.816 和 0.824。用支出低于充分性水平的学区学生百分比（分别为 65% 和 85%）乘以所计算出的比率，得出两州的比率分别为 0.530 和 0.700；将这些比率加上支出达到或高于充分性水平的学生比率（A 州为 0.350，B 州为 0.150）得到 A、B 两州的 OPAI 分别为 0.880 和 0.850。因为 A 州的 OPAI 接近 1，尽管很多其他测度都表明 A 州相对较不公平，但是相对于 B 州来说，A 州充分性程度较高。

总　结

公平是建立霍勒斯·曼恩普通学校（Horace Mann's Common School）所遵循

的基本原则之一。这种观念是 19 世纪公共教育传播和普及的指示灯。20 世纪早期，人们认识到同等的平庸并不是国家期望从公立学校中获得的结果；尽管这些期望得到的结果并没有被很好地界定。资源分配应该足以让公立学校产生公众所期望的结果，平等应该建立在这样的资源水平上。基本金项目是使公立学校产生公众期望结果的途径，大多数州在对学区分配一般资金时仍然运用这种方法。理论上，基本金水平应该是针对所有儿童的良好的教育项目能够得以实施所需要的"最少资源量"。但事实是，要达成一系列具体的结果、识别项目要素是异常困难的。政治为确立基本金水平提供了便利，并且基本金水平是根据政治和经济情况确立的（至今仍然是）。目前为止，横向公平已经有所改善，但还没有达到让所有儿童都能实现国家、州和地方目标的水平。 *341*

在 20 世纪最后的 20 年里，人们理解了横向公平和纵向公平的差别，但是直到在 20 世纪的最后 10 年，人们才开始试图确定实现纵向公平所需要的资源水平。这些研究表明，学校需要大量新的资金投入，尤其是在大城市的学区。同时，有证据表明，很多投入公立学校的资金都没有得到有效的利用。这就导致一些分析者和政策制定者怀疑纵向公平研究是否没有夸大学校资源短缺数量，因为即使考虑过效率问题，他们对效率问题的处理也是很简单、很粗糙的。失败的公立学校不能很好地将获得的大量资源转换为期望的结果，不能缩小不同种族群体间以及不同社会经济背景学生间的成绩差距，这是过去和现在人们所真正关注的。当然，并不是所有的公立学校都是失败的；事实上大多数学校还是很成功的。支持成功学校的资源水平与支持那些失败学校的资源水平之间没有太大的差别。实际上，很多失败的公立学校有机会获得更多的资源。

纵向公平问题很明确。与那些为母语是英语的中产阶级儿童服务的学校相比，主要为贫困和母语是非英语的儿童服务的学校的任务更加艰巨，对于这一点人们已经达成共识。通过专项资金的形式每年向弱势儿童拨付数十亿的资金，表明为了消除成绩差距，与教育具有优势的儿童相比，教育弱势儿童要耗费更多的成本；人们在这个问题上也达成了共识。但是需要多少额外的资金呢？在现在的学区和学校组织架构下，社会是否能够相信它们将切实有效地利用这些新的投入资源达到社会期望的结果呢？

充分性是纵向公平的最终目标。但是在定义充分性时，我们必须注意不要造成奖励无效率的现象。在下一章，我们将考察与公立学校运作有关的效率原则。如果一些学校是在无效率地运行，那么就不可能存在公平。

思考与活动

1. 利用一个州或者地区的数据，计算本章介绍的公平和充分性的一些测度指标。在这个州或者地区，哪些指标与评估教育财政最相关？其政策意义是什么？

2. 选择问题 1 中最能反映你所研究的州的政策目标的公平测度指标，计算十年或者更多年的公平指标，看看随着州政策的变化，有什么变化趋向。政策是有效率的吗？州的政策有变化吗？如果有，你认为政策如何变化才能够改善教育财政公平和充分性呢？

3. 分析既定学区内学校间的物质资源分配，如班级规模，每个学生拥有的教师数，每个学生拥有其他专业人员和员工、设施、图书、计算机的数目。与中心办 *342*

公室的主要行政人员讨论你的发现，并问明如果建筑物间的资源分配存在差异，其原因和理由是什么？你从这一分析中获得什么结论，有何建议？

4. 研究一个你们学校可能采纳的整体学校改革模式。研究整体学校改革需要哪些新的资源？新的资源需求能够通过现有资源的再分配实现吗？如何处理可得资源与所需资源之间的差异？你有何策略？

计算机模拟：公平测量

与本章相关的计算机模拟可以在 Allan & Bacon 的网页上找到（见 http：//www.ablongman.com/edleadership.com）。这些模拟主要关注的是计算联邦极差率、变异系数和麦克隆指数，估计洛仑兹曲线、基尼系数，估计相关系数，画出散点图。计算这些指标的目的是：

- 提供计算不同公平测度的经验。
- 比较假设的州与本章所介绍的实际存在的州之间的公平测度情况。

参考文献

Abbott v. *Burke*，693 A. 2d 417（N. J. 1997），575 A. 2d 359（N. J. 1990），710 A. 2d 450（N. J. 1998）.

Addonizio，M. F.（1997）. Equality or choice? School finance reform and the income-expenditure relationship. *Journal of Education Finance*，23，22—42.

Adler，L.，& Gardner，S.（1994）. *The politics of linking schools and social services*. Washington，DC：Falmer.

Alexander，K.（1982）. Concepts of equity. In W. W. McMahon & T. G. Geske（Eds.），*Financing education：Overcoming inefficiency and inequity*（pp. 193—214）. Urbana：University of Illinois Press.

Alexander，N. A.（1997）. The growth of education revenues from 1982—1983 to 1991—1992：What accounts for differences among states? *Journal of Education Finance*，22，435—463.

American Council on Education.（1933）. *Report of the National Survey of School Finance：State support for public education*. Washington，DC：Author.

Augenblick，J.（1997）. *Recommendations for a base figure and pupil-weighted adjustments to the base figure for use in a new school finance system in Ohio*. Columbus，OH：School Funding Task Force，Ohio Department of Education.

Augenblick，J.，Alexander，K.，& Guthrie，J. W.（1995）. *Report of the panel of experts：Proposals for the elimination of wealth-based disparities in education*. Columbus：Ohio State Education Department.

Barro，S. M.（1987）. *School finance equity：Research in the 1980s and the current state of the art*. Washington，DC：Decision Resources Corporation.

Berne，R.（1994）. Educational input and outcome inequities in New York State. In R. Berne & L. O. Picus（Eds.），*Outcome equity in education*（pp. 1—23）. Thousand Oaks，CA：Corwin.

Berne，R.，& Stiefel，L.（1984）. *The measurement of equity in school finance：Conceptual，methodological，and em-*

pirical dimensions. Baltimore, MD: The Johns Hopkins University Press.

Berne, R., & Stiefel, L. (1992). Equity standards for state school finance programs: Philosophies and standards relevant to Section 5 (d) (2) of the Federal Impact Aid Program. *Journal of Education Finance*, *18*, 89—112.

Berne, R., & Stiefel, L. (1994). Measuring equity at the school level: The finance perspective. *Educational Evaluation and Policy Analysis*, *16*, 405—421.

Campaign for Fiscal Equity v. *State of New York*. 719 N. Y. S. 2d 475 (N. Y. Sup. Ct. 2001).

Chambers, J., & Fowler, Jr., W. (1995). *Public school teacher cost differences across the United States*, *Analysis*/Methodology Report No. 95 — 758. Washington, DC: U. S. Department of Education, National Center for Education Statistics.

Charnes, A., Cooper, W. W., & Rhodes, E. (1978). Measuring the efficiency of decision making units. *European Journal of Operational Research*, *2*, 429—444.

Clune, W. H., (1994). The shift from equity to adequacy in school finance. *Educational Policy*, *8*, 376—394.

Clune, W. H. (1995). Accelerated education as a remedy for high-poverty schools. *University of Michigan Journal of Law Reform*, *28*, 655—680.

Coleman, J. S., Campbell, E. Q., Hobson, C. J., McPartland, J., Mood, A. M., Weinfeld, F. D., & York, R. L. (1966). *Equality of educational opportunity*. Washington, DC: U. S. Office of Education.

Dryfoos, J. G. (1994). *Full service schools: A revolution in health and social services*

for children, youth and families. San Francisco: Jossey-Bass.

Duncombe, W., Ruggerio, J., & Yinger, J. (1996). Alternative approaches to measuring the cost of education. In H. F. Ladd, Ed., *Holding schools accountable: Performance-based reform in education*. Washington, DC: The Brookings Institution.

Duncombe, W. D., & Yinger, J. M. (1999). Performance standards and educational cost indexes: You can't have one without the other. In H. F. Ladd, R. Chalk, & J. S. Hansen (Eds.), *Equity and adequacy in education finance: Issues and perspectives* (pp. 260 — 297). Washington, DC: National Academy Press.

Duncombe, W. D., & Yinger, J. M. (1997). Why is it so hard to help central city schools? *Journal of Policy Analysis and Management*, *16*, *1*, 85—113.

Edgewood Independent School District v. *Kirby*, 777 S. W. 2d 391 (1989), 804 S. W. 2d 491 (Tex. 1991).

Fastrup, J. C. (1997). Taxpayer and pupil equity: Linking policy tools with policy goals. *Journal of Education Finance*, *23*, 69—100.

Fowler, Jr., W. J., & Monk, D. H. (2001). A primer for making cost adjustments in education: An overview. In W. J. Fowler, Jr. (Ed.), *Selected papers in school finance*, *2000 — 2001* (NCES 2001 — 378). Washington, DC: National Center for Education Statistics.

Garms, W. I. (1979). Measuring the equity of school finance systems. *Journal of Education Finance*, *4*, 415—435.

Goertz, M., & Edwards, M. (1999). The search for excellence for all: The courts and New Jersey school finance reform.

Journal of Education Finance, 25, 5—31.

Guthrie, J. W., Hayward, G. C., Smith, J. R., Rothstein, R., Bennett, R. W., Koppich, J. E., Bowman, E., DeLapp, L., Brandes, B., & Clark, S. (1997). *A proposed cost-based block grant model for Wyoming school finance*. Sacramento, CA: Management Analyst & Planning Associates.

Guthrie, J. W., & Rothstein, R. (1999). Enabling "adequacy" to achieve reality: Translating adequacy into state school finance distribution arrangements. In H. F. Ladd, R. Chalk, & J. S. Hansen (Eds.). *Equity and adequacy in education finance: Issues and perspectives* (pp. 209 — 259). Washington, DC: National Academy Press.

Guthrie, J. W., & Rothstein, R. (2001). A new millennium and a likely new era of education finance. In S. Chaikind & W. J. Fowler, Jr. (Eds.). *Education finance in the new millennium* (pp. 99—119), Larchmont, NY: Eye on Education.

Harrison, F. W., & McLoone, E. P. (1960). *Profiles in school support 1959 — 1960*. Washington, DC: U. S. Department of Health, Education and Welfare [Misc. 32].

Hertert, L. (1996). Does equal funding for districts mean equal funding for classroom students? Evidence from California. In L. O. Picus & J. L. Wattenbarger (Eds.). *Where does the money go? Resource allocation in elementary and secondary schools* (pp. 71 — 84). Thousand Oaks, CA: Corwin.

Hirth, M. A. (1994). A multi-state analysis of school finance issues and equity trends in Indiana, Illinois, and Michigan, 1982—1992: The implications for 21st century school finance policies. *Journal of Education Finance*, 20, 163—190.

Howe II, H. (1993). Thinking about kids and education. *Phi Delta Kappan*, 75, 226—228.

Hussar, W., & Sonnenberg, W. (2000). *Trends in disparities in school district level expenditures per pupil*, NCES 2000 — 2020. Washington, DC: U. S. Department of Education, National Center for Education Statistics.

Hyary, A. (1994). *Intra-district distribution of educational resources in New York State elementary schools*. Paper delivered at the American Education Finance Association Annual Meeting, Nashville, TN.

Kearney, C. P., & Anderson, D. M. (1992). Equity measurement in school finance. In K. C. Westbrook (Ed.), *State of the states' 92: Bridging troubled finance waters*. Proceedings of the Fiscal Issues, Policy, and Education Finance Special Interest Group. Annual Meeting of the American Educational Research Association, San Francisco, CA.

Kearney, C. P., & Chen, L. (1989). Measuring equity in Michigan school finance: A further look. *Journal of Education Finance*, 14, 319—367.

King, J. A. (1994). Meeting the educational needs of at-risk students: A cost analysis of three models. *Educational Evaluation and Polio, Analysis*, 16, 1—19.

Kirst, M. W. (1994). Equity for children: Linking education and children's services. *Educational Policy*, 8, 583—590.

Koski, W. S., & Levin, H. M. (2000). Twenty-five years after Rodriguez: What have we learned? *Teachers College Record*, 102, 480—513.

Ladd, H. F., & Hansen, J. S. (Eds.). (1999). *Making money matter: Finan-*

cing America's schools. Washington, DC：
National Academy Press.

Levittown Union Free School District
v. Nyquist, 453 N. Y. S. 2d 643 (1982).

McMahon, W. W. , & Chang, S. (1990).
Geographical cost of living differences：
Interstate and intrastate, update 1991.
MacArthur/Spencer Series Number 20.
Normal, IL：Center for the Study of Ed-
ucation Finance, Illinois State Universi-
ty.

Mirel, J. , & Angus, D. (1994). High
standards for all? The struggle for equali-
ty in the American high school curricu-
lum, 1890 — 1990. American Educator,
18, No. 2, 4—9；40—42.

Morris, W. (Ed.). (1969). The American herit-
age dictionary of the English language. Bos-
ton, MA：Houghton Mifflin.

Morrison, H. C. (1943). American schools：
A critical study of our school system.
Chicago：University of Chicago Press.

Mort, P. R. (1957). The foundation program
ill state educational policy. Albany, NY：
New York State Education Department.

Mort, P. R. , & Reusser, W. C. (1951).
Public school finance：Its background,
structure, and operation. New York：
McGraw-Hill.

Murray, S. E. , Evans, W. N. , &
Schwab, R. M. (1998). Education-finance
reform and the distribution of education
resources. The American Economic Re-
view, 88, 789—812.

National Center for Education Statistics (va-
rious years). Digest of education statis-
tics. Washington, DC：U. S. Department
of Education.

National Commission on Excellence in Edu-
cation. A nation at risk：The imperative
for educational reform. Washington, DC：

U. S. Government Printing Office.

Odden, A. , & Busch, C. (1998). Financing
schools for high performance：Strategies
for improving the use of educational re-
sources. San Francisco：Jossey-Bass.

Odden, A. R. , & Picus, L. O. (2000).
School finance：A policy perspective
(2nd ed.). New York：McGraw-Hill.

Owens, Jr. , J. T. (1994). Intradistrict re-
source allocation in Dade County, Flori-
da：An analysis of equality of educa-
tionalopportunity. Paper delivered at the
American Education Finance Association
Annual Meeting, Nashville, TN.

Parrish, T. B. , Hikido, C. S. , & Fowl-
er, Jr. , W. J (1998). Inequalities in
public school district revenues. Washing-
ton, DC：U. S. Department of Educa-
tion, National Center for Education Sta-
tistics.

Parrish, T. B. , Matsumoto, C. S. , & Fowl-
er, Jr. , W. J (1995). Disparities in public
school district spending 1989 — 1990：A
multivariate, student-weighted analysis
adjusted for differences in geographic
cost of living and student need. Washing-
ton, DC：National Center for Education
Statistics.

Prince, H. (1997). Michigan's school fi-
nance reform：Initial pupil-equity results.
Journal of Education Finance, 22, 394—409.

Raudenbush, S. W. , Fotiu, R. P. , &
Cheong, Y. F . (1998). Inequality of ac-
cess to educational resources：A national
report card for eighth-grade math. Edu-
cational Evaluation and Policy Analy-
sis. 20, 253—267.

Reform Education Financing Inequities To-
day v. Cuomo 578 N. Y. S. 2d 969 (Superi-
or Court for Nassau County, 1991).

Reschovsky, A. , & Imazeki, J. (2001).

Achieving educational adequacy through school finance reform. *Journal of Education Finance*, *26*, 373—396.

Rubenstein, R. (1998). Resource equity in the Chicago public schools: A school-level approach. *Journal of Education Finance*, *23*, 468—489.

San Antonio Independent School District v. Rodriguez, 411 U. S. 1(1973).

Sielke, C. C. (1998). Michigan school facilities, equity issues, and voter response to bond issues following finance reform. *Journal of Education Finance*, *23*, 309—322.

Speakman, S. T., Cooper, B. S., Holsomback, H. C., May, J. F., Sampieri, R. A., & Maloney, L. (1997) The three Rs of education finance reform: Rethinking, re-tooling, and re-evaluating. *Journal of Education Finance*, *22*, 337—367.

Stiefel, L., Rubenstein, R., & Berne, R. (1998). Intradistrict equity in four large cities: Data, methods, and results. *Journal of Education Finance*, *23*, 447—467.

Strayer, G. D., & Haig, R. M. (1924). *Report of the Educational Finance Inquiry Commission: The financing of education in the State of New York*. New York: Macmillan.

Toenjes, L., & Clark, C. (1994). *Reducing school district wealth to create equity in Texas*. Paper delivered at the American Education Finance Association Annual Meeting, Nashville, TN.

U. S. General Accounting Office (GAO). (1997). *School finance: State efforts to reduce funding gaps between poor and wealthy districts*. Washington, DC: GAO.

Underwood, J. (1995). School finance adequacy as vertical equity. *University of Michigan Journal of Law Reform*, *28*, 493—519.

Verstegen, D. A. (1987). Equity in state education finance: A response to *Rodriguez*. *Journal of Education Finance*, *12*, 315—330.

Verstegen, D. A. (1993). Financing education reform: Where did all the money go? *Journal of Education Finance*, *19*, 1—35.

Verstegen, D. A. (1994). Efficiency and equity in the provision and reform of American schooling. *Journal of Education Finance*, *20*, 107—131.

Verstegen, D. A. (1996). Concepts and measures of fiscal inequality: A new approach and effects for five states. *Journal of Education Finance*, *22*, 145—160.

Walters, L. C., & Freeman, M. A. (1993). An assessment of educational spending equity in Utah using data envelopment analysis. *Journal of Education Finance*, *19*, 122—156.

Wenglinsky, H. (1998). Finance equalization and within-school equity: The relationship between education spending and the social distribution of achievement. *Educational Evaluation and Policy Analysis*, *20*, 269—283.

Zigler, E. F., & Finn-Stevenson, M. (1994). Schools'role in the provision of support services for children and families: A critical aspect of program equity. *Educational Policy*, *8*, 591—606.

第12章

有效率地提高学生成绩

议题和问题

- **公平且有效率地达到高的标准**：在让所有儿童都能达到高学术标准的目标 346 的实现过程中，美国的学校是否遇到资源不足、可利用资源管理不善或者 以上两种的综合障碍？
- **外部效率**：美国是否为初等和中等教育提供了充足的资源？与其他后工业 经济发达国家相比，美国的资源配置情况如何？
- **内部效率**：学校和学区是否有效率地利用了配置给它们的教育资源，以促 进学生学习？
- **技术效率**：在既定的资源配置条件下，学生增加可能会给学校带来怎样的 影响？
- **规模效应**：与学生成绩和成本有关的学校和地区规模如何？
- **政策内涵**：为了促进学校更有效率地运行，学校组织和财政政策应作何 调整？

教育工作者通常不用**效率**这个词。他们很少关心自己与社会为他们所提供的资 347 源之间的关系，很少关注社会提供的资源在课堂上如何利用，不会关心自己的教育 经验会给学生带来怎样的福利，同时，也不关心毕业生的生活质量。也许这可以解 释，至少可以部分地解释，统计分析发现上述事件两两之间或者两个以上事件之间 没有联系或者联系很小。换句话说，也就是，如果我们以美元来考虑投入的话，公 共学校美元支出额与学校对儿童影响的质量之间，最多仅存在一点微弱的联系。当 遇到失败学校的事实时，教育工作者们很少将他们自己的行为和决策视为导致学校 失败的可能原因，相反，他们很可能将其归因于他们没有得到做这份工作所需要的 充分性的资源。在过去 40 年调整通货膨胀后公共教育支出每年增长 3％的情况下， 公众普遍不能接受这种理所当然的回应。如今，已经有很多人怀疑，教育官员是否 很好地利用了用于儿童教育的资源。生产率问题已经成为教育政策议程的前沿问 题，同时，这一问题也强调了学习如何明智地进行教育支出的重要性（Ladd & Hansen，1999）。

在第 10 章，我们从法院的角度考察了公平、充分性和效率问题；在第 11 章，我们 又从政策分析者的角度考察了公平和充分性问题。从中我们发现，很多学校指导学生实现社会为他们确立的目标的工作都是没有效率的，这在为处于危险中的儿童提供教育的学校中表现得尤为突出。在学校没有很好地做好自己的本职工作时，这种无效不仅损害了学生的利益，而且纳税人以税收方式进行的投资也没有得到合理回报。尽管公平概念和效率概念之间存在很大差异，但在第10章和第11章，我们已经得出这样的结论：我们不可能在无效率的情况下实现真正的教育公平。在这一章，我们通过对已经应用于经济学范例的研究，来寻求更加有效率地利用**已经**投入到学校的公共资源的途径。

第1章将效率和经济增长视为有助于实现自由、平等和博爱道德价值意识的"衍生价值"（derived values）。但是，直到20世纪，效率和经济增长才成为公共政策的主要目标。通过提高可得资源的预期产出或者通过使用较少的资源维持既定的产出水平，**效率**，也就是支出与投入的比率得到了提高。提高效率也就是提高**生产率**，二者是相同的概念。

哈努谢克（1986，p.1166）是这样定义经济效率的：经济效率是"在投入价格和生产函数既定的情况下，各项投入所占的份额恰当合理"。**生产函数**反映的是投入和结果（学校、班级和学生思想进展情况）之间的因果关系。他提醒人们注意，不要混淆经济效率和技术效率这两个概念，其中，技术效率只考虑投入和产生结果的过程，而不考虑投入的成本。这两个概念在设计教育制度过程中都很重要，并且在本章我们将涉及这两个概念。

经济效率包含两方面的内容。首先是**外部效率**，考虑的是社会配置到各个生产部门的稀缺资源对国民经济增长的贡献。在教育方面，我们感兴趣的是，与其他投资机会得到的收益相比，教育投资回报如何？**内部效率**关心的则是为了使所得资源产出最大化（如学术成就、技能提高以及学生的行为和态度），教育系统内部的资源应如何配置的问题。

第1章给出的决策矩阵（图1—3）列出了政策制定者需要解决的一系列问题。对外部效率的分析有助于政策制定者在为不同教育服务提供的资源数量上达成一致意见，并且有助于他们确定何种水平的"人口质量"（一个受过教育的公民）的社会投资最能促进经济增长和社会总福利。换句话说也就是，外部效率研究强调的是教育服务支出多少和提供何种服务以创造最大的社会经济效益问题，内部效率涉及的是如何生产教育服务的问题。内部效率研究的目的是从配置到某个机构（如学校或者班级）的资源中获得最大利益。因而，学者一般通过教育生产函数以及成本收益和成本效率分析来研究内部效率，而通过收益率来研究外部效率。

本章先考察外部效率问题。首先，我们回顾第2章介绍过的、运用人力资本理论来估计教育投资对国民经济增长贡献的研究。然后，我们以评估美国教育支出是否具有充分性来结束对外部效率的讨论。本章第二部分关注的是内部效率问题。在回顾了对学校技术和经济效率两方面的研究后，我们得出这样的结论：改变已经配置的教育资源的利用，可以提高教育的产出。

外部效率

在本书第二和第三篇，我们讨论了支持教育服务的公共税收征收过程以及这些税收是如何配置到各个学区的问题。讨论的前提是，假定我们已经知道需要多少教育资源。就像我们在第一篇所看到的，确定教育服务支出在很大程度上是一个政治过程，并且从经济角度看，最终作出的决策可能不是最优的。经济分析能够估计我们用于教育服务的稀缺资源的效率。然而，在政治过程中，经济效率仅仅是很多问题的一个方面，而且经常会与一些社会政策目标相冲突。提高经济效率必须权衡其他社会问题，当其他社会问题居于主导地位时，就有更好的理由采纳那些从经济角度来看没有效率的政策。然而，在多数情况下，决策制定者是在没有完全理解政策经济意义的情况下采纳公共政策的。

收益率方法

收益率分析是经济学家在评价两个可供选择的投资政策时经常使用的工具之一。如我们在第 2 章所看到的，收益率分析试图帮助政策制定者确定各个经济部门的支出以及经济部门内特定项目的支出（Benson，1978，p.91）。在教育领域，收益率分析是比较接受额外教育所带来的收入的增加与接受这些教育所需要的费用的比值，这里的费用包括因接受教育而不能参加工作所失去的收入（机会成本）。学者一般从两个层次研究教育的收益率——个人和社会。

相应地，我们就确定了两种收益率：个体考虑的私人收益率和政策分析者考虑的社会收益率。在计算私人收益率时，一般只包括个人花费的成本。但是，制定社会政策时，必须考虑所有的成本，包括那些个体直接支付的补充私人成本的部分。无论是在公立机构，还是在私立机构，公共资金或者私人捐赠都会为教育价格提供补贴。因而，计算社会收益率必须将对个体的补贴包括到成本中去（如学生所交学费与实际成本之间的差额、奖学金等）。一般情况下，教育社会收益率低于私人收益率——但也有争议说，一些教育成本，特别是高等教育成本，有一部分是学生的学费，并不完全是由政府资助的。不管怎样，社会收益率是研究可供选择的公共政策时值得参考的合适的统计量指标。

在第 2 章有关人力资本理论的讨论中，我们提到了一些运用全国数据进行的研究，包括舒尔茨（1963）、贝克尔（1964）、丹尼森（1962）、库兹涅茨（1966）、皮尔斯和威尔士（1996）、哈努谢克和金（1995）。萨卡罗普洛斯（Psacharopoulos，1981）对 61 个国家进行了研究，分别计算了初等、中等和高等教育的私人以及社会平均收益率。萨卡罗普洛斯根据发展阶段和地区对这些国家进行了分类。结果发现，除发达国家以及中等发达国家的高等教育社会收益率外，其他所有国家的收益率都达到资本投资期望的收益率 10% 或者更高。发达和中等发达国家 8% 和 9% 的高等教育收益率表明：在现有教育组织的情况下，这些国家的支出达到或稍微高于最优水平。

研究发现，发展中国家初等教育的收益率最高。这样高的收益率是初等教育相对其他层次教育而言的低成本（包括机会成本）以及初等学校毕业生与文盲之间实际生产率差异（基于市场价格）交互作用的结果（在发达国家，实际上已经没有文盲了，这使得计算这些国家的初等教育收益率变得没有意义）。随着经济的发展，所有教育水平的收益率都有下降的趋势，这表明在经济发展水平较低的国家，受过教育的人力资源相对稀缺。同时，研究发现，所有发展中国家的私人收益率都高于社会收益率。在随后的研究中，萨卡罗普洛斯发现，女性教育支出收益至少与男性持平，并且一般课程支出产生的收益要高于职业教育。研究结果显示，对处于不同发展阶段的所有国家来说，进行教育投资都是值得的。但是，不同的国家应根据自身的经济发展水平以及其他人口特征，制定最佳的投资策略。

教育支出水平

进行国际间教育支出比较是一项科学艺术。沃斯特根（1992）分析了一些比较美国和其他发达国家之间教育支出的研究（这些研究是由经济政策研究所、美国教育部以及美国教师联合会进行的）。她发现，影响教育支出排名的因素包括：所使用的衡量指标，如总支出；每个学生的支出或者教育支出占国内生产总值（GDP）[1]的百分比；支出（收入）包括哪些内容；货币转换过程；公共拨款支出仅与公共的和私人的综合资源支出相比较；所包括的国家以及所包括的教育水平（初等和中等，高等或者综合）。

沃斯特根得出结论，总体上，综合所有层次的教育，美国的教育总支出处于领先地位。但是，当仅考虑初等和中等教育，并将支出与 GDP 相比较时，美国就失去了它的领先地位。就初等和中等教育层次上每个学生的支出而言，美国排名相对靠前，但如果根据教育支出占 GDP 的百分比或单位资本 GDP 进行排名，那么美国的排名就要相对靠后了。

每个学生的支出是平均每个学生可获得教育资源的指示器。教育支出占 GDP 的比例，可以看做是努力程度的一个测量标准（与税率相似）。

表 12—1 列出了美国 1959—1998 年间对教育的投资，同时还给出了这些年份大学前教育人口百分比以及接受高等教育人口百分比。教育支出占 GDP 的比例从 1959 年的 4.8％稳步增长到 1970—1975 年间的 7.5％。随后，1985 年降到 6.7％，1992 年又上升为 7.8％。早期 GDP 对教育的高配置（1970）是由这一时期高的接受教育的人口百分比引起的。但与 1970 年相比，1992 年 GDP 对教育的高配置（7.8％）面对着较小的接受教育人口百分比。

表 12—1　　　　　教育经费支出占国内生产总值（GDP）的百分比，各级教育入学人数占人口的比例（1959—1998 年）　　　　　　　　（％）

年份	初等和中等教育		高等教育		总计	
	占 GDP 的百分比	在学人数占人口的比例	占 GDP 的百分比	在学人数占人口的比例	占 GDP 的百分比	在学人数占人口的比例
1959	3.4	23.0	1.4	2.0	4.8	25.0
1965	4.0	24.9	2.2	3.0	6.2	28.0
1970	4.8	25.0	2.7	4.2	7.5	29.2
1975	4.7	23.1	2.7	5.2	7.5	28.2
1980	4.1	20.3	2.6	5.3	6.8	25.6
1985	4.0	18.8	2.7	5.1	6.7	24.0
1990	4.5	18.4	3.0	5.4	7.5	24.0
1995	4.4	19.2	2.9	5.4	7.3	24.7
1998	4.4	18.8	2.9	5.2	7.3	23.9

资料来源：National Center for Education Statistics. (2000). *Digest of Education Statistics*. Washington, DC：U. S. Government Printing Office.

1959—1970 年，初等和中等教育支出占 GDP 的比例从 3.4％上升到了 4.8％。尽管以通货膨胀调整后的美元形式计算的每个学生的支出仍在继续增加，但教育支出占 GDP 的比例在 1985 年降到了 4.0％。随后在 1994 年增长到 4.6％，并在 1995 年和 1998 年维持在 4.4％。大学前教育支出占 GDP 比例的增加，相应伴随着入学人数增加，同时还伴随着学校废除种族隔离、实行补偿性教育（如 ESEA 法案）、对残疾儿童进行教育等均等化教育机会的任务的增加。教育支出占 GDP 比例的下降，至少可以部分地归因于接受初等和中等教育的人口的减少。接受初等和中等教育的人口数在 1970 年达到最高，占总人口的 25％，随后下降到 1990 年的 18.4％，1995 年上升到 19.2％，但随后又下降到 1998 年的 18.8％。

从表 12—1 中我们可以看到，高等教育支出占 GDP 的比例稳步地从 1959 年的 1.4％增长到 1990 年的 3.0％，1998 年维持在 2.9％的水平上。中等后教育实际入学人数从 1959 年的 3 640 000 人增加到了 1970 年的 8 581 000 人，随后继续增加，直到 1998 年达到 14 000 000 人以上。接受高等教育人口的百分数也从 1959 年的 2.0％稳步增长到 1990 年的 5.4％，随后在 1998 年回落到 5.2％。

在回顾了各个层次的教育支出总量以及教育支出占国内生产总值的比例后，史密斯和菲利普得出结论：与其他工业发达国家相比，美国居于领先地位。但是，与其他发达国家相比，在美国，初等和中等教育部门的教育投资只占了很少的份额。在高等教育领域，美国每个学生的支出比其他任何国家都要高（NCES，2001）。但美国的中等教育支出仅超过了瑞士和奥地利，初等教育支出也只超过了瑞士、奥地利、挪威和丹麦。不过，仅当用支出占 GDP 的百分比作为标准时，美国的排名才会在发达国家中位于中等以下。但是，在评估充分性的过程中，每个儿童可获得的资源水平是一个关键指标，并且根据这个指标，美国的排名很不错，特别是与其主要经济对手德国和日本相比。

总体来说，美国政府似乎承担了初等和中等教育所需要的资源。但是，正如我们在前一章所注意到的，在美国，儿童间的资源配置非常不公平。在下一节的内部效率讨论中，我们将考察如何明智地配置这些资源，以对儿童教育产生影响，同时，我们还将考察这些资源在教育过程中是否得到了很好的利用。

内部效率

在社会对学校和学区利用配置给它们的资源实现高学术标准的效率产生争论的背景下，我们展开本节的讨论。随后，我们将介绍一个研究学校和学区效率的主要工具——教育生产函数。作为这种方法的范例，我们回顾了一些对生产函数的研究，同时也考虑到了对这些研究的批评。然后，我们考察一个具体处理经济效率的研究方法：数据包络分析（DEA）。接下来，我们考虑与项目评估者和有效学校倡导者所提出的技术效率相关的研究和应用，同时还考虑了整体教育改革模型。紧接着，我们介绍学校和学区规模经济以及规模不经济的研究。最后，我们以对提高学校内部效率的政策内涵的讨论结束本节。

研究背景

图 12—1 给出了从 1970—1971 学年至 1999—2000 学年间以平均每日在校学生

数计算的每个学生支出的增长，根据两种计算方法得出了图中的曲线：一种方法是保持 1999—2000 学年美元不变，另一种方法是根据现在的美元计算。根据通货膨胀调整后，1970—1971 学年的支出为 3 883 美元。到 1999—2000 学年，支出增加到了 7 086 美元，平均每年增长近 3%。然而，图 12—1 显示，每个学生的支出并不是稳步增长的。1970—1971 学年至 1977—1978 学年期间和 1981—1982 学年至 1989—1990 学年期间相对 1977—1978 学年至 1981—1982 学年和 1989—1990 学年后，支出经历了相对稳定的增长。1981—1982 学年开始的支出增加与当前改革运动的开始是一致的，接下来的 8 年，调整通货膨胀后，支出平均每年增长 4%；随后的 10 年，调整通货膨胀后，支出平均每年增加不到 1%。

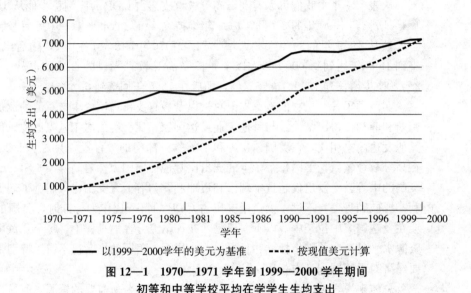

**图 12—1　1970—1971 学年到 1999—2000 学年期间
初等和中等学校平均在学学生生均支出**

资料来源：U. S. Department of Education, National Center for Education Statistics: *Statistics of State School Systems*; *Revenues and Expenditures for Public Elementary and Secondary Education*; *and Common Core of Data* surveys.

自 20 世纪中期以来，调整通货膨胀后支出的逐年增长引起了很多人的兴趣，并且引起了很多对"钱都到哪里去了"的问题的研究。罗思坦和麦尔斯（Rothstein & Miles，1995）的研究发现，大量增加的支出都被用在了特殊教育项目上。1967—1991 年，特殊教育支出占总支出的比例从 4% 增加到了 17%。实际上，正规教育支出占总支出的份额从 1967 年的 80% 下降到了 1991 的 59%。

奥登、蒙克、纳科比和皮克斯（Odden, Monk, Nakib, & Picus, 1995）对 5 年间（止于 20 世纪 90 年代早期）分配给公立学校的新资源的配置情况进行了研究。他们认为，公立学校资金配置既不公平，也没有效果，需要重构公共教育体制，以使新的资源能够很好地与提高学生成绩联系在一起。他们发现，大部分新增的支出都被用来雇用更多的教师，以减小班级规模，或者用来提供更多的课外服务，主要是为残疾的或者成绩低的学生提供"分离式"教育。还有一部分资金被用于提高教师工资，但并不是以加强教师专业化的方式。大部分增加的收入被用于扩大特殊教育服务。在奥登等人分析的基础上，我们认为，长期改革的任务是让学校成为高水平学生成绩的生产者，而不是教育资源的消费者。

格思里（1997）得出了与此相类似的结论。不管是在提供特殊教育，还是在提供普通教育或者其他教育的学校，他得出了导致高支出的主要原因是学校工作人员太多，并且工资水平较高的结论。他注意到，1950 年，每 19.3 个学生拥有 1 个教育工作人员，而现在这个比率下降到每 9.1 个学生拥有 1 个教育工作人员。这些额外的工作人员一部分在特殊教育项目领域工作，另一部分是出于初等教育水平上较少的辍学人数、全日制幼儿园、学前项目以及补偿性教育的需要。同时，教师工资的提高也是导致高成本的一个原因，越来越多的教师具有高学位，并且相对前些年，教师的经历也更加丰富了。随着时间的推移，学校行政人员的相对数量并没有提高，而是在缓慢减少。

　　在第 11 章，我们注意到，在资源将会在一般生产率水平上得到利用的假设前提下，美国通常根据投入配置，特别是每个学生的支出，来衡量教育机会公平与否。然而，这种假设前提在过去 10 年受到了哈努谢克（1986，1991，1996a）的强烈抨击。他声称：研究表明，教育投入与学生成绩之间不存在一致的关系。但是，赫奇等人（Hedges，Laine & Greenwald，1994a，1994b；Greenwald，Hedges，& Laine，1994）强烈捍卫他们的观点——教育投入与学生成绩之间存在一致的关系。然而，即使是最强烈的捍卫者也已经承认，从广义上看，投入和学生成绩之间确实不存在很强的联系。格丽斯姆（Grissmer，2001）注意到，在近期的非实验性研究中，被认为是非常规范的分析模型证明了投入和学生成绩之间不存在前面所说的一致的联系。一些利用更好、更新数据（下面我们将介绍）进行的研究确实证明了资源对学生成绩具有正的影响（Ferguson，1991；Ferguson & Ladd，1996），但权衡来看，结果仍然不一致（Hanushek，1996a；Ladd，1996；Burtless，1996）。不过，格丽斯姆得出了这样的结论："证据……似乎聚集到这样一种假设上：特定用途的支出能够提高成绩，对处于劣势的学生而言，更是如此，但是，超过当前所需水平的额外资源对处于优势的学生来说没有多大影响"（p. 139）。

　　莱文（1994）已经得出这样的结论：公平的必要条件是，所有的儿童都有机会获得所有适合他们的教育项目，并且有机会获得能够使他们从这些项目中完全获利的拨款和资源。有学者对在资源和学生特质方面大致相同的学校之间存在的教育成果的巨大差异进行了研究，莱文在引用了这些研究后，将学校实现效率最大化视为资源得到最优利用以满足学生教育需求的充分条件。在得出这些结论的过程中，他发现，在对最危险学生的教育中，无效率表现得最突出。

　　对较高成绩标准的关注，没有必要伴随着对更多财政资源的要求。在政策分析者中盛行这样一个假设（尽管教育实践者们不这样认为）：当前的教育资源是充分性的，或者近乎是充分性的，如果现有的资源能够得到更加合理的配置，并得到更有效的利用，那么可以达到更高的标准。例如，教育复兴协会（1998）到 2020 年将国家学术成就翻倍的计划，就不需要比现在更多的资源。"如果国家的 *354* 教育制度主要关注的是学术成就，那么投入教育的资金的增加，应该足以实现这一目标"（The Consortium，p. 12）。在现行条件下，教育投入与产出之间至多存在很微弱的关系。如果要实现结果公平，那么生产率、效力和内部效率必须首先得到满足。

　　在对工作于教育领域的经济学家小组——教育经济改革小组（PEER）的讨论进行总结时，小组主席哈努谢克（1996b）指出：

教育领域的改革和其他领域一样，通常被认为是确保拥有更多资源的过程。在这里，我们小组打破了传统。对 20 世纪教育历史的分析不能表明美国社会缺乏对教育的支持。恰好相反，教育拨款在过去的 100 年里或多或少都有所增加。美国教育的基本问题不是缺乏资源，而是可得资源没有得到很好的利用。的确，在教育改革过程中，保持大多数支出不变是一件好事。学校中存在着大量的无效率，如果消除这些无效率，那么释放的资金就可以使教育得到真正的提高；同时，在学校中还存在着抑制拨款增加，以迫使学校采纳一个更有纪律的决策制定方法的情况。学校必须评估它们的项目，并对学生思想表现作出决策，同时对资源的不同使用情况进行权衡也很重要。(p.30)

在提到定义和研究教育效力和效率时，弗劳尔和克拉克（1994）将教育工作者和研究者划分为两个阵营：政策工人和课堂文化熏陶者。政策工人试图从生产函数的隐含意义中找到教育投入以及统一的教学实践能够产生较高成绩的证据——也就是说，他们关注的是经济效率。他们试图找到中心机构（如州教育部）能够操纵的有效率学校普遍存在的决定性因素，并假定相同的教育设施和实践能够在不同学校间产生相同的结果。课堂文化熏陶者反对这一导向，并"将关注的焦点放在了发生在课堂里的社会标准化上：儿童对个人主义和团队合作的评价、成人威信和权力的合理形式以及需要对成绩和现在的身份所持的态度"(p.120)。课堂文化熏陶者倾向于忽略比较狭隘的可认知的成绩形式，并且他们对先期的投入和由权威所操纵的课堂规则也不是特别感兴趣。尽管他们没有正常地使用这些条款，但他们关注的是经济学家所提到的技术效率。

在这部分，我们回顾了两大阵营的发现。首先，考察了生产函数和由政策工人完成的效率研究。其次，我们考察了与技术效率有关的研究和应用。技术效率是在对有效学校、项目评估以及整体教育改革模型进行评估的研究中被揭示出来的。接着，我们继续回顾了对学校和学区规模经济的研究。最后，我们研究了提高学校内部效率的政策内涵。

教育生产函数

将教育产出与投入联系在一起的研究，被看成是对生产函数的研究，是对投入—产出的分析，是对成本—质量的研究。学者们从不同角度进行了这样的研究，以努力提高教育生产率。在这一节，我们将谈到一些按照经济分类进行的对生产函数的研究。首先，我们介绍教育生产的一般概念，并对一些比较有影响力的个体研究进行描述。其次，我们回顾对大量研究的综合分析（meta-analyses）以及在分析过程中产生的对有冲突的发现的争论。最后，以对将生产函数概念应用到教育领域的适当性的批评、对研究本身的批评以及教育政策内涵的讨论结束本节。

生产函数说明

生产函数是企业或工业部门的可能投入与相应的产出之间的一系列关系——本节中指的就是学校和教育的投入—产出关系（Burkhead，1967，p.18）。哈努谢克（1987）认为："企业的生产可能性是由特定的技术条件控制的，生产函数描述的是从一系列投入中可能获得的最大产出"(p.33)。蒙克（1989）认为，生产函数告诉我们近期可能得到什么："生产函数为在生产率既定情况下，对实践进行评估提供了一个标准"（p. 31）。蒙克还找到了教育服务生产研究方面的两大传统。首先，试图估计教育生产函数中的参数；其次，运用隐性教育生产函数，将可以用来指导研究的广义经济理论和推理的应用考虑进去。

教育生产函数可以比简单地用产出（O）是投入的函数来表达，这里的投入包括学生特质（S）、教育投入（I）及教育过程（P）。

$$O = f(S, I, P)$$

产出（O）包括教育活动所导致的学生行为和态度的变化。产出一般由标准化考试分数来衡量，但有时也包括其他的衡量方法，如高中毕业率、出勤率以及高中毕业后继续接受教育的毕业生所占比率。学生特质（S）包括学生所在家庭的社会经济地位、学生的 IQ 以及学生以前的成绩。教育投入（I）包括同龄群体特质、教育支出、教师特质、班级规模和建筑物特征等。教育过程（P）包括学生学习时间、教学方法、学生和教师之间的交流等。

如果存在教育生产函数，那么也必须存在一个一般的潜在的教育技术——这种假设可能让很多教育工作者感到震惊，因为教育生产技术是不确定的。不管怎样，美国学校的同质性（教育在世界上所有国家间也都具有一致性，公立和私立学校都是这样）增加了这种隐含技术假设的可信性。学校建筑物是根据教室以及某些辅助设施（如图书馆、大礼堂、体育馆等）来进行安排的。每个教室仅由 1 名教师负责，教师组织和管理教室的方式也存在很多相似性。

克里特加德和霍尔（Klitgaard & Hall，1975）第一次对一般技术假设进行了检验。他们检测了在控制社会经济地位影响的情况下，学生成绩残差的分布；他们假定，如果在不同的教学设想（也就是不同的生产函数）下存在教育函数的话，那么残差的分布应该是多峰分布。尽管他们的发现是不确定的，但他们假定所有的学校，包括那些高效的学校，在同一教学技术条件下运行是合理的。

教育生产函数研究的几点说明

詹姆斯·科尔曼等人（1966）发表的报告——《教育机会平等》（Equality of Educational Opportunity，EEO），是第一个也是迄今为止最大的涉及教育生产函数研究的报告之一。他们的研究涉及 4 000 多所学校的 50 多万名学生和成千上万名教师，分析的单位是学校。这或许是所有的投入—产出研究中最著名的，也是最受争议的研究。不仅他们的结论（学校没有潜力消除白人学生和少数族裔学生之间的成绩差距）受到争议，而且他们的研究所使用的方法也受到了争议。本森（Benson，1988）总结了早期教育生产函数研究存在的缺陷：

> 他们使用的是某段时间内某一点上学生的分数。分析的单位是学校，即使将分析单位扩大到学区，其得到的结果也会削弱研究结果的力度。研究假定，回归函数右边的每个变量（自变量或者称为控制变量）与其他变量是完全独立的。但是，在考虑教师特质对学生成绩的影响时，并没有考虑到这样一个事实：儿童在学校中学习的过程，不是由他现在的教师单独决定的，而是儿童学业生涯中所有教师累积作用的结果。

很多研究试图克服早期生产函数研究的缺陷。福格森（Ferguson，1991）运用得克萨斯州特别丰富的数据资源进行了一项最具说服力的研究。数据包括了为 240 万名学生服务、并雇用了 15 万名教师的近 900 个学区的信息。数据库中包括：所

356

有教师在得克萨斯州当前行政人员和教师资格考试（TECAT）中所取得的成绩；其他学校质量的衡量指标，如教师特质、生师比；教育支出衡量指标；在得克萨斯州最小技能教育评估（TEAMS）中，学生所取得的阅读和数学成绩；学区所在区域的特征以及人口普查数据和其他关于社会经济背景的衡量指标。

和其他一些生产函数研究一样，福格森运用了多元回归分析。但他的研究与众不同的是，除了大量丰富的数据外，在最后分析前，对数据做了系统的准备。例如，门限分析（threshold analysis）揭示出一些因素的重要性不会超过一个点，因而在对这些因素进行评分时，考虑到了这些。同时，研究追踪了流量的影响。这些巧妙处理的结果是，福格森发现，教育影响比其他类似研究所揭示的要大得多。在得克萨斯州最小技能教育评估中，学生所取得的阅读和数学成绩差异的 1/4～1/3 可以由教育影响来解释——主要是由教师在得克萨斯州当前行政人员和教师资格考试（TECAT）中所取得的成绩来解释。福格森研究的一个主要缺陷就是，数据是在地区层次上进行综合的。

教师的得克萨斯州最小技能教育评估的成绩对学生成绩的预测力度非常有趣，并且这与始于教育机会平等研究的其他研究的发现是一致的。教育机会平等研究发现，对学生成绩具有最大影响的是教师的语言能力。福格森（1991）利用门限分析得出结论，班级规模对学生成绩也有很大影响。将生师比降为 18——平均班级规模大约是 23，对低年级学生非常重要。将生师比降到门限比率 18 以下对考试成绩没有影响。同时，福格森还发现了教师经验的门限效应：初等教育水平 5 年以上教学经验和中等教育层次 9 年以上教学经验对学生成绩具有正的影响，另外的一些经验则对学生成绩没有影响。但是，福格森发现，教师的得克萨斯州当前行政人员和教师资格考试成绩的正的影响没有上限。最后，他得出如下结论：

> 当与学生考试成绩联系在一起时，教师供给结果表明，需要相对更多的资金以雇用具有较强语言能力的教师、雇用更多的教师（当生师比超过 18 时）、留住有经验的教师，并吸引更多受过高级培训的教师，因为这些教师能够带来高的考试成绩。（Ferguson，1991，p. 485）

福格森提出了这样的政策建议：各州除了普遍关注将每个学生的支出均等化外，还应注意到，一个严谨的均等化政策应该是所有教育投入中最重要的投入，（教师质量）也是平等的。第 11 章对纽约市（Berne & Stiefel，1994）、芝加哥（Stiefel，Rubenstein，& Berne，1998）、戴德县和佛罗里达（Owens，1994）的公平研究中，也提出了类似的建议。这就需要州强化工资差异，这种工资差异导致的结果是，在经济发展最差的社区工作的教师，将得到最高的工资报酬。

教育复兴协会（1998）认为，证明改革有效率的最有说服力的例子是得克萨斯州的改革。1993 年，该州引进一套高风险测试和责任体制，包括便于在建筑物和年级层次上分析的全面数据库，这就克服了福格森（1991）数据库的限制之一。哈努谢克等人（1998）是利用这一新的丰富的数据资源优势进行研究的人之一。在研究中他们发现，排除非教育因素导致的可能差异，学校教育质量仍然存在很大差异。但是，这些研究人员最后得出的结论却是："资源差异最多只能解释教育质量差异的很小一部分，这引起了对现行教育体制下额外的支出能够真正提高学生成绩的严重怀疑"（p. 31）。与福格森（1991）的研究一样，他们发现，能够解释学生成绩差异最重要的因素是教师特质的差异。尽管与学生成绩有关的很多特征仍然不能确定,但他们还是能够根据政策内涵得出一些结论。例如,他们发现,没有证据能够证明学生成绩与拥有硕士学位的教师数量之间存在关系。但他们的确发现,学生成绩与教师两年以上教学经验相关,不过与之后更多的教学经验就没有关系了。他们注意到:"估计的学生成绩与教师学历和经验之间的关系,又引起了与这些特质有关的普遍存在的教师工资等级问题"(p.34)。他们还发现,对于来自低收入家庭的 4~5 年级的儿童来说,小班教学有很多好处,但是,随着年级的增长,这种优势在逐渐下降。

福格森和拉德(1996)在对亚拉巴马州学校和地区的生产函数研究中,在两个层次上(学校和地区)运用了附加值模型进行描述。在学校层次的描述中,将学生作为观察单位。教育投入变量由 1990—1991 学年特定的学校 4 年级学生的投入来衡量。学生成绩数据是 1990—1991 学年学生的阅读和数学考试成绩(因变量),自变量是相应的学生在 1989—1990 学年所取得的成绩。家庭和教育背景数据是从学校的行政数据或邮区或学区人口普查数据中获得的。所研究的学校层次的样本包括 690 所学校的 29 544 名学生。地区层次的分析是将 9 年级学生的成绩数据作为因变量,控制变量数据是同年 3 年级和 4 年级学生的考试成绩。这个层次的分析包括了 127 个公立学区。研究者们承认,地区层次的描述没有学校层次精确。

各个学校的教师都提供了 4 个衡量教育投入的数据:班级规模、具有 5 年以上工作经验的教师百分比、具有硕士学位的教师百分比以及教师在申请大学时所取得的 ACT 成绩。除了考试成绩外,详细的学生变量还有年龄、种族和性别。背景特征包括接受教育的年龄在 16 岁或者 16 岁以上的成人所占百分比、12~15 岁学生所占百分比、9~11 岁学生所占百分比、9 岁以下学生所占百分比。家庭收入由邮区的单位资本收入的对数和每所学校同意提供免费或者降价午餐的儿童百分比来表示。用上一年不在该校学习的学生百分比来衡量学校学生的流动性。同时还包括 4 个地区特征的衡量指标:入学总人数、公立学校学生占学生总数的百分比、城市地区占地区总数的百分比以及该地区是都市还是县城。在研究中,利用多层线性模型(hierarchical linear model)估计生产函数方程。

结果显示:教师考试成绩与学生成绩之间存在显著的正相关。在其他条件相同的情况下,两个学校间教师 ACT 成绩相差 1 个标准差将导致学生阅读平均成绩相差 0.1 个标准差。为了达到可以相比较的成绩,需要将接受过大学教育的成人百分数提高 25%,也就是大约提高 2 个标准差。持有硕士学位的教师比例,对学生阅读成绩几乎没有影响,但对数学成绩确实存在微弱的正的影响。而经验对阅读和数学成绩都没有影响。

在班级规模方面,人数在 19 人以下的班级学生的数学平均分数,要比人数在 29 人以上的班级高出 0.14 个标准差。并且班级规模对女生的影响要比男生大。班级规模对学生阅读成绩的影响很小,并且班级规模在 20 世纪中期已经稳定下来。

地区层次的分析得出了类似的结果。在这个层次上,研究者通过加权最小二乘法估计生产函数方程。教师考试成绩相差 1 个标准差,则学生考试成绩增加 0.25 个标准差,与之对等的是每年 0.05 个标准差,因为这个层次的研究是一个 5 年期的研究。平均班级规模每减少 3 人,则学生考试成绩将提高 0.26 个标准差。教师 ACT 成绩提高 1 个标准差,也会导致相似的结果。研究发现,唯一与较高学生成绩无关的投入变量是教师经验。

地区层次的分析使福格森和拉德（1996）能够估计支出增加对学生成绩的影响。他们发现，增加的支出对学生成绩的影响主要集中在那些支出水平在中位数以下的地区。在这些地区，每个学生的支出增加 10%（大约是 1.5 个标准差），将使学生成绩增加 0.881 个标准差（与之相比，所有地区学生成绩将提高 0.356 个标准差）。这样大的影响接近第 10 个百分位数上学生成绩与中位学生成绩之间的差异。对支出在中位数之上的地区，较高支出对学生成绩的影响在统计上则是不显著的。

沃斯曼（Woessmann, 2000）利用第三国际数学和科学研究（TIMSS）所收集的数据进行了生产函数分析。这个特别重要的研究是第一个定量研究体制结构改革影响的研究。因为所有的学校和地区都在同一框架下运转，所以，对单个国家或者州进行的定量研究不能研究体制问题。国际研究为调查者提供了机会，并且第三国际数学和科学研究数据库非常适合这一目的的研究。分析采用了收集到的 39 个国家 260 000 名 6 年级学生的数据。沃斯曼从学生和国家两个层次对数据作了分析。

在对学生层次进行的微观计量经济学的调查中，沃斯曼估计了学生背景、资源以及制度对学生教育成绩影响的教育生产函数。成绩和背景是在学生层次上衡量的，而资源和制度特征是在教室、学校和国家层次上衡量的。在控制了家庭背景的影响后，所构建的教育系统的差异导致了学生数学和自然科学成绩的差异。中央考试和私立教育部门的规模都对学生成绩具有显著的正的影响。供给购买方面的学校自治、教师的雇用和激励以及教育组织对学生成绩具有正的并且是显著的影响。同时，研究发现，最好由中央政府确定课程大纲、教科书以及学校预算的规模。尽管在学校层次上，教师独立自主（如观察到的）对学生成绩有正的影响，但当他们通过教师联盟集体行动时，其对学生成绩的影响是负的（对美国的情况有详细的描述，See Walberg, 1998）。

制度差异程度能够解释由国家层次上的生产函数所估计的国家间学生成绩的差异。制度变量被集中起来，反映制度所服务的学生所占的百分比，并且是与国家层次上的学生平均考试成绩、家庭背景以及各个国家的资源禀赋数据结合在一起的。这些数据被用来设计被作者称为在国家层次上估计制度影响的"勉强过得去的"（rough and ready）方法。这个层次的分析表明，国家间学生成绩的差异很大部分能够由制度结构的差异来解释，但是，资源投入的差异几乎不能解释国家间学生成绩的差异。制度结构的三个指示器对学生成绩具有显著的影响。学校在供给选择上自治程度的增加和成绩评估中心审查的增加，都与高的成绩水平有关，而教师联盟对教育过程的大的影响则与低的成绩水平有关。总之，这三个因素解释了国家间数学考试成绩的差异的 3/4，同时还能解释国家间自然科学成绩差异的 60%。

最后，沃斯曼（2000）得出如下结论：

> 对教育政策而言，这意味着，关键问题不是更多的资源，而是要改善教育制度环境，以确保资源的有效利用。学生成绩受学校利用资源的生产率的影响，而生产率又由从事教育活动的人的行为决定。这些从事教育活动的人会对激励作出反应，而对他们的激励是由教育制度确定的。简单地说，教育政策可以通过建立合适的制度对学生成绩产生好的影响。相反，在具有负激励的制度框架内，投入更多的资金不能提高学生的成绩。能够确保产生积极影响的唯一政策，就是创立一个所有人都有动力提高学生成绩的制度体系。（p.79）

沃斯曼的研究指出，制度从以下几个方面影响学生成绩： *360*

- 中央考试；
- 课程和预算的中央控制；
- 过程和人事决策的学校自治；
- 行政机关履行行政职责和教育拨款的中等水平；
- 来自私立教育部门的竞争；
- 教师个体既有动力也有权力选择适当的教学方法；
- 教师联盟有限的影响；
- 学生教育表现的审查；
- 激发家长对教学事件的兴趣。

教育生产函数研究的综合分析

哈努谢克（1986，1991，1996a）汇编了一系列关于生产函数研究的综合分析。他的"学生成绩和教育支出之间没有系统的关系"（1991，p. 425）的结论遭到了强烈的质疑，并激起了至今仍在继续的争论。赫奇斯、莱恩和格林沃尔德（Hedges, Laine, & Greenwald, 1994a, 1994b; see also Greenwald, Hedges, & Laine, 1994）是第一个对哈努谢克研究所使用的方法和结论提出异议的人。他们声称，尽管哈努谢克使用的方法在他开始研究的时候被认为是恰当的，但那些方法"在现在看来是不合适的综合过程"。当使用更为恰当的方法进行研究时，哈努谢克发现，所依赖的数据将支持一个与他的结论相反的推论，即资源数量与学生成绩正相关（Greenwald, Hedges & Laine, 1994, p. 2）。由于再分析研究采用了更加严格的标准，因此，其所涉及的事件要比哈努谢克的研究少。同时哈努谢克运用的是计算投票的分析方法，而格林沃尔德和他的同事们利用的是联合显著性检验和联合估计方法。

在对此争议的反驳中，哈努谢克（1994）指出，在问错误的问题时，争议者犯了更大的错误。根据哈努谢克的观点，争议者认为基本问题是使用正确的估计方法，但是，他将此视为识别一个正确政策的标准之一，他指出，"在技术细节上不失去政策重要性很重要……但更重要的是政策解释并不真正取决于统计问题"（p. 5）。格林沃尔德、赫奇斯和莱恩（Greenwald, Hedges, & Laine, 1994）的研究结论能够为哈努谢克的反驳提供一些依据：

> 即使根据本文分析所得出的结论是正确的，我们也不能认为，"向学校投钱"是提高教育成就的最有效的方法。当然不是这样。更需要强调的是资源的利用方式，而不是简单的资源供给。（p. 20）

金等（King & MacPhail-Wilcox, 1994）在对教育生产函数文献的回顾中，总结了关于教育投入与产出之间关系的流行观点，并指出，"一个可靠的结论是学校、教师和学生利用可获得资源的方式比学校拥有多少人力、物力和财力资源更重要"（p. 47）。根据哈努谢克的观点，大多数经济学家将很容易地接受**如果**学校是在有效率地运作的话，那么支出差异将直接影响教育质量这样的结论。尽管目前一些学校已经在有效率地运转（Engert, 1995），但大多数学校的运作还是无效率的。

对生产函数研究的批评

蒙克（1989）批评了教育效率研究所采取的指导方向。根据他的观点，由于分 *361*

析者被迫作出了许多简单假设，因此，除了一些例外，教育生产函数所采用的估计方法是没有经济意义的。为了避免政策制定者过多地牵涉到没有多大价值的高端计量经济学的应用，蒙克鼓励将生产函数运用到教育问题的经济推理上。

赖斯（Rice，2001）则认为，教育生产函数分析是制定教育政策时一个有用但不完整的工具。她指出，提高生产函数研究的实际价值，需要强调4个概念问题。研究者应该认识到教育生产函数牵涉到：（1）复杂的资源结构；（2）多级现象；（3）多种形式；（4）各种投入的累积效应。我们并不需要立即对所有的投入进行研究，的确，这也是不可能的。但在定义概念问题上，分析者必须考虑到一种投入的生产率，可能会受另一种投入的数量和质量影响的事实。例如，小的班级规模的影响可能取决于教学方法。

认识到多级现象，也就是承认教育过程既受许多组织层次上的政策和实践的影响，又受学生及其家庭特质的影响，并且这些影响是同时发挥作用的。这就引起了早期研究不能很好解决的**嵌套问题**（nesting problem）。当今教育生产函数研究中普遍使用的多层线性分析模型（HLM）就是为了解决嵌套问题而设计的。多层线性分析避免了聚合和分离问题，并提供了各层内以及各层间的关系和变化信息。

赖斯还注意到，教育生产函数存在多种形式，并告诫一种形式的生产函数未必适合所有情况。换句话说，单个生产函数并不是对所有群体的学生、年级和科目都适合。赖斯指出的累积效应问题认识到，教育是一个不断发展的过程，有效性的测量应该考虑到时间的变化，而不应只考虑某一点的有效性。进一步说，也就是，某个层次上的教育投入所带来的产出，可能会成为下一层次教育过程的投入。例如，低年级就已具备的较好的阅读理解能力，将会很好地解决随后数学中存在的语言问题。

赖斯（2001）指出，尽管教育生产函数的概念描述是非常广义的，但是，它存在数据和方法上的限制，也就是它只能处理容易描述和衡量的因素，并且不能提供对标准化问题的研究。为了弥补这些缺陷，分析者需要借助于一系列包括案例研究和实验设计在内的其他的研究方法。格丽斯姆（2001）强调了实验和经验（如估计生产函数）研究的辅助作用。实验数据的主要价值就是提供给定变量影响的标准尺度。同时，在假设检验、偏差以及对非实验性数据的描述中，实验数据也很有用。

从教育机会平等研究开始，教育生产函数研究中最重要也是最一致的一个发现就是，学生成绩与家庭背景具有很大的关系。这种关系如此之大，以致这些研究经常错误地认为学校对学生成绩具有相对较小的影响。这很好地证明了学校消除种族间以及不同社会经济阶层间的成就差距的工作，是非常没有效果的。不过，不管怎样，学校对所有儿童的智力发展确实存在很大的影响。

即使是最有天赋的儿童，也是在学校学习或者至少是在学校发展他们的基本学术技能的。大多数儿童刚到学校时是不会阅读的，但是，当他们毕业离开学校的时候，都变成了水平各异的有文化的人。对数学、写作以及其他学术技能，我们也可以作类似的陈述，对知识和态度发展也一样可以作上述陈述。梅耶斯基等（Mayeski et al.，1972）指出，对教育机会平等数据的再分析，可以很好地证明上述结论，再分析发现，"学校的确很重要。但是，同样明晰的是，学校对学生成绩的影响是与那些学生的家庭背景联系在一起的"（p. ix）。学校很难脱离学生的社会背景对学生产生影响，同时，社会背景对学生学习的影响也离不开学校的影响。处理变量的共线性，是研究者在教育领域进行生产函数分析面临的主要挑战。

我们对教育投入与产出关系的理解在不断进步，但是，教育投入与进程以及投入与学生成绩之间的因果关系还是未知的。这种很高程度的不确定性具有制定策略以改善学生公平的政策内涵，这同时又产生了对 1994 年旨在鼓励州开发"学习机会"标准的《改善美国人教育法案》规定的功效的质疑。基于这一点，课堂文化熏陶者对课堂社会标准化的关注看来非常明智。无论是州中央机构，还是联邦政府中央机构，都还没有足够的能力来明确一个最好的教育组织、管理和运作方式。

经济效率

在第 11 章，我们介绍了邓科姆和英杰（1999，1997；Duncombe，Ruggerio，& Yinger，1996）、赖斯切斯基和伊玛泽科（2001）运用计量经济学方法对测量供给充分性问题进行的研究。由于他们的成本函数中包含了一个从数据包络分析中得到的关于学区效率的测量变量，因此，我们在本章将再次提到这些研究。

邓科姆和英杰（1999）意识到，无效率的活动可能会导致一些学校和地区的高成本。他们运用纽约州的数据，分别将效率视为内生变量和外生变量对成本进行计算。将效率视为内生变量的合理性在于，它受不可观察到的学区特征的影响，同时它也影响教育支出。将效率视为外生变量的合理性在于，他们参考了大量关于决定政府效率的文献（eg.，Osborne & Plastrik，1997；Hollings，1996；Osborne & Gaebler，1992）。无论将其视为内生变量还是外生变量，效率修正都会降低高成本地区的成本指数，提高低成本地区的成本指数。当将效率视为外生变量时，这种影响会更大，对纽约市来说，情况更为突出。

在赖斯切斯基和伊玛泽克（2001）的研究中，调整效率后，得克萨斯州的成本指数范围从原来的 [21，400] 下降到 [52，177]。在效率调整下，成本最低的地区只需花费州平均单位学生成本的 52%，就能让其学生达到州平均成绩水平；对于成本最高的地区，也将只需以高于州平均支出 77% 的成本，就能让该地区的学生达到平均成绩水平。效率调整后，威斯康星州的成本指数范围由 [50，424] 降为 [77，181]。

斯旺森和恩格特（Swanson & Engert，1999）考察了三种测量学校和学区效率 *363*
的方法。由于学校层次的效率分析被认为是尝试性的分析，因此，这里只给出地区层次分析的结果。在地区层次上，效率测量用到了四联合分析、比率分析和数据包络分析，其中，数据包络分析既考察了经济效率，又考察了技术效率。研究的样本由纽约州西部 101 个学区及其 398 所学校构成。这些地区包括了 2 个都市城镇（布法罗和尼亚加拉）和 6 个农村县，其中 3 个学区由小城市组成。这些学区和康涅狄格州的规模差不多大，大约有 150 万人口。成绩和人口数据源于 1997 年纽约州教育报告卡片（New York State School Report Card）数据库。伊利县共同教育服务第一委员会提供了 1995—1996 学年的财政数据。

研究采用了学生平均成绩和学校和学区平均影响两种类型的成果测量指标。学生平均成绩由学生在州考试中所取得的阅读、写作、数学和自然科学成绩 4 个因素来测量。社会研究一般被放在了 3、4、5、6 年级和 8 年级，但有 15 个州将此课程的考试放在了高中阶段。研究通过多元回归产生的残差来估计学区影响，运用残差的目的是为了消除家庭和环境因素对学生成绩的影响。投入用单位学生（根据学生需求调整方差）支出（根据教师成本调整地区内方差）来衡量。

调整了的"四联合分析"

四联合分析是由希克罗德等人（Hickrod et al.，1989）发起的，1996 年，安德森对此分析稍微作了一些修改。这类分析依据不可改变的、与社会经济地位有关的教育特征，对学生成绩和支出进行了调整（与前一段所提到的类似）。

分析的第一步仅仅是绘出 101 个学区的平均学区教育影响（y 轴或称纵轴）和单位教育需求支出（x 轴或称横轴）的关系图，其中，每个衡量指标运用的都是标准分数。教育影响由四个学区水平上的教育影响平均标准分数来衡量。结果分布如图 12—2 所示。第一象限（左上方）代表的是教育影响在平均水平以上而支出在平均水平以下的学区，根据分析，这个象限的学区教育效率最高。第二象限（右上方）代表的是教育影响和支出都在平均水平以上的学区。第三象限（左下方）代表的是教育影响和支出都在平均水平以下的学区。第四象限（右下方）代表的是教育影响在平均水平以下，而支出在平均支出之上的学区，分析认为，处于第四象限的学区的教育是最没有效率的。

364

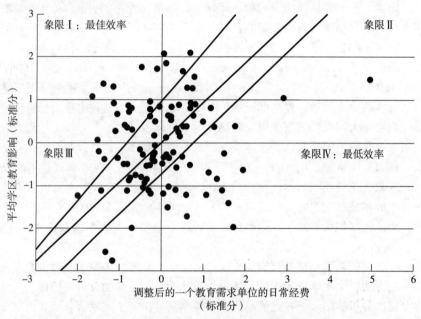

图 12—2　平均学区效果和调整后单位教育需求日常经费
的多元分布图（都用标准分测量）

资料来源：Swanson & Engert，1999。

363

学区影响和支出之间的关系，与大多数对学生成果和支出关系的研究所得到的结果一样，二者之间不存在显著的统计关系（相关系数为 0.15；显著性水平是 0.15）。教育影响分数最高的 17％的学区（比平均分数高出 1 个标准差）的每个学生的支出范围是 ［3 849美元，7 987美元］。而教育影响分数最低的 17％的学区的每个学生的支出范围是 ［3 631美元，5 892美元］。同一个县的支出相差不到 200 美

364

元的两个农村学区，一个学区对学生成绩的影响比另一个学区高出 2 个标准差，这个例子很好地说明了学区间效率上的极度不一致。

从支出角度看教育影响，可以发现，将教育影响从高于平均水平 1.36 个标准

差降到低于平均水平 2.76 个标准差，学区支出将减少 1 个以上标准差；相反，将教育影响从低于平均水平 1.94 个标准差提高到高于平均水平 1.46 个标准差，学区支出将增加 1 个以上标准差。

比率分析

与四联合分析方法相比，比率分析更接近经典的效率定义，即效率是产出与投入的比率。在此分析中，用平均地区教育影响或单位教育需求支出来衡量教育影响。这里所用到的平均地区教育影响和单位教育需求支出的测量方法与四联合分析相同。比率分析和四联合分析一样，衡量的都是经济效率。调整后的四联合分析图中添加的对角线（见图 12—2）代表比率分析效率四分位数边界。最有效率的学校四分位数（最左边）包括一些支出稍微高于样本平均水平、但表现非常好的学区，还包括一些教育影响低于平均水平、但教育支出更低的地区。最没有效率的四分位数（最右边）包括效率低于平均水平而支出远高于平均支出的地区，这个四分位数同样还包括那些效率很低、但支出只比平均水平低一点点的地区。

数据包络分析

数据包络分析过程是测量学区效率的第三种方法。数据包络分析运用线性规划概念，根据所达到的结果来确定组织利用资源的效率。查尼斯、库珀和罗兹（Charnes，Cooper & Rhodes，1978）认为，数据包络分析是"在政策分析进行各种不同的统计检验前调整数据，以达到诸如最优生产等规定要求的一种数据处理方法"。图 12—3 举例说明了一个假设的 3 年级和 6 年级学生成绩的生产可能性曲线。曲线上的地区如 A、B、C、D 是有效率的地区。而地区 U 则是没有效率的，因为它在曲线内，而不在曲线上。为了变得有效率，地区 U 必须调整资源利用，以便更接近有效率地区的资源利用情况。

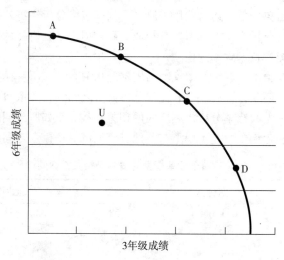

图 12—3　一个假想的 3 年级和 6 年级成绩的生产可能性曲线

资料来源：Swanson & Engert，1999。

在确定有多种产出的组织的效率时，数据包络分析相对于四联合分析、比率分析和回归分析具有一定的优势。数据包络分析方法的很多优势都与教育相关：

- 可以同时处理多种投入和产出；

• 不需要对表示投入与产出之间关系的参数进行描述;

• 能够确定改善无效决策单位的管理策略,还可能得到规模收益信息;

• 如果可以获得适当的信息,则可以通过数据包络分析来确定技术效率或者经济效率。

数据包络分析最大的局限性在于它的技术性很强,对数据精确性要求很高。同时,数据包络分析不能衡量投入和产出之间的统计相关性,这使得它在不同模型之间进行选择时,会遇到很大困难。

应该注意的是,数据包络分析确定了严格的无效率。在一些情况下,当其他地区的表现很普通时,一些地区的好的表现可能会带来相对较高的效率等级。在**所有**组织投入和产出联合分布给定的情况下,数据包络分析试图最优化组织相对效率等级。为了判断一些地区的加权组合(受某些适当的约束)是否能够胜过所考察的地区,数据包络分析方法会将所考虑的地区与其他所有地区都进行比较。如果能够确定这样的加权组合胜过所考察的地区,那么所考察的地区将被认为是无效率的;反之,如果不能确定,那么所考察的地区就是有效率的。所以,如果一个组织有可能被认定为是有效率的,数据包络分析会认为它是有效率的。如果一个地区与其他地区相比确实没有效率,那么我们就认为它是无效率的。所以,这项技术犯了效率错误,也就是说低效率等级是最可信的,而高分数更可能被怀疑存在误差。

斯旺森和恩格特(1999)的研究进行了两个数据包络分析,一个考察的是技术效率(数据包络分析技术效率模型),另一个考察的是经济效率(数据包络分析经济效率模型)。在技术效率模型中,产出由四个教育影响分数表示,投入则由教师人数、其他专业人员数、单位学生超编专业人员数(the number of para-professionals per pupil unit)三者表示。经济效率模型中的产出与技术效率相同,但是,该模型的投入仅由单位学生运营费用来测量。数据包络分析经济效率模型在理念和结果上都与四联合分析、比率分析非常相似。而数据包络分析技术效率模型是唯一被研究出来试图测量技术效率的模型。

表12—2给出了四个效率模型的皮尔逊相关系数。所有模型之间都是显著正相关的。其中,四联合分析模型和比率分析模型之间的相关系数最大,其次是数据包络分析效率模型和比率分析模型之间的相关系数。正如所预期的,由于所使用概念的不同,数据包络分析技术模型与其他三个经济效率模型之间的相关系数最小。根

表12—2　　　　　　　　四个效率模型的皮尔逊相关系数矩阵

相关	四分区	比率	DEA 效率	DEA 技术
四分区	1.000	0.737	0.535	0.275
		P=0.000	P=0.000	P=0.005
比率	0.737	1.000	0.721	0.361
	P=0.000		P=0.000	P=0.000
DEA 效率	0.535	0.721	1.000	0.433
	P=0.000	P=0.000		P=0.000
DEA 技术	0.275	0.361	0.433	1.000
	P=0.005	P=0.000	P=0.000	

资料来源:Swanson & Engert, 1999。

据技术效率模型，最有效率的学区大多数是布法罗和尼亚加拉都市区域学区，但是，根据其他三个效率经济模型，最有效率的学区中，布法罗和尼亚加拉都市区域学区所占比例就减少了。相对城市和郊区，边远地区具有较低的生师比，因此，如果根据技术效率排名，它们的排名较低。另外，农村地区教职工工资较低，这又让它们在经济效率测量中具有一些优势。虽然已经对教职工工资差异作了调整，但是，这种调整似乎还不够充分。

目前，直接针对学校和学区经济效率的研究还处在起步阶段。在这类研究能够真正地为政策制定者和教育实践者提供具有实用价值的建议前，仍然有大量的工作需要做，我们需要重新定义理论上的概念和研究所用的方法。但是，研究已经有了很好的开头。前面，我们从政策工人的角度讨论了技术效率方面的问题，下一节，我们将从课堂文化熏陶者的角度再次讨论这个问题。

技术效率

技术效率是经济学家而不是教育工作者使用的概念，但教育工作者所作的大量评估研究也都使用过这一概念。技术效率是发现什么样的投入组合能够带来最好的产出结果（学生成绩）。但与经济效率研究不同，技术效率研究不考虑投入成本的问题。这一节，为了便于讨论，我们将技术效率研究分为三种类型，即有效学校研究、评估研究和整体教育改革模型。

有效学校研究

有效学校研究是对教育机会平等研究结论的另一种回应，同时也是那些认为学校对缩小少数民族学生与普通学生之间学术成就差距几乎没有影响的教育生产函数研究的一个组成部分。不过，在研究学校效率时，教育生产函数研究采用的是标准化研究方法，而有效学校研究主要关注的是标准以外的东西。研究的很大一部分由对学生成绩具有显著影响的学校和课堂行为组成，这些行为研究是为了找到可能对效率产生影响的实践活动（Brookover & Lezotte, 1979；Edmonds, 1979；Jackson, Logsdon, & Taylor, 1983；Reed, 1985；Sammons, 1999；Venezsky & Winfield, 1980；Weber, 1971）。有效学校研究通常忽略了对成本的考虑，因此，它的研究发现与技术效率有更为密切的联系，尤其与课堂熏陶者的哲学观点有很大的关联。

研究发现，高效率学校的特征是有效的课堂教学活动，包括高的教师期望、好的课堂管理技术以及更高的课堂利用率（time on task）（相对大多数学校而言）。这些学校的另一个特征是校长具有很强的领导能力，主要表现在其对学校的协调工作上，他们以紧密结合而不是官僚主义的方式来调整建筑物层次上的教育项目。校长似乎是建立校园文化和团队意识的一个关键因素，这里的团队意识是指："共同的目标，高学生成绩期望，维持激励和承担义务的机制，教师、学生和校长共同掌权和全校范围内对持续进步的关注"（Odden & Webb, 1983, p. xiv）。在现行学校教育体制下，有效学校研究找到了一些提高学校现有资源利用效率的方法。

蒙克（1989）将有效学校研究视为"事后研究"（backwards-looking）。他称有效学校是"出色的地方……运用传统的、劳动力密集的教育技术的模范"（p. 38）。根据他的观点，有效学校应该接受一切现行的制度规定，并且这些学校应该是改进现行的劳动力密集型的高成本的组织体制，而不是突破这种体制，以发现并利用新的技术。

评估研究

教育评估研究对学校技术效率也具有重要意义。同有效学校研究一样，大多数评估研究都不考虑投入的价格。评估研究得到的结果是：学校教育对学生成就的影响，要远大于经济学家和社会学家研究所发现的学校教育对学生成就产生的影响。下面列举一些例子：

缩小班级规模。最具代表性的例子就是研究班级规模与学生成就之间关系的田纳西州明星计划（Finn & Achilles, 1999）。这项研究是一个被控制的科学实验，研究的第一年涉及46个学区、79所学校、329个班级的6 000多名学生；在4年研究期内，涉及近12 000名学生。学生在入幼儿园时被随机配置到学校的小班（13～17名学生）、正规班（22～26名学生）或者是有一个全职助理教师的正规班。在4年内，对参加实验的学生保持相同的实验安排。4年级的时候，所有的学生都回到正规班，但研究者能够追踪参与者的情况。各个班的教师是随机配置的，并且每年都要配置一个新教师。除了班级规模和助理教师外，不作任何干预。每学年结束的时候，学生都要参加规范化考试（norm-referenced examination）和标准化考试（criterion-referenced examination）。问卷调查由教师和助理教师完成，并记录下填写问卷所花费的时间，以证明他们的认知程度和经验。研究设计容许分析种族、性别以及社会经济地位对学生群体的影响。

结果显示，一般来说，小班学生的学术成就比其他班的学生高。小班规模对男生和女生具有同样的影响，但这种影响对少数民族学生和中心城市学校学生来说更大。小班在所有科目上的成绩优势一直持续到4年级，并且当小班学生回到正规班后，他们仍然具有这种优势。研究发现，小班与正规班在教师活动、学科重点、班级环境或者质量测量方面，并不存在统计上的差异，这就使得研究者得出这样的结论："小班的学术优势并不是因为它们鼓励运用新的教育方法，而是因为教师在他们一直使用的基本策略上参与得更多（或许已经**足够**）"（p. 103）。斯塔茨和斯特彻（Stasz & Stecher, 2000）所作的一项研究指出了这些基本策略可能是什么。尽管缩小规模的班级和没有缩小规模的班级的教学活动非常相似，但在小班，教师可以将更多的个人时间花在那些阅读能力差的学生身上，也可以花更多的时间讨论学生们感兴趣的话题；同时，小班教师花在学生纪律上的时间也比较少。

在田纳西州研究所涉及的所有案例中，小班学生都比那些有助理教师的正规班学生做得好（Gerber, Finn, Achilles, & Boyd-Zaharias, 2001）。由此，研究者得出结论："助理教师不能提供小班所具有的学术优势，并且助理教师将不是一个有效的选择"（p. 133）。

莱文和麦克尤恩（Levin & McEwan, 2001）将近年来对低年级小班制的支持归功于田纳西州研究。到目前为止，至少有19个州已经在考虑要缩小班级规模，同时联邦也为缩小班级规模提供了资源。莱文、格拉斯和梅斯特（Levin, Glass, & Meister, 1987）比较了包括缩小班级规模在内的四种教育改革的成本效益。他们的结论是，要获得既定的学生成绩，缩小班级规模是成本较高的选择之一。根据单位成本所获得的成绩，发现同学之间辅导的成本效益最高。

加利福尼亚州是采纳缩小班级规模政策的州之一。皮克斯（2001）注意到，这项政策使教师短缺问题变得更加严重，并威胁到教学人员的质量，尤其是那些处于危险中的儿童占多数的学校教学人员的质量。他指出，研究同样表明，对教师培训和教师专业化的关注，可能需要花费比缩小班级规模更多的资金。教学和美国未来国家委员会（the National Commission on Teaching and America's Future, 1996）建议设计新方法组织学校教育，使在不雇用更多教师的情况下，能够通过利用专业化的教师实现班级规模的缩小。

延长教育年限。根据随机选择的巴尔的摩市公立学校 790 名儿童的面板数据进行的研究，为学前教育和暑期教育项目的存在价值提供了重要依据（Alexander, Entwisle, & Olson, 2001）。随机选择的学生于 1982 年进入 20 所巴尔的摩市学校开始第一年的学习，这 20 所学校是通过分层随机过程选择的。其中，6 所学校主要是非洲裔美国学生；6 所学校主要是白人学生；8 所学校是白人学生和非白人学生混合的学校。有 14 所学校是为工人阶级子女提供教育服务的，而其他 6 所主要为中产阶级子女提供教育服务。考试在每年的秋季和春季举行，从 1982 年秋季开始一直持续到 1987 年春季，因此，研究覆盖了 5 个学年和 4 个夏天。成绩数据、人口信息以及家庭社会经济背景等信息均来源于学校的档案。同时，通过家长访谈，对家庭社会经济背景信息作了补充。研究者运用描述过程和多层线性分析模型（HLM）对数据进行了分析。

研究者发现，可以从延长教育年限中获得与 SES 相同的成绩。但是，暑期项目就大不相同了。通过暑期项目，SES 水平较低的儿童的阅读能力水平没有变化，但却丧失了定量分析的能力。SES 水平较高的儿童在此过程中，阅读和定量分析能力都有了实质性的提高，秋季再次回到学校后，相对 SES 水平较低的同学，他们的能力水平有了很大的提高。因此，研究者得出结论：当校外提供的学术学习机会很少时，学校确实对学生成绩有影响，并且影响最大。弱势儿童群体是"有学习能力的人。在学校里他们并不落后于其他同学，但在入学前以及暑假期间，他们不能够获得充分性的校外资源维持成绩水平"（p. 183）。研究者建议，应为所有 SES 水平低的儿童提供学前教育和全日制幼儿园，同样还有暑期教育或者延长教育年限项目。

特殊教育。雷诺兹和沃尔夫（Reynolds & Wolfe, 1999）研究了初等教育领域中特殊教育对学生成绩的影响。他们同样考察了在同一所学校和在不同学校之间流动对学生成绩的不同影响。研究的样本是接受政府资助早期孩童项目的芝加哥处于危险中的儿童的代表，包括 1992 年 6 年级的 1 234 名学生，芝加哥纵向研究用的样本也包括了这 1 234 名学生（Reynolds, Bezruczko, Mavrogenes, & Hagemann, 1996）。成绩由每个学生从幼儿园开始到 6 年级的标准化考试成绩衡量。数据库包括了这些孩子就读的 25 所学校的详细资料以及有限的学生家庭情况资料。接受特殊教育的儿童被分为两种类型：学习能力差的孩子及其他孩子。

研究者运用多元回归分析方法对各年级的数据进行了分析，因变量是学生的阅读或者数学考试成绩，自变量主要是参与特殊教育。将学生前一学年的考试分数作为预备控制变量（pretest control variable）纳入回归方程。其他的控制变量还包括人口和社会背景因素、学校特征以及教育经验。

雷诺兹和沃尔夫（1999）的研究结论是："特殊教育项目似乎只对低年级的儿童，而且只是那些残疾儿童（如有听觉、视觉或者身体障碍的儿童），而不是没有学习能力的儿童的阅读和数学成绩具有显著影响"（p. 263）。研究发现，那些接受特殊教育项目的学习能力差的孩子的情况会变得比前一年更糟糕。除了幼儿园以外（表明一些孩子上学太早而不能很快得到提高），留级会让孩子们的情况变得更差。学校间的流动会让孩子的成绩下降，并且在那些学生流动性很大的学校，所有学生的成绩都会受到不好的影响。在讨论他们研究成果的过程中，雷诺兹和沃尔夫注意到，特殊教育项目的单位学生成本是10 000美元（或者更多），他们建议，如果将这些资金用于提高学校教学条件，或者早期孩童干预，或者同学之间的辅导或合作学习（cooperative learning），都将会取得更大的成效。另外，特殊教育项目应该与其他教育和家庭服务整合在一起，或者结合起来使用。

教育改革网络

在过去的15年里，研究者开发了大量试图使学校更有效运作的组织战略。其中8项是由新美国学校（New American Schools，NAS）主动开发的。新美国学校是一个私人的非营利性组织，是1992年在布什总统督促下，由一些社团负责人组织建立的。布什总统要求他们"利用国家特殊的创造天才建立下一代美国学校"（NAS，2000a，p.15）。为了实现这个目标，新美国学校从686项提议中选出11个设计小组，并授权它们启动这个项目。这些小组开发了8个学校设计模型，这是一个"围绕较高学生成绩的学校重组和取代传统项目路径的计划"（p.15）。兰德公司从一开始就以第三团体评估者的身份参与整个研究过程。到2001年，在全国范围内大约有3 000所学校准备执行新美国学校的某个设计方案；大约有6 000所学校已经利用新美国学校或者其他模型指定的方法进行全面教育改革。据估计，会有将近300名教育改革咨询师帮助这些学校实施改革。

法什拉和斯莱文（Fashola & Slavin，1998）指出，上述模型不能描述教室层次的变化，不过，并不是每一个学校都必须按照上述模型设计的方案运行。教育工作者和社团代表可以从那些现有的、设计好的、已经被证明对孩子来说是有效率的方法中，选择适合自己学校情况的方法。受制于一系列的给定组织原则的学校已经形成了网络，这种网络通常是在模型设计者的指导下形成的。

法什拉和斯莱文（1998）指出了采用这些"现有的"（off the shelf）教育模型给学校和学区带来的好处。

> 每一个学校模型背后的组织都为学校提供了专业发展、物质资源以及网络操作人员。大多数情况下，这些改革组织为学校带来一些贫困程度高的学校的广泛的运作经验。与州和地区工作人员发展办公室不同，外部改革网络只有在它们能够满足一定的需求时才被引进，并且在它们不能满足要求时就会被再次停止使用。这种网络的服务成本很高，但仍在贫困学校Ⅰ号工程规定的可得资源范围内。(p.371)

1994年《初等和中等教育法案》第一条款赋予这些改革模型新的重要性。《初等和中等教育法案》的再授权使贫困学校更容易被纳入贫困学校Ⅰ号工程。贫困学生比例在50％以上的任何一所学校都可以利用Ⅰ号工程资金实现全校范围内，而不仅仅是个别有困难学生的转变。《初等和中等教育法案》第一章（随后被称为第一条款）放松了在全国范围内的评价，引起了人们对整个项目有效性的质疑。为了对此作出回应，1997年，国会通过了《全面教育改革示范项目法案》（CSRD）。这个法案授权联邦拨款1.5亿美元帮助学校进行整体教育改革；这项法案列出了17种可以考虑给予拨款的教育改革类型。

法什拉和斯莱文（1998，1997）评估了 13 个被认为能够得到"全面广泛利用" *371*
的小学和初中教育改革模型。随后，美国研究协会（AIR）发行了《教育改革专家
指南》，对 24 个教育改革设计方案进行了等级划分。《教育改革专家指南》是由国
家教育协会、美国教育行政人员协会、美国小学校长协会以及美国初中校长协会共
同创办的。《指南》旨在为教育官员解决低效率学校问题提供可靠信息。《指南》根
据是否提高学生成绩和出勤率对改革模型划分等级，还评价了在学校改革中模型开
发者提供帮助的水平，也比较了各项目第一年的成本。

　　《全面教育改革示范项目法案》带来的结果是，美国教育部与西北区域教育实
验室（NWREL）签订合同，由后者编制《教育改革模式目录》，1998 年第一次出
版。[2] 2001 年出版的《教育改革模式目录》详细描述了 32 个整体教育改革模型、
11 个阅读/语言文科模型、6 个数学模型、4 个自然科学模型和 10 个被归为"其
他"的模型。每一项都会分析模型的一般方法、给学生带来的影响、执行协助和成
本。目录还提供了人口数据和关系信息。选择模型的标准包括学生学术成绩的明显
提高、可借鉴程度、为学校提供的执行协助以及全面性。

　　新美国学校（2000b）提出了帮助学校和学区选择符合它们目的和状况的模型
选择准则。《指南》为模型选择和协助者评估提供了框架。然而，经验证明，真正
的挑战是模型选择后的改革执行过程（Viadero，2001）。追踪 5 年内已经实施新美
国学校某个设计方案的 163 所学校，兰德公司的评估者发现，这些学校中只有
50％的学校学生成绩比大多数地区高（Kirby，Berends，& Naftel，2001）。他们发
现，这些项目在规模小的学校或者是初等学校执行得比较彻底。而那些教师倾向于
因成绩差而责备学生及他们的家庭的学校不大可能完全采纳这些模型。拥有一个为
全校教职工（而不是一部分）发展提供帮助的稳定咨询团队能够极大地增加提高成
功的可能性。最后，校长的积极支持也是很有必要的，地区的支持同样必要。与第
11 章提到的问题相同，奥登和皮克斯（2000）的一项分析表明，即使考虑到计划
和准备时间，大多数小学、初中和高中也都能够通过现有资源的再配置，执行这些
教育改革方案。技术效率研究为一些教育实践优于其他教育实践提供了明确的证
据。这也就意味着，提高教育有效性存在很大希望。但是，公共政策不应该孤立地
建立在研究发现的基础上，因为这些研究没有考虑到成本，即投入价格。有效的活
动必须考虑成本，我们需要的是比较政策选择成本和效率的研究。接下来的一节，
我们主要强调**规模经济**，这是一个政策工人和课堂文化熏陶者都急于研究的领域。
不过，最近"小即美"拥护者的胜利，大部分应归功于课堂文化熏陶者的研究。 *372*

规模经济和规模不经济

　　假定存在唯一的教育生产函数，那么当平均成本随产品或者服务对象增加而降
低时，就实现了规模经济。反之，当平均成本随产品或服务对象增加而增加时，就
存在规模不经济。传统上，假设教育机构的成本是持续下降的，这一假定支持地区
合并以及大规模学校政策。但现在，很明显的是，学校（学区）的成本曲线和大多
数企业一样，下降到某一点后会上升。找到这个转折点是当前教育领域规模研究的
一个重要目标。设计有效率的教育机构需要考虑这些关键概念。

　　学区合并是为了实现规模经济，而大城市学区的分散也是为了避免规模不经
济。同样，在入学率下降时期，关闭利用不足的建筑物，也是最小化运营成本的一

种策略。将非常大的学校重组成"家户"（houses）或者"校中校"（schools within schools）的策略，既实现了大群体的利益，又实现了小群体的利益，同时还使他们的不利方面降到最小。研究规模经济的兴趣源于对经济效率和技术效率的共同关注。

在过去的 20 年里，关于学校和学区规模、学生成绩以及成本之间关系研究的政策意义在交替变化着。从 20 世纪初开始，一直到 20 世纪 60 年代，无论是从经济角度，还是从大学校能够吸引更多不同的有才能的专业人员以及行政管理人员的角度，强大的证据似乎都支持大学校和大学区。早期的研究关心的主要是投入（成本），而没有考虑产出以及产出和投入的比率。随着研究者逐渐开始考虑总成本和学生社会经济地位，并将成绩、学生自我形象以及在大学的成功等包括在产出的衡量中时，学生人数的规模经济就变得相对很低了。大规模的劣势变得很明显。近来，回顾规模对学校有效性影响的文献（Raywid，1999）同样发现，在小规模学校，学生学得更多、更加满意，辍学率也比大多数学校低，并且这些学校的学生表现也比其他学校好。对处于危险中的儿童来说，情况更是如此。雷怀德（Raywid）总结道：小规模学校的优势已经得到"教育研究记录非常明确和自信的"肯定。

新的研究对规模与教育质量关系的强调，可能是大城市学校觉醒的副产品。20 世纪 50 年代以来，城市教育体系一直被农村和郊区学校视为它们期望达到的教育质量标准。但是，从 20 世纪 60 年代开始一直到现在，很多证据显示，城市教育体系面临着学生认知能力差、出勤率低、辍学率高的问题。与之相伴随的是，大城市学校没有能力利用联邦和州政府提供的资金来提高大多数弱势儿童的成绩水平，这严重损坏了它们的教育模范形象。

在学校（和学区）的组织状态既定的情况下，规模和教育质量之间呈曲线关系。较多学生带来的收益先增加，一直到达某个最优点，然后下降，收益和学生数的关系曲线呈倒 U 形（Riew，1981，1986；Fox，1981；Engert，1995）。巴卢（Ballou）（1998）总结道：事实明显表明，城市学区学校规模超过了实现规模经济的最优水平。"规模介于典型的偏远学区（大约 5 000 名学生）与城市平均 15 000 名学生之间的一些学区，似乎已经实现了规模经济"（pp. 69—70）。

我们可以从学区和学校两个层次进行规模研究。对非常小的学区来说，二者相差不多。但是，对规模大的学区来说，就需要选择了，大学区可以在一个很大的范围内操作学校运转。因此，规模大的学区可能会将小学校运营作为学区政策的一项内容，尽管大多数学区都不会这样做。在规模大的学区，大部分学校政策可能由中央制定，当然它们也可能授权学校在中央建立的一般制度范围内制定政策。大学校可以作为独立单位进行运作，也可以组织"校中校"，以保留大规模和小规模都固有的优势。

一个学校的规模应该多大？巴克和冈普（Barker & Gump，1964）提出了一个与他们那个时期主流相反的观点。尽管不是很明确，但他们对自己研究的经典总结，为我们提供了一个指南，对当今研究仍然很有帮助。他们总结道：

> 研究所用的数据以及我们自身的教育价值观都告诉我们：一个学校应该足够小，以招收到它需要的所有学生，并使学校没有多余的学生。（p. 202）

巴克和冈普（1964）发现，大规模学校对学生个人品质发展具有负面影响。具体来说，在大学校，只有一部分学生充当了领导角色，而在小学校，则有更多的学生积极参与学校项目。参加课外活动的学生比例以及学生对他们所接受教育的满意度，都明确支持小规模地方学校而不是大规模中心学校。

巴克和冈普（1964）发现：尽管在大规模学校，学生可以选择更多的多样化课程，但是，某个特定学生在大规模学校选择的课程比例，要比在小规模学校选择的小。他们的结论是："……如果相对于专业化机会，人们更偏爱经历多样性，那么小学校要比大学校好；但如果追求的是专业化，那么大学校要比小学校好"（p. 201）。

美国教育部 1986 年进行的一项研究更新了巴克和冈普（1964）的分析，研究的结论是支持他们的发现。1986 年研究报告指出，小规模中学（200 人或高年级学生人数很少）学生的课外活动参与率比大规模中学高。在学生所得学分、家庭作业时间、考试成绩、年级平均成绩以及课外活动参与方面，与大规模学校相比，小规模学校也具有很大的优势（Sweet，1986）。林赛（Lindsay，1982）以全国具有代表性的 328 所初等学校为样本，重复了巴克和冈普的研究。研究发现，小规模学校（各年级学生人数不超过 100 人）具有较高的课外活动参与率、较高的学生满意度和较高的出勤率。20 世纪最后 10 年的研究继续得出了类似的结论（Lee & Smith，1995；Howley，1994；McMullan，Sipe，& Wolf，1994；Stockard & Mayberry，1992）。

纽曼（Newman，1981）指出，中学的最优规模在 [500，1 200] 范围内。在这个范围内，学生教育活动参与率和一般交流参与率最高，而破坏和犯罪行为最少。

> 小学校提供的所有成员持续交流的机会是避免关系疏远的重要保障。学校规模越大，就越难达成明确一致的目标、促进学生参与学校管理以及建立学生和教师之间积极的个人关系。（p. 552）

根据与上述研究类似的思路，罗杰（Rogers，1992）将矛头指向了当今许多青少年的叛逆和分离。

> 当孩子被纳入集体时，他们就会变得乐于学习，并接受教育。但是，小规模学校除了具有方便了解孩子的教育学上的合理性之外，还存在一些心理学上的优势。青少年正处于一个渴望接受、配合和归属感的时期。在大规模学校，匿名是一种规则，为了得到关注和接受，孩子会以一种在我们看来很可笑的方式来达到这个目的……缺少交流导致学生参加帮派的现象非常普遍，这甚至已经侵袭到那些我们认为"安全"的社团。（pp. 103—105）

古德莱德（1984）在他的《一个叫做学校的地方》的全国性研究中写道：

> 在样本中，排名靠前的学校与排名靠后的学校相比，它们的主要特征就是学校规模小。建立大而好的学校不是没有可能，但是非常难。我们有什么正当理由运营一个教师多于 12 人且学生数在 300 人以上的初等学校呢？我想不出这样的理由。（p. 309）

关于中学规模问题，古德莱德写道：

> 很明确，我们需要持续不断的努力来发现中学因规模小而引发的课程不足以

374

及大规模学校的课程可能性，并找到增加的规模不能获得课程收益的点⋯⋯对我来说，举证负担在大规模学校上。的确，我不想面对确定一个高年级学生人数多达500～600人是否合适的挑战。(p.310)

柏林和西恩克斯（Berlin & Cienkus，1989）在共同编辑了《教育与城市社会》(*Education and Urban Society*）后，致力于研究学区、学校和班级规模问题，他们的结论是"小比较好"。

为什么规模小比较好呢？⋯⋯教育变迁的文献重复了这样的回答，也就是，人们在他们认为自己有一些控制力、影响力和作用的环境里，才乐于学习、变化和发展。在学习过程中，家长、老师和学生结合在一起可能最有效率。小规模自身只是提供了一个复杂的学习过程。(p.231)

博耶（Boyer，1983）在卡耐基基金会研究报告中指出：过去几十年的研究已经证明，小学校为学生提供了更多的参与机会和情感支持。他承认，很难准确地知道在哪一点上中学规模变得过大，但他建议将学生人数为1 500～2 000人的学校重组成为规模较小的学校（利用"校中校"理念）。在小规模中学问题上，他提出了另一个关键问题：

学校能够提供与小规模所带来的社会和情感优势相匹配的教育机会吗？我们相信，最好的安排还是实施广义教育项目。(p.235)

但有证据显示，从"校中校"中获得小的好处，要比从单独的小学校中获得好处难得多（Raywid，1996a，1996b；Viadero，2001）。当一个单位取得了比其他单位更好的成就时，成功单位的员工就有可能被召唤过来做姐妹单位的教练，并提供咨询，这可能会扭曲这些教师的教育目的。其他单位的员工也可能会抱怨，并破坏这个成功的单位。

纽约市在其东部黑人住宅区中心花园东部工程中，发现了与家长选择和社团参与结合在一起的小规模学校的价值。东部黑人住宅区是该市最穷的地方之一（Bensman，2000；Meier，1995a and 1995b，1998；Fliegel & MacGuire，1993）。该工程选择建立了30多所小规模学校。计划者没有试图建立一个适合所有学生的标准化学校，而是建立了各种不同的学校，以满足所有学生的需要。这种观念正在全市范围内传播（Bradley，1995）。

迈耶（Meier，1995b）强调了小规模对中心花园东部工程中学校教育创新成功的重要性。她建议小学的最大规模是300名学生，中学为400人。她认为，小而集中的教育团体能够提高家长和学校之间的相互信任，并且便于全体教职员工继续深入讨论学校的变化。小学校让全体员工能够更好地了解学生和他们各自的职责，同时，允许家长和教师在积极校园文化建设中发挥作用。小学校更容易为所有学生提供人身安全保障，并且容易对家长和公众负责。

较小规模学校也不存在成本劣势。斯蒂菲尔、伯恩、伊阿塔罗拉和佛鲁车特（Stiefel, Berne, Iatarola, & Fruchter, 2000）研究了纽约市中学规模对单位毕业生成本的影响。他们的样本包括了121所规模为185～4 975人的中学。研究发现，小规模学校（600人以下）的单位学生入学成本比大规模学校略高。但小规模学校的辍学率较低，因此，根据毕业生人数来计算，小规模学校的成本要比中等规模学校（600～2 000人）低，与大规模学校（2 000人以上）持平。

　　法恩（Fine）根据她在费城的工作经历，认为，大规模学校的教育是为了促进学生的一般化发展，而不是促进他们的个性发展。"它们鼓励被动而不是积极参与；并且根据定义，它们强调控制学生，而不是鼓励他们批评性地参与"（p. 273）。为了突出费城教育官员对成绩低的学生和高辍学率的关注，该市采取了一项与纽约市相似的策略。大的初中被分解为200～400人的特许学校，这些学校有10～12名核心教师，教育对象是9年级到毕业班的学生。这样做的目的是为了强调学生的情感和社会需要，激发专家学者和教师的激情。根据法恩的观点，大规模学校很难实现这些目标。

　　对芝加哥的研究同样肯定了小学校在中心城市的价值。李和洛布（Lee & Loeb，2000）研究了264所只有k-8年级的学校。学校的规模从150人到2 000人不等。调查者的结论是，学校规模通过影响教师态度直接或间接地影响学生成绩。他们发现，小学校教师比中等规模学校和大学校的教师对学生学习更负责任。这就使教师和学生关系变得更亲密——这种氛围有利于创造集体学习环境，并能够带来较高的学生成绩。

　　引用支持小学校的研究，达琳-哈蒙德（Darling-Hammond，1996）将小规模视为高绩效学校的一个重要特征。在其他条件相同的情况下，规模为300～500人的小学校成就较高、出勤率较高、辍学率很低并且犯错误率低。小学校更集中、更人性化、更便于学生和教师之间经常交流，因此，"在这样的学校，学生能够更有效地与某个学习团体联系在一起，而这个学习团体所扮演的角色对家长和社会来说越来越难了"（p. 148）。

　　其他许多研究都提出了学校最优规模的建议。芝加哥城市教育改革跨市运动设定小学规模的上限是350人、中学为500人（Fine & Somerville，1998）。威廉斯（Williams，1990）建议将中学规模上限扩大到800人。李和史密斯（1997）研究发现，600～900人是中学的最优规模。雷怀德（1999）总结道：相对于强调学术功效的研究，强调社会重要性的研究更倾向于设定下限，这里所说的学术功效一般以学生考试成绩来衡量。不管怎样，很多城市和郊区学校（甚或有些农村学校）的规模都比前15年研究主张的规模大。

　　经济学家罗纳德·科斯提出"交易成本"理论来解释组织中通常存在的这类现象（由于这项工作，他在1991年获得了诺贝尔经济学奖）。交易成本是在沟通、协调和决策过程中发生的成本。因为管理问题是大组织运行的一个重要特点。一个组织（如学校或者学区）的扩张最终会导致规模不经济和较高的单位成本。传统规模经济评估严重低估了交易成本。

　　考古学家泰特（Tainter，1988）也得出了类似的结论。他发现，社会政治组织经常会遇到只是为了维持现状就需要增加投资这样的问题。而这种投资的形式通常是：扩大官僚机构规模、提高官僚机构专业化、积累组织方案、增加合法性活动成本、增加内部控制和外部防御成本。复杂组织必须在管理上配置更多人、财、物的原因是，复杂性增加需要更多的信息量以及更多不同部分的整合。所有这些增加的成本都由支持增加的人承担，而这些增加的成本一般不会带来任何好处。教育组织也不例外，随着复杂性和专业化的提高，教育成本也在增加，同时，边际产出在下降。

和其他组织一样，大学区和学校同样存在机构臃肿。但是，纽约市、费城、芝加哥以及其他地区的实践表明，公立学校组织似乎能够通过重构来弥补，至少部分地弥补这些固有的倾向。过去，以可承担的成本提供多样化的课程和服务支持是大城市学校和学校合并存在的主要理由。如今，大的坏处和小的优点已经得到了很好的证明。而且，信息时代的技术进步已经使任何地方的任何人都有机会方便地选择多样化课程成为可能。这些发展促使我们重新评估中心城市的大学校政策以及农村地区学校合并的州政策。尽管学校过大或者过小都明显存在缺陷，但人们很难在最优学校规模上达成一致意见。我们面临的挑战是为学生提供具有激励的学习环境和广泛的教育项目，而在同一响应、协调的监督框架内，这些既是大学校的主要特征，又是小规模学校支持的社会结构特征。

经济和技术效率调整

　　经济和技术效率分析呈现给我们的是两种相互冲突的结果。经济效率研究的结果是：学校在无效率地利用配置给它们的资源，并且财政投入和学生成果之间最多只存在微弱的关系。但是，项目的技术效率分析，甚至对整体教育改革模型的分析都显示，一些方法比另一些方法好，并且学生能够从这些项目中获得一些东西。这两种方法得到的不同结果表明，至少存在两种可能的解释。一种是，总体上，学校没有应用被证明是最好的实践；另一种是，由于技术效率评估没有像经济效率研究一样考虑资源的成本，因此，在教育过程中对所用资源的配置和定价可能存在问题。两种解释都极有可能是正确的，但本节我们将考虑后一种解释。我们将要关注的是教师工资及工资配置问题，因为这些代表了所有学校一半以上的支出。关于前者，第11至第15章回顾的很多文献指出，在很多领域被证明是最好的实践，没有在美国的公立学校得到普遍应用。

现行实践

　　几乎无一例外，学校根据单一的工资表支付教师工资，这个工资表有服务年限和本科学历外接受的正规教育时间两个尺度。因此，一个有20年教龄和硕十学历并另修30课时毕业生学分的教师所挣的工资，很可能是刚开始工作的本科学历教师工资的两倍。但是，前面部分引用的一些对生产函数的研究已经显示，教师累积的毕业课时数与学生成绩之间几乎没有关系。而且，尽管事实已经证明，超过3～5年的教师服务年限对大多数学生的学术成绩没有什么影响，但学区一般都会给教龄超过15年（有时更多）的教师增加工资（有一些证据显示，有经验的教师在教育处于危险中的儿童时比较有效率）。

　　在分派教师任务时，学区意识到，学生表现与教师教育水平和资历几乎没有关系。学区分派给刚开始工作的本科学历教师的任务，几乎和分派给任期长、学历高的教师的任务相同。然而，尽管他们的责任几乎一样，但这个一年级教师一年可能挣的工资是30 000美元，而隔壁的一年级教师所挣的可能是60 000美元。更奇怪的是，教师通过集体讨价还价和调任到公开教学岗位（以服务年限为基础）而获利的情况并不少见。这就迫使学校提供最好的工作条件（这些学校的学生成绩高、纪律性强）吸引最有资历、工资也最高的教师，而那些处于危险中的儿童占有很大比例的学校，拥有的则是经验最少、工资最低的教师。由于比较有吸引力的学校支付给教师的工资较高，因此，尽管所有学校的物力资源都相同（如教师数量），但大部分的经济资源都被配置给那些具有吸引力的学校，而最需要经济资源的学校得到的却较少（Guthrie，1997）。第 11 章对纽约市、芝加哥、戴德县和佛罗里达州地区内公平的讨论，说明了这种现象存在的原因。

另一个导致经济效率和技术效率之间分析结果差异的实践是越来越多的专家和辅助员工的雇用。一些研究已经证明了小规模的重要性以及教师和学生之间关系的连续性，但与拥有的专家相比，学区很少增加正规班的教师数量。而这些专家的职责只是监督教师、为教师提供咨询并操作"分离式"项目运转。这一实践削弱了教师和学生之间的关系，也削弱了课堂上教师对学生的影响，在大大增加公共教育成本的同时，对学生成绩几乎没有任何提高。 *378*

1960—1998 年，学校单位教师学生数（k−12 年级课堂和专门教师）从 25.8 人降到了 17.2 人（降低了 33%），初等教育的平均班级规模从 29 人降到了 24 人（降低了 17%）；尽管中学日接受教育平均人数从 138 人下降到了 97 人（下降了 30%），但实际上，中学的平均班级规模却从 28 人增加到了 31 人（增加了 11%）（NCES，1999）。1960—1996 年，学校单位教职工（包括教师、行政人员和辅助工作人员）学生数从 16.8 人下降到了 8.9 人（降低了 47%），这表明，辅助工作人员的增加比例比专业工作人员大。

从不同的角度考察这些趋势后，教学和美国未来国家委员会（1996）指出，学校专业人员比例在 1950 年多于 70%，到 1993 年下降为 52%。而在这 52% 的专业人员中，有多于 10% 的是不参与课堂教学的专家。每 4 名课堂教师中，就有大约 6 名其他员工辅助他们工作。教学和美国未来国家委员会报告指出：与美国相比，在其他发达国家，教学人员占公共教育职工人数的比例达 60%～80%。为了保护那些已经增加了专家和辅助人员的学区，联邦和州专项补助项目对此作出回应，并开始让地方拥有更大的自由裁量权。

迈尔斯（1995）确定了在这些人员设置趋势下的 4 种教育管理活动：

1. 大量专业教师在课堂外与那些比较特别的学生接触。

2. 为教师提供简单计划时间以及工作日零碎的个人时间，并利用其他班级的教师来从事这些时段的教学活动。

3. 根据某种规则对学生进行分组教学，这种分组的指导原则不是学校自身的决策，而是正规的学生分类和契约方针。

4. 中学教师详细的教学计划是每天承担 5 种不同群体学生的教学任务，每次不得少于 1 小时（pp. 477－478）。

教学和美国未来国家委员会已经正确地指出了官僚机构所带来的后果：

> 很多办公室人员都在从事常规的管理，而没有进行旨在提高教学质量的创新活动。一个官僚化的学校通常会将资源用在人员控制上，而一个民主化学校则会投资于知识，并支持工作人员将他们的工作做好。传统的学校执行规则和程序，而学习型组织则会制定共同的目标。学生和教师对我们已经继承下来的学校的预期最差，而未来的学校将会是、也能够成为最好的。

教学和美国未来国家委员会已经很好地表述了"整体学校"存在的情况以及系统改革。

教师资源配置再考虑

已经有大量研究呼吁教学资源再配置。迈尔斯和达琳－哈蒙德（1998）观察到：

379

在现有资源约束下，已经有 6 种资源再配置策略被高质量学校用来提高学生成绩。这 6 种策略是专业化项目的减少、更具弹性的学生分组、人性化环境的建立、更长的教育时间、更多的员工共同计划时间以及创造性的员工角色和工作计划说明书。

为了确保所有的学校都能拥有它们所需要的教师资源，以让所有的儿童都能学习，并确保所有的教育系统都支持教师从事这项工作，教学和美国未来国家委员会（1996）提出了 5 分叉策略。5 分叉中有两个与本节关注的问题密切相关，它们分别是鼓励并奖励教师学识和技能以及建立旨在让学生和教师都能取得成功的学校。

图 12—4 详细说明了如何在教学和美国未来国家委员会方针指导下重组一个具有代表性的有 600 名学生的小学。方案将平均班级规模从 25 人减小到 16 或 17 人，并将教师计划时间从每周不到 4 小时增加到每周不少于 10 小时。**所有上述工作都是由配置到该校的工作人员完成。**完成这项工作的是共同对学生负责的教师团队。这些教学团队的所有人都能够直接与其他人分享专家意见，因而减少了分离和非教学工作。"教育资源应该被配置到与学生有长期关系的班级，而不是班级外与学生有短期关系的地方，教育资源应该被用在教学上，而不是用在协调工作上"（p. 105）。

380

图 12—4 教学和美国未来国家委员会绘制的传统和重新设计的初等学校

资料来源：National Commission on Teaching and America's Future. *What Matters Most*：*Teaching for America's Future*（p. 106），New York：NCTAF. Reprinted by permission.

这个学校被分为两个部分：一个是低年级，另一个是中间年级。每部分都有 3 _379_ 个由 7 名教师组成的教学小组。每个小组都有 1 名咨询专家、1 名特殊教育专家和 1 名艺术专家。在承诺小组和学生至少能在一起待三年的情况下，每个小组要为其所在部门的所有年龄段的 100 名学生代表服务（Veenman, 1995；Osin & Lesgold, 1996）。每个部门都有 1 名各团队共享的多媒体/计算机专家和 1 名领导教师，其中，领导教师一半的工作时间都在推动计划、指引其他教师参观教室，并观察另一个部门领导教师的工作。校长、秘书和社会工作者都是学校的支持者。教学和美国未来国家委员会同样力劝学校在进行技术投资的同时，也要进行教师投资，以开发每个教师和学生的潜能。这种潜能的开发应该与多样化的资源和学习工具联系起来。教学和美国未来国家委员会建议校长应该由排名靠前的熟练教师担任，并且在担任校长职务的同时，继续承担一些教学任务。

奥登（1996）注意到：补偿理论忠告政策制定者要关注支付实践与组织战略需求结合的重要性。教学和美国未来国家委员会通过将教师工资与知识和技能增加联系在一起，做到了这一点。在教师只有完成国家教师教育授权委员会（NCATE）授权的高质量准备项目，并通过专业和教学知识考试获得任教资格后才会被雇用的假设前提下，教学和美国未来国家委员会开始指导该校工作。1995 年，国家教师教育授权委员会制定了一个新的标准，该标准反映了从以更强大知识为教学基础到强调如何将这些高期望纳入它们的准备项目的演变。教学和美国未来国家委员会建议以州际新教师评估和支持委员会（INTASC）制定的标准为基础，进行资格考试。州际新教师评估和支持委员会由 30 多个州组成，这些州都存在这样的困扰，即为了满足新的学生标准需求，新教师必须掌握哪些知识？新教师必须能够教什么？不过，州际新教师评估和支持委员会标准应与教学和美国未来国家委员会标准结合使用。教学和美国未来国家委员会认为，新教师一旦被雇用，会经历一个 1～2 年的感应期，在这期间，将有人为该教师提供指导和帮助，同时也会对其进行严格 _381_ 的评估。新教师度过感应期，并通过教学技能评估后，将成为**专业教师**，同时，工资也会相应增长。

教学和美国未来国家委员会建议对教师实行额外工资奖励，因为通过这种激励，教师会在多个专业领域获得任教资格。这会给一些学校带来好处，因为那些学校的教师要么可以在两个或两个以上的专业领域教学，要么能够提供咨询服务或者特殊教育专业知识。教师持有一个以上领域资格证的学校，可以很方便地组织教育团队。

由于有经验的教师能够获得最高水平的认可，因此，我们将通过增加额外工资来肯定教师从国家专业教学标准委员会取得的高级任职资格。当然，我们应该将国家专业教学标准委员会标准、教学和美国未来国家委员会标准及州际新教师评估和支持委员会标准三者结合起来使用。国家委员会资格也是领导教师和校长任职的先决条件。

推行教学和美国未来国家委员会等推荐的资源再配置方案存在很多障碍。因为如果这样做，很多教师—学区劳动力协议中关于教师工作日和岗位调任的规定都必须变动。为了消除项目、学科和年龄组间存在的障碍，一些州和联邦政策可能需要放宽规定。同时，教师、家长和学生的态度也可能需要转变（Miles, 1995；Miles & Darling-Hammond, 1998）。传统很难消亡，并且传统有很多的支持者。

总　结

在本章，我们考察了初等和中等教育的效率问题。我们的结论是，作为一个国家，美国的平均学生支出比其他多数发达国家高，尤其是它的主要经济对手。不过，大多数国家都是在国家层次上进行教育融资和管理的，教育资源配置也比美国平均。美国有 50 个州和很多学区。本章及第 11 章的公平讨论中呈现的强有力的证据都显示，学区和学校间教育资源的内部配置存在严重的不公平。尽管随着时间的推移，资源配置横向公平情况有所改善，但仍然存在着为优势儿童（这些孩子的成绩似乎不受资源配置政策的影响）服务的学校和学区获得较多资源，而主要为处于危险中的儿童（这些孩子的学术成绩在很大程度上取决于所提供服务的水平和质量）提供服务的学校和学区获得较少资源的趋势。

而且，州政府政策一开始只抓纵向公平问题。成本函数研究（第 11 章）显示，我们已经低估了消除种族和社会经济群体之间成绩差距所需要的资源数量。联邦政策自 1965 年开始关注纵向公平问题，但配置的资源非常少，有时甚至会削弱地方政府有效利用资源的能力。因此，我们面临着国家教育总资源内部配置的问题。

同时，资源利用还存在效率问题。我们没有理由相信：主要为处于危险中的儿童服务的学校和学区会以能够提高学生成绩的方式利用额外资源。公立学校和学区的资源利用情况研究显示，绝大多数学校和学区都没有很好地利用资源。如果教育产出将会有所提高，那么这些提高将不仅取决于为处于危险中的儿童提供的额外资源，而且取决于学校和学区内部效率的显著提高（Consortium on Renewing Education，1998）。

埃尔莫尔（1994）争论道：教育工作者以及影响教育工作者的人，必须从不同的角度考虑资源和资源利用问题：

> 因此，我认为，充分性的核心问题是生产力和激励问题。而生产力和激励背后是知识和实践的问题。在使用现有的或者新的资源提高学生成绩的过程中，教育工作者的背景和准备在解决遇到的棘手问题时几乎没有什么作用。而且，学校环境中的诸多因素都鼓励教育工作者不去系统地考虑这些资源：通过限定员工安置的模式和比率来解决学校资源配置问题的强制政策；限制学校灵活使用资源的集体谈判协议；项目列举预算，等等。限制教育工作者关注资源和产出问题的能力的大部分因素，不是源于他们的背景和以前的经验，就是源于他们工作的组织和政策背景的硬性约束。(p. 457)

教育生产函数研究、评估和规模研究、整体教育改革网络以及有效学校研究都已明确指出，教育和组织干预通过成本效益方式，确实能有效地影响学生成绩。而且，大多数干预都不需要新的资源，只需要改变现有资源的利用状况。为了说明更有效率和更有效的教育需要根本性的变革，我们详细介绍了教学和美国未来国家委员会的关于调整学校资源利用和人事补偿的建议。

关于怎样消除不同种族和社会经济群体儿童的成绩差距，还有很多我们不知道的方法，而且我们已经知道而没有利用的方法也很多。相对于经济，基础教育改革障碍与政治、学校结构和文化变革的关系更密切。政治、结构和社会障碍比经济障碍更难克服。我们不能错误地确定教育改革任务的性质，否则会给估计带来困难。

在第五篇，我们分析了对基础组织重构和教育服务提供建议的财政内涵。在第13章，我们将讨论如何调整财政奖金和教师补偿才能改善学校和学生情况。在第14、第15章，我们将考虑政策的财政内涵，这些政策通过校本决策和允许家长选择学校（选择学校的方式有特许学校、教育券和选择公立学校），将市场化激励注入教育服务部门。

注　释

［1］国内生产总值（GDP）是指一个国家所创造的所有产品和服务的价值。

［2］《教育改革模式目录》会定期更新，并可以通过网络查看，网址是ht-tp://www.nwrel.org/scpd/natspec/catalog/。

思考与活动

1. 你自己的教育投资得到回报了吗？以现值美元估计你高中后教育的成本，包括因接受教育而失去的收入。将你每年的投资折合成现值并相加，利率为10％。 *383*
用现值美元估计你现在职位所获得收入（很可能你一生都将处在这个位置上）与如果你高中毕业后就开始工作可能获得的收入之间的差距。以10％的利率将这些收入差距折合成现值。收入差距的现值之和是和成本现值之和一样大呢，还是前者比后者大？如果是这样，那么你至少突破了平均水平；如果不是这样，从经济的角度来看，中学毕业后直接进入劳动力市场或者追求其他事业发展似乎更合理。

2. 列举并讨论支持和反对运用教育生产函数分析公立学校资源配置的意见。

3. 在本章，我们得出结论：相对于经济，基础教育改革障碍与政治以及学校结构与文化变革的关系更密切。你同意这个观点吗？列举并讨论支持和反对这种观点的意见。

4. 根据本章"内部效率"部分所提供的信息，设计一种可能比现在使用的资源配置结构更有效率的公立学校资源配置结构。

5. 参观一个大学校和一个小学校，这两个学校应该是同级的。找出下列问题的答案。或者，可以成立一个研究小组，由在不同规模学校有过学习经历的人组成，在讨论的过程中比较这些经历。

1）你能找到由规模不同而导致的学校间的差异吗？

2）大学校的优势和劣势是什么？小学校的优势和劣势是什么？

3）什么战略可以增强大学校好的影响，削弱坏的影响？对小学校回答相同的问题。

6. 在本章总结中，引用埃尔莫尔（1994）的话来说明教育专家很难设计出新的能够动态有效提高学生成绩的教学方法。而且，教育官僚化处处存在局限性，这使基础改革变得很难。这些局限包括指定的安置职工模式和比率、限制资源利用弹性的集体讨价还价以及增加的预算。

1）你同意埃尔莫尔的观察结果吗？为什么？

2）我们能够通过做些什么来扭转这种局势吗？

3）如果教育家不能改革教育，还有其他可能的改革发起人吗？

计算机模拟：教育生产函数

　　与本章内容相关的计算机模拟可以在 Allyn & Bacon 的网页上找到（见 http：//ablongman.com/edleadership）。该模拟主要关注生产函数的运用。这样做的目的如下：

- 进一步了解教育生产函数背后的统计概念。
- 引入多元回归分析。

参考文献

Alexander, K.L., Entwisle, D.R., & Olson, L.S. (2001). Schools, achievement, and inequality: A seasonal perspective. *Educational Evaluation and Policy Analysis*, *23*, 171—191.

American Institutes for Research. (1999). *An educators'guide to schoolwide reform*. *Arlington*, VA: Educational Research Service.

Armor, D.J., & Peiser, B.M. (1997). *Competition in education: A case study of interdistrict choice*. Boston, MA: Pioneer Institute for Public Policy Research.

Anderson, D.M. (1996). Stretching the dollar: Increasing efficiency in urban and rural schools. In L.O. Picus & J.L. Wattenbarger (Eds.), *Where does the money go? Resource allocation in elementary and secondary schools*. Thousand Oaks, CA: Corwin.

Ballou, D. (1998). The condition of urban school finance: Efficient resource allocation in urban schools. In W.J. Fowler, Jr. (Ed.), *Selected papers in school finance, 1996* (NCES 98 — 217). Washington, DC: U.S. Department of Education, National Center for Education Statistics, pp. 65—83.

Barker, R.G., & Gump, P.V. (1964). *Big school, small school*. Stanford, CA:

Stanford University Press.

Bensman, D. (2000). *Central Park East and its graduates: "Learning by heart."* New York: Teachers College Press.

Benson, C.S. (1978). *The economics of public education* (3rd ed.). Boston: Houghton Mifflin.

Benson, C.S. (1988). Economics of education: The U.S. experience. In N.J. Boyan (Ed.), *Handbook of research on educational administration* (pp. 355 — 372). New York: Longman.

Berlin, B., & Cienkus, R. (1989). Size: The ultimate educational issue? *Education and Urban Society*, *21*, 228—231.

Berne, R., & Stiefel, L. (1994). Measuring equity at the school level: The finance perspective. *Educational Evaluation and Policy Analysis*, *16*, 405—421.

Boyer, E.L. (1983). *High school: A report on secondary education in America*. New York: Harper & Row.

Bradley, A. (1995). Thinking small. *Education Week*, *14*, 37—41.

Brookover, W., & Lezotte, L. (1979). *Changes in school characteristics coincident with changes in student achievement*. East Lansing MI: State University, College of Urban Development.

Burkhead, J. (1967). *Input and output in*

large-city high schools. Syracuse, NY: Syracuse University Press.

Burtless, G. (1996). Does money matter? The effect of school resources on student achievement and adult success. Washington, DC: The Brookings Institution.

Charnes, A., Cooper, W. W., and Rhodes, E. (1978). Measuring the efficiency of decision making units. European Journal of Operational Research, 2, 429—444.

Coase, R. H. (1988). The firm, the market, and the law. Chicago: University of Chicago Press.

Coleman, J. S. (1966). Equality of educational opportunity. Washington, DC: U. S. Government Printing Office.

Consortium on Renewing Education. (1998). 20/20 vision: A strategy for doubling America's academic achievement by the year 2020. Nashville, TN: Peabody Center for Education Policy, Vanderbilt University.

Darling-Hammond, L. (1996). Restructuring schools for high performance. In S. H. Fuhrman & J. A. O'Day (Eds.), Rewards and reform: Creating educational incentives that work. San Francisco: Jossey Bass, pp. 144—192.

Duncombe, W., Ruggerio, J., & Yinger, J. (1996). Alternative approaches to measuring the cost of education. In H. F. Ladd (Ed.), Holding schools accountable: Performance-based reform in education. Washington, DC: The Brookings Institution.

Duncombe, W. D., & Yinger, J. M. (1999). Performance standards and educational cost indexes: You can't have one without the other. In H. F. Ladd, R. Chalk, & J. S. Hansen (Eds.), Equity and adequacy in education finance: Issues and perspectives (pp. 260—297). Washington, DC: National Academy Press.

Duncombe, W. D., & Yinger, J. M. (1997). Why is it so hard to help central city schools? Journal of Policy Analysis and Management, 16, 85—113.

Edmonds, R. (1979). Effective schools for the urban poor. Educational Leadership, 37, 15—24.

Elmore, R. F. (1994). Thoughts on program equity Productivity and incentives for performance in education. Educational Policy, 8, 453—459.

Engert, F. (1995). Efficiency analysis of school districts using multiple inputs and outputs: An application of data envelopment analysis. Buffalo, NY: Unpublished Ph. D. dissertation, State University at Buffalo.

Fashola, O. S., & Slavin, R. F. (1998). Promising programs for elementary and middle schools: Evidence of effectiveness and replicability. Journal of Education for Students Placed at Risk, 2, 251—307.

Fashola, O. S., & Slavin, R. F. (1998). Schoolwide reform models: What works? Phi Delta Kappan, 79, 370—379.

Ferguson, R. F. (1991). Paying for public education: New evidence on how and why money matters. Harvard Journal on Legislation, 28, 465—498.

Ferguson, R. F., & Ladd, H. F. (1996). How and why money matters: An analysis of Alabama schools. In H. F. Ladd (Ed.), Holding schools accountable: Performance-based reform in education (pp. 265—298). Washington, DC: The Brookings Institution.

Fine, M. (1993). Democratizing choice: Reinventing, not retreating from, public education. In E. Rasell & R. Rothstein (Eds.),

School choice: Examining the evidence (pp. 269 – 300). Washington, DC: Economic Policy Institute.

Fine, M., & Somerville, J. I. (1998). Small schools, big imaginations: A creative look at urban public schools. Chicago: Cross City Campaign for Urban School Reform.

Finn, J. D., & Achilles, C. M. (1999). Tennessee's class size study: Findings, implications, misconceptions. Education Evaluation and Policy Analysis, 21, 97—110.

Fliegel, S., & MacGuire, J. (1993). Miracle in East Harlem: The fight for choice in public education. New York: Random House.

Fox, W. F. (1981). Reviewing economies of size in education. Journal of Education Finance, 6, 273—296.

Fuller, B., & Clarke, P. (1994). Raising school effects while ignoring culture? Local conditions and the influence of classroom tools, rules, and pedagogy. Review of Educational Research, 64, 119—157.

Gerber, S. B., Finn, J. D., Achilles, C. M., & BoydZaharias, J. (2001). Teacher aides and students' academic achievement. Educational Evaluation and Policy Analysis, 23, 123—143.

Goodlad, J. I. (1984). A place called school: prospects for the future. New York: McGraw-Hill.

Greenwald, R., Hedges, L. V., & Laine, R. D. (1994). When reinventing the wheel is not necessary: A case study in the use of meta-analysis in education finance. Journal of Education Finance, 20, 1—20.

Grissmer, D. (2001). Research directions for understanding the relationship of educational resources to educational outcomes. In S. Chaikind & W. J. Fowler, Jr. (Eds.), Education finance in the new millennium: AEFA 2001 Yearbook (pp. 139 – 155). Larchmont, NY: Eye on Education.

Guthrie, J. W. (1997). School finance: Fifty years of expansion. The Future of Children, 7, 24—38.

Hanushek, E. A. (1986). The economics of schooling: Production and efficiency in public schools. Journal of Economic Literature, 24, 1141—1177.

Hanushek, E. A. (1987). Education production functions. In G. Psacharopoulos (Ed.), Economics of education: Research and studies (pp. 33 – 42). Oxford, England: Pergamon.

Hanushek, E. A. (1991). When school finance "reform" may not be good policy. Harvard Journal on Education, 28, 423—456.

Hanushek, E. A. (1994). Money might matter somewhere: A response to Hedges, Laine, and Greenwald. Educational Researcher, 23, 5—8.

Hanushek, E. A. (1996a). School resources and student performance. In G. Burtless (Ed.), Does money matter? The effect of school resources on student achievement and adult success. Washington, DC: The Brookings Institution.

Hanushek, E. A. (1996b). Outcomes, costs, and incentives in schools. In E. A. Hanushek & D. W. Jorgenson (Eds.), Improving America's schools: The role of incentives (pp. 29 – 52). Washington, DC: National Academy Press.

Hanushek, E. A., Kain, J. F., & Rivkin, S. G. (1998). Teachers, schools, and academic achievement (Working Paper 6691). Cambridge, MA: National Bureau of Economic Research.

Hedges, L. V., Laine, R. D., & Greenwald, R. (1994a). Does money matter? A meta-analysis of studies of the effects of differential school inputs on student outcomes. *Educational Researcher*, 23, 5—14.

Hedges, L. V., Laine, R. D., & Greenwald, R. (1994b). Money does matter somewhere: A reply to Hanushek. *Educational Researcher*, 23, 9—10.

Hickrod, G. A., et al. (1989). *The biggest bang for the buck: An initial report on technical economic efficiency in Illinois K—12 schools with a comment on Rose v. The Council*. Normal, IL: Center for the Study of Educational Finance (ERIC No. ED 329013).

Hollings, R. L. (1996). *Reinventing government: An analysis and an annotated bibliography*. Commack, NY: Nova Science Publishers.

Howley, C. B. (1994). The academic effectiveness of small-scale schooling (an update). *ERIC Digest*. Charleston, WV: ERIC Clearinghouse on Rural Education and Small Schools. (ED 372 897)

Hoxby, C. M. (1994). *Does competition among public schools benefit students and taxpayers? Evidence from natural variation and school districting*. (Working Paper No. 4979) Cambridge, MA: Harvard University, National Bureau of Economic Research.

Jackson, S., Logsdon, D., & Taylor, N. (1983). Instructional leadership behaviors: Differentiating effective from ineffective low-income urban schools. *Urban Education*, 18, 59—70.

King, R. A., & MacPhail-Wilcox, B. (1994). Unraveling the production equation: The continuing quest for resources that make a difference, *Journal of Education Fi-nance*, 20, 47—65.

Kirby, S. N., Berends, M., & Naftel, S. (2001). *Implementation in a longitudinal sample of New American Schools: Four years into scale-up*. Santa Monica, CA: RAND.

Klitgaard, R. E., & Hall, G. R. (1975). Are there unusually effective schools? *Journal of Human Resources*, 10, 90—106.

Ladd, H. F. (Ed.). (1996). *Holding schools accountable: Performance-based reform in education*. Washington, DC: The Brookings Institution.

Ladd, H. F., & Hansen, J. S. (Eds.). (1999). *Making money matter: Financing America's schools*. Washington, DC: National Academy Press.

Lee, V. E., & Loeb, S. (2000). School size in Chicago elementary schools: Effects on teachers' attitudes and students' achievement. *American Educational Research Journal*, 37, 3—31.

Lee, V. E., & Smith, J. B. (1995). Effects of high school restructuring and size on early gains in achievement and engagement. *Sociology of Education*, 68, 241—270.

Lee, V. E., & Smith, J. B. (1997). High school size: Which works best, and for whom? *Educational Evaluation and Policy Analysis*, 19, 205—227.

Levin, H. M. (1994). The necessary and sufficient conditions for achieving educational equity. In R. Berne & L. O. Picus (Eds.), *Outcome equity in education*. Thousand Oaks, CA: Corwin.

Levin, H. M., Glass, G. V., & Meister, G. R. (1987). Cost effectiveness of computer-assisted instruction. *Evaluation Review*, 11, 50—72.

Levin, H. M., & McEwan, P. J. (2001).

Cost-effectiveness analysis (2nd ed.). Thousand Oaks, CA: Sage.

Lindsay, P. (1982). The effect of high school size on student participation, satisfaction, and attendance. *Educational Evaluation and Policy Analysis*, 4, 57—65.

Mayeski, G. W., et al. (1972). *A study of our nation's schools*. Washington, DC: U. S. Government Printing Office.

McMullan, B. J., Sipe, C. L., & Wolf, W. C. (1994). *Charters and student achievement: Early evidence from school restructuring in Philadelphia*. Bala Cynwyd, PA: Center for Assessment and Policy Development.

Meier, D. (1995a). How our schools could be. *Phi Delta Kappan*, 76, 369—373.

Meier, D. (1995b). *The power of their ideas: Lessons for America from a small school in Harlem*. Boston: Beacon.

Meier, D. H. (1998). Can the odds be changed? *Phi Delta Kappan*, 79, 358—362.

Miles, K. H. (1995). Freeing resources for improving schools: A case study of teacher allocation in Boston public schools. *Educational Evaluation and Policy Analysis*, 17, 476—493.

Miles, K. H., & Darling-Hammond, L. (1998). Rethinking the allocation of teaching resources: Some lessons from high performing schools. In W. J. Fowler, Jr. (Ed.), *Developments in school finance, 1997*. Washington, DC: U. S. Department of Education, National Center for Education Statistics.

Monk, D. H. (1989). The education production function: Its evolving role in policy analysis. *Educational Evaluation and Policy Analysis*, 11, 31—45.

National Center for Education Statistics. (Various years). *Digest of education statistics*. Washington, DC: U. S. Government Printing Office.

National Commission on Teaching and America's Future. (1996). *What matters most: Teaching for America's future*. New York: Author.

New American Schools. (2000a). *Every child a star*. Arlington, VA: Author.

New American Schools. (2000b). *Guidelines for ensuring the quality of national design-based assistance providers*. Arlington, VA: Author.

Newman, F. M. (1981). Reducing student alienation in high schools: Implications of theory. *Harvard Education Review*, 51, 546—564.

Northwest Regional Educational Laboratory. (1998). *Catalog of school reform models: First edition*. Portland, OR: The Laboratory.

Odden A. R., & Picus, L. O. (2000). *School finance: A policy perspective* (2nd ed.). New York: McGraw-Hill.

Odden, A. (1996). Incentives, school organization, and teacher compensation. In S. H. Fuhrman & J. A. O'Day (Eds.), *Rewards and reform: Creating educational incentives that work* (pp. 226—256). San Francisco: Jossey-Bass.

Odden, A., Monk, D., Nakib, Y., & Picus, L. (1995). The story of the education dollar: No academy awards and no fiscal smoking guns. *Phi Delta Kappan*, 77, 161—168.

Odden, A., & Webb, L. D. (1983). Introduction: The linkages between school finance and school improvement. In A. Odden & L. D. Webb (Eds.), *School finance and school improvement: Linkages for the 1980s* (pp. xiii-xxi). Cambridge,

MA: Ballinger.

Osborne, D. , & Gaebler, T. (1992). *Reinventing government: How the entrepreneurial spirit is transforming the public sector*. Reading, MA: Addison-Wesley.

Osborne, D. , & Plastrik, P. (1997). *Banishing bureaucracy: The five strategies for reinventing government*. Reading, MA: Addison-Wesley.

Osin, L. , and Lesgold, A. (1996). A proposal for reengineering of the educational system. *Review of Educational Research*, 66, 621—656.

Owens, Jr. , J. T. (1994). *Interdistrict resource allocation in Dade County, Florida: An analysis of equity of educational opportunity*. Paper delivered at the annual meeting of the American Educational Finance Association, Nashville, TN.

Picus, L. O. (2001). *In search of more productive schools: A guide to resource allocation in education*. Eugene, OR: ERIC Clearinghouse on Educational Management.

Psacharopoulos, G. (1981). Returns to education: An updated international comparison. *Comparative Education*, 17, 321—341.

Psacharopoulos, G. (1985). Returns to education: A further international update and implementations. *Journal of Human Resources*, 20, 583—604.

Puma, M. J. , et al. (1997). *Prospects: Final report on student outcomes*. Cambridge MA: Abt Associates.

Raywid, M. A. (1999). Current literature on small schools. *ERIC Digest*. Charleston, WV: ERIC Clearinghouse on Rural Education and Small Schools. (ED425049)

Raywid, M. A. (1996a). Taking stock: The movement to create mini-schools, schools-within-schools, and separate small schools,

Urban Diversity Series No. 108. New York: ERIC Clearinghouse on Urban Education, Teachers College, Columbia University. (ED 396 045)

Raywid, M. A. (1996b). The Wadleigh Complex: A dream that soured. In B. Boyd, B. Crowson, & H. Mawhinney (Eds.), *The politics of education and the New Institutionalism: Reinventing the American school*. Philadelphia: Falmer.

Reed, L. (1985). *An inquiry into the specific school-based practices involving principals that distinguish unusually effective elementary schools from effective elementary schools*. Unpublished doctoral dissertation, State University of New York at Buffalo.

Reynolds, A. J. , Bezruczko, N. , Mavrogenes, N. A. , & Hagemann, M. (1996). *Chicago longitudinal study of children in Chicago public schools: User Guide (version 4)*. Madison/Chicago: University of Wisconsin and Chicago Public Schools.

Reynolds, A. J. , & Wolfe, B. (1999). Special education and school achievement: An exploratory analysis with a central-city sample. *Educational Evaluation and Policy Analysis*, 21, 249—269.

Reschovsky, A. , & Imazeki, J. (2001). Achieving educational adequacy through school finance reform. *Journal of Education Finance*, 26, 373—396.

Rice, J. K. (2001). Illuminating the black box: The evolving role of education production function research. In S. Chaikind & W. J. Fowler (Eds.), *Education finance in the new millennium: AEFA 2001 Yearbook* (pp. 121 — 138). Larchmont, NY: Eye on Education.

Riew, J. (1981). Enrollment decline and

school reorganization: A cost efficiency analysis. *Economics of Education Review*, *1*, 53—73.

Riew, J. (1986). Scale economies, capacity utilization, and school costs: A comparative analysis of secondary and elementary schools. *Journal of Education Finance*, *11*, 433—446.

Rogers, B. (1992). Small is beautiful. In D. Durrett & J. Nathan (Eds.), *Source book on school and district size, cost, and quality*. Minneapolis, MN: North Central Regional Educational Laboratory.

Rothstein, R., & Miles, K. H. (1995). *Where's the money gone? Changes in the level and composition of education spending, 1967 — 1991*. Washington, DC: Economic Policy Institute.

Sammons, P. (1999). *School effectiveness: Coming of age in the twenty-first century*. Lisse, The Netherlands: Swets & Zeitlinger.

Schultz, T. W. (1963). *The economic value of education*. New York: Columbia University Press.

Smith, T. M., & Phelps, R. P. (1995). Education finance indicators: What can we learn from comparing states and nations. In W. J. Fowler, Jr. (Ed.), *Developments in school finance* (pp. 99—107). Washington DC: National Center for Educational Statistics.

Stasz, C., & Stecher, B. M. (2000). Teaching mathematics and language arts in reduced size and non-reduced size classrooms. *Educational Evaluation and Policy Analysis*, *22*, 313—329.

Steifel, L., Berne, R., Iatarola, P., & Fruchter, N. (2000). High school size: Effects on budgets and performance in New York City. *Educational Evaluation*

and Policy Analysis, *22*, 27—39.

Stiefel, L., Rubenstein, R., & Berne, R. (1998). Intradistrict equity in four large cities: Data, methods, and results. *Journal of Education Finance*, *23*, 447—467.

Stockyard, J., & Mayberry, M. (1992). *Effective educational environments*. Newbury Park, CA: Corwin. (ED 350 674)

Swanson, A. D., & Engert, F. (1999). *Benchmarking: A study of school and school district effect and efficiency*. Buffalo, NY: State University of New York, Graduate School of Education Publications.

Sweet, D. A. (1986, September). Extracurricular activity participants outperform other students. *Office of Educational Research and Improvement Bulletin* (CS 85—2136).

Tainter, J. A. (1988). *The collapse of complex societies*. Cambridge: Cambridge University Press.

Veenman, S. (1995). Cognitive and noncognitive effects of multigrade and multi-age classes: A bestevidence synthesis. *Review of Educational Research*, *65*, 319—381.

Venezsky, R., & Winfield, L. (1980). *Schools that exceed beyond expectations in the teaching of reading: Studies on education, technical report 1*. Newark, DE: University of Delaware.

Verstegen, D. (1992). International comparisons of education spending: A review and analysis of reports. *Journal of Education Finance*, *17*, 257—276.

Viadero, D. (2001). Whole-school reform projects show mixed results: Reform models suffer string of setbacks. *Education Week*, *21*, 1, 24—25.

Walberg, H. J. （1998）. Uncompetitive American schools: Causes and cures. In D. Ravitch (Ed.), *Brookings papers on education policy 1998* (pp. 173—226). Washington, DC: The Brookings Institution.

Weber, G. (1971). *Inner city children can be taught to read: Four successful schools.* Washington, DC: Council for Basic Education.

Williams, D. T. (1990). *The dimensions of education: Recent research on school size* (Working paper series). Clemson, SC: Strom Thurmond Institute of Government and Public Affairs. (ED 347 006)

Woessmann, L. （2000）. *Schooling resources, educational institutions, and student performance: The international evidence* (Kiel working paper No. 983). Kiel, Germany: Kiel Institute of World Economics.

第五篇

建立激励机制　促进实现高绩效

在第三篇，我们向大家介绍了为达到初等教育和中等教育的资源分配公平而设计的改进战略。然而，第四篇提供的证据显示：在这些设计良好的改进战略中，很多都是无效的。尽管很多人试图改变教育资源在学区内不同学校之间以及学区之间分配的不公平状况，但实际上这种不公平仍然存在。此外，这些证据有力地证明：除非学校的效率得到提高，否则教育财政拨款的公平并不能带来学生成绩的平等。许多教育界的评论家指出，这些无效率的运作和较差的学生表现，应该归咎于公立学校的结构和治理。

在第五篇，我们考察用来改善教育体制结构的几项主要改革，并解释它们对教育财政政策改革的启示。在第13章，我们考察那种把绩效的考核同州拨款和教师的薪酬直接挂钩的方案，讨论了州政府的问责制、财政资金奖励的潜在作用——作为提高学校生产效率和教师质量的激励手段，并且揭示了将绩效考核和教师薪酬挂钩的薪酬体系。第14和第15章考察了将类似于市场激励的措施引入教育服务供给的政策所蕴涵的财政政策建议。这几章聚焦于两点：校本决策和家长择校。

第**13**章

将经济奖励和教师薪酬同绩效指标相联系

议题和问题

- **公平且有效率地达到高的标准**：改善学生表现和重构薪酬体系的财政奖励，通过什么样的方式对学校改进产生影响？
- **以绩效为基础的问责体系**：包括标准、评估、多元指标、奖励和惩罚在内的州问责体系是否有改进学校的潜在可能性？
- **将经济奖励和绩效评估相联系**：州资金拨付给学区和学校，把资金的分配与学生的成就或者其他绩效指标挂钩的政策是否有可能具有激励效应？
- **高质量教师的供给和需求**：随着对劳动力质量的需求增加，教师劳动力市场通过何种方式变得与私人劳动力市场更相似？
- **强化教师质量和薪酬**：一些教师的薪酬措施能否吸引和留住高质量的教师？是否存在增强教师的责任、技巧、绩效和教师报酬之间联系的途径？这些重建的薪酬战略是否对学校改进以及学生学习有激励效应？

讨论教育的效率和责任会提及两个问题：州政府如何拨款给学区？学区如何对教师支付薪酬？在很大程度上，传统的拨款机制没有考虑学生成绩和教师绩效这两个方面。然而，在教育系统改革的时候，这两个因素都是不可忽视的。如果以绩效为基础的拨款机制和薪酬体系，可以促使学校或者班级提高效率，那么这些政策在教育改革中将会是比较有效的工具。

效率和责任的目标意味着，公众和其所选出的代表可以在同等或者更低学校成本的基础上寻求学生绩效的改进。在这种情况下，如果不能证明学校项目、教师技能、学生成绩或其他绩效指标有所进步的话，学区和学校就不可能得到额外的生均拨款，教师也不可能得到额外的补贴。将学校的投入和产出相联系，是第12章集中讨论教育体制效率的重点。这一章提供了一个对潜在战略的更为详细的审查，就是将州政府拨款和学校的最大支出——教师工资，与绩效考核相联系。

首先，我们将区分奖励和激励，并讨论相关的动机理论。这些理论框架为我们奠定了一个理论基础，去理解那些将绩效评估纳入考虑范围的州政府拨款以及薪酬系统可能产生的效应。我们考察问责制，在问责制中，包括工资奖金在内的经济奖励，取决于所选取的有关学校绩效指标的改进。然后，我们再次讨论在前面的章节中已经讨论过的薪酬方案问题。最后，我们考察州政府层面和学区层面的战略，这些战略将教师的责任、技能以及绩效与教师的工资挂钩，目的是为了促进学校绩效。

作为激励的财政奖励

政策制定者为了增进学校和教师的绩效，积极地推动了基于绩效的财政拨款和教师奖金策略的发展。在分析这些政策的时候，最重要的是要理解在什么条件下，财政奖励可以刺激学校教职员工去改进教学和学习过程，进而提高学生成就。

奖励和激励效应

西伯卡尔（1989）提出将理性选择理论作为理解财政奖励的框架：

> 激励是捐献者事先设定的自动运作的契约交换。捐献者和接受者都被假设为寻求效用最大化；他们努力使自己的成本最小化，使自己的收益最大化。激励作用于捐献者（在这个案例中是州政府）和接收者（这里指学校、学区、教师和行政人员），他们追求足够多的收益，并使其超过成本，以实现这种自动运作的赠与奖励。

激励被用来激发接受者（如学校和教师）来达到给社会增加收益（如学生成绩的提升、劳动力技能的提高和公民素质的提高）的目标。有趣的是，这种视角表明，可以激发学区和学校教职员工以最低的成本设计相应的程序和学习活动，以此获取奖励来达到利益最大化。同样地，州政府的激励大小或学区的工资奖金数量，应当作为收益价值来实现，从而可以使州政府的负担或地方资源耗用最小化。

在文献中，"激励"和"奖励"这两个术语经常被交替使用。我们采用博（Boe）的观点，认为激励和奖励是不同的。事先设定的激励并不一定总能为人们改变其行为提供动机。比如，教师由于过去的教学增加了学生成绩而得到奖金（作为一种奖励），这种奖励也许是、但也可能不是鼓励教师采取导致高绩效行动的因素。同样，对未来奖励的承诺有可能、也可能无法产生预期的改变行为的效果。因此，在描述与绩效相关的分配时，用"奖励"来描述接受的经济收益比用"激励"更为恰当。激励效应只有在奖励与预期结果相关联时才会起作用。我们下面来描述一些激励效应的理论，看看哪些形式的经济奖励将来更有可能产生激励效果。

理论的视角

很多理论都可以用来分析将拨款与学区或教师奖金相联系的政策。斯金纳（Skinner）认为，人都是被动的，在环境中势必被不同的利益激励所刺激，依此观点，人们可以通过设定奖励来改变员工的行为。这些激励通过结果来诱导人们的行为，这些结果可以给人们带来愉悦，或者避免惩罚带来的痛苦（Atkinson，1964）。

一些理论聚焦于员工对奖励的价值和可实现性的认知，以及对目标和潜在奖励关系的认知。弗鲁姆（Vroom，1964）的**期望理论**认为，个人付出努力的可能性取决于两个因素：个人所持有的期望和预期实现的目标的价值。期望包括个人两个方面的信念：一方面相信付出努力就会实现目标；另一方面相信目标的实现会导致有价值的结果（奖励）。因此，当所设定的目标是可实现的，并且有价值的时候，经济奖励对于实现绩效具有激励效应。莫尔曼和劳勒（Mohrman & Lawler，1996）描述了高绩效组织的构成要素，包括与期望和动机相关的组织特征：

> 为实现绩效期望，人们会付出不同程度的努力，而影响这些努力的因素包括：个人是否相信自己的技能和知识是所必需的；对绩效的完成是否有一个清晰的界定，这个绩效任务必须是可以完成的；个人是否相信会有人提供帮助以完成绩效（如时间、信息等资源，以及他人提供的利于完成绩效任务的其他帮助）。(p. 121)

提供一个清晰的绩效期望和支持结构，可以提升人们的期望，使其付出更大的努力去实现组织目标。

目标设置理论认为，当员工认为可以实现具体的、有挑战性的目标的时候，这种目标是具有激励性的（Locke，1968；Locke & Latham，1990）。在这种情况下，奖励在刺激员工行为以实现目标方面，是具有激励效应的（Wright，1989）。预期的奖励与为达到这些目标和奖励所付出的行为之间必须有一个直接的、**一眼可见**的联系（Lawler，1990）。否则，这些奖励就不会产生预期的效果。

在工作满意度不同的各种情况下，所提供奖励的种类也是不一样的。在激励教师以实现个人和组织绩效时，所用的奖励和其他也是不一样的。有的人追求一种**外在奖励**，如奖金，如果这种奖金是有价值的且可以实现的，那么它就具有激励性。劳勒（1994）认为，"这些外在奖励有助于定义哪些行为是有价值的，激励特殊的绩效行为……最终，最大作用在于辨别出那些在工作中得到满足的个体"（p. xviii）。比如，一个好的支付政策假设，外在的物质奖励可以刺激教师和行政人员更高效地工作，经济奖励应包括工资增长或者参加学术会议的差旅费。当然，也应有一些非金钱的奖励，对个人，如减少过多的监督；对学校，如因学校的突出表现而授予奖状、奖杯等。

然而，仅仅用外在奖励作为激励因素还是不够的。赫茨伯格、曼斯纳和斯奈德曼（Herzberg，Mausner，& Snyderman，1959）认为，包括金钱奖金在内的外部奖励会导致员工的不满。甚至，基于个人绩效的奖励会引发非常严重的无法预期的不良后果。这样的奖励会导致竞争，使得团队工作互相抵触，以致无法完成组织目标（Deming，1986）。奖励会伤害员工之间的关系以及员工和管理者之间的关系，使人们因避免承担风险而不愿设定高标准，甚至鼓励人们去做非法的或不道德的行为（Kohn，1993）。

相反，在相关文献中，大家一致认为，工作本身的**内在**因素对人们的激励是正向的。工作任务本身的愉悦能给员工带来内在的激励（Herzberg，1966）。这些内在的无形的奖励包括：被认可，工作责任的多样化以及工作的成就感。劳勒（1994）注意到，人们更努力地工作是缘于内在的满足感："因为工作具有激励性，个人会感到自己对工作结果负有不可推卸的责任。需要做一些有意义的事情，并且在工作完成时需要得到反馈"（p. xix）。对于教育者而言，内在奖励比外在奖励更为重要（Lortie，1975；Jacobson，1988）。校本管理使得教师参与决策制定过程，在某种程度上，这被认为是加强了内在奖励（见第14章）。

内在奖励与外在奖励相结合会产生最有效的激励，内在奖励并不能激励所有使组织取得成功的行为，有时也会激励一些不良行为（Lawler，2000）。外在奖励扮演的角色是激励员工，并保证组织的有效性。当奖励与所期望结果相关联的时候，这些外在奖励是最有效的（Odden & Kelley，2001）。在学校组织中，基于绩效的工资奖金和其他外在奖励可以促进学校改进：

> 绩效的激励……并不是试图指定哪种教学方法是有效的，虽然对于一个功能良好的激励系统而言，提供有关过去有效方法的相关信息是非常重要的。激励鼓励个人去寻求在特定的环境中，什么样的方式更有利于改进绩效。因此，绩效的激励可以被看做是寻求优秀教学方式的途径。

人们研究各种政策以寻求学校改进中的有效激励，从对个人的奖励支付失败的经验中，人们开始注意到群体绩效激励对激励教师所起到的作用（Murnane & Cohen，1986；Ballou & Podgursky，1993）。为争取个人绩效奖金而产生的个人之间的竞争，会导致不和及分裂，这样会削弱工作团队的集体努力意愿（Hackman，1987）。相反，对员工群体进行奖励会形成追求高绩效的信念，并鼓励合作。群体奖励会促进组织绩效，并提高员工满意感（Galbraith，E. E. Lawler，& Associates，1993；Mohrman，Cohen，& Mohrman，1995；Lawler，2000）。当需要员工参与某项任务时，当奖励体系能提供具有挑战性的绩效目标并能巩固他们取得的成就时，当团队成员相互支持、相互鼓励为团队效力时，团队协作最有效，而且生产率会达到最大化（Hackman，1987）。学校范围的个人绩效奖励将内在奖励与外在 *395* 奖励结合使用，同时，团队奖励鼓励员工通过协作努力达到所期望的明确结果。

总结一下，当满足以下一些条件时，学校设置经济奖励是具有激励效果的：

- 实现目标后的奖励应是有**价值**的并且是可以**得到**的；
- 有直接的、**一眼可见**的关系——也就是说，能够看出为实现目标所需的行为和结果、绩效考核以及奖励之间的关系；
- 达到目标不仅可以得到**内在收益**，而且会获得**外在收益**；
- 学校教员通过**协作**达到学校改进的目标，同时，大家认为协作是重要的。

头脑中有了这些理论作为基础，我们将继续分别考察经济奖励在以绩效为基础的问责制和教师薪酬计划中的应用。

问责制中的以绩效为基础的经济奖励

20 世纪 80 年代，当问责制刚开始盛行的时候，一些州的政策鼓励采用以绩效为基础的支付制度或职业阶梯，这些政策通过教师个体来改进教学或使教师承担更大的责任（本章后面部分会有所讨论）。另一些州倾向于使用另外一种政策，如果学校能够证明其绩效，则给予其一定比例的州政府资助（除公式化救助以外的很小一部分）。人们反对对个人进行奖励，因为个人奖励会与建立有效团队相抵触，而对学校范围的群体进行奖励，则可以避免这种抵触情况。这些钱直接流入学校而非由学区主管。学校层面的自治群体会帮助校长决定如何使用这些钱，以改进学校的绩效。在一些州，奖励被分配到每一个学校，用于教师工资的奖励。

我们考察了问责制的理念以及州政府问责体系中的奖励的性质。然后，我们讨论这些结构是否能够激励学校人员改进学校绩效，提高学生成绩。

以绩效为基础的问责制

问责制反映了学校人员对其所作出的结果负责的重要性。皮特森（1992）描述了一个功能良好的评估制度和问责制所存在的 4 个问题：

- 哪些目标、结果或绩效目标是重要的？
- 什么评估方法、指标或数据可以表明我们在朝着目标前进？
- 我们如何知道自己成功与否？给出成功时所体现出的与其他学校、学区和州政府的不同之处。
- 政策制定者如何利用评估信息来改进整体政策、奖励政策？在绩效不佳的时候政策制定者如何干预？（p. 110）

这些问题在政策战略中是显而易见的，被称为"企业重组"（Boe & Boruch，1993）和"新教育问责制"（Elmore, Abelmann, & Fuhrman, 1996）。经济是以绩效为基础的问责制的 5 个构成要素之一。

- **标准**用来描述学生应该知道什么或能做什么。
- **评估**依照标准进行，用来测量学生达到标准的程度。
- 多重**指标**从不同维度测量学校绩效，并使奖励与惩罚更有效力。
- **奖励**是用来奖赏学区、学校或教师的。当他们的绩效优于最初的绩效，或现在的绩效优于之前所汇报的绩效时，都会得到奖励。
- 当学区或学校的绩效低于期望的绩效时，就会受到**惩罚**。

这些问责制的首要目标是建立清晰的学生绩效期望，其次是衡量学校是否达到了期望的绩效水平。学生绩效指标，要么是标准参照指标（criterion-referenced）（如将绩效与州课程标准相对比，以进行评估），要么是常模参照指标（norm-referenced）（如将对应的州学生绩效或国家样本绩效相对比，以进行评估）。州政府确定一个目标绩效水平作为绩效标准，然后将学校或学区的绩效分数与之相比较。也可以采用另外一种评估方式，首先在不同的学校或学区建立不同的初始绩效水平，然后用两种方法来同时衡量学校的绩效改进状况。一方面从纵向上分析一个学生的学习成绩在不同年份的变化；另一方面，从横向上对比给定年级的学生平均成绩与初始平均成绩。

为弥补学校绩效与标准绩效之间的差距，每个教师或学校全体教师都会付出很大的努力，而统计模型可以用来分析他们的努力程度，比如，田纳西州增值评估系统（TVAAS）决定将教师和学校改进学生绩效的努力程度作为州的综合评估项目的一部分来进行评估（Sanders & Horn, 1994）。田纳西州增值评估系统假设学校和教师对学生成绩有重要的影响，同时，如果他们能使学生成绩提高，则他们使用的方法是合法的。那么不管评估使用的是标准参照指标，还是常模参照指标，如果评估结果价值增值，州政府和学区就会认定学校为学生带来了学术进步。桑德和霍恩（Sanders & Horn, 1994）认为，这是强调所有学生的学术进步，而非某特殊领域：

> 田纳西州增值评估系统开发的前提假设是：不管什么水平的学生，只要进入学校开始学习，学校就必须为他提供获得学术成就的机会。换句话说，所有学生都应该进行与之能力相适应的学习。（p. 301）

除了衡量学生成绩外，州问责制中经常使用的指标还包括辍学率、毕业率、学生出勤率、学生行为（如逃学、旷课、停学）、学生升学率或就业率以及支出和资源利用状况（Education Commission of the States，2001）。还有一些指标也影响学校绩效，这些指标虽然重要但不易衡量，一般不予采用，如学校氛围和家长参与度。为了使评估系统变得更为公平、更具有广泛性，雷维尔（Reville，2001）建议州政府应使用多重测量，这些测量符合 6 个标准：

- 效度：新增加的评估工具能否准确地测量标准中所包含的学习指标？
- 信度：新增加的评估方法在不同的情况下是否具有可重复性，且保证测量结果保持一致？
- 透明度：评估方法对公众、学生家长和教育者而言，是否可理解和清晰？
- 可应用性：所需信息是否易于收集，评估方法是否易于操作？对于教师和学生而言，评估方法是否可行？
- 可承担性：评估所需成本是否是合理的、可以承受的？
- 政治可行性：是否有政治家公开支持这种评估方法？

州问责制会给所选取的评估指标赋予权重，据此形成一个学校绩效排名。学校绩效的显著改进会获得公众的认可，校长和教师会获得经济奖励，以鼓励他们继续努力工作。通过这种奖励机制，成功的理念和运作方式得到传播，而那些阻碍他们进行地方创新的规则会被打破或废除（U. S. Department of Education，1988；Fuhrman & Elmore，1992）。同时，地方或州政府会对绩效较差的学校提供帮助或进行惩罚。对低绩效水平学校的强有力的积极干预包括：技术支持和针对性拨款，改变人事状况，改变课程设置，与更有效的学校合并。

最近，全国范围内的有关问责制和评估政策的评论（Goertz & Duffy，2001）主要关注以下几个问题：

- 州政府现在如何评估学生绩效，怎样汇报学生绩效？
- 州政府如何使学生、学校和学区对学生成绩负责？
- 州政府如何帮助低绩效水平的学校？
- 怎样使问责制在"第一条"和非"第一条"的学校同样适用？

关于第一个问题，研究者们发现，各州都在使用国家开发评估作为衡量学校绩效的首要指标，只有艾奥瓦和内布拉斯加州例外。这两个州的做法是：要求学区在特定年级测定学生的成绩，但具体的测量工具可以自己选择。大多数州的做法是在小学、中学、高中三个阶段中各选取一年，测验学生这一年每一个科目的成绩。有12 个州的做法是：选取学生在校的一段时间，用同样的方法测验同一科目的成绩，一般选取的时间段是 2～8 年级或者 3～8 年级。还有 3 个州也选取连续的年级进行测验，但测验科目不同，并进行多重测验。

戈尔茨和达菲（Goertz & Duffy，2001）观察到，州政府面临着技术挑战和政治挑战，包括对残疾学生和英语不熟练学生的测验问题。尽管州政府对测验项目进行了很多修改和修正，但对于残疾儿童的评估还是面临着如何开发和执行评估的挑战。有的州干脆将英语不熟练的学生排除在评估之外，或者进行双语考试，或者对英语不熟练的学生进行其他测试。

50 个州公开声明或者要求学区或学校汇报测试结果。当然，大多数州还要求在向公众汇报的项目之中，包括其他的绩效指标（包括学生的出勤率、辍学率和升学率)。一些州要求汇报的指标更多,诸如学校氛围、学校纪律、教师的素质和经验、班级规模以及财政资源(如生均支出)。其中有 39 个州在评估系统内按照国家"第一条"项目的要求,将指标按照种族和性别进行统计。尽管"第一条"项目只要求汇报指定的三个水平的学生绩效(先进的、精通的、部分精通的),但是,州政府往往会将部分精通这一项增加一些水平值,以证明学生对州所制定的标准内容掌握良好。

有关第二个问题,戈尔茨和达菲(2001)发现:有 33 个州政府为学校和学区设定了绩效目标。为了使学校对这些目标负有责任,许多州实施奖励和惩罚政策,对达到或超过目标的学校给予奖励,对达不到目标的学校进行惩罚。在 13 个州,问责制的主要机制是向公众汇报学校或学区绩效。只有很少的州政府允许学区根据自己的情况确立绩效指标,并将学校或学区自己制定的改进计划作为问责制的责任内容。

在现实中,即使如戈尔茨和达菲(2001)所说的,那 33 个建立问责制的州的绩效目标也是不一样的。而且,各个州对于知识掌握熟练程度的认定、达到熟练程度的学生的百分比以及衡量年度改进的方法都是不一样的。14 个州制定了明确的目标或者绩效指标,以此来确定学校是否取得了进步;其他 5 个州要求学校每年达到一定的进步率,以此来证明学校的进步,并观察本学校与目标绩效的差距。有 8 个州提供了测量绩效的多种方法,让学校从中选取一个;另外 4 个州则是要求学校降低成绩差的学生的比例。有 2 个州要求学区必须达到三个目标:达到一个绝对的目标;取得相对的增长;减少成就差距。只有一部分州政府考虑到了特殊群体的绩效问题,如不同种族的学生、先天残疾的学生。

戈尔茨和达菲(2001)的第三个问题考虑的是低绩效的结果问题。关于低绩效的救助问题,不同的州,政策是不一样的,主要取决于地方的权力和州政府干预的意愿。建立了问责制的 33 个州,会对一段时间内仍无法取得进步的低绩效学校提供一定的帮助,同时给予它们一定的惩罚。大多数州会对低绩效的学校提出改进计划。只有 17 个州会非常严格地对绩效差的学生或学校追究责任。几乎没有哪个州政府会对学生追究责任,这样有利于学生在下一个学习阶段达到上一阶段的绩效水平。到 2008 年,在 28 个州,学生高中毕业必须通过一个州内的考试方可毕业。

戈尔茨和达菲(2001)的最后一个问题是,如何使问责制在"第一条"项目学校和非"第一条"项目学校中保持统一,不存在偏袒。戈尔茨和达菲(2001)发现,有 22 个州的问责制,像联邦项目所希望的那样没有漏洞。在这个制度中,不论这个学校是不是"第一条"项目学校,所有的学校和学区都负有达到同样绩效标准的责任。其他的 28 个州,要么对"第一条"和非"第一条"项目学校制定不同的标准,要么只对"第一条"项目学校有所要求。

表 13—1 描述了另外一个州政府的报告,这个报告包括对低绩效学校的财政资助和对高绩效学校奖励的具体数字。教育周刊(2001)收集的数据显示,有 26 个州对低绩效学校实施不同形式的帮助。在这 26 个州中,25 个州都会组织团队帮助低绩效学校设计和执行改进计划。尽管只有很少的州(16 个)直接给予低绩效学校财政资助,另外 8 个州也即将实行资助政策。总之,有 20 个州的经济奖励是基于学校绩效的。11 个州的奖励取决于学校是否达到具体的目标,或者达到改进的目标。另外 4 个州已经承诺将在问责制中引入金钱奖励。有奖励制度的州中,11 个州承诺会将工资奖金直接发放给教师或者个人。

表 13—1　　　　　　　　　2001 年的财政资助和奖励情况　　　　　　　*398*

州	对绩效差的学校的资助		对成功学校的奖励基于		选择对教师发奖金
	现场指导小组	额外的经费	目标	改进	
亚拉巴马	×		×	×	
阿拉斯加[a]					
亚利桑那					
阿肯色[a,b]					
加利福尼亚	×	×		×	×
科罗拉多		×	×	×	×
康涅狄格	×	×		×	
特拉华	×		×	×	×
佛罗里达	×	×	×	×	×
佐治亚[a]			×	×	×
夏威夷					
爱达荷					
伊利诺伊[a,b]					
印第安纳	×	×			
艾奥瓦					
堪萨斯	×				
肯塔基	×	×		×	
路易斯安那	×	×			
缅因					
马里兰	×	×		×	
马萨诸塞					
密歇根[b]	×	×			
明尼苏达	×		×	×	
密西西比					
密苏里[a,b]					
蒙大拿	×	×			
内华达	×	×			
新罕布什尔					
新泽西			×	×	
新墨西哥[a]	×			×	
纽约	×	×			
北卡罗来纳	×			×	×
北达科他					
俄亥俄				×	×
俄克拉何马	×				
俄勒冈	×	×			
宾夕法尼亚			×		×
罗得岛[a]					

399

续前表

州	对绩效差的学校的资助		对成功学校的奖励基于		选择对教师发奖金
	现场指导小组	额外的经费	目标	改进	
南卡罗来纳	✕	✕	✕	✕	
南达科他					
田纳西	✕	✕		✕	✕
得克萨斯	✕		✕		✕
犹他[a]				✕	✕
弗吉尼亚	✕				
华盛顿[a]					
西弗吉尼亚	✕	✕			
威斯康星	✕				
怀俄明					
总计	25	16	12	19	11

[a] 这些州报告将来会对低绩效学校进行补助。

[b] 这些州报告将来会对成功的学校进行奖励。

资料来源:Education Week.(2001). Assistance and rewards. *Quality Counts 2001*:*A Better Balance*:*Standards*,*Tests*,*and the Tools to Succeed*. Bethesda,MD:Author, pp. 82－83. Reprinted with permission from *Education Week*。

作为激励因素的基于绩效的奖励

这种将州政府的拨款和绩效考核挂钩的系统教育改革,在不久的将来会有更大的发展。而这个改革面临的最大的挑战就是,如何设计出一个具有激励效应的经济奖励系统。要想实现这个目标,就必须表明奖励是与学校自身的绩效改进或者学生的绩效改进相关的。

在印第安纳、肯塔基、南加利福尼亚和田纳西州,金和马瑟斯(King & Mathers,1997)考察了作为激励因素的基于绩效的奖励。他们发现,作为激励因素,奖励有可能从以下几个方面推动学校进行改进:

• 报道仅仅说明问责制的效果在于奖励和惩罚,但实际上,对教师教学的内在激励及对教师非金钱的认可,比金钱奖励更具有激励效应。

• 问责制激励学校进行改进、进行团队建设,这种效果在小学和低绩效的学校尤为明显。

• 当问责制中的排名和奖励涉及学生群体的绩效时,学校方面就会考虑成绩差的学生的需求。

• 避免负面事迹的公开及避免惩罚,往往比正面奖励更有激励效果。

金和马瑟斯(1997)同时指出,问责制在这些州同样存在着意想不到的、潜在的负面后果:

• 在问责制下,各个学校都向制度中的优等学校学习,希望以此改进课程和教学方法,这样就会限制自身课程和教学方法的发展,不利于创新和多样化。

• 问责制中的测试使得学校在教学中用社会目的取代了教学目的。

• 不道德的活动和违法活动在这种制度下更为普遍。

- 问责制引发了很多道德问题，也导致了人们之间更大的差距。

拉德（1996）认为，将金钱和狭隘的绩效指标相联系，可能会带来很多后果，就这一点，他也发表了自己的评论：

> 尽管经济学家都大力推进激励计划的实施，但一个著名的组织经济学定理告诉我们，当一个组织的多个目标中只有一个可以被衡量时，那么激励效应便失去了它的意义。因为它会鼓励人们聚焦于被衡量的、有可能受到奖励的那个目标上去，从而忽视了其他的同样重要的目标。(p. 12)

举例来说，奖励和惩罚反映的都是狭隘的绩效指标，如要求学生的测验成绩处于高水平状态，这样会对教师的教学施加压力，使教师不得不教授学生如何考试、如何面对评估做出恰当的行为。这种结果和**为了**考试而教学是不一样的。实际上，各个州的教师都希望将教学课程与参照评估的标准课程保持一致。

州问责制的预期效应确实是希望教学达到标准要求，但斯特朗和塔克（Stronge & Tucker，2000）却发现，问责制存在着扭曲课程以达到测评要求的危险： *401*

> 理想的情况应该是，课程和教学方式驱动评估系统，但如果评估系统是既定不变的，而且这个评估具有重大的利益关系，如涉及教师评估，那么评估将会反过来主导课程和教学方式……谁都不希望发生这样的事情，但证据显示，这种情况日益严重，而且成为教师反对测评计划的一个重要原因。这说明，标准的设计要更为公正合理。(p. 58)

拉德和汉森（Ladd & Hansen，1999）从对奖励的研究中发现了很多证据来证明以上观点："私立部门的实践经验既不能证明经济奖励可以促进生产率，也不能为教育部门制定激励计划提供指导"（pp. 182-183）。同样，对于城市学区问责制的研究证明，问责制对学生成绩有多重影响，或者"从激励系统中没有得到任何好处"（p. 183）。拉德和汉森认为，这些研究成果证明了计划的失败，并促使普遍的教育改革中加入更多的激励因素。

米拉诺斯基（Milanowski，2000）对经历过奖励管理计划的学校教师、校长进行调查和访谈，这些教师和校长分别来自肯塔基州、马里兰州以及南加利福尼亚州的夏洛特-梅克伦堡乡村学校（Charlotte-Mecklenburg county schools）。这些研究的结果虽然与金和马瑟斯的结果相似，但也有一些细微的差别：

- 奖励虽然没有很强的激励效应，但教师们将这些奖励视为一种内在奖励和他人对自己的认可。
- 奖励在某些激励变量上是具有正面效应的，包括：有利于理解绩效目标，能够激励大家致力于完成绩效目标，使大家可以自主地选择期望达到的绩效水平。
- 为达到绩效目标而不懈努力（包括由此带来的压力和加班）以及对奖励计划的公平性的关注，会抵消奖励的激励效应，从而引起负面效应。
- 在一些情景下，公开批评、剥夺一些荣誉或者使其感受到惩罚，也是一种强有力的威胁。

为了配合以绩效为基础的问责制的实施，应该相应地建立起结果导向的奖励和惩罚，对教育家和公众传递明确的信息，说明他们对学校绩效负有责任。然而，基于绩效的教育财政政策本身可能并不足以激励学校去完成本州的教育改革目标。金和马瑟斯（1997）指出，教育家和地方学校委员会通常都把基于绩效的问责制看做是严厉的改革战略。州评估机构的数量较多，对教学科目和教学方式都造成了影响，使问责制看起来更像是一个组织管理严密的、强制的、过于指示性的制度。研究人员得出的结论是，在设定教育改革方向的问题上，地方权力和州政府权力之间必须有一个平衡状态，而且在这种状态下，必须强调地方在学校改进方案中的参与程度和贡献程度。

另外，问责制和奖励的效果会因为学校意愿（愿望）以及学校能力（物资资源和人力资源）的不同而有所不同（Firestone & Corbett, 1988）。当学校的绩效低于期望水平，并且缺乏改变的动力时，承诺的金钱奖励并不能促使学校进行任何改革。同样，如果教育者有动力进行改变，但缺乏必要的技能和资源，奖励和命令也不具有激励效应。尤其是针对低绩效学校的帮助，**能力建设**更为有效（O'Day, Goertz, & Floden, 1995；Lashway, 2001）。

马斯尔（Massell, 2000）记录了所观察到的四个主要的能力建设战略，2年内有8个州的22个学区使用了这四个策略。这些战略包括：解释和运用学校改进计划中的数据，培训教师的知识和技能，协调课程和教学方法，对低绩效的学生或者学校实施干预。她特别分析了如何利用绩效数据进行决策这个问题："学区和学校利用绩效和其他数据来进行很多决策，例如，设计专业教师的发展活动；确认目前的绩效和目标绩效之间的差距；调整课程设置和教学；辨别学生的不同禀赋以进行针对性的教育，让学生参加适合的补救计划或是天才生计划"（p. 2）。如果这些战略和帮助不能促进绩效进步，那么将会使用更严厉的惩罚，包括：如果领导人没有意愿或者没有能力领导改革，就会对领导人进行更换。在这种情况下，最好的做法就是顺应问责制的逻辑，解雇不合格的教师、校长，重组学校（Lashway, 2001）。

科恩（Cohen, 1996）注意到，人们开始研究能力建设作为奖励的重要性："这个项目能否成功，很大程度上依赖于州政府或者地方教育系统是否有能力增强绩效差的学校对激励的反应，因为在一般情况下，这些绩效差的学校很难依靠自己的能力对激励作出反应。但是，刚好由于改革者希望改革教育的弱项，州政府和地方教育系统至少会适度地解决这个问题"（p. 124）。米拉诺斯基（2000）总结认为：战略中的能力建设，需要加强以绩效为基础的奖励计划的激励效应：为教师提供支持、职业发展和增强知识技能的机会来增强教师的期望；加强奖励和目标之间的联系；促进学校校长的积极支持和许诺；设计奖励计划，并和教师沟通，保证教师们认为这个计划是公平的。拉什维（Lashway, 2001）强调领导在学校改进中的重要性。针对校长设计激励系统的能力建设，会更有利于将过去的内在奖励和新的外在标准相融合。

已经达到标准的那些学校，也许并不需要技术帮助和奖励（因为这些学校既有达到标准的意愿，也有达到标准的能力）。对高成就的学校而言，公众认可和嘉奖旗帜也许已经足够作为激励来维持它们的高绩效了。经常考虑的问题是，对所有学校绩效改进的期望是否公平、是否适当。关注那些有意愿进行改进但缺乏必要财力和人力的低绩效学校，会更有助于快速地推进教育改革的进程。利用州政府的有限资助、进行有目标的能力建设来提高教师的教学水平、增强学校领导力、提供必要的资源，比直接运用大部分财政进行以绩效为基础的奖励更有效。一旦所有的学校都有能力进行改进，奖励才具有预期的激励效应。

从对奖励和对建设学校改进能力的研究中发现，单单使用经济奖励不可能达到预期的激励效应。为了使学校的潜能发挥到极致，政策制定者在制定州政府问责制的奖励计划时，应注意以下几个问题（See also Richards & Shujaa, 1990；Picus, 1992；King & Mathers, 1997；Goertz & Duffy, 2001）。

- 与奖励联系最密切的学生绩效的**认知指标**有哪些？在评估绩效的时候，不论是进行全州标准一致的标准参照评估，还是进行确定相关学生成绩指标的常模参照评估，学校对绩效结果是否负有责任？为了达到问责制的目的，哪些学生应该参与 *403* 绩效评估？在什么样的条件下能使这些绩效指标符合调节差距的法律要求，使替代方案所使用的评估方式也能很好地说明绩效情况？

- 有关学生、教师和学校的**非认知指标**有哪些？学校应该对以下事件负责吗？如入学率、辍学率、进入下一级年级求学的情况、教师技能和绩效、学校氛围、家长参与度或是其他的和学习相关的因素。一个包含认知和非认知因素的混合指标，是不是能提供通过激励效应改进学校绩效的更好的机会？

- 哪些认知指标和非认知指标产生的**非预期后果**最少？哪些因素会导致那些不道德的或是违反法律的行为，例如，教师仅仅教授学生考试内容，任意修改考试结果，将辍学的学生认定为是选择了家庭教育或是其他教育方式，虚报家长参与率。

- 相比较而言，一种是学校达到既定绩效目标可以受到奖励的政策**结构**，另一种是测量学校为达到绩效目标而取得的绩效增值或者价值增值（Sanders & Horn, 1994），这两种政策结构中，哪种更为有效？对于学校而言，什么样的绩效目标及多大的年增长率是合适的和可能达到的？将绝对的标准和相应的奖励结合起来的混合指标，是不是更利于和学校交流相关的绩效期望，对于低绩效学校而言，是否能激励其进行改进效应？

- 与教育财政项目的全部经费相比，用于激励项目的经费应该是多大的**数量**？对教师而言，多大的奖励才是有价值的？多大比例的州财政经费应该从其他的用途（如实现公平或是能力建设）转到奖励项目中？

- 应该由哪个**组织单位**接收资助资金？将奖励与整个学区的绩效挂钩，或是将奖励与学校的绩效挂钩，或是将奖励与年级绩效挂钩，或是将奖励与教师个人的绩效挂钩，这些不同的奖励方式的优点和缺点各是什么？在哪个层次上提供奖励是最有效的，更能产生激励效应？

- 是不是所有达到目标或符合年增长率的学校都**有资格获得经济奖励**？对于高绩效的学校而言，追加的经济奖励是否具有激励效应？是不是非经济的社会认可（如授予学校一面锦旗）已经足够激励那些高绩效学校维持现有的绩效水平？将可以灵活运用的基金用于低绩效学校的能力建设并对它们进行奖励，是不是更有效？毕竟在这些学校中，激励效应更容易实现。

- 政府**允许**学校利用政府提供的奖励做些什么事情？将这些奖励的钱作为工资奖励？作为参加国际会议的基金？或是用来增加教育设施、教育设备？这些用途是不是相同预期的激励效应？

- 以绩效为基础的奖励制度是否会影响公平和充分性目标？这些奖励是否有助于完成州政府的目标、缩小高绩效学生和低绩效学生之间的差距，而不论学生的划分是按照民族、种族、性别、能力还是家庭收入。这些奖励和问责制是否降低了社区经济财富、家长的经济社会地位和学生成绩之间的关系？是不是所有的学生都能接触到经验丰富的教师？是不是所有的学生都可以参加高标准的学术项目？这些奖励是否为那些接受低收入水平家庭的孩子的低绩效学校提供了必需的基金来加强自身的教育？

404

• 经济奖励所处的社会**政治现实**究竟是怎样的？政策制定者是否坚守将财政分配用于改进公共教育的理念，并将这些战略放在首位？这些通过提供额外的资金来提高教师工资的奖励，是否有助于增加教育工作者对州政府所进行的教育改革的支持率，是否有助于增强学校改进的努力程度？以绩效为基础的奖励制度是否真正起到了激励学校改进的效果？

在本章的开始，我们讨论了奖励和激励的理论，并从中了解到，基于绩效的奖励政策在某些条件下具有激励效应。这些奖励的好处在于，它能激励教师和行政人员为了达到学校目标而相互协作，并且在得到内在奖励的同时获取经济奖励。这样，他们会认为，绩效目标和学校改进是重要的，而且是可以达到的。然而，即使教师和校长对这些目标达成了共识，他们也不能很容易地看出，目标和奖励之间存在直接的联系。也就是说，他们看不到所提供的奖励和达到预期的绩效所需的行为之间的联系。

州政府问责制中的群体奖励和一般的经济奖励是不一样的，一般的经济奖励是基于单个教师的教学技巧和教学效果，而群体奖励不是。我们在这一章分别讨论了这两种奖励战略，因为这两种战略都是为了改进学校的绩效而设计的激励措施。

教师薪酬中的以绩效为基础的奖励

在很大程度上，学生成绩的提高依赖于丰富教师的知识、提高教师的教学技能。拉德和汉森（1999）讨论了增强教师能力以提高学生成绩的几个影响因素。教师必须具备学科知识，了解学生是如何学习的，懂得多种教学方法。教师必须有能力选择合适的教学素材，作出明智的教学决策，掌握学生的学习进度。他们必须有能力教授21世纪的工作和公民身份所要求的各种各样的知识和技能。最后，教师必须有能力教授异质性很大的学生群体，因为学生群体中可能有残疾者，或者语言不同的学生，或者文化不一样的学生。研究者们发现，最大的挑战是如何制定政策以增强教师在这些方面的知识和技能。

教育财政政策有助于提高现有教师和未来教师所需的知识和技能。学校通过公平的薪酬体系对高水平的教师进行奖励，也有助于吸引和留住更多的优秀教师。另外，利用特定的资金来提高教师的知识技能，可能促进作为组织的学校进行其他方面的重组工作（Firestone，1994）。

我们在大的劳动力市场中审视教师的需求和供给状况。我们发现，由于州政府鼓励学校之间的竞争，而且学校面临着教师短缺的状况，公立学校和私立学校在教师方面的不同之处几乎消失了。这些压力和提高学生成绩的目标，促进了基于教师的绩效和技能的教师薪酬制度的应用。

教师薪酬和劳动力市场

在市场导向的社会中，分析资源在家庭和生产者之间的流动情况时，我们介绍了有关供给和需求的概念。家庭购买产品并提供劳动力，厂商雇用工人并进行生产活动，这些交易构成了产品市场和劳动力市场的需求和供给。在这个部分，我们将

405

教师劳动力市场从大经济市场的运作中分离出来进行讨论。我们讨论影响人们作出决策的因素，包括薪酬因素，看看是什么影响了人们寻找并停留在教师岗位上。

私立部门的劳动力市场

在自由市场经济中，供给和需求决定了达到均衡时的商品或者服务的价格。劳动力的工资水平是指能够保证足够的称职的申请者（供给）来做不同工作（需求）的金钱数量。工资的变化使得工人流向对劳动力需求大的职业（和职位），离开那些对劳动力需求小的职业（和职位）。在同一个企业中，不同岗位的工资是不同的；在同一个产业中，不同公司的工资是不同的；不同产业的同一职位的工资，也是不同的。

私人部门的工资设定是这样假设的：消费者可以在不同的产品之间自由地选择，雇主可以在具有相同技能的劳动者之间进行选择。同样假定，劳动者是自由的，在劳动力供给过剩或者短缺的时候，愿意在不同的工作、不同地区的工作之间流动。实际上，这样一个理想的自由市场经济并不存在。工人在工作动机、态度、能力以及流动性上是存在差异的。同样，工人们所掌握的信息也是不同的。在我们所处的混合经济中，政府干预市场，制定了最低工资标准，并且确定了一些诸如社会保障、失业保险类的福利政策。公共部门可以吸引很多劳动力进入公共领域，因此，私人部门为了争取劳动力，必须改变其工资政策，这样一来，公共部门就影响了私人部门的工资。私人部门所付的工资必须保证能够吸引并留住公共部门的员工。

对个人的和经济的考虑影响了家庭愿意提供的劳动力的状况，即影响了劳动力的供给。工资必须可以保证工人及其家庭除工作以外的生活方式。其生活方式包括自己在家中的劳作、得到额外的教育、在追求其他事物的过程中所需要的自由时间和努力。雇主决定了雇员的薪酬水平和工作条件。他们通过金钱和非金钱的好处，吸引员工进入工厂工作或者从事特殊的工作。然而，并不是所有愿意在某一领域工作的个人都找到了满意的工作。准备工作的工人并没有向雇主提出自己的需求。特殊技能的工人的需求由以下几方面决定：社会上对产品和服务的需求、生产过程中劳动力和资本的替代程度。私人部门受利益最大化原则的驱使，会想方设法提高工人的劳动生产率，而不是通过增加雇用工人成本，来实现生产目标。

许多有关工资设置影响人们在各行业间流动的理论，也适用于公共领域。但是，私人部门劳动力市场的很多特征并不适用于教师劳动力市场和教师工资的基本情况。

教师劳动力市场

教师和其他被认证实现的人员组成了一个有别于大经济的劳动力市场，这个劳动力市场与其他劳动力市场略有不同，但又不完全独立。公立学校提供的服务并不是以学生的成本为标志。在实际情况下，很难判断一个教师或是行政人员对其产品 *406*（如一个达到所期望的知识和绩效要求的毕业生）有多大的贡献。典型的做法是，立法者和学校委员会通过政治谈判达成妥协，以此来决定教师的工资水平和工作条件。在大多数的州和学区，教师工会会通过集体谈判来影响教师的工资和工作条件。

州政策经常限制教师的流动和潜在的学校劳动力的供给。许可证和证书要求构成了进入教师职业的最低门槛要求。当然，也存在一些不同的证书授予方式，而且在合格教师资源短缺的时候，可以应急性地发放一定的证书，以缓解资源短缺的压力。另外，州政府制定的最低工资也影响了教师申请者的工资结构和工资数量。这些工资和福利的规定，有时候会阻止申请者申请学校内的职位，尤其是当申请者面对其他领域内相对合适的职位，而那个职位所支付的工资及其他外在报酬较高的时候。终身教职制度、州内退休制度和离开学区的工龄限制，也在工资体系中得以应用，产生了教师因劳动力市场变化而流动的现象。

社会因素和学校环境也会影响申请者的数量。在过去的几十年中，大量的女性和少数民族人群从教师预备队伍和教师职业中退出而从事其他的工作，不同专业领域和不同地区的教师求职者的数量差异很大。工作环境差、学生纪律性较差及暴力威胁是一部分学区教师应征者较少的原因。很多学区教学设施年久失修，缺乏相应的计算机技术支持，学校预算中只能拿出很少的部分用来支付教师的工资，这些都使得应征者望而却步。此外，社会和经济因素还会影响教师应征者的质量，使那些能力高的教师更可能接受其他职业的高工资，因而改变就业方向。

对教师的需求也与自由市场中的假设不同。在美国各州的劳动力市场中，并不存在大量的购买者（公立教育系统和私立教育系统）需要教师提供服务。稳定的或者下降的教师聘用名额和公立学校与私立学校之间的有限竞争，限制了对新教师的需求，同时也限制了优秀教师在各个学校之间的流动。刚拿到教师证书或取得教师资格的人会因此推迟他们的入行时间，而那些在职的教师会一直等到退休才离开教学岗位。由于这些原因，教师的供给和需求是很难预测的（Fox，1988），而且教师的工资并不像其他工人的工资那样，教师工资更少受市场的影响。教师劳动力市场更像是典型的**买方垄断市场**（Fleisher & Kniesner，1980）。在这种类型的劳动力市场中，对于某一特定技能的工人只有一个有效需求者。在这种买方垄断的劳动力市场中，教师所得到的工资会比竞争市场中的低。

在新世纪来临之前，教师劳动力市场的环境发生了巨大的变化。在很多学区内，在某些特定科目的领域，教师的聘用人数增加，教师之间的竞争日趋激烈，工资也呈现出很大的不同。为了吸引并聘用到一些特殊科目的教师，学区为这些教师提供奖金、住房补贴或者搬家费用。市区或是乡下的低绩效学校，或是那些地处偏远的学校，还为教师提供工资奖金，以此来吸引教师到本学校任教。还有很多政策的作用也是功不可没的，州政府对退休教工的政策发生了变化，可以允许退休人员返回学校教书，并且给予他们相应的福利。有的教育政策鼓励减小班级规模，将义务教育扩大到幼儿园教育，扩大对残疾人教育的资助，提供更多的高级教师岗位，以刺激需求并增加教师工资。还有的政策鼓励学生择校和流动，允许学生自由地在特许学校和非特许公立学校之间自由流动，而且允许家庭在私立学校使用教育券这一公共经费（见第15章），鼓励一个部门的工资存在差异。处在竞争市场中的学校发现，有必要改进薪酬结构，这样才能吸引和留住那些高能力的教师。比如，有的学区有这样一个政策，如果教师通过专业教师标准国家委员会的考试，获得资格证书，将会给这些教师颁发奖金奖励（详见下面的讨论）。这样就造成了家庭可以自主选择学校、教师可以在学校之间任意流动的状况，这使得学区更有压力和动力提高教师工资、改善工作环境。

供给和需求状况能够很好地反映私立部门上述各个方面的情况。在公立部门和私立部门内部以及两个部门之间也存在着激烈的竞争。图2—2中的供给曲线表明，随着教师工资的增加，会有更多的人准备从事教师行业，在后备教师人才库中，那些有资格的教师会再次回到教师队伍中。一旦供需均衡，工资就会在新的水平上稳定在均衡点上。图 2—2 中的需求曲线表明，当社会需要更多的教师为更多学生服务、需要减小班级规模或是提供更多学习机会的时候，均衡价格就会上涨，直至这个价格足以吸引其他行业的人进入教育行业，或足以吸引其他学校的教师进入本学校。反过来说也是一样。当需求很小且流动性很低的时候，工资水平可能会比较低。

当教师的需求和供给不一致的时候，市场中的不稳定会导致过剩或短缺。劳动力市场对这个变化的反应是迟钝的。因为某一特殊领域的教师需求增加需要很长时间；同时，个人选择专业并完成大学学业也需要很长的时间；在工作中，一个新人从到校学习直至离开，也需要很长的时间。教师的高需求时期，如 20 世纪 50 年代、60 年代、90 年代以及 21 世纪的前几年，引发了大规模的教师招聘活动和相对较高的工资水平。最终，就像 20 世纪 70 年代经历的那样，引发了供给过剩。那时，入职人数急剧下降。全国范围的经济不景气导致公立学校和私立学校的教师需求下降。当求职者人数高于所需的教师人数时，根据购买力来测算，教师的工资保持不变或是降低。

图 13—1 清楚地描述了初等和中等学校教师的工资变化趋势。用 1998—1999 学年作为基准年，1969—1970 学年教师的平均工资是 37 574 美元（初等学校教师的平均工资是 36 641 美元，中等学校教师的平均工资是 38 782 美元）。20 世纪 70 年代，教师工资略有上涨，通货膨胀调整后的平均工资是 39 106 美元。从 20 世纪 70 年代开始，教师工资一度下降，这段时期的特点是教师的入职率降低、教师供给过剩、较高的通货膨胀率。工资的低购买力出现在 1980—1981 学年，那时，教师的调整后平均工资是 33 514 美元（初等学校教师平均工资是 32 728 美元，中等学校教师平均工资是 34 460 美元）。从 20 世纪 80 年代起，教师工资开始上涨，在 1990—1991 学年达到最高，为 40 650 美元（初等学校教师是 39 920 美元，中等学校教师是 41 648 美元）。在 20 世纪末，教师的工资又得到了相对的提高，1998—

408

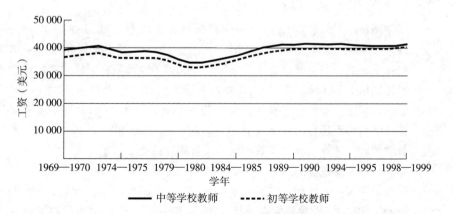

**图 13—1　1969—1970 学年至 1998—1999 学年初等和中等学校教师
的平均工资（以 1998—1999 学年的美元为基准）**

资料来源：National Education Association. *Estimates of School Statistics*, *1998—1999*. As published in NCES. (2001). *Digest of Education Statistics*, *2000*. Figure 10, Report 2001-034. **http: nces. ed. gov/pubs2001/digest/ch2. html**（accessed October 5, 2001）. Reprinted with permission of the National Education Association.

407   1999 学年的平均工资达到40 582美元。这段时间的特点是低失业率、入职率增大、教师短缺程度加剧。这段时间之后，国家经济出现倒退和不景气，一度出现较高的失业率。结果是，21 世纪的前几年，教师供给短缺现象得到补救，而且由于通货膨胀的原因，学区可以在不提高工资的情况下雇用所需要的教师。

拉德和汉森（1999）分析了 1940—1990 年的相关数据，并得出以下结论："从教师平均工资的总体发展趋势来看，与其他行业相比，教师行业对于大学毕业生而言，已经不再具有经济上的吸引力"（p. 172）。纳尔森、德朗和古尔德（Nelson, Drown, & Gould, 2000）报告说，教师比其他白领行业的工资都要低，包括会计、律师、计算机系统分析员、工程师和教授等这些白领行业。他们总结认为，很多毕

408   业生原本选择了教师行业，但有可能因工资低而转向其他行业。

> 在过去的六年里，各个行业给大学毕业生提供的薪酬都在上涨，上涨速度远远超过教师行业。在一些行业，工资的增长幅度是教师行业增长幅度的两倍。2000 年，大学毕业生的平均工资是40 000美元，而如果从事教师行业，起薪只有 27 989 美元。（p. 33）

为了增加学校高素质教师的人数，学校委员会应该提高新进教师的起薪。纳尔森、德朗和古尔德（2000）将全体教师的平均工资和新进教师的平均起薪作了比较。近几年来，新教师的工资增长速度大于全体教师平均工资的增长速度。他们认为，产生差异的原因一方面在于，近年来许多经验丰富的教师都退休了，这部分教师的工资往往是最高的（这些高工资教师的离职使得教师的平均工资水平下降）；另一方面在于，学校委员会决定提高新进教师的起薪，以吸引更多高素质的应聘者。然而巴卢和波杰斯基（Ballou & Podgursky, 1997）发现，在 20 世纪 80 年代，州政府加大了对教育的财政拨款，当时，录用教师的方法确实得到了改进，但并没有证据证明，增加工资对提高前来应聘的教师素质有预期的效果："因此，想当然地简单认为提高工资会增进教师素质的想法是愚蠢的"（p. 41）。他们注意到，因为工资的不断增长，年长的教师会选择待在原来的教师岗位上，他们想方设法地限制学区引进新毕业的大学生，以防止他们替代了自己。

衡量高素质教师供给的一个指标是教授非专业科目的比例（Monk & Rice, 1994；Goldhaber, 2001）。达琳—哈蒙德（2000）提出了近年来这一指标在不同的州和学区的分布情况。总体而言，28％的数学教师没有主修或者辅修数学专业（这一比例从 9％到 45％不等）。此外，大量的少数民族学校和低收入家庭学生就学的

409   学校，缺乏大量的合格教师。最近的一个调查显示，全国范围内有 23％的教师所教授的科目不是自己的专业领域（Bobbitt & McMillen, 1990）。超过 40％的双语教学教师、计算机教师和数学教师没有相应的专业背景。

教师素质改进的同时，应该强化教师后备计划，实行更严格的教师资格标准，改进国家委员会认证，改进职业发展计划（Ladd & Hansen, 1999；Darling-Hammond, 2000）。巴卢和波杰斯基（1997）总结道，仅仅增加教师工资并不是提高教师素质的有效政策战略；"在我们看来，教师加薪是有条件的，必须限制教师在市场结构中任意流动，同时教师的资格授予方式、雇佣方式和薪酬结构也应该有重大的调整"（p. 106）。

包括重新设计教师薪酬的政策在内，这些教育改革更多的是承诺提高教师的素

质，而非仅仅提高教师的平均工资。在下一部分，我们会指出传统薪酬政策的局限性，同时指出那种不切实际的承诺，认为将教师的工资与绩效挂钩，就可以有效地激励、奖励和保有那些能提高学生成绩的教师。

将工资和职责以及绩效挂钩的策略

在人事政策的许多特征中，最重要的一点是个人的技能、职责、工作绩效与个人的工资是相联系的。人事管理假定，这些因素会影响学校内部的效率，给教师提供的工资水平会影响将来有能力的教师的供给，因此，这些因素都成为教育改革的主题。

在这一部分，我们讨论教师薪酬体系的多种结构。首先，讨论单一薪酬结构，研究教师的经验和教师的培训、技能之间的关系。然后，考察绩效工资、职业阶梯以及其他将教师的薪酬和教师的技能、职责以及绩效相联系的薪酬战略。

单一薪酬制度的假设和局限性

20 世纪早期，为了缓解因教师工资不同而普遍存在的不公平问题，同一学区内均采用统一的工资制度。那时候，教师工资的不同取决于以下因素：教师教授年级的不同、科目的不同、教师性别、家庭需要扶养的人数、政治面貌以及教师个人和学校委员会讨价还价的能力。对同样资格的人支付同样的工资这一原则，使得同一学区内具有同样培训经历和经验的教师的工资是相同的。只有那些培训运动员团队的教师，或者进行额外补习课程的教师，会和普通教师的工资有略微的差异。现在，在美国以及世界的其他大多数国家，教师的基本工资主要由两个客观的标准决定。

在二维结构的单一薪酬体系中，教师的工资主要由两方面决定：教师的工作年限（资历）和教师的前期准备（advanced preparation）（培训）。根据第一个维度的标准，教师的工资每年都会随着工作年限的增加而增加，直至增加到所规定的最高工作年限。教师如果在州内或者学区内换工作，他的工龄会延续原来学校的工作年限继续计算。然而，学区的普遍做法是，不将在学区外工作 5～10 年的工龄算在新的工作中。一旦教师达到规定的最高供职年限，将不再计算他们的工作年限并依此加薪，而是直接给他们全面加薪。

在美国，工资增长平均需要经历 16 个阶段。纳尔森（1995）和劳顿（Lawton, *410* 1988）将其他国家的政策与实践作了比较。纳尔森观察到，在所研究的 19 个国家中，有 13 个国家的小学教师工资增长年限比美国的小学教师工资增长年限长。在其他国家的薪酬年限中，教师的最大供职年限从 10 年到 43 年不等。劳顿认为，凡是薪酬年限跨度在 15 年以下的国家，都是在历史上和英国有联系的国家。还有一些国家的年限跨度为 20 年或更多，包括 40 年年限的意大利和 43 年年限的西班牙。

工资结构中的第二个维度是前期准备。这个培训因素奖励和鼓励教师在入职后继续进行教学培训，并针对自己所教授的科目进行相关的培训。工资结构中包括从没有大学学历到具有博士学位共 4～6 个培训种类。参与这个培训的每个教师都会在完成相应级别或者完成相应课时的学习后得到提高。在一些学区，教师只要参加学区发起的专业发展计划，就可以得到继续受教育的机会，并得到加薪。教师的前期准备会带来加薪，这使得更多的教师愿意在完成研究生学业以后从事教师职业。

经验和培训双重维度的效果是使得教师工资普遍增长。除了这些加薪以外，包括达到最高加薪年限的教师每年的加薪，都是靠立法机关和学校委员会完成的。这个矩阵中的每一个变化都反映了当地生活水平的提高、州政府的立法拨款、教师组织和教育委员会之间的谈判以及其他因素的变化。

二维薪酬结构在 20 世纪的 100 年里得到了广泛应用。美国教师联盟提出了自己的意见，他们认为，只有一种公平支付教师工资的步骤，就是"基于工作经验和学历的单一薪酬制度"，这种制度能够"允许有经验的教师，在保证尊严和个人满足感的氛围下，提供教学服务"(Magel，1961)。当单一薪酬结构受到批评的时候，美国教育协会（1985）站出来反驳了这种批评，说单一薪酬制度

- 促进了教师之间、教师和行政人员之间形成积极的工作关系；
- 同其他薪酬制度相比，不是太昂贵，也不会增加负担；
- 可以避免教师之间的种族歧视、信仰歧视和性别歧视。

相反，单一薪酬制度的批评家们主张，这种制度没有对教师的绩效给予金钱上的认可。这种薪酬结构以教师的工作年限作为奖励标准，而不是奖励那些有技能、绩效高的教师。教师完成了研究生课程或是完成了继续教育的课程，就会受到奖励，而不管这些课程是否有用、是否和自己所教授的科目相关。传统维度下的薪酬制度无法激发主动性、热情、效率、创新、合作、能力和绩效改进。这些因素会影响教师和学校委员会的决定，教师会主动地离开学校，学校委员会会解雇那些课堂教学不好的教师。然而，这些因素并不能直接决定支付教师的工资额度，也不能激励教师改进教学技能（Hanushek，1997）。奥登和凯利（Odden & Kelley，2001）认为，单一薪酬制度在战略上没有和所需的知识技能保持一致，也没有和目前的教育目标保持一致，更没有和提高学生学习成绩所需的技能保持一致。

411 如果经验和学历这两个维度和教学技能或者学生绩效相关，那么这两个决定教师工资的标准是可以使用的。我们在第 12 章讨论投入—产出关系的时候，挑战了这种假设的关系。我们认为，绝大多数学校的工资模型是无效率的主要来源。正是由于这个原因，政策制定者们致力于改进教师的薪酬计划，将教师的薪酬和教师的技能、绩效、职责以及在学校改进中的合作程度挂钩。在 1999 年举行的第三届美国教育峰会（National Education Summit）上，政府管理者和商界领导们决心创建一个教师奖惩制度（Miner，1999/2000）。他们认为，具有竞争力的薪酬结构必须将教师的工资和学生成绩联系起来，并且只有在标准确定的情况下，才对教师的职业发展有所承诺。

基于绩效工资的薪酬制度、基于职业阶梯的薪酬制度、基于团队绩效的薪酬制度，都向公众彰显了问责制的重要性。这些战略会增加一部分教师的供给，这些教师希望在自己的职业生涯中付出努力并得到认可。这些战略为教师的职业生涯提供了机会，激励教师进行技能改进，增大了学生绩效的改进幅度（Poston & Frase，1991；Odden & Kelley，2001）。我们挖掘了这些战略的潜在效用，并指出了其具有的局限性，描述了州和学区如何将教师薪酬、技能与绩效挂钩，并讨论这种制度潜在的激励效应。

绩效工资

在这种工资激励计划中，如果教师在绩效考核中显示出自己的特殊效用，教师个人就会得到经济奖励或是绩效工资。绩效工资一般是直接支付给教师的，而且是一次性支付，如果教师的绩效被认定是达到或者超过绩效期望，那么教师就会得到

绩效工资。但是，这种奖励并不能增长教师原有的工资矩阵，也不能改变教师的工龄和级别（这种奖励只是对教师过去的绩效给予有效的加薪奖励）。

绩效工资的应用是可以循环的。默南和科恩（Murnane & Cohen，1986）认为，"如果你希望奖励教师的绩效并使绩效一直保持，就不要试图使用绩效工资"（p. 2）。这个战略兴起于 20 世纪 60 年代早期，当苏联的第一颗人造卫星"伴侣号"（Sputnik）升空时，人们开始关注学校的生产率问题。教育改革再次出现在 20 世纪的最后 10 年里。国家卓越委员会（1983）再次声明，"必须增加教师行业的工资，使教师的工资具有竞争力、市场敏感性，并以绩效为基础"（p. 30）。

绩效工资的支持者们认为：

- 教师所得到的绩效工资数量反映了教师个人的技能和绩效；
- 以绩效为基础的薪酬制度为教师职业提供了一个竞争环境，在这种环境下，高绩效的教师会得到高工资；
- 对教师实施问责制后，那些根据绩效支付教师工资的学校，会得到公共财政支持；
- 评估过程会改进教师的绩效，并使更多的教师参与到绩效评估和教学改进中；
- 绩效工资有助于吸引、留住优秀的教师，同时促使那些绩效不佳的教师离开教师的工作岗位（National Education Association，1984；Herndon，1985；Frohreich，1988；Odden & Kelley，2001）。

相对于支持绩效工资制度的说法而言，很多批评家指出了这种薪酬制度的缺点。他们认为，对教师个人进行奖励，在改进教师教学和学生学习方面，并不能起到预期的激励效应：

- 怎样才算是有效的教学？教师的哪些特质会影响学生成绩？对这些问题都没有达成一致的共识。 *412*
- 优秀教学能力的专业标准是什么？绝大多数的评估系统无法给出一个有效的或者全面的指标来进行衡量。
- 教师们抵制那种和工资挂钩的评估系统。
- 没有证据证明，对教师个人的奖励有助于提高学生成绩。学生成绩不仅受单个教师的教学影响，还受到其他学校因素（如学生之前接受教育的学校）的影响，同时受到非学校因素（如家庭）的影响。因此，很难分离出学生成绩中哪一部分是受单个教师影响的。
- 对绩效工资奖励的争夺，会导致学校整体绩效不佳，降低教师的工作士气，导致同事之间的不合作。
- 由于绩效工资的总额是一定的，为了得到绩效工资，教师之间就会相互竞争，甚至斗争。
- 筛选那些应该受到绩效工资奖励的教师的过程，会被政治力量（包括裙带关系、种族主义、男性至上主义和任用亲信）所左右，职业的学术力量无法控制这个过程，就像很多政府在规则实施过程中滥用权力一样。
- 虽然实施最小化的惩罚似乎是有效的，但绩效工资计划可能会惩罚到那些处于平均水平的教师。
- 发起和维持绩效工资计划的经费是庞大的。开发和改进一个有效的评估系统和薪酬体系，需要大量的成本和时间，如果将资源用于这个方面，就会削减学校在其他方面的投入，而其他方面的投入也许是更重要的（Astuto，1985；Johnson，1986；Ballou & Podgursky，1993；Kohn，1993；Hatry，Greiner，& Ashford，1994；Odden & Kelley，2001）。

这些批评主要集中在绩效工资计划的结构和成本方面，同时指出，很难找到有效的、客观的绩效评估指标。绩效工资之所以无法激励教师，其根本原因也许在于，这个激励系统的潜在的理论假设是错误的。激励制度假设，经济奖励可以有效地激励个人改变自己的行为，并改进自己的绩效，但科恩（Kohn，1993）质疑了这个假设。他认为，人们重视经济奖励的同时，会变得不再关注任务完成的质量，绩效工资只能在短时间内产生改进的激励，绩效工资所提供的外在奖励会销蚀内在奖励的作用，而且这种奖励会破坏同事之间的关系，这种奖励只是强化科层体制的一个工具。由于教师无法看到自己的绩效和可能的奖励之间的必然联系，因此，绩效工资并不是一个有效的激励因素。这些批评家们认为，基于绩效的个人奖励并不能激励教师进行改进，也无法提高学校的生产力。

尽管很少有学区将绩效作为教师工资的决定因素，但同时又有相关的报道证明，绩效工资制度是可以成功实施的。默南和科恩（1986）认为，成功的绩效工资应该建立在高工资和良好的工作环境的基础上，当教师担负起教学之外的其他责任时，就应该给予他们绩效工资，而不是将教师在课堂上的教学视为绩效工资的决定因素。巴卢和波杰斯基（1993）分析了1987—1988年的学校和人员调查，这项调查涉及公立学校的56 000名教师，得出的结论是，在采用绩效工资的学区内，教师并不憎恨这个薪酬制度，也不会因这个制度而士气低落，同时，那些不具有优势的教师和成绩差的学生反倒支持这个制度。法恩斯沃思、德贝纳姆和史密斯（Farnsworth，Debenham，& Smith，1991）描述了一个学区成功的绩效工资计划。他们总结认为，"当有合理的管理制度和财政制度与之配合的时候，绩效工资制度能够增进教学效果"（p. 321）。

原本对教师进行分类时，仅仅以工资的不同对教师进行划分，但职业阶梯的方法改变了原有的教师种类划分。然而，就像绩效工资制度一样，职业阶梯仅仅关注对教师个体进行奖励，因此，这种制度本身在改进学校绩效方面也有一定的局限性。

职业阶梯

按照教师的职责、地位和工资水平，职业阶梯将教师分为不同的级别。绩效工资制度不会正式地赋予不同的教师不同的地位，但是，职业阶梯制度在这一点上的做法与绩效工资制度完全不同，职业阶梯以及其他不同的人事方法都是将工作划分为不同的级别，并根据这个级别重构薪酬制度。这种方法能够使内在奖励和外在奖励相融合。将教师的责任规定得更具多样性和挑战性，会激励教师向上一级的职业阶梯努力，同时可以提高组织的生产力。

国家卓越委员会（1983）提倡职业阶梯制度，并认同这种制度所区分的新手教师（beginning teacher）、有经验的教师（experienced teacher）和老教师（master teacher）的不同。霍姆斯小组（Holmes Group，1986）提倡将这种分阶段的职业生涯分为三个不同水平的阶段，根据不同职责和自主程度对职业生涯进行正式划分。第一阶段的教师将会在有经验教师的指导下进行几年的教学。经过这个阶段之后，大多数自主的教师将会拥有职业教师的头衔。最高阶段的称为终身专业教师，

413

这些教师都有能力运用自己的教学经验去帮助其他教师改进绩效。美国教师协会（1985）所倡导的四阶段模型，包括教师、助教（associate teacher）、高级教师（senior teacher）和老教师（master teacher）。卡耐基论坛（1986）呼吁，应该赋予委员会所认定的教师更多的职责，因为他们在教师中可以起到领导作用。怀斯（2001）主张建立一种人事制度，这种制度下的教师应该被分为国家委员会认定的教师、正式教师、实习教师、教师候选人和有很少正式准备的教师候选人。

　　田纳西州和犹他州是最早实施职业生涯计划的。自 1984 年制定了《综合教育改革法案》（Comprehensive Education Reform Act）以来，田纳西州的教师已经参与到三阶段职业生涯计划中了。这个职业生涯计划完全是由州政府财政支持的。据皮维利和邓巴（Peevely & Dunbar, 2001）统计，1998—1999 年间，约有 47 500 名教师参与了这个项目，并且州政府两年间投入 1.045 亿美元支持这个项目。犹他州的职业生涯计划对各个学区提供了不同的选择。这些选择包括：用于奖励个人或者优秀教师团体的绩效奖金计划；为额外工作提供额外报酬的工作扩大化计划；延长合约期限，这样的话，教师在超出学校年限之后，即使不参与教学，也可以得到报酬；职业阶梯计划。在犹他州，当学校董事会、行政人员、教师和家长有权利自由选择相应的计划时，人们发现，包括工作扩大化或工作再设计在内的职业阶梯计划，明显优于基于绩效工资的计划（Malen, Murphy, & Hart, 1988）。阿斯图托（Astuto, 1985）也认为，职业阶梯制度比传统的绩效工资制度更为有效。她鼓励州政府去支持学区根据自身的特点实施不同的改革方案。

　　施莱蒂（Schlechty, 1987）鼓励不同的州和学区使用职业阶梯制度，因为这个制度能够鼓励教师提升绩效，以产生高质量的教学绩效。他争论道，一个有效的薪酬体系应该能够在长时期内提供不断增加的收益，这些收益可以包括金钱、地位和职责。职业阶梯制度可以刺激产生高绩效，同时鼓励高水平的教师长期致力于自己的教学事业。职业阶梯还具有一些潜在的好处，如：

　　•当教师在职业生涯中成长时，在提升自身绩效的同时，还可以获得认可、奖励，职业制度还鼓励教师增加新的职责。

　　•尽可能地为教师提供进步的可能性，使教师不必再去课堂之外寻求内在和外在的奖励。

　　•同事和社会都认可职业阶梯上的晋升是一种荣誉，以此来增进教师自身的效用和自我实现。

　　•教师们鼓励学生学习，指导新入行的教师和遇到困难的教师，以此在学校范围内改善教学条件。

　　和这些优势相比，职业阶梯薪酬制度也存在一些局限性。和绩效工资制度一样，职业阶梯制度的创立成本和实施成本是昂贵的。这种制度假设所认可的优秀是教师在扮演教师角色时所表现出来的优秀品质，但往往那些优秀教师会因为优秀而被赋予更多的职责，这些职责会使他们远离教师岗位而走向准行政岗位。在现实中，很难区分不同职业生涯阶段中的职责。工资的差异和地位的差异会导致教师之间的分类，并降低士气。有限的财政资金限制了因增加职责而加薪的教师人数，这样会使那些没有因增加职责而加薪的教师认为，自己是因为没有得到认可而没有加薪。

基于知识和技能的薪酬

劳勒(2000)呼吁工商业组织和其他组织将员工视为人力资本的投资者,并奖励那些先进的员工。这种工资方案会在几个方面改变奖励的结构。

> 首先,这种制度倡导基于员工带给组织的人力资本价值而进行奖励。这样一来,在特定时期,一个员工的工作职责就不如他们所具有的知识技能的价值重要了。其次,这种方案要求员工运用自己的人力资本——知识、技能和胜任力——来帮助组织改进业务绩效,并根据各个员工在促进组织绩效改进中的有效性程度进行奖励。(pp.10—11)

这使得薪酬制度的焦点不再集中于工作本身的职责,而是重视员工所具有的并在职位中加以运用的知识和技能。当然,这种制度还是关心员工的个人绩效。然而,这种制度能够促使个人运用自己的知识和技能去实现组织的目标,因此,这种制度更具有战略性。

在第12章中,我们讨论了教学和美国未来国家委员会(1996)提交的相关报告,报告中提到了很多有关提高教师知识和技能的建议。这个报告力荐学区应根据教师在职业生涯中展现出的知识技能的增加,来增加教师的工资。奥登和凯利(2001)也建议实施将教师的工资和教师的知识、技能挂钩的薪酬方法。这种方法可以鼓励教师在以下领域发展自己的能力:有效的教育形式;掌握有利于学生获取先进知识所需的更深奥和更概念性的知识;进行有效的学校管理和决策所需要的领导力和管理技巧。这个将工资和知识、技能挂钩的方法与绩效工资计划有所不同,绩效工资计划提供的奖励是有限的,这样会使教师之间经常为了得到有限名额的奖励而互相敌对竞争,但将工资和知识、技能挂钩后,只要教师能够证明自己具备那些对学校改进很重要的知识和技能,就可以得到奖励。被奖励的知识和技能反映了学校和学区所需要的教师标准和胜任力。比如,教师在授课领域会使自己所授的课程和州标准或者学区标准保持一致,那么工资的年增长可能就是基于这一能力进行奖励(Darling-Hammond,2000)。

奥登和凯利(2001)认为,在基于知识和技能的薪酬战略中,以下几点是至关重要的:

- 教学标准。描述使学生达到高绩效的教师需要知道什么,能够教授什么。
- 绩效评估系统。系统确认了与教学标准相对应的教师绩效水平。
- 薪酬结构。在这种薪酬结构中,将教师的薪酬水平和教师的绩效水平相联系。

这种强调教师职业生涯发展的薪酬系统,最近被艾奥瓦州立法机关通过,并开始执行(Iowa Department of Education,2001)。目标是通过"对新来的教师提供有效的专业支持,对有经验的教师提供强有力的职业发展和继续学习"(p.1),来增强学生的学习。艾奥瓦州的8个教学标准为地方的教育工作者界定高质量的教学提供了一个框架。大家可以运用这个框架指导新教师的入职培养、教师的职业发展和教师评估。对新入职的教师提供正式的入职引导和培养项目,而这个项目如果达到教学标准,就能得到州政府的拨款。对所有教师提供的职业发展机会,是为了培养教师的相关技能,这些技能可以强化刚才所提到的8项标准,而且这些标准有利于学校改进计划中提高学生成绩这一目标。最终,所有艾奥瓦州的教师都参与了四个级别的职业生涯，这四个级别依据 8 个标准的教师技能而制定，分别是：开始阶段（beginning）、生涯一阶段（career Ⅰ）、生涯二阶段（career Ⅱ）、高级阶段（advanced）。在这个新制度试运营的前两年，州政府对以团队为基础的奖励进行拨款资助。这个奖励项目针对的是新制度下达到学生成绩目标的学校，对这些学校中达到级别的教师和其他人员提供现金奖励。

在俄亥俄州的辛辛那提市，公立学校的评估机制和薪酬制度将对教师的绩效期望与教师自身的提高相关联，区分了 5 个职业生涯等级（Ware & Beck, 2001）。在评估系统中，4 个领域的 16 个标准界定了一个好的教学标准。正式的公文对这些教师技能领域进行了具体阐释，领域一要求"为学生的学习做计划和准备"，领域四要求"专业主义"。经过训练的评估者在教室内观察教师的教学活动，从而决定教师是否满足领域二"建立有利于学习的环境"和领域三"教学和学习"的要求。绩效等级的每一个标准都有可能达到四种不同程度的评判，这四个评判基于查洛特·丹尼尔森（Charlotte Danielson）的教育框架，分别是：（1）不满意；（2）基本的；（3）熟练的；（4）优秀。根据这四个领域对教师教学绩效进行综合评估，基于此，教师沿着职业生涯的 5 个层次使自己不断升级，如表 13—2 所示。除了为拥有本科学历的教师所罗列的薪酬范围以外，如果教师在本领域拥有硕士学位或博士学位，或是得到国家委员会颁发的证书，或是在 8 个专业领域中拥有任意 2 个领域的双学位，都可以得到额外的加薪。只要通过一次综合评估，教师就可以晋升到职业生涯的下一级别，但如果两次评估不通过，教师会在职业生涯中被降级，并且还会被降低工资。如果教师在四个领域中的任意领域的评价值为 2，那么将会有一个指导教师和他一起工作，对他的教学活动进行干预。如果在某一领域的评价值仅为 1，那么他在该领域不可能再有任何晋级可能。

表 13—2　　　　　　　　　　辛辛那提市公立学校职业级别和工资范围

职业级别	描述	工资范围（美元）（拥有学士学位）
见习教师	刚开始从事教师职业；两年后不能晋升为初级教师就会被辞退	30 000
初级教师	具备学习教师的专业技能；在所有项目领域内至少得 3 分（熟练）；二年后可以晋升或降级，五年内有可能被辞退	32 000～35 750
正式教师	具有良好的、稳定的职业表现；在所有方面都取得 3 分或更好的成绩；可以继续在这一级别上就任并且能补加生活费用工资	38 750～49 250
高级教师	经验高的教师，可以获得骨干教师证书；领域三（教学和学习）必须得 4 分（优异），其他方面至少有一项为 4 分，其余为 3 分；可继续留任这一职级	52 500～56 250
有造诣的教师	实际工作能力最高的教师，达到骨干教师的要求，在所有方面都得 4 分；可以继续留任此职级	60 000～62 250

资料来源：K. Ware & R. Beck（2001）. *Teacher Evaluation System*. Presented at the Annual Conference of the American Education Finance Association. Cincinnati，Ohio. p. 17. Reprinted with permission。

和辛辛那提市的结构一样,其他州或者学区的教师只要能证明自己优秀的教学能力,或者出示他所获得的美国国家教学专业标准委员会授予的证书,就有资格获得相应的加薪。表13—3具体描述了2000年12月国家委员会授予教师资格证书的情况,当时共有9 524名教师通过提交同事们的评价报告和证明、陈述自己的职业能力,从而获得了国家委员会的认证,并颁发了委员会证书。包括表13—3所列的州在内,全国大约有3/4州实行了和国家委员会认证证书相联系的奖金政策。包括密西西比、俄克拉何马、南加利福尼亚和弗吉尼亚州在内,很多州每年都对用于教师工资的奖励基金进行大量的拨款。特拉华、佐治亚和北加利福尼亚等其他州,则采取不同的工资政策,在这些州内,教师的工资每年都会按照一个具体的比例增长。马里兰州则鼓励学区提供与当地工资水平相适应的经济奖励。奥登和凯利(2001)描述了一些学区支付教师奖金的现实情况。比如,洛杉矶市提供的奖金使原工资增加了15%;辛辛那提市除了州政府的奖金外,另外为每人支出1 000美元作为工资奖励;布朗沃德市(佛罗里达州)则承诺为每人奖励奖金2 000美元。

表 13—3 几个州颁发国家委员会教师资格证书和获奖情况

州	2000 年 12 月发证	州对获得国家证书教师的奖励
美国总计	9 524	
特拉华	66	获得终身资格证书能增加12%的工资
佐治亚	112	终身资格证书的年回报是获得证书当年工资的10%
马里兰	70	州通过地方教育委员会配套提供年奖金(约2 000美元)
密西西比	755	获得终身资格证书的年收益是6 000美元
北卡罗来纳	2 407	获得终身资格证书能增加12%的工资
俄克拉何马	273	获得终身资格证书的年收益是5 000美元;当生均支出达到区域平均水平的90%时,获得终身资格证书的年收益达到7 000美元
南卡罗来纳	361	获得资格证书即可获得2 000美元;终身资格证书的年收益是7 500美元
弗吉尼亚	142	第一年的奖金是5 000美元,终身资格证书的年收益是2 500美元

资料来源:Southern Regional Education Board (2000). *Teacher Salaries and State Priorities for Education Quality—A Vital Link*. Atlanta: Author. http://www.sreb.org/scripts/focus/reports/BoardCertification-Teachers.pdf (accessed September 9, 2001). Reprinted with permission of the Southern Regional Education Board。

拉德(1996)对基于知识和技能的薪酬制度提出了很多疑问和一系列的质疑。第一个问题是,胜任力奖金支付计划要求教师体现出相应的知识和技能,那么究竟需要达到什么水平,才能说这个教师在促进学生学习方面具有有效性?另外一个疑问是、在一个学区中,是否要求教师的一系列技能是完全一样的,还是需要根据教师所在班级或者学校的不同，要求教师具有不同的技能？同时，他还关注一点，即教师通过培训可以获得所需的技能，但教师有可能在教学活动中并不运用这个技能。另外，有一个潜在的局限性就是，要想设计和完善一个教学标准和绩效考核系统，使其有效地符合学生的绩效目标，成本是巨大的。档案和录像技术的发展，要求教师投入很多时间进行教学评估，这就使那些应该得到奖励的教师因为不愿意浪费时间而不再寻求通过绩效评估获得奖金。培训活动之后，如果进行绩效评估，则需要评估者在班级进行教学观察，和教师一起进行反馈性的会议讨论，这些都会增加学区的财政负担。如果没有相应的财力支持以进行有效的项目，各个学区都会选择低成本——当然也是低效的——方法对教师绩效进行评估。 *418*

不论是职业阶梯制度，还是基于知识和能力的薪酬制度，它们的主要局限性在于，都是针对教师个人的职责和绩效进行奖励。这种制度会导致团队内成员之间关系不和，当需要团队合作进行学校改进时，这种制度会阻碍学校改进。相反，有一些策略却可以鼓励团队合作、奖励团队成就。

团队绩效激励

对成功的**学校**进行奖励，会鼓励整个学校内的教师都付出更大努力，进行学校改进。在本章的第二部分，我们讨论了州问责制下的集体或者团体绩效奖励。奖金制度和职业阶梯制度都是着眼于对教师个人进行奖励，基于团队的奖励会弥补这些奖励模式中的不足。

当团队合作对一个组织很重要的时候，就需要建立相应的机制，使得奖励与所期望的团队绩效保持一致。德鲁克（Drucker，1995）认识到了团队中的个人因团队优秀而受到奖励的重要性："他们的奖励、他们的薪酬、对他们的评价以及他们的晋升，必须完全依赖于他们在新的组织中被赋予新的角色时所表现的绩效"（p. 101）。劳勒（2000）认为，团队奖励最适合于那些依赖团队协作的组织："如果个人认为若团队中其他人达到高绩效，自己会从中获益，他就很有可能去鼓励和帮助别人达到高绩效"（p. 45）。津泽姆和舒斯特（Zingheim & Schuster，2000）讨论了奖励在那种只有通过团队工作才能实现组织目标的组织中的角色：

> 因为工资是一个非常强有力的沟通工具，所以组织的工资所传递的信息会吸引那些具备组织所需要的才能的人。团队奖金能够吸引那些有能力并且愿意在团队中有效工作的人。同样，因为工资能够引起每一个人的注意，团队奖励尤其能够吸引那些默默接受团队成员信念的人……如果商业中想要达到团队效果，那么实施团队工资是一种切实可行的商业措施。（pp. 205－206）

罗森霍茨（Rosenholtz，1987）注意到，在学校组织中，奖金制度和职业阶梯制度中的竞争不利于进行团队合作，也不利于共同掌权（collegiality）。霍利（Hawley，1985）阐述了基于个人绩效的奖励制度的缺陷："实际上，很多基于绩效的工资有可能降低学生和管理者的支持程度，而研究表明，这些支持是与教师的教学有效性相关的"（p. 6）。相反，学校范围的激励，可以同时使用内在奖励和外在奖励，激励教师实现学校共同的目标。因为教师们的利益相互关联，可以避免个人激励计划中的竞争和分裂。此外，当教师们互相合作并参与决策制定时，内在激励会推动他们进行创新，并且更加努力（Firestone，1994）。

在科罗拉多州的首府丹佛市，综合绩效薪酬得到了快速的发展，同时也表明了团体的绩效努力如何使教师个人得到工资的增长（Douglas County，2001）。除了将新员工应得到的起薪作为基本工资以外，教师的工资还会有多次调整。第一，教师可以通过获得新的知识和技能得到加薪，可以通过所批准的项目得到加薪，或者通过出示学位证书或大学颁发的证书以证明他们的这种知识和技能，从而得到加薪。第二，那些看起来很优秀、很出众的教师，可以通过正式的评估过程得到评估认证证书。这样，那些绩效并不理想，或者没有完成年度增长计划、但仍处于较为满意状态的教师就无法涨工资。第三，在给定年份内，教师如果能证明自己在一些方面具有卓越的技能，就可以获得奖金。教师们可以通过补充自己的履历表来证明自己在知识、教学方法、评估、合作、基于标准的教学指导和学生成长方面都是令人满意的。或者他们可以提交专门为美国国家教学专业标准委员会而准备的履历表来证明自己的能力。第四，如果教师担当了更多的责任，包括担任班主任，也可以获得额外的奖金。第五，教师们还可以获得团队绩效奖金。

凯利（2000）发现，团队绩效奖金计划是对全校的所有教师或某一团队的所有成员进行的奖励，只要成员能够付出相应的努力并使学生获得绩效进步，他们就可以得到奖金奖励。团队应该提交具体的建议书，在建议书中细化目标、明确职责和期限、描述建议书对学校和学生的价值，其中还应包括衡量绩效目标的评估机制。所有参与改进计划并使计划取得成功的教师都可以共享团队绩效奖金，都可以平均地获得奖金。凯利总结道，绩效奖励计划"为教师、校长和整个学校创建了一个激励之网，激励他们去明确目标和期望，使个人和集体的努力都聚焦于改进组织绩效"（p.14）。

霍尔和卡法雷利（Hall & Caffarella，1998）观察道格拉斯县的绩效奖励计划时发现，团队奖励计划是整个绩效奖励计划中"最具有影响力和最能被广泛接受的"组成部分。教师们在提交的报告中指出，这种激励不仅能够使教师们团结在一起，而且能够加强专业合作："学生们因为自己成为改进的对象而获益，教师们因为在整个学校项目中和其他教师一起工作、聚焦于学生成绩而获益。为了发展和完成整个计划，来自不同专业、不同年级的教师在一起进行沟通、共同努力。"团队奖励计划的全部积极效果就是增进了所有教师对学校目标的认知和参与程度，加强了教师行为和学校提升计划之间的联系，提升了学生绩效，增进了不同部门之间的合作。

基于学校的团队绩效奖励，将来会成为学校的首选战略方案，尤其是对于那些希望通过学校重组增进集体凝聚力的学校而言，更是如此。工资增长中的那部分因为达到州目标、学区目标或是学校目标而获得的奖金是有条件的，在本章的开始部分已经明确了这些条件。我们之前讨论了基于绩效的奖励对于成功的学校所具有的潜在的激励效应。尤其是在使用基于绩效和基于技能的奖励计划对教师个人进行奖励时，这种战略就变成了州和学区寻求完成教育改革的政策方针。

薪酬计划和激励效果

州政府和学区试图使用薪酬系统来激励教师在技能和绩效方面的改进，我们在前面已经对这些不同的方法进行了考察。我们从中发现了传统薪酬体系、绩效工资制度、职业阶梯和基于绩效和技能的薪酬体系的优点和缺点。我们指出，团队绩效奖励作为一种战略，会成为将来教师职业薪酬的主要特征。现在让我们来看看，这些重组的薪酬体系在激励学校改进方面是否具有激励效应。

科尼特和盖恩斯（Cornett & Gaines，1994）在对激励计划进行 10 年的跟踪研究后，对计划的潜在可能性作出了以下的总结：

- 改变教师基本工作方式和支付方式的全面激励项目，引发了根本的改变，并能够显示提升学生绩效的承诺。
- 参与激励项目的教师对激励项目本身比较积极，对项目的反应也是积极的，而不参与的教师对项目的反应则是负面的、消极的。
- 如果可以选择，更多的教师愿意选择因承担更多工作而得到奖金，而不愿意选择通过证明自己的工作具有高绩效而得到奖金。
- 教师评估已经改变了，变得更为复杂，并且开始使用教师之间的互评进行　420评估。

一些研究者也介绍了在成功执行这些激励项目所获得的支持中遇到的挫折：

- 地方或者州层次领导权的变化意味着项目本身偏离了原来的目的，不可能按照原来的意图执行，或者没有给予足够的时间执行项目。
- 个人激励项目是在学区层面进行设计的，没有从州的层面进行审视，也没有得到州政府的支持，因此，导致几乎很少的根本性改变能够得以维持，极少的项目能够得以继续。
- 激励项目仅仅使全国范围内很少的学校在结构上进行了根本性的变革。
- 是否对项目进行拨款资助，是否中止项目，这些决策很少是基于对项目本身的真实的认识，也很少是基于项目本身对学生产生的效果。

正是由于这些局限性，因此很难判断教师在技能和绩效方面的改进以及学生在学习方面的进步是否是由激励计划本身引发的。人们没有很好地设计计划，没有很好地执行计划，也没有很好地研究计划。州政府和地方政府的政策制定者所设定的政治议程，还有学校的行政管理者和教师，都会影响政策的方向，从而影响政策结果。

尽管我们意识到了这些局限性，但我们对这一章所介绍的激励效应的战略作了如下评估：

- 在单一工资制中，因资历而加薪、设置的提前准备期（advanced prepara-tion）以及因生活水平的改变而加薪，这些对激励教师完成学校改进目标几乎没有激励效应。
- 像绩效工资制度那样，着眼于个人绩效而加薪，这样的制度有一些激励效应。当存在有效和客观的标准衡量教师的技能和绩效的时候，当教师们认为奖励是有价值的时候，当教师可以看出自己的绩效与奖励之间的联系的时候，这种激励效应是最有效的。
- 像职业阶梯制度一样，员工因职责水平的不同而得到不同的工资，对激励那些得到晋升的员工具有激励效应。当使用的绩效评估手段是正确的时候，当学校内外的人都承认这种荣誉的时候，当优秀教师和新来的低绩效教师一起提高自己的教学技能的时候，这样的制度的激励效应达到最大化。
- 当教师应用所具备的知识和技能进行教育改进或者帮助学生学习的时候，奖励这些教师，对教师的职业成长而言具有激励效应。当存在潜在奖励、具有清晰明确的教学标准、知识技能和绩效的考核有效的时候，这种制度的激励效应达到最大化。

• 在学校内共享基于团队绩效的奖金，对激励学校范围内的教师进行教育改进具有激励效应。当存在有效的绩效考核机制的时候，当教师能够一眼可见自己的改进努力与奖励之间的关系的时候，当所有学校的资源可以共享用来进行学校改进的时候，当公众承认学校改进的时候，这种激励效应达到最大化。

　　• 将职业阶梯制度与基于个人绩效以及基于个人能力的薪酬制度相结合，团队绩效奖励制度在最小化这些制度的局限性的同时，最有可能达到激励效应的最大化。

总　结

　　在这一章中，我们着眼于经济奖励及其在教育改进中潜在的激励效应。我们研究了激励理论，研究了将州政府拨款、教师薪酬制度与绩效考核挂钩可能产生的效应。我们讨论了州政府的问责制，在这种制度中，当学生绩效改进时，教师和学校内的其他人员就会因此受到奖励。然后，我们考察了教师的薪酬制度，在这些制度下，教师的工资因为其个人绩效、职责、知识、技能以及团队绩效的改变而增长。

　　这些州政策和学区政策是基于人类行为的理论假设而制定的。只有在以下情况下，对团队进行基于绩效的奖励和对个人的奖励才更有可能产生激励效应：教师认为奖励是有价值的而且可以得到；所承诺的奖励与改进行为之间存在清晰的联系；内在奖励和外在奖励都是可预见的；教师们相互协作完成学校改进目标。

　　如果学校达到一定的绩效水平，或者学校可以证明本校在某一指标上有所进步，那么学校将会得到州政府的财政拨款。有迹象表明，基于绩效的问责制促进了州政府改革的进程，因此，奖励和惩罚能够显示所预期的激励效应。当然，也会存在非预期的负面后果，尤其是当问责制仅仅是基于狭隘的绩效指标的时候，这种负面后果尤为严重。如果没有相应的目标能力建构来保证充分的职业发展、领导力和资源，问责制和经济奖励本身可能根本无法推动改革并提升低绩效学校的绩效。

　　当学校之间为争夺教师而进行竞争并致力于提高教师质量时，公立部门和私人部门之间的教师劳动力市场的区别就消失了。大量的社会因素和政治因素都会影响教师的可用性（供给），这些因素包括：学校对教师的总体需求以及具体学科的需要（需求），教师的工资。这些供给需求状况影响着学区关于教师加薪的决策。然而，加薪能否改善已被雇用的或选择留在原有岗位的教师的素质，还是未知。相反，提高教师质量——从而改善学校效率——更多地依赖于薪酬体制改革。

　　人们通过重构薪酬计划来激励教师提高有关教学标准的技能，承担包括指导新进教师在内的更多的职责，最终提高学生成绩，从而达到改进教育的目的。不同于单一薪酬制那种奖励有限且简单衡量个人品质的制度，这些薪酬体制力求将教师的工资与教学标准、教师的技能、绩效以及职责挂钩。我们认识到，只有混合薪酬制才能产生最大的激励效应。这种方法将薪酬分为三个部分：不同的岗位体现不同的技能和职责，但都可以得到同样的福利；个人根据所展示的技能和绩效得到不同的工资；个人根据其促进学校绩效的努力程度得到奖金。

　　州政府拨款的一部分应用于学校绩效计划和重构薪酬体制，用来对教师的技能和绩效进行奖励，这样必然会提高学校的效率。下面的几章会继续讨论学校效率和学校改进问题，但角度不同，主要是从对学校和家长放权的角度来看待同样的问题。

思考与活动

　　1. 与一名教师、一个学校行政人员、一个学校董事会成员，讨论本章前面部分介绍的情况，即奖金必须具有激励效应的问题。对于改善州政府政策以及学区的薪酬制度，他们（和你）有什么好的建议，可以使这些政策和制度在提高学生成绩和学校改进方面产生更好的效果？

　　2. 讨论本章在陈述问责制和经济奖励时所提出的问题。对于你所在的州而言，哪个方法对于调整州财政计划，使其指导多余资源应用于学校更为可行？而且这个方法能有效地提高学生成绩或改善其他绩效考核指标。当学校不择手段地争取奖金时，或低绩效学校避免负面效果和惩罚时，州政府和学区采取什么措施来抵制这些非预期的后果？

　　3. 在给定的州、地区或学区考察教师的供给和需求状况。画出近 10 年数据的图或表格，比较应聘教师岗位的教师数量和被录用的不同年级、不同科目的教师数量。采访州和地方的官员，询问有关这些数量的趋势问题以及每一个鼓励供给的阶段的情况，尤其要了解高需求科目的相关情况。

　　4. 采访校长和教师，（如果可能的话）包括一个获得美国国家教学专业标准委员会颁发的证书的教师，来了解鼓励一个教师去获取国家认可的证书的潜在收益和成本是什么。州政府和学区是否有必要提供激励以鼓励教师参与到这些评估中？教师工资是否应该像表 13—3 所示的那样存在差别，以此来吸引和留住那些获得资格认证的教师？

　　5. 比较各个薪酬体制的优点和局限性：对教师个人绩效进行奖励的奖金制度；基于个人技能和绩效以及不同的职责而界定职位等级，将对教师的期望与学生的学习相联系的职业阶梯制度；团队绩效激励制度。怎样测量其中的任一体制对于提高教师技能或是学生成绩是否具有激励效应？

计算机模拟：薪酬模型

　　我们可以在 Allyn & Bacon 的网页（http://www.ablongman.com/edleadership）上找到与本章内容相关的计算机模拟情况。该模拟主要使用的是单一薪酬制度和基于绩效的薪酬制度。练习的目的在于：

- 完善自己对传统薪酬模型和基于绩效的薪酬模型的结构的认识和理解。
- 使用数据对教师的薪酬模型进行假设分析。

参考文献

Association of Teacher Educators (1985). *Developing career ladders in teaching.* Reston, VA: Author.

Astuto, T. A. (1985). *Merit pay for teach-* *ers: An analysis of state policy options.* Educational Policy Studies Series. Bloomington, IN: Indiana University.

Atkinson, J. W. (1964). *An introduction to*

motivation . Princeton, NJ: Van Nostrand.

Ballou, D. , & Podgursky, M. (1993). Teachers'attitudes toward merit pay: Examining conventional wisdom. *Industrial and Labor Relations Review*, 47, 50—61.

Ballou, D. , & Podgursky, M. (1997). *Teacher pay and teacher quality*. Kalamazoo, MI: Upjohn Institute for Employment Research.

Bobbitt, S. A. , & McMillen, M. M. (1990). *Teacher training, certification, and assignment*. Paper presented at the Annual Meeting of the American Educational Research Association, Boston. ERIC Document, ED 322 138.

Boe, E. E. (1992). *Incentive and disincentive phenomena in education: Definitions and illustrations*. Report No. 1992—ER2. Philadelphia, PA: Center for Research and Evaluation in Social Policy.

Boe, E. E. , & Boruch, R. (1993). *Performance-based accreditation of public schools*. Philadelphia, PA: Center for Research and Evaluation in Social Policy.

Carnegie Forum. (1986). *A nation prepared: Teachers for the twenty-first century*. New York: Carnegie Forum on Education and the Economy.

Cibulka, J. G. (1989, August). State performance incentives for restructuring: Can they work? *Education and Urban Society*, 21, 417—435.

Cohen, D. K. (1996). Standards-based school reform: Policy, practice, and performance. In H. F. Ladd (Ed.), *Holding schools accountable: Performance-based reform in education* (pp. 99 — 127). Washington, DC: The Brookings Institution.

Cornett, L. M. (1985). Trends and emer-

ging issues in career ladder plans. *Educational Leadership*, 43, 6—10.

Cornett, L. M. , & Gaines, G. F. (1994). Reflecting on ten years of incentive programs: The 1993 SREB career ladder clearinghouse survey. *Career ladder clearinghouse*. Atlanta, GA: Southern Regional Education Board.

Darling-Hammond, L. (2000). *Solving the dilemma of teacher supply, demand, and standards: How can we ensure a competent, caring, and qualified teacher for every child?* New York: National Commission on Teaching and America's Future.

Deming, W. E. (1986). *Out of the crisis*. Cambridge, MA: Massachusetts Institute of Technology Press.

Douglas County School District Re. 1. (2001). *Douglas County pay for performance*. Douglas County, CO: Author. **http: // www. dcsd. kl2. co. us/district** (accessed September 9, 2001).

Drucker, P. F. (1995). *Managing in a time of great change*. New York: Truman Talley/Dutton.

Education Commission of the States. (2001). *Rewards and sanctions for school districts and schools*. Denver, CO: Author. **http: //www. eds. org/clearinghouse**/18/24/ 1824. **htm** (accessed December 12, 2001).

Education Week (2001). *Quality counts 2001: A better balance: Standards, tests, and the tools to succeed*. Bethesda, MD: Author.

Elmore, R. F. , Abelmann, C. H. , & Fuhrman, S. H. (1996). The new accountability in state education reform: From process to performance. In H. F. Ladd (Ed.), *Holding schools accountable: Performance-based reform in educa-*

tion (pp. 65 − 98). Washington, DC: The Brookings Institution.

Farnsworth, B., Debenham, J., & Smith, G. (1991). Designing and implementing a successful merit pay program for teachers. *Phi Delta Kappan*, 73, 320−325.

Firestone, W. A. (1994). Redesigning teacher salary systems for educational reform. *American Educational Research Journal*, 31, 549−574.

Firestone, W. A., & Bader, B. D. (1992). *Redesigning teaching: Professionalization or bureaucracy?* Albany: State University of New York Press.

Firestone, W. A., & Corbett, H. D. (1988). Planned organizational change. In N. Boyan (Ed.), *Handbook of Research on Educational Administration* (pp. 321− 340). White Plains, NY: Longman, 1988).

Firestone, W. A., & Pennell, J. R. (1993). Teacher commitment, working conditions, and differential incentive policies. *Review of Educational Research*, 63, 489−525.

Fleisher, B. M., & Kniesner, T. J. (1980). *Labor economics: Theory, evidence, and policy.* Englewood Cliffs, NJ: Prentice-Hall.

Fox, J. M. (1988). The supply of U. S. teachers: Quality for the twenty-first century. In K. Alexander & D. H. Monk (Eds.), *Attracting and compensating America's teachers* (pp. 49 − 68). Cambridge, MA: Ballinger.

Frohreich, L. E. (1988). Merit pay: Issues and solutions. In K. Alexander & D. H. Monk (Eds.). *Attracting and compensating America's teachers* (pp. 143 − 160). Cambridge, MA: Ballinger.

Fuhrman, S. H., & Elmore, R. F. (1992). *Takeover and deregulation: Working models of new state and local regulatory relation-ships.* Rutgers, NJ: Consortium for Policy Research in Education.

Galbraith, J. R., Lawler, E. E., & Associates. (1993). *Organizing for the future: The new logic for managing complex organizations.* San Francisco, CA: Jossey-Bass.

Garris, J. M., & Cohn, E. (1996). Combining efficiency and equity: A new funding approach for public education. *Journal of Education Finance*, 22, 114−134.

Goertz, M. E., & Duffy, M. C. (2001). Assessment and accountability across the 50 states. *CPRE Policy Briefs*, RB − 33. Philadelphia, PA: CPRE.

Goldhaber, D. D. (2001). How has teacher compensation changed? In W. J. Fowler, Jr. (Ed.), *Selected papers in school finance, 2000 − 2001* (pp. 15−35). Office of Education Research and Improvement, NCES 2001−2378. Washington, DC: U. S. Department of Education. **http: //nces. ed. gov/pubs2001/2001378 _ 2. pdf** (accessed October 1, 2001).

Hackman, J. R. (1987). The design of work teams. In J. W. Lorsch (Ed.), *Handbook of organizational behavior* (pp. 315 − 334). Englewood Cliffs, NJ: Prentice-Hall.

Hall, G., & Caffarella, E. (1998). *Third year implementation assessment of the performance pay plan for teachers* (1996 − 1997). **http: //www. dcsd. k 12. co. us/ district/hr/Third. year. assess. 98. html** (accessed October 1, 2001).

Hanushek, E. A. (1997). Assessing the effects of school resources on student performance: An update. *Educational Evaluation and Policy Analysis*, 19, 141−164.

Hanushek, E. A. (2001). Incentives: Linking resources, performance, and accountability. In Jossey-Bass, *The Jossey-Bass reader on school reform* (pp. 299 – 334). San Francisco, CA: Jossey-Bass.

Hatry, H. P. , Greiner, J. M. , & Ashford, B. G. (1994). *Issues and case studies in teacher incentive plans* (2nd ed.). Washington, DC: Urban Institute.

Hawley, W. D. (1985). The limits and potential of performance-based pay as a source of school improvement. In Johnson, H. C. (Ed.),*Merit, money and teachers' careers: Studies on merit pay and career ladders for teachers* (pp. 3–22). Lanham, MD: University Press of America.

Herndon, T. (1985). Merit pay and the concerns of the teaching profession. In H. C. Johnson (Ed.), *Merit, money and teachers' careers: Studies on merit pay and career ladders for teachers* (pp. 93–98). Lanham, MD: University Press of America.

Herzberg, F. (1966). *Work and the nature of man*. Orlando, FL: Harcourt.

Herzberg, F. , Mausner, B. , & Snyderman, B. (1959). *The motivation to work*. New York: Wiley.

Holmes Group. (1986). *Tomorrow's teachers: A report of the Holmes Group*. East Lansing, MI: Holmes Group.

Iowa Department of Education. (2001). *Teacher compensation*. Des Moines, IA: Author. **http: //www. state. ia. us/educate/programs/tc/summary. html** (accessed October 5, 2001).

Jacobson, S. L. (1988). Merit pay and teaching as a career. In K. Alexander & D. H. Monk (Eds.), *Attracting and compensating America's teachers* (pp. 161–177). Cambridge, MA: Ballinger.

Johnson, S. M. (1986). Incentives for teachers: What motivates, what matters? *Educational Administration Quarterly*, 22, 54–79.

Kelley, C. (2000). *Douglas County Colorado performance pay plan*. Madison, WI: Consortium for Policy Research in Education (CPRE).

King, R. A. , & Mathers, J. K. (1997). Improving schools through performance-based accountability and financial rewards. *Journal of Education Finance*, 23, 147–176.

Kohn, A. (1993). *Punished by rewards: The trouble with gold stars, incentive plans, A 's, praise, and other bribes*. Boston: Houghton Mifflin.

Ladd, H. F. (1996). Introduction. In H. F. Ladd (Ed.), *Holding schools accountable: Performance-based reform in education* (pp. 1 – 19). Washington, DC: The Brookings Institution.

Ladd, H. F. , & Hansen, J. S. (Eds.). (1999). *Making money matter: Financing America's schools*. Commission on Behavioral and Social Sciences and Education. Washington, DC: National Academy Press.

Lashway, L. (2001). *The new standards and accountability: Will rewards and sanctions motivate America's schools to peak performance?* Eugene, OR: Clearinghouse on Educational Management, Educational Resources Information Center (ERIC).

Lawler, E. E. (1990). *Strategic pay: Aligning organizational strategies and pay systems*. San Francisco, CA: Jossey-Bass.

Lawler, E. E. (1994). From job-based to competency-based organizations, *Journal of Organizational Behavior*, 15, 3–15.

Lawler, E. E. (2000). *Rewarding excellence: Pay strategies for the new econo-*

my. San Francisco, CA: Jossey-Bass.

Lawton, S. B. (1988). Teachers'salaries: An international perspective. In K. Alexander & D. H. Monk (Eds.), *Attracting and compensating America's teachers* (pp. 69 — 89). Cambridge, MA: Ballinger.

Locke, E. A. (1968). Toward a theory of task motivation and incentives. *Organizational Behavior and Human Performance*, 3, 157—189.

Locke, E. A., & Latham, G. P. (1990). *A theory of goal setting and task performance*. Englewood Cliffs, NJ: Prentice-Hall.

Lortie, D. C. (1975). *Schoolteacher: A sociological study*. Chicago: The University of Chicago Press.

MacPhail-Wilcox, B., & King, R. A. (1988). Personnel reforms in education: Intents, consequences, and fiscal implications. *Journal of Education Finance*, 14, 100—134.

Magel, C. J. (1961). Merit rating is unsound. *Phi Delta Kappan*, 42, 154—156.

Malen, B., Murphy, M. J., & Hart, A. W. (1988). Restructuring teacher compensation systems: An analysis of three incentive strategies. In K. Alexander & D. H. Monk (Eds.), *Attracting and compensating America's teachers* (pp. 91—142). Cambridge, MA: Ballinger.

Massell, D. (2000). The district role in building capacity: Four strategies. *CPRE Policy Briefs*, RB — 32. Philadelphia, PA: Consortium for Policy Research in Education.

Milanowski, A. (2000). School-based performance award programs and teacher motivation. *Journal of Education Finance*, 25, 517—544.

Miner, B. (1999/2000, Winter). 1999 National Education Summit. *Rethinking Schools*, 3—10.

Mohrman, S. A., Cohen, S. G., & Mohrman, A. M. (1995). *Designing team-based organizations: New forms for knowledge work*. San Francisco, CA: Jossey-Bass.

Mohrman, S. A., & Lawler, E. E. (1996). Motivation for school reform. In S. H Fuhrman and J. A. O'Day (Eds.), *Rewards and reform: Creating educational incentives that work* (pp. 115 — 143). San Francisco, CA: Jossey-Bass.

Monk, D., & Rice, J. K. (1994). Multi-level teacher resource effects on pupil performance in secondary mathematics and science: The role of teacher subject matter preparation. In R. G. Ehrenberg (Ed.), *Contemporary policy issues: Choices and consequences in education*. Ithaca, NY: ILR Press.

Murnane, R. J., & Cohen, D. K. (1986). Merit pay and the evaluation problem: Why most merit pay plans fail and a few survive. *Harvard Educational Review*, 56, 1—17.

National Center for Education Statistics (NCES). (2001). *Digest of Education Statistics* 2000. NCES 2001—2034. Washington, DC: U. S. Department of Education. **http: //nces. ed. gov/pubs2001/digest/ch2. html** (accessed October 5, 2001).

National Commission on Excellence in Education. (1983). *A nation at risk: The imperative/for educational reform*. Washington, DC: U. S. Department of Education.

National Education Association. (1984). *Merit pay: promises and facts*. Washington, DC: NEA.

National Education Association. (1985).

The single salary schedule. Washington, DC: NEA.

Nelson, F. H. (1995). International cormparison of teacher salaries and conditions of cmployment. In W. J. Fowler, Jr. (Ed.), *Developments in school finance* (pp. 109—127). Washington, DC: U. S. Government Printing Office.

Nelson, F. H., Drown, R., & Gould, J. C. (2000). *Survey and analysis of teacher salary trends* 2000. Washington, DC: American Federation of Teachers, AFL-CIO. **http://www. aft. org/research/survey00 / salarysurvey00. pdf** (accessed September 27, 2001).

O'Day, J., Goertz, M. E., & Floden, R. E. (1995). Building capacity for education reform. *CPRE Policy Briefs*. New Brunswick, NJ: Consortium for Policy Research in Education, Eagleton Institute of Politics, Rutgers University.

Odden, A., & Kelley, C. (2001). *Paying teachers for what they know and do: New and smarter compensation strategies to improve schools* (2nd ed.). Thousand Oaks, CA: Corwin.

Peevely, G., & Dunbar, D. K. (2001). Tennessee. In National Center for Education Statistics. (2001). *Public school finance programs of the United States and Canada*, 1998—1999. NCES 2001—2309. Washington, DC: U. S. Department of Education, Office of Educational Research and Improvement. Available on CD-ROM or at **http://nces. ed. gov/pubsearch/ pubsinfo. asp? pubid=2001309.**

Peterson, T. K. (1992). Designing accountability to help reform. In C. E. Finn & T. Rebarber (eds.), *Education reform in the '90s* (pp. 109—132). New York: Macmillan.

Picus, L. O. (1992). Using incentives to promote school improvement. In A. R. Odden (Ed.), *Rethinking school finance: An agenda for the 1990s* (pp. 166—200). San Francisco: Jossey-Bass.

Poston, W. K., & Frase, L. E. (1991). Alternative compensation programs for teachers: Rolling boulders up the mountain of reform. *Phi Delta Kappan*, 73, 317—320.

Reville, S. P. (2001, November 14). Multiple measures? Why adding more tools to a state's assessment process may be easier said than done. *Education Week*, 21, 52.

Richards, C., & Shujaa, M. (1990). State-sponsored school performance incentive plans: A policy review. *Educational Considerations*, 17, 42—52.

Rosenholtz, S. J. (1987). Education reform strategies: Will they increase teacher commitment? *American Journal of Education*, 92, 352—389.

Sanders, W. L., & Horn, S. P. (1994). The Tennessee value-added assessment system (TVAAS): Mixed-model methodology in educational assessment. *Journal of Personnel Evaluation in Education*, 8, 299—311.

Schlechty, P C. (1987). The concept of career laadders. In Burden, P. R. (Ed.), *Establishing career ladders in teaching: A guide for policy makers* (pp. 4—16). Springfield, IL: Charles C Thomas.

Skinner, B. F. (1974). *About behaviorism*. New York: Knopf.

Smith, G. N. (1987). Costs for a career ladder. In Burden, P. R. (Ed.), *Establishing career ladders in teaching: A guide for policy, makers* (pp. 216 — 225). Springfield, IL: Charles C Thomas.

Southern Regional Education Board (2000). *Teacher salaries and state priorities for education quality—A vital link*. Atlanta, GA: Author.

Stronge, J. H. , & Tucker, P. D. (2000). *Teacher evaluation and student achievement*. Washington, DC: National Education Association.

U. S. Department of Education. (1988). *Measuring up: Questions and answers about state roles in educational accountabili* ty. Washington, DC: office of Educational Research and Improvement.

Vroom, V. H. (1964). *Work and motivation*. New York: Wiley.

Ware, K. , & Beck, R. (2001). *Teacher evaluation system*. Paper presented at the Annual Conference of the American Education Finance Association. Cincinnati, Ohio.

Weeks, K. , & Cornett, L. M. (1985). Planning career ladders: Lessons from the slates. *Career Ladder Clearinghouse*. Atlanta, GA: Southern Regional Education Board.

Wise, A. E. (2001). Differentiated staffing. *The school administrator*, 58, 34—37.

Wright, P. M. (1989). Testing the mediating role of goals in the incentive-performance relationship. *Journal of Applied Psychology*, 74, 699—705.

Zingheim, P. K. , & Schuster, J. R. (2000). *Pay people right! Break through reward strategies to create great companies*. San Francisco: Jossey-Bass.

第**14**章

校本决策

——供给者主权

议题和问题

- **公平且有效率地达到高的标准**：学校的治理结构在发生着变化，学校在课程、预算、人事以及战略计划方面被赋予了更多的权力，这些方面的改变如何促进学校公平且有效率地达到高绩效？
- **校本决策的定义**：什么是校本决策？校本决策为什么被认为是教育管理改革的可行性方案？
- **私有化**：校本管理能否激励市场力量参与公共教育服务？
- **校本决策的经验**：在各个地方，实施校本管理的结果是什么？实施校本管理对学生、教育工作者以及教育的质量都有什么影响？
- **校本预算**：进行校本决策需要哪些经济结构作为支持？

　　越来越多的公共教育批评家指出，教育系统内部的学校治理结构才是导致教育不公平且无效率的原因。他们从第 2 章所介绍的"制度主义"的角度去审视教育政策的制定过程。持有这种观点的人引发了 20 世纪 80 年代中期教育领域的第二次改革浪潮。其中，有些人倡导行政权力下放（校本决策），有些人倡导借助包括家长择校在内的市场解决办法。对学校下放权力的观点成为第三次系统性改革的主题，在第三次改革中，学校的一些功能得到了更大的集权（尤其在经济、设置课程和绩效标准方面），而另一些功能则更加分权（主要表现在学校的组织和运作方面）。

　　对教育治理进行激进的改革必然涉及两个基本问题：第一个问题是应该赋予家长和学生哪些方面的权力，使他们可以在学校之间以及学校内部的各个项目之间进行选择。爱尔默（1988）称之为"需求方面"的问题。"它引发的一个问题就是，教育的消费者是否应该处于中心地位，由他们自己来决定哪种教育更适合自己"（p.79）。第 15 章将通过市场概念来审视这个问题。

　　第二个问题是应该赋予教育者哪些实质性的权力，使他们在向学生提供教育的时候，可以自行组织和管理学校、设计教育项目并得到教育拨款。爱尔默称之为"供给方面"的问题。"它引发的问题是，教育的提供者是否应该被赋予自治权和自由裁量权，以便它能够及时根据教育消费者所需教育的不同作出相应的调整"（p.79）。在这一章中，我们主要解决供给方面的问题，考虑将校本决策和校本预算作为整合学校投入以获取期望收益的建议。我们分别考察校本决策理论的相关争论、实施中的相关实践经验以及学校层次的教育权力下放问题。然后，评论校本决策在美国和其他地方的实行情况。本章最后讨论校本计划和校本预算两个问题。

校本决策

校本决策（SBDM）概念涉及一系列的学校，在这些学校中，一些重要的决策权力，如课程设置和人员配置、经济资源的分配等都已经授权给学校。而这些都是在已有的集权决策的目标、政策、标准和问责制的框架下进行的（Caldwell & Spinks，1998）。实际上，并没有证据表明，校本决策本质上直接有利于提高学生成绩（Summers & Johnson，1996；Wohlstetter，Smyer， & Mohrman，1994；Malen，Ogawa， & Kranz，1990；Conway，1984；Smylie，1994）。因此，如果能够证明校本决策和提高学生成绩有关，校本决策就可以被视为教育系统改革中的一个要素。其他要素需要涉及高绩效期望、更多的直接的教育需求以及明确的问责制。这些要素可能包括美国和各个州的课程改革、绩效标准、绩效考核、国家教师认证以及家庭择校（Guthrie，1998；the Consortium on Renewing Education，1998；Hannaway，1996；Hannaway & Carnoy，1993）。虽然校本决策并不能直接提高学生成绩，但是，在解决因资源稀缺而引发的各种分配冲突以及增强授权机构决策的权威性方面，校本决策是非常有效的。

虽然有研究表明，校本管理有助于培育学校文化，有助于进行高质量的决策，但底线是校本管理本身并不是目的。校本管理不仅可以凝聚利益相关人的力量，在吸引有才能和有激情的人的方面，也具有相当大的潜力，这是传统的、组织管理严密的管理系统难以做到的。此外，校本管理能够保证更好地满足学生的需求（Wohlstetter & Mohrman，1994，p. 1）。

校本决策作为教育改革战略出现的前提是，在教育系统中，学校是制定决策的基本单位。作为教育系统"技术核心"的学校管理者、教师和专家们，自然地形成了进行决策和管理的团队。这个核心团队了解教育方法和教学过程，也了解他们学生的学习方式差异和需求差异。因此，学校职员相对于那些远离教育、不了解教学和学习过程的人而言，能更好地决定合适的教育项目。将决策的权力从中央行政官员那里转移到学校手中，意味着在校长、教师、家长和社区之间，权力进行了重新分配，这样不仅可以充分有效地利用所有利益相关人的知识、创造力和活力，而且这些主要利益相关人制定的决策会使学校变得更加因地制宜。此外，如果要求一个教育工作者对学生进步负责，就应该给他权力，以决定学生所处的学习环境（Drury，1999）。

学校层次进行政策制定的结构是各不相同的（Kirst，1990）。有些学校的权力由校长一个人掌握（行政分权），有些学校则由一个团队来分享权力，这个团队包括行政人员、教师、家长、社区代表以及优等学生。有的学校将校本决策的权力赋予了校本管理委员会，这个委员会由非教派人士进行管理，比如芝加哥、英格兰以及新西兰的学校就是这样。这种治理结构是政治分权的一种形式。当非教派委员会拥有权力之后，在制定决策的过程中，他们就会作出更为具体的决策。在**行政分权**过程中，权力从学区转移到了学校专业职员手中。传统学校结构之外的人群，比如，家长和其他社区成员，都会在**政治分权**中得到相应的权力（Ross，1997）。

在校本决策下，学校当权者会依照学区管理者或者更高层次的管理者所制定的法律限制，制定学校预算、甄选职员、改善学校课程，以适应具体的学生需求（Cawelti，1989；United States General Accounting Office，1994）。学区、州政府和联邦政府还为所有学校的运作过程设置优先项目和纲领性文件；它们还会确立不同的教育目标和实现这些目标的基本课程。学区仍然按照学校内的学生人数和学生需求对学校进行资源配置，并就劳动合同与学校进行谈判，为学校提供设备以及其他支持服务，如运输、工资册和财务方面的服务。

行政分权的争论

组织分析者已经发现，高参与程度的决策结构特别适合于下列类型的工作：工作并不是例行公事；雇员需要处理投入上的不同；所运用的方法和结果之间的关系具有不确定性（Lawler，1986）。同样，如果雇员之间的工作和决策互相关联、互相影响，而且他们之间的工作需要合作，但同时合作方式是事先未知的话，也适合使用高参与程度的决策结构。这些条件正好与学校的环境相吻合（Mohrman & Lawler，1996）。

430　　赛泽（Sizer，1985）声称，科层结构使美国教育陷入瘫痪状态，"这种结构阻碍了孩子们的学习"（p. 206）。赛泽第一次对好学校的呼吁是，给教师运用自己的方式开展工作的空间，给学生选择适合自己的学习方式的自由。他注意到，分权后的情况是，校长和教师可以根据学校的需求、学习风格以及学生个体的学习效率来对学校进行调整。虽然他没有否认教育职业整体质量需要提升，但他认为，如果那些优秀的教师和行政人员被授权，那么这些人足以带来美国教育的复兴。

古德莱德（1984）将学校定义为需要改进的**单位**。古德莱德认为，最有前景的教育改革方法是"寻求培养学校解决自身问题的能力，使学校有能力在更大程度上进行自我更新"（p. 31）。他没有注意到，学校正在设法消除这种自由，学校在寻求与中心（学区办公室）以及网络中可连接的其他机构的联系。州政府的公务员有责任发展"一个普遍使用的学校框架，在这个框架下，允许不同学区的学校存在差异，允许学校因为规模大小、位置以及前景的不同而有所差异"（p. 275）。按照古德莱德的观点，学区自身应该关注的是所教授课程之间的平衡、计划招聘过程以及财政拨款的公平性。"我所倡导的是真正的分权，在一种保证学校公平的框架下，在问责制的基础上真正把权力和责任交给学校"（Goodlad，1984，p. 275）。

博耶（1983）也支持这个观点，认为沉重的科层制度"抑制了很多学校的创新性，在那些需要依据当地具体情况作出决策的项目中，科层制度会妨碍学校校长和教职人员根据自己的专业经验作出判断"（p. 227）。对博耶而言，"重建教育的辉煌意味着重申地方学校的重要性，意味着让领导者自由地进行领导"（p. 316）。为了实现这些，他的建议是赋予学校人员更多的权力。

> 在学区办公室所设定的纲领的指导下，应该赋予地方学校的校长和职员更多的权力来管理自己学校的财务和运营。更进一步讲，每个校长都应该有一个学校改进基金，这笔基金由校长任意支配，用来为教育改进项目提供支持，同时也应用于特殊的研讨会以及辞退学校职员。而且，应该赋予校长更大的权力进行教师的筛选和奖励。在招聘员工时，虽然需要和学校其他职员一起磋商，但最后的任用决定应该由校长作出。（p. 316）

库本（Cuban，1988）则认为，学校之所以采用官僚组织结构，是因为学校缺乏专业领导。因此，自治是必要的，这样才能产生领导力。

> 没有选择，就没有自治；没有自治，就没有领导……学校目前的组织结构是将教师、校长和主管组织在一起进行管理，让他们来维持学校的现有状态，而不是激励他们把学校改善为可能存在的样子。这种学校治理结构埋葬了他们的改进动机，产生的只是一种管理命令而已。（pp. xx-xxi）

库本也承认需要联邦、州和学区规章以及与它们相伴随的问责制度。他呼吁建立一个能够达到平衡的程序，在这个程序中，一方面给予学校足够的自由裁量权以提供教育，另一方面又能使上一级行政机构可以对学校进行谨慎的指导管理。这个程序注重"较少地使用规章进行控制，而是授予学校个体和教育工作者独立的自由，他们可以为了达到明确的目标和标准而改变基本的组织构架（如果必须这样的话）"（p. 248）。

汉纳维（Hannaway，1996）在全面回顾了有关分权（校本决策）和基于绩效的激励（如学校承担责任以符合州标准）的大量研究后总结道，单一使用激励制度与单一使用分权一样，将会带来危害，但如果将这两者相结合，将会大大提高初等学校和中等学校学生的成绩。她指出，分权的主要不足在于，对于很多学校，尤其是接收差学生的学校而言，分权无法有效地引导学校行为。面对这个问题，基于绩效的激励制度可以通过制定学术成就目标来引导学校开展大量的活动，即使有时候这些目标是很狭隘的。这样就不会造成低能力学校漫无目的地进行教学的后果。基于绩效的奖励的最大不足是课程扭曲，但这个不足可以用校本决策来解决，校本决策使学校避免了官僚主义的繁文缛节以及程序和层级的妨碍，在课程出现扭曲的时候，它能够提供一个相对容易的方法去平衡课程系统。 *431*

教育复兴协会（CORE，1998）制定了到2020年使美国教育成就翻一番的战略，这个战略主要关注学生成绩部分，并将主要的控制点由学区转向学校个体。教育复兴协会认为，应该赋予学校相关的决策权力，让学校对自己的日常工作进行管理，并赋予学校制定所有合法决策的权力，这样才能使学校达到州制定的学术绩效标准。教育复兴协会建议将75％的教育拨款直接拨给学校，并允许学校将这些钱用在它们认为对改进学校绩效最有效的事情上。然而，教育复兴协会不仅仅依靠校本决策完成它们的战略目标。和汉纳维（1996）的建议一样，教育复兴协会认为，校本管理应该和问责制一起使用，问责制涉及毕业生的熟练度高风险测验。3年级的学生如果想升入4年级，就必须参加这个测验，以证明自己在读书方面的熟练程度。同样，学生在进入中学之前，必须通过考试，以证明自己在数学和代数方面的熟练程度。

格斯（1998）提醒我们，美国教育危机主要产生在城市内的大学区，因为这些学区的学校规模都很大，所以诸如校本决策之类的管理改革是必不可少的。他指出，在美国，90％的学区的学生人数少于5 000人，80％的学区的学生人数少于2 500人，这些学校都非常小，完全可以避免因官僚体制的弊端而造成的破坏性影响。问题是，在整个美国公立教育的受教育者中，有50％的学生在剩下的5％的学区学习。在这些城市的大学区，决策制定变得很慢、很分散，而且和学校的日常运作相脱离。大量的学区规则、州规则、联邦规则以及法律规则交织存在，影响着这些学校的运作，削弱了这些学校日常运作的完整性，使得校长和学校职员难以对学校未来的发展形成一个共同的愿景。

格斯认为，将校本决策和其他兼容的改革相配合，是一个非常合理的改革设想，而其他兼容的改革是指诸如州范围内或者学区范围内的绩效问责制。然而，他也害怕真正的校本管理和相关的改革不会发生，因为政治争论会阻止改革的进程。学校委员会进行宏观管理的能力会因此消失。许多学校的校长都害怕受到问责制的关注。教师工会的管理人员也害怕自己的学区影响力因此受到侵蚀。而那些收益最大的潜在的改革支持者们——学生、家长以及其他市民——对于改革的相关信息了解得很少，而且无法组织他们进行政治行动。

总之，尽管格斯指出了很多政治障碍，但分析者们仍然将校本决策当做系统性教育改革中不可或缺的一部分，并认为，在大学区系统中进行改革尤其需要校本决策。

校本决策的经验

校本决策的概念已经被应用到几乎所有的学校系统之中了。可能下放的权力主要集中在三个方面：课程、预算和人事。在所有的案例中，权力的下放都是有限制的，不同学校的限制程度也明显不同。校本决策主要局限在与课程传授相关的领域。然而，经验表明，如果学校连自由配置资源的相关权力，包括人员配置的权力都没有的话，它根本无法就课程传授问题作出重大的决策（Odden，1999；Odden & Busch，1998；David，1994）。这个问题解决之后，校本预算（SBB）就变成了校本决策的一个部分。例如，一些计划中学校可以掌握90％的预算，但其他计划中学校所能掌握的预算还不到2％。一旦学校可以控制90％以上的预算，学校就可以设计自己的人员构成，将学校资金进行合理的分配，用在人事和其他用途上。

赋予学校很大的权力以开发和管理学校资源，在美国还是一个相对比较新的概念。之前，人们关注更多的是州和联邦对学区的拨款规则，而不是对学校拨款的相关规则，只有一个例外是关注学校的，那就是教学供给的生均经费。在传统上，都是由学区为学校作出资源配置的决策。这种情况在20世纪80年代后期开始有所改变，那时候，美国的一些州开始采用择校制度，允许家长送孩子去非居住地学区的学校学习。由于政策规定财政拨款以当地学生为标准，所以必须对学生就学的学区给予补偿，对送出学生的学区进行收费。这时候，大多数州开发的转校程序都是笨拙的、烦琐的，而不是直接的成本分析（Odden，1999）。

授权举办特许学校，同私人投资者签订学校运作之外的合同，是最近为了追踪流向学校的资金才出现的例子。然而，校本决策的传播推动了校外人士出钱办学校，也刺激了财政拨款由拨给学区转为拨给学校。

截至目前，没有一个州制定出针对学校直接拨款的相关规则，但很多州都在研究相关政策。在美国学区中，预算管理权力超过生均经费50％的学区包括辛辛那提、匹兹堡、西雅图和佛罗里达州的布劳沃德县（Odden，1999）。在迈阿密的戴德县学区，上级指派学校人员，但如果用于这些人员的拨款用在了其他用途上，这部分人员也是可以变动的。芝加哥的学校无权支配那些基本项目的资源，但却可以任意支配那部分用来帮助学生的专项援助计划的相关资源；学校委员会可以自由地支配这些资金，购买物资设备或者用来支付新职员的工资。在肯塔基州，学区统一支配学校财政，用于雇用不同类型的合格教师，或者用来购买相应的器材设备（Dunn，James-Gross，& Trampe，1998），但对于学校如何花这笔钱，州和学区都有非常严格的限制（David，1994）。戈尔茨和斯蒂菲尔（1998）也注意到，在 4 个大城市的学区（芝加哥市、福斯市、纽约市和罗切斯特市），校本预算的资源配置是受到严格限制的，而这些学区在某种程度上已经开始执行校本预算了。他们发现，真正能够自由支配资源的学校，到目前为止还不足 20%。

在这一部分，我们来看看在目前具体执行过程中，校本决策都有哪些种类。因为美国人在接受新想法方面是很谨慎的，所以我们也介绍一些校本决策在国外的应用，以说明这个制度的潜力。所有的介绍都是围绕资源配置和预算这两个方面。我们将在下文关注加拿大的埃德蒙顿（第一个执行校本决策的学区）、芝加哥、肯塔基、英格兰以及澳大利亚的维多利亚州。 433

埃德蒙顿

加拿大艾伯塔省的埃德蒙顿市，自从 1976 年就开始实行校本决策了。这个学区有 205 所学校和 8 万名学生。在学区教育财政支出中，有关资源配置的决策将近 92% 是由学校作出的（Ozembloski & Brown，1999）。学区允许学校自由决定以下事务：教学人数和非教学人数、学校的维持、学校的效用、设备以及采购，但对校长规定了明确的责任。学校行政人员和教师基于自己在学校年度计划中的优先项目，开发了自己的预算，并将预算提交主管和学校委员会审议批准。如果需要，学校会与学区供应商或者提供咨询和服务的外部公司签订合同，共同运作。学区运作专业发展项目，项目资金来源于那些需要开展这个项目的学校预算。各个学校的校长团队替代了所有协会负责人的职位和职务。现在，校长们被认为是整个学区的高级职员（Ozembloski & Brown，1999）。

政府对学校的财政拨款是基于学校内全日制学生的数量，这种拨款综合考虑了学生的特点以及补助。幼儿园到 8 年级的学生被认为是基准单位，赋值 1.0；接受中等教育的学生（9～12 年级）赋值 1.03。在初等教育中，英语不熟练的学生比其他人多赋值 0.27；在中等教育中，英语不熟练的学生则多赋值 0.24。残疾学生在这个数值上比其他人多出 1.27～5.93，残疾人赋值的具体数字根据残疾程度的不同而有所不同。特殊拨款主要用于资助一些小项目，如阅读项目、外语教学项目、特殊教育项目以及增加入学率项目。还有一种拨款用于维持学校的日常运作，这项拨款的 75% 是基于学校的占地面积，25% 是基于学校的入学权重（Odden，1999；U. S. General Accounting Office，1994）。

校本决策制度运行十多年后，研究者对埃德蒙顿的校长和教师作了一项调查，结果显示，校长们普遍认为校本决策使学校决策变得灵活、高效率，而且能使学校成员都参与决策（Brown，1990）。当然，在这种制度下，资源配置会出现一些问题，其最大的弊端是，分权后，决策需要很长的时间，并且给人带来很大的压力。即便如此，还是有 79% 的校长推荐其他学区考虑实行校本决策。

埃德蒙顿的教师们认为，校本决策最大的优势就是灵活性和员工参与。与校长们一样，他们认为校本决策最大的弊端是决策所需的时间比较长。但是，这些弊端是伴随着资源配置、压力加大以及校长权力扩大所必然产生的。从本质上说，教师的参与只是咨询性的。

埃德蒙顿学区对校本决策的管理有一套正规的程序。除了定期对学生进行标准化测试以外，还经常对家长、学生以及学校职员就影响他们的事件进行满意度调查。学校对这些调查进行汇总，并对照学区均值进行比较。在校本决策执行过程中，这三个群体的满意度在不断提高；对于家长和接受中等教育的学生而言，这种满意度的增长是非常显著的（Brown，1990）。监控系统显示，20世纪90年代的后半期，学区的学生成绩低于预期水平，因此学区实施了一个4年计划来改变这种状况（Ozembloski & Brown，1999）。

埃德蒙顿的项目是逐步实施的。它开始于1976年的试验性项目，当时只有7个学校自愿参与这个项目，这些学校因此呈现出与学区中其他学校不同的特征。社区支持这个项目所提出的概念，1979年埃德蒙顿教育委员会通过投票，决定在学区范围内实行校本决策。现在，艾伯塔省将埃德蒙顿市作为典型，鼓励省内的其他学校也实施校本决策。

芝加哥

在美国最有前景的校本管理首先发生在芝加哥市。1988年12月，伊利诺伊州通过了校本决策计划，对"美国最差"的学校系统进行了大刀阔斧的改革。主要的战略是，建立由家长组成的学校委员会，赋予这个委员会决策权力以决定那些原本由学区教育官僚决定的学校事务，通过这个改革，使学校激励和学校权力结构达到重新统一（Hess，1990）。作为校本决策的补充，芝加哥市同时进行了开放入学计划，只要学校有入学名额，家长就可以送孩子去学区内任意一所学校就学。这个历时超过5年的改革有10个目标，但首要目标是提高**所有**学校的学生成绩、学生入学率和毕业率。1995年，州政府对这个计划进行了修正，重组了学区的治理结构，将学校董事会的成员从15名缩减到5名，并赋予市长更大的权力，市长可以委派学校董事会成员、董事会主席和学区负责人。新的董事会负责建立"反映城市多元文化差异的系统课程和标准"。学校委员会依然存在，但是，中心委员会的监管权力增强了。1995年的立法授权了一个新的职位来改进学区财政运作的效率，并监督学区服务的私有化（Wong，2001）。这两个法案结合在一起，产生了一个学区监管下的学校权力平衡体制（Hess，1999a）。

理论认为，增强学校—社区水平的民主管理能够改进学校管理，1988年的芝加哥改革比美国的其他改革更能体现这个理论（Hess，1993）。1988年法案目标得以实现的关键是建立了地方学校委员会（LSCs），这个委员会由6位家长、2名社区代表、2名教师以及1位校长组成。对中学而言，这个委员会还包括1名没有投票权的学生。除了教师代表和校长代表以外，不允许教育系统内的其他职员加入地方学校委员会。学区的职员也不可以参加家长代表和社区代表的选举。这种组织结构赋予了家长对影响孩子教育的决策的发言权，同时也避免产生纽约曾经发生的问题。在纽约，学校职员完全控制了管理小学和初中的教育社区委员会2/3的选举权（Hess，1990）。

每一个委员会都有责任制定学校改进计划、编制学校任意支配资金的预算、选举校长并对其进行评估。为了肯定这种新的半自治组织——地方学校委员会的权威，1988年，立法部门重新界定了市教育委员会的权力，确认教育委员会对公立教育和城市公立教育系统只有**裁决权而无管理权**（Hess，1990）。

赋予地方学校委员会雇用和解雇校长的权力之后，校长在特征方面发生了巨大变化。这些校长虽然并非学区的新职员，但这两年来，这些校长中有一半是新上任的。94％的新任校长是从前没有做过校长的新手。在这些校长中，一半以上的人是非洲裔美国人，接近 60％的人是女性。他们的平均年龄下降到了 46 岁（改革前的平均年龄是 52 岁）。存在种族隔离的学校的校长都是新上任的，而且这些校长的种族或信仰与学校主流人群的种族或信仰是一致的。

芝加哥的校本计划和其他地方的校本计划不太相同的是，它们赋予家长和学区代表的责任比教师的责任还多。法律承认员工参与决策的重要性，但同时在每个学校都建立了专业个人咨询委员会（Professional Personnel Advisory Committee，PPAC），由这个委员会对学校和地方学校委员会就教育项目提供专业建议。专业人员咨询委员会是由学校教师以及学校内的其他专业人员组成的。

尽管我们从未明确地陈述过《芝加哥学校改革法案》的假设，但我们可以清楚地看出这个法案的假设是，学校的校长才是每个学校的主要教学领导（Hess，1990）。在学校，校长有权力聘用教师、助理人员、学校顾问、职员、大厅保安以及其他教学项目需要的职员。校长有责任在专业人员咨询委员会和地方学校委员会的帮助下进行需求评估，并建立学校改进计划。校长还必须在经地方学校委员会的批准和修正后起草预算草案。教师可以拥有终身教职，但校长职位却没有终身教职。

除了重构芝加哥学校治理之外，1988 年的立法还希望促进学校之间和学区之间资源分配的公平。芝加哥小组（1988）披露：在改革之前，有 1/3 的目标基金（州和联邦的分类专项基金）被不正当地用于维持中央机关的官僚运作。甚至，那些原本用于为大多数低收入家庭的孩子提供基本服务的基金，也被用来扩大中产阶级家庭孩子的入学率了。改革纠正了这种不公平。改革后，政府将专项援助资金直接拨给学校，由地方学校委员会决定如何消费这笔款项。初等学校平均可以自由支配的资金接近 49 万美元，高等学校的这个平均值达到 85 万美元（Hess，1999b）。和埃德蒙顿的权力配置不同，除了所管辖的自主支配基金是用来支付校长和职员的工资以外，芝加哥的地方学校委员会没有人事任免权。

改革进行到第 4 年的时候，1 755 个学区或者分学区撤销了相关的行政职位，学校内增加了 4 594 个新职位。在改革开始时，有 88.5％的学校职员归入学校预算内，1992—1993 学年，这个比例增加到了 93.1％（Rosenkranz，1994）。最初，学校将这笔自主支配资金用于雇用更多的职员和助理人员，以此来支持学校的教育活动，那时候，职员和助理人员的数量大大地超过了教师的数量。但到了改革的第 4 年，学校开始用这笔钱雇用更多的教师直接为学生提供服务。

在 20 世纪 90 年代中期，学区的整个财政状况是不稳定的，这也是 1995 年进行立法改革的原因。遵循 1988 年改革立法的原则，学校中心董事会（the central school board）参与了同雇员工会签订合同的过程，合同中包括增加雇员工资的条款，可是，对于这笔钱，董事会却一直无力承担。到 1995 年，董事会已经累计赤字达 1.5 亿美元。为了避免即将发生的学区财政危机，不让民众对改进学术成就失去信心，伊利诺伊州立法机关通过了 1995 年立法改革。

1995 年的立法改革保留了地方学校委员会，但将其并入中心委员会的范围内。校长被赋予更多的权力，可以管理学校监护人员以及学校餐饮服务人员，并安排他们的工作时间（Harp，1995）。这次立法改革对与工会谈判的条款进行了限制，并且不允许管理层的雇员加入工会。

尽管有大量的证据可以表明，改革极大地提高了芝加哥初等教育接受者的学习成绩，但离实现改革目标还有很长一段距离。达到或超过国家成绩标准的学生百分比在不断增长，1990—1998年间，在阅读方面，这个比例从23.5％增长到34.7％；在数学方面，这个比例从27.1％增长到39.6％（Hess，1999b）。但是，中等教育水平改革的成就却不是那么明显。在中等教育中，在阅读方面超过国家成绩标准的学生比例从30.6％下降到28.6％，而数学方面的百分比有所提高，从21.6％增加到31.1％。

布克（Bryk，1999）运用1995—1996学年的数据分析1987—1988学年改革成就的时候，将规模相同的小学分为三种不同的类型：改进型、挣扎型和未受改革影响型。布克发现，尽管中央支持结构运作得不是很好，但那些改进型学校都有能力聚集和整合所需资源，以进行改进。但在没有外部支持的情况下，这些学校能否保持所取得的成绩是值得怀疑的。布克认为挣扎型学校的前景更为渺茫：“可能需要更具组织性、更具支撑力的外部支持，推动这些学区的进步”（p.83）。而对于那些没有受到改革影响的学校而言，任何学校力量——不是地方学校委员会，也不是校长或者学校职员——都没有能力克服学校本身的功能紊乱。布克坚信，“除了有可能改进这些学校的设备以外，看不出这些学校在其他方面还有任何改进的可能”（p.83）。这种情况和第1章所描述的新西兰的情况相似，和奥克兰中心城市的情况特别相像。

1995年的立法改革为教育改革提供了所需的中心结构。新政府采用一种商业管理模型来对学校进行运作，而且很快就表现出了管理的效率（Wong，2001）。董事会采用了学校给出的课程框架和绩效标准。1996年，学区内的550所学校中，有109所（38所中学和71所小学）试运行校本决策制度，因为这些学校只有不到15％的人达到了国家成绩标准。在接下来的一年里，有9所学校取消了这种制度，而15所学校新设了这个制度。有7所中学重新建立了这个制度，在这些重新建立校本制度的学校中，有5所学校撤换了校长。所有的教师和学校职员岗位都是空缺的，但允许原来的教职人员重新申请在学校任职。其中，70％的人留了下来。在那些没有留下来的人当中，约有30％的人因为没有能力在其他地方找到工作而面临失业（Hess，1999a）。

1997年，中心董事会将正在试运行的学校管理制度应用于中学计划中，并强烈推荐其他学校采用这个制度。这个计划的目标是要促使大学校对城市内的学生更加人性化，同时对学校个体施加学术压力。这个计划将中学分为初级学校和高级学校。初级学校主要接纳的是9年级和10年级的学生，新来的学生进入初级学校后，和5个教师一起组成一个团队，这5个教师将陪伴学生度过2年的学习时间。所学课程也仅限于毕业所需的核心课程。在学生升入9年级之前设置升级门槛，以此来保证学生做好了升入高中学习的准备。在9年级的时候，学生如果想进一步学习，就需要证明自己在阅读方面的熟练程度。虽然允许高级学校对学生进行一定的筛选，但高级学校的基本构架和初级学校是一样的。这个计划的目的在于使学生们可以充分地了解成人、了解自己的同学，也使教师可以充分地认识自己的学生。

在1998年，政府提高了那些不试用校本制度的学校的最低成绩基准（minimum-achievement benchmark），原本要求学校达到或超过国家平均水平的学生达到

15%，而现在，这个比例提高到了 20%，而且在不久的将来，这个比例还会继续提高。因此，又有 7 所中学进行了重组，108 所学校仍处于试用校本制度的状态。而政府对于学校的行为既有惩罚，也有奖励（Wong，2001）。中心委员会对试用这个制度的学校进行拨款（平均每个学校 10 万美元），学校用这笔钱从委员会许可名单中雇用外部合作者来协助学校的工作、改进学校的教学绩效。"见习经理"（probation managers）检查学校改进计划，并协助校长处理学校运营中的各项事务。"商务经理"（business managers）检查学校的预算和经济运作。

中心委员会也废除了自动升级政策。1 年级、2 年级、3 年级、6 年级、8 年级和 9 年级的学生，如果在国家标准测试中没有达到预定水平，就必须参加一个由学区组织的夏季桥项目（Summer Bridge Program）。如果在这个项目中，学生得到的分数大于所需要弥补的学分，那么这个学生就可以升入高年级学习；如果得不到相应的学分，这个学生必须留级继续学习。

学区还发起了一个非常积极的教师聘用项目。新教师在刚入职的那段时期，学校会将他和他的指导者（mentor）结成小组。这些指导者和新教师经常见面，一起参加学区在职项目以及合作性学习。所有的教师都可以通过教师学院获得在职培训的机会。仍然是由地方学校委员会来决定校长的人选，但对于校长的甄选，学区已经新开发出一套较为严格的标准。学区与芝加哥校长和管理者协会以及地方大学合作建立了两个培养领导力的项目，为所有的校长提供在职培训（Wong，2001）。

1995 年的改革立法对教育系统进行了系统的指导和协调，并给学校施加了追求卓越的压力。1988 年的立法改革就是希望通过地方学校委员会、校长和学校职员实现这些目标，但当时并没有做到这些，至少对 2/3 的学校来说，1988 年的立法改革没有实现期望目标。布克（1999）这样总结道：

> 在分权体制下进行职责的划分，赋予了地方学校独立的执行力，州政府为地方学校提供资源和援助，以达到有效促进学生学习的目标。反过来，学校也有责任确保学校的主要精力放在促进学生学习上。那么，教育系统中心的工作就是制定合理的政策以支持权力下放、维持其为地方学校提供外部援助的能力、积极实施严格的外部问责制并激励创新。(p. 89)

肯塔基

肯塔基州在 1990 年制定法律，对整个教育治理结构进行了彻底的改革。肯塔基州最高法院的一项决定是整个改革的发端，法院裁决整个州的学校管理和学校财务系统违反了州宪法关于"建立普通学校效率机制"的要求（见第 10 章）。肯塔基州的改革在某种程度上被认为改变了全国教育的蓝图（Danzberger，Kirst，& Usdan，1992）。这次改革既具有集权特征，也具有分权特征。从改革实施到现在，十几年间，改革在不断地进行调整，其中调整幅度最大的机制就是问责制。

肯塔基州的新体制主要着眼于学生成绩，注重的是产出而不是投入。期望达到的目标是每个学生都能学到东西，将教育体制变成绩效驱动、结果导向的体制。在州内设立学校绩效标准委员会，确立学习目标，并定义期望的学生学习成果。在改革法案通过的第 10 年，州教育部门发现，所有的学生在州测试中的成绩较 10 年前都有很大的提高。本州的 3 年级、6 年级、9 年级的学生，在基本能力综合测试（CTBS）中的分数等于或稍稍高于国家平均水平。从包括国家教育进步评价在内的 *438*

其他国家测验中都可以看出，本州的教育进步很大。虽然很少的学生能达到高水准的学习水平，但低认知水平的学生进步非常大。白人学生和少数民族学生之间的成绩差距依然存在，而且州辍学率依然没有下降。不同学区之间的生均支出差距由1 199美元下降到757美元(Hoff, 2001a)。在计算机技术和互联网的使用方面，贫富学区之间的差距实质上已经消失了(Hoff, 2001b)。

每个学校都有一个学校委员会，委员会由3名教师、2位家长和校长组成，由学校委员会管理学校。学校委员会有权选择课程、选择教学材料、制定纪律规定和教室管理规定、监督学生的课外活动，并对学生和学校职员进行分配。学校委员会有权在主管学校的区部门推荐的候选人名单中筛选合适的学校职员，包括校长。1998年对问责制进行修改后，委员会又多了一项权力，即可以决定对学校内成绩进步的学生如何进行奖学金奖励。先前，这项权力是归学校教师享有的。

肯塔基州建立了肯塔基教学效果信息系统(KIRIS)，主要用来了解每个学校完成改革法案事先设定的6个学习目标的情况。最初的问责制由三个部分组成：绩效评估(主要是衡量认知成绩)、学档任务(portfolio task)及过渡项目和任务。如果某个学校在这一系统上显示出有巨大的进步，那么这个学校将会得到经济奖励，这笔经济奖励的分配方式是由学校内大多数教师一起决定的(Kannapel et al., 2000)。而结果显示没有进步或是有所退步的学校将会受到惩罚。

问责制自1992年第一次应用以来，就一直存在着管理问题和技术问题(Keller, 1999)。1998年，肯塔基州又建立了一个新的制度——全州绩效问责制测验系统(CATS)，并于2000—2001学年全面实施这个制度。新的评估程序将国家标准测试的多项选择题和符合国家学术标准的开放性问题相结合，用这个方法衡量学校学术水平的进步程度，如果学校取得了很大的进步，就会得到奖金奖励。州教育部门会对那些没有取得令人满意的进步的学校进行干预，包括审计、提供职员支持以及提供资金(如果需要的话)。在低绩效学校上学的学生，有机会转到好学校学习。

州教育部门设计了一个学校报告卡，每个学校都有责任发放这个卡片。这个4页纸的报告包括以下内容：学生成绩信息、学校氛围和教师资格。还确定了家长参与的机会。州教育部门对每个学生的成绩进行分析，并将其邮寄到学生家里。

批评者认为，这种制度要求教师对学生成绩负责，而不是学生对自己的成绩负责，这样一来，就必须以教师能够完全控制学生的学习为假设前提。"肯塔基州的问责制破坏了原本促进教学和学习的变革，因此，这种高风险的问责制自身的绩效评估受到了人们的质疑"(Jones & Whitford, 1997, p. 280)。建立肯塔基教学效果信息系统的本意是，将问责制与推动教师及校长进行基于绩效的教学和评估相结合。而测验的设计者和立法者却坚信，测验的可靠性才是建立测验的最重要的决定因素。因此，只能将无限制的评估缩减成几个重要项目的形式(Wasley, 2000)。这样，客观的考试分数和高风险的问责制相联系，使得教师只能去狭隘地教授考试内容。

问责制将学校质量简化为一个数字公式，也就是学生成绩，但用这个来衡量学校多方面的质量未免过于简单、不太合适。实际上，它和教育体制改革的

439

前提是互相矛盾的，教育体制改革的前提是认为学校改进是一个复杂的、需要多方面因素互相作用的结果。一般来讲，教育体制改革中所假设的真理性前提，对问责制而言，尤其应该是正确的。简单的分数机制是不可能做到的。现在需要"下一代人"好好考虑一下，学校问责制到底意味着什么。（Whitford & Jones，2000，pp. 21—22）

上面所讲的美国"下一代人"思考问责制的结果，在下面的部分和第 1 章中有具体介绍，而这些都是对英国改革的粗略模仿。我们将维多利亚州的问责制视为一个公平合适的问责制原型（也是在下面的部分和第 1 章中有介绍）。

戴维（David，1994）对肯塔基州校本决策的研究由 2 年延长到了 5 年，他发现，改革的主要力量集中在与人们交流改革的重要性和严肃性上，以及建立学校和社区的紧密联系。尤其是教师，他们很高兴有机会参加校长的选举，家长也很欣赏改革，这使他们有机会以一个官方的身份来参与学校的政策制定。具有代表性的是，各个学区都没有把学校预算中的人事自由裁量权赋予学校委员会。到后来，委员会只能掌管那些非使用基金。结果造成分配过程中出现的最大问题就是，学区内没有一个有效的审计系统可以监督所有学校水平的支出，也无法让学校在线进入自己的财务账户（David，1994）。

英格兰

没有哪个国家的校本决策经验比英格兰更为丰富。在第 1 章中，我们介绍了英国改革的一般性质，你可能会希望将那个性质应用到我们现在所关注的英国校本决策改革中，或按照英国的说法叫做学校地方管理（LMS）。

在 20 世纪 80 年代以前，英国有将近 95% 的孩子在国家系统下的州立学校上学，这些学校接受地方教育管理机构的管理。这些权威机构是地方治理结构中的一部分，更像是美国财政独立的学区。地方教育管理机构会在其权限范围内，对学校进行大量的政治和官僚体制管理，并为学校提供重要的专业人员和辅助支持。在英国的教育体系内，人力资源和财政资源在各个学校之间的分配比美国体制下的分配更为公平，过去是这样，将来也是。

有关校本决策的改革，将会在下文列出，其中包括 1979—1997 年英国保守党执政期间对教育进行的一系列"私有化"性质的改革，也会介绍其后在工党执政期间对改革进行的一系列修正。

改革主管团队。在保守党进行改革之前，所有学校主管团队的权力都很有限，而且主管团队中的大多数成员都是由地方教育管理机构指派的。1986 年的教育法案撤销了地方教育管理机构指派成员的权力，并在主管团队中增加了家长代表和地方商业利益的代表。1988 年的教育改革法案赋予了学校主管团队管理学校预算（学校全部成本的 80% 以上）的权力，以及处理日常运营事务的权力。

学校地方管理。地方教育管理机构在国家纲领的指导下，开发了教育财政拨款公式；学校在地方教育管理机构的管理下，根据拨款公式得到进行财政拨款。这种拨款方式能够保证学校 80% 的拨款是直接由学生的数量和年龄决定的。因此，在这个体系中，资金是跟随学生流动的，家长通过为孩子选择学校入学，而对学校产生很大的影响。先前都是由地方教育管理机构为每个学校制定预算。国家将 80%~85% 的学校教育拨款交给地方管理机构，然后由这个管理机构来解决拨款的平衡问题。

440

城市技术大学。1986 年开始，在中心城市出现了国家授权的中等学校，由提供资金的商业人士组成的独立委员会对学校进行管理。国家直接将周期性资金和净资本成本拨给学校委员会的理事。这些学校的课程侧重于科学和技术。城市技术大学完全不受地方教育管理机构控制，和美国的特许学校比较类似。

中央拨款学校（或译为中央维持学校、公立自治学校）。1988 年的教育改革法案建立了一个程序，学校可以通过这个程序脱离地方教育管理机构的管理，从国家那里直接得到财政资助，而进行自我管理。在学校得到这个特许之前，国家政府和学校权威机构之间会就一系列的学校问题进行谈判并制定标准。到 1997 年，这样的中央拨款学校达到 1 139 所，其中有 17％的中学和 2％的小学，教育的初中生达18％、小学生达 3％。在新建立的工党政府管理下，没有再追加新的特许学校。而那些已经存在的特许学校也被迫回归到基本的学校形式，再次被归入地方教育管理机构的管理范围，像地方管理学校那样接受地方教育管理机构的拨款，但基本的治理结构没有太大的变化。

在这些改革下，家长在学校主管团队中赢得了代表地位，而且可以自由地在名额未满的学校之间进行择校。而那些名额已满的学校，它们甄选学生的标准也必须经过地方教育管理机构或者教育部门的批准方可执行。学校则取得了学校预算的控制权，而且可以自己决定那些原本由地方教育管理机构决定的学校事务，比如人员配置、人事甄选、国家指导框架下的雇员薪酬。而且允许学校直接签订合同来管理建筑物维修、财务、采购、薪酬支付、保险和审计事务。改革一方面将权力从地方教育管理机构移交到学校和家长的手中，另一方面又将部分权力交给了国家政府。新的工党政府则将部分权力交还给了地方教育管理机构。

学校拨款公式。虽然国家没有规定地方教育管理机构用于学校的拨款的具体数量，但国家对如何计算总体学校预算（ASB）有明确的指导方针。总体学校预算汇总所有地方教育管理机构的学校预算，还有少量的强制性例外预算，以及具有自由裁量权的例外预算。强制性例外预算（mandatory exceptions）包括教育心理和教育福利服务、欧洲社区和国家政府资助以及资本支出。具有自由裁量权的例外预算（discretionary exceptions）包括保险、地方教育管理机构自主资金、学生资金、地方教育管理机构赞助小组、学校餐饮、交通费、维修和维护费用、特殊职员经费以及破产学校的特留资金。在 1997—1998 学年，总体学校预算呈报了小学总预算的77％以及初级中学预算的 81％（Levacic，1999）。

国家为学校的教师和辅助人员设立了标准薪酬范围，但学校主管团队在发放奖金和决定辅助人员的工作描述上具有一定的自由裁量权。地方教育管理机构根据平均教师成本对学校进行拨款，但学校需要负责支付实际的教师薪酬。学校可以用一个银行账户管理这些授权的预算，也可以交由地方教育管理机构掌管这些拨款。学校将剩余（普遍都是）或者赤字（并不鼓励）计入下一个财年。学校可以保留所有的活动所得收入，比如出租单位、赞助商以及家长学校协会（现单独核算）的收入。学校产生的收入基本上占学校预算的 1％～3％（Levacic，1999）。

地方教育管理机构开发了一个财政预算拨款公式，对总体学校预算进行配置，这个拨款公式是经过中央政府同意的。75％的总体学校预算拨款是基于学校入学人数以及学校年级结构进行的，还有 5％的拨款会考虑到其他的学生特征，如特殊教育的需要，剩下的 20％的拨款则会考虑其他的学生需求（如家庭背景和英语熟练

度）作为基本学生拨款的补充（平均 7％）以及根据学校需求进行的补充（平均 13％）。1997—1998 学年，学生拨款权重的比例如下：4～6 岁，1.0；7～11 岁，0.94；11～14 岁，1.34；14～16 岁，1.61；16～18 岁，1.94。这些比率反映了历史上的预算模型，但现在有一个增长趋势是，将拨款和项目资助相结合，这样既可以增进拨款效果，又可以提高资源配置系统的效率（Levacic，1999）。

评估。毫无疑问，地方管理学校是英国改革中最流行的形式。大家对这个改革非常支持，以至于在 1997 年政府换届中，这个改革也没有改变。即使那些对保守党所制定的政策大肆批评的人，也普遍支持地方管理学校。菲茨和哈尔平（Fitz & Halpin，1994）在一个调查中发现，所有的中央补助学校和地方管理学校的校长中，没有人愿意恢复到原来地方教育管理机构控制下的体制。

国家校长协会发起的一项研究显示，结果是积极的，但该研究也承认，自我管理影响教学的直接证据是难以获得的（Bullock & Thomas，1994）。最初的调查显示，校长们感觉地方管理学校能使他们更加有效地利用学校资源。然而，在这种管理体制下，他们也感到自己必须转移管理学生学习相关事务的那部分精力，去利用更多的时间处理行政事务（Arnott et al.，1992）。

但也应该注意到，在布洛克和托马斯研究所访问的教师中，相对而言，对于教师薪酬评价的学生学习绩效标准以及整体标准，教师们都持谨慎的态度。马伦和莱瓦克（Marren & Levacic，1994）的研究也发现，教师们对于自我管理的评价并不像学校管理者或者校长那样积极。

英格兰的争论主要集中在集体（社会）权利、责任与私人权利、责任方面。地方管理学校和其他改革一样，最初都是由右派政治力量提出并执行的。这些改革遭到了左派政治团体的猛烈批评，因为有证据显示，这样的改革是在重建一个有选择性的教育制度，这个制度对那些处于社会经济较低层的人群和移民人群造成了极大的不公平。但是，较新的工党政府只进行了一些边际的变动。右派政治力量坚持认为，改革鼓励不同类型的学校针对特殊社区和利益群体的需要作出反应，并提高这种反应程度。右派势力呼吁接受多元身份特征、进行激进的改革。惠蒂（Whitty，1994）对英国、澳大利亚、新西兰以及美国的教育改革进行研究后，提出了一种著名的平衡这些意见的机制：创造一个新形式的协会，以抗衡国家的特权，并将其作为新观念的生产者。"一部分挑战是必须摆脱分散化的决策，重新确认集体责任，这并不是说要重构一个非常官僚化的体系，因为官僚化体系的短处和不足有利于使现有的趋势合法化，这一趋势就是将教育视为私人物品而非公共责任"（p.18）。

澳大利亚的维多利亚州

我们这里会对维多利亚模式的校本决策作更多描述，因为我们相信这个模式和美国最大学区的情况最相关——那些非常需要改革的学区。维多利亚州将学校作为独立的单位进行运营——也就是说，那里没有学区。维多利亚州有 500 万人，其中 2/3 的人居住在墨尔本及其周围。在州系统内，有 1 700 所学校，这些学校有 50 万名学生和 3.5 万名专业职员。25％的学生没有英语背景，34％的学生来自受政府补助的低收入家庭。整个教育系统受位于墨尔本市的教育部（Department of Education，ED）的管理。教育部设立地区办公室，对整个系统进行管理，但地区办公室没有制定政策的权力。

直到 1993 年的"未来学校"法案，维多利亚州的学校才像澳大利亚其他州的学校那样，接受高度的集权管理。早在 1955 年，美国学者弗雷曼·巴茨（Freeman Butts）就曾经质疑过这种集权管理的效率。他质疑当时澳大利亚盛行的想法，即认为教育系统需要通过达到一致性来实现平等的受教育机会，他指出，强政府控制的运营方式是以失去社区授权（community empowerment）为代价的。然而，所有的州还是坚持对学校的集权控制，直到澳大利亚学校委员会的临时委员会（1973）发布报告。后来，在联邦和州政府的支持下，各种下放决策权的方法开始出现了。这些方法包括在每个州和地区分区入学，并在每个学区建立学校委员会（Caldwell & Hill, 1999）。公立学校呈现出很多特质，引起了人们对美国高度官僚、高度统一的大城市学校体系的关注，从而也推动了对委员会的研究。澳大利亚各州的集权体制被认为是非个人的、不引人注意的、制度化的体系（Anderson, 1993）。教师和校长趋向于认同雇用教师的州管理局（这个机构也负责分配他们的工作地点），而不认同他们被分配到的、从事工作的学校和学区。教学质量不断恶化，公众滋生了很多不满情绪，同时由于寻租导致联邦政府对私立学校进行大量资助。

维多利亚州的"未来学校"改革概况。维多利亚州的分权运动起源于 1975 年建立学校委员会事件。开始，学校委员会的作用是为校长提供建议，但几年后，委员会的职责和权力开始变得很重要。20 世纪 80 年代早期引入了项目预算，学校委员会被赋予制定学校教育政策的权力，并负责批准总计约为经常开支 5% 的学校预算（Caldwell & Hill, 1999）。

1993 年，维多利亚州通过发起著名的"未来学校"计划，开始着手学校管理的一系列改革。学校委员会在改革中扮演了举足轻重的角色，而且在改革中，委员会自身的很多重要权力也在加强。今天，学校委员会的职责包括：

- 管理学校资金，包括批准预算中约 90% 的经常开支；
- 开发学校教育政策；
- 运用自己的选举权利，参与校长的选举活动；
- 雇用非教学职员；
- 就经济服务和学生服务、学校清洁、小规模整修以及学校日常维护工作与外部组织签订合约；
- 得到教育部的批准后，管理大型建设工程资本；
- 制定学校特许状；
- 向社区和教育部汇报工作（Gurr, 1999）。

学校委员会由 6～14 人组成，其成员都是从学生家长和学校教师中选出的。校长是一个依职权的成员，学校委员会还可以选举学生、与学校无关的社区人士参与其中。教育部的员工（包括任何学校的教师和行政人员）在委员会中的比例不能超过 1/3。成员的任期为 2 年，而且不可以连任。在选举前，委员会成员不会代表任何团体提出任何要求。

"未来学校"这场改革创立了一个自我管理的学校体系，在这个体系中，校长和学校委员会在州所建立的课程和标准框架下管理学校。改革具有四个维度，如图 14—1 所示。课程框架具体列举了期望学生达到的 8 个主要学习领域（key learning areas，KLA）的结果：艺术、英语、健康和体育教育、英语以外的语言、数学、

443

科学、技术以及社会和环境学习。这个框架为所有年级的学生规定了综合而又严格的课程，并建立了相应的主要学习领域绩效标准，而且还规定了相关的考核和报告机制。

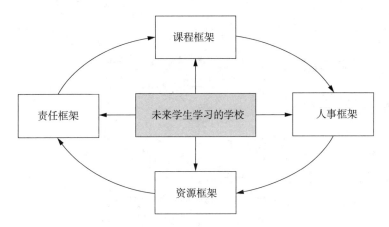

图 14—1　维多利亚州"未来学校"的四个维度

资料来源：Cooperative Research Project. (1998). *Assessing the Impact：The Final Report of the Cooperative Research Project*, *Leading Victoria's Schools of the Future*. Melbourne, Victoria, Australia；Victoria Department of Education，p. 19。

人事框架提供了学校人员的弹性以及甄选职员的标准。尽管大多数全职教授还是由州政府聘用，但当有空缺职位的时候，学校可以决定教授和辅助人员的名额，并通过甄选来选择合适的人填补空缺职位。改革刚开始时，学校只能被迫保留那些原先分配来的教师，而一旦有空缺职位，学校就有权选择自己满意的人来填补。为达到这一目的，教育部要求每个学校编写一个 3 年期的人力资源规划，规划要说明 3 年内可以预期的人事调动活动，并说明经过人事调动后的空缺职位以及在学校资源配置限制下如何补充人员。当有人长期请假的时候，学校可以雇用非终身教职岗位的职员。人事框架还引入了专业认可计划，这个计划为教师们提供了一个新的职业结构，除校长和校长助理两级外，还规定了领导教师的两个级别，并且为校长、校长助理以及领导教师设计了相关的绩效管理程序。尽管实际执行程序由各个学校自己制定，但处于一级水平的教师是要进行年度考核的。人事框架为职业发展提供了实质性的内容。

在资源框架下，学校可以通过学校总体预算制度直接得到约 90% 的教育经常支出拨款。尽管拨款是基于学校特征和学生特征而进行的，但每个学校都拥有广阔的空间去利用资金和资源（除了那些设计好的州优先项目以外）。

问责制框架是整个体系中的主要机制，政府通过这个机制对学校绩效进行管理。如图 14—2 所示，它包括学校特许状、年度报告、引导学校实现特许状的三年一度的考核。这个框架的目标是使学生成绩达到州政府的要求，帮助学校和教师提高学生学习的标准（Office of Review，1998）。

学校特许状是主要的绩效文件，为学校设定了三年的战略方向，并用来指导学校的资源配置和人员评估活动。学校特许状由学校委员会制定，并经过教育秘书处（教育部的主要执行机构）批准。学校根据教育部的方针准备年度报告，具体包括以下方面：（1）在实现学校特许状所设定的目标过程中，学校所取得的进步；（2）课

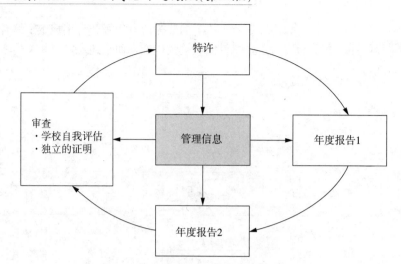

图 14—2   问责制框架的详细情况

资料来源：Gurr，D.（1999）. *From Supervision to Quality Assurance*：*The Cass of the State of Victoria* (*Australia*). Paris：International Institute for Educational Planning/UNESCO，p. 33. Reprinted by permission。

程框架下的学生成绩情况。报告中还应该包括一个财务分析。这个报告经学校委员会批准后上交给教育部，并且对地方的赞助者和选民公开。

学校每三年必须接受一次审查。首先，学校要对自己三年的绩效进行自评，总结学校特许状中实现的部分，对学校目标进行拓展，并为下一个三年制定新的目标。外部审查主要是由教育部来检验学校的自我评价。外部审查者除了对学校自我评价的准确性进行审查外，还对学校的新目标、学校应该优先改进的方面、学校下一个三年计划的重点提出自己的建议。尽管责任体系强调的是格式化评估，但教育部会对没有达到标准的学校进行继续审查。如果在一个合理的时间范围内，学校的情况没有得到改善，就只能对学校进行重组。

校本预算。州政府通过学校总体预算制度对学校进行资源配置。总体预算包括两个部分：现金和贷款。贷款部分包括用于发放工资的钱，这部分钱是由教育部保管的。除了一些学校之外，所有的学校个人都是受雇于教育部的。其他的钱按季度划拨，都存放在学校支票账户内，这种做法在未来学校改革之前已经运作 20 年了。贷款可以转化为现金（但如果福利成本少于 10％，就没有资格进行转换），因此，学校都纷纷减少劳动力，使学校有可能利用空余资金做其他的事情。同样，也可以将现金转换成贷款，从而使学校可以雇用更多的人。尽管学校大部分都是按照总体预算的专项利用资金，但除了一小部分州优先资金（比如专项援助项目的资金）以外，学校还是可以自由使用其他资金的。

教育部根据学校不同年级的入学率、学校的地点特征（如学校规模、乡村学校、与外界隔离）、学生的特征等一系列数据，来决定各个学校的总体预算。被授权人员是基于每 21 名学生一个专业，小学学生权重为 1.00，中学学生权重为 1.43。另外，还通过其他公式进行一些现金补贴和账户补贴，主要是针对那些课程扩大化的项目、特殊教育的需求以及地点偏僻学校的需求。对于一级教师的成本计算是按照预算内外的平均成本方法进行的。二级和三级教师的标准是根据约定的薪酬支付的。校长级别人员的工资基于全国成本水平，在相关的工资幅度中属于最低的。所提供的用于学校人员的资金，15％用于二级领导教师，15％用于三级领导教

师和校长级别教师（Victoria Department of Education，1999）。

州政府决定教师工资的幅度问题。教育部可以向政府就有关学校资金水平问题提出建议，但最终的决策权还是在政府手上。教育部内的学校人员和资源部门紧紧地掌管着总体预算中贷款部分的资金，而且，每两周处理工资的时候就会更新这部分资金的剩余金额。学校的这部分剩余资金会被一年一年地积攒下来。如果某一年这个学校的开支超出预算（严重超支），那么下一年会从总体预算中进行扣除。

为了促进校本预算计划，教育部在网站上公布了一个总体预算简便计算表，学校管理者在官方通知之前，就可以估计学校的总体预算情况，利用第三项总体预算指标，知道学校前一年的相关入学信息，从而可以直接计算。学校在预算年前期，收集官方的入学信息后，就可以知道确定的总体预算了。如果遇到学校信息更新或者由人口普查和学生流动引起的相关变化，则进行修正过的总体预算。

学校项目预算。每个学校都会编制一个**学校项目预算**，涉及总体预算中现金部分和学校盈余部分的资金开支。这个预算根据财务分类，汇总了学校预期现金收入的来源和数量以及每个学校项目的资源配置情况。这个预算在汇报每个项目资源配置的同时，还会描述项目的目标和对象、执行计划以及项目绩效的评估方法。项目的组织有可能会涉及州课程框架下的主要学习领域，或者学校特许状上的优先项以及州政府的特殊项目等方面。除了总体预算所形成的现金款项，学校还可以通过其他方式获取收入，比如：前一年的剩余资金，总体预算中的贷款部分转化而来的现金，学校出租费用，书店、小吃店等学校企业所赚的资金，入学费，援助金增长，捐款，设备出售，盈利，学生志愿者费，需要昂贵设备和材料的学生入学测试。

学校项目预算必须经过学校委员会的批准，但项目的主要执行者常常是校长和学校商务经理（大多数学校的情况）。在这个过程中，经常要向那些主要学习领域的协调者进行咨询，而且大家首先注意的是特许优先的项目。预算草案首先交给学校委员会的财政委员会进行修改。最后，将建议预算提交整个学校委员会批准。学校日常事务管理预算由校长和学校商务经理通过。教育部对现金进行管理的唯一活动是年度审计。

信息系统。未来学校改革——尤其是总体预算——的成功，关键在于开发了一套信息辅助系统。**州和学校之间没有任何纸质的经济交易**。所有的数据都是通过计算机网络进行传递的。最重要的经济交易信息系统是计算机校园环境管理系统（CASES）。这一系统是为未来学校改革设计的标准行政管理平台，是一套战略信息系统。学校和教育部之间通过这个系统保持沟通和联系。计算机校园环境管理系统储存并处理一系列的数据，包括学生记录、财力资源、物质资源和人力资源信息。计算机校园环境管理系统有一个功能，就是根据具体的学校需求制定不同的信息，但很少有学校用到这个功能。计算机校园环境管理系统的管理信息系统（CMIS）是对计算机校园环境管理系统的补充。对于校长而言，这个系统是非常有价值的，尤其是它能够生成报告，从而在维持计算机校园环境管理系统数据的同时，提高了数据的价值（Gurr，1999）。

计算机校园环境管理系统具有界面友好的特点，使用者能够很容易地掌握其用法。即使是没有财会背景的人，比如学校的秘书或者职员，也都会使用计算机校园环境管理系统进行学校所需的财政操作。后来，这个系统从财政事务扩展到人事事务。教育部还提供了电话支持。

KIDMAP 是专门为教师设计的信息系统。教师可以用这个系统掌握学生在州指定课程相关标准上的个人进步或者整体进步。这个系统还能为教师就有关标准量身定做个人教学计划。最早那个版本的 KIDMAP 系统非常不稳定，很多学校和教师都不想用这个系统。最近一个新版本的 KIDMAP 完全挖掘了系统的潜力，使 KIDMAP 和计算机校园环境管理系统达到了完美的结合。

财政审计程序。所有的财政报告都要通过计算机校园环境管理系统完成。当一个学校完成了年终程序，系统就会直接下载数据汇报给教育部。

学校每年都会通过内部审计和外部审计，审查学校整年的财政状况。外部审计是由州审计员作出的，这个审计是注重程序的宏观审计。教育部对内部审计进行指导，但具体的审计工作是由与教育部签订合同的独立的审计公司来做的。教育部就相关的审计标准制定了标准的电子化审计程序，审计公司必须按照这个形式进行审计。教育部培训审计员如何使用这个软件，而且教育部每年都会对审计公司的工作进行严格的考核，并指出公司的不足。如果教育部对审计公司的工作业绩持续不满意，就会在批准的审计公司名单中将其取消。

评估。在刚开始执行未来学校政策时，成立了教育委员会，这个机构专门向教育大臣建议相关的学校拨款机制，尤其是针对那些将资源和学生学习需求相匹配的拨款机制提出建议。这个委员会提交了三个报告（1994 年 8 月、1995 年 6 月和 1996 年 12 月），这三个报告追踪了改革执行中所取得的进步，并针对改革产生的困难提出了解决方案。当委员会意识到总体预算所提出的政策建议框架应该建立在优秀学校实践基础上的时候，委员会选取了全州不同类型的学校代表——共 83 所学校的数据作为素材。校长代表团队管理这个委员会。这个校长团队的角色是应对委员会观念的共鸣板。委员会面临的主要挑战是开发一个符合教育原理的学校资源分配公式。这个问题涉及很多方面，包括：小学和中学每单位投入的差异，尽管没有教育原理证明，但还是要减少两者之间的差异；建立与提高学校和学生需求指数；将总体预算变得更简单、更容易理解；保证学校可以自主地运用资金；尽量减少呈递书面报告，降低不必要的集权控制；保证适当的问责制（Education Committee, June, 1995）。

另外一个评估未来学校改革过程和成果的正式工具是合作研究项目，这个项目始于改革初期的 1993 年，指引着维多利亚州学校的未来。这是由教育部、中小学校长协会以及墨尔本大学合作的项目。这个项目为期 5 年，涉及很多内容，包括校长们心目中关于改革收益的 7 个广泛调查，还有几个关于备受关注问题的调查（Cooperative Research Project，1998）。

合作研究项目没有直接监测学生成绩的进步，因为改革前不存在基准数据。更进一步讲，教师工会不鼓励教师为这个项目提供学生成绩信息。

1997 年的校长意见调查（这个项目所主持的最后一个调查）显示了大家对改革的强烈支持，81％的校长表示，与过去的制度相比，更支持现在的制度安排。校长们注意到了课程方面和学生成绩方面取得的成绩，一致认为最大的收益是来源于计划和资源分配方面的制度安排。校长们将总体预算视为增强学校计划和资

447

源分配功能的制度。主要体现在建立了资源和课程项目的联系、根据学生教育需求配置资源和完成学校特许状中的优先目标三个方面。负面影响是，在改革中，教师的工作量和时间需求大幅度上升，校长平均每周工作时间为 59 个小时。当然，大家也注意到，改革中变数很多，人们很难跟上这些变化，改革中表现出职业的不确定性，员工在学校之间的流动机会在减少（Cooperative Research Project，1998）。

　　总体来看，维多利亚州的改革展现了一个极端的案例，这个改革由刚开始的研究导向性政策制定，慢慢转换为中央监督下的校本决策和家长择校制度。

特许学校

　　特许学校是美国的一个创新，类似于维多利亚州的未来学校以及英格兰的地方管理学校。特许学校是公共政策中发展最快的创新体制之一，而且这个政策得到了两个政党的总统、州长和州立法者的广泛支持。长期担任美国教师联盟主席的艾伯特·尚克（Albert Shanker），是特许学校最早的支持者之一，但后来他抵不住教师工会和地方学校委员会的压力，开始反对这个政策。36 个州和哥伦比亚特区自 1991 年开始制定特许学校立法，当时明尼苏达州是第一个这样做的。2000—2001 学年，一共诞生了 2 000 余所特许学校，这些学校的在校生达 50 万人（Gill et al.，2001）。

　　特许学校是通过签订合同产生的公立学校，不接受州政府的代理，也不存在地方学校委员会。特许状——或者说合同——中规定了学校的运作框架，以及公众对学校的支持方式。特许状是有时效性的，一般是 3～5 年，到期时会重新审核。得到特许状的学校可以自主地进行学校管理，并且不用拘泥于其他学校所接受的规章制度的约束。为了得到这样的自主权，作为代价，特许学校有责任达到特许状以外制定的目标，包括提高学生成绩（U. S. Department of Education，2000）。

　　各个州之间的特许学校立法各不相同，但法律条文中一般都包含以下部分：
- 哪些学校可以申请特许状，怎样得到特许状，以及特许状的数量；
- 法律对特许学校的定位，它和政府的关系是怎样的，学校如何运营，学校的责任是什么；
- 教育拨款的级别和类型，财政独立和自治的数量；
- 学校的入学规定应做到无歧视，注重种族平衡，并考虑到特殊教育的需要；
- 学校是否可以作为雇主，法律允许学校内存在哪些劳动关系以及员工的哪些权利和特权；
- 学校在发展学校教学目标和进行教学实践时的控制程度；
- 特许状是否作为基于绩效的合同，怎样进行绩效考核，以及特许状的撤销和延续事宜（http：//www. uscharterschols. org/，accessed January 9，2002）。

　　特许学校的 SRI 国际研究（U. S. Department of Education，2000）显示，特许学校的需求是很旺盛的：据报道，70％的学校申请加入特许学校名单。自 1992 年开设第一个特许学校以来，曾经关闭过 59 所学校——其中 4％的学校再次开放。大多数特许学校都很小；相对于其他公立学校 475 人的中等规模而言，特许学校的中等规模是 137 人。一半的特许学校在年级结构方面和普通的小学、中学、高中学

校不一样。1/4 的学校跨越 K－8 年级、K－12 年级，或者不分年级；相对而言，只有 1/10 的公立学校这样做。70％的特许学校是新建的，约 20％的特许学校是由那些寻求更大自由的公立学校转换而来的，还有 10％的特许学校是由寻求稳定拨款的私立学校转变而来。生师比的中位值约为 16：1，比其他公立学校稍微小一些。相对而言，这些学校是具备计算机技术设备的。

在 70％的特许学校中，学生的种族/宗教构成和周围社区的构成相似。约 17％的特许学校录取的有色人种比例高于社区的这一比例，14％的特许学校录取的有色人种比例低于社区的这一比例。就全国而言，特许学校的白人录取率为 48％，相应地，其他公立学校的这个比例是 59％。特许学校录取的享受免费午餐或降价午餐的学生，比其他公立学校略高。英语不熟练的学生占特许学校录取比例的 10％。这个比例与其他的公立学校持平。而特许学校接受特殊教育的学生录取比例（8％）低于其他的公立学校（11％）（U. S. Department of Education，2000）。关于特许学校的学生成绩问题，吉尔等（Gill et al.，2001）总结认为，通过回顾相关的研究可以看出，尽管有证据证明特许学校能提高学生成绩，但没有证据能证明特许学校具有长期的学术效应。

曼诺（Manno，2001）指出，特许学校运动是发生在城市中的大规模现象。吉尔及其同事们（2001）认为，特许学校趋向于建立在那些公立学校运作失败的地方。在大城市里的特许学校，或在城市边缘的特许学校，录取的学生达到整个特许学校学生人数的 2/3。曼诺将大城市吸引特许学校的原因归结于，人们利用特许学校来避免学校的倒闭，脱离那个被官僚主义者和工会激进分子控制的反应迟钝的体系。他描述了这些城市学区的特征，以及那些作为工业社会残余的非特许学校的特征（见第 1 章中的相关部分）。

> 这个体制本身是不合时宜的。原先，制度的决策过程是无私的精英阶层深思熟虑的过程，慢慢地涉及更多竞争利益的代表人，包括教学助手、教材和试卷的出版商、社会工作者、行政人员、汽车司机、维护人员以及教师。但是，这个体制阻碍了为孩子寻求最好教育的父母的参与，同时排斥了教育者的参与……他们渴望自治和专业参与。从本质上讲，在进行改变之前，应该获得每一个群体的同意。因为其中很多的利益问题都已经被编入法律，形成规定——比如教师资格证书和终身教职——即使在这些方面达成了一致同意，执行起来也很缓慢……这种扩张的昂贵的教育体制是苏联计划经济时期留下的产物。它是庞大的、反应缓慢的、调控过度的、完全依靠权力的、所有的情况都使用同一个模式的官僚管理体制，体制本身实际上是一种垄断，因此不会发生改变。（p.50）

当古德和布兰登（Good & Braden，2000a）认识到特许学校这个概念的潜在意义时，他们对特许学校的评估更为谨慎。他们批评到，法律授权的监督不足以监督学校的绩效。他们描述了很多问题重重的特许学校和它们的实践活动。为了避免特许学校进行不恰当的实践活动，真正实现特许学校的潜在价值，古德和布兰登（Good & Braden，2000b）建议，在特许学校的申请者之间展开竞争，只批准其中最好的、完全具有建设特许学校能力的申请者的申请。每个申请者在申请时，都应该配有自己学校的财政计划。每一个特许状的操作者都应该了解特殊教育的法律和相关文件。在获得特许状之前，所有的管理机构都应该有一套严格的指导计划。应该进行调查和开发项目，以推动对特许学校中那些成功实践经验的理解和传播。古德和布兰登（2000a）也主张，任何管理机构都不应该介入授权特许状的过程。

基于学生的拨款是特许学校财政的核心。关于这个拨款，有的是基于州的生均支出，有的是基于学区平均税收或支出，还有的是由特许学校和授权特许状的机构协商而达成（Nelson, Muir, & Drown, 2000）。典型的做法是，拨款由学区流向特许学校。约有一半的州对特许学校的小学生和中学生的拨款保持同一水平。大多数州直接或者通过协议对处于危险中的学生提供附加的拨款。特殊教育则是一个有争议的问题，有 6 个州是根据学区平均成本，而不是根据学生的特殊需求对特殊教育进行拨款的。这可以解释为，或者至少部分是这样的，特许学校中接受特殊教育的学生代表名额不足。其他州将特殊教育拨款与通过学生权重公式计算的成本或协商结果挂钩。

450

特许学校都有资格接受联邦政府和州政府的专项拨款，比如"第一条"和特殊教育拨款以及诸如科技教育的特殊项目的拨款。学区或者州协助输送这些款项。有 6 个州和哥伦比亚特区是提供设备资助的，在这些州，特许学校都很关注这部分设备资助，但大部分州不提供设备上的财政资助。大多数州都允许特许学校借债。约有一半的州会在学校面临现金流转困难时，为特许学校增加拨款，以帮助学校渡过困难时期；而在其他州的特许学校，现金流转困难却是一个严重的问题。有 12 个州要求特许学校实施州政府的教师退休制度，多数州要求特许学校在这方面要有很高的参与度。所有的州都要求特许学校进行独立的财政审计工作。

对新建立的学校而言，最大的问题是计划和启动成本。有 9 个州针对这个问题对学校提供援助，但其他州都没有这样做。在这种情况下，联邦政府的援助是提供一些减免政策。1994 年，得到《初等和中等教育法案》的再次授权，国家以 600 万美元的资金启动了公立特许学校项目（PCSP）。这个项目的目的是支持特许学校的规划、发展和/或初步运营，在州特许学校法律的许可下，在特许学校开始运营的前三年为特许学校提供相对宽裕的种子资金。法律还规定，特许学校所在的州如果没有参与或者拒绝这个项目，不给特许学校拨款资助的话，特许学校可以直接向教育大臣申请拨款资助。议会于 1998 年通过了《特许学校扩展法案》，再次授权进行公立特许学校项目。可以得到拨款资助的学校主体扩大到已经成熟的特许学校，这些学校可以申请拨款资助来传播它们有发展前景的学校实践。在 2000 财年，这项财政拨款增加到了 1.45 亿美元（U. S. Department of Education, 2000）。

纳尔森等（Nelson et al. , 2000）将特许学校的拨款和学区控制下的学校拨款进行比较后认为，如果不理解特许学校所承担的具体的教育任务，包括特许学校寻求教育的学生类型，就很难对此进行估计。一系列的数据可以证明，特许学校得到的拨款实际上少于在学区控制下的学校得到的拨款，因为特许学校得到的运营资金经常低于 100%；经常得不到设备资助和负债资助；得不到与州控制下的学校一样的机会来申请州政府拨款；即使它们没有得到相应的服务，也需要缴纳行政管理费用。对于那些为有特殊需要的学生和处于危险中的学生提供教育的特许学校，资金投入实际上是不足的。一些法律规定的减轻情节，确实可以使资金不足得到一点平衡，比如得到免费的以货贷款服务（如运输）。同样，平均学区支出包括许多特许

451

学校没有提供的服务。更进一步讲，特许学校有权决定自己的年级结构，决定自己的学生录取，以使其符合拨款条件而得到拨款。

1998年，由美国教育部发起的对特许学校的研究（Berman et al., 1998）发现：

> 特许状源于教育者个体、家长群体、社区领导者的灵感，或是教师们的一个梦想。他们汇集所有支持这个想法的力量，战胜了那些怀疑的人和政治反对力量，如果需要的话——他们经常这样做——他们会提出建议，阐述他们为什么希望建立特许学校，他们希望为什么样的学生提供教育服务，以及他们计划如何做。一旦建立了特许状，家长和学生就可以作出更个性化的决策，实现他们的选择，在新的机遇下，选择更好的学校入学。而理由是多种多样的。(p. 75)

研究发现，学生和家长选择特许学校的部分原因是对原来公立学校不满意，原来公立学校的学术标准很低，文化是非人性化的，不关注学生安全，无法对家长的参与作出回应。吸引他们去特许学校的主要原因是，特许学校具有良好的安全环境，学校的价值体系受家长欢迎，学校学术项目质量高，学校对成绩实行高标准要求，小学校实行小班教学，而且为每个学生确立明确的目标，家长在学校中占有重要的地位。吉尔等（2001）发现，有强有力的证据可以说明家长们对自己的选择很满意。

最近建立的特许学校趋向于实现另一种形式的公立教育，或为特殊的目标学生群体提供教育。转换为特许学校的公立学校也在寻求实现自己的教育愿景，但它们在开始的时候常常是着手于建立——且经常高度重视——教育项目。公立学校之所以选择转换为特许学校，主要是因为希望从学区手中得到自治权力，或者脱离各种各样的规章约束。私立学校转换为特许学校是为了获得公共拨款的资助，这样它们就可以建立稳定的财政，还可以吸引那些负担不起私立学校学费的学生来私立学校就读（U. S. Department of Education，1998）。

战略构成和学校预算

对美国的校本决策和校本预算的兴趣一直在增加，现在，我们将注意力集中在这种创新理念所要求的管理实践上。首先，我们看看战略构成和计划编制，然后，我们特别关注那些与校本预算相关的问题。

学校水平的战略构成和计划编制

在学区计划编制的架构下，学校常常被视为一个项目——系统内的一个准独立单位。随着校本管理实践的不断深入，学校自身变成了主要的计划编制单位。特许学校现在已经可以做到这一点了。校本决策在美国是一个相对比较新的做法，而且申请者的名额是有限制的。但校本决策在其他地方却得到了广泛应用，像之前描述的英格兰和澳大利亚的实践那样，它们都在校本决策的基础上有所发展。建立在这两个国家以及新西兰的大量校本管理实践基础上的一个模型，是考德威尔和斯平克斯（Caldwell & Spinks，1992，1998）的自我管理模型（MSM）。我们认为，这个模型可以指导美国学校的实践，因此，我们会在后面的部分具体介绍这个模型。

自我管理模型（MSM）在图14—3中有所展示。其中包括设计、预算、执行以及根据设定的目标方向、优先项目、政策制定进行的评估；自我管理模型将这些部分进行了年度管理职能的整合。自我管理模型聚焦于学校的实质——学与教，并试图让行政管理者、教师和其他学校职员、学生、家长以及社区成员都参与到学校管理中来。学校管理围绕着最符合学校实际情况的"项目"进行。

452

453

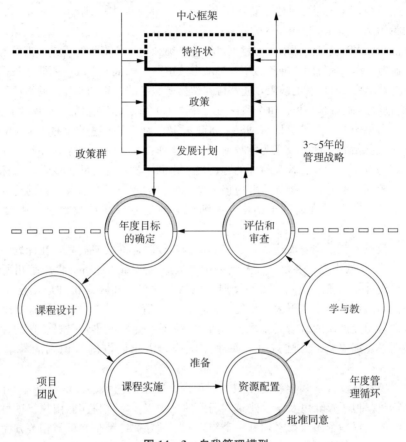

图 14—3　自我管理模型

资料来源：B. J. Caldwell & J. M. Spinks（1992）. *Leading the Self-Managing School*，London：Falmer，p. 33. Reprinted with permission from Falmer Press。

　　自我管理模型试图消除因某方面集权（如州课程管理、课程标准和评估）和某方面分权（如校本管理以及对教师和社区的授权）带来的转换时期的权力混乱。这个模型承认中央集权的影响（在图 14—3 中用深色虚线表示），国家、州政府或是地方学区通过"中心框架"和"特许状"来实现这种影响。"政策"和"发展计划"是中央集权的法律法规与学校的特征、理念和任务相整合的产物。452

　　学校特许状是一个得到政府和学校政策团队同意的文件（Caldwell & Spinks，1992，p. 40）。英格兰的特许状和澳大利亚维多利亚州的特许状的内容与美国一样，且大多是规定而不是例外原则。但即使在美国，特许学校也必须取得特许状才能建立；特许学校包括被授予特许状（或被组合而成）的私立学校、执行特许学校政策的学区内的学校。特许状概括了所制定的优先项目和标准的框架以及学校实现这些框架的方法。它列举出了学校的独特任务、愿景、优先项目、需求以及项目，并详细说明了如何制定决策以及如何进行评估。

自我管理模型的协调主体是政策团队，它主要的工作体现在图14—3中两条虚线之间的部分。执行主体是图中淡色虚线下方的项目团队。根据不同的情况，政策团队的构成也是不同的。在澳大利亚维多利亚州，法律规定，政策团队就是学校委员会。在英格兰，政策团队就是学校管理委员会。在美国，没有建立统一的学校管理委员会，州政府可以建立政策团队，如芝加哥和肯塔基那样；也可以由学区建立政策团队，如佛罗里达州的戴德县那样；或者让学校自主决定。尽管政策团队在行使自己的职责时会广泛征求各方意见，但它必须独立地负责目标设定、需求辨识以及政策制定工作。项目团队准备的预算必须由政策团队来批准，政策团队还得保证政策建议能够反映学校已有的政策，能够得到学校所配备的资源的支持。政策团队还负责对项目进行综合评价，评价每个项目的效果以及每个政策对项目的支持程度。

　　考德威尔和斯平克斯（1988）将政策定义为，在陈述目标的同时，给出目标实现方法的指导方针。政策为学校或项目的运作提供了一个框架，并允许在执行时有一定的自由裁量权。政策目标的陈述应该来源于学校特许状中或学校目标陈述中有关学校理念的陈述。指导方针应该清楚表明州的政策意图以及期望的行为方式，但制定的方针也不可以过于细化，太细化会使专业判断在政策执行中没有发挥的空间。

　　政策团队采用发展规划，并将其作为学校改进的战略规划，在计划中指定具体的3～5年的优先发展目标以及州采用的策略。这和芝加哥、肯塔基州所采用的学校改进计划的概念相似。发展计划还包括对学校的实际定位和应然定位的细致评估。当两者之间存在很大差距的时候，就存在着"需求"。学校的需求比自己所拥有的资源允许做的事情要多得多，因此，必须决定哪些事情是最急迫的。考德威尔和斯平克斯（1988）建议针对每个差距或者需求引发的可识别的弊端设计优先项目。

　　项目涉及教学和学习的领域，如英语、数学、艺术、音乐，或者支持性服务，如行政、视听媒介以及学校建筑和场地的维护工作。项目团队由执行项目的每一个人组成。每一个团队都必须有一个领导——领导往往都是在项目相关方面具有正式权力的人，如课程协调人或部门领导。在发展计划参数框架下，团队准备自己职责领域的计划，并详细列出支持这些计划所需的资源。当政策团队批准这个计划后，项目团队就开始负责执行这些计划。项目团队还要对所执行项目的正式评估负责，并且按时向政策团队提交所需的项目执行信息。尽管责权的划分很清楚，但还是会有一些个人同时隶属于政策团队和一个或多个项目团队，这种安排会需要更多的正式沟通和非正式沟通。

　　表面上看，自我管理模型类似于美国20世纪60—70年代使用的无信誉计划—项目—预算制度模型（PPBS）。虽然它们在概念上相似，但在设计上，它们是完全不同的。自我管理模型的创建者从无信誉计划—项目—预算制度模型的使用缺陷上吸取了很多经验教训，并在设计自我管理模型时成功地避免了无信誉计划—项目—预算制度模型的弊端。相对而言，无信誉计划—项目—预算制度模型非常死板，它们将更多的精力投入到形式技术以及计划和预算的琐事上，需要进行大量的文书工作。

　　正是由于无信誉计划—项目—预算制度模型的这些缺点，使得系统增添了很多不恰当的绩效要求或评估标准。无信誉计划—项目—预算制度模型所假设的计划理性程度或分析程度，比实际或者可能的程度要高很多。总之，无信誉计划—项目—预算制度模型因为"分析麻痹"而导致了很大的损失，但是，如果能够达到彼得斯和沃特曼（Peters & Waterman，1982）的研究所要求的效果，就可以避免这些损失。（Caldwell & Spinks，1988，p. 68）

自我管理模型将文书工作降到了最低程度。每一个目标描述都是一个单独的句子；政策限于 1 页纸，项目计划和预算限于 2 页纸，评估报告限于 1 页或者 2 页纸，评估标准很简单，而且和学习与教学密切相关。当学校有新需求时，可以很便捷地及时记录下优先项目。所有的文书都不使用技术行话，这样便于学校的社区成员阅读和理解。

自我管理模型识别三个水平的计划：项目、课程和教学。总体而言，项目计划决定了如何执行项目。计划需要详细说明下列内容：学生纵向分类（不同年级或不同年龄水平之间）的方式和横向分类（同一年级或同一年龄水平之间）的方式；与项目相关的教师和辅助人员的数量与种类；项目所需的供应品、设备和服务；值得关注的原创性活动（增加的或是取消的）。相对而言，课程计划的规定比较具体，规定了教学的内容、教学的方法、教学的时间安排。教学计划是由教师个人制定的，用来指导教师在课堂中执行课程计划（Caldwell & Spinks，1988，pp. 43 – 44）。

分配到具体任务的人员的那部分成本也被计算到项目以及学校预算中，甚至学区也可能为这部分人支付实际工资。所使用的工资率是学区的平均工资率（加上边际收益），而不是采用项目所安排的人员实际工资。考德威尔和斯平克斯（1988）注意到，"这种预算中包含教师工资的制度，说明人们已经承认学校职员是学校的重要资源"（pp. 46 – 48）。

项目预算是一个项目的综合计划。它包括项目目标的陈述、实现这些目标的主要指导方针、根据所列的优先项目而制定的执行计划、对这个计划所需的支持性资源的估计以及评估计划。所有这些必须用 2 页或更少页数的报告进行总结，并上报给政策团队。

学校需要将所有项目的预算汇总为一个文件，递交给政策团队审查，政策团队可能会对其进行一定的修改，最终由政策团队批准。在协调的过程中，如果有需要，政策团队会对支出请求作出调整，使得所批准的综合支出和学校的估计收入相适应。

当政策团队批准项目预算之后，项目团队就有权开始执行下一年的项目计划。在整个年度的执行过程中，项目团队不需要再向政策团队要求任何批准，除非项目团队希望对整个计划进行大规模的变动。

自我管理模型系统的最后阶段是评估和反馈，考德威尔和斯平克斯（1988）将其定义为：

> 为作判断而收集信息，并根据信息作出判断。在项目计划执行或者结束的时候，需要作出两种类型的评估：一个是学习评估，所收集的信息是为了评估学生成绩或者学生的进步情况；另一个是项目评估，利用所收集的信息来评估目标是否实现、需求是否得到满足以及政策执行的过程。（p. 49）

政策团队负责总体的评估工作，也可以请外部权威机构来协助完成评估工作。

计划团队为了形成自己的评估结果，也会进行类似的、但更为详细的信息收集工作。学校的评估工作可能会因为学区或者州的评估而有所调整。学校每年还要进行辅助性的考核，向政策团队提交仅限于1页纸的考核报告，政策团队负责审阅这个报告。每3～5年进行一次主要考核，而这个考核报告也仅限于2页纸。"与近些年来学校面临的那些经常性的、令人疲惫的评估相比，这种评估更侧重于使用有意义的实用方法进行评估"（Caldwell & Spinks，1988，p.50）。

当我们根据项目评估的结果制定出新目标、识别出新需求、形成新政策，或是政策团队引入新项目的时候，就完成了自我管理模型的整个过程。模型对结果完成的描述是非常全面的，但是，似乎没有介绍进入模型循环周期的最佳起点。学校可以在任何阶段进入模型的循环周期，在另一阶段结束时，以一种合适的方式进入即可。在近期的一个研究中，考德威尔和斯平克斯（1988）为在"知识社会"建立学校，提出了一系列的战略指导方针，重视学习结果，建立学校自我管理系统。

然而，仅仅建立授权机制并不能保证获得积极的结果。文化，或是态度/信仰已经渗透到组织中，同样对组织产生影响。罗斯（Ross，1997）认为，能够激发教师有效参与的机制"需要一种大学参与和协作的新形式，这种形式应该可以改变传统的独立决策环境，将其转化为一种基于团队的、权力分享的决策制定环境"（p.317）。集权—分权平衡法支撑着这种管理严密和自下而上方式相结合的计划程序，以满足组织竞争的需要。"这种制度框架下的组织，不论是在纵向水平上，还是在横向水平上，都同时存在着紧凑和松散的结构，这种制度更注重整体，而不是各个部分，这是一种改革"（p.319）。

罗斯（1997）发现了最成功的校本决策，它为教师高度参与学校管理提供了有效的形式，赋予了教师影响决策的权力，制度本身有利于形成教师的有效参与。这种制度下的文化是，组织中所有等级的人都互相尊重、互相信任，有效的领导和自下而上的参与，支持培育了这种文化氛围。最关键的是，校长和教师的关系建立在决策过程中的相互影响上，而专业学习和员工发展更着重于建立一个切实可行的学校改进目标、对学生的需求作出回应、符合当时学校所在社区的变化。

校本预算

学校人员如果没有权力，就无法作出有意义的课程决策，也无法对相关的资源投入作出决策（Drury，1999；Guthrie，1998；Odden & Busch，1998；Consortium on Renewing Education，1998）。只有包括校本预算这个不可或缺的部分的校本决策，才算是一个完整的制度。对学校人员的授权程度，与学校权力范围内所能管理的学校预算的比例息息相关。在这部分，我们关注一下校本预算（SBB）这个问题。

沃尔斯泰特和巴菲特（Wohlstetter & Buffett，1992）对学区内传统的集权预算和校本预算作了区分。不论是哪个层次上的校本预算，都是用公式清晰表述的，都是集体决策的，而且是受到监督的。在传统集权的模式下，所有这三点都是在学区水平上完成的，学校很少参与。学区根据具体领域，将人力和物力资源分配到各个学校。学校只在一小部分资源的配置上具有自由裁量权，主要集中在添置学校教学设备和丰富学生经历方面。

预算权力下放给学校之后，学区还是会预先计划学区水平上的可用资源。但这方面的程序变得和原来完全不一样了。下放权力的学区，首先要决定对学校所下放的预算权力的幅度。首要问题是，学校可以决定多大程度上的人员支出，这部分支出占学校和学区总支出的 60%～80%。前面部分介绍的埃德蒙顿、艾伯塔、加拿大和英格兰的学校，都是一次性获得全部的配置资源，实际上囊括了学校将要发生的所有成本，但不包括任何学校的指定支出或是任何专项支出。正如先前引用的一些研究（Odden，1999；Dunn，James-Gross，& Trampe，1998；David，1994；Goertz & Stiefel，1998）所揭示的那样，美国的学区对授予学校预算权力一事是非常谨慎的。

学区需要决策的第二件事情是，分配给学校多少资源，根据什么进行资源配置。一些学区根据学生人数配置资源，另外一些学区根据教职工人数配置资源。而除此之外的有些学区，在校生人数、学生特征、学校先前的绩效、学校的类型（比如，学校所设的年级以及学校中的特殊项目）才是学校所获得资源数量的决定性因素（Gurr，1999；Wohlstetter & Van Kirk，1996）。在前面部分，我们在介绍埃德蒙顿、英格兰以及维多利亚州的过程中，已经描述了相关的程序。

一旦学区就学校的资源配置问题达成一致，学校权力机构就必须在上级权力机构限定的范围内，根据学校的课程计划，制定详细的资源使用计划（Wohlstetter & Buffett，1992）。不管学校预算的编制程序如何，预算都必须在学校课程计划的权限范围内。

预算核定和在集权学区的执行情况差不多。不管哪种方案，都必须经过教育委员会批准。沃尔斯泰特和巴菲特（1992）指出，主要的区别体现在流程中。尽管集权的学区也会向学校权力机构进行咨询，但分权制度下的学校可以自己制定预算，并向学区官员推荐预算核定。学区根据学校预算是否与学区战略以及法律规定保持一致，对学校预算进行审查，而不是根据教育的本质或是教育的理念进行审查，因为不同学校之间的教学理念是不一样的。

学区和学校都需要监督学校预算的支出状况。在分权模式下，学区的角色主要是为学校提供相关信息，保证学校没有超越自己的支出权限。在芝加哥、戴德县、维多利亚州和埃德蒙顿，学区都会定期向学校提供预算信息。埃德蒙顿的学校官员有权在任何时间"在线"获得计算机所储存的财政信息，他们还可以在州所设立的编号结构下，自由地建立自己的财务编号。而维多利亚州则要求每个学校都参与这个过程。

457

戴维（1994）在对肯塔基州教育改革执行情况所进行的研究中发现，学校资源配置过程中最大的问题是，缺乏相应的财务体系和学区的技术支持。英格兰和维多利亚州在进行地方学校管理改革的过程中，也面临着相似的问题。在将财政资源配置到各个学校之前，有必要先了解学校的整体资源需求，大多数学校财务体系是无法提供这个信息的。学校一般只能提供预算中的一小部分信息（如教育供给信息），大多数学校的财务体系不涉及学校建筑、项目或者班级支出。计算机技术和财务技术有能力提供相关的信息，随着校本预算制度的实践不断深入，我们对学校层次的所有支出进行追踪的能力也在不断提高。

大多数学校的财务系统可以适应校本预算体系，而且在现有的财务结构下，软件系统可以相对比较容易地将州或学区财务分解为各个学校或项目的财务。这样的软件例如 In$ite™，这个软件是建立在库珀和萨尔（Cooper & Sarrel，1993）创建的教育财务分析模型基础之上的，由 Coopers & Lybrand，L.L.P 这个 K－12 教育项目小组建立。

In$ite™是一个基于技术的管理信息工具,可以在标准的个人电脑上运行这个系统。教育财务分析模型(1995)是In$ite™系统的基础,它由汇编了学区和学校支出的多维电子数据表格组成。模型的三个基本维度是功能、项目和地位级别(Speakman, et al., 1996)。功能维度又分为五个部分:教学、教学支持、执行、其他义务以及领导。项目维度比较灵活,可能包括如特殊教育、双语教学、天才班教学、"第一条"以及夏季学校等项目。地位级别维度是发放教师的工资和福利的依据。在这个模型下,公共设施费用和那些成本中的正常支出也同样按这个比例指派。

夏威夷州和南加利福尼亚州以及很多学区都使用In$ite™来跟踪学校、项目和年级层次的支出状况(Cooper & Randall, 1998;Cooper, 1998)。其他有能力跟踪学校支出情况的州包括佛罗里达、俄亥俄以及得克萨斯州(Busch & Odden, 1997)。

资源配置和支出信息是校本决策成功发挥作用的关键。了解学校层次和班级层次的资源需求,是在校本决策和校本预算环境下正确决策的关键。对这些信息进行适当的分析,会提高我们对教育投入如何影响教育产出的理解,有助于我们在资源配置中做到更公平。

总　　结

在本章,我们具体阐述了教育供给中的"供给方"的问题:应该赋予教育的供给者多大的自主权和灵活度,以对教育消费者的不同需求作出反应?在这方面,校本决策是赋予教育专业人士更多自治权力的一个战略方案。校本预算是一个完整的支持体系。我们界定了校本决策和校本预算,回顾了它们的应用原理,并介绍了一些校本决策和校本预算实施的案例。

在下一章中,我们将阐述教育供给的"需求方"的问题:教育消费者在决定适合自己的教育这一问题上,应该被赋予多大程度的主要决策权?我们将在下一章考察家庭择校对学校财政政策和一些管理规则的影响。

思考与活动

1. 设想一个由校长(相当于首席执行官)、教师、家长和学生代表组成的各学校的政策委员会。

- 这种安排的优势和劣势分别是什么?
- 你会增加其他群体的代表吗?
- 你会减少任何群体的代表吗?
- 如果每个代表都有一次投票权,那么每个群体应该有多少个代表?
- 如果有的话,你将给委员会的决策权力设置什么样的约束?
- 给出每个回答的基本理由。

2. 根据图1—3所显示的决策矩阵,学校层次的专业教育者会作出什么样的最佳决策?为了保护社会和家庭的利益,需要执行什么样的安全措施?给出每个回答的基本理由。

3. 在没有学校官僚化的校本决策体制下，公共利益如何才能得到保障？解释支持你的答案的基本理由。

4. 如果有的话，公共控制和管理如何服从于公共财政，服从到何种程度？列举出可以选择的公共财政支持的教育服务提供方式，并说明每种方式所伴随的控制和管理水平。

5. 在校本预算方案下，确定一个学校的支出分配总量时应该考虑哪些因素？

计算机模拟：校本编制预算

与本章内容相关的计算机模拟可以在 Allyn & Bacon 的网页上找到（见 http：//www. ablongman. com/edleadership）。该模拟主要关注的是校本预算的运用以及预算撤销和增补的执行。这样做的目的如下：

- 理解校本预算的结构和管理。
- 思考预算调整面临的机会和挑战。

参考文献

Anderson，D. S. (1993). Public schools in decline: Implications of the privitization of schools in Australia. In H. Beare，& W. L. Boyd (Eds.)，*Restructuring schools: An international perspective on the movement to transform the control and performance of schools* (pp. 184 — 199). Washington，DC: Falmer.

Arnott，M.，Bullock，A.，& Thomas，H. (1992). Consequences of local management: An assessment by head teachers. Paper presented to the ERA Research Network，February 12.

Berman，P.，Nelson，B.，Ericson，J.，Perry，R.，& Silverman，D. (1998). *A national study of charter schools: Second year report*. Washington，DC: Office of Educational Research and Improvement，U. S. Department of Education.

Boyer，E. L. (1983). *High school: A report on secondary education in America*. New York: Harper & Row.

Brown，D. J. (1990). *Decentralization and school-based management*. London: Falmer.

Bryk，A. S. (1999). Policy lessons from Chicago's experience with decentralization. In D. Ravitch (Ed.)，*Brookings papers on education policy*，1999. Washington，DC: The Brookings Institution.

Bullock，A.，& Thomas，H. (1994). *The impact of local management of schools: Final report*. Birmingham，England: University of Birmingham.

Busch，C.，& Odden，A. (1997). Introduction to the special issue: Improving educational policy and resuLts with school level data—A multiplicity of perspectives. *Journal of Education Finance. 22*，225—245.

Butts，R. F. (1955). *Assumptions underlying Australian education: opportunities for reform in the middle years of schooling*. Melbourne，Victoria，Australia: Australian Council for Educational Research.

Caldwell，B. & Hill，P. (1999). Formula funding of schools in Australia. In K. N. Ross & R. Levacic (Eds.)，*Needs-based* resource allocation in education via formula funding of schools (pp. 139 – 160). Paris: UNESCO.

Caldwell, B. J. , & Spinks, J. M. (1988). *The self-managing school*. London: Falmer.

Caldwell, B. J. , & Spinks, J. M. (1992). *Leading the self-managing school*. London: Falmer.

Caldwell, B. J. , & Spinks, J. M. (1998). *Beyond the self-managing school*. London: Falmer.

Cawelti, G. (1989). Key elements of site-based management. *Educational Leadership*, 46, 46.

Chicago Panel on Public School Policy and Finance. (1988). *Illegal use of State Chapter I funds*. Chicago: Author.

Consortium on Renewing Education (CORE). (1998). *20/20 vision: A strategy for doubling America's academic achievement by the year 2020*. Nashville, TN: Peabody Center for Education Policy, Vanderbilt University.

Conway, J. A. (1984). The myth, mystery, and mastery of participative decision making in education. *Educational Administration Quarterly*, 20, 11–40.

Cooperative Research Project. (1998). *Assessing the outcomes*. Report of the Cooperative Research Project on " Leading Victoria's *Schools of the Future*," Department of Education, Victorian Association of State Secondary Principals, Victorian Primary Principals Association, the University of Melbourne (Fay Thomas, Chair). Melbourne, Australia: Victoria Department of Education.

Cooper, B. S. (1998). Using school-site budgeting to improve management and shared decision-making. *NJASA Perspec-tive*, 15, 10–17.

Cooper, B. S. , & Randall, E. V. (1998). From transactional to transformational accounting. *School Business Affairs*, October, 4–16.

Cooper, B. S. , & Sarrel, R. (1993). Managing for school efficiency and effectiveness. *National Forum of Educational Administration and Supervision Journal* 8, 3–38.

Cuban, L. (1988). *The managerial imperative and the practice of leadership in schools*. Albany, NY: State University of New York Press.

Danzberger, J. P. , Kirst, M. W. , & Usdan, M. D. (1992). *Governing public schools: New times, new requirements*. Washington, DC: The Institute for Educational Leadership.

David, J. L. (1994). School-based decision making: Kentucky's test of decentralization. *Phi Delta Kappan*, 75, 706–712.

Drury, D. W. (1999). *Reinventing school-based man-agement: A school board guide to school-based man-agement*. Alexandria, VA: National School Boards Association.

Dunn, R. J. , James-Gross, L. , & Trampe, C. (1998). Decentralized budgeting: A study in implementation and implications. *Journal of School Business Management*, 10, 22–28.

Education Committee. (1995). *The school global budget in Victoria: Matching resources to student learning needs, Interim Report*. Melbourne, Victoria, Australia: Victoria Department of Education.

Elmore, R. F. (1988). Choice in public schools. In W. L. Boyd & C. T. Kerchner (Eds.), *The politics of excellence and choice in education* (pp. 79 – 98). New

York: Falmer.

Fitz, J., & Halpin, D. (1994). Grant-maintained schools: Problems and prospects of school autonomy. Philadelphia, PA: Paper presented at the annual meeting of the Politics of Education Association, October 27—28.

The Finance Analysis Model: Linking resources for education. (1995). Chicago, IL: Coopers & Lybrand, L. L. P. and Center for Workforce Preparation.

Gill, B. P., Timpane, P. M., Ross, K. E., & Brewer, D. J. (2001). *Rhetoric versus reality: What we know and what we need to know about vouchers and charter schools*. Santa Monica, CA: RAND Education.

Goertz, M. E., & Stiefel, L. (1998). School-level resource allocation in urban schools. *Journal of Education Finance*, 23, 435—446.

Good, T. L., & Braden, J. S. (2000a). *The great school debate: Choice, vouchers, and charters*. Mahwah, NJ: Erlbaum.

Good, T. L., & Braden, J. S. (2000b). Charter schools: Another reform failure or a worthwhile investment? *Phi Delta Kappan*, 81, 745—750.

Goodlad, J. I. (1984). *A place called school: Prospects for the future*. New York: McGraw-Hill.

Gurr, D. (1999). *From supervision to quality assurance: The case of the State of Victoria (Australia)*. Paris: International Institute for Educational Planning/UNESCO.

Guthrie, J. W. (1998). Reinventing education finance: Alternatives for allocating resources to individual schools. In W. J. Fowler, Jr. (Ed.), *Selected papers in*

school finance 1996 (pp. 85 — 107). (NCES98—217). Washington, DC: U. S. Department of Education, National Center for Education Statistics.

Hannaway, J. (1996). Management decentralization and performance-based incentives: Theoretical consideration for schools. In E. A. Hanushek & D. W. Jorgenson. *Improving America's schools: The role of incentives* (pp. 97 — 109). Washington, DC: National Academy Press.

Hannaway, J., & Carnoy, M. (1993). Preface. In J. Hannaway & M. Carnoy (Eds.), *Decentralization and school improvement: Can we fulfill the promise?* San Francisco, CA: Jossey-Bass.

Harp, L. (1995). Governor signs bill putting mayor in control of Chicago schools. *Education Week*, 14, 11.

Hess, Jr., G. A. (1990). *Chicago school reform: What is it and how it came to be*. Chicago: Chicago Panel on Public School Policy and Finance.

Hess, G. A. (1993). Decentralization and community control. In S. L. Jacobson & R. Berne, *Reforming education: The emerging systemic approach* (pp. 66 — 86). Thousand Oaks, CA: Corwin.

Hess, G. A. (1999a). Comment on A. S. Bryk's "Policy lessons from Chicago's experience with decentralization." In D. Ravitch (Ed.), *Brookings papers on education policy 1999* (pp. 99 — 109). Washington, DC: The Brookings Institution.

Hess, G. A. (1999b). Understanding achievement (and other) changes under Chicago school reform. *Educational Evaluation and Policy Analysis*, 21, 67—83.

Hoff, D. J. (200la). Kentucky. *Education*

Week, 20, 139.

Hoff, D. J. (200lb). Kentucky. *Education Week*, 20, 86—87.

Interim Committee for the Australian Schools Commission. (1973). *Schools in Australia*, *Report of the Interim Committee for the Australian Schools Commission*. Canberra, Australia: Australian Government Publishing Service.

Jones, K., & Whitford, B. L. (1997). Kentucky's conflicting reform principles: High-stakes school accountability and student performance assessment. *Phi Delta Kappan*, 79, 276—281.

Kannapel, P. J., Coe, P., Aagaard, L., Moore, B. D., & Reeves, C. A. (2000). Teacher responses to rewards and sanctions: Effects of and reactions to Kentucky's high-stakes accountability program. In B. L. Whitford & K. Jones, *Accountability*, *assessment*, *and teacher commitment: Lessons from Kentucky's reform efforts* (pp. 127—146). Albany, NY: State University of New York Press.

Keller, B. (1999). To a different drum: Kentucky adopts a new testing system. *Education Week*, 18, 147, 193.

Kirst, M. (1990). *Accountability: Implications for state and local policymakers* (Report 1590—1982). Washington, DC: U. S. Department of Education.

Lawler, III, E. E. (1986). *High involvement management*. San Francisco: Jossey-Bass.

Levacic, R. (1999). Formula funding of schools in England and Wales. In K. N. Ross & R. Levacic (Eds.), *Needs-based resource allocation in education via formula funding of schools* (pp. 161—197). Paris: UNESCO.

Malen, B., Ogawa, R. T., & Kranz, J. (1990). What do we know about school-based management? A case study of the literature—A call for research. In W. H. Clune & J. F. Witte (Eds.), *Choice and control in American education*, Vol. 2: *The practice of choice*, *decentralization and school restructuring* (pp. 289—342). New York: Falmer.

Manno, B. V. (2001). Chartered governance of urban public schools. In M. C. Wang & H. J. Walberg, *School choice or best systems: What improves education?* Mahwah, NJ: Erlbaum.

Marren, E., & Levacic, R. (1994). Senior management, classroom teacher, and governor responses to local management of schools. *Educational Management and Administration*, 22, 39—53.

Mohrman, S. A., & Lawler, III, E. E. (1996). Motivation for school reform. In S. H. Fuhrman, & J. A. O'Day, *Rewards and reform: Creating educational incentives that work* (pp. 115—143). San Francisco: Jossey-Bass.

Nelson, F. H., Muir, E., & Drown, R. (2000). *Venturesome capital: State charter school finance systems*. Washington, DC: Office of Educational Research and Improvement, U. S. Department of Education.

Odden, A. (1999). Formula funding of schools in the United States and Canada. In K. N. Ross & R. Levacic (Eds.), *Needs-based resource allocation in education via formula funding of schools*. Paris: International Institute for Educational Planning.

Odden, A., & Busch, C. (1998). *Financing schools for high performance: Strategies for improving the use of edu-*

cational resources. San Francisco: Jossey-Bass.

Office of Review. 1998. *Building high-performance schools: An approach to school improvement.* Paper presented at the national seminar on School Review and Accountability, Hobart, Tasmania, Australia, April.

Ozembloski, L. W. & Brown, D. J. (1999). The institution of school-based management in Edmonton. In M. E. Goertz & A. Odden (Eds.), *School-based financing* (pp. 129 — 152). Thousand Oaks, CA: Corwin.

Peters, T. J. , & Waterman, R. H. (1982). *In search of excellence: Lessons from America's best-run companies.* New York: Warner Books.

Rosenkranz, T. (1994). Reallocating resources: Discretionary funds provide engine for change. *Education and Urban Society*, 26, 264—284.

Ross, M. L. (1997). *A comparative case study of teacher participation in planning in three types of decentralized schools.* (Unpublished doctoral dissertation, State University of New York, Buffalo).

Sizer, T. R. (1985). *Horace's compromise: The dilemma of the American high school.* Boston: Houghton Mifflin.

Smylie, M. A. (1994). Redesigning teachers' work: Connections to the classroom. *Review of Research in Education*, 20, 129—177.

Speakman, S. T. , Cooper, B. S. , Sampieri, R. , May, J. , Holsomback, H. , & Glass, B. (1996). Bringing money to the classroom: A systemic resource allocations model applied to the New York City public schools. In L. O. Picus & J. L. Wattenbarger (Eds.),

Where does the money go? Resource allocationin elementary and secondary schools (pp. 106 — 131). Thousand Oaks, CA: Corwin.

Summers, A. A. , & Johnson, A. W. (1996). The effects of school-based management plans. In E. A. Hanushek & D. W. Jorgenson. *Improving America's schools: The role of incentives* (pp. 75—96). Washington, DC: National Academy Press.

U. S. Department of Education, Office of Education Research and Improvement. (1998). *A national study of charter schools.* Washington, DC: U. S. Government Printing Office.

U. S. Department of Education, Office of the Under Secretary, Planning and Evaluation Service, Elementary and Secondary Division. (2000). *Evaluation of the public charter schools program: Year one evaluation report.* Washington, DC: U. S. Department of Education.

U. S. General Accounting Office (GAO). (1994). *Education reform: School-based management results in changes in instruction and budgeting.* Washington, DC: GAO.

Victoria Department of Education. (July 1999). *Principal class handbook.* Melbourne, Victoria, Australia: Author.

Wasley, P. A. (2000). Foreword. In B. L. Whitford & K. Jones, *Accountability, assessment, and teacher commitment: Lessons from Kentucky's reform efforts* (pp. xi-xiii). Albany: State University of New York Press.

Whitford, B. L. , & Jones, K. (2000). *Accountability, assessment, and teacher commitment: Lessons from Kentucky's reform efforts.* Albany: State University of New York Press.

Whitty, G. (1994). Consumer rights versus citizen rights in contemporary education policy. Paper presented to a conference on "Education, Democracy and Reform," at the University of Auckland, Auckland, New Zealand, August 13—14.

Wohlstetter, P. , & Buffett, T. M. (1992). Promoting school-based management: Are dollars decentralized too? In A. R. Odden (Ed.), *Rethinking school finance: An agenda for the* 1990s (pp. 128—165). San Francisco, CA: Jossey-Bass.

Wohlstetter, P. , & Mohrman, S. A. (1994). School-based management: Promise and process. *CPRE Finance Briefs*, December.

Wohlstetter, P. , & Van Kirk, A. (1996).

Redefining school-based budgeting for high involvement. In L. O. Picus & J. L. Wattenbarger, (Eds.), *Where does the money go? Resource allocation in elementary and secondary schools* (pp. 212 — 235). Thousand Oaks, CA: Corwin.

Wohlstetter, P. , Smyer, R. , & Mohrman, S. A. (1994). New boundaries for school-based management: The high-involvement model. *Educational Evaluation and Policy Analysis*, 16, 268—286.

Wong, K. K. (2001). Integrated governance in Chicago and Birmingham (UK). In M. C. Wang & H. J. Walberg, *School choice or best systems: What improves education?* (pp. 161—212). Mahwah, NJ: Erlbaum.

第**15**章

学校私有化和家庭择校

——消费者主权

议题和问题

- **公平且有效率地达到高的标准**：择校能否普遍地改进学校的质量？择校如 *462* 何提高学校的效率？
- **家庭择校的定义**：家庭择校的含义是什么？为什么择校被认为是教育管理 改革中的一种可行性方案？学校选择计划怎样与其他的教育改革措施相 结合？
- **择校和学生成绩的关系**：与私立学校相比较，公立学校的效率和效果如何？
- **家长选择学校的标准**：家长选用什么标准进行择校？家长使用的这些择校 标准与社会经济特征或是种族特征有关系吗？择校的政策会不会导致社会 分层现象更为严重？
- **实现择校的可行性政策**：开放入学政策在美国和其他地方运作得如何？教 育券计划在多大程度上保护了教育的公平？宗教学校怎样才能成为公共财 政资助的择校计划中的一员？应不应该将这样的学校纳入公共财政支持的 择校计划中呢？

人们设计各种改革方案来改变激励机制，影响公立学校的财政政策和绩效，而 *463* 在我们研究的所有改革中，择校是最后一个、也是最激烈的一个改革。尽管校本决 策赋予专家（可能还有学生家长和其他社区成员）根据自己的最佳判断设计和经营 学校的权力，但择校却赋予家长权力去选择与自己家庭的价值观念和期望最相符的 学校。校本决策本身仍残留民主控制的传统制度，而择校制度却将这些传统制度全 改变了。

人们追求的价值一方面是自由、效率和经济增长，另一方面是平等和博爱，这 两者之间的冲突比择校的冲突更为尖锐。有关择校的论战愈演愈烈，最终分为三种 不同的意见：第一种观点认为，政治、经济和教育本身的相互作用引导着学校改 进；第二种观点认为，择校本身是哲学和道德观念中价值、特性和自由的体现；第 三种观点是，家长和其他人群的志愿组织（voluntary association）通过择校向学校 施加社会文化的压力。

择校看起来似乎是一种增加教育"消费者"对学校影响的方法，同时又减少了 政府、专业行政人员和教育者对学校的控制。择校的主要目标包括以下几点：

• 给目前无法选择学校的家庭提供择校的机会，让他们在负担得起学费的、理想的学校之间进行选择；

　　• 在开支不增长或较少增长的情况下，通过提高学生成绩提升学校机构的办事效率；

　　• 在价值观和思想上协调文化的多样化和多元化。

　　迈耶提到了自己在纽约第四街区发现的情况，她这样写道："如果没有择校制度，就不可能缔造这么成功的实践。择校是一个必要的先决条件——并不是本身的终结，而是影响变化的工具"（p.93）。她同时指出，择校是迫使学校实践新的教学变革的唯一方法。进行剧烈变革的最有效的战略就是切断自然形成的阻力层——与之相伴随的是改革的意愿和能力，而且，不应该期望那些不接受改变的人马上接受改革，因为他们可能还没有准备好。

　　择校的批评者害怕择校会弱化社区的社会凝聚力（social cohesion），加大种族和阶层的分化程度。当择校的范围扩大到私立学校的时候，人们开始担心，这样会不会造成对公立学校资助的减少，且降低公立学校的质量。当择校问题涉及一些存在宗教组织的私立学校的时候，人们开始关注这样的择校是否违背了宪法精神。批评者们声称，是那些拥有特权的人制定了择校政策，这使得那些比较受欢迎的学校开始挑选学生，这样会导致学生之间因社会经济特征和学术能力而产生的分层更为严重。批评者们认为，择校会使学校的领导者更为保守，他们会调整课程以保证得到可靠的生源，而不是进行改革创新。

　　12%的美国儿童是在公立系统之外接受教育的，或者跟着父母接受在家教育，或者接受付费的私立教育。中产阶级和更为富有的人经常认为公立学校的特征就在于，它是在辖区内挑选学生。然而，在一个学区之内，通常是由公务员来分配学生的入学。随着就学人数的增加，公立部门逐渐被允许在就学问题上有一定的自由裁量权。当允许行使这种自由裁量权的时候，择校有以下三种基本结构：在居住地学区范围内的公立学校之间择校；在所在州的所有公立学校（包括特许学校）之间择校；在公立学校和私立学校之间择校。

　　在本章中，我们首先考察公立部门和私立部门所处的不同的政治和组织环境，并探求这些环境因素是如何对学校组织的形成和它们的有效性产生影响的。然后，我们描述现存的择校制度的实质，并回顾有关学生成绩和择校之间关系的研究。我们评估家长们的择校标准是否有可能提高学校系统的效率，并/或导致更大的不公平。我们通过对其他国家和美国一些城市的实践经验进行研究后认为，国家通过教育券将对公立学校的资助扩大到了私立学校和宗教学校。最后，我们综合有关学校行政放权和择校的所有争论及论据，说明制度改革需要将校本决策和择校同社会控制相结合，这里所说的社会控制是指设置必需的核心课程、相应标准和评估机制等。

对公立教育的重新定义

　　21世纪的前些年，对公立教育的实质进行新的定位是教育定位工程的一个重要内容。其核心问题是政府在教育中所扮演的角色和"公共物品"的概念。在过去的一百多年里，公立教育有一系列的同义词，如公共控制、公共资助、公有制以及公共服务，在这个定义中，**政府**就代表了**公共**。而现在，这种观点受到了极大的挑战。

在第 1 章（图 1—3）中，我们描述了在政治—经济系统模型中教育政策的发展，在这个模型中，首次将教育决策者分为三个大群体：个人、家庭和社区，教育专家以及整个社会。决策权主要集中在政府、市场和家庭的手中。这三者之间自然会产生很多矛盾。扩大家庭的权力，让家庭通过市场进行择校，这样个人就可以在经济资源有限的情况下，根据自己的价值偏好使自己的期望达到最大化。然而，个人所拥有的资源不是平均分配的，这样会导致不公平。在自由市场的环境下，专家们不仅可以自由地提供或取消教育服务，而且可以决定教育服务的性质，这本身就会产生不公平。但如果通过政治过程（如政府）进行决策，不同价值取向的个人和团体必须就单一的解决方案进行谈判，而在这个谈判的过程中，他们都不得不折中各自的偏好，其结果必然是妥协的产物。

扩大家长为孩子择校的权力，并允许家长更多地参与教育过程，这引发了很大的争论，在本章中，我们会考察这些争论。争论主要分为三个部分，我们主要考虑社会文化影响、民主控制和市场控制相对抗的影响以及竞争对学校教育质量的影响。

社会文化因素

很多学者都已经描述过个人和集体之间在社会空间上的差异。在这些学者中，唐纳斯（Tonnies, 1940）提到了礼俗社会（gemeinschaft）和法理社会（gesell-schaft）；里瓦克和塞伦依（Litwak & Szelenyi, 1969）研究了初级群体和次级群体；科尔曼（1990）研究了原始机构（primordial institution）和法人行动者的情况。个人的特点是具备简单的家庭关系和友情关系。爱、理解和习惯控制着人们的行为。个人之间的关系是自我维持的，而且是建立自然的社会群体环境的基石（Brown, 1998）。集体空间的范畴涉及包括人在内的所有事物之间最终的恰当关系，因此，这种关系契约是单单基于结果的。集体机构（collective institution）完全是工具性的，而且，它作为社会成功的工具，不需要人们具有二元的个人义务和个人期望。传统的公立学校自然落到了后一个层次中。

布朗（1998）定义了学者们关于个人和集体论述的两个主题。一个主题是，社会互动以及社会互动中这两个完全对立的领域中的紧张关系。另一个主题是，在过去的 500 年里，现代的法人行动者（corporate actor）在原始机构中已经具有至高无上的地位。根据休伊特（Hewitt, 1989, p. 119）的观点，"现代社会曾经分裂过、改革过，其中，在很多情况下，都是简单地对过去建构的社会进行摧毁，但却不能消灭我们在这些社会中所相信的人类社会趋势。"

对法人行动者的统治——尤其是政府的统治——产生了相应的回应。一些分析家觉得，政府是教育系统改革的最大障碍之一（Danzberger, 1992）。大家越来越意识到教育中所建立的原始关系的重要性。

凯特灵基金会（the Kettering Foundation）的"公立学校是公众的吗？"这项研究（Mathews, 1996），向我们发出了警告，美国公立学校已经与公众严重脱节，因此，我们认为，公立学校可能无法存活了。在这个报告的注解中，马修斯（1997）写道：

> 校本管理项目、教育券、特许学校、在家教育、私立学校以及州政府接管

465

"破产的"学校的共同之处是什么呢？他们都着手于教育的控制问题。很明显，有很多的人不相信公立教育可以针对自己关注的事情作出回应。因此，他们建立自己的学校，试图去接管学校，或者让那些能够优先对自己的关注作出回应的人负责学校。(p. 741)

马修斯认为，公立学校系统这种回归的合理性，要求教育者用一种新的眼光看待公立教育。

增加原始行动者（primordial actor）在学校管理和运作中的权力，是希望改变学校的性质。布朗（1998）发现，广泛应用原始行动者，最终会影响学校自身的氛围和组织架构。或者，用科尔曼和霍弗（1987，p. 3）的话来说，这样的学校是"家庭的延伸，巩固了家庭的价值……在这方面，学校是上一代向下一代传递社会文化的有效途径"。

与此同时，布朗（1998）所描述的公立学校的典型特征是官僚化的环境，在那里：

> 对成人劳动力进行了明确的分工，利用规则进行管理，中立地对待学生。官僚化的学校有一个相对明确的科层控制管理，很难确定这种管理的边界。教师们对学生怀有相同的期望，很看重学生的成绩和进步。(p. 92)

因此，缺乏原始影响的公立学校被作为州的代理机构，具有标准化和公正的特性，可以向学生传授特殊的知识。作为一个社会工具，学校服务于更大群体的社会利益，并不是仅仅服务于家长的必要利益。当家长（以及其他的潜在参与者）与学校保持一定的距离时，教师和家长会因为在学生问题上的利益分歧，而自然地敌对起来（Waller，1932；Lortie，1975）。

科尔曼（1990）注意到，学校从原始机构向法人结构的转变，导致激励方面也发生了相应的变化。

466

> 原始社会组织产生的激励结构带来了代表其他人、代表规范和信念以及代表其他社会资本组成部分的行为。政府有意建构的社会组织和那些现代法人行动者，破坏了存在的激励结构（通过鼓励"搭便车"），却没有形成相应的替代机制……一般都是通过为专业服务（如教师、护士或者日托人员的工作）支付工资，通过外部方法产生激励（如激励人们照顾特殊群体）。如何运用内在激励使人们对事件产生兴趣，吸引他们的注意，并使人们关心这件事情，这方面的知识还很薄弱。(Coleman，1990，pp. 653—654)

科尔曼认为，因为社会结构存在差异，原始机构比现代法人行动者结构能更好地服务于学生利益。现代法人行动者控制学校的一个后果就是，造成了在校学生社会资本的损耗。

萨拉森（Sarason，1994）引用"政治原则"来证明应该扩大原始群体对教育决策的参与："当你即将被一个决策直接或者间接影响的时候，你应该在决策制定过程中占有一席之地，与决策过程存在**一些关系**"（p. 7）。库恩斯和休格曼（1978）证明了在学校里，原始群体可以通过使用**辅助性原则**（principle of subsidiarity）参与学校决策。这个原则的含义是，非独立个人的职责最好是建立在个人隶属的、更小的、更亲密的团体上，而不是建立在匿名的大团体上。

小团体更有可能倾听和尊重每个人的想法，更有可能去了解每个人的兴趣，更有动力去服务于每一个成员——尤其是当这个组织建构有序，以至于对每个人的决定都会影响到全部成员的时候。辅助性原则声称，在集体中，个人也可以保留自己的价值。（Coons & Sugarman，1978，p. 50）

就学生的有关问题作出决策的时候，应该倾听学生发出的声音，这样的社会才是有见识的、关心学生的。这种关心可能源于对个人的关注，或者源于共有的利己主义。两者的结合才是最理想的。

使教育中的法人行动者和原始参与者之间的权力达到平衡，需要重新设计学校的管理结构。通过政府，社会对公民的教育公平和教育内容仅仅有一些基本的关注，更不用说家长和教育专业人员了。因此，需要承认社会、家长以及教育者之间相互竞争的利益关系，并想办法调节这种关系。更进一步讲，即在政府干预很少的情况下，就可以满足社会教育需求——可能是更有效果、更有效率的方式——而不需要政府自己办学校、运营学校。

民主控制与市场控制

麦克亚当斯（McAdams，1999）作为休斯敦学校董事会成员的时候曾写道，他发现"城市学校改革几乎是不可能的，因为所有的城市学校都处在直接的民主控制下。学校处在政治舞台的中间。在美国的城市中，学校是价值竞争、政治力量斗争、契约竞争和工作竞争的场所"（p. 129）。10 年前，查布和莫（Chubb & Moe，1990）也曾经谴责"直接的民主控制"导致了公立学校的低绩效。在他们对美国政治、市场以及学校的研究中，他们比较了公立学校和私立学校发挥职能的制度环境差异，以及在这些相异的环境下，组织文化和效果的不同。

公立学校以政治、阶层和权力为特征，而私立学校以市场、竞争和自愿性为特征（Chubb & Moe，1990，1985）。这些研究者将公立学校描述为科层化、政治性的组织，并指出，民主（或任何形式的管理）在本质上是强制的，制度本身对一些人赋予公共权力，以对所有的人实施它们的政策，从所有人那里吸取资源以支持它们的政策实施。在市场上，或者可选择的情况下，个人可以根据自己的意愿自由地进行交换。在市场环境下，有效的权力是彻底的分权。 *467*

查布和莫（1985）总结认为，公立学校的校长工作时所面临的外部环境，对校长们的期望是复杂和相互矛盾的。

相对于私立学校，公立学校所处的环境比较复杂、要求比较高、具有强有力的权力、受到的约束较多、不需要合作。因此，公立学校的政策、程序以及人事决策更可能受到外部环境的影响。公立学校的校长只有将中层管理者和政治家这两个角色相混合，才能创造出理想的学校环境。像中层管理者那样，校长需要在巩固赋予他的权力的同时，保护学校的少部分特权免受他所不能完全控制的人事权力的影响。同样的角色下，他强调有效率的行政管理，以取悦于行政管理层，因为他也是隶属于行政管理层级的。但是，公立学校的校长所处的环境比私立学校更为复杂，更为不友好——他们所处的环境受到学校董事会、州政治家、主席、地方社区的影响，最后但显然不是最小的影响是来自学生家长的影响。因为这样，公立学校的校长必须扮演政治家的角色，他们要进行游

说以获得一些对自己学校的支持，这些支持有时候可能来自很多互相敌对的选民。(p. 41)

私立学校的校长必须回应的社会主体是很明确的，即学校顾客和学校理事。而公立学校的校长需要回应的社会主体却各式各样，而且所传递的信息经常是相互矛盾和含混不清的，在这种情况下，公立学校的校长很难作出一致性的回应。

公立学校和私立学校在制度环境上的差异，也会反映在学校内工作人员的态度和行为上，最终会反映在学校的有效性上。由于外部环境对公立学校的影响远远大于其对私立学校的影响，公立学校在人事方面又具有很少的自由选择权，因此，很难选择合适的方式回应比私立学校更为困难的外部环境；公立学校所受到的正式规则和规章以及非正式规则的约束比私立学校多。然而查布和莫（1985）很惊讶地发现，在私立学校体系中，天主教会私立学校所受到的外部影响竟然小于独立的私立学校所受到的影响。令人惊奇的原因是，不同于其他的私立学校，天主教会学校是非常官僚化和科层化的。最后一个发现可以支持他们的观点，即官僚制度并不必然是无效率的，只是将官僚体制应用到公立学校系统中时它才变得无效。

他们的其他研究成果发现，私立学校的教师评价学校校长时，都认为自己的校长比周围的领导好，但公立学校的教师则不这样认为。私立学校的教师对校长的评价有助于校长的工作，而公立学校的教师对校长的评价的作用却没有这么大。甚至，私立学校的教师认为，私立学校的目标比公立学校更清晰，而且校长就目标与教师进行的沟通也比公立学校更为有效。私立学校的教师更有可能将他们的校长看成是鼓励型、支持型和加强型的领导。"私立学校的校长更像是处在一个领导的位置上。他们可能没有成功，但他们拥有工具，而且有一定的自由去做领导者需要做的事情。与此相对应，当公立学校的校长采取一定的领导措施时，多数情况下会遭到体制性的否定"（Chubb & Moe，1990，p. 56）。

研究者还发现，相对于公立学校，私立学校赋予教师更多的重要权力和自由裁量权，因此，私立学校的教师更有可能参与学校层级的政策制定过程。私立学校在减轻教师程序性工作和文书工作方面，做得比公立学校好。学校职员在私立学校可以实现高度的同事关系；教师们知道其他教师在教授什么课程，也可以调整自己教授的课程内容。私立学校的教师花费很多时间在会议上讨论课程和学生问题，并花大量时间听课。私立学校的教师觉得自己可以影响很多政策，如管理学生的政策、学生的课堂作业、学校课程以及在职项目。私立学校的教师在选取教材、设计课程内容、使用教学技术以及学生纪律方面有很大的控制权。私立学校的教师甚至认为，自己在聘用和解雇学校雇员方面比公立学校的教师更具有影响力。

聘用优秀教师的所有潜在障碍与私立学校校长的关联度，都低于其与公立学校校长的关联度。公立学校的校长在解雇低绩效教师方面面临着实质性的障碍，而私立学校校长在这方面面临的障碍比公立学校校长小。公立学校校长在解雇教师时，需要启动复杂的正式解雇程序，这个程序是公立学校校长解雇教师的最大障碍。而对私立学校校长而言，这是"个人不愿意解雇别人"。

公立学校的学生不如私立学校的学生熟悉学校政策。同样，公立学校的学生认为自己学校的政策不公平、没有效率。私立学校的家长会更多地与学校配合，参与学校管理。在公立学校，家长必须通过正式渠道与学校管理者进行沟通，而且学校管理者缺少解决家长不满意的问题的灵活性。

然而查布和莫（1990）假定，私立或公立学校固有的特质并不完全是，至少不主要是导致学校组织环境不同的原因。他们认为，组织的差异是由环境特征造成的，不论是公立部门还是私立部门，学校环境中的管理、限制以及复杂性的不同，导致了组织的差异。因此，他们得出的结论是，通过组织重构，某一部门的学校就可以吸取另一个部门的学校的优点。他们提倡推行彻底的选择机制，这样就可以使公立学校脱离强硬的官僚制和民主控制对它们施加的无效限制。

　　查布和莫关于天主教学校的发现是非常有趣的，而且值得进一步研究。科尔曼和霍弗（1987）组织了一个"社区对公立中学和私立中学影响"的研究（查布和莫的研究部分是基于科尔曼和霍弗的数据）。他们发现的结果与查布和莫所发现的相似，他们发现，即使是对学生的背景施加统计控制，私立学校学生的成绩还是高于公立学校学生的成绩。这两个研究的结果都引起了很大的争议，大家都质疑研究方法的正确性。但是，没有任何一个反对者能够证明，公立学校学生的成绩高于私立学校学生的成绩。争论的焦点集中在私立学校到底有多少优势，从政策制定的角度看，这些优势是不是重要的（Haertel，1987）。这对于天主教学校的研究尤其具有意义，因为尽管天主教学校的班级很大、教师水平不高（很少有教师达到州政府的资格认证水平）、学校的资源有限，而且生均经费远远低于公立学校，但天主教学校却至少可以达到与公立学校相同的绩效水平。因此，平均来讲，天主教高中确实发挥了自己的功能，而且比公立高中的经济效率要高（Hoffer，Greeley，& Coleman，1987）。

　　霍弗、格里利以及科尔曼（Hoffer，Greeley，& Coleman，1987）将天主教学校的成功归因于它们对学生的高要求。这些学校将大部分学生置于学术轨道中，其中包括很多本应该转入普通公立高中或者职业高中学习的学生。而且，天主教高中对学生的课程作业、预习的课程作业以及纪律要求都非常严格。研究发现，即使是处于危险中的学生也能在天主教学校学习得很好，而公立学校完全可以成功复制天主教学校高效率的学校氛围。*469*

　　　　处于劣势的学生在天主教学校中尤其受益：少数民族学生、家庭贫困的学生，还有那些原本成绩很差的学生。在公立学校中，教师对这类学生不管不问，要求很少，不对他们抱以期望，这种环境对这些学生是有害的。**我们的分析表明，那些和天主教学校的平均要求相当的公立学校，在学生成绩方面和天主教学校也是相当的。**（p. 87，emphasis added）

　　对一般天主教高中学校氛围的描述（查布和莫检验了所有的私立学校，1990）听起来和"有效的"公立学校的特征以及很多整体学校改革的模型特征是相似的。

　　科尔曼和霍弗（1987）将天主教高中对学生提出高要求的原因归结为，天主教学校具有丰富的"社会资本"。我们在前文曾提到过"社会资本"这个概念，社会资本是由人们之间的关系构成的。社会资本提供了人们行为的规范和制裁，反过来，这些规范和制裁"不仅依赖于这些社会关系，还依赖于这些关系所建立的网络的终结"（p. 222）。天主教学校周围的宗教群体（religious communities）能够为天主教学校提供社会资本，而今天的大多数公立学校以及独立的私立学校是得不到这些社会资本的。

　　根据科尔曼和霍弗的说法，公立学校曾经是功能性群体（functioning communities) 的一部分。现在在很多乡村地区，公立学校仍然是功能性群体的一部分，尽管那里乡村群体的平均社会经济地位相对较低，经济资源的投入相对也较少，但乡村学校的学生成绩却高得出乎意料。但在大多数美国人居住的大城市地区，功能性群体不再是基于公立学校入学边界的居民形成的；功能性群体被价值群体（value communities）所取代。在大城市里，人们不再是因为居住临近而频繁接触，而公立学校的参照群体仍围绕居住临近来组织，这样就不能为实现学校教学任务提供支持性的规范、制裁和网络。为了给公立学校引进大量的社会资本，科尔曼和霍弗建议在学校之间，根据价值群体建立择校机制："会带来选择扩张的那些政策，必须能够鼓励那些能为学校带来重要社会资本的社会结构的成长"（p. 243）。

按照同样的脉络梳理问题，布克、李和史密斯（1990）指出，天主教学校成功的关键，尤其是对那些处于危险中的学生奏效的关键，是天主教学校的志愿性质和学校所分享的共有的神学观点和价值。

> 在天主教学校的案例中，现场调查研究发现，天主教学校的制度规范和基本的宗教信仰直接相关，这些基本的宗教信仰包括：尊重每个人的尊严，关心社会，对促进社会公平负有责任。毫无疑问，源于这些理念的教育思想与促进社会公平的目标是紧密相连的。当这种理念融入连贯性的组织结构中时，自然会产生所期望的学术成果和社会成果。（p. 191）

布克、李和史密斯发现，学校发生的很多事情都涉及自由裁量权的使用。在公立学校官僚制的管理结构下，需要付出很大的努力来保证在对问题的判断上达成一致。在选择体制下，可以将营造这种一致性的努力放在学校的实际工作上。他们还发现，其他的私立学校也无法实现教区学校的有效性，尤其是针对处于危险中的学生的有效性。因此，他们质疑市场导向的学校会超越天主教学校的论断。然而，沃尔伯格（Walberg, 1993）认为，正如精神病治疗、护士以及其他服务职业那样，私利也可以迫使人们关心他人，而且有理由相信，当潜在客户按照自身特征进行选择时，争夺学生的竞争可以增加人们关心他人的态度。

学校质量竞争的效果

择校政策最重要的效果不是体现在那些被选学校（不论是私立学校、特许学校、磁性学校还是临近学校）的质量上，而是体现在那些没有被选上的学校的质量上，体现在客户的满意度上。当择校制度和校本决策制度并行实施的时候，择校政策就实现了学校和学生达到更佳匹配的可能性。学校可以自由地根据学生的具体学习风格和兴趣开发项目，而学生也可以根据自己的需求和偏好选择学校。即使不将这个政策扩展到私立教育中，也可以在公立学校中实行这个政策。

支持择校的人认为，市场竞争可以促使公立学校进行改进，而且可以不断地产生创新。但反对者却担心，择校会使公立学校流失最好的学生，这样就会降低高成绩群体的正面影响效应。他们还担心，当有动机改善公立学校的家长离开公立教育系统而选择私立学校后，促使学校改进的家长压力会随之减小。

英格兰和威尔士有 2.5 万所公立学校，在校生人数超过 800 万人，1988 年开始实施择校政策（非严格意义上讲，从第二次世界大战就开始执行这项政策了）。戈兰德、菲茨和泰勒（Gorard, Fitz, & Taylor, 2001）对 1988 年改革的影响进行

470

了研究，得出的结论是：实施择校政策后，学生的学术能力提高了，而且学生的社会经济分层差距在减小。改革前，1985 年，在检验学生知识掌握水平的中学毕业考试中，至少拿到 5 个 "优" 并通过考试的学生的比例是 26.9%；改革后，1998 年这个比例增长到了 46.4%。当然，也不能仅仅将这种进步归因于择校政策，因为其他的一系列改革也同时产生了效应。然而，参加同样的考试，精英私立学校的学生成绩却没有相应的进步，这有力地证明了，至少有一部分进步可以归因于市场力量。"很明显，州立学校在成就水平方面正在追赶那些自费学校"（p. 20）。最近的一些数据证明了这个趋势（Howson，2000）。戈兰德等（2001）认为，整个系统正在缩小高成就学生和低成就学生之间、不同种族群体之间、男女生之间、不同社会经济区域之间、不同学校部门之间的成就差异，以使得整个系统更为公平。

在有关社会分层方面，戈兰德等（2001）发现，现实中官方登记的 "贫困学生" 需要转学，这使得各个学校中的这类学生比例达到均衡，而在 1989—1996 年间，国家中这类学生的比例在稳步下降。他们认为，1998 年制定的法律将学校入学边界的制定权力归还给地方，这种做法弱化了教育中市场的力量，这也是自 1996 年之后这个比例呈现小幅度上升的可能原因。"我们所展现的一切，并不是要说明择校不受社会经济地位的影响，而是说，这种择校政策不可能比那种就近入学、让孩子与生活条件相同的孩子一起学习的政策更坏，而且很有可能会更好" （p. 22）。 *471*

霍克比（Hoxby，1996）利用蒂伯特效应（Tiebout effect）得出了类似的结果，也就是说，美国应该广泛应用教育券。蒂伯特（1956）提出了一个地方政府生存理论。这个理论提到，地方政府允许具有相同公共服务偏好的人在自己的管辖范围内聚集在一起生活。不同的地方政府为当地住户提供的公共服务，无论是在种类还是在质量上，都是不同的。尽管在一个学区内很少存在择校的现象，但在大多数城市地区，那些能负担起择校成本的人都会为孩子择校，不同学区间的择校现象很多。蒂伯特效应解释了税率的资本化和住房成本的服务质量。如果人们感觉一个学区的学校税收大于他们所得到的教育服务，他们就会搬到其他学区去。因此，蒂伯特过程可以将学校的边际收益和边际成本相联系，一段时间后，居住在每个学区的住户都具有相同的教育需求，而且，所有的住户都得到了所期望的教育。

> 值得我们注意的是，教育券在过去是受到严重排斥的，因为我们在讨论这些问题时，都是将其放在理论世界中进行讨论的，而理论世界中的学校是可以达到收入和人力资本完美整合的状态的。我们应该将教育券放在现实世界中分析，在现实世界中，人们居住在同质的学区中，学校财政也无法阻止人们根据自己人力资本溢出的需求进行择校。教育券从根本上将蒂伯特过程引入到诸如中心城市的那些没有纪律约束的地区……在蒂伯特过程运行良好的地区（大多数的郊区），大体上就不需要教育券了。（Hoxby，1996，p. 69）

我们曾在第 12 章回顾了沃斯曼（2001）的国际研究，研究发现，在那些私立学校竞争激烈的乡村地区，州立学校的学生成绩普遍比其他地区高。许多使用美国数据的研究表明，现存的竞争即使对其他学校的绩效有影响，这种影响也是很小的（Goldhaber，2001；Gill et al.，2001；Carnoy，2000）。然而，也存在一些例外情况。明尼苏达州为了响应废除种族歧视的规定，从 1987 年开始就允许学生在全州范围内的公立学校中进行择校入学。约有 2% 的学生行使了他们的择校权利,在自己居住地之外的学区上学。芬克豪泽、科洛比和凯利(Funkhouser, Colopy, & Kelly, 1994)采访了那些流失大量学生的学区行政人员,发现大部分学区都设计了吸引学生在本学区就学的政策,并实施了创新的项目。马萨诸塞州执行的是和明尼苏达州类似的学区间的择校政策。阿莫尔和派泽(Armor & Peiser, 1998)研究了马萨诸塞州的政策,发现那些早年流失学生的学区已经避免了学生流失的现象,而且开始从其他学区接收一些学生。在那些流失学生和吸引学生的学区之间,这种择校政策对种族分类影响不大。戈德哈伯(Goldhaber, 2001)回顾了这些研究和其他的一部分研究后推断出,学区都会对竞争所造成的学生流失威胁作出反应,开始实行吸引家长的变革措施,以此得到财政资助。他认为,将来会有更少的学生需要去其他学区学习。

当前的择校政策和实践

公立学校的财政主要来源于税收,因此,公立学校是免学费的,相对而言,私立学校的财政主要依靠学生学费、捐款以及志愿者或低价的劳动力。政府也为那些进入私立学校的学生提供公共补助,这部分补助虽然很少,但促进了择校政策在私立部门的发展。很多州政府都为进入私立学校学习的学生提供交通、健康服务、测验和矫正服务以及课本等方面的公共支持。一些服务是以联邦援助教育的方式提供的,比如私立学校也可以参与"第一条"项目。另外,政府通过免征财产税的方式(见第 5 章),对非营利的私立学校、宗教学校以及独立学校提供补助。为了激励私人捐献者,政府规定对非营利学校的捐款可以从捐献者的税前收入中扣除。自 19 世纪中期开始,在政府不运营中学的缅因州学区和佛蒙特州学区,学生可以在所有的公立学校和私立非宗教学校之间自由择校。

传统上,家长可以在免费的公立学校和收取学费的私立学校之间选择,但在 20 世纪 20 年代,即使是这种选择,也受到了严峻的挑战。1925 年,美国最高法院就皮尔斯诉姐妹会(*Pierce v. Society of Sister*)一案作出了里程碑式的判决,法院认为,宪法保护私立学校作为公立学校的替代物而存在的权利。法院的判决承认了父母主导教育和培养自己孩子的权利,遏制了公立学校垄断的可能性。另外,皮尔斯案的判决和一些其他判决,允许政府对私立学校建立合理的管制,但没有要求政府对私立学校的择校进行财政拨款资助。

没有财政拨款的资助,上私立学校就会很贵,迫使很多家长选择离开私立学校市场。在没有公共财政支持的情况下,具有财政能力并组织良好的宗教群体发起建立了非政府管理学校,使得大部分家庭都可以选择这样的学校。在小学生和初中生中,约有 12% 的人选择了私立学校,还有 1% 的人选择了在家教育。进入私立学校学习的学生中,约有 80% 的人选择隶属于宗教学校,他们当中一半的人进入罗马天主教学校。很多年来,进入私立学校和进入宗教性质的私立学校的学生比例基本保持稳定,但是,宗教学校的本质却发生了巨大的变化,从单一的天主教学校变成了很多宗教异类混合的私立学校。

直到 1965 年,在联邦层次上,还经常因为私立学校援助问题——或者说是缺乏资助问题——导致针对公立学校的援助提案无法通过。《初等和中等教育法案》是第一个为私立学校的中小学生提供联邦援助服务的联邦项目(见第 9 章)。互相竞争的利益群体就学生福利问题在联邦援助方面达成了妥协。最终的政策聚焦于在教育中处于弱势的学生群体，而不再考虑他是在私立学校还是在公立学校学习。提供给私立学校学生的服务，始终处在公共控制下，受到公众的监督。后来，政府增加了资助，利用联邦援助的资金购买服务来为职业教育、双语教学、残疾人教育以及私立学校的教学和图书馆资源提供公平的服务。1981 年颁布实施的《教育巩固与促进法案》为服务私立学校学生的项目提供了更大的实质性支持。

在公立教育系统内也存在着一定程度的选择。最普遍的选择就是中学层次内的选课。传统上，大城市都为自己的城市人群提供专业学校的教育。各个学区都在取消种族隔离的命令下建立了磁性学校，其他学区都允许人们在学校之间进行择校。少部分学校允许学生在学区范围内的所有公立学校之间进行择校。一个不受法律控制的择校方法是，通过选择居住地区来选择公立学校。

赫尼格和休格曼（Henig & Sugarman, 1999）估计，约有 60% 的家长在送孩子入学的时候，经历过某种形式的择校。除此之外，有的家长选择了私立学校或者在家教育的形式，还有 1% 的学生在特许学校学习。在公立学校之间进行择校的比例大约是 11%。据估计，36% 的家长通过选择居住地来择校。因为很多家庭都已经经历了择校过程，增加他们的选择项，诸如教育券的应用，并不会引发政治问题。然而，扩大选择项的提倡者特别关注的是约为 41% 的没有进行择校的家庭。这些家庭大部分是贫困家庭和少数民族家庭，这些家庭的孩子就读的都是贫民区的质量有问题的学校。

通过选择居住地来择校

在公立系统内，择校的最普遍的做法是通过对居住地点的选择来择校。通过上文描述的蒂伯特效应，居住地的选择成为自由市场和集权政府控制的中间地带。在大城市地区，这就意味着要求高质量教育的人群会聚居在特殊的——经常是富裕人群——郊区，而那些负担不起高质量教育、对教育呈现出低需求的群体，则会聚居在中心城市或者其他——常常是蓝领人群——郊区。

达琳－哈蒙德和柯比（Darling-Hammond & Kirby, 1988）进行了一个明尼苏达州居民对教育选择态度问题的随机调查，他们从中发现了蒂伯特效应的有力证据。在决定住处时，考虑到公立教育质量的家庭，即使在政府资助的情况下，对私立学校也显示出较低的偏好。他们觉得，他们所选择学区的公立学校能够很好地满足他们的教育需求。默南（1986）也提出了一个值得注意的证据，即家庭为了孩子得到好的教育，会选择在学校所在学区居住，而不在乎为此支付高昂的居住费用。

库特纳、舍曼和威廉斯（Kutner, Sherman, & Williams, 1986）对全国近 1 200 个有在学儿童的家庭进行了随机的抽样调查。约有一半的家长表明，他们的孩子将要就读的公立学校的教学质量影响了他们对居住地的选择。18% 的家长说，这是他们选择居住地时考虑的最主要因素。

地方政府的割据状态，尤其是学区的割据状态，确实在一定程度上推进了自由主义者的目标。但它同时也造成了不公平，而且妨碍了互助救济目标的实现。表 11—2 描述了这个现象，表中数据都是来自纽约市的大都市城区。割据的状态只对那些富裕阶层和中上阶层的优势群体起作用，因为他们有足够的资源去选择那些能为他们提供最期望的一系列服务的社区。其他具有高质量教育需求的富裕家庭，虽然会选择居住在公立教育质量低的学区，但他们会送孩子去高质量的私立学校上学。而贫困家庭则没有必要的资金为孩子择校。也有一些贫困家庭具有高质量教育需求，他们会牺牲家庭在其他方面的消费来换取他们渴望的高质量教育，比如，他们会容忍差的居住和交通条件、做更多的工作，以此来承担高质量的私立教育的学费。然而，只有居住在特定社区中的学生才可以进入高质量的公立学校接受教育，教育服务质量和成本都是计入住房价格中的，而这些是贫困家庭的财政能力所达不到的。

公立学校择校的其他形式

在公立学校之间择校

474   一半以上的州政府已经通过法律，允许其他形式的公立学校择校，其他的州也在酝酿相关的法律（Elam & Rose，1995）。1987年，明尼苏达州率先制定了州计划，允许家长在全州范围内所有实际存在的公立学校之间进行选择（Nathan，1989；OECD，1994；Pearson，1989）。自那以后，其他很多州的立法机构都采用某种公立学校择校形式作为全州范围内的政策（Rothstein，1993）。25年来，马萨诸塞州为了改善种族平衡，鼓励并赞助学区之间的学生流动。1991年，马萨诸塞州放宽了择校政策，通过实施开放入学计划，允许所有在校生选择居住地以外的公立学校就读。同样，圣路易斯市和县学校之间实施自愿交换学生政策，以此作为法院要求的废除种族歧视的一部分来实现种族均衡。在纽约州的罗切斯特市，康涅狄格州的哈特福德、密尔沃基市，波士顿大城区以及其他地方都实施了自愿整合计划（voluntary integration plan）。

很多大城市为了平衡学校内的种族和宗教力量，经常在自己所辖的学区内实施开放入学计划。在一连好几代的时间内，纽约市建立了形式各样的专业学校（包括著名的布朗克斯科学高中），以此来吸引全市范围内的学生入学。波士顿拉丁学校始建于殖民地时期。波士顿还建立了统一的公立学校择校制度（OECD，1994），作为法院纠正学区内种族不平等而制定的强制公共汽车接送政策的替代方案。波士顿计划还包括分权决策和校本管理。在其他的大城市中，至少有12个城市已经使用了多种多样的择校计划来结束存在的种族隔离状态。其中，纽约市布法罗磁性学校项目是最成功的实践之一。

因为学区实施有效的开放入学政策，使学生取得了很大的学术成就，纽约市东部黑人住宅区的第四街区受到很多关注（Fliegel & MacGuire，1993；Meier，1995；Bensman，2000）。这个学区居住的都是穷人，在全区的1.4万名学生中，80%的人有资格接受免费或低价午餐。95%的学生来自少数民族家庭：西班牙裔学生占了绝大多数。迈耶（1995）观察到，择校是教师为了吸引学生而进行的教育创新方法，而这个创新是造成学生高成绩的直接原因。后来，这个实践经验传播到了整个纽约市和其他城市，如费城和芝加哥。

学费税收扣除和税收减免

除了直接对私立学校拨款这个方法外，另一个帮助贫困家庭支付私立学校学费的方法是通过税收扣除和税收减免来实现的。税收扣除将家庭需要支付的税收（主要是收入税）降低到一个指定的数量。所支付的学费（或一部分学费，这需要根据法律而确定）可以从所缴纳的税收中扣除。

税收减免只适用于所得税，这项政策不如使纳税人取得税收扣除资格受欢迎。类似于允许减免房主住地的财产税，税收减免是减免一定数量的所得税。因此，减免纳税义务只能是减免学费的一部分（边际税率）。明尼苏达州执行的就是这种减免形式。明尼苏达州在计算州所得税义务时，允许在校生的家长从应税收入中扣除学生的学费，每个小学生的学费大约为650美元，每个初中生的学费为1 000美元。减免的费用包括学费、书本费、交通费、学校供给费及其他费用。明尼苏达州的边际税率从1.6%到16%不等，而对每个初中生最大的纳税义务减免范围从非纳税人的0美元到160美元不等。明尼苏达州的法律通过了法院系统各个层级的审查，并且美国最高法院也支持这部法律（*Mueller v. Allen*，1983）。

475

进入21世纪，亚利桑那、伊利诺伊、艾奥瓦以及明尼苏达州都允许对私立学校学费实行税收扣除或税后减免政策。从1997年起，亚利桑那州对那些为私立学校捐款的组织提供每年约500美元的税收扣除。从2001年起，费城给那些为私立教育券项目捐款的企业提供累计每年约2 000万美元的税收扣除。这种扣除以总量的90%为上限，每笔捐助的上限为10万美元。只有年收入低于5万美元的家庭的孩子，才能得到每年1万美元的教育券。从2001年起，联邦税收将原本只适用于大学教育学费的教育存款账户（education savings accounts，ESAs）扩大用途，使其适用于K-12年级的学生学费。法律规定，只要家长最终将账户内的存款用于原定目的，就可以每年在ESAs最多存入2 000美元，以获得免税的利息。

反对者们认为，税收扣除和税收减免政策会造成福利不均衡，这些福利会流向高收入群体和宗教组织。因为只有那些具备纳税义务并填写纳税申报单的人，才有资格申请税收扣除或是税收减免。因此，最穷的人无法从这项政策中受益。贫困家庭只能通过可偿还性供给，从税收扣除政策中受益——也就是，政府为个人支付税收扣除的数量。然而，这还需要填写税收申报单。税收扣除和税收减免只能应用于政府批准的学校产生的支出项目。

教育券

教育券是政府批准的个人教育权利的延伸，允许个人接受最大价值量的个人教育服务。教育券的持有者可以根据自己的偏好，从任何一个授权机构所批准的机构或是企业那里正常地赎回教育券。根据格斯、盖姆以及皮尔斯（1988）的观点：

> 不管教育券的操作细节如何，教育券计划都有一个普遍的基本原则。它的意图是授权家庭为基本决策单位。教育券政策并没有将政府排除在教育之外。相反，教育券计划保留了政府支持教育的财政责任，而且，政府还需要维持教育供给者的市场环境，这些都需要政府的管治。(p. 356)

我们在第2章讲述了公立部门和私立部门在资源配置决策中的差异。在私立部门，每个家庭都可以在自身购买力的基础上实现效益最大化，因为消费者之间会存在多种决策。然而，在公立部门一般只需要一个决策。这个决策反映的是投票者的平均意见，所以，对于偏离平均水平的家庭而言，这样的决策很难满足它们的最佳偏好。

从抽象意义上讲，教育券这种提供集体物品的方法，是对美国教育中占统治地位的公共物品提供方法的挑战。教育券的市场模型假设，家庭和教育提供者都具有一组私人选择，政府干涉或政府管制会极大地限制这些选择。同样地，它也严重偏离了教育的公共规定——这种规定受到地方政府、州政府、联邦规则、法令以及宪法条款的控制，这些控制是民主的。它设想了一个非常不一样的问责制，公立学校是通过对外公布结果和审查结果来执行问责制的，市场模型下的问责制则是基于消费者（家庭）的满意。(Witte，1998)

正如图1—3的政治—经济系统模型描述的那样，教育券政策极大地加强了家长相对于社会和教育职业的权力。政府（或是社会）和学校的接触点从学校转向了家庭（Loveless，1998）。在金钱跟随学生流动的环境下，公共财政通过家长决策而非科层决策流入教育系统。消费者满意变成了最终的标准。

教育券运动的政治背景

教育券发动了莫（2001）所说的教育新政治（the new politics of education）："保守派和城市贫民联合在一起形成了新的政治联盟，反对那些捍卫现存体制的传统同盟"（p.68）。教育券和教育选择政策最有力的支持者是贫民和少数民族群体。择校变成了跨越种族、宗教、经济、道德和意识形态的政治运动（Morken & Formicola，1999）——其中，教育券是争论最激烈的部分。教育券的倡导者包括市场自由主义者、商人、基督教徒以及天主教会（Kennedy，2001）。反对教育券的是教育机构、公民自由主义者、政教分离主义者，以及非洲裔美国人组织（尽管美国黑人个体都强烈地支持择校政策）（Reid，2001）。

原先的福利接受者、民主党州议员波利·威廉斯（Polly Williams）和共和党州长汤姆·托马斯（Tommy Thompson）联合上演了一场激烈争论之后，密尔沃基于1991年开始执行教育券项目，成为美国第一个执行K—12年级教育券的地方。威廉斯最初的教育券的设想和努力，遭到了她传统同盟的强烈反对：民主党政客、国家有色人种促进协会以及教育机构都极力反对她。因此，她转向联合共和党政客、保守派和商人群体。同样地，范妮·刘易斯（Fanny Lewis），这个黑人民主党人，1995年在克里夫兰联合州长乔治·沃伊诺维奇（George Voinovich）以及其他共和党人，对俄亥俄州立法机构提出了挑战。

在这两个教育券运动胜利之前，所有的努力让政策支持者们意识到，通过政治程序建立连贯的计划是非常困难的，因为在穷人的传统联盟中，反对择校和教育券的力量很强大。因此，他们转向私立学校的慈善家寻求资源，这使得他们的条件很快发生了变化。同样，私立教育的教育券项目为分析家们研究政策和公众观察政策提供了原型（Moe，2001）。教育券的政治斗争是精英理论和群体理论（第2章）所描述的建构联盟的经典案例。

1991年，教育券项目在印第安纳州立法获得通过后，印第安纳波里的金箴（Golden Rule）生命保险公司的首席执行官帕特里克·鲁尼（J. Patrick Rooney）以其财力支持了第一个私立教育的教育券项目。金箴项目主要围绕五个原则来确立：（1）教育券提供的金额只占接受学校学费的一半（这是上限），而剩余部分由家长支付。（2）只有低收入家庭的孩子，包括已经进入私立学校学习的孩子，才有资格获得教育券。（3）教育券可以像在独立私立学校应用的那样，应用于宗教学校。（4）教育券建立在先到先得（first-come-first-served）的基础上。（5）除此之外，学生申请的学校不得设立任何学术的或是其他的资格限制。其他很多城市的教育券 477 项目也采用了这些规则，但先到先得原则被改为抽签式程序（lottery procedures），因为很多时候，前来领取教育券的人数大于我们所发放的教育券数额。后来的很多计划也放松了一些要求，不再要求提供的教育资金和家长的需求相匹配。

　　圣安东尼奥的教育券项目是全国建立的第二个项目。它的资助方是建立儿童教育机会基金会（Children's Educational Opportunity Foundation）的杰出商人。在 1994 年得到了沃尔顿家庭基金会的 200 万美元资助后，圣安东尼奥组织建立了一个全国性的协调机构，即美国儿童教育机会基金会，由它对所有的教育券运动进行制度领导。它是现存的教育券项目的庇护所和信息交换场所。它设立了 5 万美元挑战基金，用来建立新的教育券项目和扩展已有的教育券项目（Moe，2001）。

　　1998 年夏天，西奥多·福斯特曼和约翰·沃尔顿（Theodore Forstmann & John Walton）以 1 亿美元的资金建立了儿童奖学金基金（Children's Scholarship Fund，CSF），因为还得到了地方政府 7 000 万美元的资助，这个项目很快就开始运作了（Archer，1998）。1999 年，儿童奖学金基金实施了一个抽签项目，经过筛选，有 4 万名低收入家庭的孩子获得了奖学金，他们可以在全国范围内的城市中择校入学。当时，约 100 万的学生申请了这个奖学金（Hartocollis，1999）。

　　直到 2000 年，共有 41 个城市实行了私立学校教育券计划，惠及 5 万多名学生。尽管媒体的目光主要集中在密尔沃基市和克里夫兰市的公立教育券项目上，但是，私立部门在这方面的行动也在不断扩大。它们从中发现了很多不同的模式，而且在相伴随的评估中也学到了很多。不管怎样，私立教育券战略的最终目标是让公共财政资助私立教育券项目。我们将在下一部分讨论公立教育券项目。

公立教育券项目

　　在本书出版之时，美国有 3 项公共财政资助的教育券项目：密尔沃基市、克里夫兰市以及佛罗里达州。我们来分别看看这些地方的情况。

密尔沃基市

　　密尔沃基市是全国第一个发起公共财政资助私立学校教育券项目的。在威斯康星州 1990 年立法执行的项目下，密尔沃基市有 950 个（1993 年升至 1 500 个）低收入家庭获得了州政府给予的学费资助，将自己的孩子送入私立学校或是非宗教学校上学，这部分学费资助的金额相当于密尔沃基公立学校（Milwaukee Public School，MPS）的生均拨款（2001 年时约为 5 550 美元）。低于国家贫困水平线 1.75 倍的家庭被定义为**低收入家庭**。但已经进入学区学校或私立学校而没有进入密尔沃基公立学校的学生不在这个范围之内。如果参与这个项目的学校的贫困生人数超过全校学生的 49%（1993 年增加到 65%），学校也无法得到财政拨款，而且，当学校的入学申请名额超过学校入学指标时，学校必须按要求采用随机的筛选方式对学生进行筛选。1990 年，法院取消了私立学校必须接收残疾学生的规定。

　　1995 年，立法通过了教育券项目，使这个项目得到了极大的发展，扩大了项目的参与度。而且允许宗教学校参与了这个项目。私立学校 K－3 年级的学生也有资格得到教育券。允许参与这个项目的学生人数是原来的 10 倍，最高时达到 1.5

万人。超过65%的在校生都可以得到教育券，这对于学校建设是大为有益的。然而，这个项目的数据收集和评估工作却滞后了，威斯康星州立法机构审计局直到2000年才开始编制相关的报告。到2001年，大约1万名学生参与了这个项目，其中70%的学生进入了宗教学校。

教育券项目的反对者在立法方面失败了，于是他们向州法院提出了对1995年立法的合宪性的质疑，他们认为，这种立法违反了政教分离的原则。在作出最终决定之前，这个项目一直被延迟执行。原告们在低一级的法院取得了胜诉，但在1998年，威斯康星州最高法院判决，这部法律没有违反创设原则（establishment issue），主要是因为决定公共财政流向的关键在于家长，而不是政府，因此，这个项目在宗教学校和非宗教学校之间是保持中立的，就像对不同的宗教学校保持中立一样（Moe，2001）。原告们又上诉到美国最高法院，最高法院拒绝审理这个案件，维持了威斯康星州最高法院的判决。

克里夫兰市

克里夫兰的教育券项目始于1996年，当时针对的是K—8年级的学生。所提供的奖学金最多的时候覆盖了私立非教会学校和教派学校学费的90%，高达2 250美元。家长们需要自己补足学费和奖学金之间的差额。高收入家庭得到很少的奖学金。一般都是用抽签的方式来决定奖学金的获得者，但低收入家庭的学生享有优先权。到2001年，大约96%的、超过4 000人的学生得到了教育券，进入宗教学校学习（Walsh，2001）。

但1996年，这部法律在俄亥俄州立法庭遭到了教师工会和公民自由群体的挑战。1999年，俄亥俄州最高法院宣布，该法律在技术上是无效的，但其中的宗教学校政策并没有违反联邦宪法禁止政府创办宗教的规定。州立法机构很快纠正了法律上的技术瑕疵，同时继续执行这项政策。原告将其上诉到联邦地区法院，法院于1999年底判决这个项目违反了创设原则，因为在参加项目的私立学校中，绝大多数是宗教学校。联邦判决拒绝允许新的学生在1999年秋加入这个项目（尽管作出这个决定时，学校即将开学）。最后，美国最高法院介入了这件事，并驳回了对这个法律判决，从而通过上诉程序批准项目继续执行。2001年9月，美国最高法院同意审理此案（Walsh，2001）。

佛罗里达州

佛罗里达州机会奖学金项目（Florida's Opportunity Scholarship Program）于1999年开始执行，是第一个在全州范围内执行的教育券项目。它是州问责法案中不可或缺的部分，问责法案要求每年根据学生学业进步情况对所有学校进行评分、划分等级。任何公立学校的学生在学校学习中，如果有两年成绩下降且成绩低于4分，就有资格获得近4 000美元的教育券，进入其他公立学校或包括宗教学校在内的私立学校学习。接收这个学生的学校，除了教育券外，不得收取任何学费。政策执行后，就有两个学校因达到破产标准（failure criteria）而导致136名学生行使了教育券权利。私立学校经过选择后，接收了58名学生，其他78名学生去其他公立学校学习。

佛罗里达州1999年还执行了另一个教育券项目。这个项目为残疾儿童进入私立学校或学区外公立学校学习提供教育券。2001—2002年，大约有4 000名学生参加了这个项目。

这些教育券项目也面临着法院阻止其执行的危险。低一级法院曾发现，教育券项目违反了佛罗里达州宪法教育条款为佛罗里达州公民提供公立教育的要求。1998年，佛罗里达州的投票者重新编写了这一条款，其中的一些语言是州宪法中最强有力的、最明确的，宣称"为所有孩子提供充分的教育，是州政府最重要的职责……所提供的教育必须通过法律达到一致、效率、安全、可靠，并且提供高质量的免费的公立教育，使学生可以获得高质量的教育……"尽管项目之中也涉及宗教学校，但这个项目在创设问题上并没有违宪。

479

教育券项目评估

　　表示教育券的效果的证据大多来自对私人赞助的教育券项目的评估。在公共财政资助的教育券项目中，对密尔沃基教育券项目的研究最多，但这些研究数量有限，而且争议很大。

私立部门教育券项目

　　人们更多地研究教育券项目对公立学校的学生成绩的影响，而关于教育券对所有学生成绩影响的研究不多。但有研究证明，来自低收入家庭的非洲裔美国人进入教育券学校 1～2 年后，是受益的（Myers et al.，2000；Howell et al.，2000；Greene，2000）。然而，几乎没有对其他种族或宗教群体的学生学业成绩产生影响的证据。

　　低收入家庭这个目标群体申请加入教育券项目的需求一般都很旺盛，在大多数情况下，需求是大于奖学金供给的（Gill et al.，2001；Moe，2001）。密尔沃基市的实践很好地证明了私立部门回应这种需求的能力；1998—1999 学年，近 1/3 的私立学校参与了始于 1991 年的教育券项目（Wisconsin Legislative Audit Bureau，2000）。有证据表明，一旦私立学校参与这个项目，家长们就会对自己选择的学校很满意（Howell，& Peterson，2000；Wolf，Howell，& Peterson，2000；Weinschrott & Kilgore，1998）。

　　针对低收入家庭的项目，在解决低收入家庭学生、成绩差的学生和少数民族学生入学问题上取得了很大的成功，但针对残疾儿童而言，效果却略显不足（Metcalf，1999；Peterson，1998；Peterson，Myers，& Howell，2000；Wisconsin Legislative Audit Bureau，2000）。几乎没有残疾儿童参与私立教育教育券项目的人数信息。密尔沃基和克里夫兰的法律，并没有要求教育券学校接收残疾儿童入学。吉尔等（2001）认为，对教育券项目而言，保证残疾儿童的参与是一个真正的挑战。

　　一般而言，目标教育券项目很少"惠及"公立学校的好学生。相反的证据显示，尽管持有教育券的家长很穷，但他们还是趋向于让孩子接受略高于自己收入水平等级的教育。在高度种族隔离的社区，目标教育券项目只是适度地促进了种族融合，在那里，少数民族学生被送到教育券学校，但并没有降低公立学校中的种族融合（Gill et al.，2001）。

　　孩子在低绩效的公立学校上学、急需为孩子改善教育环境的家庭，是教育券项目最强有力的倡导者（Gill et al.，2001）。1999 年 Phi Delta Kappan 的民意调查发现，教育券的最强有力的支持者主要是少数民族家庭以及孩子在公立学校学习但成绩不好的家长（Rose & Gallop，1999）。政治经济研究联合中心主持的研究，得出了与此相类似的结论，71% 的非洲裔美国人家庭的家长支持教育券项目（Bositis，

1999)。然而，从加利福尼亚州和密歇根州教育券项目所遭受的挫折情况来看，在这个问题上，少数民族还是处于少数地位。

密尔沃基市

威斯康星州立法机构委托威斯康星大学政治科学教授威特（Witte）主持一个威斯康星项目五年评估报告，但威特教授只使用了 1991—1994 年的相关数据进行研究。截至本书出版之时，所有公开的 MPS 数据分析都是基于 1995 年教育券项目扩大之前的有限的项目数据。由于当时在这方面的限制，参与项目的私立学校很少，大多数持教育券入学的学生都集中在三所学校中。莫（2001）指出，这样不充分的数据，无法估计出教育券项目的效果。但是，人们还是很关注威特的研究分析以及最终得到所有数据的哈佛大学政治科学教授皮特森所作的研究分析。

威特（1998）发现，尽管参与项目的学校数量有限（1990 年是 6 所；1992 年是 11 所，不包括城市内的 23 所非宗教私立学校），但供给还是大于需求。他还指出，合作提高教育价值（Partners Advancing Values in Education，PAVE），这个有竞争力的教育券项目，通过对包括宗教学校在内的所有私立学校提供奖学金，降低了公立学校教育券项目的参与需求。教育券项目的申请者和入学者都来自低收入家庭，而且大多数是黑人或是西班牙裔。他们的成绩普遍低于其他 MPS 学校的低收入家庭学生的成绩，而且低于全国平均水平。然而，据报告，"择校母亲"比"MPS 母亲"这个控制群体接受了更多的教育，而且更乐意参与学校活动和社区活动，择校家庭变得越来越小。"择校家长"认为，先前孩子就学的公立学校远远不如 MPS 学校让人满意。他们的不满主要集中在教育质量和纪律方面。他们参与择校项目的原因是不满意原学校的教育质量（89％）、教学方法和教学风格（86％）、纪律（75％）、一般的学习氛围（74％）和班级规模（72％）。

威特（1998）将家长对教育券学校的高满意度（尤其是与原先的公立学校相对比）视为一种收益结果。其他的收益包括增强了家长的参与度以及增加了私立学校的收益。然而，威特发现，在这 5 年时间内，教育券学校和 MPS 学校的学生成绩没有什么实质性的差异。但是，皮特森和其他人（Peterson，Greene & Noyes，1996；Greene，Peterson，& Du，1998）在随后收集到的一些合法但非正式项目的数据后，对威特的统计方法提出了质疑，并向威特在学生成绩方面得出的结论提出了挑战。威特使用这些挑战者认为更合适的统计模型重新进行分析后发现，教育券学校中学生的阅读成绩和数学成绩的进步程度显著高于 MPS 学校的学生。但威特（1998）坚定地维护他自己的研究程序。

可选择的教育券计划设计

所有的教育券项目都是不同的。一些项目会促进自由市场的竞争，可能会加剧学生在种族、宗教、成绩以及社会经济地位上的隔离状况。其他的一些项目受到严格的管制以防止出现隔离倾向，密尔沃基市和克里夫兰市的教育券项目就是这种性质的。在这部分内容中，我们将介绍三种建议：弗里德曼（Friedman）的无管制教育券计划（unregulated voucher plan）；库恩斯和休格曼的家庭权力平等计划（family power equalizing plan）以及公共政策研究中心开发的管制补偿模型（Regulated Compensatory Model）。

弗里德曼的无管制教育券计划

弗里德曼（1962）注意到，质量最差的公立学校往往是家长很少或几乎没有选 *481*
择机会的地方。他认为，公平和友爱，同自由和效率一样，都是很重要的目标，应
该通过政府资助教育券这种方式，更好地服务于这些目标。教育券将会切断教育的
公共支持、居住地和公有制教育机构之间的联系。在弗里德曼的模型中，送孩子去
私立学校读书的家长也会支付相当于公立教育的成本，但至少可以保证钱花在了合
适的教育上。如果私立学校的成本更高，家长会作出不一样的选择。弗里德曼认
为，这个计划能够扩大贫困家庭接受教育的机会。

> 针对当前教育的最大缺点，让学生重返课堂、实现较大进步的一个方法就
> 是赋予父母在孩子教育方面更大的控制力，这种控制力类似于高收入阶层现在
> 所拥有的教育控制力。一般而言，父母都对孩子的教育感兴趣，而且他们比别
> 人更了解自己的能力和需求。社会改革者，尤其是教育改革者，自以为是地认
> 为家长，尤其是那些受到很少教育的贫困生家长，对孩子的教育不感兴趣而且
> 没有能力为孩子择校。这个观点是毫无道理的。（Friedman & Friedman,
> 1980，p. 150）

弗里德曼计划的反对者们认为，无管制的教育券计划只会让私立学校提高学
费，最终还是会将低收入家庭拒之门外。同时，无管制的教育券会使高收入家庭的
孩子更容易进入私立学校，无异于鼓励高收入家庭的孩子放弃公立学校教育，最终
结果是，只有贫困家庭的孩子在公立学校内接受教育。他们声称，这会加剧社会分
层。然而，一些批评家们确实认识到了一般教育券理念的优点，他们建议修改弗里
德曼计划，他们相信，修改后的计划会在保留原计划优点的同时，克服计划中已发
现的不公平内容。

家庭权力平等计划

库恩斯和休格曼（1978）提出，通过促进学校质量的差异化，而不是追求学校
质量的统一来实现择校。他们的计划被称为家庭权力平等（Family Power Equali-
zing, FPE）和平等选择模型（Quality Choice Model, QCM）。在他们的计划中，
所有的学校，不论是公立学校还是私立学校，都可以在一个广阔的范围内，而不是
指定的范围内决定自己的学费额度。学费由家长支付一部分，州政府支付一部分。
州政府基于学费和家庭收入进行资助，因此，在某种程度上讲，贫困家庭的孩子也
能和富人的孩子一样，去收费高的学校学习。这个计划的实际操作和第 7 章讨论的
学区权力公平模型类似，焦点是家庭的财富均等而不是学区财富均等。即使是最贫
困的家庭，在进行人力资本投资的选择时，也需要支付一定的成本。不允许对多于
一个孩子的家庭额外收费。家庭为第一个孩子支付学费后，第二个孩子上学所需的
学费就完全由州政府支付了。家长可以送孩子去收费不同的学校上学，但他们所承
担的经济义务的差异，是基于他们所要支付的平均学费量。参与教育券项目的学校
对学生开放入学的同时，应该保证申请者人数超过预期名额的学校是基于随机的标
准对学生进行筛选的。

库恩斯和休格曼认同社会科学中质疑教育投入和教育质量关系的研究。他们指
出，家庭权力平等计划"会鼓励家长像选择其他商品和服务那样，对其他学校的效
用进行判断"（p. 200）。执行这个计划会导致公立教育和现存的财政支持相分离， *482*

这是自 19 世纪以来，第一次让公立学校收取学费。

管制补偿教育券

在美国所进行的教育券研究中，最全面的研究之一就是公共政策研究中心 (CSPP, 1970) 所进行的研究，这项研究分析了 7 种教育券模型的潜在影响，其中包括弗里德曼的非管制市场模型。报告最后得出的结论是，为了保证教育系统内公平地配置资源，管制是必要的。他们认为，只有下面描述的管制补偿教育券计划，才有可能赋予贫困家庭更多的机会，以分享国家的教育资源。

这里所描述的管制补偿教育券模型在关注社会公平和社会友爱的同时，提供了最优惠的教育券政策。根据这个模型，每个学生都可以领到等额的教育券，教育券的面值相当于当地公立学校的成本。如果学生家庭贫困，或是身体残疾、精神不正常，或是学习较迟钝，政府会对这些学生追加一部分拨款。但并没有要求接收这些学生的学校把追加拨款只用在这些孩子身上，比如，学校可以用这笔钱来缩小学校的班级规模。任何学校收取的学费，都不得高于教育券所支付的金额。想在教育券之外增加收入的学校，可以去寻求教会或企业等赞助商的补助金，或者寻求州政府、联邦政府或基金会的用于特殊目的的拨款。学校还可以通过增加贫困学生的比例来增加学校收入。学校在开发课程和设置学校支出水平方面，应该有很大的自由空间（通过接纳大量的符合补助资格的学生）。期望高消费教育的家长，会发现自己孩子的学校接纳了大量的贫困儿童。因此，在这个计划下，家长是在经济资源丰富的学校和优秀同学很多的学校之间作出基本选择，最终，家长会选择利用自己的资源，完全由自己来供孩子去非教育券学校上学。

公共政策研究中心 (1970) 所进行的研究指出，不能仅仅用经济奖励来保证贫困学生得到平等的入学机会，还需要对学生的入学申请、入学接收和转校程序进行管理。管制补偿教育券模型为实现这样的社会公平提供了相应的管理方法。

任何利用市场配置教育服务的模型，都依赖于家长为孩子择校时作出英明的选择。家长必须能够得到所有可选学校的优劣势信息，而且这些信息必须是准确的、相关的和全面的。如果没有公共信息搜集作为保障，人们就会发展私人的资源搜集工作，就像大学教育的信息资源一样，但是，这些信息服务都是收费的，这将会导致穷人无法分享这个信息资源。因此，公共协调机构有责任为公众提供这样一个公共信息系统。公共政策研究中心认为，这个机构的职责应该包括：

- 搜集每一所学校在社会和家长所关注的问题上的信息；
- 将信息编译成清楚明了、简单易懂的文字，并打印出来；
- 由专家为看不懂印刷版信息的人解释相关信息；
- 将这些信息提供给家长，防止家长受广告信息的误导；
- 调查信息的虚假性、歧视性和欺骗性，当这些信息泛滥的时候，采取适当的措施纠正这些行为 (pp. 62—63)。

公共政策研究中心推荐一种程序，即家长必须亲自到协调机构办公室填写一张教育券的申请单。同时，教育券的顾问会为家长提供备选学校的相关信息，并介绍学校的申请程序。每个学校都有一套自己的入学程序。

公共政策研究中心发现，杜绝申请人数超出预期名额的学校出现招生歧视的最好方法是，用抽签决定入学，这样一来，每个人都有一半的入学机会。在认识到学校课程需要与学生特征相关联后，政府在入学方面又赋予了学校一定的自由裁量权，学校可以根据自己的标准筛选学生，但这种选择标准不能强化对学生家长的歧视。

　　比如，喜欢大提琴演奏家胜于钢琴家，这种想法看起来是无害的，因为这并没有恶化教育系统中的一般性问题。基于同样的原因，我们也能接受教育政策更偏爱西班牙语申请者或黑人申请者这个理念。歧视那些本来就受到其他人歧视的孩子，这样的思想是难以接受的。(p.77)

　　赋予学校入学方面的自由裁量权，还有其他的原因。由于很多原因，家里只要有一个孩子已经入学了，家长就想把他的弟弟、妹妹都送入同一所学校学习。政府为了增强多样性而鼓励建立新学校，而且都在为那些在建校过程中付出努力的家长提供保障，为他们保留一个入学名额。公共政策研究中心认为，只要这个创建人名单中的人数是合理的，只要学校组建时所有的创建者都在名单之中，这个程序就没有严重不妥的地方。

　　根据这个模型，学校和家长都可能引发学生转学。家长可能变得对学校不满意，或是根据经验，发现学校达不到自己的期望。在这种情况下，只要家长遵守强制入学法而把孩子送入其他学校读书，家长可以在任何时间为孩子办理退学。这时候，入学顾问应该帮助家长作出选择。

　　学校有时候也会招收一些自己不愿意接受的学生。私立学校可以直接劝退这些学生，而公立学校受到强制入学法的约束，不能像私立学校那样做，但公立学校处理这种情况时，可以把问题儿童送去接受特殊教育或参加特殊项目，通过留校察看（suspension）或开除来处理这些学生，或者鼓励他们自动退学。私立学校在消除这种不合格学生（misfits）的时候，具有很大的自由，但公立学校却必须履行正式的行政程序。公共政策研究中心认为，为公共管理的学校和私人管理的学校提供相当于公立学校等量资助的同时，却不要求私立学校承担与公立学校一样的责任义务，这是没有理由的。他们建议，应该将公立学校的这些限制应用到接受教育券的私立学校中。一般都这样认为，一旦学生被学校接受并提交了教育券，这个学校就有义务教学生，直至学生完成学业或者学生选择转学。如果学校觉得必须要开除一个学生，学校必须向公正的仲裁者提供相关的证据。学校和学生家长都需要接受专业顾问的咨询辅导。家长还需接受教育巡视官员的服务，以保障他们自己的权利。

　　波士顿的公立学校采用与公共政策研究中心模型中的建议相类似的程序，对城市内公立学校的择校问题进行管理（OECD, 1994）。在学生升入 1 年级、6 年级和9 年级之前，所有的家长都被要求列出一份他们首选学校的清单。这样可以使最终的选择尽可能符合家长的意愿，当然，这样的选择必须和种族融合原则保持一致。家长信息中心帮助家长作出明智的抉择。近 94％的学生被安排到自己选择的第一志愿或第二志愿学校。这样就避免了消息灵通的家长可以在很多优秀学校中进行选择的情况，因为政府会强制每个人作出选择，尽可能将学校信息平等地告知每个人，并防止那些具有特权的人掌控整个教育系统。大多数家长都没有选择居住地附近的学校，而且根除了那种"一旦其他学生入学后，白人学生就离开学校"（white flight）的情况。马萨诸塞州的剑桥、纽约的白原镇都执行了类似的计划（Yanof-sky & Young, 1992）。

家长择校的标准

择校政策的支持者认为，这项政策作为学校改进的一种方法一定会成功，因为家长普遍重视学生的高成绩。批评者认为，家长择校的原因有很多，其中许多是和学校的有效性无关的。有的批评者甚至担心，如果建立教育券或者其他公共财政资助计划，会导致高收入阶层和接受良好教育的阶层成为择校者。在这部分，我们考察人们择校的原因以及这些原因和人们自身的背景特征之间的关系。

鲍赫和斯莫尔（Bauch & Small，1986）运用拓扑学方法对家长选择私立学校的原因进行了分类，这些原因可分为四个维度：学术/课程、纪律/安全、宗教信仰和价值观。在这些原因中，学术因素是所列影响因素中最重要的（Bauch & Goldring，1995；Martinez，Thomas，& Kemerer，1994；Slaughter & Schneider，1986；Witte，1993）。

在一项全国性的研究中，库特纳等人（Kutner，Sherman，& Williams，1986）发现，学生家长选择公立学校的最常见的原因是学校分配（28%）、交通运输（24%）以及学术质量（17%）。家长之所以选择私立学校，最常见的原因是学术质量（42%）、宗教教育（30%）以及纪律（12%）。研究中的私立学校的在校生中，近一半的人曾经接受过公立教育，而公立教育的在校生中，约有17%的学生曾经接受过私立教育。从私立学校转向公立学校的原因包括费用（24%）、搬家（21%）以及公立教育的可获得性（17%）。从公立学校转向私立学校的原因包括学术（27%）、纪律（25%）、宗教教育或价值导向（25%）以及教师质量（12%）。孩子进入私立学校趋向于接受更好的教育、赚更多的钱、成为天主教徒、居住在大城市或者中等规模的城市中。送孩子去公立学校学习的家长，不愿意住在大城市中，他们自己也是进入公立学校学习的。库特纳等人总结道，不管处在哪个既定的拨款资助水平上，"通过提高学费义务的比例，低收入家庭和少数民族家庭的申请权和选择权会得到最大的扩张"（p. 80）。

张（Zhang，1995）研究了那些曾经在居住地附近的公立学校、公立磁性学校以及教会学校之间为孩子择校的家长的态度。他收集了家长对课程、学校—家长关系、学校价值观的态度信息。只有在最后一项上，家长们的态度差异比较大。将孩子从公立学校转到教区学校学习的家长，主要看重的是教区学校提供的课程强调道德价值和宗教信仰。将孩子从教区学区转到公立学校学习的家长，更看重公立学校的文化多样性。

明尼苏达州的达琳-哈蒙德和柯比（1988）和英国哥伦比亚的埃克森（Erickson，1986）在研究中也发现，公立学校学生家长和私立学校学生家长存在偏好差异。埃克森还发现，私立学校的学生家长之间也存在差异。

> 不同类型学校（比如，天主教学校、加尔文教派学校以及高学费学校）的学生家长之间的偏好差异比不同社会阶层的学生家长之间的偏好差异更显著。数据显示，私立学校不仅仅是进行社会分层的工具，而且，它能够吸引不同偏好的家长，而受社会阶层的限制却有限。正因为如此，学校根据不同的偏好产生了不同的结构。（pp. 95—96）

鲍赫和戈德林（Bauch & Goldring，1995）作了一个有关华盛顿州的芝加哥、田纳西州的查塔努加等大城市的中学择校问题的调查研究，他们发现，家长选择学校的原因是很多的。天主教徒最重视学校的学术威望，但他们也关注道德发展和纪律。为孩子选择单一关注磁性学校（single-focus magnet schools）的家长，和那些选择天主教学校的家长的价值取向很相似，只是他们没有把道德的发展放在很高的位置。少数民族家庭大多选择多重关注磁性学校（multi-focus magnet schools）。他们择校的首要标准是学术，但他们也考虑职业和交通/离家近这些因素。

李、罗克宁杰和史密斯（Lee, Croninger, & Smith, 1994）研究了底特律城区学生家长的态度。他们发现，一些证据可以证明择校能够减小社会经济分层的论点，择校政策的最有力的支持者都是社会贫穷的成人。受访者对择校政策的喜爱程度和他们对所在地学校的质量评价成反比。后来的发现就产生了矛盾，接受优质教育的学区人员对择校并不感兴趣，而且不愿意给其他学区的人提供在本学区择校的机会。研究者产生了一个疑问："拥护择校的人是不是那些已经获得优质教育资源的人呢？"他们认为，"尽管贫穷家庭将择校视为改善孩子教育的工具（理论上），但择校只能改善一部分孩子和一部分家庭的状况……择校计划执行的整体效果是增加而不是减少教育中的社会分层"（p. 450）。

马萨诸塞州立法部门在 1991 年通过了一部法律，允许学生进入居住地学区以外的学校上学。法律规定，州政府会将学生的学费支付给接收非居住地学生的学校，并减少对流失学生的学区的拨款。法律并没有要求一个学区接收外学区的学生，但对这种行为的激励是很大的。福西（Fossey, 1994）研究了入学一年后流动的学生类型。他发现，家长让孩子转入的学校的支出水平更高，学区内的学生成绩也更高。他的研究发现增强了前面李、罗克宁杰和史密斯研究的可信度。只有15％的州学区接收其他学区的择校生。波士顿交通便捷的市郊学区都没有参与这个项目，结果，在 6 万名波士顿学生中，只有 15 个人通过这个项目转学成功。在3 000名择校生中，只有 4％的学生是非洲裔美国人或是西班牙裔美国人。即使在少数民族聚集的学区，转校生中也大多是白人。福西认为，家长在将孩子转到居住地学区之外的学校上学的问题上，似乎作出的是理性决策，而不仅仅是出于某种原因。马萨诸塞州的择校计划改善了一些学生的择校选择，但对于改善种族间的融合并没有起什么作用。

马丁内斯、托马斯和凯默勒（Martinez, Thomas, & Kemerer, 1994）研究了明尼苏达、圣安东尼奥、密尔沃基和印第安纳波里的择校家庭的特征及其择校原则。他们发现，家长都把教育质量或者学习氛围作为择校的第一考虑因素。学校纪律和一般氛围也是重要的考虑因素。择校家庭和非择校家庭的差异在于，择校家庭的家长教育水平以及家长对孩子的期望值都更高。低收入少数民族家长择校时面临的最大障碍是，他们缺乏择校的意识，不知道有哪些择校的项目。

莱文（1990）在考量了大量的研究证据之后，得出结论认为，不论是私立择校项目，还是公立择校项目，经验证据都倾向于更有利于优势群体。科恩（1990）这样说：

> 择校和分权改革的部分原因是，通过开放学校，扩大家长对学校的影响，从而进行学校改进。正因为如此，两项改革只在市场或政治组织提供家长选择机会的方面产生了效果。一些家长会好好利用这些机会，但是，其他很多家长不会利用这些机会。而且，那些最需要改进教育的家长，在利用改革方面还面临着最大的困难。（p. 378）

486

安布勒（Ambler，1994）对英国、法国和荷兰择校计划的分析支持了科恩的结论。他发现，择校加剧了特权阶层和非特权阶层的教育鸿沟，主要是因为高社会经济地位的人才更有可能利用择校这个特权。如果对私立教育进行拨款资助，高收入家庭得到的收益就更大了。

　　阿德勒、佩奇和特威迪（Adler，Petch，& Tweedie，1989）在他们进行的对苏格兰的择校研究中发现，并不主要是中层少数民族家庭会作出择校行为，社会各个阶层的父母都会提出转校要求。然而，鲍尔、博德和加斯（Ball，Bode，& Gars，1992）发现，英格兰的择校在阶层方面有两个显著不同。工人阶层择校的时候，要考虑的因素比较直接和实际，他们考虑的是诸如学校所在地的便捷程度等问题。中产阶级则利用择校政策来促进社会流动。如果这些都是事实的话，那么择校可以极大地缩小教育服务差异的理念就受到了严重的挑战，尽管前面部分我们所提到的戈兰德、菲茨和泰勒（2001）提供的与这个结论相反的证据是很充足的。

　　阿德勒和他的同事（1989）对苏格兰的择校进行了研究，研究的时间相对而言比较长，他们发现，择校政策对初中的影响大于对小学的影响。这种安排明显会导致大城市内选择性学校系统的再次合并并加剧教育的不公平。学生流失严重的学校周围大多是前景不容乐观的住户，在那里，大多数学校都位于混合的城市中心地区。而学生一般都是从考试成绩低、辍学率高的学校转到考试成绩更高、辍学率更低的学校。择校政策夸大了学校流失学生问题的严重性。威廉斯和埃科尔斯（Willms & Echols，1993）在后来有关苏格兰的研究中，也得出了类似的结论。

　　然而，阿德勒（1993）并不提倡完全放弃择校政策，而是呼吁"在家长为孩子择校的权利和教育机构促进所有孩子的教育的责任之间达到更好的平衡"。他建议制定一套程序，使家长可以在教师的帮助下作出更明智的择校决策，做到在学生成绩改进的同时提高公平立法对这个问题的关注，之前择校的"准市场"结构已经削减了对这个问题的法律关注。经济合作开发组织（1994）在对英格兰、澳大利亚、荷兰、新西兰、瑞典、美国的择校政策研究中，也提出了类似的建议。

　　总之，在对美国的研究中，可以很明显地看出，家长为孩子择校的标准主要是学术、道德和宗教三个方面。在进行择校时，家长都会选择比孩子原来的学校更好的学校。这些发现支持了市场倡导者的观点，他们认为，择校政策可以促进学校提升教学质量。

　　居住在教学质量不好地区的家长（通常是低收入家庭的家长），比那些居住在教学质量优良地区的家长更渴望得到择校的机会，而后者则不希望自己区域内的优质学校向其他人开放。市场反对者们非常关注这方面的问题，他们认为，择校政策只不过维持了原有的不公平体系。国际研究发现，择校已经成为区分代际的标准（norm for generations），这个结论有力地支持了市场反对者们的观点。然而，将国际研究应用于美国则不同，因为在美国，每个人都要牢记，任何公共财政支持的系统，都必须受到美国宪法第五修正案和第十四修正案中平等保护程序的制约。择校政策在其他国家作为一项国家政策执行的时候，就不会受到这样的保护。经济合作开发组织（1994）发现，美国和其他国家不同，美国确实是在努力设计一个保障社会公正的择校政策。正如戈德哈伯所说的，"罪恶隐藏在细节中"（p. 69）。

将私立学校和宗教学校纳入择校范畴

在私立学校中，约有 80% 是隶属于宗教的。吉尔等（2001）建议，为了防止加剧社会和成就分层，将低收入家庭作为目标群体的任何择校项目，都应该将私立学校和宗教学校纳入其中。低收入家庭的择校生进入私立学校，可以缩小社会分层，因为现在在这些学校中，大部分都是中产阶级家庭的白人孩子。而且，在择校政策下建设的新学校，更可能会迎合低收入家庭孩子的需求，因为学校已经满足了高收入家庭孩子的需求，而这样会加剧社会分层。因此，将宗教学校纳入择校项目变成了一个重要的议题。

科尔曼（1990）认为，将宗教学校排除在公共财政之外，使学生们失去了一个增强自己最有力资源的机会。

> 一般来讲，不论是白人弱势群体，还是黑人弱势群体，宗教对它们的影响 *488* 会远远大于对那些强势群体的影响。对于那些因吸毒、犯罪、喝酒而处于弱势地位的孩子而言，也是一样的。把这些孩子交给教会学校来照顾，孩子父母的收益将会远远大于那些非弱势群体孩子父母的收益。之所以这样，是因为教会确立了社会基本法则，这些法则建构了家长们所持的最有用的价值观，使其巩固和延伸，并传授给孩子们。(p. xx)

希伯尔卡（Cibulka，1989）注意到，在很多国家，没有必要形成私立学校的思想防卫，因为公立学校和私立学校之间的区别并不是那么清晰。这种将国家运营的学校视为公立学校、将其他学校视为私立学校的理念，在美国之外的其他地方并不常见。如果假设私立学校也是服务于公共目标，那么公共财政就会对私立教育提供资助。

道尔（Doyle，1992）认为，众所周知，为美国的处于危险中的儿童提供教育券是一项修正中心城市学校缺点的政策，而这项政策实施的失败并不在于宪法限制，而在于"公立学校的支持者们不愿意妥协"（p. 518）。维特蒂（Viteritti，1999）认为创设原则不是法律问题，而是种族和社会阶层划分的问题。他主张，教会是穷人用来改变社会的最重要的力量，而且政教分离是白人中产阶级的法律和社会结构，与黑人社会的道德精神是不一致的。

宪法限制

只要孩子的公民权利（如非歧视）在择校过程中不受到侵犯，在公立学校之间进行择校，从表面上看，就不存在宪法限制问题。然而，对隶属于宗教的私立学校实行直接的政府资助就不一样了。美国宪法第一修正案禁止政府行为"关系到宗教的建设"，在这里，政府行为和宗教之间存在潜在的冲突。

一些州宪法甚至用更多的限制性语言禁止政府以任何形式支持教会机构。我们注意到，早些时候，州政府想针对公立学校和私立学校的学费等其他学习费用，实施所得税减免政策，最终是根据宪法作出相关决策（*Mueller v. Allen*，1983）。我们还注意到，美国最高法院对于克里夫兰教育券项目，即为低收入家庭的孩子进入宗教或非宗教学校学习提供资助的教育券项目，是持支持态度的（*Zelman v. Simmons-Harris*，2002）。

在莱蒙诉库茨曼(*Lemon v. Kurtzman*, 1971)一案中，最高法院建立了一个三步检验法，来确定法令是否违反创设条款:(1)法令必须具有非宗教的立法目标。(2)法令的最主要或者最根本的影响是，既不能促进宗教发展，也不能阻碍宗教发展。(3)法令不能造成政府和宗教过多的纠缠。用这个检验法对政府各种形式的援助进行考核，以此杜绝政府对宗教私立学校进行直接拨款。因此，在宪法修正案中，自由行动条款(free exercise clause)保护了家长为孩子选择私立学校的权利，但实际上，宪法修正案的创设条款(establishment clause)却禁止政府对私立学校进行援助。

然而，援助家长是另外一回事。安东尼(Anthony, 1987)发现，美国最高法院在这个问题上的态度有所变化。在 Mueller 案判决的 10 年前，法院在纽约案中认为税收减免是违宪的(*Levitt v. Committee for Public Education and Religious Liberty*, 1973)。根据法院判决，这两个案件最关键的区别在于，根据明尼苏达州的法令，所有家长都可以利用教育受益，而在纽约案中，只有那些支付得起私立学校学费的家长，才能从中受益。

489

安东尼将法院在这个事件上的态度变化，与里根政府执政时期最高法院的成员由自由派转换为保守派联系起来。结果，她看出法院在宗教援助问题上的态度有所软化，Mueller 案的判决尤其可以支持她的观点。首先，她注意到，明尼苏达州的多数人自动请愿，希望政府为家长支付宗教学校学生的学费。因为家长已经无力承担孩子在宗教学校接受教育的沉重负担了，大多数人认为，"无论如何，归因于法定分层的不公平效应，都可以被视为一种利益的简单回归……为州纳税人和所有纳税人提供送孩子去天主教学校学习的机会"(at 3070)。为了进一步证明法院态度的软化，安东尼引用了多数人对创设条款之父所诠释的条款的意见。

> 在这方面，Rehenquist(多数人这样写)认为，法院不需要再关注政教分离的问题。因此，他写道:"在 20 世纪的今天，我们已经远离了当年迫使法律制定者在权利法案中设置创设条款时所面临的危险……宗教或宗派控制民主进程的危险——甚至根据宗教派别分出政治派别——已经很遥远了。"(at 3069)(p. 599)

安东尼认为，应用"原始用意"学说来看待宗教学校的援助问题，就很容易得出这样的结论，用公共财政支持宗教学校是符合宪法规定的。"然而，由于保守的法理学家们倾向于赞成先例，我们不能期望马上脱离原有的统治原则，只能期望教会资助决策可以慢慢地脱离原有的状态"(p. 604)。

麦卡锡(McCarthy, 2000)注意到，20 世纪 80 年代，最高法院就这方面传出的信息是混合的。比如，安桂勒诉菲尔顿(*Aguila v. Felton*, 1985)一案，结束了在"第一条"的资助下、长达 20 年的公立学校教员为教区学校提供修正服务的实践。然而，道尔(1992)将刘易斯鲍威尔法官就安桂勒一案作出的判决视为，是在邀请国会为贫困儿童设计教育券计划。道尔提到的鲍威尔的陈述如下:

> 法院从未阻止过在创设条款下为教会学校提供一些援助的可能性……比方说，国会应该建立一个对公立学校和私立学校进行管理的公平无私的财政援助，并对私立学校进行监督，以防止出现挪用公款用作其他世俗用途的情况，我们面临的是一个完全不同的问题。(Cited in Doyle, 1992, p. 516)

里根政府试图摆脱安桂勒判决所强加的对进入宗教学校的贫困学生提供援助的约束，但结果失败了。他向国会提议，通过《教育巩固和促进法案》（Education Consolidation and Improvement Act）第一章（现在是"第一条"），每年至少拨款 30 亿美元，对教育中的弱势儿童颁发"小型教育券"（mini-vouchers），为他们提供补充性的教育服务。在里根的建议下，州政府和地方学区将为低收入家庭的父母提供教育券，他们可以使用教育券送孩子上学，可以选择送孩子去学区内或学区外的公立学校或私立学校学习。下一届总统也没有成功地说服议会接受任何形式的教育券。

麦卡锡（2000）发现，从 1985 年起，最高法院的判决又回到了原来的轨道上，对政府资助宗教学校一事，法律上持自由放任的态度。在所有的案例中，她所引用作为证据的案例是阿格斯提尼诉菲尔顿（*Agostini v. Felton*，1997）一案，法院在这个案件中推翻了自己 12 年前对安桂勒案作出的分离主义判决。这使得公立学校的职员再次有机会为教会学校提供修正服务。美国最高法院进一步减弱了公共资助教育券的宪法限制，允许家长利用教育权在宗教学校和非宗教学校之间进行择校。多数人认为，"俄亥俄州项目是一个对宗教完全中立的项目"，因为学费资助是发给家庭的，而不是发给学校的，这个项目是一个"真正的私人选择"（*Zelman v. Simmons-Harris*，2002）。

490

对学校多样性的影响

尽管教育券和税收减免的目的是为家长提供更多的教育选择权，但很多证据显示，当家长利用政府援助的时候，他们的选择幅度实际上是在不断缩小——但更多的家长可以加入到这个幅度更小的选择中来。当前，美国政府几乎不对私立学校进行管制或是监督，政府也不进行财政援助，因此，进入私立学校学习的人口比例很小。后来，由于意识到其他诸如公平和友爱这些目标的重要性，政府作出了很多政治妥协，增加了对私立学校的财政资助。毫无疑问，当政府在考虑促进公平和友爱、加大对私立学校的管理和管制的时候，随之而来的是加大教育援助，并促使更多的人参与其中（正如我们在密尔沃基和克里夫兰以及管制补偿教育券模型中看到的那样）。这样会限制私立学校的灵活性，私立学校无法招收那些它们原来设定的目标群体学生，而去接受"平均投票者"（average voter）。

加拿大不同的省份对公立学校、私立学校和宗教学校的支持政策是完全不一样的，这为不同政策影响的实证研究提供了一个良好环境。埃里克森（1986）从 1975 年开始进行了一系列的研究。在这些研究中，他们访问了艾伯塔省、萨斯喀彻温省以及安大略省这些公共财政资助天主教学校的省份的教育系统的相关负责人，还访问了曼尼托巴省、英属哥伦比亚省这些不对天主教学校进行公共资助的省份的相关负责人。访谈得到的证据使埃里克森相信，"长时期对私立学校进行财政支持，会导致艾伯塔省、萨斯喀彻温省以及安大略省'丧失'（deprivitized）天主教学校，削弱或消除了天主教学校区别于其他公立学校的大量特质"（pp. 99—100）。

1978 年，英属哥伦比亚省实施了新的政策，对私立学校实行部分资助，在这个项目中，私立学校的生均资助可以达到公立学校生均成本的 30%。保护公共利益的管制，会尽量避免形成私立学校的同质化。埃里克森对他 1975 年在英属哥伦比亚省进行的研究进行了跟踪。他发现，在天主教会的小学里，家长感知的教师贡

献和教师感知的家长贡献都在急剧下降。在天主教会的中学里，增加公共资助造成了特别明显的负面结果。在这个层次上，

> 家长觉得学校不再需要他们的帮助，因此，家长将学校视为响应者，家长和学生感觉教师的教学投入在显著下降，教师感觉家长的参与度也在急剧下降，而且，学生感觉自己的学校更像是一个公立学校，在做一些特殊的事情。(p. 102)

埃里克森认为，加拿大的例子并不能证明通过资助私立学校而鼓励教育多样性的努力是可信的。

491

> 一个重要的意义是，英属哥伦比亚省政府正在努力做的一切是非比寻常的。他们所做的一切，说明了他们偏爱市场，他们试图通过将权力交还给公民，来改善现在的状况，因为他们可以公平地使用这些权力，先前的一些财政拨款都是来自公民的税收。不幸的是，政府很快发现，这些钱却通过公立教育渠道进行流通。私立学校无法自由地使用这些钱。政府官员对这些钱感到焦虑和压力，并关注这些钱的流向，因此设置了很多限制，使得这部分财政拨款变成了一个政治工具。(p. 106)

如果将这些钱通过教育券、税收减免或税收扣除的方式直接提供给家长，这种负面效应就不会这么强了，埃里克森对此表示怀疑。这些战略会鼓励更少的集权，可以减少对家长影响力的腐蚀。

詹姆斯（1986）在对荷兰的教育财政和教育管理的研究中，得出了非常相似的结论，自20世纪初期开始，荷兰的公共财政就开始对私立学校进行全面的资助。在小学层级上，有31%的学生进入公立学校学习，28%的学生进入新教学校学习，38%的学生在天主教学校学习，还有3%的学生进入其他学校上学。在初中水平上，所对应的比例分别是28%、27%、39%和6%。

在荷兰，每个家庭都可以自由地选择学校，送孩子入学。学校的教师人数是根据学生的入学人数来定的。中央政府为所有学校的教师支付全部薪水。私立学校既不需要补充教职等级，也不需要补充教师薪资。市政府不仅为公立学校提供建筑物，也为私立学校提供建筑物。运营费用的财政拨款比较少，不论是公立学校还是私立学校都可以得到这部分拨款，而且学校可以自由支配这部分拨款，可以将其用在维护、清洁、保暖、图书馆以及教学供给上。但对私立学校使用学生费用补充拨款的权力是进行严格限制的，而公立学校是没有这个权力的。詹姆斯评论道，"无论是社会选择自己的制度，还是私立学校选择在何处融入整个体制，都会面临一个在自主和更多拨款资助之间的权衡问题"（p. 122）。詹姆斯（1986）认为，私立学校接受公共资助的时候，就失去了自己的独立性。

> 文化的异质性产生了对私立教育的需求，而且要求政府通过财政拨款来支付相关的费用。财政拨款有利于私立学校的成长，但同时也带来了政府的管治问题，尤其是对投入和其他行为特征的管制。因此，如果真能成功地实施这种管制的话，原始的需求就会被分化，形成一种动力，促使私立部门准政府化；受拨款资助的私立部门就和公共部门很相似了。如果我们（在美国）实施教育券项目或者其他的私有化政策，我们最终得到的私立部门会比现在的私立部

大，但没有了现在的私立部门的特性。(p. 135)

希尔（Hill，1993）宣称，社会上不会有那种使用公共财政却不受管制的体制。公共财政资助教育是为了实现公共利益，保证每个孩子都有一定的学习经历。公共利益必然会驱动立法机关管制那些接受公共财政资助的学校——即使是那些接受教育券的私立学校。希尔，一个天主教学校的倡导者，提醒天主教徒们，如果想要保留天主教学校，就不要接受公共财政的拨款。"长期来看，公共财政提供资助的择校体制下的学校都会变成公立的，因为它们都必将受到管制"(p. 248)。

赫希夫（Hirschoff，1986）在全面回顾美国学校的法律结构后发现，在教育系统中，早就存在一定程度的择校了。她向学校提出警告，接受公共财政拨款的私立学校的增加会带来择校的不断扩张，这时候，学校就需要权衡政府拨款和必须遵守的政府管制及其导致的自由权的丧失，两者孰轻孰重。她用以下的观察结束了她的分析："尤其对于财政变化，可能有这样一个结论，现在混合体制的法律结构——可能会有一些微调——更多的是增加了家长的选择，而没有达到公共讨论经常聚焦的重大变化"(p. 52)。

系统改革的需要

有证据清楚地显示，不论是校本决策还是择校政策，都不是万能药，而且它们自身都无法比现有体制更有效地教育下一代。这两个政策都和教育成就的巨大进步没有直接关系，尽管这两个政策在执行时是紧密相连的。然而，两个政策又都可以作为一个多面方案的一部分。最基本的问题是：社会如何普遍提供优秀的学校？

择校和校本决策争论的核心是，如何在满足社会教育利益需要的同时，也满足个人在特殊领域的教育利益需求。迈耶（1995）观察到，美国长久以来就服务于这两个级别的教育：

> 不论是公立学校，还是私立学校，学生的社会阶层曾经是，还将继续是决定学校运作和学校价值理念的最重要的因素。学生的经济地位越高，学习的课程就越丰富，进行的讨论就越没有限制，教学也较少生硬和呆板，教师说话的口气就越为尊重，对他们的期望就越严格，教员的自治权力就越大……我们需要的是将富人所看重的东西赋予每一个人的战略。毕竟，富人拥有最好的私立教育和公立教育。优秀的公立教育和优秀的私立教育看起来很相像。

公立学校的官僚化和社区的分散格局，似乎是学生取得高成绩和学校改革的最大障碍。校本决策将设计和运行教育系统的权力交到了从事实践的专家手上，它具有消灭集权的潜力。这能够使实践中的教育专家可以根据学生的利益和需求设计教育项目，**如果**这些专家们希望这样，而且**如果**家长们希望自己的孩子参加到由教师设计的创新机制中的话。第二个"如果"引入了家长的择校需求来平衡家长利益和专家经验。

> 一旦你创建了好学校，择校就不可避免。好学校都有明确的目标。教职员工有机会为这个目标而合作奋斗。一个好学校可以自己甄选职员，并使其社会化，以维持学校的运营发展。好学校可以向学生提出要求，告诉他们，如果想

留在学校继续学习，他们应该怎样做。一个学校如果想满足所有学生的需求，就不可能成为好学校。学校可以一开始就说明它会满足哪些需求。公立学校体系作为一个整体，可以满足所有的需求，但单独一个学校却无法做到。

同样，好学校不应该被那些说"我不愿意按你说的方式去做；我是一个高级教师；你不可以解雇我；如果改变我的教学方式，我就会受到控制"的员工所限制。当有了好学校之后，在考虑员工配置时，需要考虑的就不仅仅是胜任力的问题，还要考虑员工与学校是否匹配的问题。(Hill，1993，p. 249)

一个好学校必然有一个统一的、明确的课程，当然，不同学校的关注点可能不一样。当学校存在差异的时候，择校就有必要了，因为给定学校的教师和学生都必须适合和认同学校的关注点。单独进行择校或校本决策，都不会产生好学校。但是，好学校更有可能在校本决策和择校的双重政策环境下产生。

然而，现实情况是，在校本决策和择校的政策环境下，大多数学校希望保持原来的样子，因为专业惯性使然，而且家长们对这个都不太感兴趣。只有当家长可以充分利用自己的择校特权的时候，择校政策才能起作用。但现实是，只有一部分家长可以很好地利用这个机会，而其他人则不然。不幸的是，需要对孩子的教育进行改进的家长，在利用择校政策的时候往往面临着很多困难。这并不能改进现有体制的不平等，反而有可能加剧原有的不平等。为了保证择校制度的公平性，政府需要出面干预，为那些在择校过程中需要帮助的家长提供帮助和指导。政府还有必要对学校的入学过程进行管制，这样才能保证那些申请人数超过预期名额的学校不会在筛选学生的过程中使用歧视的标准。前一部分展示的公共政策研究中心的管制补偿教育券模型就是这样做的一种方式。

同样，只有当教师和行政管理者都能充分利用自己的新特权的时候，校本决策才会起作用。一些校本决策会奏效，而更多的是无效的。为了防止专业惰性和专业无能，还需要以课程指导和统一测评的形式，建立一些外部标准（Bauch，1989；Cookson，1992；Elmore，1990；Glenn，1990；Lee，Croninger，& Smith，1994；Levin，1990；OECD，1994）。所有这些，构成了系统改革的要素。

总　结

学校改革中最具争议的议题之一就是家庭的择校问题。在本章中，我们考察了那些为了增加选择而制定的学校财政政策的运行机制。可以选用的机制有公立部门间的择校、教育券、税收扣除和税收减免。后三种战略都将公共财政资助的范围从公立学校扩大到了私立学校。公立学校内的择校机制包括磁性学校和开放入学计划。国际研究让我们注意到一个问题，即一旦私立学校接受了公共拨款，它也必然要接受公共规则的约束，这样一来，私立学校就失去了原来的灵活性和多样性。用纳税人的钱资助宗教学校这件事，一直存在着潜在的宪法障碍，直到 2002 年美国最高法院允许向低收入家庭发放教育券，这个障碍才得以消除。在本章，我们总结后认为，校本决策和择校政策都不足以带来学校所需的教育改革，尤其是对那些较差的学校而言，这样的改革力度还不够。然而，在整个制度改革的战略中，它们始终是非常重要的因素。

本章总结了学校运行时激励结构的可行性改革——改革的目的是让所有的孩子都有可能达到高学术标准，同时保证有效率地利用纳税人的税款。在下一章，也就是本书的最后一章，我们将转向研究图1—3所示的决策模型，考虑之前所使用的组织学校管理和财政的体制。

思考与活动

1. 在图1—3所展示的决策矩阵中，家长会选择哪个教育决策？需要执行哪些保护措施来保障社会和专业人员合法的利益？为你的回答进行原理性解释。

2. 如果家长可以自由地为孩子选择学校，那么他们的利益诉求如何在设计教育项目（假设这个教育项目是校本决策）时得到体现？

3. 美国最高法院所作出的判决认为，即使家长选择让孩子进入宗教学校学习，这样的教育券项目还是没有违反美国宪法第一修正案中的宗教建设原则。采访公立学校、私立学校、天主教学校的行政人员或董事会成员，问问他们，这个判决可能对学校产生哪些影响？

4. 考察州法律中或其他国家法律中有关教会和政府关系的条款。将这些条款和美国宪法的相关条款进行比较。在利用公共财政资助学生进入宗教学校学习的问题上，州法律的条款在哪些方面限制得较少，在哪些方面限制得较多？

5. 讨论下列鼓励扩大多元化的方法的优缺点：

· 禁止对免费公开融资和经营的私立学校进行直接的财政援助，但允许为私立学校提供能够惠及私立学校就读学生的支持性服务；

· 教育券项目可以允许学生在公立学校和私立学校之间进行择校入学；

· 在公立学校和私立学校实行学费和其他费用的税收减免政策；

· 实施税收扣除政策，将学费打折到一个指定的数量；

· 像荷兰实施的计划那样，直接对私立学校进行财政援助；

· 在公立学校之间，实施开放入学政策，同时不对私立学校进行财政资助。

6. 设计一个教育券项目，使其可以在保护公平的基础上增加家庭的择校机会。

参考文献

Adler, M. (1993). An alternative approach to parental choice. *NCE Briefing No. 13*. London: National Commission on Education.

Adler, M., Petch, A., & Tweedie, J. (1989). *Parental choice and educational policy*. Edinburgh, Scotland: Edinburgh University Press.

Agostini v. Felton, 521 U. S. 203 (1997).

Aguilar v. Felton, 473 U. S. 402 (1985).

Ambler, J. S. (1994). Who benefits from educational choice? Some evidence from Europe. *Journal of Policy Analysis and Management*, 13, 454—476.

Anthony, P. (1987). Public monies for private schools: The Supreme Court's changing approach. *Journal of Education Finance*, 12, 592—605.

Archer, J. (1998). Millionaires to back national voucher project. *Education Week*,

17, 39, 3.

Armor, D. , & Peiser, B. (1998). Inter-district choice in Massachusetts. In P. E. Peterson & B. C. Hassel (Eds.), *Learning from school choice*. Washington, DC: The Brookings Institution.

Ball, S. J. , Bode, R. , & Gars, S. (1992). *Circuits of schooling: A sociological exploration of parental choice of school in social class contexts*. London: Centre for Educational Studies, King's College.

Bauch, P. A. (1989). Can poor parents make wise educational choices? In W. L. Boyd & J. G. Cibulka (Eds.), *Private schools and public policy: International perspectives* (pp. 285 — 314). Philadelphia: Falmer.

Bauch, P. A. , & Goldring, E. B. (1995). Parent involvement and school responsiveness: Facilitating the home-school connection in schools of choice. *Educational Evaluation and Policy Analysis, 17*, 1—21.

Bauch, P. A. , & Small, T. W. (1986). *Parents' reasons for school choice in four inner-city Catholic high schools: Their relationship to education, income, and ethnicity.* Paper presented at the Annual Meeting of the American Educational Research Association.

Bensman, D. (2000). *Central Park East and its graduates*. New York: leachers College Press.

Bositis, D. A. (1999). *1999 national opinion poll*. Washington, DC: Joint Center for Political and Economic Studies.

Brown, D. J. (1998). *Schools with heart: Voluntarism and public education*. Boulder, CO: Westview.

Bryk, A. S. , Lee, V. E. , & Smith, J. L.

(1990). High school organization and its effects on teachers and students: An interpretive summary of the research. In W. H. Clune and J. F. Witte (Eds.), *Choice and control in American education*, Vol. 1, *The theory of choice and control in education* (pp. 135 — 226). Philadelphia: Falmer.

Carnoy, M. (2000). School choice? Or is it privatization? *Educational Researcher, 29, 7*, 15—20.

Center for the Study of Public Policy. (1970). *Education vouchers: A report on financing education by grants to parents*. Cambridge, MA: Author.

Chubb, J. E. , & Moe, T. M. (1985). *Politics, markets, and the organization of schools.* Stanford, CA: Institute for Research on Educational Finance and Governance, School of Education, Stanford University.

Chubb, J. E. , & Moe, T. M. (1990). *Politics, markets, and America's schools.* Washington, DC: The Brookings Institution.

Cibulka, J. G. (1989). Rationales for private schools: A commentary. In W. L. Boyd and J. G. Cibulka (Eds.), *Private schools and public policy: International perspectives*. Philadelphia: Falmer.

Cohen, D. K. (1990). Governance and instruction: The promise of decentralization and choice. In W. H. Clune & J. F. Witte (Eds.), *Choice and control in American education*, Vol. 1, *The theory of choice and control in education* (pp. 337—386). Philadelphia: Falmer.

Coleman, J. S. (1990). Choice, community and future schools. In W. H. Clune & J. F. Witte (Eds.), *Choice and control in American education*, Vol. 1, *The the-*

ory of choice and control in education (pp. ix-xxii). Philadelphia: Falmer.

Coleman, J. S., & Hoffer, T. (1987). *Public and private high schools: The impact of communities.* New York: Basic Books.

Cookson, Jr., P. W. (1992). Introduction. *Educational Policy*, 6, 99—104.

Coons, J. E., & Sugarman, S. D. (1978). *Education by choice: The case for family control.* Berkeley: University of California Press.

Danzberger, J. P., Kirst, M. W., & Usdan, M. D. (1992). *Governing public schools: New times, new requirements.* Washington, DC: Institute for Educational Leadership.

Darling-Hammond, L., & Kirby, S. N. (1988). Public policy and private choice: The case of Minnesota. In T. James and H. M. Levin (Eds.), *Comparing public and private schools*, Vol. 1, *Institutions and organizations* (pp. 243—267). New York: Falmer.

Doyle, D. P. (1992). The challenge, the opportunity. *Phi Delta Kappan*, 73, 512—520.

Elam, S. M., & Rose, L. C. (1995). The 27th annual Phi Delta Kappa Gallup poll of the public's attitude toward the public schools. *Phi Delta Kappan*, 77, 41—56.

Elmore, R. F. (1990). Choice as an instrument of public policy: Evidence from education and health care. In W. H. Clune & J. F. Witte (Eds.), *Choice and control in American education*, Vol. 1, *The theory of choice and control in education* (pp. ix-xxii). Philadelphia: Falmer.

Erickson, D. A. (1986). Choice and private schools. In D. C. Levy (Ed.), *Private education: Studies in choice and public*

policy (pp. 57—81). New York: ox-ford University Press.

Fliegel, S., & MacGuire, J. (1993). *Miracle in East Harlem: The fight for choice in public education.* New York: Random House.

Fossey, R. (1994). Open enrollment in Massachusetts: Why families choose. *Educational Evaluation and Policy Analysis*, 16, 320—334.

Friedman, M. (1962). *Capitalism and freedom.* Chicago: University of Chicago Press.

Friedman, M., & Friedman, R. (1980). *Free to choose: A personal statement.* New York: Avon.

Funkhouser, J. E., Colopy, J. E., & Kelly, W. (1994). *Minnesota's open enrollment option: Impacts on school districts.* Washington, DC: U. S. Department of Education/Policy Studies Associates.

Gill, B. P., Timpane, P. M., Ross, K. E., & Brewer, D. J. (2001). *Rhetoric versus reality: What we know and what we need to know about vouchers and charter schools.* Santa Monica, CA: RAND.

Glenn, C. L. (1990). Parent choice: A state perspective. In W. H. Clune & J. F. Witte (Eds.), *Choice and control in American education*, Vol. 1, *The theory of choice and control in education* (pp. ix-xxii). Philadelphia: Falmer.

Goldhaber, D. (2001). The interface between public and private schooling: Market pressure and the impact on performance. In Monk, D. H., Walberg, H. J., and Wang, M. C. (Eds.), *Improving educational productivity* (pp. 47—75). Greenwich, CT: Information Age Publishing.

Gorard, S., Fitz, J., & Taylor, C. (2001). School choice impacts: What do we know? *Educational Researcher*, *30*, 7, 18—23.

Greene, J. P. (2000). *The effect of school choice: An evaluation of the Charlotte Children's Scholarship Fund*. New York: Center for Civic Innovation at the Manhattan Institute.

Greene, J. P., Peterson, P. E., & Du, J. (1998). School choice in Milwaukee: A randomized experiment. In P. E. Peterson & B. C. Hassel (Eds.), *Learning from school choice* (pp. 335—356). Washington, DC: The Brookings Institution.

Guthrie, J. W., Garms, W. I., & Pierce, L. C. (1988). *School finance and education policy: Expanding educational efficiency, equity and choice*. Englewood Cliffs, NJ: Prentice-Hall.

Haertel, E. H. (1987). Comparing public and private schools using longitudinal data from the HSB study. In E. H. Haertel, T. James, and H. M. Levin (Eds.), *Comparing public and private schools*, Vol. 2, *School achievement* (pp. 9—32). New York: Falmer.

Hartocollis, A. (1999). Private school choice plan draws a million aid-seekers. *New York Times*, April 21, A1, A25.

Henig, J. R., & Sugarman, S. D. (1999). The nature and extent of school choice. In S. D. Sugarman, & F. R. Kemerer (Eds.), *School choice and social controversy: Policy, politics, and law* (pp. 13—35). Washington, DC: The Brookings Institution.

Hewitt, J. P. (1989). *Dilemmas of the American self*. Philadelphia: Temple University Press.

Hill, P. (1993). Comments and general discussion. In E. Rasell & R. Rothstein (Eds.), *School choice: Examining the evidence* (pp. 247—249). Washington, DC: Economic Policy Institute.

Hirschoff, M. U. (1986). Public policy toward private schools: A focus on parental choice. In D. C. Levy (Ed.), *Private education: Studies in choice and public policy* (pp. 33—56). New York: Oxford University Press.

Hoffer, T., Greeley, A. M., & Coleman, J. S. (1987). Catholic high school effects on achievement growth. In E. H. Haertel, T. James, and H. M. Levin (Eds.), *Comparing public and private schools*, Vol. 2, *School achievement* (pp. 67—88). New York: Falmer.

Howell, W. G., & Peterson, P. E. (2000). *School choice in Dayton, Ohio: An evaluation after one year*. Cambridge, MA: Program on Education Policy and Governance, Harvard University.

Howell, W. G., Wolf, P. J., Peterson, P. E., & Campbell, D. E. (2000). *The effect of school vouchers on student achievement: A response to critics*. Cambridge, MA: Program on Education Policy and Governance, Harvard University. Available at **http://hdc-www. harvard. edu/pepg**.

Howson, J. (2000). Solid state. *Times Educational Supplement*, *July* 14, 24.

Hoxby, C. M. (1996). Are efficiency and equity in school finance substitutes or complements? *Journal of Economic Perspectives*, *10*, 51—72.

James, E. (1986). Public subsidies for private and public education: The Dutch case. In D. C. Levy (Ed.), *Private education: Studies in choice and public policy* (pp. 113—137). New York: Oxford

University Press.

Kennedy, S. S. (2001). Privatizing education: The politics of vouchers. *Phi Delta Kappan*, 82, 450—456.

Kutner, M. A., Sherman, J. D., & Williams, M. F. (1986). Federal policies for public schools. In D. C. Levy (Ed.), *Private education: Studies in choice and public policy* (pp. 57—81). New York: Oxford University Press.

Lee, V. E., Croninger, R. G., & Smith, J. B. (1994). Parental choice of schools and social stratification in education: The paradox of Detroit. *Educational Evaluation and Policy Analysis*, 16, 434—457.

Lemon v. *Kurtzman*, 403 U. S. 602 (1971).

Levitt v. *Committee for Public Education and Religious Liberty*, 413 U. S. 472 (1973).

Levin, H. M. (1990). The theory of choice applied to education. In W. H. Clune & J. F. Witte (Eds.), *Choice and control in American education*, Vol. 1, *The theory of choice and control in education* (pp. ix-xxii). Philadelphia: Falmer.

Litwak, E., & Szelenyi, I. (1969). Primary group structures and their functions: Kin, neighbors and friends. *American Sociological Review*, 34, 465—481.

Lortie, D. C. (1975). *School teacher: A sociological study*. Chicago: University of Chicago Press.

Loveless, T. (1998). Uneasy allies: The evolving relationship of school and state. *Educational evaluation and policy analysis*, 20, 1—8.

Martinez, V., Thomas, K., & Kemerer, F. R. (1994). Who chooses and why: A look at five school choice plans. *Phi Delta Kappan*, 75, 678—681.

Mathews, D. (1996). *Is there a public for public schools?* Dayton, OH: Kettering Foundation Press.

Mathews, D. (1997). The lack of a public for public schools. *Phi Delta Kappan*, 78, 740—743.

McAdams, D. R. (1999). Lessons from Houston. In D. Ravitch (Ed.), *Brookings papers on education policy*, *1999* (pp. 129—183). Washington, DC: The Brookings Institution.

McCarthy, M. M. (2000). School voucher plans: Are they legal? *Journal of Education Finance*, 26, 1—21.

Meier, D. (1995). *The power of their ideas: Lessons for America from a small school in Harlem*. Boston: Beacon Press.

Metcalf, K. K. (1999). *Evaluation of the Cleveland Scholarship and Tuition Grant Program: 1996 — 1999*. Bloomington: Indiana Center for Evaluation.

Moe, T. M. (2001). Private vouchers: Politics and evidence. In M. C. Wang & H. J. Walberg, *School choice or best systems: What improves education?* (pp. 67—126). Mahwah, NJ: Erlbaum.

Morken, H., & Formicola, J. R. (1999). *The politics of school choice*. Lanham, MD: Rowman & Littlefield.

Mueller v. *Allen*, 463 U. S. 388 (1983).

Murnane, R. J. (1986). Comparisons of private and public schools: The critical role of regulations. In D. C. Levy (Ed.), *Private education: Studies in choice and public policy* (pp. 138 — 152). New York: Oxford University Press.

Myers, D., Peterson, P., Mayer, D., Chou, J., & Howell, W. G. (2000). *School choice in New York City after two years: An evaluation of the School Choice Scholarships Program*. Washington,

DC: Mathematica Policy Research.

Nathan, J. (1989). Helping all children, empowering all educators: Another view of school choice. *Phi Delta Kappan*, *71*, 304—307.

Organization for Economic Co-operation and Development (OECD). (1994). *School: A matter of choice*. Paris: OECD.

Pearson, J. (1989). Myths of choice: The governor's new clothes? *Phi Delta Kappan*, *70*, 821—823.

Peterson, P. E. (1998). *An evaluation of the New York City School Choice Scholarships Program: The first year*. Cambridge, MA: Program on Education Policy and Governance, Harvard University.

Peterson, P. E., Green, J., & Noyes, C. (1996, Fall). School choice in Milwaukee. *Public Interest*, *125*, 38—56.

Peterson, P. E., Myers, D., & Howell, W. G. (1999). *An evaluation of the Horizon Scholarship Program in the Edgewood Independent School District, San Antonio, Texas: The first year*. Cambridge, MA: Program on Education Policy and Governance, Harvard University.

Pierce v. *Society of Sisters*, 268 U. S. 510 (1925).

Reid, K. S. (2001). Minority parents quietly embrace vouchers. *Education Week*, *21*, 1, 20—21.

Rose, L. C., & Gallup, A. M. (1999). The 31st annual Phi Delta Kappa/Gallup poll of the public's attitudes toward the public schools. *Phi Delta Kappan*, *81*, 41—58.

Rothstein, R. (1993). Introduction. In E. Rasell & R. Rothstein (Eds.), *School choice: Examining the evidence* (pp. 1—25). Washington, DC: Economic Policy Institute.

Sarason, S. B. (1994). *Parental involvement and the political principle: Why the existing governance structure of schools should be abolished*. San Francisco: Jossey-Bass.

Slaughter, D., & Schneider, B. (1986). *Newcomers: Blacks in private schools. Final report to the National Institute of Education*. Vols. I and II. (Contract No. NIE-G-82-0040). Northwestern University, ERIC Documents ED 274 768 & ED274 769.

Tiebout, C. M. (1956). A pure theory of local expenditures. *Journal of Political Economy*, *64*, 416—424.

Tonnies, F. (1940). *Fundamental concepts of sociology*. New York: American Book Co.

Viteritti, J. (1999). *Choosing equality: School choice, the Constitution, and civil society*. Washington, DC: The Brookings Institution.

Walberg, H. J. (1993). Comments and general discussion. In E. Rasell and R. Rothstein (Eds.), *School choice: Examining the evidence* (pp. 301—303). Washington, DC: Economic Policy Institute.

Waller, W. (1932). *The sociology of teaching*. New York: Wiley.

Weinschrott, D. J., & Kilgore, S. B. (1998). Evidence from the Indianapolis Voucher Program. In P. E. Peterson & B. C. Hassel (Eds.). *Learning from school choice*. Washington, DC: The Brookings Institution.

Willms, J. D., & Echols, F. H. (1993). The Scottish experience of parental school choice. In E. Rasell & R. Rothstein (Eds.), *School choice: Examining the evidence* (pp. 49—68). Washington,

DC: Economic Policy Institute.

Wisconsin Legislative Audit Bureau. (2000). *Milwaukee parental choice program: An evaluation. Madison*, WI: Author.

Witte, J. F. (1998). The Milwaukee voucher experiment. *Educational Evaluation and Policy Analysis*, *20*, 229—251.

Witte, J. F. (1993). The Milwaukee parental choice program. In E. Rasell & R. Rothstein (Eds.), *School choice: Examining the evidence* (pp. 49 — 68). Washington, DC: Economic Policy Institute.

Woessmann, L. (2001). *Schooling resources, educational institutions, and student performance: The international evidence* (Kiel working paper No. 983).

Kiel, Germany: Kiel Institute of World Economics.

Wolf, P., Howell, W. G., & Peterson, P. (2000). *School choice in Washington, DC: An evaluation after one year.* Cambridge, MA: Program on Education Policy and Governance, Harvard University.

Yanofsky, S. M., & Young, L. (1992). A successful parents' choice program. *Phi Delta Kappan*, *73*, 476—479.

Zelman v. *Simmons-Harris*, _ U. S _ 2002.

Zhang, Z. (1995). *A comparative study of parental attitudes towards public and parochial schools.* Unpublished doctoral dissertation, State University of New York, Buffalo.

第六篇

描绘教育财政的新方向

本书中的概念和议题构成了教育财政学的主要内容。讨论完这些概念和议题， 我们的旅行就要结束了，我们希望这是一次有启发意义、能开阔你视野的旅行。第六篇的目的是把本书各部分中的主题汇集起来，讨论在即将到来的几年中，我们必须要解决的问题，提出一些更有希望解决问题的方案。

我们讨论系统性改革的概念，探求协调教育改革政策措施的可能性，这些措施包括治理、课程和财政政策等方面。在第 1 章中，我们在一个政治—经济模型中介绍了五个教育政策方面的议题。现在，我们在教育体制改革的一个系统模型中，考察关于教育的本质和范围的每一个社会决策。作为整本教材的结尾，我们讨论州、学区和学校公平且有效率地达到高标准的途径和方式，这也是本书的最后结论。

第**16**章

公共教育财政政策
系统化改革的启示与建议

议题和问题

501

- **公平且有效率地达到高的标准**：治理、课程和财政的系统化改革如何促进实现这样一个目标？
- **确定教育的目的和目标**：在现有的情境下，在决定合适的教育目的和目标方面，最优的权利配置是什么？
- **分配教育服务**：为帮助不同特征的人达到预期的高标准的教育，教育服务在多大程度上是可以获得的？
- **投资于教育**：为使所有学生达到高标准的教育水平，在社会资源中，教育投资应占多大比例？
- **学校教育的组织管理**：社会如何保证学校有效率地使用资源？
- **公共教育的资源分配**：用何种方式配置资源可以实现如下目标：在公平且有效率地使所有学生达到高的绩效期望的同时，能认识到促进自由目标的重要性。

502

许多年来，公共教育财政政策的争论集中在投入及其分配上。确保州的财政政策能带来一个完全可获得的、公平的教育系统，对这一问题的关注持续到了今天。然而，20 世纪 90 年代中期发生了一个剧烈的变化，人们从关注投入的公平转变为关注课程标准和学生教育效果。在这样的背景下，影响治理、课程和财政的政策改革产生了系统性的相互影响，同时与教育过程的效果相关联。

我们从讨论系统化改革运动开始，考察最后一章（也就是本章）的内容。然后，我们提出五种教育政策问题，它们构成了关于教育本质和范围的社会决策的框架。我们得出结论并给出重构教育财政结构的建议，以使地区和学校能够在公平和效率的基础上实现高绩效的目标。

改革教育政策的系统方法

史密斯和奥戴（Smith & O'Day, 1991）用中肯的文字描述了系统化的学校改革。他们赞成一贯的州的领导，州的领导是建立在清晰但遭到质疑的学生学习标准基础之上的。在这一体制中，学校人员具有制定合适的教学战略的灵活性。集权化的协调和分权化的执行是系统化改革的关键因素。

> 然而，我们认为，如果通过提供长期教学目标、开发教学材料、专业培训和评估的协调合作，州能够解决教育体制分裂所带来的问题，那么它们能设定条件，使得教师授权和专业化、学校现场管理甚至家长选择都能有效并具有广泛基础。事实上，一方面是通过集权化的协调增加教育体制的一致性，另一方面是在学校场所中增加专业化的相机决策权，我们所倡导的是，在这两者之间建立交互的动态关系。（p. 254）

在建立系统化改革和能力建设的分析框架时，政策研究协会（CPRE）详尽陈述了这些概念。在一份研究教育改革的政策研究协会报告中，戈茨、弗洛顿和奥戴（Goertz，Floden，＆O'Day，1995）讨论了系统化改革的三个组成部分：促进所有学生取得非凡的成果；整合各种政策方法和不同政策机构的行动，以促进取得这样的成果；重构治理体系，支持提高成绩。他们得出结论认为，在广泛的系统化改革战略中，能力建设有五种潜在的途径：明确改革的愿景；为愿景的实现提供教学指导；重建治理和组织结构、促进学习和有效提供服务；提供必要的资源；建立评估和责任机制，在解决问题、清除障碍的同时，为改革提供激励。

这场系统化改革运动正在第三个新千年的早期演进，它需要一套协调的政策措施。这些政策包括：

- 通过标准、课程和评估、目标设定和问责制实现**集权化**。
- 通过教师、行政管理者、员工、家长和社区成员参与的校本决策，实现**分权化**改革。
- 通过特许学校，在公共部门实现**家庭择校**；通过对低收入家庭发放教育券，实现跨越公共部门和私人部门的家庭择校。

系统化的改革试图把州的政策与重建的学区和学校治理结构协调起来。州的政策包括教育财政政策，其目的是提高整个教育的绩效，就像所有的学生都能达到高的期望标准一样对待他们，并且通过紧密协调围绕预期后果的政策结构的不同要素，提高教师和学生学习参与的一致性。除了州内的系统化改革，联邦政府2001年重新授权的《初等和中等教育法案》（见第9章）反映了这些主题。2001年《不让一个孩子掉队法案》通过州的年度评估和成绩单以及国家每隔一年的抽样评估，承诺建立集中的问责制。此外，在使用联邦资金中，这一法案促进给予学区和学校更大的灵活性，并且鼓励让一直在绩效差的学校就读的学生，由其家长选择公立学校。

在这样的情境下，政策制定者和教育家们面临的挑战是，重新思考整合各项政策和构建组织的最有效方式以支持"教"与"学"活动。州的政策制定者要通过减少公共机构覆盖保护（turf protection）的方式来改革政府结构，监督并且改变分配机制。教育财政政策能够通过下列方式激励系统化改革：

- 为那些成功帮助学生达到具有挑战性效果的高质量的教学项目和技术提供资金。
- 重新设计补偿体系，奖励与教育改革计划以及与学校绩效和学生成绩相关的知识和技能的获得及应用。

• 为专业的发展提供充足的资金，使教师们获得必需的知识和技能，以设计反映学生学习期望的更好的教学方案。

　　• 直接资助以社区为基础的群体，使公共项目更好地满足家庭和孩子的需要，并且用于支持学校一级的决策。

　　形成目前系统化改革运动的多重改革浪潮，为获得州和地方资源而展开的日益激烈的竞争，意味着更大的政治压力，这些政治压力来自政策制定者对教育支出的积极效果的证明。国家目标与相应的州的政策一道，督促学校根据组织结构和教育实践与学生学习的关系来评估组织结构和教育实践。我们可以预计，未来十年的州财政改革将强调对教育改进的激励，并强调在州的标准和目标、项目和人员的支出以及学生成果三者之间的经济联系。我们期望校本决策和家庭择校能够在这些变化中发挥促进作用。

　　对效率、责任和经济增长的明显强调推动了这些改革，但这并没有降低公平、博爱和自由目标的重要性。系统化改革的努力需要接受这些价值观；否则，政策变迁不会得到广泛的政治支持，而广泛的政治支持是确保改革成功所必需的。系统化改革将要显示对下列问题的关注：为不同背景和学习能力的学生改进教育；把不同群体聚集在充满爱心的社会里；使家长和学生能够在不同的学校结构和理念体系间进行选择，无论学生存在何种差异，学生都能取得预期的成果。在不断变化的社会中，当政策制定者和教育家努力构建支持学校教育改革的财政政策和实践时，造成问题和争论的是各种价值观，各种不同的价值观绝不能被视为对政策制定者和教育家有敌意，而应该视为对他们的挑战。

　　教育财政改革与寻求公平以及效率和充分性的学校改革努力联系在一起。批评者认为，如果学生的表现和成绩没有进步，改变财政政策就不会有收益。基于标准的改革运动所面临的主要挑战是资源充分性。教育财政政策必须保证有足够的资源，使所有学生都能得到适当的特定水平的知识和技能（Guthrie & Rothstein，2001）。政策分析家必须努力提高我们对于财政投入和学生成绩之间关系的理解，以便于有效地利用这些资源。

　　把学生的表现与投入相联系，在概念上具有重要意义。我们通过财政政策来配置资源，然而，把财政政策改革同学生成绩以及学校绩效的测量相联系，这是非常困难的。研究发现，几乎没有证据可以证明，教育投入和教育产出之间有很强的关系和决定性的因果关系。缺少这种联系倒是支持了这样的结论：许多学校在无效率地运行。因此，我们把增进对于这些关系的理解作为眼前最重要的一个教育问题。把这种理解整合到资源分配的决策中，将会极大地提高学校的内部效率。

　　在教育资源的分配中，纵向公平的缺乏是一个与实现效率相关的持续存在的问题。传统上，对公平的关注一直以投入的形式来表述，诸如提高社区筹集资金的能力和州资金在学区之间的分配（见第5章和第7章）。在充分性的背景下，这个概念也与期望的教育产出在学区和学校之间的不公平分配相关。由于这一原因，我们在第11章中把充分性作为纵向公平的一种理想状态。

　　提供给学校的资源的充分性或者充足性，是系统化改革中要考虑的一个关键因素。实现所有学生都达到高的学术标准的目标，部分地取决于他们是否能获得平等的和**足够**（adequate）的资源。就像我们努力去了解更多关于投入和教育成果的关系一样，我们也必须解决实现期望目标所必需的资源数量问题。格思里和罗思坦

（Guthrie & Rothstein，2001）提出，充分的资金水平的确定，取决于对以下两方面的政策判断：

- 要达到的学习和绩效水平（结果）；
- 学校所需要的使学生达到这些学习水平的资源水平（教育的技术）。

学区和学校在解释和实施政策方面的能力差别很大，学区和学校通过基于标准的改革，改善学校教学质量所必需的资源也不相同，富尔曼（Fuhrman，2001）对这些广泛存在的差异进行了观察。

> 学区也有设计和支持的功能，通过建立政策体系、提供教职人员和物质材料，帮助学校改进教学。重要的是，学区也在州的政策和学校之间起到调节作用；学区解释州的政策、制定适合学区自身环境的州的政策的能力非常重要的。当然，学校和班级层次的能力是最关键的：校长和教师必须相信他们自己有能力、相信学生有能力来达到高的绩效，并且他们必须有知识和技能，同时有充足的物质资源来达到这样的目的。

为了在系统化改革的背景下改进教育，我们必须使教育财政政策指向：（1）通过更好地理解财政资源和期望的（或实际的）产出之间的关系，提高教育系统的**效率**；（2）教育机会分配和教育结果的**公平**，根据学生成绩和其他的绩效来测量；（3）可利用资源的**充分性**，提高绩效差的学校的能力，使所有学生都能取得预期的成绩。

我们把公平和充分性放在仅次于效率的地位，因为有强有力的证据表明：最容易受教育系统无效率影响的人群，是处于学术失败边缘的孩子们和年轻人。**除非我们**使教学系统更有效率，否则，简单地提供更多资源并不能提高学生的成绩。来自中等和上等收入家庭的孩子，一般在国内和国际标准的竞争水平上表现出较好成绩。教育系统似乎在为他们合理地运行，他们的学校似乎得到了适当水平的财政资源。正是低绩效学校和低绩效班级的无效率，以及对它们投入资源的不充分，成为未来十年政策改革的焦点。

然而，我们必须清醒地意识到，制定教育财政政策在很大程度上是一个**政治**过程。关于初等教育和中等教育的决策主要是由公共部门制定的。但是，公共部门在市场经济中运行，其中，2/3 的国家国民生产总值是通过个人决策分配的。因此，我们必须通过使用经济分析范式，研究政治决策对教育财政的影响。在这里，我们假定教育财政政策是在一个政治—经济背景下制定的。

在图 1—3（见第 1 章）中，我们呈现了一个教育政策制定的政治—经济系统模型。按照本森（Benson，1978）的概念化模型，我们把教育政策分为五组：确定目的和目标、确认服务接收者、决定投资水平、生产并分配服务、配置资源。在下一部分，我们根据前几章中提到的政策方案，对每一个教育政策问题进行讨论。我们对系统化改革给予重点关注，系统化改革协调与管理、课程和资金相关的各项政策。

为教育事业确定目的和目标

美国公共教育治理的历史基本上是权威的集权化过程。19 世纪，强制入学教育法是第一部集权化的法案。强制接受正式教育的运动，否决了家长不让孩子接受

505

教育的权利。使用公共资金建立的普通学校，把教育目的和目标的确立权交给了学区。这些教育单位(学区)很小，而且很容易被家庭选民所控制。

同时，如果他们愿意的话，家长继续享有对孩子进行在家教育或使孩子进入私立学校就读的特权，但要家庭**自己**承担开支。这对于那些价值观念与公立学校的理念和价值取向不一致，或那些对公立教育质量不满意的学生来说，这是一个重要的变通渠道。强制入学法和由公共财政支持及运行的学校，目的是为了增加博爱、提高教育机会的平等，但限于地区之内而非地区之间。允许家庭在不同的教育提供体系内作出选择，包括选择在家教育和私人提供资金的私立教育，其目的是为了使自由的减少最小化。这个政治妥协平衡了社会和孩子父母的利益，这种妥协由法院和立法机构所达成。

在20世纪的前半期，城市的发展和加强农村与城郊学区的政策，减弱了家庭对于公立学校方向的控制。在许多大的学校和学区增加了教学专业的权威。那一时期，教师和行政管理者接受比以前更好的专业训练，教育更多的学生和扩大课程的范围，提高了学校的效率，而付出的代价是把孩子送到公立学校的90%的家长的自由。

第二次世界大战后，通过立法和诉讼，州和联邦政府开始在公立教育的发展中发挥更大的作用。为了具有资格获得满意的工作，越来越多的年轻人认识到接受中等教育的必要性。这样一来，教育成本增加，超出了大部分社区可以通过财产税支付的费用。对地方财政税收的过度依赖，扩大了学区之间在财政支持教育服务上的能力的差距，也加大了学区之间服务质量的差距。大多数州对此的反应是，州对公立教育逐渐承担起更大比例的财政支持。在这个过程中，州对课程和教师的资格采取了更多的控制。州寻求公平、效率和经济增长，相应的代价是作为客户的家庭、地方社区和专业人员的自由利益。

在追求公平和博爱目标的过程中，20世纪50年代和60年代，诉讼人通过联邦法院成功挑战了学校的种族隔离做法，并且在20世纪70年代挑战了由于性别、英语语言能力和残疾所带来的歧视。法庭要求废除种族隔离、民族和性别敏感的雇佣政策，教育工作者纪律处分的酌情权以及课程变化都随之产生。相似地，许多州的原告成功地挑战了一些政策，这些政策允许支出依赖于地方财产税，从而产生支出上的巨大差异；来自财产税的支出是州教育财政拨款公式之内的内容，或者是对州教育财政拨款的补充(见第10章)。州和联邦立法机构经常加强法庭的判决，把特定案例的判决普遍化。在公立学校内，几乎没有留给家庭自由裁量权。官僚规则和规定严格限制了教学专业人员的自由裁量权。集体的讨价还价协议则进一步限制了教师和行政管理者独立行动的能力。博爱和平等的目标开始与效率和家庭的自由产生激烈的冲突。

20世纪80年代，与教育改革第一次浪潮相伴随的是管理和决策制定的进一步集权化。所谓的卓越运动反映了国家对世界经济竞争的关注。一个重要的政府报告(National Commission on Excellence in Education, 1983)宣称，"我们社会的教育基础正在被迅速增长的平庸浪潮所侵蚀，它们威胁到我们国家和民族的未来"。这一报告强烈要求社会和学校提高期望要求："我们必须要求所有学生作出最大的努力、有最好的表现，无论他们是具有天赋还是能力欠缺、富裕的还是贫穷的，无论注定是要上大学，还是要去农场或者工厂。"在提高期望和提高学生成绩的努力中，许多州制定了更加严格的课程、更加严厉的高中毕业要求、全州范围内标准的测试以及对教师和行政管理者要求的更高资格标准。

由这些政策导致的权威集中化并不能总是产生预期的结果。人们很快意识到，区别对待决策是必要的，有些决策适合集权管理，而有些不适合。从 20 世纪 50 年代中期到 80 年代初，我们通过集中的权威来追求效率和公平。那一时期，政策实施的研究表明，州和联邦政府在处理与公平和机会相关方面的问题时，尤其有效。但是，在处理效率和"生产"——也就是如何组织和管理学校——方面的问题时，那些政府似乎是无效的。我们从经验中认识到这一点，并且，正在进行的系统化改革运动也是这样：通过分权化来追求效率，通过集权化来追求公平。

在一个全面的分权化战略中，校本决策（在第 14 章讨论的）和家庭择校（在第 15 章讨论的）代表了分权化战略的重要战术。这些战略把一些决策权力返还给了专业化的教育工作者和家长，以便把类似于市场的力量引入公立教育部门，其目的是提高学校的效率。而教育事业的目的和目标应该由谁来确定？作为对这一问题的回答，这些章节得出的结论是，过度的集权已经使公立学校教育逐步失去活力和效率，并且疏远了它的大部分家庭客户。尽管如此，我们认识到，社会有需要保护的重要利益，这些利益与公平和博爱有关，需要通过州和联邦政府进行干预来得到保护。在各个社会政治阶层中，人们对教育目的和目标都有合法的但不同的利益诉求。考虑到治理改革，在确立教育目的中，我们的任务是在各种合法利益中达成一个可以接受的**平衡**。尽管州和联邦机构能够在公平和机会方面作出最好的决策，但教学专业人员掌握着教育的专门技术。父母是孩子的利益和需求的监护人。通过家庭，我们才能最清楚地了解孩子的意愿和要求。这种意愿和要求的满足需要授权，使父母能够选择让孩子到哪所学校学习。

现行的针对管理、课程和财政的系统化改革运动，在不同层级政府和家庭之间实现了更好的平衡。在美国和其他工业化国家（如新西兰、英国和澳大利亚的维多利亚州）出现的模式，是在不同利益集团之间划分确立教育事业目的和目标的责任，这是恰当的。在国家层面，联邦政府正与州政府和专业协会合作，为学生制定自愿执行的成绩标准。要求在所有的州都进行评估的国家政策（见第 9 章）加强了标准和教育改进之间的关系。这些标准和评估影响了州的课程框架和教师资格（或者颁发许可证）的标准。这些框架和标准是政策**指南**，州和学区有资格决定如何将这些指南整合到州和地方的政策中去。教师和校长同课程协调人员一道，决定这些政策如何在学校和班级中实施。

为了加快州和学区中基于标准的课程改革的速度，政策制定者采用了基于绩效的问责制。在制定学生成绩标准方面，州承担了更大的责任，鼓励学校教职人员按照这些标准排列课程，并且通过标准化考试监测绩效。一些州已经把这些评估与高绩效的奖赏分配挂钩，同时对低绩效学校给予不同形式的资助和处罚。另外，一些学区根据教师的知识、技能和绩效情况来确定工资水平（见第 13 章）。

标准化运动使决定课程内容的权力集中化，学校成为实施的焦点。责任考核排名、奖励和处罚主要是针对学校一级的改革和绩效。在许多州和学区，对学校建设层次上的政策的制定，教育专业人士拥有越来越大的权力（见第 14 章）。在一些情况下，州和学区与父母、社区成员和学生共享这样的权力。越来越多的家长开始拥有选择学校的权利，选择符合他们理念和期望的学校，例如特许学校、磁性学校；

学区之间、学区之内的择校计划,针对低收入家庭孩子发放的教育券越来越普遍(见第15章)。择校政策扩大了父母在确立教育目的和目标时的影响。

系统化改革运动中责任的平衡,为教育的质量改进和学生的成绩提高提供了更大的保障。州政府、地方学区、学校以及家庭在确立目的和实施学校改进计划中所起的作用不同,尽管如此,这些作用都很重要。

决定谁应该接受哪种教育服务

多年来,社会一直扩大教育机会,直到几乎所有的5~8岁的孩子都有机会接受某种形式的由公共经费支持的教育。横向公平是教育财政政策长期关注的焦点,州尽力保证需求相似的学生得到平等的对待。纵向公平的特点是:财政结构使得学区和学校能够对有特殊需求的学生提供不同的教育服务和资源,鉴于这一点,纵向公平现在正受到强烈关注。使所有学生都达到高的绩效,需要充足的资源来提供适当的服务——这是纵向公平的理想状态。与治理、课程和财政相关的政策的系统化改革,需要指向实现每一个公平的目标。

教育机会的扩大,通常是特殊利益集团大力游说的结果。比如说,对于公平目标的追求,近年来极大地扩大了残障儿童的公共教育服务,而现在正迫切要求普及学前教育。因为社会认识到孩子们学前教育质量的差异,学前教育与保证所有的孩子做好在学校学习的准备有重要关系("保证所有的孩子做好在学校学习的准备"是八项国家教育目标的第一项),为处于危险中的孩子提供了越来越多的公共财政支持的学前教育项目,比如"抢先"项目。一些州的拨款制度使得低收入家庭的孩子能够接受学前教育,并使所有学生可以进入全日制幼儿园(见第8章)。系统化改革的目的,和对那些没有得到学前教育机会的学生后来表现的关注,将会加强对于使公共财政支持的学前教育普遍化的论点。私人部门也在快速地发展学前学校、幼儿园和放学后教育(after-school)中心,来满足那些家长都要工作的家庭的需求。公立和私立部门的力量都在努力扩大教育机会;同时,教育工作者和家长努力提供合适的学习经历,以便于所有的孩子都能做好入学学习的准备。

如同高一级的政府强调那些残疾的和学前班学生的教育需求一样,社会必须更充分地考虑为那些被认为处在学术失败边缘的学生提供服务的成本。20世纪60年代以来,根据家庭收入情况,补偿性的资金被分配到一些学校。许多州的财政制度包括对使用相同标准的学生数目的调整(见第8章)。基于标准的改革运动提供了证据:这些投资没有充分地提高低绩效学校中在学术上处于危险边缘的孩子们的成绩。我们相信,教育处于危险中的学生的成本已经被低估。诸如"分离"项目(Pull-out Program)这样的战略,专门服务于符合"第一条"规定的学生,这些战略和项目并不是很有效。必须重新向学区和学校分配资金,为成绩差的学生服务;并且,针对如何组织教学来为这些学生服务,进行整体的教育改革(见第12章)。

尽管人们已经普遍认识到教育对于个人的重要价值,但是,他们对于适合特定个人的理念、内容和背景却有着不同的看法。由于通过公共部门提供教育服务,教育偏好与要求的差异会导致教育服务取向上的社会张力(social tension)。由于教育目的和课程仅仅局限于实现绩效期望,人们对于基于标准改革运动所产生的集权化效果存有忧虑,担心这种改革可能会进一步增加这种张力(加剧社会紧张)。然而,随着整体教育改革的设计和实施、校本决策(SBDM)以及特许学校在公立学校系统内蔓延，将会形成不同的组织模式。这将有助于减轻张力，尤其是学区允许家庭在不同的方案之间自由选择以达到一般标准时，更是如此。

一旦学校间官僚的同一性被打破，证明学区向学校分配学生的合理性，将会变得困难。家庭择校允许孩子的特性和家庭的偏好与学校的特征相匹配。这也形成了一个监督机制，来保证每个公立学校都能满意地提供一项服务，来满足一个足够大的客户群的需要。选择加强了自由和效率的政策目标，然而，却可能违背公平和博爱的目标。这可以通过社会控制来避免，比如通过磁性学校、特许学校以及第 15 章讲述的"管制补偿教育券模型"实施。

校本决策和特许学校使教育服务的生产者可以自由地使用他们的专业知识、经验、理解力以及想象力，设计适合特定情景的教学体系。家庭择校允许家庭来选择他们认为最适合他们孩子和家庭情况的机会。当"金钱跟随孩子"（money-follows-the-child）的战略被用于配置学校资源时，类似市场的力量使生产者对于客户和潜在客户的需求更为敏感。为了使那些资源产生最大化的积极效果，生产者也会更多地意识到可利用资源的其他用途。由于不满意而离开的客户将从学校带走资源。同样，被吸引到学校的每一个新的客户，会为学校带来额外的资源。

在系统化的改革运动中，社会（通过政府）在决定提供什么范围的教育服务方面，继续施加主要的影响。整体教育改革、校本决策以及特许学校将会增强职业教育工作者和家长在设计那些服务方面的作用。公立部门内的择校、公立和私立学校之间的择校，将会加强家长在决定什么样的教育适合他们的孩子方面的发言权。提供者和消费者相互影响，决定哪一种形式的学校教育将更好地使所有学生达到高的绩效。

决定投资的水平

关于教育目的和在多大范围内提供教育服务的决策，影响政府的教育投资水平。由于州和地方政府高度参与提供初等教育和中等教育，教育投资水平很大程度上是一个政治决策。在系统化的改革运动中，确保提供的资源充足，以使所有的学生都能得到适当的特定水平的知识和技能，这将推动作出合理的教育投资水平决策。

在第 12 章，我们回顾了关于分配给教育的资源的外部效应的大量研究。这是一个关于决定把多少社会资源分配给教育服务的需要考虑的重要方面。我们指出，一个人接受的正式教育，直接并且显著地与期望的收入相关。教育通过增加一个人掌握的内在的知识和训练一个人的职业技能，来增加个人的劳动价值。对高收入的期望推动人们将自己的资源投资在更高的教育上，尤其是中等教育之后的教育。同样的原因，国家的技术发展水平越高，对高技能工人的需求也就越大。因此，分配给教育的国家资源的比例随着国家技术的成熟而增加。

收益率的研究表明，20 世纪 80 年代，美国和大多数其他发达国家对教育的投资处于合适的水平，最近的教育支出的国际比较表明，美国对初等和中等教育继续保持了一个相对较高的人均支出量（Verstegen，1992；Smith & Phelps，1995）。但是，尽管按照一些测量方法，美国对教育的投资水平较高，但投资的内部分配是非常不公平的。结果是，在发达国家中，美国有一些受到最好的财政支持和受到最差的财政支持的学校。受到最差财政支持的学校为处于危险中的孩子服务，这些孩

510

子的学术技能的发展对学校有最强的依赖性，甚至基本的语言技能都要依靠学校。为大多数孩子服务的学校所接受的财政支持处在充分水平。然而，这似乎表现出，我们大体上低估了用来消除不同种族和社会—经济群体的成绩差异而需要的资源的数量（见第11章）。因此，分配给教育的资源的内部配置是有缺陷的，并且需要更正。

然而，效率研究（见第12章）几乎没有给人们灌输这样的信心：分配给学校的、服务于处于危险中的孩子的额外资源会被有效利用。需要进行彻底的体制改革——改革将会修正公立学校中影响政策制定和专业人员行为的激励机制（见第13、第14、第15章）。

除了对低绩效学校进行投资和改变教育方法体系外，社会必须强调资源的充分性，以建立和改造在其中进行教育活动的学校设施。我们发现，公立学校的建筑质量差别很大，这主要是因为基本建设资金几乎完全依赖于地方税源（见第6章）。许多州的法院判决反映了法理学家的观点，这些观点是关于下列问题的看法：当没有充足的设施时，财政体制是否符合宪法中关于"一致"、"彻底"和"有效率"的教育体系的规定。最近的这些判决，要求州对学校建设投入更多的资金，以保证对教育的支持达到充足的水平（见第10章）。我们预期，在不久的将来，政府会从更广泛的税基中取得收入，并将这些收入投入到学校建设和学校设施改造中，州政府将会有更大的压力，而不是将负担单一地推给地方财产税。

提高所有学生的能力，使他们达到高水平，依赖于增加对在教育方面处于危险中的孩子的资源分配，并且依赖于所有学校运作效率的提高。在这样的背景下，提高那些离达到高的学术绩效最远的学生所拥有的资源的充分性，不仅需要地方和州财政投入的承诺和落实，更需要低绩效学校在教学方法设计和技术使用方面作出相应的改变。

决定教育服务提供的手段

在系统化改革中，制定和实施改进计划成了学校的责任。要以最好的方式提供教育服务，这一责任必须具体到学校和班级。校长、教师和家长都可以对学校的组织安排、教学战略及技术的使用自主地提出自己的意见。

在第14章和第15章，我们分别探讨了通过校本决策和家庭择校两种办法向公立教育组织注入类似市场化激励机制的可能性。我们发现，学生学习的地方是学校，而不是社区；学校运作中的重要决策，应该在学校中作出，而不应该是在社区。校本决策给予教育专业人士进行决策的权力，这种决策需要他们拥有专门的知识。同特许学校的发展一样，这种治理模式在越来越多的州出现，使学校能够适应地方特点和每个人的具体情况。鉴于教育投入与教育产出的因果关系不明确，校本决策使教学组织运用多种教学方案，所有这些方案都是为同一个以标准化为基础的评估做准备。在特定环境条件下，什么样的教育实践最好？对学校多样性的认真评估，包括对磁性学校和特许学校的评估，应该有助于我们对这一问题的理解。因此，系统化评估就应有助于提高运行效率。为保证公平，校本决策必须在一个州或联邦的框架内发挥作用，在这个框架内，允许专业人士进行相机决策，允许家长在一个学区内或跨学区自由地选择学校。与此同时，这个体制必须接受更高层级权威机构谨慎的监督，这种监督是通过以绩效为基础的问责制来实现的。

州开始在界定课程体系、确定学生应达到的标准方面承担更大的责任；每一次增加学校的权力，都会产生严重的问题，即将来学区采用目前的组织方式的生存能力问题。因为大的城市学区将会逐渐具有区域服务单位的特点，类似于一些州中服务于农村和郊区的中级服务单位。同时，它们又承担作为学校资金的渠道的附加责任。这在芝加哥、辛辛那提、西雅图以及佛罗里达的戴德和布劳沃德县已经成为现实。

　　在农村地区，除了那些毕业班人数在 100 人以下的学区，学区合并的压力好像有所降低。很多农村学区已经具备了校本决策的很多特征。它们由一所或很少的几所学校组成，有自治的教育委员会。同时，县或地区中级单位可以更有效率地承担原来由乡村学区承担的责任——为学校提供各种服务，如征税，提供财力、人力支持等。出于对最有效管理模式的考虑，有些州政府会解散学区，目前，学区的责任被划分给了区域或者县单位和学校层级的权威机构。

　　近期对学校规模经济的研究显示，小型学校具有一种独特的魅力。小型学校为学习社区的所有成员之间以及成员与社区之间，提供了持续的互动。这是小型学校防止成员之间冷漠疏远的安全保障，而这种疏远在大型学校都存在。与大学校相比，小型学校能为学生提供更多的参与机会、更好的教育及个人支持。这些影响对于那些处于危险中的学生是非常有益的。大型学校的主要优势在于，它能提供丰富的课程。但是，电子和信息技术的进步，也迅速地把这种多样性带进了小型学校。今后十年的挑战是，实现将大型学校和小型学校的优点集于一身而又摒弃双方缺点的设计。芝加哥、纽约、费城和其他许多主要城市都已经着手这一工作。庞大的、非人格化的官僚主义学校正在被分成可由学生选择的 400 人以下的独立小学校。已经报道的对学生的有益效果是令人满意的（Fliegel，1993；Meier，1995；Bensman，2000）。

512

　　正如我们所指出的，技术的进步可以弥补当今学校的一些不足。计算机有利于个性化教学，而且提供了一种持续、耐心地监测个人进步的机制。通过光盘、互联网及其他可视技术进行展示的多媒体提供了丰富的教学手段，这是单独的口头教学或书面文字所无法比拟的。通信技术使世界的信息资源可以被任何人在任何地方获得。

　　技术在教学过程中的应用，可以帮助减少对专业培训人员的需求，而且可以促进对低报酬的专业人员助手的广泛使用。这反过来会更有助于教师提升教学技能，允许教师专注于更需要专业自主权的活动中。不同的人员配备提供了更多的职业选择机会，因为越来越少的人可以继续留在教师岗位上，与其他职业相比，教师的薪水将更具竞争力。

　　基于以上这些因素，最好的决策是在学校产生的，而且是在社区、中级单位以及州政府和私人部门提供的服务支持下完成的。通过将技术引入教学过程的教育体制改革，引起了对教学作用的重新定义，并带来了这样的回报：吸引更多有特殊技能的人才加入到教师队伍中来。通过使教师、学生甚至职员更有效地运用他们的时间和才智，并通过提升被吸引到教学岗位上的专业教学人员的能力，那些可利用技术提高了教学效率。

　　在教育体系中，体制和教学方法方面的变革，使教育成果的扩大与办学效率的提高成为可能。当社会提高了对于低绩效学校的期望并增加了对教育的投资时，提高低绩效学校的效率是很重要的,之前,我们已经指出了这一重要性。教育服务体系的这些改进是很关键的,因为这影响到改变州政府对社区和学校分配资金方式的决策。

配置资源

关于教育资源的配置,需要作以下两个基本的政策决策:

- 是否需要政府干预?
- 如果需要政府干预,当分配是用来支持教育时,那么政府干预的性质和程度又如何界定?

在第1章和第2章,我们阐述了政府对教育财政的介入情况。这样的介入保证了有文化修养的全体公民的社会利益得到满足,并且促进了全民教育机会的均等。在现实中,政府对学校拥有所有权,政府运行学校,但是,这只是政府干预的一种形式。其他的公共政策选择包括向私人所有和运营的学校提供经费,或通过发放教育券的形式直接向家长提供援助。尽管如此,我们认为,在不久的将来,仍然是政府几乎垄断小学和中学的所有权和经营权。通过诸如校本决策、在公立学校之间开放入学以及特许学校这样的创新,而不是通过私有化学校所有权这样的激进改革,对目前的教育体制进行渐进调整,从而协调对效率和自由的关注。

州对教育财政和保证所有学区资源充分性的参与越来越多,使得州资源分配机制的建立成为一个更重要的政策因素(见第7章和第8章)。通用拨款项目和基本金项目是州向学区拨款的两种方式,这两者对于学生和纳税人都是不公平的,基本金项目允许地方有大量自由选择的余地。州确保所有学区达到最低教育水平的时候,设计了这些方式。然而,这些拨款方式使贫穷的学区处于不利地位,这些学区要求拨付的数量超过了按照公式拨付的数量。当保障的基本金水平很低时,学区可能不会有充足的地方财政收入来源以达到州对学生学习的期望。

税基均等化的拨款方案大大提高了州和地方在教育财政支出方面的合作。在它们理想的形式下,这些拨款方式消除了财富在各学区分布不均所带来的不公平效应。但它们不能消除各个学区因教育优先权的差异所造成的不公平效应——它们按照自己的意愿来征税,提供充分的教育服务。除非设立一个高水平的最低资源水平下限,否则不可能实现所有学区都有充足的资源来达到高的绩效期望。

在所有的财政战略中,全部由州筹措拨付资金的策略最明确地承认,提供基本的教育服务、满足公民的教育需求,这是州宪法赋予州的责任。由于它以同样的方式对待所有的学区,从这个意义上来说,这种策略是公平的,但付出的自由的代价是很高的。然而,全部由州筹措拨付资金的策略并没有消除分权决策的可能性,这些决策是关于学校如何组织和如何运作的。进一步来讲,这种方式没有排除这种认识,即一些孩子比其他人需要更昂贵的教育服务设施。全部由州筹措拨付资金策略最大的困难在于决定拨付资金的水平——也就是决定充分性。这一策略假定州的立法机构有足够的能力单方面决定一个教育财政的充分性的标准,在大多数州,这一角色由地方教育委员会和州立法机构联合担当。不充足的资源的平等分配,对任何人都是没有价值的。它们必然会鼓励那些有能力放弃公立教育的人。同时,没有一个州能够提供统一充裕的资金。地方社区对公立教育的大量财政支持,使大多数州的立法机构可以避免完全地面对资金充分性的问题。

全部由州筹措拨付资金的策略用单一的州层次的关于学校资金筹措分配的决策，取代了地方学区关于学校资金筹措分配的许多独立决策。只要我们了解教育投入和产出之间的技术关系，并且只要州的立法机构没有被教育之外的其他问题分散注意力，表面上看，全部由州筹措拨付资金的策略似乎是公平和效率的顶点。不幸的是，我们并没有完全理解这些关系，而且州的立法机构必须在各种需求之间妥协。学区有一个单独的焦点，但是，它们也会被各种特殊利益集团所牵制，其注意力被吸引到多个方向。除了主要的城市之外，任何地区作出的不明智的决策，只能影响全州的一小部分人口。平均定律会淡化这些不明智决策的影响。我们既可以从好的决策中学到东西，也可以从坏的决策中学到东西，但这并不意味着我们可以忽略它们所导致的不公平。相反，我们把这种不公平作为公平、自由和效率目标之间的一个政治妥协的结果，在一定的限度内，我们接受了它们。

　　大多数州的财政运行采用州和地方当局之间建立合作伙伴关系的模式。州规定学生的知识和技能的标准，但学区和学校决定如何最好地组织和实施项目以实现这些期望。除了充足的基本金外，地方当局根据宪法对教育的要求、教育项目需求以及地方财政收入产生的可利用资源来决定财政要求。州的征税能力内在地形成了经济约束，州提供的教育经费代表了在这一约束下的一系列政治妥协。公立学校的支持者（包括学区官员）、州政府所有其他功能的拥护者以及那些希望减少公共服务和税收的人们，对立法者和地方官员施加压力，而面对压力，立法者和地方官员作出的反应是达成妥协。

　　因为在大多数州，州的资助水平不能满足全部的支出，财政资助充分性水平实际上是由一些学区界定的，这些学区有足够的税基来为必需的项目和设施提供资金。一个学区通过正常的计划和预算程序来做到这一点，这主要涉及与学校相关的群体和个人。在寻求州资金的过程中，许多学区的独立决策产生了大量数据，高质量教育服务的支持者通过运用这些数据的能力，极大地提高了他们论据的有效性。取消所有地方在确立支出水平方面的自主权，将会消除在决定州资助水平充分性方面的一项重要的经验测试。这在很大程度上将资源分配决策权交给了州，州决策是在政治过程基础上作出的，从教育的角度来看，这将会减小投入的影响。

　　允许支出存在差异，也提高了满足地方偏好的能力。没有绝对的教育原理来指导教育决策的制定者，通过鼓励试验各种教育项目和支出水平，我们可以获得有价值的经验证据。从一个政治立场上来看，只要地方资源基础是均等的，这样的程序就有减少社会压力的潜在可能性。这是因为，与州作为一个整体相比，在州以下的管辖区内，很少有利益群体必须被满足。州的拨款公式常常是非常复杂的，而且包括技术性修正和特定的专项拨款内容。赋予地方在确定支出水平方面一定限度的自主权，可以使当局不需要使用过度复杂的州资金拨付公式就能达到较高的经费水平，这是由于地方的条件或者愿望都是唯一的（见第 8 章）。

　　根据前面的讨论，我们推荐以下几点作为构建一个州教育财政项目的指南。

　　1. 建立和维护一个教育体系，使所有的孩子和青年人都能接受教育，州担负着建立和维护一个教育体系的总的**宪法责任**。

　　2. 州决定期望的学生和学校绩效**标准**，并且州确定所必需的相应的**资金**水平以进行学校人员的能力建设，使**所有孩子**能够达到那些标准。

3. 州可能确立一个生均支出范围，按照州的资源定义**最小**（与第 2 点提到的绩效期望相关联）和**最大**的学区或者学校的支出。然而，这不能为所有的所辖区域确定绝对的支出水平，或者不能不必要地限制那些资源的使用。这一方针包括以下几个方面：

- 鉴于教育机会公平、使所有学生达到高的学术标准是社会利益所在，那么就不能证明以地方财产财富为基础的教育支出的巨大差异是合法的。

- 在大多数州内，经济、社会和环境情况存在差异，这排除了为全州设立一个单一的支出水平的可能性。地方当局处于调整支出水平的最佳位置，但它们需要一些自由裁量权，需要一些财政援助来实现项目目标。

- 因为一个充分的教育项目没有绝对的标准，有限的地方自主权为州当局提供关键的数据来建立一个现实的支出水平范围。

4. 在已有的约束范围内，全州范围内的每个地方当局的**财政能力**应该是相同的。比如说，在任何辖区范围内，按给定的税率所产生的财政收入，与对全州的财富按照同样的税率征税所产生的财政收入一样多，而不是更多。对每个学区而言，满足期望的学校教育绩效要求的充分水平的经费与学区按照规定的税率所征收的经费之间存在差距。州的财政经费应该补足这个差额，以确保每个学区都能达到规定的充分性水平。州应该征收高于这一水平的税收数量（见第 7 章"税收均等化"部分）。

5. 州政府应该逐渐**提高**它们所提供的教育经费所占的**比例**，达到所有支出水平总和的 60%。

6. 任何一个拨款公式都应该能够根据教育成本、孩子的教育需求以及地方财政能力的变化，进行**自动调整**。

7. 针对超常学生的需求拨付的专项资金，应该与普通的州资金分离开来。满足与达到预期效果相关的超常孩子的成本，应当用州和联邦政府的资金单独资助。

把基本金项目的理念和税基均等化的理念结合起来，设计一个州的财政项目，通过这种项目，前面所讨论的方针就可以被具体实施。州—地方的合作伙伴关系符合**公平**、**充分性**和**自由**的目标要求。更进一步地，任何地区可利用的资金，提供了帮助所有学生**有效率地**达到高绩效所需要的资源。州的财政分配计划包括以下几个特征：

- **充分性**基本项目的第一层**基本资金**，确保充分的基本经费在一个高的最低水平上。所有学区、特许学校或者中级单位确保的资金水平随着学生的特征（如教育需求）和社区特征（如教育的实施成本）而变化，这在第 8 章已经提到。此外，这一基本资金直接随着期望的和实际的学校绩效之间差距的大小不同而变化，这些绩效差距用有效的和可靠的指标测量出来（见第 13 章）。这些指标包括根据学术标准确立的期望获得的知识和技能水平，但不是仅限于。

- **州政府完全资助**第一层基本资金。没有地方当局（如特许学校、学区或者中间单位）的支出可以在各自的充分性基础之下。为了给这一高的最低基础提供资金，州征收的财产税为州的一般拨款提供了税收收入（见第 15 章）。

- 第二层资金包括**一个完全均等化的地方自主决定的支出范围**（没有超出第一层基础项目资金的 20%）。贯彻税基均等化的理念有各种方法，州和地方资金依据其中的一种方法支持了各种不同水平的支出。第二层包括征收准备金（见第 7 章）。

- 满足**超常**教育需求的专项财政补助。这些专项项目全部由州和联邦政府提供资金。

充分性基本项目的目标是使州的每一个孩子都能得到教育服务，这种教育服务适合他们的教育需求，是他们达到高的学术期望所必需的。州资金的支出，力图提供充足的基本资金，但地方社区可能会选择增加支出，超过这一基本水平。第二层级资金的目标是允许地方选择决定本学区的总支出水平，实现教育目标，这一目标超出了那些充足的基本资金所支持的目标。州的财政收入使地区的税收能力，在所选择的税收努力下均等化。特殊的专项资金的目标是为有特殊需求的孩子们提供充足的教育服务，但不给由基本项目提供的资源基础增加负担。

为了提高充分性基本项目所提供的资源的使用效率，将资金由州直接分配到学校，或者通过学区和中间单位分配到学校，财政计划提供了以下的分配：

- 反映上面所说的学生和学校特征的分配，包括实际的和期望的绩效之间的差异。
- 针对人员的分配，使工资随着与绩效期望相关的知识和技能的获得与应用而增加。
- 激励教育者和家长的分配，使他们设计整体的教学体系改革，并且鼓励家长在不同的方案之间进行选择。
- 支持学前教育、延长学习时间项目和为低绩效学校的学生提供暑期学校的分配。
- 提高绩效的问责制，包括对高绩效的财政奖励和非货币的奖励以及对持续低绩效的惩罚。

这些对学校分配的目标是为了帮助它们更有效地达到绩效期望，并且高效率地用投入的资金使学校的产出最大化。学生的教育需求推动了前文描述的充分性的基本分配。对校长和教师的分配，只取决于他们对知识和技能的获得与应用是否有利于提高学校绩效，包括（但不仅限于）学生的成绩。

这些特征也意识到了校本决策的重要性。满足学生教育需求的教学项目的适当设计和实施决策最好由学校来作出。获得政策制定者的承诺以资助高的最低水平的充分性基本项目，比如这里所概括的，其关键方面是教育家对提高教学系统的有效性和效率的承诺。校长和教师有很大的自由度和余地，通过与家长合作来共同提高学校的绩效。然而，学校工作人员应该对学校绩效提高的结果承担责任。学校对州、中介机构或者学区负责，州、中介机构或者学区应该对学校绩效的提高进行奖励，这种奖励可以是货币形式的，也可以是非货币形式的。同样也需要对持续低绩效学校进行惩罚，包括领导层的更换以及对低绩效学校改进计划的严密监督。

这种教育财政模式赋予中间单位和学区新的角色。它们成为资金的渠道，而不是人和物质资源的直接中介。为了适应新的角色，学区将不得不设计拨款公式，把充足的资源公平地分配到学校。它们不得不建立以数据为基础的问责制，这种制度适合于新的治理和基于标准的决策环境。它们必须提供技术帮助、奖励和处罚，以鼓励并使所有学校达到绩效期望。

我们相信，充分性基本计划是系统化改革的一个关键组成部分。与集权化标准和对学生及学校绩效的问责制一起，这一分配方法使充足的资源流向学校，学校是最需要这些资源的地方，学校通过使用这些资源，公平而有效率地达到高的标准。

总　结

　　在当今公立教育财政领域中，政策制定者面临的最大挑战是设计能够激励学校提高效率的教育财政制度。另一个最重要的挑战是，提高对学校资源分配的公平和效率，使所有的孩子能够获得好的设施、令人满意的教学以及技术先进、高质量的学习资料。这些挑战必须得到系统化的解决。

　　改革的目的在于提高教育系统的效率，但改革实施的主要障碍似乎是现存组织的官僚特性以及学区之间的割据化。联邦政府的专项补助和州政府的专项补助，与法院的干涉、州的管制和谈判达成的劳动合同一起，是造成这一状况的重要因素，尤其是在大城市。为了克服它的官僚特性，学校的治理、学校组织与运作的决策、学校内的资源分配决策，应该需要从学校层级移交给个人。为了对学校教职员工提供激励，使他们对家庭的需求更敏感，使他们更关注所提供服务的质量，一成不变的旱涝保收的教育拨款制度应该被废除，相反，学校资金应该和学校的绩效、学校的质量挂钩。实现这一点的一种方式，是通过允许家长选择他们的孩子要进入的学校，突破传统的学校和学区边界的限制，使资源的流向与孩子的流向相关联。有利于实现这些措施的教育财政战略包括校本决策、公立学校间的开放入学制度、特许学校以及教育券。只有当私立学校被引进公共财政支持的体系范围时，后一种选择才合适。

　　为了保障合法的社会利益，尤其是对平等教育机会的关注，同时为了克服由于小的不同的学区产生的不平等，校本决策和家庭在公立学校间的选择，必须在一个州和联邦的财政、协调和问责制的框架内运行。社会控制可能包括以下几个方面：所要求的与标准相联系的基本课程；对少数民族和残疾儿童到他们选择的学校入学的权利保护；根据标准、通过正式的评估体系监督绩效表现；一个帮助家长使其能够为孩子们选择最合适学校的信息和咨询系统。来自州资源的学校资金的比例必须持续增长，更多的州将会为了教育目的，正式接管财产税的征收，这一点是完全可以想象的。

　　给予与满足充分性要求的教育项目的成本相当的财政支持，这是公平和充分性目标对州的要求，以使学生能够得到适当的特定水平的知识和技能。此外，地方必须有决定总支出水平的自主权，使支出水平达到合理的最高限度，也就是超出充分性所规定的基本水平的合理比例。应该用州的财政收入使这两个层级的资金完全均等化，收入包括全州的财产税。当前，生均支出水平、学区的财富以及学区中的选民赋予教育的优先权之间的联系必须被打破。在提高资金分配和使用中的公平和效率的同时，通过鼓励采取各种教学方案、充分考虑知识和技能的对教职员工的各种奖励方式以及各种基于绩效的奖励和惩罚措施，学校资金筹措拨付模式一定能带来更高的效率。与一些决策集中到州和联邦层级政府相伴随，许多决策分散到学校教职员工和家长手中，按照当前的组织形式运行的学区，其未来的生存能力有待探讨。

　　新千年将见证初等教育和中等教育财政体制的巨大变革，这一变革是教育化系统改革的一部分，系统化改革还包括治理、标准、课程和评估等内容。这些问题足以挑战最好和最富有智慧的政策分析者、政策制定者和教育家，改革要取得进步，就应当利用他们的技术知识和勤奋。

思考与活动

1. 对你所在的州未来十年的教育财政政策提出建议。根据公平、自由和效率的目标，阐述你的建议的理由。通过与一个州或者地方的政策制定者讨论，为你的建议作一个现实的审查。适当修改你的建议。

2. 对于这一章中讨论的问题，在哪些问题上，你和作者的观点相同，哪些又不同？对意见不同的领域进行思考，给出你的理由。

3. 一个州实施充分性基本项目，并将其作为资金的第一层级。请你为这个州设计一个成本核算模型。考虑到所有学校或者学区期望的和现实的绩效之间的差距，一个州如何处理一个根据公式拨款调整中的额外的资金需求？

参考文献

Bensman，D. (2000). *Center Park East and its graduates："Learning by heart."* New York：Teachers Colleges Press.

Benson，C. S. (1978). *The economics of public education* (3rd ed.). Boston, MA：Houghton Mifflin.

Fliegel，S. (1993). *Miracle in East Harlem：The fight for choice in public education.* New York：Random House.

Fuhrman，S. H. (2001). Conclusion. In S. H. Fuhrman (Ed.). *From the capital to the classroom：Standards-based reform in the states* (pp. 263—278). Chicago, IL：National society for the Study of Education.

Goertz，M. E.，Floden，R. E.，&O'Day，J. (1995). *Studies of education reform：System reform，Vol. 1，Findings and conclusions.* Rutgers：The State University of New Jersey, Consortium for Policy Research in Education.

Guthrie，J. W.，& Rothstein，R. (2001). A new millennium and a likely new era of education finance. In S. Chaikind & W. J. Fowler, Jr. (Eds.), *Education finance in the new millennium* (pp. 99—119).

Larchmont，NY：Eye on Education.

Meier，D. (1995). *The power of their ideas：Lessons from a small school in Harlem.* Boston：Beacon Press.

National Commission on Excellence in Education. (1983). *A national at risk：The imperative for educational reform.* Washington，DC：U. S. Government Printing Office.

Smith，M. S.，& O'Day，J. (1991). Systemic school reform. In S. H. Fuhrman & B. Malen (Eds.), *The politics of curriculum and testing* (pp. 233—267). Bristol，PA：Falmer.

Smith，T. M.，& Phelps，R. P. (1995). Education finance indicators：What can we learn from comparing states and nations？In W. J. Fowler, Jr. (Ed.), *Developments in school finance* (pp. 99—107). Washington：National Center for Educational Statistics.

Verstegen，D. (1992). International comparisons of education spending：A review and analysis fo reports. *Journal of Education Finance*，17，257—276.

译后记

　　本书的翻译前后持续多年。当初承接翻译本书的工作时，我对此还非常有兴趣。然而，与出版社签订合同不久，我的研究兴趣就发生了很大变化，同时由于教学与研究任务繁重，致使本书的翻译持续较长的时间。对此，我向人大出版社和曹沁颖、闫景等编辑人员表示深深的歉意。本书翻译出版过程中，中国人民大学出版社的编辑人员徐海艳、闫景、曹沁颖等付出了辛勤劳动，对此向她们表示感谢。

　　本书由我主译，我的许多研究生参与了翻译工作。在前期的组织和翻译中，丘世磊做了一些工作。先后参与翻译、修改工作的有张晶（北京政法职业学院）、孙静（北京物资学院）、方艳、丘世磊、张辉、陈迪、王鑫、安广东、孔瑛、张雅楠、谭军、郑臻、黄嫚、程远芳等。在此对他们的辛勤劳动表示感谢。

　　各章初稿的翻译人员如下：孙静第1、第6、第8、第9章；张晶第13、第14、第15章；方艳第7、第10、第11、第12章；其余部分由我翻译。许多同学不同程度地参与了部分工作。我对全部文字进行了修改和加工工作。由于各章的译文水平和质量参差不齐，我对其他译者的部分译稿进行了修改和再译（例如第7、第10、第11、第12章，由我在方艳的初稿的基础上进行了重新翻译）。

　　译文中的错误和不妥，一概由我负责。恳请大家指出译文中的错误和缺点。

曹淑江

2010 年 1 月 31 日于世纪城时雨园

PEARSON

北京培生信息中心
中国北京海淀区中关村大街甲 59 号
人大文化大厦 1006 室
邮政编码：100872
电话：(8610) 82504008/9596/9586
传真：(8610) 82509915

Beijing Pearson Education
Information Centre
Room1006，Culture Square No. 59 Jia，Zhongguancun Street
Haidian District，Beijing，China100872
TEL：(8610) 82504008/9596/9586
FAX：(8610) 82509915

尊敬的老师：

您好！

　　为了确保您及时有效地申请教辅资源，请您务必完整填写如下教辅申请表，加盖学院的公章后传真给我们，我们将会在 2—3 个工作日内为您开通属于您个人的唯一账号以供您下载与教材配套的教师资源。

请填写所需教辅的开课信息：

采用教材			□中文版 □英文版 □双语版
作　者		出版社	
版　次		ISBN	
课程时间	始于　　年　月　日	学生人数	
	止于　　年　月　日	学生年级	□专科　　　□本科 1/2 年级 □研究生　□本科 3/4 年级

请填写您的个人信息：

学　校			
院系/专业			
姓　名		职　称	□助教 □讲师 □副教授 □教授
通信地址/邮编			
手　机		电　话	
传　真			
official email（必填） (eg：×××@crup. edu. cn)		email (eg：×××@163. com)	
是否愿意接受我们定期的新书讯息通知： □是　□否			

系/院主任_____（签字）

（系/院办公室章）

___年___月___日

Please send this form to：Service. CN@pearson. com

Website：www. pearsonhighered. com/educator

图书在版编目（CIP）数据

教育财政——效率、公平与绩效（第三版）/〔美〕金等著；曹淑江等译．
北京：中国人民大学出版社，2009
（教育学经典译丛）
ISBN 978-7-300-08785-6

Ⅰ．①教…
Ⅱ．①金…②曹…
Ⅲ．①教育经济学－财政学－研究－美国
Ⅳ．①G571.26

中国版本图书馆 CIP 数据核字（2009）第 2413338 号

教育学经典译丛
教育财政——效率、公平与绩效（第三版）
    理查德·A·金
〔美〕 奥斯汀·D·斯旺森   著
      斯科特·R·斯威特兰
        曹淑江 主译
曹淑江 孙 静 张 晶 方 艳 等 译
Jiaoyu Caizheng

出版发行	中国人民大学出版社
社　　址	北京中关村大街31号　　　　邮政编码　100080
电　　话	010－62511242（总编室）　　010－62511398（质管部）
	010－82501766（邮购部）　　010－62514148（门市部）
	010－62515195（发行公司）　010－62515275（盗版举报）
网　　址	http://www.crup.com.cn
	http://www.ttrnet.com（人大教研网）
经　　销	新华书店
印　　刷	北京宏伟双华印刷有限公司
规　　格	185 mm×260 mm　16 开本　　**版　　次**　2010 年 5 月第 1 版
印　　张	33 插页 2　　　　　　　　　**印　　次**　2010 年 5 月第 1 次印刷
字　　数	804 000　　　　　　　　　　**定　　价**　54.00 元